高考教程

GAOKAO JIAOCHENG
QUYU DILI XIANJIE YU ZHENGHE

区域地理衔接与整合

薛光辉 / 主编

山西出版传媒集团
山西教育出版社
星球地图出版社

图书在版编目（CIP）数据

区域地理·衔接与整合／薛光辉主编．—太原：山西教育出版社，2015.6（2020.8 重印）

ISBN 978-7-5440-5618-2

Ⅰ.①区… Ⅱ.①薛… Ⅲ.①中学地理课－高中－升学参考资料 Ⅳ.①G634.553

中国版本图书馆 CIP 数据核字（2012）第 232224 号

区域地理·衔接与整合

责任编辑 康 健
复　　审 赵 峰
终　　审 刘立平
装帧设计 陶雅娜
印装监制 蔡 洁

出版发行 山西出版传媒集团·山西教育出版社
（太原市水西门街馒头巷 7 号 电话：0351-4729801 邮编：030002）
印　　装 山西人民印刷有限责任公司
开　　本 787×1092 1/16
印　　张 22
字　　数 594 千字
版　　次 2020 年 8 月第 7 版 2020 年 8 月山西第 15 次印刷
印　　数 104501—117500 册
书　　号 ISBN 978-7-5440-5618-2
审 图 号 JS（2013）01—059
定　　价 56.00 元

致读者

《普通高等学校全国统一考试地理大纲》中对区域地理有明确的要求“考试内容包括《全日制义务教育地理课程标准》所规定的有关内容”。区域地理是系统地理的载体和基础，高考试题往往由区域切入系统地理的相关原理和规律；系统地理的原理、规律则来源于区域地理事物和现象。区域作为地理试题的背景，在高考复习中举足轻重。但在实际的教学和复习中，区域地理往往是高考备考的“软肋”和“瓶颈”。在教材版本多，内容多，初中基础差，复习时间短的现实下，如何有效整合区域地理各版本教材，与高中系统地理与区域可持续发展的相关内容相衔接，实现高效复习？长期以来，师生们期盼着一本能够整合初中四本教材，将高初中区域地理融为一体，集各版本教材之特点、方便易学的复习教程。为此，我们集中编写教材和教学的经验，组织优秀教师，在研究《考纲》、《课标》和教材、教学的基础上，编写《区域地理衔接与整合》高考教程一书，供广大师生在高二区域地理教学与高三一轮复习中使用。

栏目设置特点

正文部分

该栏目为知识整合，包括文字及相关图表。这部分是该书的主体，不是简单的初中地理知识再现，而是根据《考纲》与义务教育《课标》对知识与能力要求，以高中系统地理为统领，将义务教育阶段不同版本的教材与高中不同版本的必修教材有关区域地理知识，进行重新梳理与整合。既重视区域基础知识的表述，同时又重视地理基本原理、规律与方法的讲解与运用，将“地”与“理”有机地融合。力求将新课程高考所需要具备的区域地理知识和能力系统有重点地呈现出来。

每一讲的标题力求既简明扼要，又突出区域特征。每一幅主要图表有读图指南（两侧或下方），设计2－4个问题，引导学生从图中获取与解读信息、描述与阐释规律，引发学生通过读图，落实地理事物的分布，说明地理事物的空间分布、空间联系与空间结构，进而分析区域特征与区域差异，探究地理事物发生发展的规律。问题设计紧扣图表，以基础为主，问题之间注重梯度，既注重学生养成读图的习惯，又能激发其思维和创新的火花。

能力提升

该栏目为学生提供学习方法的指导和学习能力的培养。针对教材的重难点知识及原理、规律，向学生介绍相关的学习方法与技巧，引导学生“会学”“会用”，力求“点石成金”，提高学生的地理思维品质与学习能力。

触类旁通

该栏目选取区域地理中经典性问题或近年来典型的高考试题进行较深入的剖析，侧重于知识的运用，力求提高学生在新情境下分析、解决问题的能力，达到举一反三的目的。

信息链接

该栏目为阅读内容，是正文的补充，利于开阔学生视野，体现学习“生活中有用的地理”与“终身发展有用的地理”的理念。内容既有正文的延伸与细化，也有区域发展的最新动态、地理热点问题和地理学的新发展。

使用和复习建议

1. 经纬网的应用是空间定位和时间计算的基础，要重点复习；等高线是学习等值线的基础，规律、方法要熟练掌握。

2. 重视对世界地理和中国地理概论部分的学习，概论部分地形、气候、河流、资源、人口等理论性和系统性较强，与高中的系统地理紧密相联系，是学习分区的基础，因而要联系高中必修课的相关内容系统重点地复习。

3. 分区部分根据课标的要求按照从大到小选择了不同尺度的区域，编写时为兼顾不同版本的使用者，本书所选的区域较多，具体学习时，学会分析一个区域的方法即可，对教程出现的区域不必求全求多全面学习，而应有选择地学习。在具体学习时也不宜太细，能够大致定位即可。一般说，通过对世界地理和中国地理的复习，同学们不仅要把世界地图和中国地图熟记于心，而且要在脑海里要形成世界和我国主要区域的位置及主要地理事物的分布图。要养成经常读图、用图、填图、绘图的良好习惯，将纸质的地图转化为脑海里的思维地图。

4. 在分区部分的学习中，以区域为中心，把相关的自然地理和人文地理知识加以整合，运用必修知识，特别是必修三区域可持续发展的研究方法，进行区域地理分析。关注区域定位、比较优势、问题的成因以及因地制宜解决的措施。

5. 新课程高考试题往往不会考查具体的区域地理知识，而是重点考查区域的分析方法和读图获取和解读信息、描述和阐释事物的能力，因而在复习过程中案例学习必须贯穿始终。通过案例分析，掌握区域分析的方法和提高读图的能力。在具体分析时，不仅关注地理现象和事实材料，更要挖掘这些现象和事实背后所隐含的地理规律和原理。

6. 站在高中地理的高度，用高考的四项能力（获取和解读地理信息、调动和运用地理知识、描述和阐述地理事物、论证和探讨地理问题）要求来学习和复习区域地理。

该书系全国教育科学“十二五”规划2012年度教育部规划课题《民族地区高中课程资源开发与利用的研究》（课题批准号 FHB120472）的子课题《区域地理衔接与整合研究》成果，课题研究过程中得到内蒙古自治区教研室项玫老师的悉心指导。本书主要编写者有冯乐、任朝花、张晋文、林玮、李福中、史黎云等老师。在编写过程中，得到山西教育出版社和星球地图出版社的大力支持，参阅了高初中不同版本的地理教材和相关书籍、图册等资料，在此一并表示感谢。

由于水平和时间所限，本书定有不足和不妥之处，敬请广大师生提出宝贵意见和建议，以便再版时改进和完善。

《区域地理衔接与整合》课题组

目录

模块一 地球与地图

模块二 世界地理总论

模块三 世界地理分区

模块四 中国地理总论

模块五　中国地理分区

模块一　地球与地图

第一单元　地球知识

地球的形状和大小

地球是一个两极稍扁、赤道略鼓的椭球体。地球自转所产生的惯性离心力，使地球由两极向赤道逐渐膨胀，成为目前略扁的椭球体。通过人造卫星的精密测量，人们发现地球南北两半球并不完全对称，北极半径比南极半径长 40 米，而且赤道也不是正圆，类似椭圆，这些都说明地球是一个不规则的椭球体。

地球的赤道半径为 6 378 千米，极半径为 6 357 千米，平均半径为 6 371 千米，表面积约 5.1 亿平方千米。地球的外部被 2 000 ~ 3 000 千米厚的大气所包围。

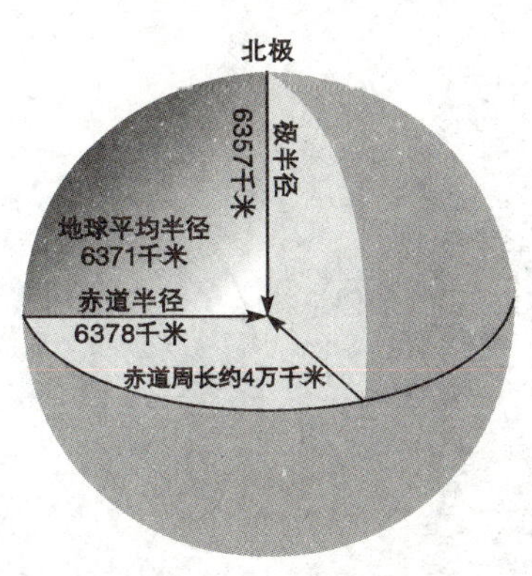

图 1-1-1　地球形状和大小

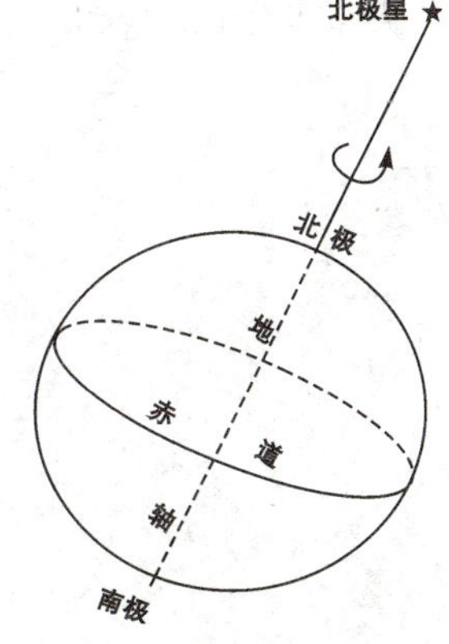

图 1-1-2　地轴、两极和赤道

地球的模型——地球仪

地球仪是为了帮助人们了解和认识地球，按一定的比例缩小而制作的地球模型。

地球自转所围绕的轴称地轴。地轴与地球表面的两个交点叫两极，正对北极星的点为北极，另一点为南极。

在地球仪上，距南北两极距离相等的大圆叫赤道，赤道全长约 4 万千米，它是地球上最大的纬线圈。

经线和经度

经线，又称子午线，是地球仪上连接南北两极的半圆弧线。经线指示南北方向，所有的经线长度都相等。两条正相对的经线组成一个经线圈。

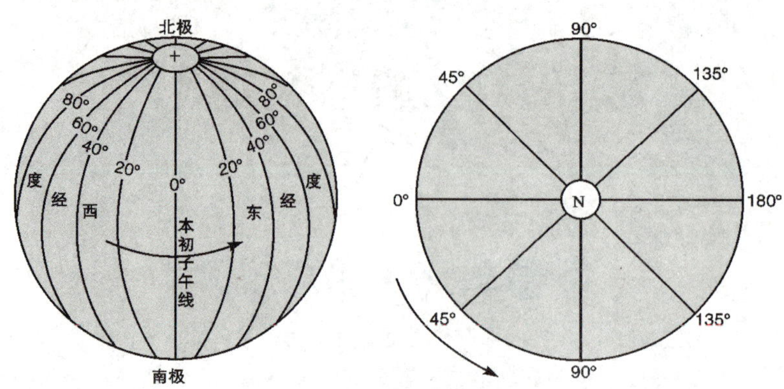

图1－1－3　经线与经度的划分

为了区分每一条经线，人们给经线标注了度数，这就是经度。国际上规定，把通过英国伦敦格林尼治天文台原址的经线定为0°，也叫本初子午线。

从0°经线起始，向东、向西各作180°，以东称东经（E），以西称西经（W）。东经180°和西经180°是同一条经线。

任何经线圈都可以将地球平分为两个半球，为了避免以0°和180°所组成的经线圈划界将欧洲和非洲的一些国家分割在两个半球，国际上统一使用西经20°和东经160°所组成的经线圈，将地球划分为东半球和西半球。

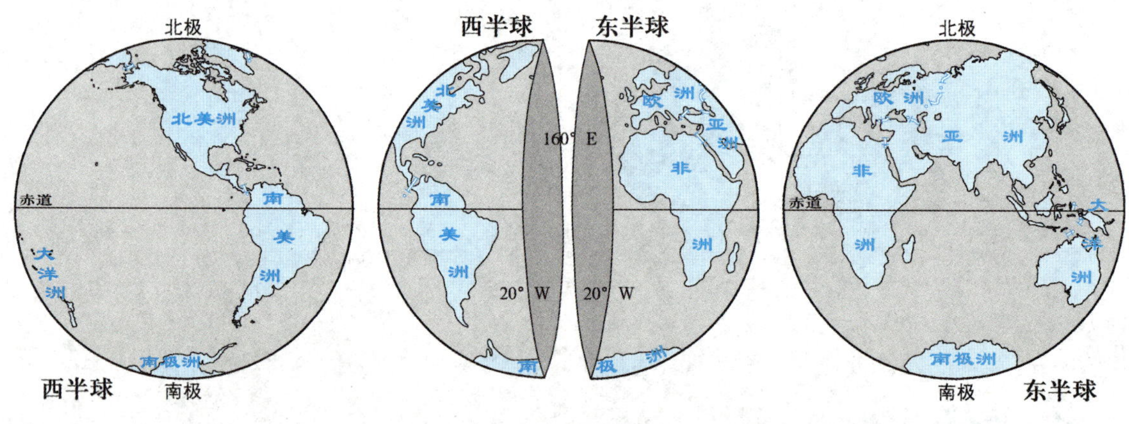

图1－1－4　东西半球的划分

纬线和纬度

纬线是地球仪上与赤道平行的线，也称纬线圈。纬线指示东西方向，纬线的长度不等，赤道是最长的纬线圈，由赤道向两极逐渐缩短，到两极缩小成点。

为了区分每一条纬线，人们给纬线标注了度数，这就是纬度。

纬度从赤道开始度量，赤道为0°纬线，向南、北各作90°。赤道以北为北纬（N），赤道以南为南纬（S）。两极点分别是北纬90°和南纬90°。除赤道外，地球仪上还有四条重要的纬线，一般用虚线表示，它们分别是北回归线（23.5°N）、南回归线（23.5°S）、北极圈（66.5°N）和南极圈（66.5°S）。

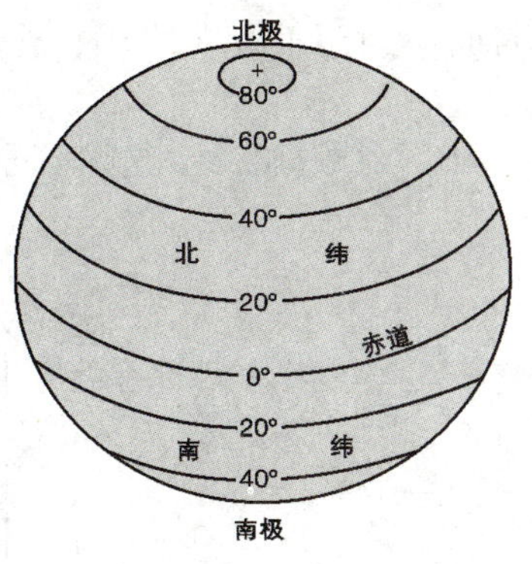

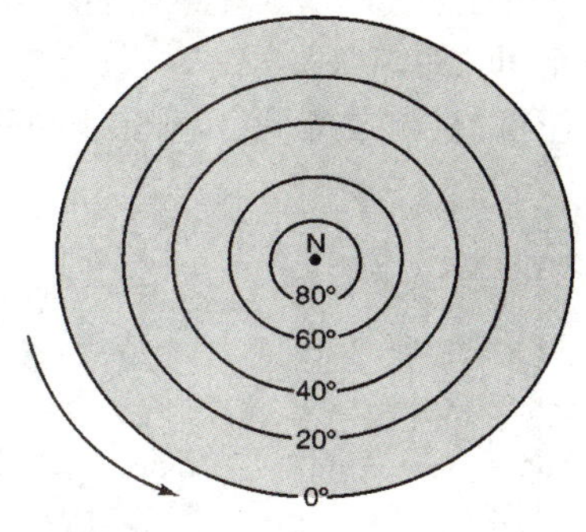

图 1－1－5 纬线与纬度的划分

人们以赤道为界，将地球划分为南北两个半球。通常把 0°～30°的地区称为低纬度，30°～60°的地区称为中纬度，60°～90°的地区称为高纬度。

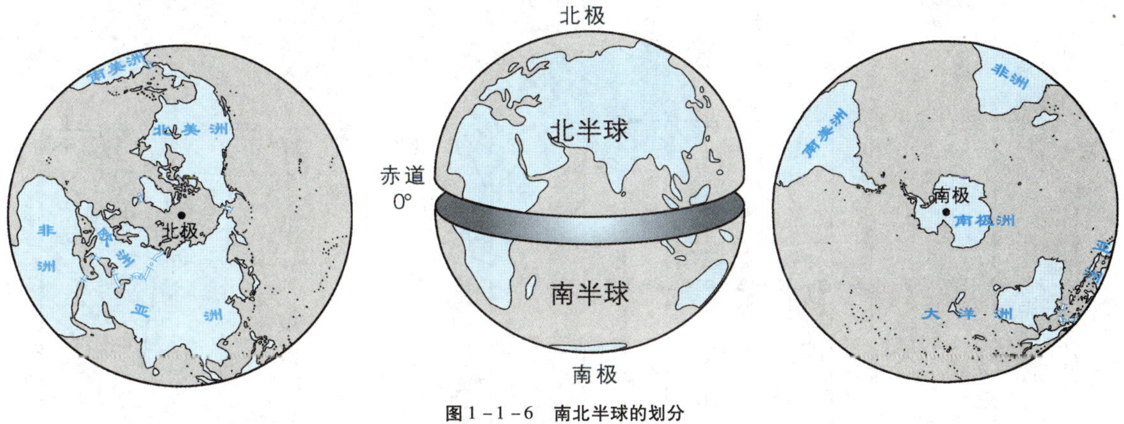

图 1－1－6 南北半球的划分

信息链接 XINXI LIANJIE

回归线、极圈与黄赤交角的关系

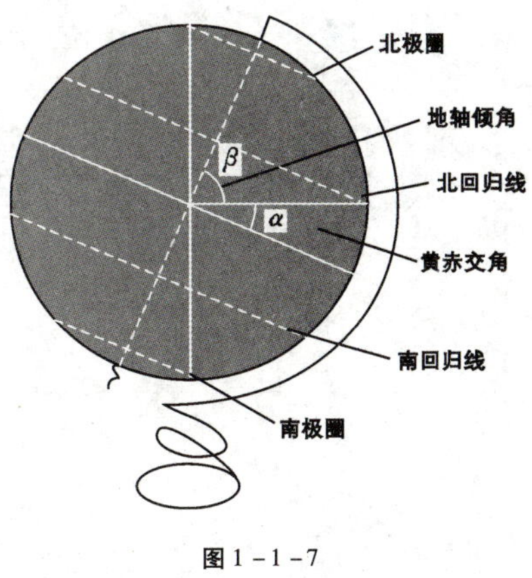

图 1－1－7

回归线与极圈是地球仪上的特殊纬线，对地球来讲，它们有着重要的地理意义。从图 1－1－7 中可以看出，回归线的度数取决于黄赤交角，而黄赤交角的大小又取决于地球在运动过程中地轴相对于公转轨道面（黄道面）的倾角。目前，地轴的倾角是 66.5°，因而黄赤交角为 23.5°（互余，90°－66.5°），进而决定了回归线的度数为 23.5°。23.5°的太阳直射极限位置决定了极昼极夜的起始纬度为 66.5°，因此，66.5°的纬线圈就成为极圈，换句话说地轴的倾角大小就是极圈的纬度数。

由此可以看出，地轴倾角的变化会引起回归线和极圈度数的变化，进而引起一系列天文和地理现象的变化。地轴、黄道面及回归线的关系如图 1－1－7 所示。

经纬网

地球仪或地图上的经线和纬线相互交织，形成了经纬网。利用经纬网，可以确定地球表面任何地点的地理位置（地理坐标），还可以确定方向、比较比例尺的大小、进行时间的计算和测算任意两点间的距离等。

经纬网在不同的投影方式下，呈现出不同的形状。人们往往根据需要，选择不同的方式绘图。

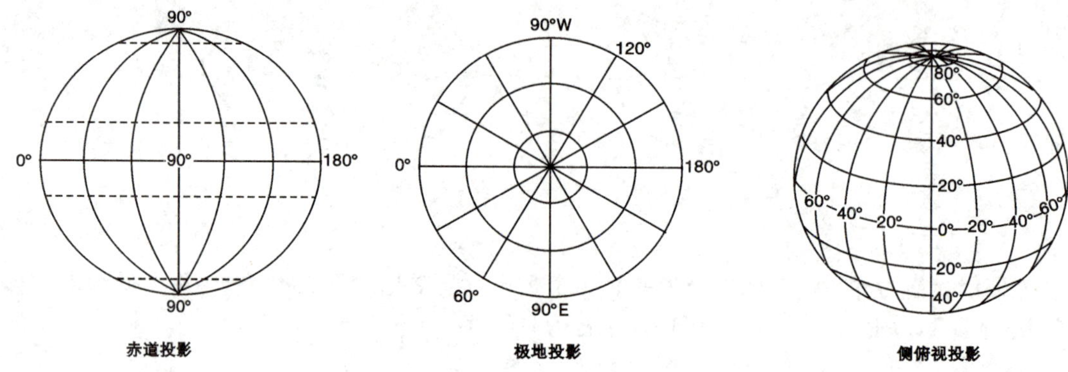

图 1－1－8 不同投影的经纬网（1）

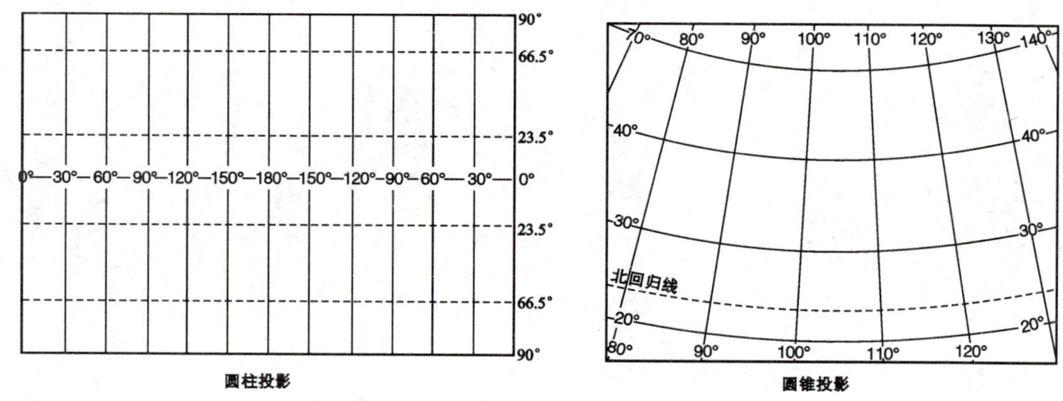

图 1－1－9 不同投影的经纬网（2）

能力提升 NENGLI TISHENG

1. 列表比较纬线与经线、纬度与经度

		纬线	经线
含义		与地轴垂直，并环绕地球一周的圆圈	连接南北两极，且与纬线垂直相交的半圆
特点	形状	圆圈，平行	半圆，两条正相对的经线形成一个经线圈
	长度	不等长，自赤道向两极递减	等长，约 2 万千米
	方向	指示东西方向	指示南北方向

度的划分	起点线	赤道（0°纬线），最长的纬线，距南北两极相等的纬线圈	本初子午线（0°经线），经过英国伦敦格林尼治天文台原址的经线
	划分	自赤道向南、北各分为 90°	自本初子午线向东、西各分为 180°
	实质	某地点到地心的连线与赤道平面的夹角（线面角）	某地子午线平面与本初子午线平面的夹角（面面角）
	图示	北极 P α O A 赤 道 纬度	北极 本初子午线 P O α A 赤 道 B 经度
	表示	赤道以南为南纬，记作“S”；赤道以北为北纬，记作“N”	0°经线以东为东经，记作“E”；0°经线以西为西经，记作“W”
作用	划分半球	赤道以南为南半球，以北为北半球	20°W $\xrightarrow{\text{向东}}$ 160°E 为东半球 160°E $\xrightarrow{\text{向东}}$ 20°W 为西半球
	测算距离	赤道上经度相差 1 度，水平距离大约相差 111 千米；其余，同一纬线（纬度为 α）上经度相差 1 度，水平距离大约相差 111cosα 千米	同一条经线上纬度相差 1 度，水平距离大约相差 111 千米
	确定位置	地球仪上，经纬线相互交织，构成经纬网。利用经纬网可确定地表任何一点的地理位置（地理坐标——纬度，经度）	

2. 经线圈和对跖点的确定

（1）两条正相对的经线组成一个经线圈，这两条经线的度数之和等于 180°（互补），东西经相反。如 60°W 与 120°E 构成一个经线圈。

（2）地球表面的对跖点是关于球心对称的点，两点所在的纬度数相同，但南北半球不同；经度互补，但东西经相反；两点相距约 20 000 千米。如甲点（120°E，30°N）与乙点（60°W，30°S）对跖。

3. 两点间最短距离（航程）的判断

在地球表面上，两点间的最短距离是通过这两点的大圆的劣弧段。

（1）若两地在赤道上，两地间的最短航程是两地在赤道上的劣弧段。

（2）若两地在晨昏圈上，两地间的最短航程是两地在晨昏圈上的劣弧段。

（3）若两地在同一经线圈，且不均在赤道上，则这两点间的最短航程必须经过极点。

①若两地同位于北半球，最短航程经过北极点，其航行方向是先向正北，过北极点后再向正南。

②若两地同位于南半球，最短航程经过南极点，其航行方向是先向正南，过南极点后再向正北。

③若两地分别位于南北半球，需要判断经过哪个极点为劣弧，然后确定最短航程方向。

（4）若两地不在同一经线圈，则过两点的大圆与经线圈斜交，其最短航程不经过极点，而是向高纬度地区弯曲。

触类旁通 CHULEI PANGTONG

1．在图 1－1－10 中，填写经纬度。

N
0°
0°
S
N
0°
0°
S
0°
N
0°
180°

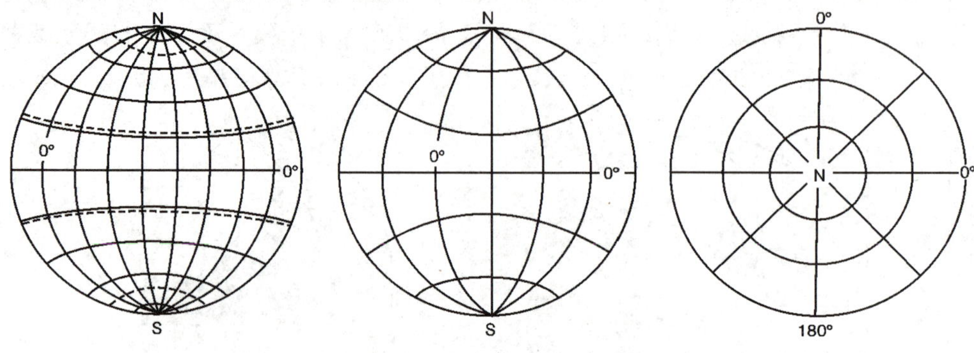

图 1－1－10

解析 该题利用在各种经纬网图中填注经纬度达到理解和掌握经纬度空间分布规律的目的。分析时首先确定经纬网的类型，判断是侧视图，还是俯视图；其次判断两条纬线或经线之间的度数差；最后根据经纬度的分布规律确定每条线的度数。经纬度的分布规律，可分解为以下图示，利用图示掌握其规律。

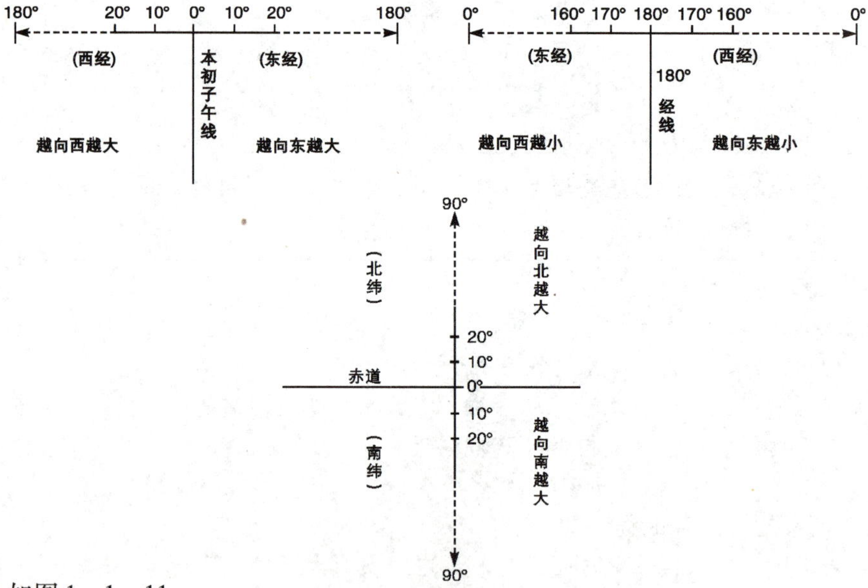

180° 20° 10° 0° 10° 20° 180°
(西经)
本初子午线
(东经)
越向西越大
越向东越大
0° 160° 170° 180° 170° 160° 0°
(东经)
180°经线
(西经)
越向西越小
越向东越小
90°
(北纬)
越向北越大
20°
10°
赤道
0°
10°
20°
(南纬)
越向南越大
90°

答案 如图 1－1－11。

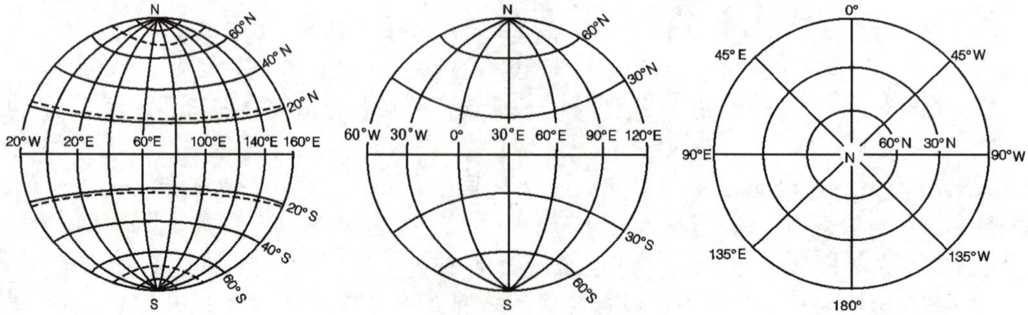

N
60°N
40°N
20°N
20°W 20°E 60°E 100°E 140°E 160°E
20°S
40°S
60°S
S
N
60°N
30°N
60°W 30°W 0° 30°E 60°E 90°E 120°E
30°S
60°S
S
0°
45°E
45°W
90°E
N
60°N
30°N
90°W
135°E
135°W
180°

图 1－1－11

2. 有M、N两点，已知M地为（65°S，170°E），N地为（10°N，25°W），则M地位于N地的 （　　）

A. 西北　　B. 西南　　C. 东南　　D. 东北

解析 以N点为原点建立坐标系，将M点标注在坐标系中，分析M点相对于N点的方向（如图1－1－12所示）。从图中直观地看，往往会误判为M点在N点的东南方向，其实不然。图中M、N两点的经度差195°大于180°，不能按一般方法直接确定，要根据两点间的劣弧段进行判断，劣弧段M′N的经度差为165°，所以正确选项应该为B。

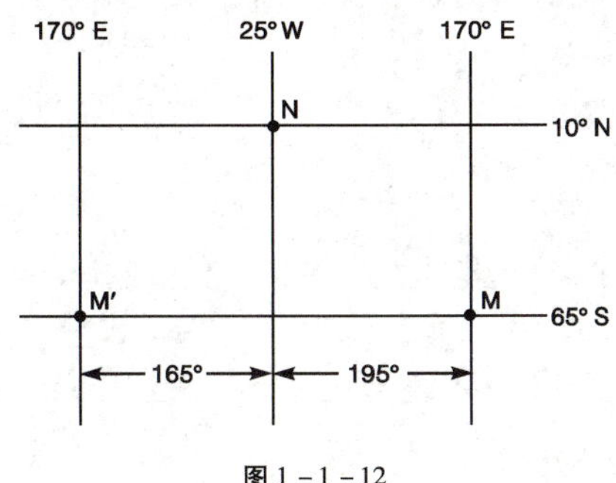

图1－1－12

答案 B

3. “陆半球”是以（38°N，0°）为极点的半球，另一半球“水半球”的极点位于（　　）

A. 北半球、东半球　　B. 北半球、西半球

C. 南半球、东半球　　D. 南半球、西半球

解析 陆半球是以法国维莱纳河口的杜曼岛为中心的半球，包括亚欧大陆、美洲大陆和非洲大陆的绝大部分。水半球是以新西兰东南面的安蒂波德斯群岛为中心的半球，海洋面积多于任何一个半球。“水半球”的极点与“陆半球”的极点互为对跖点（经度互补，纬度相同，半球相反）。“水半球”的极点为（38°S，180°），位于南半球、西半球。

答案 D

（2015·全国卷Ⅰ）4. 一架从甘德机场（图1－1－13）起飞的飞机以650千米/小时的速度飞行，1小时后该飞机的纬度位置可能为 （　　）

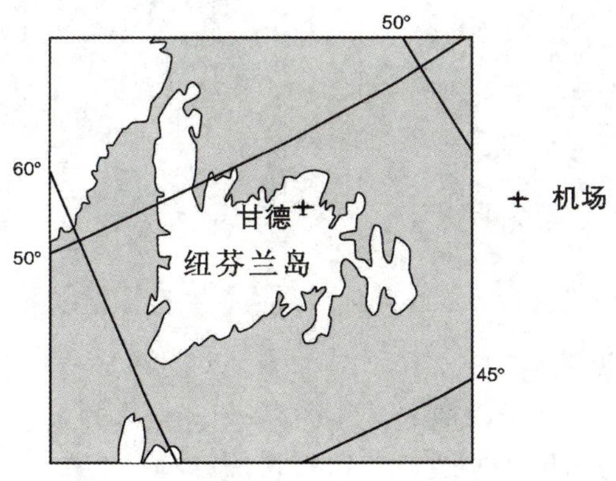

图1－1－13

A. 66.5°N　　B. 60°N　　C. 53°N　　D. 40°N

解析 该题以甘德机场起飞的一架以650千米/小时的速度飞行的飞机为情境，对地球的大小（利用经纬线测算距离）进行考查。从图中可知，甘德机场的纬度大约为49°N，一小时后该飞机飞离甘德机场约650千米，换算成经度（纬度差）的话大致是6°，即飞机飞行的经度不超过6°，一小时后的位置应在49°±6°的范围内，故C正确。

答案 C

第二单元 地图三要素

地图是按一定的法则，将地表的自然或社会现象缩小、概括，用地图符号表示的平面图。方向、比例尺、图例和注记是地图的基本要素。

地图上的方向

地图上有东、南、西、北四个基本方向。在这个基础上，可以确定出东北、东南、西南和西北四个方位。

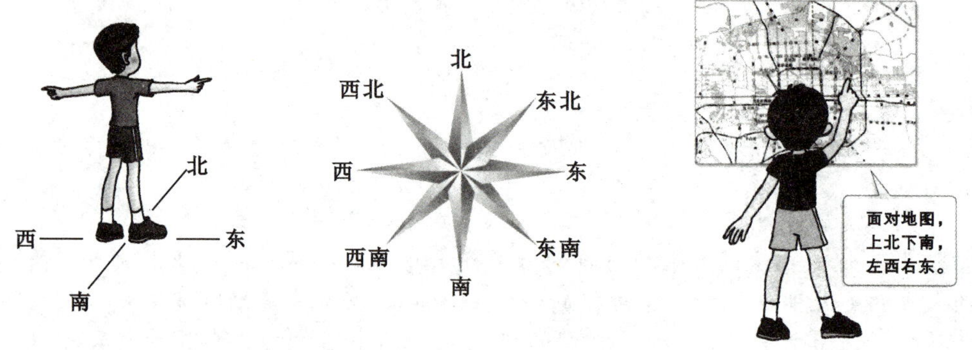

图 1－2－1 地平面的方位与常见地图上的方向

在地图上确定方向有三种方法：

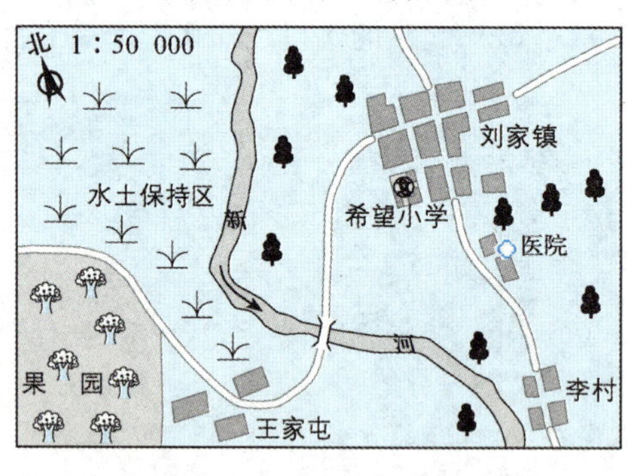

图 1－2－2 根据指向标定方向

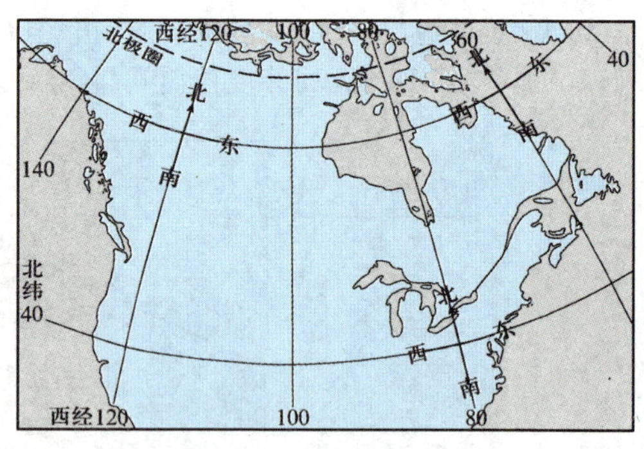

图 1－2－3 根据经纬线定方向

一般定向法：一般地图上，面向地图，“上北下南，左西右东”。

指向标定向法：在有指向标的地图上，根据指向标确定方向。指向标的箭头一般指向北方，相反的方向是南，与箭头垂直的左侧是西，右侧是东。

经纬网定向法：在有经纬网的地图上，经线指示南北方向，纬线指示东西方向。

信息链接 XINXI LIANJIE

野外定向的方法

- 指南针定向　将指南针放平，磁针总是指向南北方向。

● 北极星定向 在晴朗的夜晚，生活在北半球的人可以在夜空中找到北极星（北极星的高度角与观察地所在的纬度相等），面向北极星的方向就是正北方。

● 太阳定向 根据太阳的升落规律和正午太阳高度确定方向。对北半球中高纬度地区来说，一天中太阳高度最大时即正午，太阳位于正南天空；夏季日出东北，日落西北；冬季日出东南，日落西南；春分日和秋分日时，正东方升起，正西方落下。

● 树木年轮定向 在北半球中纬地区，树木年轮紧密的一侧为北方，年轮稀疏的一侧为南方。

● 太阳和手表定向 在中高纬度地区，白天有太阳的时候，将手表平放，让时针指向太阳，表盘上12点与时针之间夹角的平分线所指的方向，大致是南方。

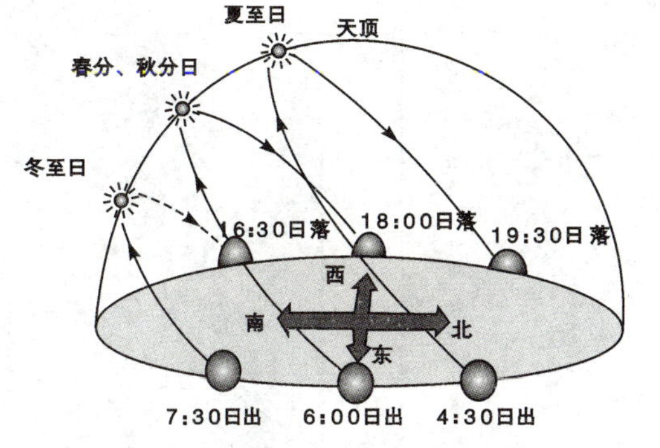

图 1-2-4 太阳定向

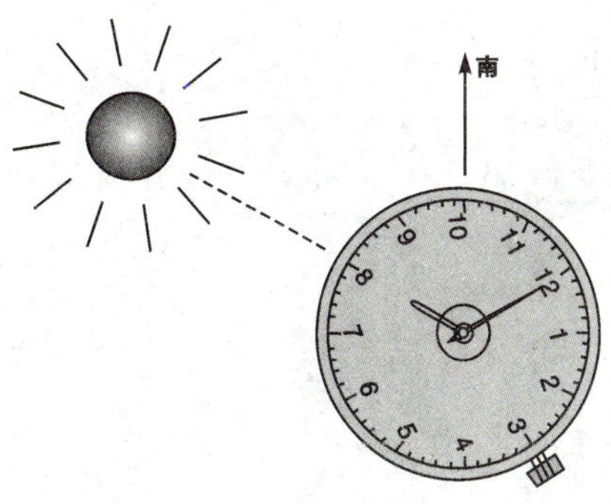

图 1-2-5 太阳和手表定向

能力提升 NENGLI TISHENG

利用经纬网确定方向

（1）两点在同一经线上为正南、正北关系。两点都在北半球，纬度高的在北方，纬度低的在南方；两点都在南半球，纬度高的在南方，纬度低的在北方。两点分别在南北半球的，北半球的在北方，南半球的在南方。南北方向是绝对的，北极是地球的最北端，其四周均为正南方；南极则相反。

（2）两点在同一纬线上为正东、正西关系。东西方向是相对的，判断时首先要选择劣弧段（两地点的经度差小于180°的弧线），其次再根据地球自西向东的自转方向确定方向。方法如下：

①两点同为东经度，则经度数值大的在东方，数值小的在西方。

②两点同为西经度，则经度数值小的在东方，数值大的在西方。

③两点分别为东经度和西经度时，要用两地的经度之和的大小来辨识东西方向。若两地之和 <180°，则东经度的地点在东方，西经度的地点在西方；若两地之和 >180°时，则东经度的地点在西方，西经度地点在东方。

（3）两点既不在同一经线，也不在同一纬线上为非正东、正南、正西、正北关系。既要判断两点的东西方向，又要判断两点的南北方向，最后把二者结合起来确定两点之间的相对方向。

（4）在以极地为中心的经纬网图上，判断东西方向最简便的方法是：在相比较的两地之间的劣弧段，画出地球自转方向箭头，则箭头为东，箭尾为西。

地图上的比例尺

比例尺也叫缩尺，表示图上距离比实地距离缩小的程度。缩小的程度越大，比例尺就越小。比例尺用公式表示为：$\textbf{比例尺}=\frac{\textbf{图上距离}}{\textbf{实地距离}}$

比例尺有线段、数字和文字三种表示形式。

0　1.1千米	1:110 000	图上1厘米代表实地1.1千米
线段比例尺	数字比例尺	文字比例尺

比值越大，比例尺就越大；比值越小，比例尺就越小。一般来说，在地图图幅大小相同时，比例尺越大，地图所表示的区域范围越小，地图内容越详细；比例尺越小，地图所表示的区域范围越大，地图内容越简略。

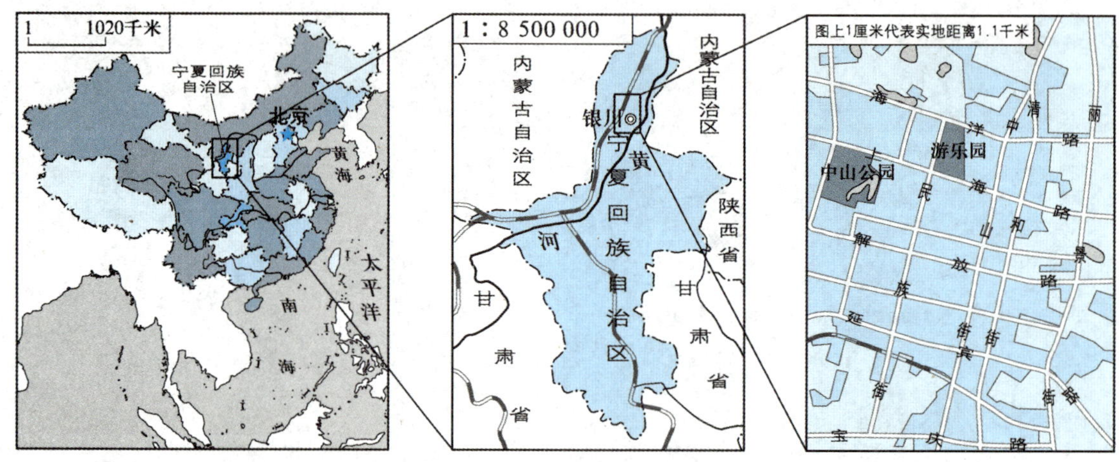

图 1－2－6　不同比例尺的地图

一幅地图选用多大的比例尺，是根据地图的用途、所绘地区的大小和内容的详略等情况来确定的。

能力提升 NENGLI TISHENG

比例尺的放大和缩小

比例尺的放大和缩小常见的错误有：一是比例尺的缩放与图幅的面积缩放不分；二是“放大（缩小）”、“放大了（缩小了）”与“放大到（缩小到）”不分。

（1）比例尺放大是用原比例尺乘以放大到的倍数或乘以放大（放大了）的（倍数 +1）。

例：将 1:10 000 的比例尺放大 1 倍，放大后的比例尺是：

1/10 000 ×（1 +1） =1/5 000

（2）比例尺缩小是用原比例尺乘以缩小到的倍数（分数）或乘以缩小（缩小了）的倍数（1 – 倍数）

例：将 1/60 000 的比例尺缩小 1/4，即比例尺缩小到（1 –1/4），缩小后的比例尺应为：

1/60 000 ×（1 –1/4） =1/80 000

（3）缩放后图幅面积的变化

①比例尺放大后的图幅面积等于比例尺放大到的倍数之平方，如将比例尺放大到原图的 2 倍，则放大后图幅的面积为 2^2，即 4 倍。

②比例尺缩小后的图幅面积等于比例尺缩小到的倍数之平方，如将比尺缩小到原图的 1/3，则缩小后的图幅面积为原图面积的 $(1/3)^2$，即 1/9。

地图上的图例和注记

图例是地图上表示各种地理事物和现象的符号。常用图例有统一的规定。

中国首都	军事分界线、停火线	海岸线
外国首都	省、自治区、直辖市界	河流、湖泊
主要城市	香港特别行政区界	时令河、时令湖
街区	铁路	水库、渠道
洲界	建筑中铁路	等高线
国界	高速公路	▲8848 山峰、高程（米）
未定国界	公路	火山
地区界	运河	沙漠

图 1－2－7　常用图例

注记是地图上说明地理事物名称和属性的文字或数字。填写注记时，一般自左至右，自上而下。

触类旁通 CHULEI PANGTONG

在一幅地图上，北纬 60°纬线上甲、乙两地相距 33.3 厘米，地方时相差 4 小时，则（　　）

A. 该地图的比例尺为 1:100 000

B. 该地图的比例尺比 1:20 000 000 地图的比例尺小

C. 在 1:5 000 000 的地图上表示与该图相同的实际范围，图幅面积要增大 3 倍

D. 赤道上丙、丁两地相距 33.3 厘米，地方时相差 2 小时

解析 该题考查利用经纬度计算比例尺、地方时、比例尺大小的比较及比例尺缩放后面积的变化等知识点。确定该图比例尺是解题的关键。北纬 60°上经度 1°的弧长为 111 千米 × cos60°；地方时相差 4 小时，经度相差 60°，由此可知甲、乙两地实地距离为 60 × 111 × cos60° = 3 330 千米，根据比例尺的定义可以算出该图的比例尺为 1:10 000 000。分母越大，其比例尺越小，因而该图的比例尺比 1:20 000 000 地图的比例尺大。1:5000 000 的地图比该图（1:10 000 000）比例尺扩大了 1 倍，扩大后的图幅面积是原来的 4 倍，即图幅面积要增大 3 倍。该图中赤道上的丙、丁两地相距 33.3 厘米，根据比例尺计算丙、丁的实地距离为 3 300 千米，赤道上经度相差 1°的弧长为 111 千米，则丙、丁两地经度只相差 30°，因而地方时相差仅 2 小时。选项 C、D 正确。

答案 C、D

第三单元　地形图

认识地形

绝对高度和相对高度

人们常用绝对高度和相对高度来表示地面的高度和起伏状况。绝对高度是地面某个地点高出海平面的垂直距离，也叫海拔。如珠穆朗玛峰，海拔 8 844.43 米。相对高度是某一地点高出另一地点的垂直距离。

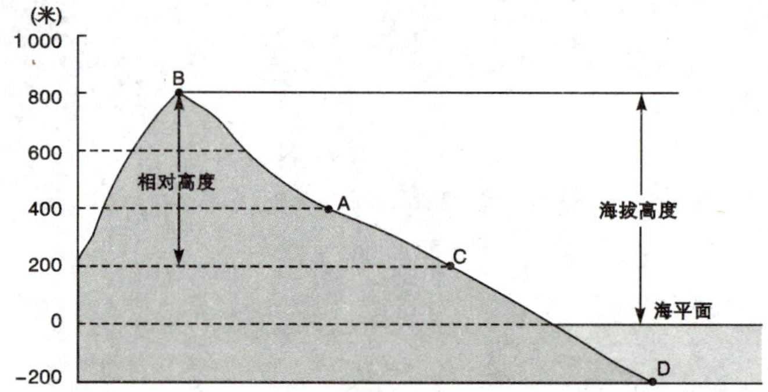

图 1－3－1　海拔与相对高度示意

地形类型

地形是各种地表形态的总称。按其形态可以分为平原、高原、山地、丘陵和盆地五种基本类型。

地形类型	海拔	相对高度	地表起伏	备注
平原	一般在 200 米以下	小	地面平坦，起伏很小	主要分布在河流的中下游
高原	较高，500 米以上	小	地面坦荡，边缘陡峻	巴西高原面积 500 多万平方千米，是世界最大高原；青藏高原平均海拔 4 000 米以上，是世界最高高原
丘陵	较低，500 米以下	较小	起伏较小，坡度和缓	中国东南丘陵
山地	一般在 500 米以上	大	峰峦起伏，坡度陡峻	山地呈条带状分布，并沿着一定方向延伸很长，称为山脉
盆地	无一定标准	大小均有	四周高，中部低	刚果盆地、四川盆地

等高线地形图

等高线是地图上海拔高度相同各点的连线。等高线数值为正值，表示高于海平面；如果是负值，表示低于海平面。等深线是地图上水域深度相同各点的连线。用等高线和等深线表示地面高低起伏的地图称为等高线地形图。

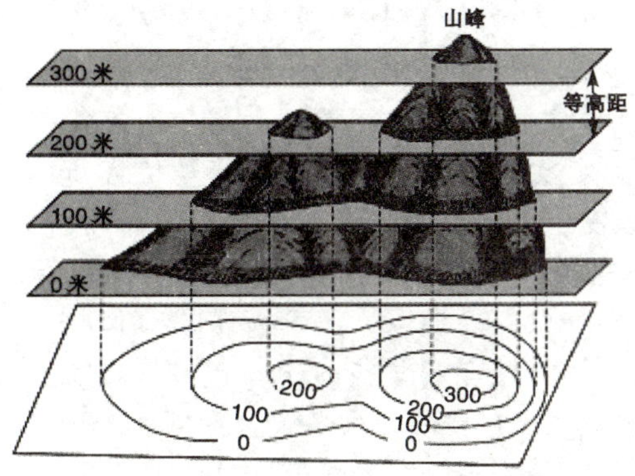

图 1－3－2　等高线表示地形的原理示意

等高线地形图的一般特征

（1）同线等高。在同一幅等高线图上，同一条等高线上各点的海拔（高程）相同。

（2）等高距全图一致。等高距是指相邻两条等高线之间的绝对高度（海拔）之差，即相对高度。一般在同一幅等高线图上，等高距相同。

（3）等高线为闭合曲线。等高线均为封闭的曲线，无论怎样迂回必环绕成圈，但在一幅图上不一定能显示出其全部闭合状态。

（4）等高线一般不相交、不重叠。只有在陡崖处才会出现重叠现象。

（5）等高线疏密反映坡度陡缓。同一幅等高线图上，等高线愈密，表示坡度愈陡；等高线愈疏，表示坡度愈缓；等高线间距均匀，表示坡度均匀，是均匀坡；等高线上疏下密，为凸形坡；等高线下疏上密，为凹形坡。

（6）等高线与山脊线、山谷线垂直相交。

（7）示坡线表示降坡方向。示坡线是与等高线垂直相交的短线，它总是指向海拔较低的方向，也称降坡线。

在等高线地形图上，根据等高线的数据和分布状况，可以判断各种地形类型和地势的高低起伏。山地的不同部位，等高线的形态也不一样（图 1－3－3）。

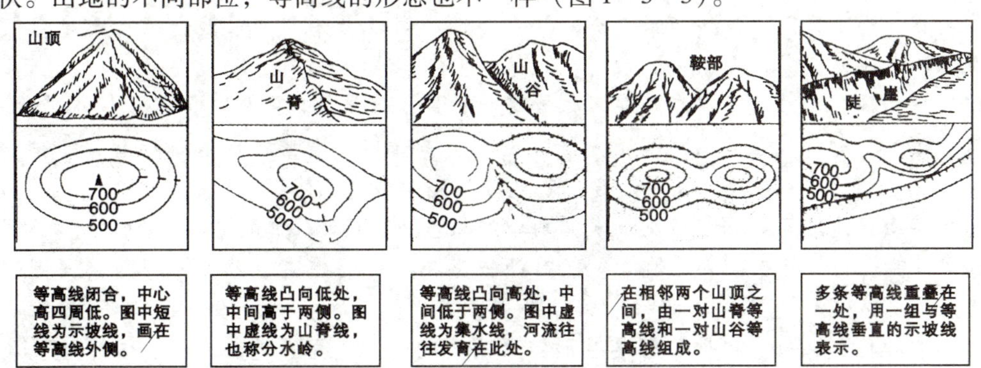

图 1－3－3　山地不同部位等高线形态

如果按照越高越亮或者越高越暗的原则，在不同的等高线之间，着上不同的颜色，用来表示地势的起伏和各种地形的分布，这种地形图叫做分层设色地形图。一般绿色表示平原；黄色、褐色表示高原和山地；白色表示雪山冰川；蓝色表示海洋。

能力提升 NENGLI TISHENG

1．等高线弯曲的判断

①画辅助线判断：在图1－3－4中做辅助线AB，根据等高线数值可知，在AB线上c＞b（d）＞a（e），故c处于山脊。

②运用等值线“凸低为高，凸高为低”规律判断：即若等值线凸向高数值方向，则弯曲处数值低于两侧数值；若等值线凸向低数值方向，则弯曲处数值高于两侧数值。图1－3－4中等高线向低数值方向（低海拔）凸出，其数值应比两侧的数值高，故为山脊。

“凸低为高，凸高为低”规律应用很广泛，不仅适用于等高线的判断，同理也适用于等温线、等压线等所有等值线的判断。

A a b c d e B 100m 200m 300m

图1－3－4

2．等高线图判读分析的一般方法

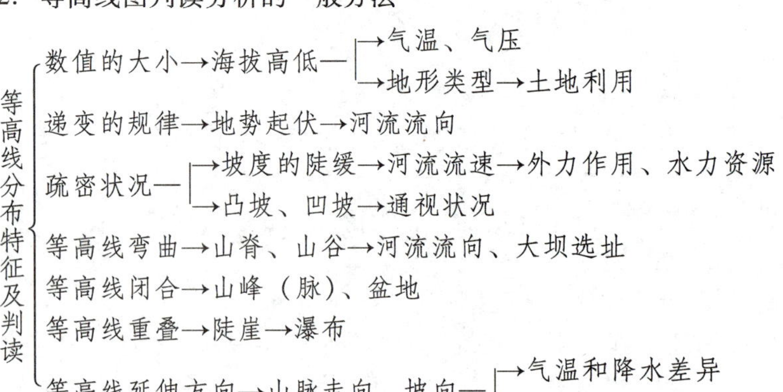

3．等高线地形图的应用

（1）修筑梯田。梯田应选择等高线坡度较缓的部位，沿等高线修筑。这样，一方面增加耕地面积，发展种植业；另一方面可以涵养水源、保持水土。但坡度大于25°的地区不宜修筑梯田，应发展林牧业，以保护生态环境。

（2）交通选线。交通线（包括管道）的选线尽可能避免通过山区、沙漠、沼泽、永久冻土区、地下溶洞区及横穿河流。山区铁路、公路选线时，沿等高线修筑，路面平缓，坡度较小，工程量小，造价低。

（3）修水库。水库坝址应选建在工程量最小，且库容量最大的地方，以开口盆地为最好，即“口小肚大”等高线密集的河流峡谷处。盆地地形有利于集水和蓄水，其出口的峡谷又有利于修坝。引水线路的选择，关键是考虑依地势从高处引往低处。

（4）确定两地之间的通视状况。仅凭两地的高差不能确定两地间的通视状况，其原因是：①两地间可能有山脊存在；②两地间可能有凸坡存在。一般要通过做两地间的剖面图确定其通视状况。

（5）农业区位选择。根据等高线地形图反映出的地貌类型、地势起伏、坡度陡缓及气候和水源条件，因地制宜提出农林牧渔布局方案。

（6）确定港口、码头位置。海港码头应选择海水较深且避风的海湾；避开含沙量大的河流或河段，以免造成航道淤塞。

(7) 估算陡崖的高度。

①陡崖底部高度：小于或等于最低等值线的数值。

②陡崖顶部高度：大于或等于最高等值线的数值。

③陡崖相对高度：若陡崖处重合的等高线有n条，等高距为d，则陡崖的相对高度H的取值范围是：$(n-1)d \leq H < (n+1)d$

(8) 结合比例尺判断地貌类型。

①0米等高线代表海平面，一般表示海岸线。

②平原：海拔在200米以下，等高线稀疏，广阔平坦。

③丘陵：海拔500米以下，相对高度小于200米，等高线较稀疏。

④山地：海拔500米以上，相对高度大于200米，等高线密集，河谷为"V"字形。

⑤高原：海拔高度大，但相对高度小，边缘等高线密集，中部稀疏。

触类旁通 CHULEI PANGTONG

读下图，完成(1)～(2)题。

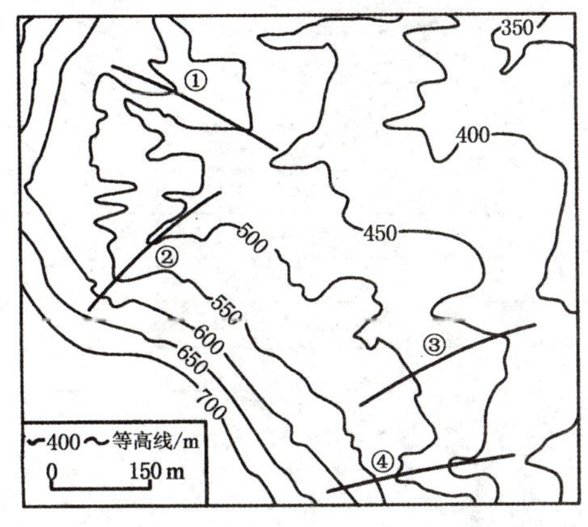

图1-3-5

(1) ①②③④四地段中平均坡度最大的为 ( )

A. ① B. ② C. ③ D. ④

(2) 海拔低于400米的区域面积约为 ( )

A. $0.05km^2$ B. $0.5km^2$ C. $5km^2$ D. $50km^2$

解析 该题组考查在等高线地形图上判断坡度陡缓和计算面积的能力。图中①②③④四地段等距，坡度大的应该是穿过等高线最多的。从图中看出④地段穿过四条等高线，平均坡度最大。图中海拔低于400米的区域位于东北角，呈不规则图形，根据提供的比例尺，我们可以将其看作一个边长大致为200米的正方形来估算其面积。四个选项的面积相差悬殊，选出正确选项的难度并不大。易出错的地方是单位的换算。

答案 (1) D (2) A

地形剖面图

在等高线地形图上，沿某一方向的直线（剖面线）所绘制出来的垂直断面图称地形剖面图。地形剖面图可以直观地表示地表沿某一方向地势的起伏和坡度的陡缓。

地形剖面图的绘制方法和步骤

（1）在等高线地形图上，按要求画一条剖面线 AB。剖面线与所经过的等高线会有若干个交点。

（2）确定水平比例尺与垂直比例尺。水平比例尺一般与原等高线图保持一致，垂直比例尺根据图上最高点和最低点确定，一般是原图的 5、10、15、20 倍。

（3）在绘制剖面图的图纸上画一条基线 A′B′（AB = A′B′），并在两端作垂线，标上高度标尺（垂直比例尺），绘出纵坐标。

（4）在剖面线 AB 与等高线的各交点上向剖面图基线 A′B′画垂线，并在纵坐标上标出相应高度。

如果剖面线为倾斜剖面线（与图廓上下边不平行），需首先在等高线图上量取剖面线与等高线上各交点的距离；其次根据量取结果，在基线上将各交点的位置标出；最后在纵坐标上标出各交点相对应的高度。

（5）把各点高度连成光滑的曲线（注意图中山脊与山谷的剖面形态）。

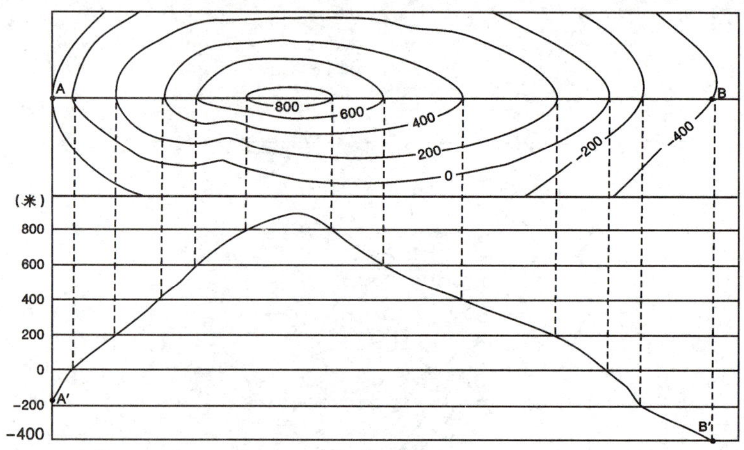

图 1－3－6　剖面线绘制示意

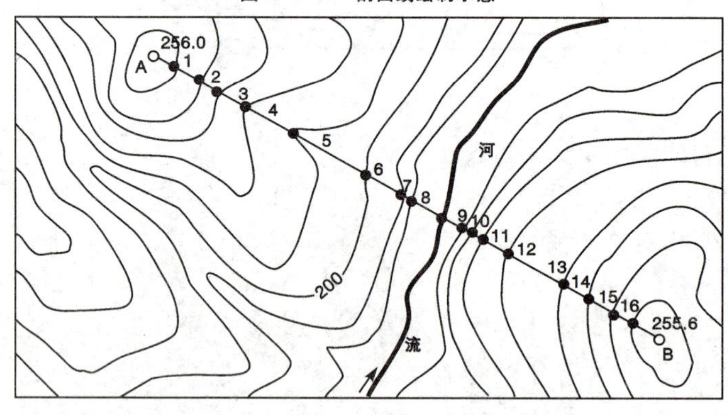

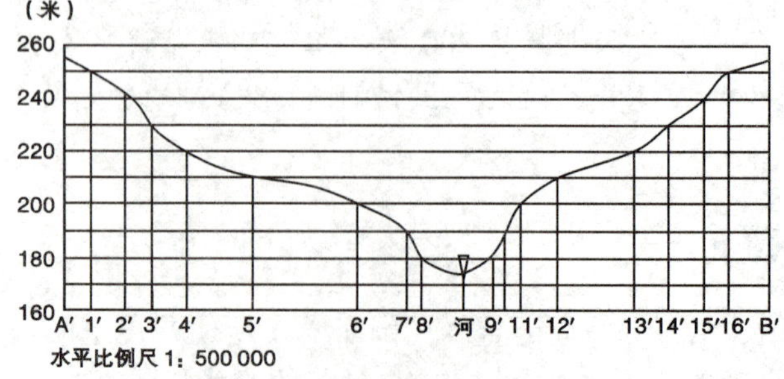

图 1－3－7　倾斜剖面线绘制示意

触类旁通 CHULEI PANGTONG

1. 某山区的一所学校，拟组织学生对附近公路的交通流量进行调查。读下图完成各题。

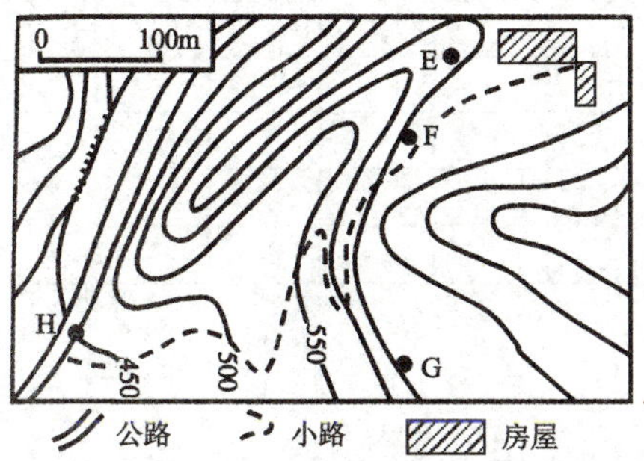

图 1－3－8

(1) 判断在 E 、F 、G 三个地点中，能目测到公路上经过 H 处车辆的是________。

(2) 试用地形剖面图解释你所作的判断，并作简要说明。图画在下面方框内。

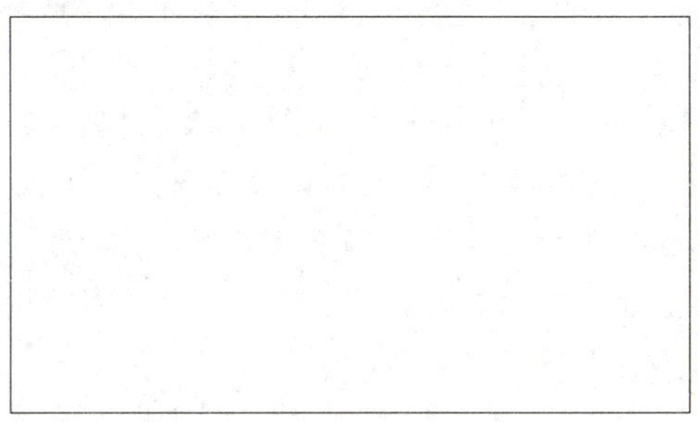

说明：____。

解析 该题着重考查学生运用地图的能力，包括对地形图的阅读、分析、判断及绘制地形剖面图的基本技能。试题为了真正显示学生运用地图的能力和实际动手解决问题的能力，避免猜测答题，题目要求绘出地形剖面图用以说明。事实上在一定程度上暗示和规定了学生答题的思路，利用剖面图可以判断两点之间的通视状况。在做剖面图之前，可以将 H 与 E、F、G 连线，可以看出 HE、HF 与同一等高线（550 米）多次相交，初步判断出从 E、F 点观测有障碍，HG 间通视状况较好，从而选定作 HG 之间的剖面图。当然，也可依次将三幅剖面图全部画出后，做出取舍。该题告诉我们，地形图上两地间能否通视，要考虑两地之间的地势起伏或是否有障碍物，只有之间无障碍的点才能通视，通过作剖面图的方法可以判断地形图上两点间的通视状况。

答案 (1) G 点　(2) 从剖面图（如图 1－3－9）上可以看出 G 地到 H 点之间没有障碍，可以清晰地观察。

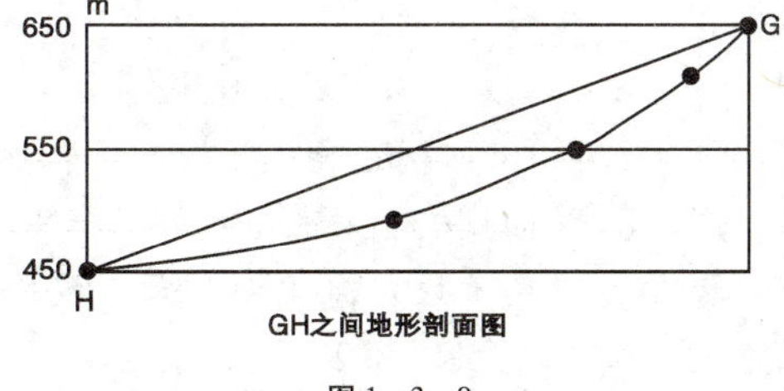

图 1－3－9

2. 下图是某地的地形剖面图，其中纵坐标的划分间隔为0.5cm，横坐标的划分间隔为1cm。读图回答（1）~（2）题。

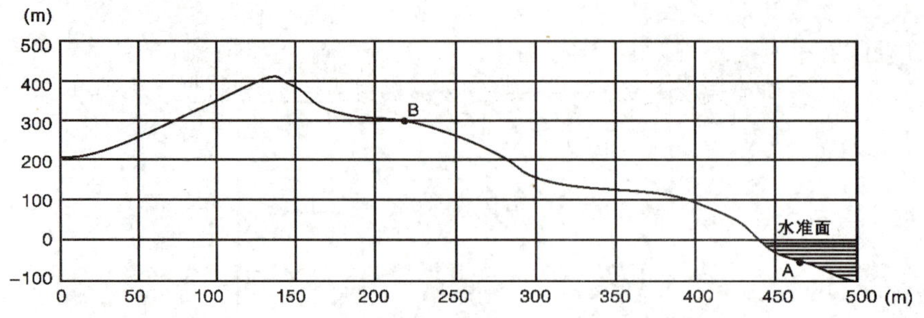

图1-3-10

（1）图中的垂直比例尺和水平比例尺分别是（　　）

A. 1:1 000 和 1:50 000　　B. 1:2 000 和 1:50 000

C. 1:5 000 和 1:20 000　　D. 1:20 000 和 1:5 000

（2）图中B点的绝对高度和相对于A点的相对高度分别是（　　）

A. 350 米和 200 米　　B. 300 米和 250 米

C. 300 米和 350 米　　D. 200 米和 300 米

解析 （1）从题干和图中可知，纵坐标0.5厘米代表实际距离100米，通过换算可得出垂直比例尺为1:20 000；横坐标1厘米代表实际距离50米，通过换算可得出水平比例尺为1:5 000。（2）绝对高度即海拔，读图可知B点的海拔为300米，A点的海拔为−50米，因而B点相对于A点的高度是350米。

答案 （1）D　　（2）C

（2012·新课程卷）3. 下图示意某小区域地形，图中等高距为100米，瀑布的落差为72米。据此完成（1）~（2）题。

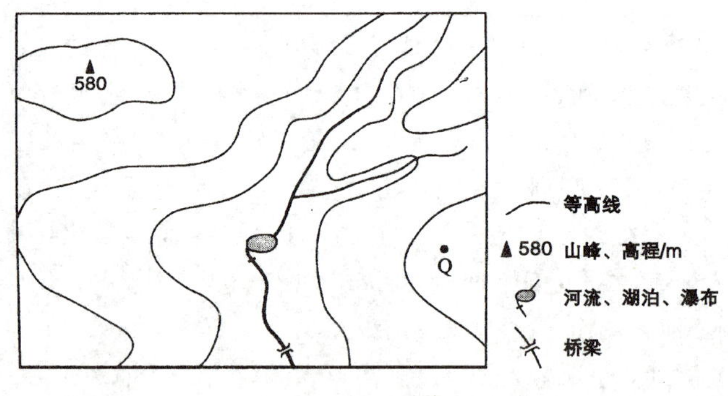

图1-3-11

（1）Q地的海拔可能为（　　）

A. 90 米　　B. 230 米　　C. 340 米　　D. 420 米

（2）桥梁附近河岸与山峰的高差最接近（　　）

A. 260 米　　B. 310 米　　C. 360 米　　D. 410 米

解析 该题组以简要的等高线地形图为情境，考查考生获取信息、推理和判断能力。第（1）问的关键是建立等高线与河流之间的联系，河流两岸的等高线对称分布；第（2）问要认真解读“瀑布的落差为72米”的信息，该信息表明桥梁附近的海拔小于228米，由此可见山峰与桥梁附近河岸的高差最小值为：580−228=352，最大值<380。

答案 （1）D　　（2）C

模块二　世界地理总论

第一单元　陆地与海洋

第一讲　大洲和大洋

海陆分布

陆地与海洋的分布构成了地球的基本面貌特征。地球表面积约 5.1 亿平方千米。其中陆地约 1.49 亿平方千米，占 29%；海洋约 3.61 亿平方千米，占 71%。

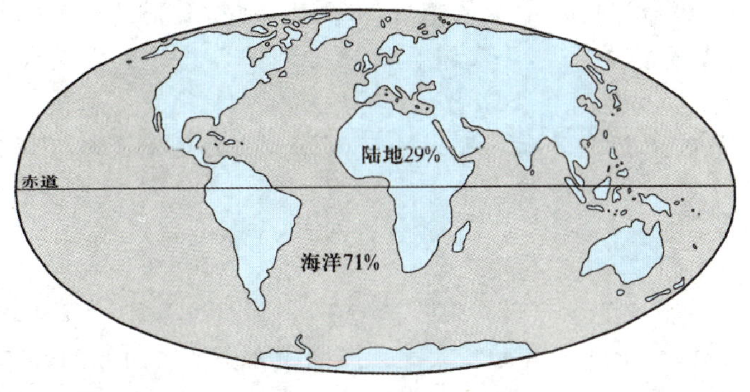

图 2－1－1　世界海陆分布

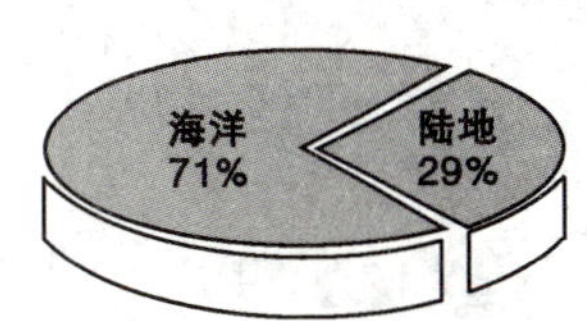

图 2－1－2　世界海陆比例

世界海陆分布很不均匀，陆地主要集中在北半球，海洋大多分布在南半球。无论怎样划分半球，每个半球总是海洋面积大于陆地面积。

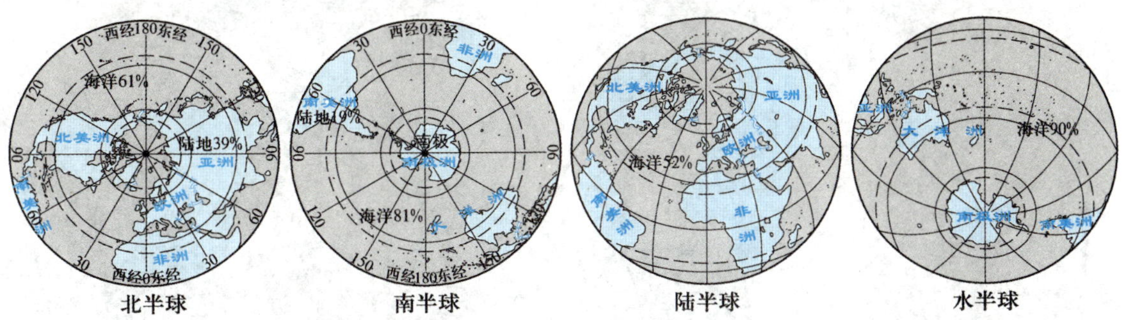

图 2－1－3　北半球与南半球海陆分布

图 2－1－4　水半球与陆半球海陆分布

> **读图指南**
>
> 列表比较南半球、北半球、陆半球、水半球的陆地比重和海洋比重。

陆地面积有大有小，面积较大的叫大陆；面积较小的称岛屿；一面与陆地相连，三面被海水包围的陆地为半岛。大陆按照面积大小的排序，依次是亚欧大陆、非洲大陆、北美大陆、南美大陆、南极大陆和澳大利亚大陆。除澳大利亚大陆和南极大陆之外，其他大陆的形状均呈北部较宽、南部较窄的三角形。

信息链接 XINXI LIANJIE

岛屿的成因

散布在海洋、湖泊或河流中的小块陆地叫岛屿。彼此相距较近的一组岛屿称为群岛。世界上最大的岛屿是格陵兰岛，面积达 217 万平方千米。世界最大的群岛是马来群岛，岛屿数量在两万个以上，全球岛屿总面积约为 970 万平方千米，占地球陆地面积的 1/5，岛屿数量达 20 多万个，全球有 42 个国家的领土主要是由岛屿组成的。

从成因上讲，岛屿可分为大陆岛、海洋岛和冲积岛。大陆岛是大陆的“本家”。多呈花彩链状分布在大陆边缘的外围。在地质构造上与附近大陆相连，只是由于地壳变动或海水上升，局部陆地被水包围而成岛屿。我国的台湾岛就是典型的大陆岛。海洋岛按成因不同又可分为火山岛和珊瑚岛两种。由海底火山喷发时火山喷发物堆积而形成的岛屿叫火山岛。太平洋中的夏威夷群岛是典型的火山岛。塑造珊瑚岛的主力军是珊瑚虫，珊瑚虫遗体堆积而成的海岛叫珊瑚岛。珊瑚岛主要分布在南北纬 20°之间的热带浅海地区，以太平洋的浅海比较集中，如澳大利亚东北部的大堡礁；我国南海诸岛中的多数岛屿均为珊瑚岛。冲积岛则是河流携带的物质在大河河口或河流、湖泊中堆积而成的岛屿。我国长江口的崇明岛就是我国最大的冲积岛。

岛屿与大陆的标准是相对的。通常人们把澳大利亚大陆定为最小的大陆，这样格陵兰岛就坐上了世界岛屿的第一把交椅。

七大洲

大洲是大陆及其附近的岛屿的总称。全球共有七个大洲，按面积大小依次为亚洲、非洲、北美洲、南美洲、南极洲、欧洲和大洋洲。

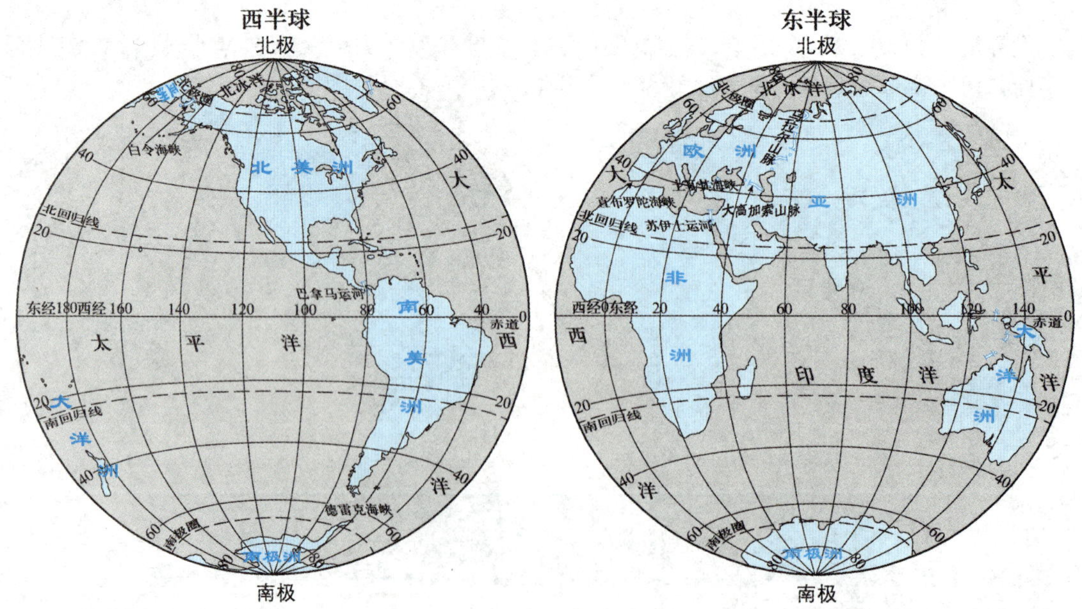

图 2-1-5　七大洲的分布

读图指南

1. 找出亚洲与欧洲、亚洲与非洲、亚洲与北美洲、欧洲与非洲、北美洲与南美洲、南极洲与南美洲之间的分界线，并说出这些地理事物的名称。

2. 分别描述七大洲的半球位置，并说明其经纬度范围。

洲际界线是人为划定的，有的借助了山脉、河流、湖泊和海峡等自然界线，有的借助了运河等非天然界线。

亚欧大陆上的亚洲与欧洲，习惯上以乌拉尔山脉、乌拉尔河、里海、大高加索山脉、黑海海峡（土耳其海峡）将其分开。亚洲西南隔苏伊士运河、红海与非洲相望。

北美洲和南美洲一般以巴拿马运河为界。我们经常所说的拉丁美洲是指美国以南的所有美洲，包括墨西哥、中美地峡、西印度群岛和南美洲。因这里曾属于使用拉丁语族的西班牙与葡萄牙的殖民地，国际上通常称为“拉丁美洲和加勒比海地区”。

大洋洲地处太平洋西南部和南部、赤道南北的广大海域中。范围包括澳大利亚、新西兰和新几内亚岛（伊里安岛）及东部的波利尼西亚、密克罗尼西亚和美拉尼西亚三大群岛。

南极洲位于地球最南端，几乎全部在南极圈内，四周被太平洋、印度洋、大西洋所包围，包括南极大陆及其附近的岛屿。

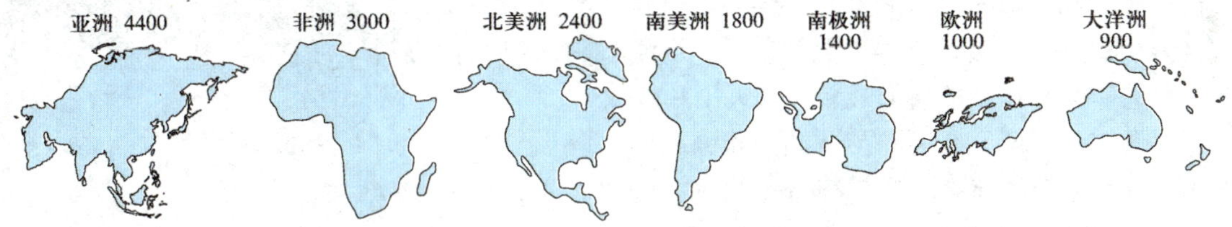

图 2－1－6　七大洲面积比较（单位：万平方千米）

能力提升 NENGLI TISHENG

用简单的几何图形快速绘制世界海陆分布示意图，记忆主要经纬线与大洲、大洋的关系。

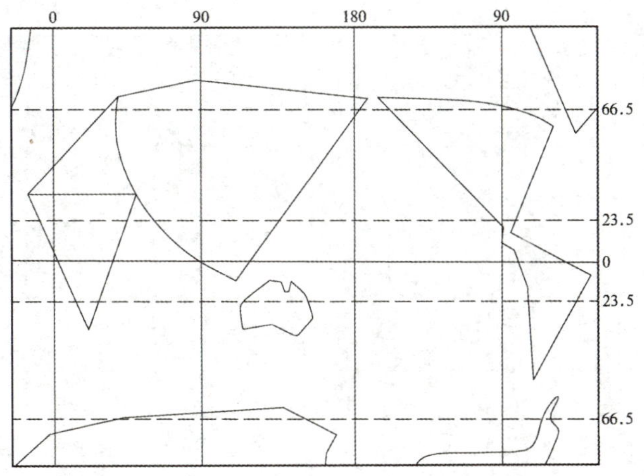

图 2－1－7

赤道：通过非洲中部、印度洋、东南亚（马来群岛）、太平洋、南美洲北部、大西洋。

北回归线：通过北非中部、阿拉伯半岛、阿拉伯海、南亚、中国南部、北太平洋南部、北美南部、北大西洋南部。

南回归线：通过非洲南部、南印度洋、澳大利亚大陆中部、南太平洋、南美中部、南大西洋。

北极圈：通过挪威海、欧洲北部、亚洲北部、白令海峡、北美洲北部。

南极圈：通过南极洲边缘、南太平洋、南极半岛、南大西洋、南印度洋。

本初子午线：通过北冰洋、大西洋、欧洲西部、非洲西部、几内亚湾、南极洲。

90°E：通过北冰洋、中国西部、印度洋中部（孟加拉湾）、南极洲。

180°：通过北冰洋、白令海峡以西、阿留申群岛、太平洋中部、新西兰以东、南极洲。

90°W：通过北冰洋、北美洲中东部、大西洋西部（墨西哥湾）、中美地峡、南太平洋东部、南极洲。

四大洋

地球表面的海洋被陆地分割成彼此相通的四个大洋，按面积大小依次是太平洋、大西洋、印度洋和北冰洋。大洋的边缘部分称为海，按其位置不同，又可分为边缘海、内海、陆间海（地中海）等。沟通两个海域之间的狭窄水道叫做海峡。

太平洋面积最为辽阔，几乎占到全球海洋面积的一半。它的东面是北美洲和南美洲，东南以通过南美洲南端的合恩角的西经67°经线与大西洋为界；西面是亚洲和大洋洲，西南以通过塔斯马尼亚岛的东经146°经线与印度洋为界；北部以白令海峡与北冰洋相通。太平洋中的岛屿最多，多火山和地震。

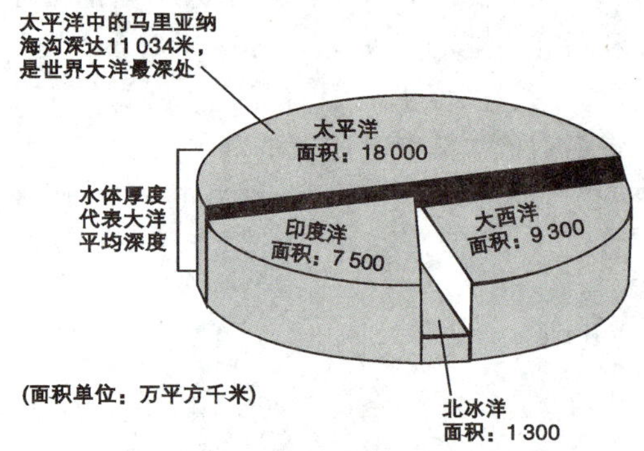

图2－1－8　四大洋面积、深度比较

大西洋位于南、北美洲与欧洲、非洲之间，南接南极洲，北通北冰洋，面积约占全球海洋面积的1/4。大西洋的形状略呈“S”形，海岸线曲折，多边缘海、海湾。

印度洋被亚洲、非洲和大洋洲所包围，西南以通过南非厄加勒斯角的东经20°经线与大西洋分界；东南以东经146°经线与太平洋分界。印度洋海岸线较平直，岛屿多为大陆岛和火山岛。

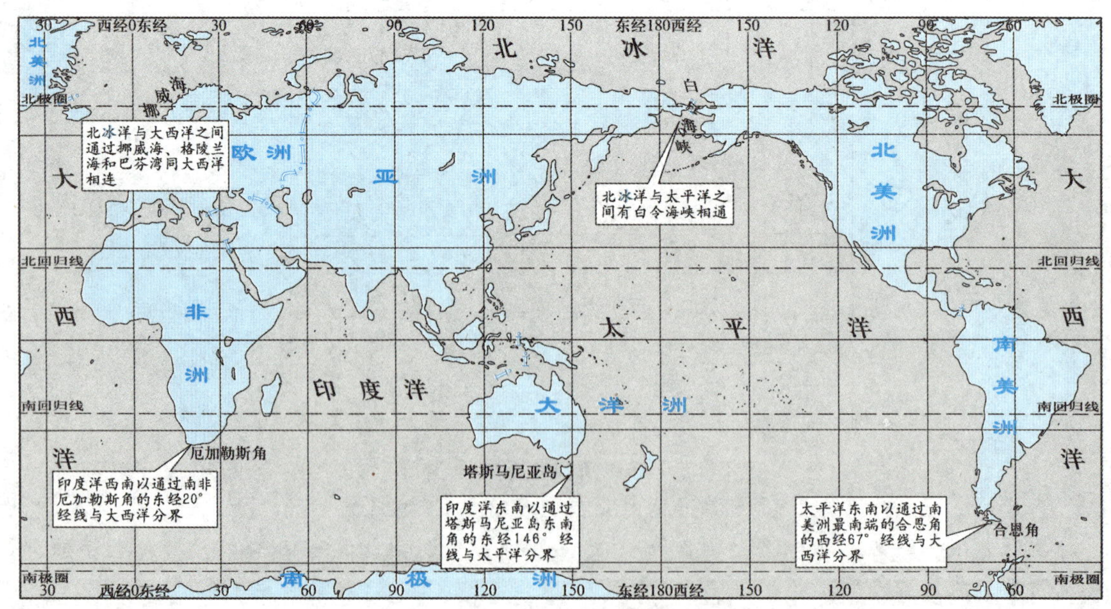

图2－1－9　四大洋及其分界线示意

北冰洋被亚洲、欧洲和北美洲所包围，是四大洋中面积最小的一个大洋，其面积还不到太平洋的1/10。北冰洋大部分位于北极圈内，海岸曲折，多边缘海、海湾、岛屿和半岛，多冰盖、冰山和浮冰。

信息链接 XINXI LIANJIE

地球上的海洋

海洋面积辽阔，水深巨大，被称为地球的水库。全球海洋平均深度3 800米，体积13.7亿立方千米，水量占地球水体总量的96.53%。

海洋是大气中水汽和陆地水的主要来源，被称为云雨的故乡。世界海洋每年蒸发总量达450 000立方千米，其中大约90%的水汽直接在海洋上空凝结，以降水形式返回海洋，其余约10%的水汽由大气输送到陆地上空，凝结降落，再通过河川径流返回海洋。

海洋是大气的主要直接热源和气温的调节器。同样体积的海水，热容量比空气大3 000多倍。海水温度的变化比陆地温度的变化小；海洋上空的气温变化，比陆地上空的气温变化慢。因此，海水对大气温度起着调节的作用。

能力提升 NENGLI TISHENG

1. 观察经纬度位置、轮廓形态以及沟通的水域等特征，认识世界主要海峡和运河及其地理意义。

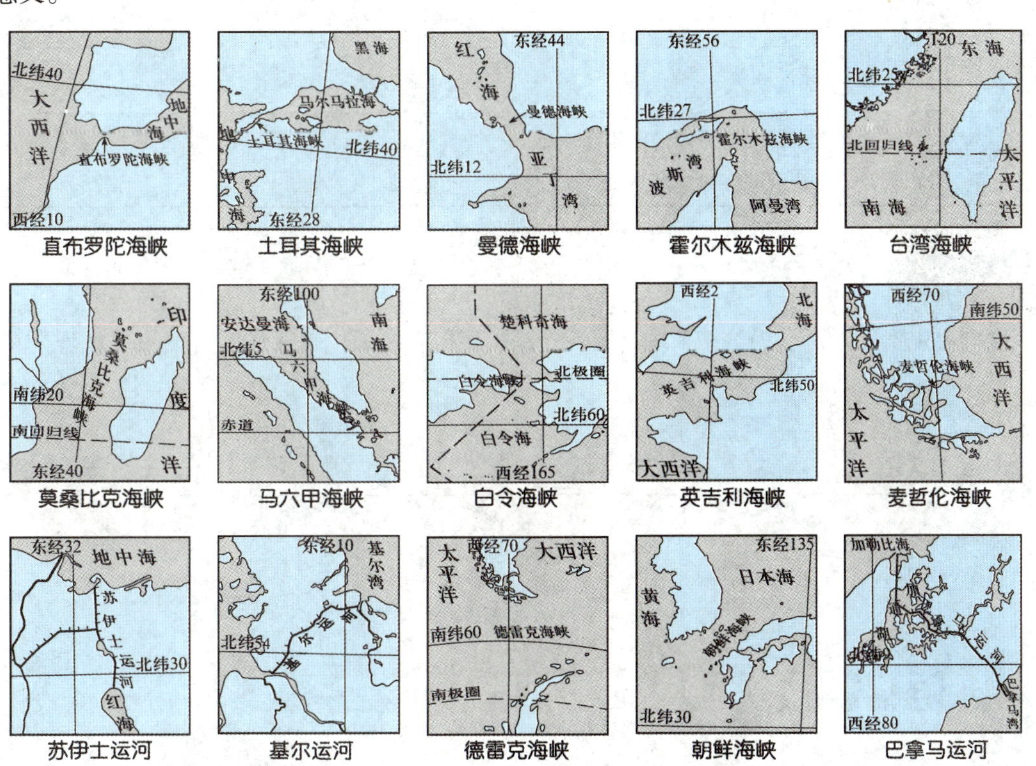

图2－1－10 世界主要海峡和运河示意

2. 读世界地图，在图中找到并熟悉主要经纬线附近的地理事物。

经纬线	附近的地理事物
赤道	几内亚湾——刚果（河）盆地——东非高原（维多利亚湖）——印度洋——马来群岛（苏门答腊岛、加里曼丹岛、苏拉威西岛）——太平洋——厄瓜多尔——亚马孙平原——亚马孙河口
30°N	北非北部——开罗——苏伊士运河——波斯湾北岸（阿拉伯河河口）——巴基斯坦中北部——恒河上游——雅鲁藏布江谷地——杭州——夏威夷群岛以北——加利福尼亚半岛北部——加利福尼亚湾北部——墨西哥湾北岸（新奥尔良）——佛罗里达半岛北部
40°N	伊比利亚半岛中部——亚平宁半岛南部——巴尔干半岛北部——小亚细亚半岛北部——高加索山脉南侧——里海中部（巴库）——中亚南部——塔里木河——北京——鸭绿江口——日本海——本州北部——匹兹堡——费城（纽约与华盛顿之间）
30°S	南非南部——澳大利亚大陆南部——智利中北部——阿根廷北部——拉普拉塔平原——巴西南端
0°经线	英国东南（伦敦）——法国西部——西班牙东海岸——撒哈拉沙漠——几内亚湾
120°E	俄罗斯东部——中国东部——菲律宾——马来群岛中部（印度尼西亚）——澳大利亚西部
60°W	格陵兰岛西部、北美东部沿海、南美中部（亚马孙平原、巴西高原、拉普拉塔平原）、德雷克海峡、南极半岛

触类旁通 CHULEI PANGTONG

读世界地形图，画一横线表示40°N纬线，在其相应经度位置标注附近的主要地理事物。

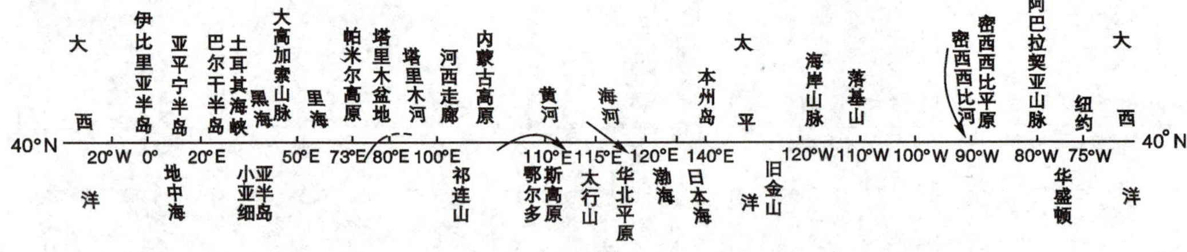

图2－1－11 40°N的地理事物分布示意

洋流

洋流及其分布规律

洋流又称海流，是指海洋水体常年比较稳定地沿着一定方向的大规模流动。洋流按性质分为暖流和寒流两种类型。盛行风是洋流形成的主要动力。洋流前进过程中，受陆地形状的限制和地转偏向力的影响，运动方向会发生变化。

全球海洋表层洋流形成了分别以副热带为中心的中低纬大洋环流和以副极地为中心的中高纬大洋环流。

赤道为低气压区，由赤道两侧吹向赤道的东北信风和东南信风，驱动赤道两侧的海水由东向西流动。北面的洋流称为北赤道暖流，南面的称为南赤道暖流。赤道暖流到达西岸时，受陆地阻挡，其中一小股回头形成赤道逆流；大部分沿海岸向较高的纬度流去，至中纬度地区受西风的影响形成西风漂流。当它们到达大洋东岸时，受陆地的影响，一部分流向低纬，成为赤道洋流的补偿流；一部分流向高纬，加入副极地环流。

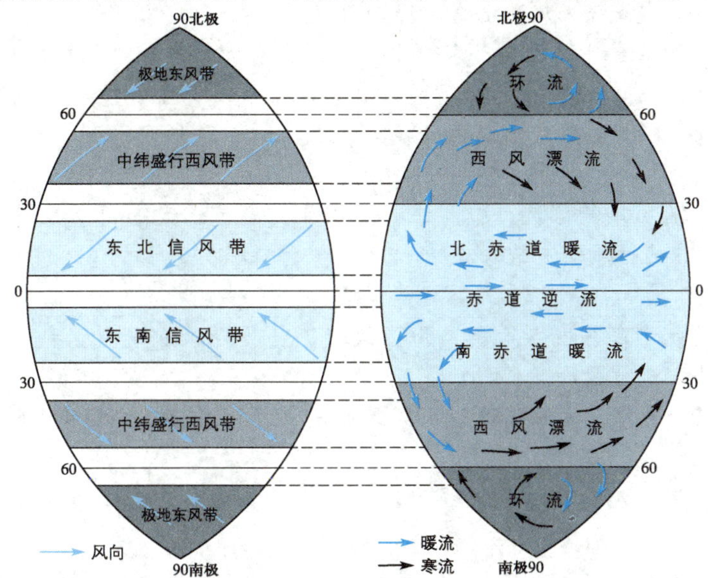

图2－1－12　全球风带与洋流模式

读图指南

1. 比较南北半球中低纬环流运动方向的差异。
2. 说出南北半球中高纬环流的运动方向。
3. 你认为南半球的中高纬环流实际上存在吗？为什么？
4. 比较归纳中低纬环流与中高纬环流的寒暖流分布规律。
5. 说出南纬40°～60°之间洋流的名称及其性质。

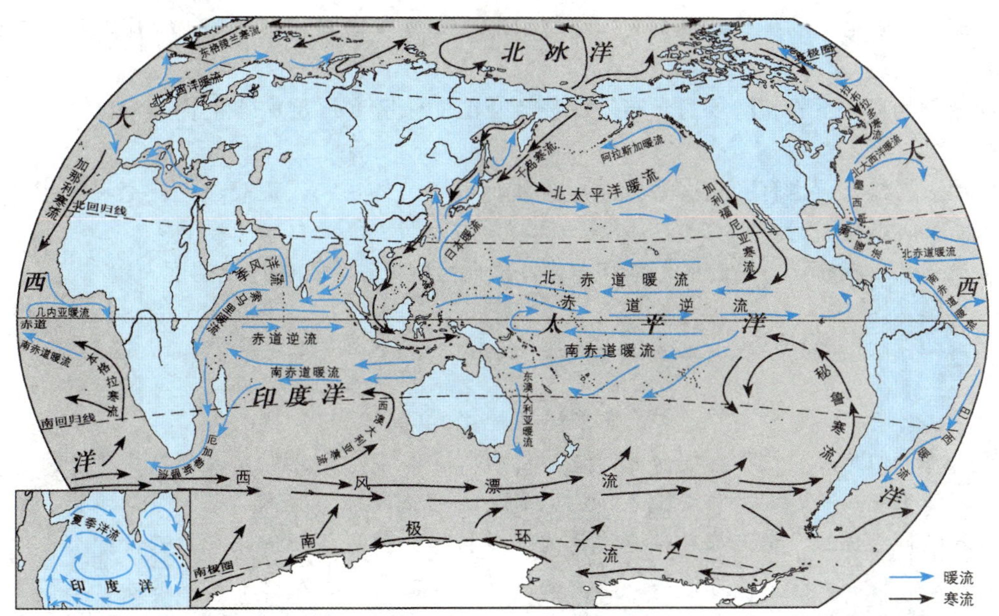

图2－1－13　全球洋流分布

读图指南

1. 观察太平洋与大西洋的洋流系统，说出其运动的规律。
2. 你能根据太平洋、大西洋的洋流名称，推断出洋流是怎样命名的吗？
3. 在北印度洋，冬季和夏季洋流的方向有什么变化？为什么？
4. 在图中指出北海道渔场、纽芬兰渔场、北海渔场和秘鲁渔场的位置，并说明它们形成的原因。

能力提升 NENGLI TISHENG

1. 洋流的分布规律

(1) 以副热带为中心的中低纬环流，北半球呈顺时针方向流动，南半球相反。

(2) 北半球以副极地为中心的中高纬环流，呈逆时针方向流动。

(3) 北印度洋为季风洋流，冬季呈逆时针（自东往西）方向流动，夏季呈顺时针（自西往东）方向流动。

(4) 南半球中高纬海区（40°~60°之间）形成西风漂流。

2. 寒暖流的分布规律

中低纬大陆东岸是暖流，大陆西岸是寒流；中高纬大陆东岸是寒流，大陆西岸是暖流；北半球的西风漂流是暖流，南半球的西风漂流是寒流。

3. 寒暖流的判读

(1) 由低纬度（高温）海区流向高纬度（低温）海区的洋流是暖流；由高纬度（低温）海区流向低纬度（高温）海区的洋流是寒流。

(2) 同一纬度的海区一般暖流比寒流的水温高；不同纬度的海区，暖流不一定比寒流的水温高。

(3) 在等温线示意图上，洋流的流向即为等温线突出的方向。等温线向高纬凸为暖流，等温线向低纬凸为寒流。

(4) 图例中一般实线箭头表示暖流，虚线箭头表示寒流。

洋流对地理环境的影响

洋流对大陆沿岸的气候影响很大。暖流对沿岸气候有增温增湿作用；寒流对沿岸气候有降温减湿作用。

洋流影响海洋生物和渔场的分布。寒暖流交汇的海区和深层海水上涌的海区，易于形成大渔场。

洋流对海洋航行也有影响。海轮顺洋流航行可以节约燃料，提高航速。寒暖流相遇，往往形成海雾，影响航运。

洋流还会影响海洋污染物的扩散和净化。扩大污染范围，加快净化速度。

信息链接 XINXI LIANJIE

太平洋“垃圾大陆”

进入海洋的垃圾，往往会被卷入洋流系统内部。在北太平洋的副热带高压带上，存在一个大型环流系统——北太平洋环流系统，它是由北赤道暖流、黑潮、北太平洋暖流、加利福尼亚寒流共同组成的。绝大部分洋流携带的漂浮物都会被卷入环流系统内部，如果你无法理解这一过程，请顺时针摇晃你的茶杯或者咖啡杯，很快，你会发现茶叶或泡沫集中在杯子的中央。特别是在夏威夷和加利福尼亚之间，一个人类创造的“垃圾大陆”正在诞生。

在人迹罕至的大洋深处，海水再不复往日的纯净，无数垃圾碎片正随着水波缓缓荡漾、浮浮沉沉。被河流从陆地冲入大海的垃圾、海运途中违规倾倒的废弃物以及货船遭遇风暴后掉入海中的货物，是这些垃圾的主要来源。在这些垃圾中，有很大一部分是废弃的塑料制品，而塑料制品在海水中完全分解需要的时间，最快是300~500年。

就像风暴中心、抑或茶杯旋涡的中央所拥有的那种宁静一般，环流系统内部的海水也相对平静，流动缓慢。在这片海域里你会发现来自美国的耐克鞋和来自中国的塑料袋比肩滑过

船头，也会看到日本的渔网碎片缠绕着加拿大的集装箱外壳在波浪间起伏。

垃圾向这里汇聚的速度绝对超过你的想象，北太平洋环流系统中洋流的流速可达每小时0.9~2.8千米，因此从美国来的垃圾可能需要几年的时间，而从亚洲漂来的垃圾大约只需要一年的时间就会到达这里。

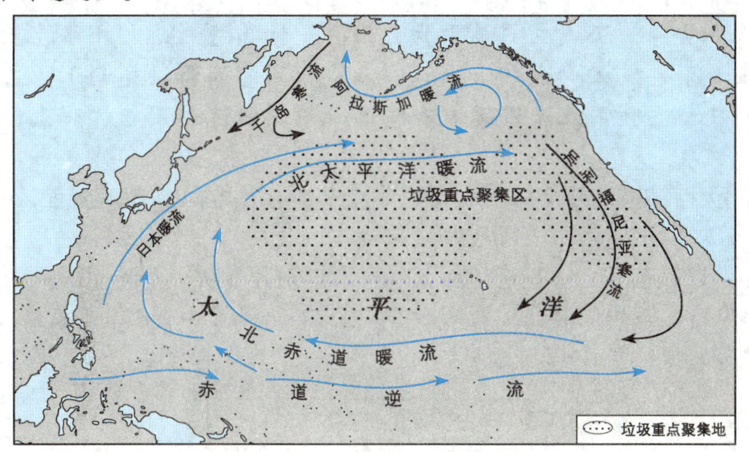

图2-1-14 太平洋“垃圾大陆”

日复一日，大量的垃圾被洋流带入这片海域，但是却很少会被带出去。没有风（副热带无风带），没有合适的洋流，于是浮游垃圾便聚集在此地，从轮胎到公文包，从集装箱碎片到一次性餐具……

触类旁通 CHULEI PANGTONG

1. 阅读图文资料，完成下列要求。

三角贸易兴起于16世纪，在17~18世纪称为最重要的洲际贸易，因涉及欧洲、非洲和美洲三地，且其主要路线连接成三角形，故称“三角贸易”。满载着枪支、纺织品和奢侈品等货物的商船，从利物浦等欧洲港口“出程”，到达非洲后，用上述商品交换被掠来的非洲黑人，然后经大西洋西行美洲，此为“中程”，商船到达美洲后，以这些黑人换取蔗糖、咖啡、烟草、棉花等物品，再运回欧洲，此乃“归程”。一次三角贸易的航程，大约需时半年，可做三笔生意，获得数倍的利润。图2-1-15为三角贸易示意图。

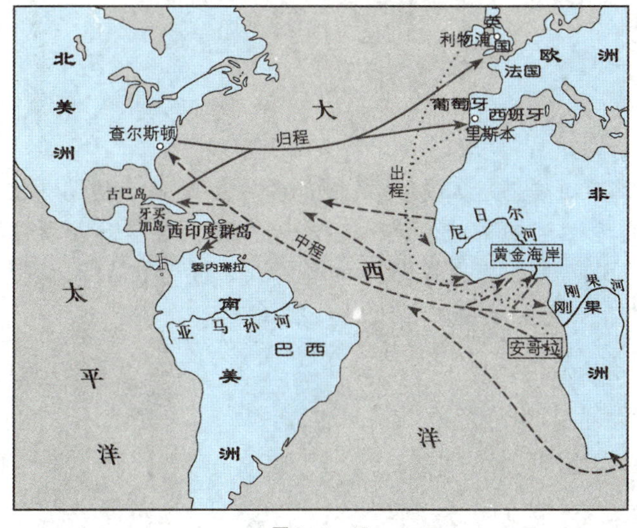

图2-1-15

读图指出三角贸易涉及海区的大洋环流规律，以及三段航程海域洋流的性质（寒、暖流）。

解析 该题紧扣课标，利用“三角贸易”的情境，考查“运用地图，归纳世界洋流分布规律，说明洋流对地理环境的影响”的能力。根据材料和图示可知，三角贸易主要发生在欧洲、非洲和美洲，海域主要属于北大西洋中低纬海域，大洋环流呈顺时针方向流动。三角贸易航程沿洋流方向设计。出程，沿欧洲和非洲西海岸南下，主要利用加那利寒流顺流前进；中程，利用北赤道暖流和墨西哥湾暖流顺流西行、北上；归程，沿北大西洋暖流北上、东去。

答案 属于北大西洋中低纬度海区，大洋环流呈顺时针方向流动。出程，寒流；中程，暖流；归程，暖流。

2.（2013·新课程卷Ⅱ）雾是近地面大气层中出现大量微小水滴而形成的一种天气现象。当暖湿空气经过寒冷的下垫面时，就易形成雾。图2－1－16中，S市附近海域夏季多雾，并影响S市。据此完成（1）～（3）题。

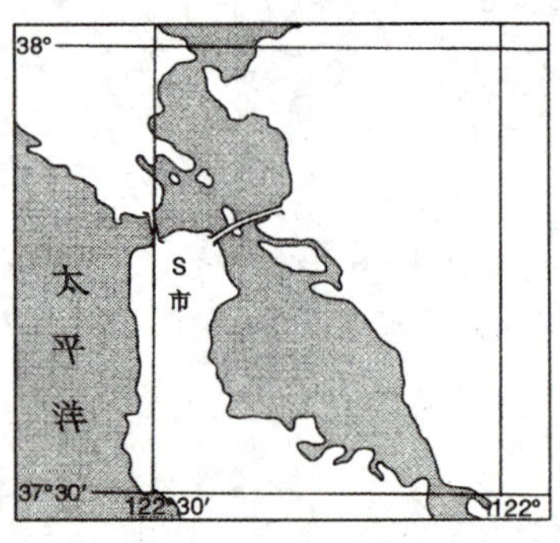

图2－1－16

（1）S市附近海域夏季多雾的主要原因是（　　）

A. 沿岸暖流提供了充足的暖湿空气

B. 半岛东侧海湾海水温度较低

C. 海陆间气温差异较大

D. 沿岸寒流的降温作用较强

（2）S市夏季常被雾笼罩，是因为（　　）

A. 降水较少　　B. 气温较高

C. 风力较弱　　D. 光照较强

（3）夏季，S市主要受（　　）

A. 季风影响　　B. 西风带影响

C. 低压控制　　D. 高压控制

解析 该题组以S市（美国圣弗朗西斯科）的地理位置示意图为主要情境，以S市夏季多雾为话题，考查考生调动洋流、大气环流等知识，解释S市夏雾的成因。从纬度位置和海陆位置分析，S市地处亚热带的大陆西海岸，受寒流的影响，为地中海气候分布区。第（2）题用排除法或生活常识可选出C项正确。

答案（1）D　（2）C　（3）D

第二讲　海陆的变迁

沧海桑田

地球自诞生以来，其表面形态就处于不断地运动和变化之中。陆地可以变成海洋，海洋也可以变成陆地。今日的千顷良田，过去曾是汪洋大海，即人们所说的“沧海桑田”。今天我们所看到的海陆分布状况及千姿百态的地表形态，只不过是地球发展历史中的一幕。

现代科学研究表明，地壳运动是海陆变迁的主要原因。在地球数十亿年的历史中，地壳运动使得全球海陆分布不断发生着变化。海平面的升降是第二个原因，海洋与陆地的交界地带，受海平面升降的影响，时而为海，时而为陆。人类活动也可以使海陆发生变化，如一些沿海国家和地区通过填海的方式来扩大陆地面积。

信息链接 XINXI LIANJIE

科学证实的“沧海桑田”

- 在喜马拉雅山地区发现大量古老的海洋生物化石。
- 5 000 年前，长江在江阴附近入海，而现今长江入海口距江阴约 230 千米。
- 在台湾海峡海底发现森林遗迹和古河道。
- 荷兰约 1/4 的陆地低于海平面，是世界著名的“低地国”。
- 地中海的面积在不断缩小，欧洲与美洲之间的距离在缓慢增大。
- 在南极大陆厚厚的冰盖下面埋藏着丰富的煤炭。

漂移的大陆

海陆分布自古以来就是这样的吗？多少年来人们一直在探索这个问题。1912 年德国地球物理学家和气象学家魏格纳提出了轰动世界的“大陆漂移学说”。

大陆漂移学说认为，大约在 2 亿多年前，地球上大部分陆地是连在一起的，称作泛大陆，陆地被广袤的海洋即泛大洋所包围。随着时间的推移，泛大陆开始破裂，破碎的大陆像冰块浮在水面上一样缓慢移动，逐渐演变成现在的七大洲和四大洋的基本面貌。

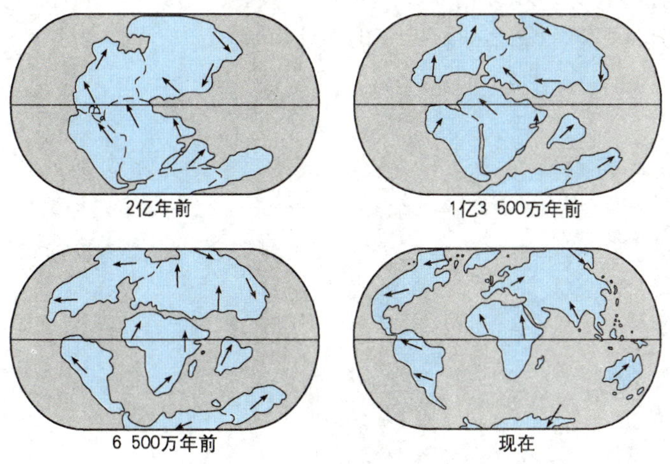

图 2－1－17　大陆的漂移

信息链接 XINXI LIANJIE

魏格纳与大陆漂移学说

1910 年的一天，30 岁的魏格纳躺在病床上，注视着墙上的一幅世界地图，无意中发现“大西洋两岸南美洲大陆凸出的部分与非洲大陆凹进的部分几乎是吻合的”。他据此推测“非洲大陆和南美洲大陆以前可能是连在一起的，后来受到某种力的作用才破裂分开，大陆是漂移的”。

为了证实这一设想，魏格纳开始收集资料，并进行实地考察，从古生物化石、地层构造等方面找到了一些大西洋两岸相同或相吻合的证据。两年以后，魏格纳正式提出了“大陆漂移假说”。

大陆漂移学说提出若干年后，其他学者用古地磁的方法进行研究，证实了魏格纳的观点。大陆漂移学说逐渐被人们接受。

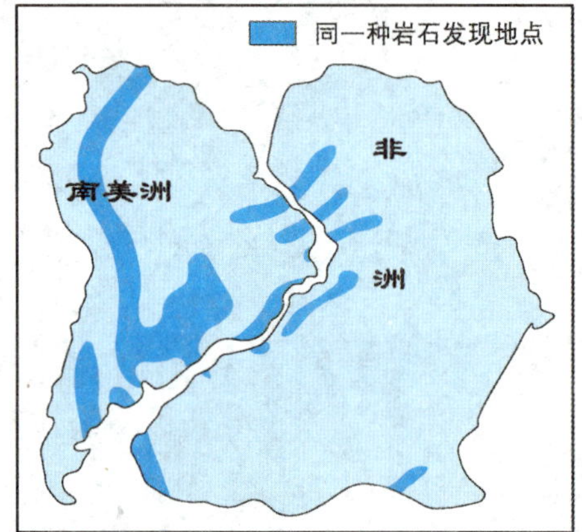

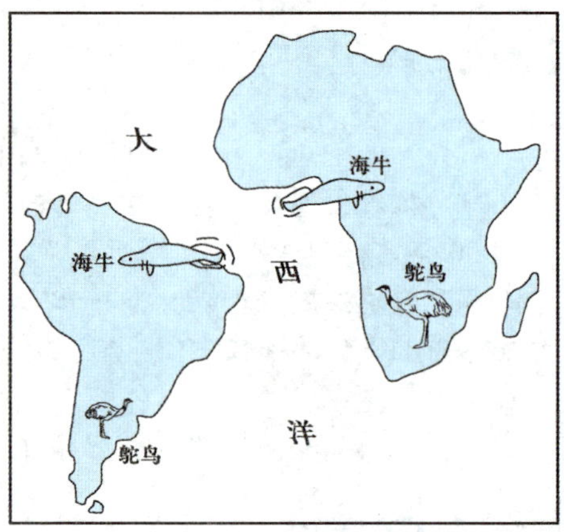

图 2－1－18　南美洲与非洲古地层、古生物的相似性

板块运动

20 世纪 60 年代，地质学家提出了板块构造理论，解释大地构造运动和海陆分布规律。该理论认为，地球的岩石圈不是整体一块，而是被海岭、海沟等分割成六大板块，每个大板块又分为若干小板块。这些板块处于不断的运动之中。一般来说，板块内部地壳比较稳定，两个板块之间的交界处地壳运动比较活跃，多火山和地震，地热资源丰富。环太平洋地区和地中海—喜马拉雅山地区是世界著名的两大火山、地震带。

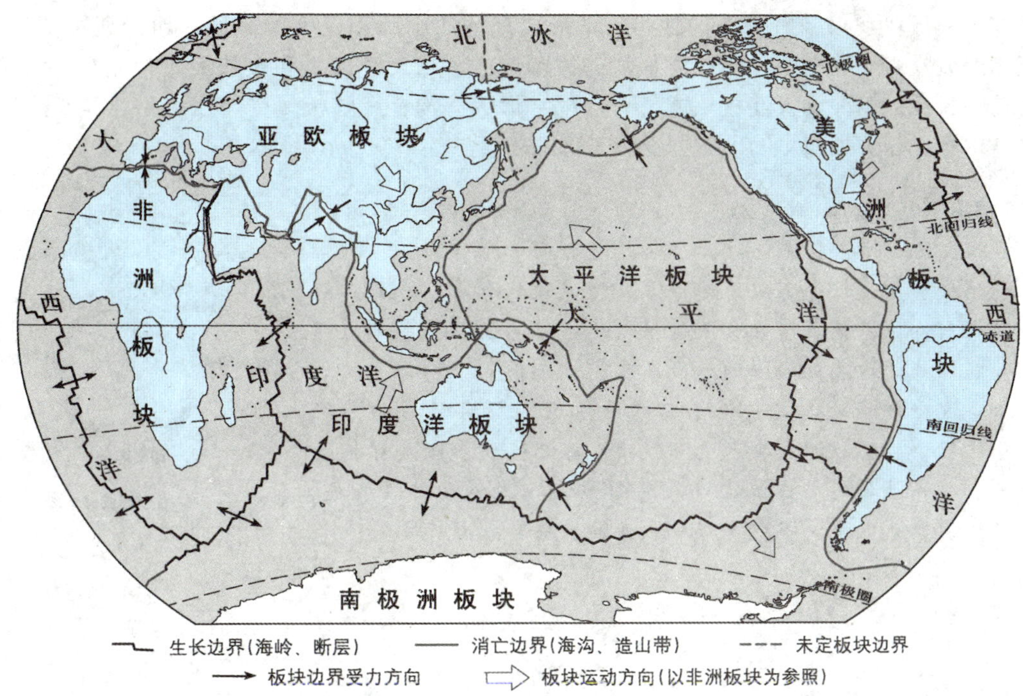

图 2－1－19 六大板块示意

读图指南

1. 熟悉图例，区分生长边界（海岭、断层）和消亡边界（海沟、造山带）及其分布。

2. 找出六大板块，指出每个板块的范围，如太平洋板块几乎全部位于太平洋，其余板块既包括陆地又包括海洋；印度洋板块包括印度洋的东部、北部和太平洋的西南，以及澳大利亚大陆、阿拉伯半岛和印度半岛。

3. 指图并解释板块边界附近由于板块运动形成的地表形态及其变化。如红海和地中海面积的变化。

板块运动而发生的彼此碰撞和张裂，对地球表面宏观地形的形成和变化具有重大影响。在板块张裂地区，常形成裂谷或海洋，如东非大裂谷、大西洋就是这样形成的。

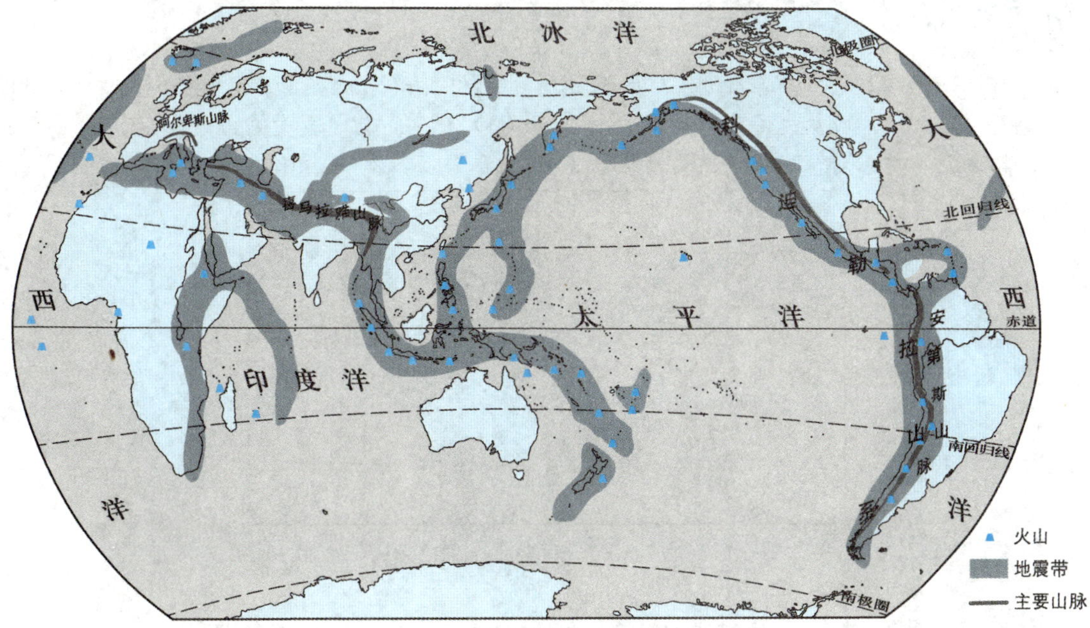

图 2－1－20 世界火山与地震带

在大陆板块互相碰撞挤压的地带，常形成高峻的山脉和巨大的高原，如喜马拉雅山脉、青藏高原就是由亚欧板块和印度洋板块碰撞形成的。当大洋板块和大陆板块相撞时，大洋板块因位置较低，俯冲到大陆板块之下，这里常形成海沟；大陆板块受挤压上拱，隆起成岛弧和海岸山脉，如美洲西岸的山脉和亚洲东部的岛弧。

能力提升 NENGLI TISHENG

运用板块构造理论可以解释许多地理现象的分布，我们可以在板块分布图中沿某条经纬线深化对板块分布的认识，也可以通过读某经纬线的地质剖面图的途径来认识。

如从太平洋板块起始，沿南回归线依次（顺时针方向）经过太平洋板块、南极洲板块、美洲板块、非洲板块和印度洋板块等五大板块；沿北回归线依次（顺时针方向）经过太平洋板块、美洲板块、非洲板块、印度洋板块和亚欧板块等五大板块。

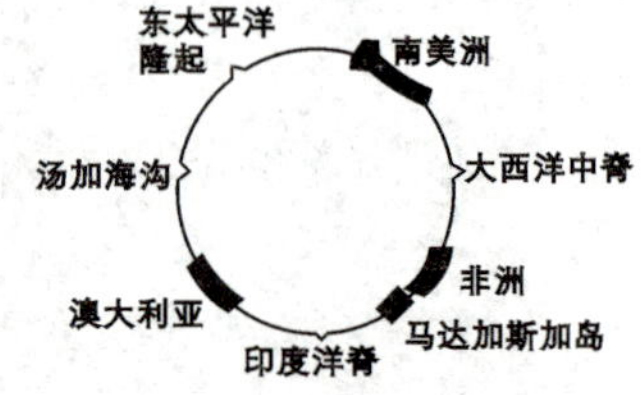

图 2－1－21　沿南回归线的地质剖面

信息链接 XINXI LIANJIE

海底扩张学说

20 世纪 60 年代初，美国科学家赫斯和迪兹根据海洋调查事实，提出海底扩张学说。该学说认为，大洋底部不断地扩张，大洋中脊轴部有一条裂谷带，它是地幔物质向上涌升的出口，从地球内部涌出的物质，冷却凝固后便成为新的洋壳。新洋壳推动先期形成的较老洋壳逐渐向两侧扩展推移，这就是海底扩张。扩张的大洋地壳遇到大陆地壳时，俯冲到大陆地壳之下的地幔中逐渐消亡。驱使大洋地壳周期性扩张运动的动力是地幔物质对流。其中，大洋中脊的中央裂谷带是地幔物质的涌升区，宽阔的大洋盆地是海底扩张的运动区；海沟则相当于对流的下降汇集区。由于洋底周期性地更新，所以洋底不存在古老的岩层，海底岩石从大洋中脊向两侧渐老，且在中脊两侧同时代的岩石呈对称分布。

触类旁通 CHULEI PANGTONG

1. 图 2－1－22 是某群岛附近海域等深线图。喀拉喀托火山于 1853 年 8 月 6 日从水深 305 米的海底猛烈喷发，引发的海啸导致澳大利亚 36 000 多人丧生。这次火山喷发后，火山露出海面，其后又多次喷发。现今该火山海拔 813 米。

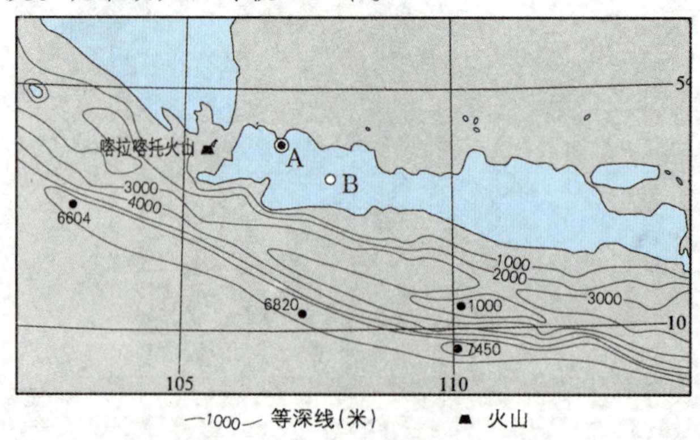

图 2－1－22

（1）写出图示范围内板块界线的类型及板块名称。

（2）简要说明喀拉喀托火山喷发的原因。

解析 该题为2005年全国高考文综卷试题，该题以1853年喀拉喀托火山喷发引发海啸为情境，隐含着当时的热点问题，即2004年岁末的印度尼西亚地震所诱发的印度洋海啸。该题重点考查板块构造学说及其运用。该题的难度较大，判断图示岛屿（爪哇岛）所示板块界线类型及板块名称，要求考生具备板块划分的知识及准确的空间定位能力。马来群岛属亚欧板块，西部、南部临印度洋板块，东部临太平洋板块。图示区域位于马来群岛的西南部，应为亚欧板块与印度洋板块之间的消亡边界。材料中的“群岛”、“澳大利亚”及经纬网信息是空间定位的重要依据。

答案（1）板块边界为挤压型（消亡边界、海沟俯冲型），两侧为亚欧板块和印度洋板块。

（2）两大板块互相挤压，板块界线附近深处岩浆熔融，沿裂隙上升形成火山喷发。

2.（2013·海南卷）图2－1－23为某半岛地形图。读图，完成（1）～（2）题。

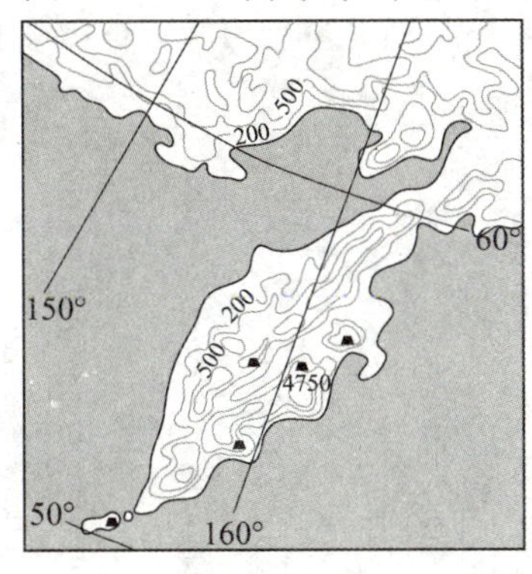

图2－1－23

（1）该半岛火山活动频繁，是因为受到（　　）

A. 太平洋板块张裂的影响　　B. 印度洋板块张裂的影响

C. 印度洋板块挤压的影响　　D. 太平洋板块挤压的影响

（2）当地居民稳定的用电来源于（　　）

A. 地热能　　B. 风能

C. 水能　　D. 太阳能

解析 该题组以堪察加半岛地形图为背景材料，考查考生空间定位、读图分析、获取和解读地理信息及区域地理分析能力。第（2）题审题时抓住题干中“稳定”一词，该半岛由于地处板块挤压碰撞地带，地热资源丰富。地热资源基本不受季节的影响，是比较稳定的能源。由于该半岛纬度较高，因而太阳能资源的季节变化大。该地水能资源较丰富，但一年中河流结冰期长，不利于提供稳定的电力。而风能则是最不稳定的一种能源类型，风力发电也就成为最不稳定的用电来源。

答案（1）D　（2）A

第二单元 世界的地形

第一讲 世界主要地形

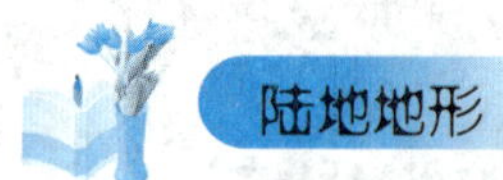

世界陆地地形类型多种多样，平原、高原、山地、丘陵和盆地都有分布，地形高低起伏很大，平均海拔为840米。陆地上的最高点是喜马拉雅山脉的珠穆朗玛峰，海拔8 844.43米，最低点是西亚的死海海面，海拔为-400米。

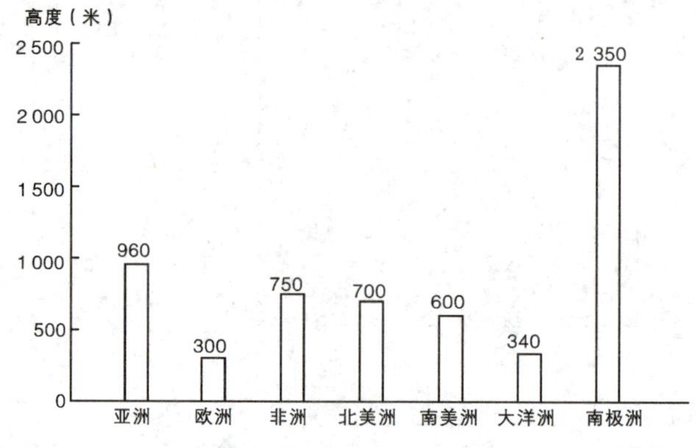

图2-2-1 七大洲平均海拔

山系是沿一定方向延伸，在成因上有联系、有规律分布的若干相邻山脉的总称。世界的两大山系是横穿亚欧大陆中南部的阿尔卑斯—喜马拉雅山系和纵贯南北美洲西部的科迪勒拉山系（由落基山、安第斯山等山脉组成）。

信息链接 XINXI LIANJIE

山地——地球的骨架

山一般由山顶、山坡和山麓三部分组成。地球表面有许多蜿蜒起伏、巍峨绮丽的群山，海拔500米以上的为低山，1 000米以上的为中山或高山。它们以较小的峰顶面积区别于高原，又以较大的高度、较陡的坡势区别于丘陵。它们中有的孤峰耸立，有的沿着一定方向有序排列，脉络分明形成山脉。在成因上相连的若干山脉称山系。各种山脉分布的地区总称为山地。山地与崎岖高原、低缓丘陵合起来称山区。山地一般具有地形起伏明显、相对高差大，山坡陡峻等特点。山地表面形态奇特多样，有的彼此平行、有的相互重叠、有的犬牙交错，山连着山、山套着山，绵延数千千米，气势恢弘、雄伟壮观。

目前世界上主要高大山脉，多分布在地壳活动比较强烈的地带。大体可以分为两支。一支是环绕太平洋两岸的南北向山脉，主要有南北美洲的科迪勒拉山系、亚洲及太平洋沿岸、边缘海外围岛屿上的山脉。另一支是横贯亚欧大陆南部和非洲北部地带的山脉，著名的山脉有喜马拉雅山脉、阿尔卑斯山脉、阿特拉斯山脉，以及爪哇岛和苏门答腊等岛屿上的山脉。

上述两大支山脉，山体多高峻巍峨，气势磅礴。世界上海拔4 000～5 000米以上高峰多分布在这里。而位于南北美洲西部的科迪勒拉山系，南北纵贯，全长约1.5万千米是世界最长的山系。上述两大山系又是世界上主要火山、地震带所在区域。目前95%的破坏性地震和绝大多数活火山都发生或分布在这两大地带。

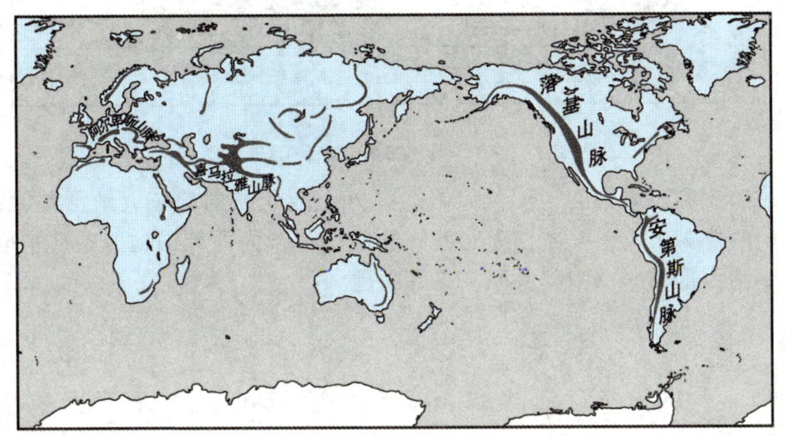

图2－2－2 世界两大山系的分布

大洲地形

七大洲地形各不相同，各有特点。亚洲地形复杂，中部高、四周低，高原、山地面积广大，山地和高原约占全洲总面积的3/4。平原分布在大陆周围地区。

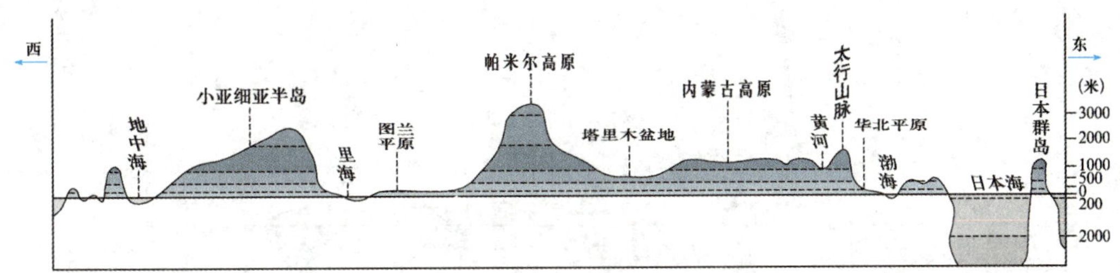

图2－2－3 亚洲地形剖面（沿40°N）

欧洲、非洲和南极洲的地形比较单一。欧洲地形以平原为主，地势低平，平均海拔300米左右，是世界上海拔最低的大洲；山脉分布在边缘地区，中部为广大连绵的平原。非洲大陆的地形以高原为主，是一个古老的高原大陆，山脉分布在西北部和南部边缘地区。南极洲地面多被厚厚的冰雪覆盖，平均海拔2 350米，是世界上海拔最高的大洲。

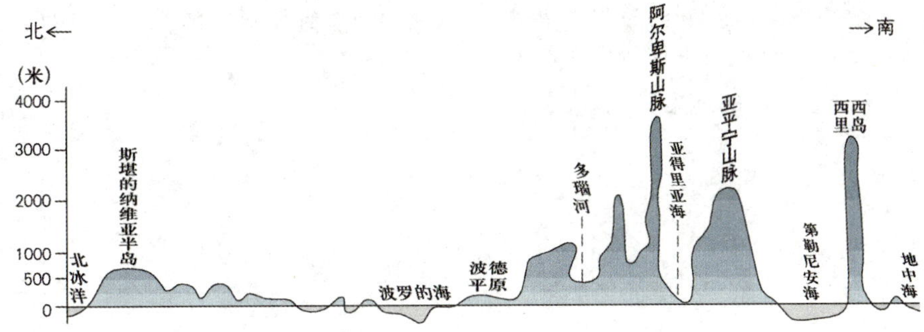

图2－2－4 欧洲地形剖面（沿东经15°附近）

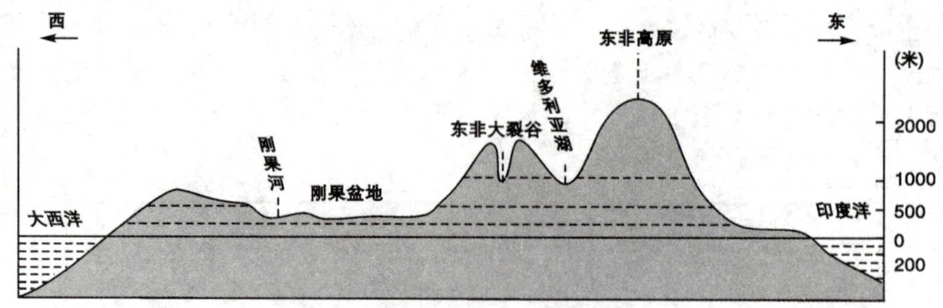

图2-2-5 非洲地形剖面图（赤道附近）

南北美洲和澳大利亚大陆的地形，大体上可分为南北纵列的三大地形单元，即大陆中部是平原，其东西两侧为山地或高原。南北美洲的地形组合为西部山地、中部平原、东部高原；澳大利亚大陆则为西部高原、中部平原、东部山地。

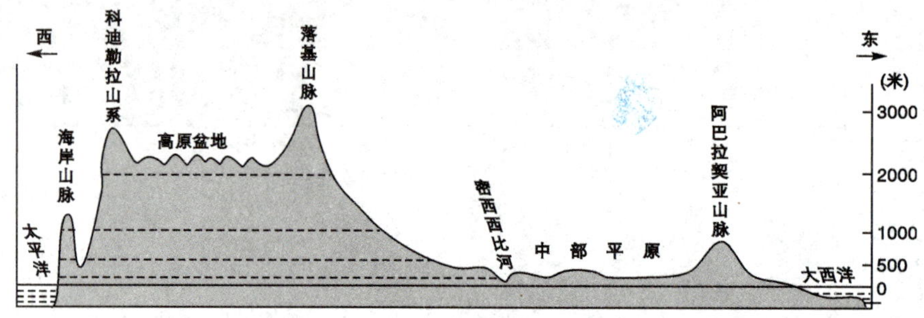

图2-2-6 北美洲地形剖面（沿40°N附近）

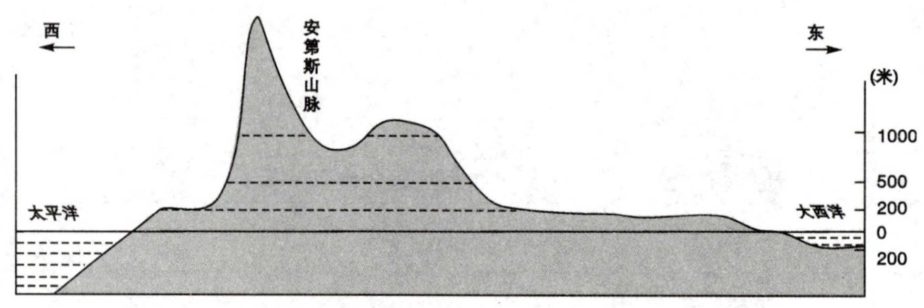

图2-2-7 南美洲地形剖面（沿40°S附近）

能力提升 NENGLI TISHENG

1．从哪些方面概括大洲地形特征？

不同地区的地形往往具有不同的特征，有的海拔高，有的海拔低；有的地面崎岖，有的地面平坦；有的地形单一，有的地形复杂多样。一个地区的地形特征，一般可以从地形的种类、海拔高低、地势起伏和主要地形的分布等方面去概括和表述。

2．列表比较七大洲的地形特征。

归类	大洲	地形特征
地形复杂	亚洲	地形复杂多样，起伏很大；高原和山地面积广；地势中部高、四周低；大陆东缘有岛弧带。
地形单一	非洲	地形以高原为主，地面起伏不大；东部东非裂谷带纵贯南北；山脉少，且多分布在高原边缘。
	欧洲	平原面积广大，地势低平，为地势最低的一洲；冰川地貌广布。
	南极洲	世界上平均海拔最高的一洲，平均海拔 2 350 米；冰雪广布，冰层平均厚度近 2 000 米。
三大地形区	北美洲	南北纵列着三大地形区，西部山地、中部平原、东部高原和山地；冰川地貌在大陆中北部广泛分布。
	南美洲	西部为南北纵贯的安第斯山脉；东部为平原和高原相间分布，高原位置偏东。
	大洋洲	地形结构可分为三部分：西部高原，中部平原，东部山地。

海底地形

海底地形同陆地地形 样，高低起伏，复杂多样。同陆地相比，海底地形的起伏大。海底地形可分为大陆架、大陆坡和大洋底。大洋底又分海岭、洋盆、海沟等。

图 2-2-8　海底地形示意

大陆架　大陆向海洋的自然延伸部分，坡度较缓，深度一般不超过 200 米。这里海洋生物资源和石油、天然气丰富。

大陆坡　大陆架外缘向洋底过渡的斜坡，一般坡度较陡，水深从几百米陡增到几千米。

大洋底　大陆坡以下的广阔地区，也是大洋的主体部分，其地形多种多样，包括洋脊、海岭、洋盆、海沟等。

海岭　又称海底山脉、大洋中脊，是沿大洋中部延伸的连续山系。海岭在太平洋、大西洋、印度洋连续延伸，总长超过 8 万千米。板块构造学说认为，海岭是火山活动的产物。

海沟　指海底长而深的凹地，大部分位于大陆边缘，与海岸延伸方向平行，深度大多超过 6 000 米。最深的是太平洋西部的马里亚纳海沟，深 11 034 米。

洋盆　指大洋底部的圆形或椭圆形巨型凹地，是大洋底的主体部分，常被海岭、海山所环绕，底部较平坦，略有起伏。

能力提升 NENGLI TISHENG

画剖面示意图掌握海底地形类型及其特点。

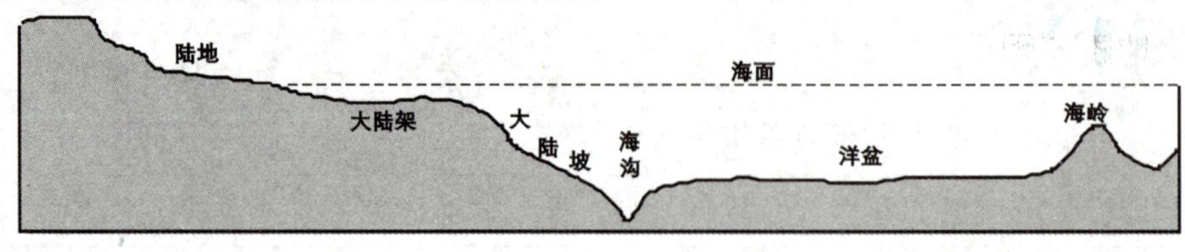

图 2－2－9

触类旁通 CHULEI PANGTONG

1．地形可分为西部、中部、东部三大地形区的大洲有 （　　）

①亚洲　②北美洲　③南美洲　④大洋洲

A．①②③　　B．②③④　　C．①②④　　D．①③④

解析 该题考查大洲的地形特征，亚洲地形复杂，起伏大，中高周低，高原山地面积广大；北美洲三大地形纵列分布，西部山地，中部平原，东部低矮高原和山地；南美洲西部山地，东部平原、高原相间分布；大洋洲西部高原，中部平原，东部山地。

答案 B

2．图 2－2－10 是各大陆的面积与平均海拔高度关系示意，图中 X 与 Y 分别是________大陆与________大陆。

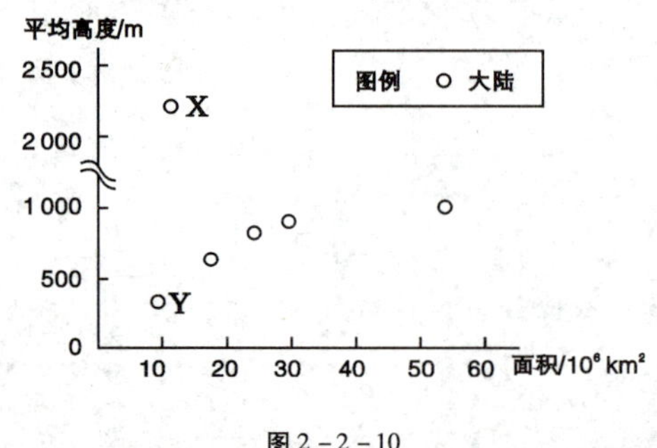

图 2－2－10

解析 该题用坐标的形式表示世界六大陆的面积与平均高度，考查读取坐标图的能力及对各大陆地形和面积等主要特征的掌握情况。六大陆中澳大利亚大陆的面积最小、平均海拔最低，南极大陆的面积仅比澳大利亚大陆大，但在六大陆中平均海拔最高。

答案 南极　澳大利亚

第二讲 地形的变化

地质作用

引起地壳及其表面形态不断发生变化的作用叫地质作用。地质作用按其能量的来源，可以分为内力作用和外力作用。内力和外力是塑造地表形态的主要作用力。

	主要能量来源	表现形式	相互关系
内力作用	地球内部的热能	地壳运动、岩浆活动、变质作用、地震	内外力共同塑造地表形态，内力作用奠定地表形态的基本格局，使地表变得高低不平；外力作用削高垫低，使地表起伏状况趋向于平缓
外力作用	太阳能、重力能	风化、侵蚀、搬运、沉积、固结成岩	

内力作用

在内力作用中，地壳运动是塑造地表形态的主要方式，奠定了地表形态的基本格局。按照地壳运动的方向和性质，可以将其分为水平运动和垂直运动。在自然界，水平运动和垂直运动是相伴发生、同时存在的，而且相互作用、相互影响。在不同的时期和不同的区域，是以一种运动为主的。就全球而言，地壳运动以水平运动为主。

板块运动是地壳运动的重要表现之一。板块与板块之间的相互碰撞挤压与相邻板块的彼此分离，对于宏观地形的形成和变化具有重大影响。

地质构造是地壳运动留下的“痕迹”。从地质构造与地形的关系中，可以清晰地看到地质构造对地形的形成和发育的影响。

褶皱与地表形态

构造类型		形成原因	形态特征	地表形态
褶皱	背斜	岩层受挤压弯曲变形	岩层向上拱起	常形成山岭，也可形成背斜谷
	向斜		岩层向下弯曲	常形成谷地或盆地，也可形成向斜山

断层与地表形态

构造类型		形成原因	地表形态
断层	地垒	岩石受力发生断裂、错位	相对上升的岩体发育成山岭或高地，如华山、庐山、泰山
	地堑		相对下降的岩体形成谷地或低地，如渭河平原、汾河谷地

变质作用发生在地壳深处，不能直接塑造地表形态。火山和地震在短时间会对地表形态产生重大影响。

外力作用

地表形态每时每刻都受到外力作用的雕塑。外力作用的主要表现形式有风化、侵蚀、搬运、沉积和固结成岩等。

风化作用产生的碎屑物为侵蚀作用与搬运作用创造了条件。侵蚀作用常使被侵蚀掉的物质离开原地，并在原地形成侵蚀地貌。搬运作用为堆积地貌的发育输送了大量物质。在搬运过程中，如果外力减弱或遇到障碍物，被搬运的物质堆积下来，形成堆积地貌。

	侵蚀地貌	堆积地貌
流水作用	河水下切形成V型谷、峡谷、瀑布；流水溶蚀形成喀斯特地貌	山前形成冲积扇；河流中下游形成冲积平原和河口三角洲
风力作用	干旱地区形成风蚀沟谷、风蚀洼地、风蚀蘑菇	风沙堆积形成沙丘、沙垄；沙漠外缘形成黄土堆积
冰川作用	侵蚀底部岩石和侧面岩壁形成冰斗、角峰、U型谷和峡湾海岸；积水成冰蚀湖	冰川融化时形成波状平原、冰碛湖等

人类活动对地表形态也有明显的影响。人类对地表的影响，有些是合理的，有些则是不合理的。

能力提升 NENGLI TISHENG

利用框图，表示内外力作用对地表形态的影响。

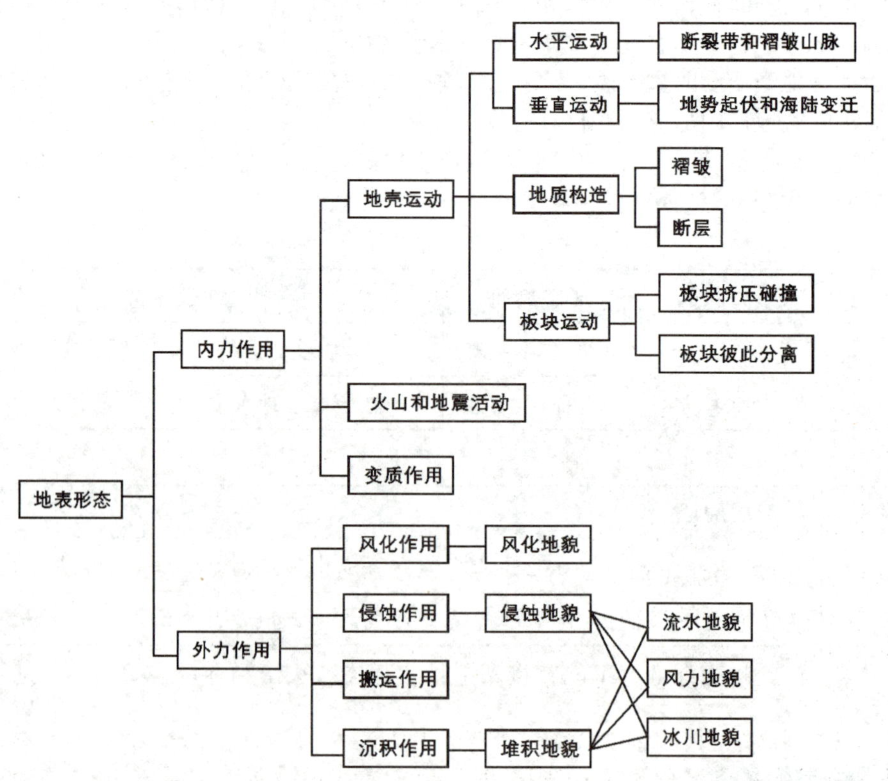

信息链接 XINXI LIANJIE

雅丹地貌与丹霞地貌

“雅丹”为维吾尔语，是“具有陡壁的小丘”的意思。它是干燥地区的一种风蚀地貌，主要分布在倾斜和缓的黏土性岩层所组成的地区，由于暴流侵蚀，再经强烈的风蚀作用，形成一系列平行的垄脊和沟槽相间排列、顺盛行风向伸长的地形。高可达半米到几十米，长数十米到数百米不等，沟宽1~2米。雅丹地貌在中国新疆罗布泊的东北部发育很典型。

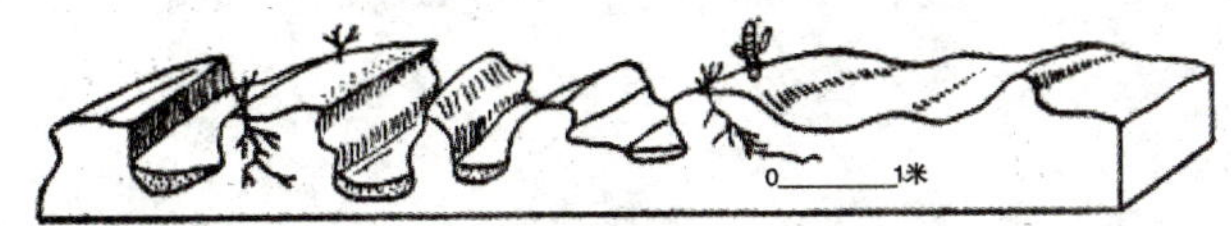

图2－2－11 雅丹地貌（风蚀脊）

丹霞地貌是指在红色砂砾岩上形成的具有陡峭坡面的各种地貌形态，因在中国广东省北部仁化县丹霞山有典型发育而得名。丹霞地貌主要分布在中国、美国西部、中欧和澳大利亚等地，以中国分布最广。2010年中国湖南崀山、广东丹霞山、福建泰宁、贵州赤水、江西龙虎山和浙江江郎山联合申报的“中国丹霞”被列入“世界自然遗产目录”。

触类旁通 CHULEI PANGTONG

（2015·新课程卷Ⅰ）图2－2－12示意在黄河三角洲近岸海域的某监测剖面上，不同年份水深2米的位置与监测起始点的距离。起始点是位于海岸一侧的固定点。读图，完成（1）~（2）题。

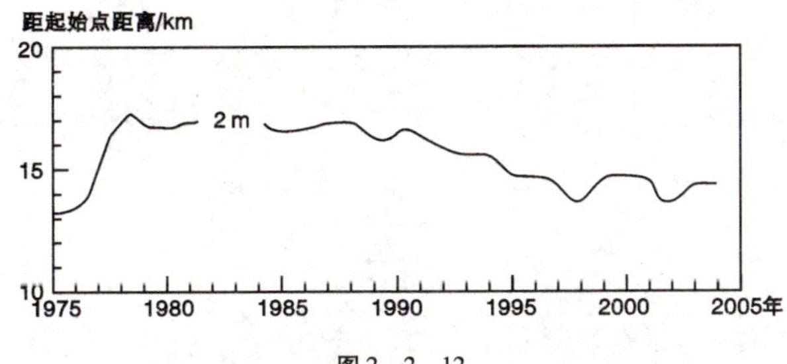

图2－2－12

（1）1975~2004年，该剖面近岸海域海底侵蚀、淤积的变化趋势是（　　）

A. 持续淤积　　B. 先侵蚀、后淤积

C. 持续侵蚀　　D. 先淤积、后侵蚀

（2）推测1992~1997年期间（　　）

A. 黄河流域年均降水量增加　　B. 黄河入海年径流量减少

C. 黄河流域植被覆盖率降低　　D. 黄河沿岸农业灌溉面积减少

解析 该题组以黄河三角洲近岸海域的某水深2米监测剖面图为背景，考查考生运用图像分析、推断该海岸海域的外力作用过程及其原因。解题的思路是：水深2米的位置与监测起始点的距离变远，表明近岸水深变浅，推断出泥沙淤积量增大，进而判断出河流的沉积作用大于侵蚀作用。图中1975~1978年2米线的位置在逐年向海洋推进，可确定该阶段近岸海域海底以沉积为主；1978年之后2米线的位置基本在向海岸移动，则可确定1978年之后近岸海域总体侵蚀较严重。近岸海域海底的侵蚀和淤积的变化受河流水量和泥沙量的影响，河水量大、泥沙含量高，则淤积严重；反之则侵蚀严重。

答案 （1）D　（2）B

第三单元 世界的气候

第一讲 气候要素

天气与气候

天气是指一个地方短时间内大气的风雨、冷热、阴晴和雷电等物理状况，其特点是具有多变性。天气变化对人们的生产和生活的影响很大。天气预报是对未来一定时期天气变化的预测，发布将要出现的天气状况，如气温的高低、阴天或雨天、降水的可能性和降水强度、风向和风力、空气的能见度等等。

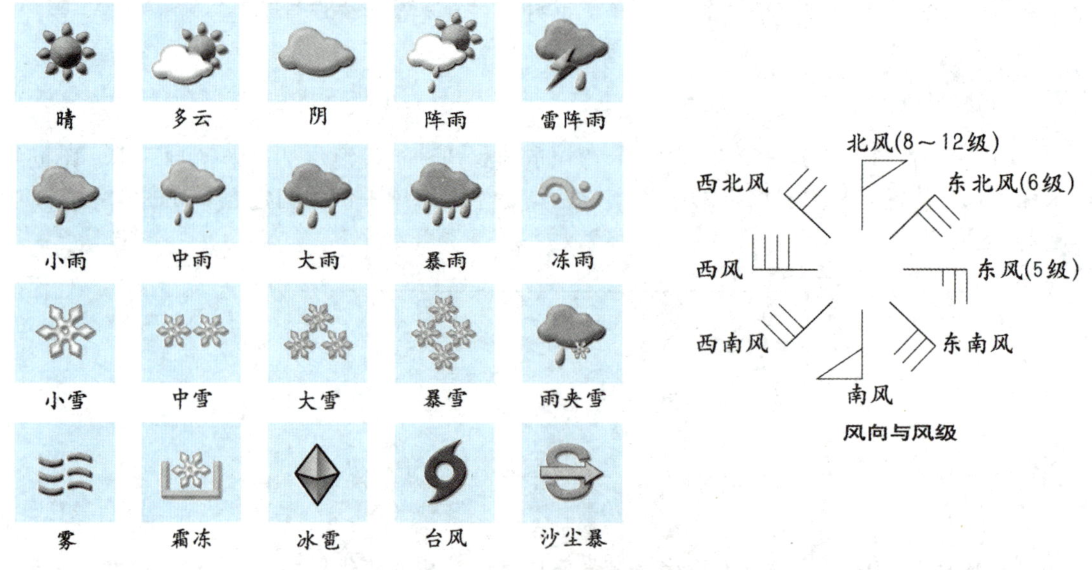

图 2-3-1 常见天气符号

气候是指一个地区多年的天气平均状况，反映长期大气物理状况的变化规律。与天气相比具有相对的稳定性。“一般认为，一个地区的气候特点对当地天气有一定的制约作用，它限制了天气可能的变化范围。虽然气候不是导致某种天气产生的决定性因素，但是它决定了某些天气出现的概率比另一些大”。

气温和降水是组成气候的两个最基本的要素。

气温

气温及其测定

气温是指大气的冷暖程度。气温的高低常用放在百叶箱里，距地面 1.5 米的温度计来测得，用摄氏度（℃）表示。一个地方的气温状况通常用日平均气温、月平均气温和年平均气温来表示。

气温的时间变化

就对流层大气来说，直接吸收太阳辐射的能量很少，热量主要来自地面辐射，即地面是大气的主要直接热源。气温的高低取决于大气（或地面）热量的盈余和亏损状况。

气温的时间变化指气温的日变化和年变化。通常用气温曲线来表示一个地方气温的时间变化。一天中最高气温值与最低气温值的差叫气温日较差；一年中月平均气温最高值与月平均气温最低值的差称气温年较差。

一天中正午的太阳辐射最强，但由于正午过后地面所获得的太阳辐射热量仍大于地面辐射损失的热量，地面热量呈盈余状况，地面温度仍在升高。午后 1 时左右，地面热量由盈余转为亏损，此时地面温度为一天中的最高值，地面辐射最强。因为地面将热量传给大气还需要一个过程，因此一天中气温的最高值出现在午后 2 时左右。随后，太阳辐射继续减弱，地面热量持续亏损，地面温度不断降低，气温随之也不断下降。至日出前后，地面热量由亏损转为盈余的时刻，地面温度达到最低值，气温也随之达到最低值。因此，气温最低值出现在日出前后。

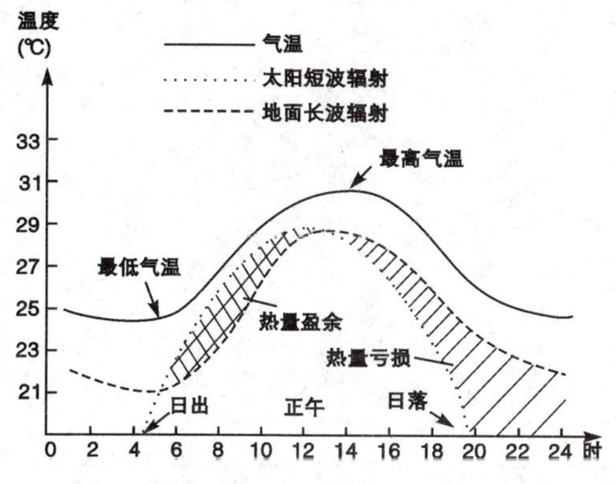

图 2－3－2　上海市 7 月份气温日变化状况示意

读图指南

1. 熟悉坐标轴及三条曲线的含义。
2. 说出太阳辐射的日变化规律，指出太阳辐射最强的时刻。
3. 说出地面储存热量的变化规律，指出地面热量由盈余转为亏损的时刻，思考此时是否地面温度最高、地面辐射最强？
4. 地面温度最高的时刻是否与气温最高的时刻一致？为什么？
5. 描述气温的日变化规律。

同样道理，由于地面储存热量的缘故，一年之中，就北半球来说，气温最高与最低的月份，也不是出现在太阳辐射最强（6 月）和最弱（12 月）的月份，而是要滞后一两个月。一般北半球大陆上气温最高值出现在 7 月，最低值出现在 1 月；海洋吸热和放热都较陆地慢，所以最高值出现在 8 月，最低值出现在 2 月。

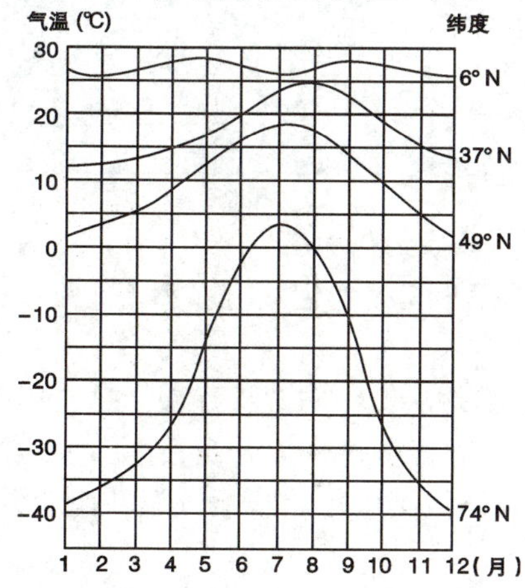

图 2－3－3　北半球不同纬度的气温年变化

读图指南

1. 说出各纬度最冷月的平均气温。
2. 描述各纬度气温年变化特点。
3. 归纳北半球气温年较差纬度分布的特点。

能力提升 NENGLI TISHENG

气温的日较差与年较差比较

	概念	变化规律
日较差	一天中，气温最高值与最低值之差	不同纬度：低纬地区一般大于高纬地区 同一纬度：陆地大于海洋；高原大于平原；平原大于山地；谷地（盆地）大于平地 同一地区：晴天大于阴（雨）天；春秋季节较大
年较差	一年中，月平均气温的最高值与最低值之差	不同纬度：热带（低纬）小于温带、寒带（高纬） 同一纬度：沿海小于内陆；高原小于平原

气温的空间分布

受太阳辐射、海陆分布、洋流、地形及人类活动等多种因素的影响，世界各地的气温分布存在着差异。

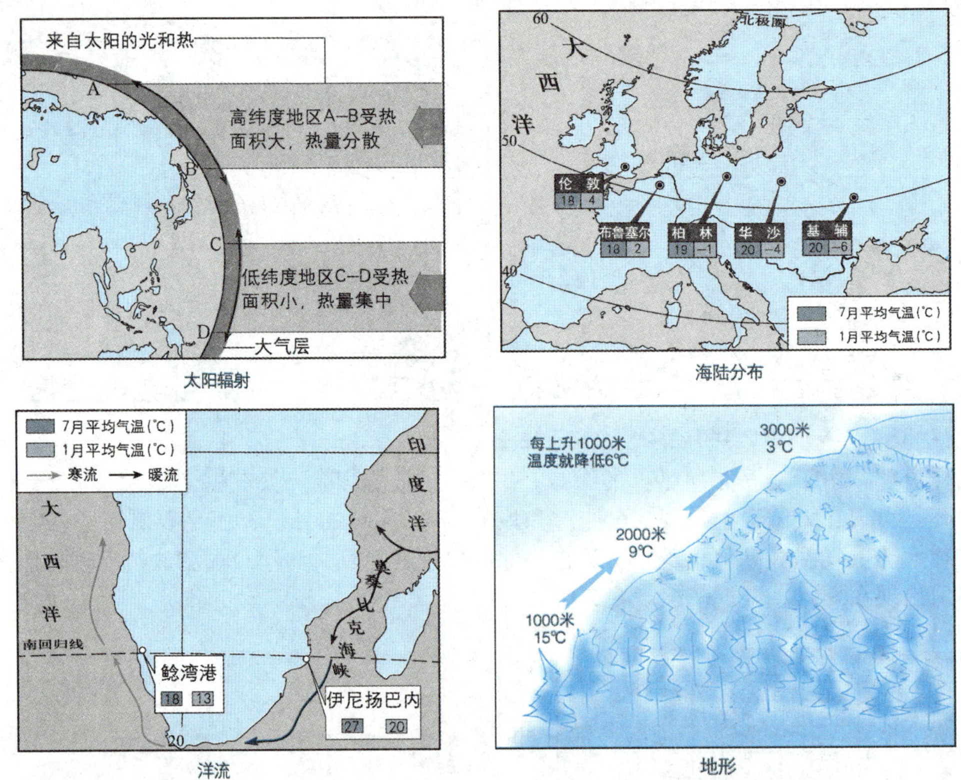

图 2－3－4 影响气温的主要因素示意

等温线图可以表示气温的分布状况。从世界1月和7月等温线分布图上，可以分析地球上气温分布的一般规律。

（一）在南北半球，无论1月还是7月，气温都是从低纬向两极递减。这是因为大气热量的根本来源是太阳辐射。低纬度地区，获得太阳辐射能量多，气温高；高纬度地区，获得太阳辐射能量少，气温低。利用这一基本规律，在等温线图中可以根据气温在南北方向的变化，确定其所属半球。

（二）受海陆分布的影响，等温线的分布并不与纬线平行。海陆热容量的差异，使得冬季的降温和夏季的升温过程中，海陆之间气温变化幅度和速度产生差异。在同一纬度上，冬季大陆气温低于海洋，夏季大陆气温高于海洋。在等温线图上表现为：冬季大陆上等温线向低纬凸出，海洋上向高纬凸出；夏季大陆上等温线向高纬凸出，海洋上向低纬凸出。利用这一规律，在等温线图中可以根据季节（1月或7月）判断图中的海陆分布，或者根据等温线图中的海陆分布确定季节（1 月或 7 月）。

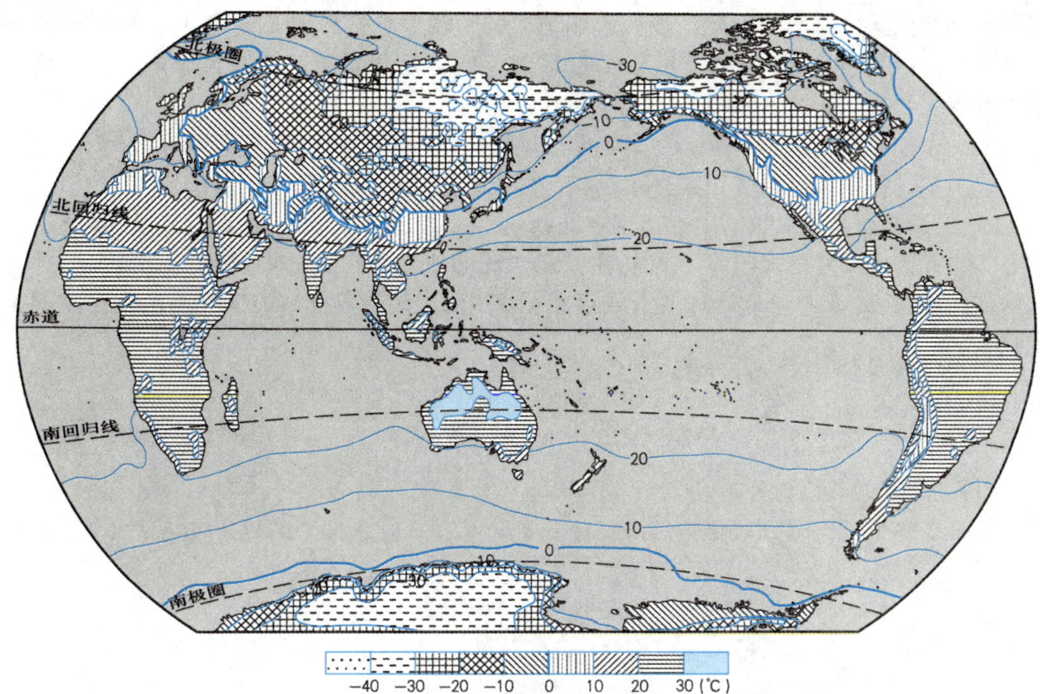

图 2－3－5　1 月份世界等温线分布

读图指南

1. 根据等温线的递变方向，说出气温变化的基本规律及其主要影响因素。
2. 北半球与南半球相比，哪个半球的等温线较平直？原因是什么？
3. 观察比较同一纬度亚欧大陆和太平洋的气温差异，说出原因。

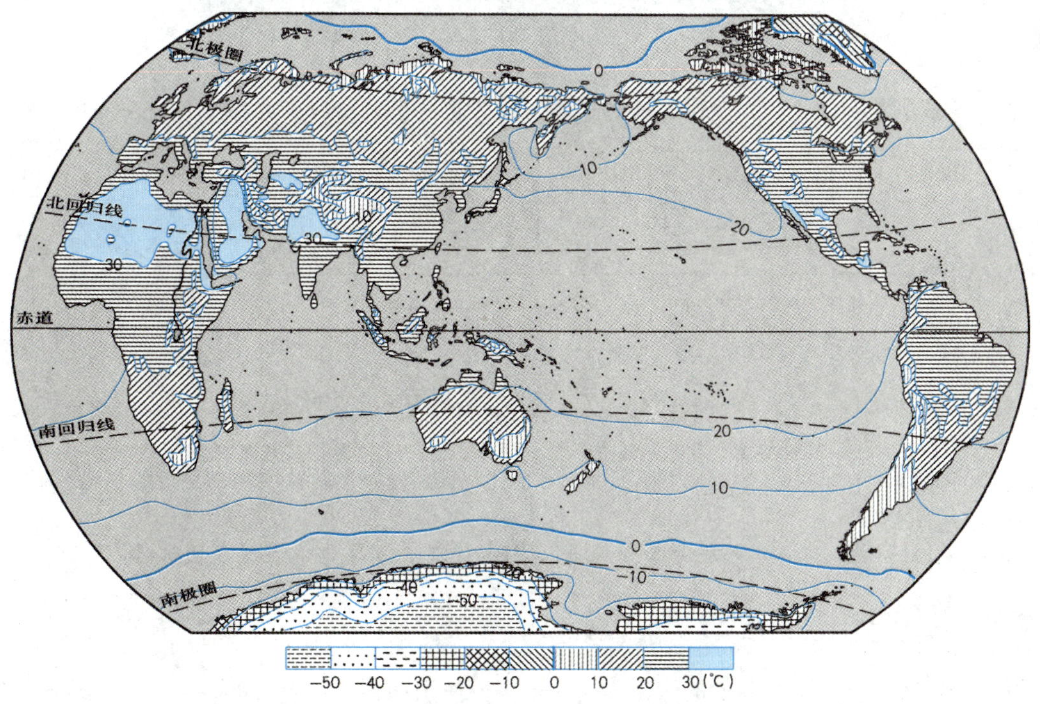

图 2－3－6　7 月份世界等温线分布

（三）在沿海地区，受暖流影响的地区，气温高于同纬度其他海区；受寒流影响的地区，气温低于同纬度其他海区。因此，暖流影响地区的等温线向高纬凸出，寒流影响的地区等温线向低纬凸出。利用此规律，可判断沿海区域气温变化是受暖流还是寒流影响。在寒暖流的交汇处等温线密集。

（四）山地的气温随海拔的升高而降低。海拔每升高 100 米，气温下降约 0.6℃。受地形的影响，山地、盆地的等温线往往呈闭合状，形成低温中心或高温中心。

（五）7 月份，全球最热的地方出现在北纬 20°～30°的沙漠地区。撒哈拉沙漠是全球的炎热中心。这是因为 7 月份太阳直射点北移；北半球陆地面积广大；赤道附近云量多，对太阳辐射的削弱作用强。1 月份北半球的寒冷中心在西伯利亚。世界极端最低气温出现在冰雪覆盖的南极大陆。

能力提升 NENGLI TISHENG

1. 等温线图的阅读与分析

在阅读等温线图时，可以根据等温线的分布状况，归纳分析气温的分布规律及其原因。

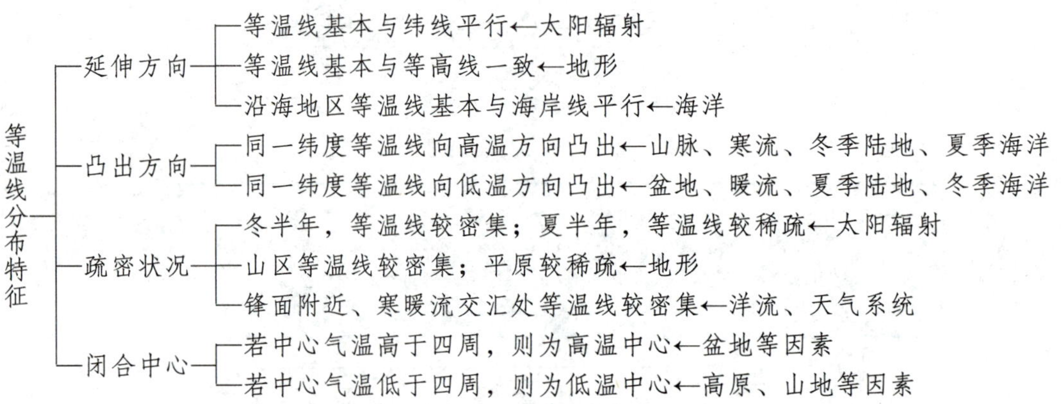

2. 用等温线示意世界 1 月和 7 月气温受海陆分布的影响状况，并概括气温分布的规律。

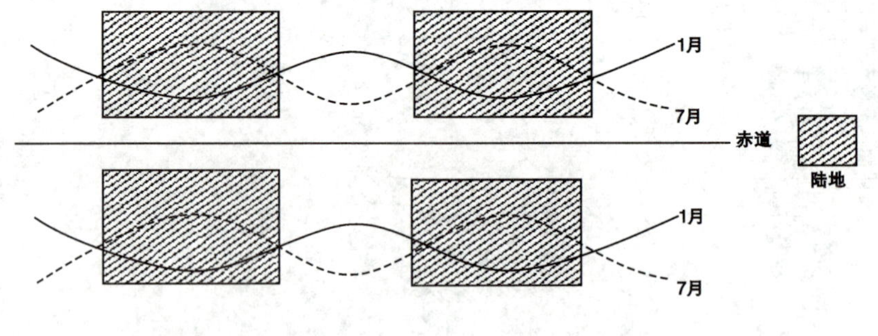

图 2－3－7

1 月：大陆向南凸，海洋向北凸　　7 月：大陆向北凸，海洋向南凸

冬季：大陆向低纬凸，海洋向高纬凸　　夏季：大陆向高纬凸，海洋向低纬凸

触类旁通 CHULEI PANGTONG

1. 下页图是某地区 1 月份等温线分布状况。对图中信息的正确判断是　　（　　）

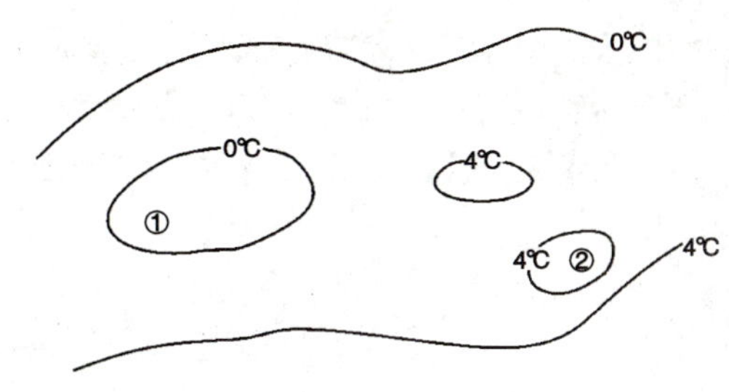

图 2－3－8

A. 该地区位于南半球的低纬度地区

B. 图中①处气温在0℃以上，②处在4℃以上

C. 图中①处气温在0℃以下，②处在4℃以上

D. ②处可能为四周高、中部低的盆地地形

E. 其他条件相同的情况下，①处的降水量较少

解析 图中既有大致沿纬线分布的等温线，又有三个等温线的闭合中心。0℃、4℃等温线是主要等温线，能反映该地区1月份气温的基本变化规律，由此推断该地区位于北半球，根据其气温值可排除其不属于中低纬度地区。图中三处闭合中心，可根据数值分为两类，即0℃、4℃等值线闭合中心。图中两条等温线之间的温差为4℃，从太阳辐射因素考虑，两条基本等温线之间地区的气温应大于0℃、小于4℃，受地形因素的影响出现一个低温中心和两个高温中心。①处位于低温中心，可能处于山地，气温低于0℃；②位于高温中心，可能处于盆地，气温应高于4℃。通常情况下，山地降水多，盆地降水少。该题主要蕴含着闭合等温线“高高低低”分布规律，即如果闭合等温线与两条线中的高值相同，则闭合中心的气温值高于该等温线的值；如果闭合等温线与两条线中的低值相同，则闭合中心的气温值低于该等温线的值。

答案 CD

2. 图2－3－9为某平原地区土壤表层解冻起始日期的等值线图。读图完成（1）～（2）题。

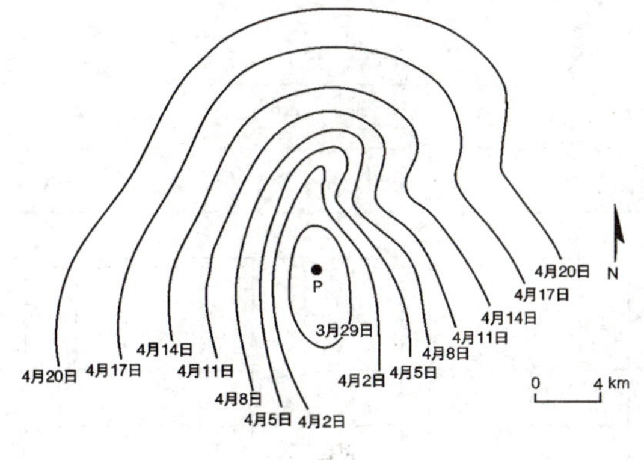

图 2－3－9

（1）推测P地属于（　　）

A. 草原区　　B. 森林区　　C. 都市区　　D. 农耕区

（2）图示区域可能位于（　　）

A. 美国　　B. 法国　　C. 澳大利亚　　D. 巴西

解析 该题以某平原地区土壤表层解冻起始日期等值线图为背景，考查学生运用知识分析解决问题的能力。图文信息结合，可得出等值线呈闭合状，且中心解冻日期早于周围地区，进而推断出“P地的气温高于四周”的结论。图示为平原地区，影响其气温变

化的主要因素是地面物质的性质。由于受人类活动的影响，城市的气温往往高于周围地区，形成“城市热岛”。从图中解冻月份可以看出，该地区位于北半球，从而排除澳大利亚和巴西。法国大部分属温带海洋性气候，冻土层存在的可能性不大。

答案 (1) C (2) A

降水

降水的主要类型

降水是指从大气中降落到地面的液态水和固态水，如雨、雪、冰雹等。降水的形成需要具备两个条件，除空气中含有充足的水汽之外，还必须具有促使空气上升变冷、水汽凝结的动力。按照促使空气上升的原因，将降水分为对流雨、地形雨、锋面雨、台风雨等类型。

类型	成因	分布
对流雨	湿热空气受热膨胀上升	赤道附近；中纬度夏季
地形雨	湿润气流受地形阻挡，沿山坡爬升	山地迎风坡
锋面雨	冷暖空气相遇，暖空气被迫抬升或主动爬升	我国东部季风区最重要的降水形式
台风雨	暖湿气流旋转上升	亚洲东部、南部，北美洲东部

降水的时间变化

各地降水量的季节变化，又称为降水的季节分配。人们常用降水量柱状图，表示一个地区降水的季节变化规律。按照世界各地降水量各月（或各季）的分配情况，一般分为全年多雨区、全年少雨区、夏季多雨区、冬季多雨区和常年湿润区。

类型	分布
全年多雨区（年雨型）	赤道附近，如新加坡
全年少雨区（少雨型）	干旱地区、两极地区，如开罗
夏季多雨区（夏雨型）	南北纬25°～55°附近的大陆东岸，如北京； 南北纬10°～20°附近大陆的中西部，如巴马科
冬季多雨区（冬雨型）	南北纬30°～40°附近的大陆西岸，如罗马
常年湿润区（湿润型）	南北纬40°～60°附近的大陆西岸，如伦敦

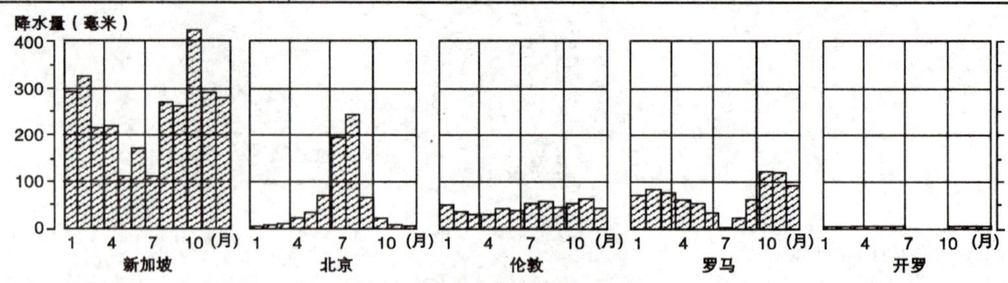

图2-3-10 世界部分城市降水量的季节分配

降水的空间分布

受大气环流、海陆分布、地形等因素的影响，世界各地的降水有规律地分布。阅读世界年降水量等值线图，可以了解世界各地年降水量的分布规律。

（一）赤道地区降水多。这个地带终年气温高，受赤道低气压带控制，盛行上升气流，容易成云致雨。

（二）两极地区降水少。这个地区终年气温低，受极地高气压控制或极地东风影响，气流下沉，水汽不易凝结。

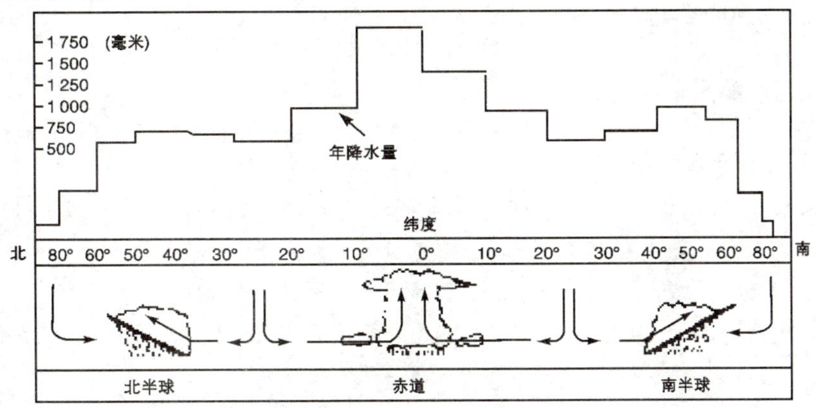

图 2－3－11　全球年降水量随纬度的分布与大气环流示意

（三）南北回归线两侧大陆西岸在副热带高气压控制下，气流下沉或受信风影响，风从大陆吹向海洋，降水稀少。大陆东岸受季风影响，夏季风从海洋吹向大陆，降水丰沛。

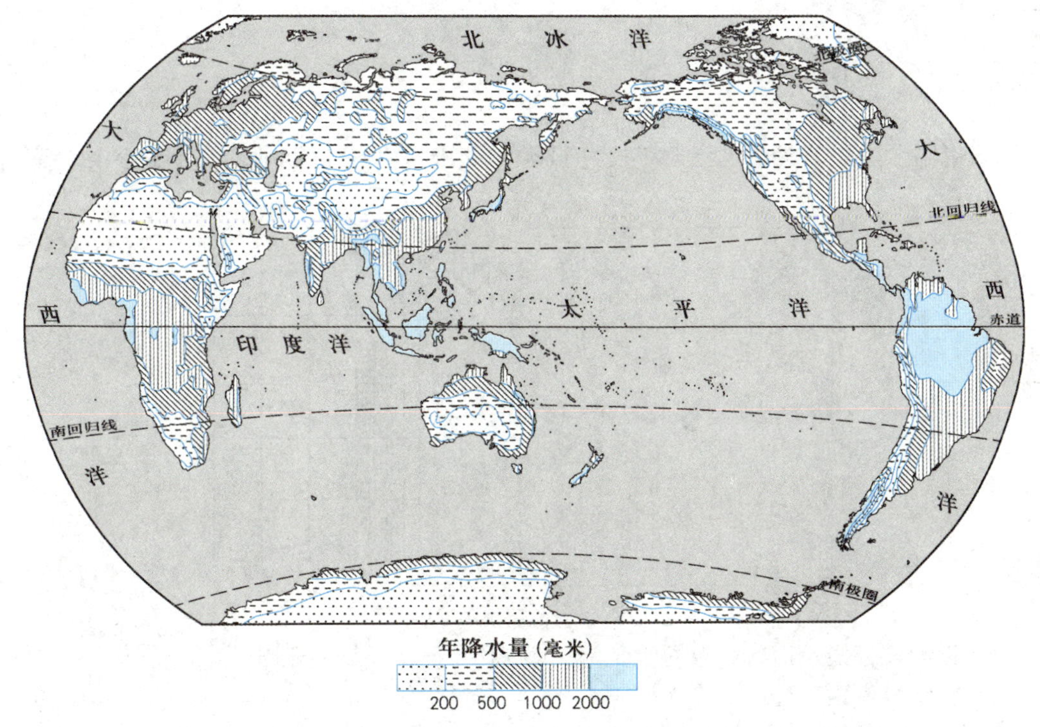

图 2－3－12　世界年降水量的分布

读图指南

1．亚马孙平原、马来群岛以及几内亚流沿岸的年降水量大约是多少？并分析原因。

2．亚欧大陆从沿海向大陆内部降水量有何变化规律？原因是什么？东西两岸的降水量相接近，降水的成因相同吗？为什么？

3．撒哈拉沙漠的年降水量大约是多少？并分析原因。

（四）中纬度地区沿海降水多，内陆地区降水少。大陆东岸受季风影响，夏季降水多，冬季降水少；大陆西岸终年或季节性受西风影响，降水较多。中纬度大陆内部，海洋水汽难以到达，降水稀少。

能力提升 NENGLI TISHENG

构建影响降水的因素框图。

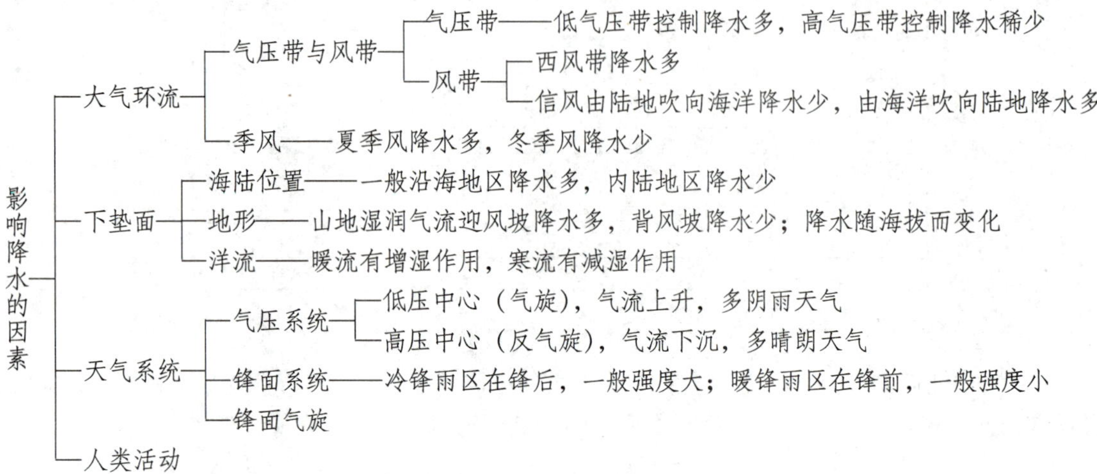

触类旁通 CHULEI PANGTONG

1. 下图中图 a 中 D 湖泊的湖面海拔约 3 800 米，降水资料如图 b 所示。读图，回答下列问题。

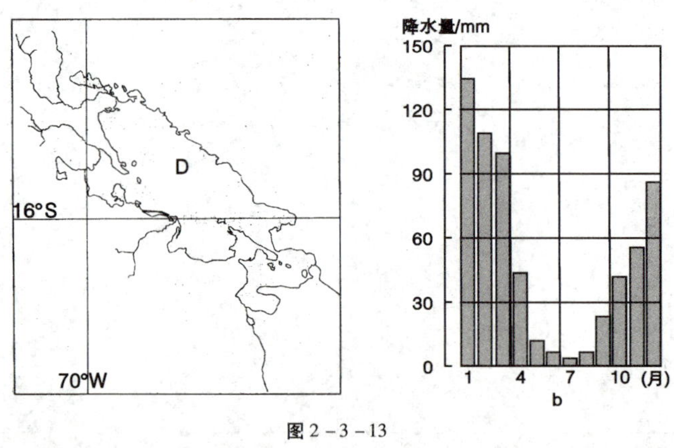

图 2-3-13

（1）推测 D 湖沿岸地区气温的年变化、日变化特征，并简述原因。

（2）归纳 D 湖沿岸地区的降水特征。

解析 该题考查从图中获取和解读信息、调动和运用知识、描述和阐释问题的能力。D 湖泊的湖面海拔约 3 800 米，告诉我们该湖属高山（高原）湖泊；图中 16°S 的信息，可推断出该地处于热带地区。由此可见，D 湖为热带的高山湖泊，气温的年较差较小，而日较差较大。图 b 显示该地降水季节变化大，降水集中于 1～3 月，该地位于南半球，故降水集中于夏季。需要注意的是一个地区的降水特征应该从年降水量与降水的季节分配两方面去回答。

答案 (1)（年均温较低）年变化（年较差）较小。因为海拔高，地处热带（低纬度地区）；日变化（日较差）较大，因为海拔高，空气稀薄，白天增温快，夜晚散热快（按高度推测日最低温度可能降至 0℃ 及以下）。

（2）年降水量约600毫米，集中于夏季（1～3月或12月至次年3月）。

2. 雪线高度是指终年积雪下限的海拔。下图表示全球不同纬度多年平均雪线高度、气温、年降水量的分布。读图2－3－14，回答（1）～（3）题。

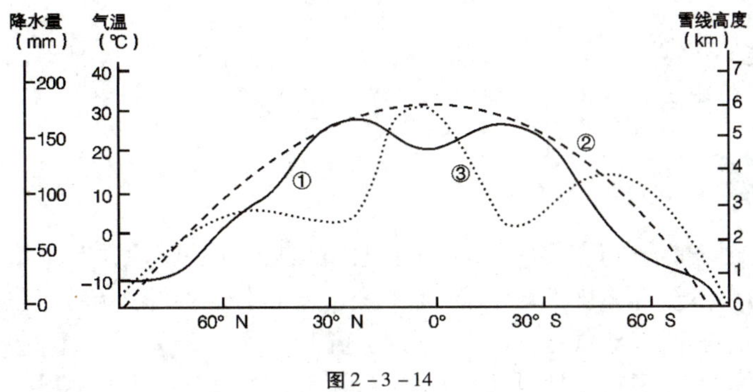

图2－3－14

（1）表示多年平均雪线高度、气温、降水量的曲线依次是（　　）

A. ①②③　　B. ①③②

C. ③②①　　D. ③①②

（2）多年平均雪线高度（　　）

A. 随纬度增高而降低　　B. 在副热带地区最高

C. 在降水量大的地区较高　　D. 在南半球低纬度地区最低

（3）依图示资料可知（　　）

A. 北半球高纬地区多年平均气温与降水量变化趋势基本一致

B. 南半球中纬地区多年平均雪线高度与降水量变化趋势基本一致

C. 多年平均雪线高度与气温变化趋势一致

D. 北半球高纬地区陆地比重小于南半球

解析 该题在一幅图中表示了全球不同纬度多年平均雪线高度、气温、年降水量的分布规律，有助于直观了解、比较这些要素的纬度分布。全球气温分布的基本规律是由低纬向两极地区递减。与气温的分布相比，受副热带高气压的影响，降水量的分布则在回归线附近形成低谷。气温与降水是影响雪线高低的主要因素，气温与雪线呈正相关。降水量与雪线则呈负相关。副热带地区由于降水量小、气温高而导致雪线形成“从副热带地区分别向低纬和高纬递减”的规律。

答案 （1）A　（2）B　（3）A

第二讲　气候因子

一个地区气候的形成，一般受太阳辐射、大气环流和下垫面状况等因素的影响。另外，人类活动对气候的变化也有一定的影响。

太阳辐射

太阳辐射能是地表能量的主要来源。由于太阳辐射在地球表面不同纬度上分布不均匀，使得地球上获得的热量随着纬度的增加而减少。太阳辐射这种纬度差异是造成各地气候差异的根本原因，在其影响下全球气候产生了热带、温带、寒带的差异。不同地区的气候差异及其季节变化，主要是太阳辐射在地球表面分布不均及其随时间变化的结果。

大气环流

大气环流主要指近地面的气压带和风带，以及由于海陆热力差异而导致的季风环流。大气环流促进了高低纬之间、海陆之间的热量和水汽的交换，调整了全球热量和水汽的分布。在不同的环流形势下，气候各不相同。

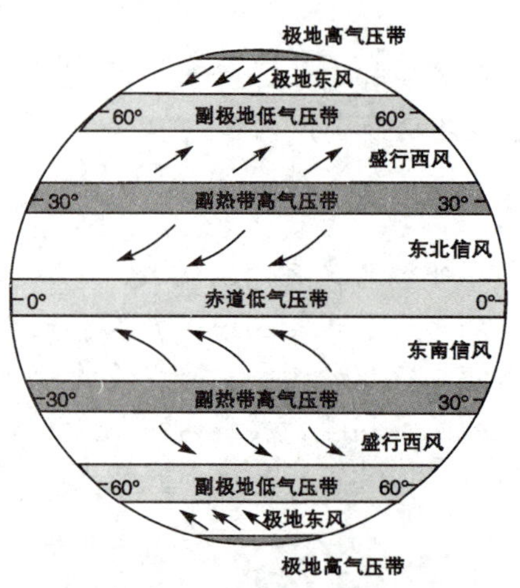

图 2－3－15　全球气压带风带示意

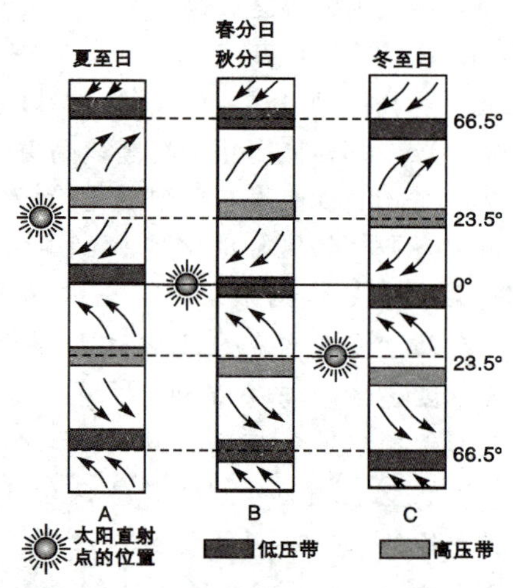

图 2－3－16　气压带风带移动示意

读图指南

1．找出气压带与风带的分布规律：以赤道低气压带为轴对称分布。

2．理解每个气压带与风带的性质（干湿状况）。

3．画出南北半球气压带、风带分布的极地俯视图。

读图指南

1．说出气压带、风带的移动规律。

2．观察气压带、风带北移或南移后，极地东风带范围的变化。

3．说出在单一气压带或风带控制下，以及所在气压带风带交替控制下所形成的气候类型。

一般而言，不同的气压带和风带控制下的地区会形成不同的气候类型。赤道及其南北两侧，全年处于赤道低压带控制下，盛行上升气流，高温多雨，形成热带雨林气候。纬度 40°～60°之间的大陆西岸地区，全年盛行西风，受海洋暖湿气流的影响，全年温和湿润，形成温带海洋性气候。纬度 30°～40°之间的大陆西岸地区，夏季受副热带高气压带的控制，气流下沉，高温少雨；冬季受西风带控制，温和多雨，形成地中海气候。

受海陆分布的影响，全球气压带往往分裂成一个个高、低气压中心。冬夏间这些气压中心的季节变化，是形成季风环流的主要原因。另外，气压带和风带位置的季节移动等也是形成季风的原因。亚洲东部和南部是世界上季风气候最典型的地区。东亚分布着亚热带季风气候与温带季风气候，冬季盛行来自蒙古—西伯利亚的偏北风，低温干燥；夏季盛行来自太平洋副热带高压西北部的偏南风，高温多雨。南亚的热带季风气候，冬季盛行来自大陆内部的东北季风，干旱少雨；夏季南半球的东南信风向北越过赤道，在地转偏向力的作用下，形成西南季风，西南季风从印度洋上带来充足水汽，高温多雨。

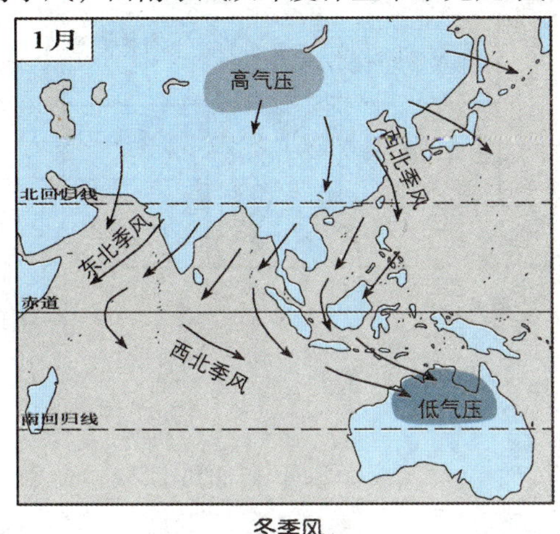

冬季风

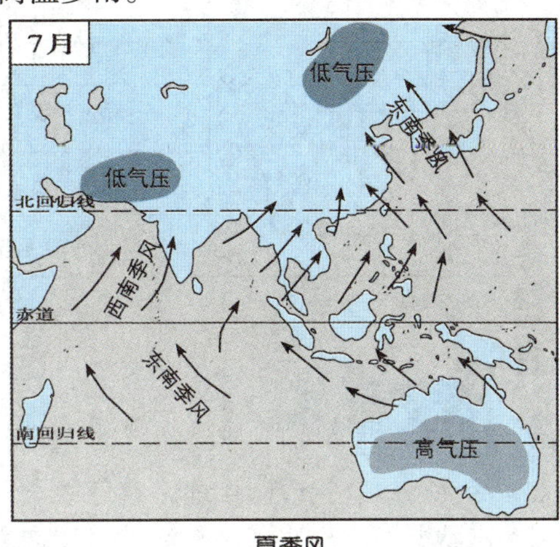

夏季风

图 2－3－17　亚洲季风

下垫面

下垫面是指与大气下层直接接触的地球表面。下垫面是对流层大气的主要直接热源和水源。地面状况不同，直接影响到大气的水热状况乃至运动特征。下垫面对气候的影响，主要表现在海陆分布、地形和洋流等方面。

在相同纬度，由于海陆分布的差异，形成差异非常显著的海洋性气候与大陆性气候。大陆性气候气温日较差、年较差大，北半球最高气温月出现在 7 月，最低气温月出现在 1 月，降水较少，集中在夏季；海洋性气候气温日较差、年较差较小，北半球最高、最低月分别出现在 8 月、2 月，降水较多，季节分配较均匀。海陆热力性质的差异还形成了大规模的季风环流。

地形对气候的影响主要表现为三方面，一是不同地形类型下的气候特征不同，如山地与平原，由于高度和坡向不同，不同地形部位（如阳坡和阴坡）接收到的太阳辐射能的多少不同，因而会表现出温度的差异；二是高大地形对气候具有屏障作用，影响气候的分布，如受科迪勒拉山系的影响，南北美洲西海岸的海洋性气候呈南北狭长分布，而欧洲具有世界上面积最大的海洋性气候区；三是山地的不同部位气温、降水有明显差异，如暖湿气流的迎风坡降水充沛，背风坡降水稀少。

洋流对大陆沿岸的气候也影响很大。暖流对沿岸气候有增温、增湿作用；寒流对沿岸气候有降温、减湿作用。

能力提升 NENGLI TISHENG

利用模式图，掌握大气环流和洋流对气候的影响。

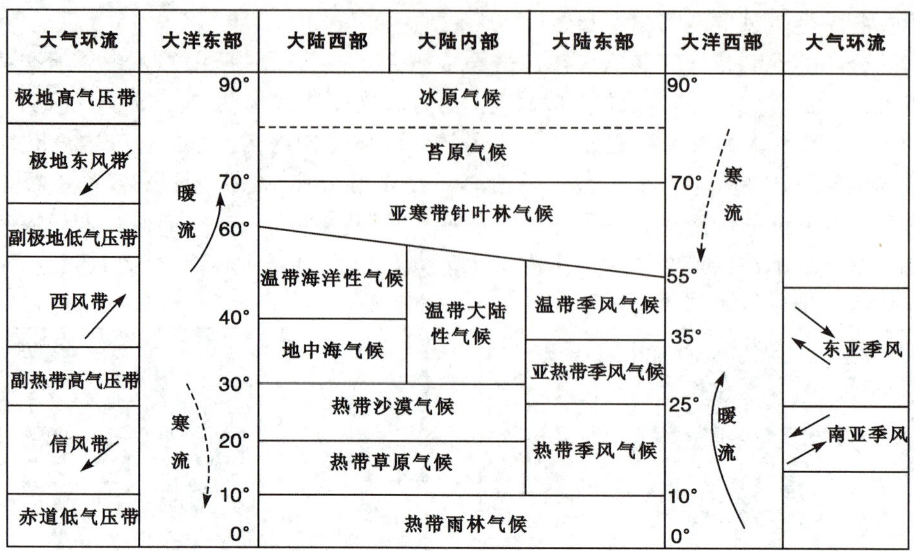

图 2－3－18 气候模式

人类活动

人类活动可以直接或间接地影响气候，如通过改变大气成分和下垫面的性质，使大气的热量和水汽状况发生变化，人类活动直接向大气释放热量等。随着社会的发展，人类活动对气候的影响越来越大。

一个地区的气候基本特征，是由太阳辐射、大气环流、下垫面及人类活动长期相互作用形成的。各因素之间相互影响、相互制约，共同形成了世界复杂多样的气候。

触类旁通 CHULEI PANGTONG

1．下图示意某区域多年平均降雪量与雪期（从当年初雪日到次年终雪日的天数）的空间分布。该区域内丘陵区每年因融雪径流造成的土壤侵蚀较为严重。读图，回答问题。

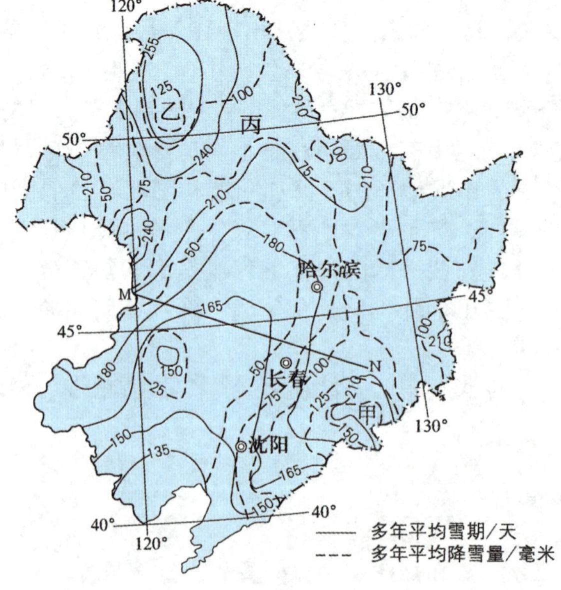

图 2－3－19

(1) 根据等雪期线的分布，分析沿 MN 一线的地形分布特点。

(2) 比较甲、乙两地雪期与降雪量的差异，并解释原因。

解析 该题以东北地区多年平均降雪量与雪期等值线为切入点，考查学生运用气候因素知识分析雪期与地形关系、降雪与纬度位置、海陆位置关系。第 (1) 问要求根据雪期的变化反推地形的变化，需明确雪期、气温、地形三者之间的关系，即地形是通过影响气温变化，进而影响雪期的。第 (2) 问甲、乙两地雪期与降雪量的差异，在一定程度上是考查影响气温和降水量的因素，从图中位置信息可判断出雪期主要是纬度差异造成的太阳辐射差异，降雪量是在季风环流一致的条件下，由于海陆位置的差异而造成的。

答案 (1) 等雪期线在中部向北凸出，中部雪期短于东西两侧，中部气温持续 <0℃的时间短于东西两侧，中部地势低（平原），东西较高（山地）。

(2) 甲地雪期比乙地雪期短，原因是甲地纬度低于乙地；甲地降雪量比乙地多，主要是因为甲地比乙地距海近，水汽更为充足。

2. 读下图比较北美洲和欧洲西部温带海洋性气候分布上的异同点及成因。

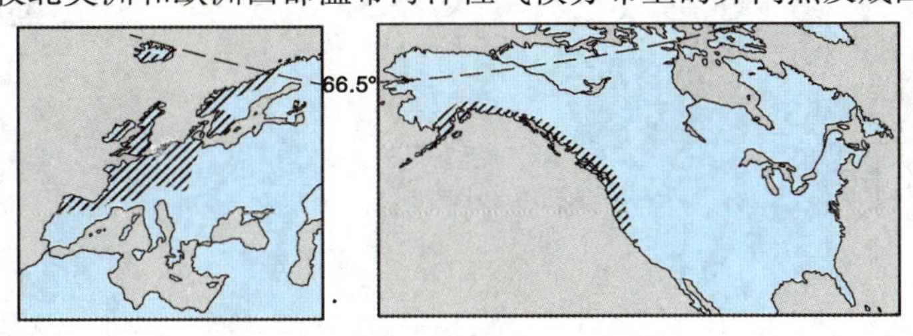

图 2－3－20

解析 该题以温带海洋气候为话题，考查学生描述和阐释问题的能力。该题的命题思路是从共性到个性，由果追因，分析探究洋流、地形等下垫面因素对气候的影响。解题时，首先，从图中提取信息，阴影部分为温带海洋性气候；然后，依图表述，都分布于中纬度大陆西岸。不同点是分布的北界纬度不同和东西宽度不同；最后，根据影响气候的因素进行阐释，由于同为温带海洋性气候，所以从大气环流、洋流、地形等因素方面分析。分析过程中，需要调动欧洲和北美洲地形、洋流等相关知识。通过做该题，应感悟到气候分布有其特殊性，下垫面对气候的影响是巨大的。

答案 共同特点：大体分布于中纬大陆西岸。原因：常年受来自暖流上空的盛行西风的影响。

不同特点：其分布北界的纬度和东西宽度，在欧洲比在北美洲高得多、宽得多。

原因：北大西洋暖流对欧洲影响的纬度范围远大于北太平洋暖流对北美洲影响的纬度范围；欧洲中纬地区平原占优势，且东西延伸，利于西风的深入；北美洲西部有平行于海岸的高大山系，西风难以深入大陆内部。

第三讲 世界气候类型

根据太阳辐射在全球分布的差异，可分为热带、亚热带、温带、亚寒带和寒带五大气候带。每一气候带内根据环流状况、海陆分布、地形、洋流等所导致的气候特征差异，又进一步划分出若干气候类型。

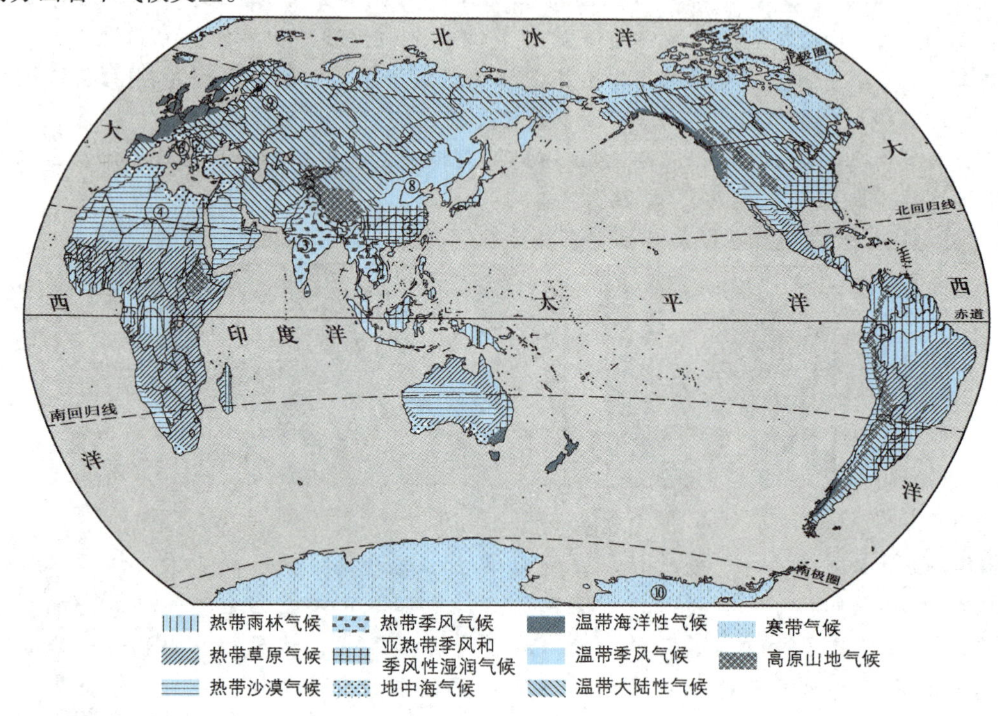

图 2－3－21 世界气候的分布

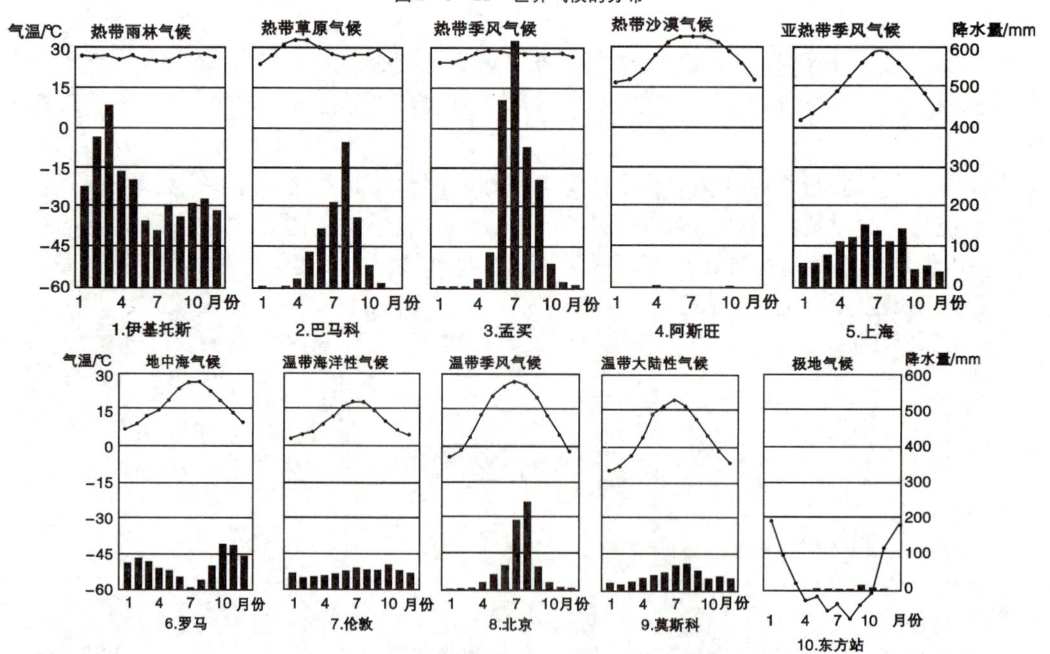

图 2－3－22 世界各种气候类型的气温和降水特征

热带气候

热带气候大致在南北纬30°之间，有四种气候类型。

1. 热带雨林气候　大致分布在南北纬10°之间，主要分布的地区有南美洲亚马孙河流域、非洲刚果河流域和马来群岛。这里全年处于赤道低气压带控制下，终年高温多雨，年降水量多在2 000毫米以上，各月平均气温在25℃以上。

2. 热带草原气候　大致分布在热带雨林两侧的南北纬10°至南北纬20°之间，如非洲中部大部分地区、澳大利亚大陆北部和东部、南美洲巴西高原等地。这里受赤道低气压带与信风带的交替控制，气候特点是全年高温，干湿季明显。年降水量在750～1 000毫米之间。

3. 热带沙漠气候　大致分布在南北纬20°至南北纬30°之间的大陆内部和西部，典型的地区有非洲北部撒哈拉沙漠、亚洲阿拉伯半岛、澳大利亚中部和西部等。这里常年受副热带高气压带或信风带的控制，全年炎热干燥，年降水量不足125毫米。

4. 热带季风气候　大致分布在北纬10°至北纬25°的大陆东岸，以亚洲的中南半岛、印度半岛最为典型。这里受东北季风和西南季风的交替控制，全年高温，分为旱季与雨季，年降水量大都在1 500～2 000毫米。

能力提升 NENGLI TISHENG

1. 如何区别热带草原气候与热带季风气候？

共同点：全年各月均高温，降水有明显的季节变化，均属夏雨型。

不同点：①降水量不同，热带季风气候较多（1 500～2 000毫米），热带草原气候较少（750～1 000毫米）；②雨季的集中程度不同，热带季风气候雨季较短，集中在6～9月，降水有突变现象，且只分布在北半球；热带草原气候雨季较长，集中在5～10月。

2. 非地带性热带雨林气候是如何形成的？

非地带性气候的成因，一般从地形、洋流和盛行风等方面进行分析。热带雨林气候除大面积分布于南北纬10°之间外，在非洲马达加斯加岛东部、澳大利亚东北部、巴西高原东南部和中美洲东北部也有分布，它们虽然远离赤道，但由于处于来自海洋信风的迎风地带，受地形的抬升作用，加之附近洋面又有暖流的增温增湿作用，从而使上述地区降水较为丰沛，成为热带雨林气候。

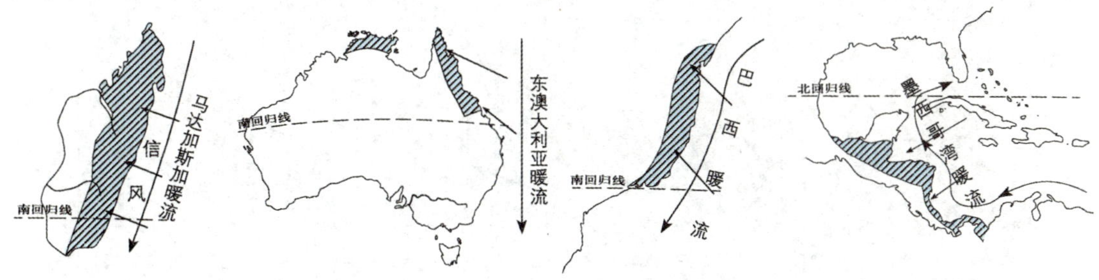

图2-3-23　非地带性热带雨林气候成因

亚热带气候

亚热带气候大致分布在南北纬30°～40°之间，有两种气候类型。

1. 亚热带季风气候和季风性湿润气候　主要分布在南北纬25°～35°之间的大陆东岸。亚热带季风气候主要分布在我国秦岭—淮河以南、日本南部和朝鲜半岛南端，这里冬夏海陆热力差异明显，冬季受来自亚洲大陆内部的偏北风影响，温和少雨，最冷月气温在0℃以上；夏季受来自太平洋的偏南风影响，高温多雨；全年降水在750 ~ 1 000 毫米。与亚热带季风气候相比，亚热带季风性湿润气候气温的年较差较小，一年中降水的季节分配也较均匀，分布在北美大陆、南美大陆和澳大利亚大陆东南部。

2. 地中海气候　主要分布在南北纬30° ~ 40°之间的大陆西岸，以地中海沿岸最为典型，在南北美洲、澳大利亚和非洲大陆西南均有分布。这里由于受副热带高气压带（夏季）和西风带（冬季）的交替控制，夏季炎热干燥、冬季温和多雨。最冷月气温在0℃以上，年降水量在300 ~ 1 000 毫米之间。

温带气候

温带气候大致分布在南北纬40° ~ 60°之间，有三种气候类型。

1. 温带季风气候　主要分布在北纬35° ~ 50°之间的亚洲东部，如我国的东北、华北、日本和朝鲜半岛的北部。受季风环流的影响，冬季寒冷干燥，夏季高温多雨。最冷月气温在0℃以下，年降水量在500 ~ 800 毫米。

2. 温带大陆性气候　主要分布在亚欧大陆和北美大陆的内陆地区。这里由于深处内陆，受海洋的影响较小，冬季严寒，夏季炎热，气温年较差大，全年干旱少雨。最冷月气温在0℃以下，年降水量一般在400 毫米以下。

3. 温带海洋性气候　主要分布在南北纬40° ~ 60°之间的大陆西部，以欧洲西部的温带海洋性气候最为典型。除此之外，在北美洲和南美洲的西海岸、澳大利亚的塔斯马尼亚岛和新西兰都有分布。这里终年受西风的影响，冬不冷夏不热，气温年较差较小，全年降水较均匀，年降水量在7 00 ~ 1 000 毫米之间。

触类旁通 CHULEI PANGTONG

在建筑保温材料还没有普遍应用的时代，从大西洋沿岸往东至俄罗斯，欧洲传统民居的墙体厚度有一定的变化规律。读图，说出欧洲传统民居墙体厚度的变化规律，并解释原因。

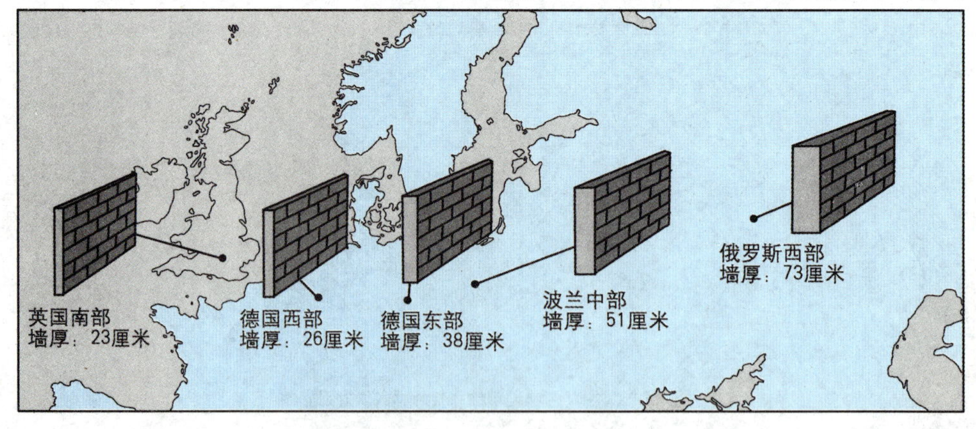

图 2－3－24　欧洲墙体厚度的变化

解析　该题从气候对民居的影响立意，考查学生用所学知识分析问题和解决问题的能力。该题所考查的知识点是温带海洋性气候与温带大陆性气候的分布、特征。受海陆位置的影响，欧洲自西向东由温带海洋性气候过渡到大陆性气候，冬季气温逐渐降低，年较差增大。下表为50°N 附近的气温资料。

气温	伦敦	布鲁塞尔	柏林	华沙	基辅
1月	4	2	-1	-3	-6
7月	18	18	19	20	20

答案 欧洲自西向东墙体逐渐变厚，其原因是自西向东随着距离大西洋由近到远的变化，气候的海洋性逐渐减弱，大陆性逐渐增强，因而冬季气温也由西部沿海向东部内陆逐渐降低。自西向东墙体不断加厚，是为了抵御冬季气温越来越低而带来的严寒。

亚寒带和寒带气候

1. 亚寒带针叶林气候　主要分布在北纬50°~70°之间的亚欧大陆和北美大陆北部。气候特点是冬季漫长而严寒，暖季短促。降水量少，而且集中在夏季。

2. 苔原气候　主要分布在亚欧大陆和北美大陆的北冰洋沿岸地区及岛屿。全年严寒，皆为冬季，最热月气温仅1℃~5℃。降水稀少，蒸发弱。

3. 冰原气候　主要分布在南极大陆、北冰洋和格陵兰岛的绝大部分地区。全年酷寒，降水极少，暴风雪常见。

高山气候

在高大的山地和高原地区有高原气候和山地气候。随着高度的增加，气候垂直变化明显。气温的年较差小，日较差大，日照强，风力大。

能力提升 NENGLI TISHENG

如何判断气候类型？

对气候类型的考查，一般有三种情况：一种是根据气候的基本特征，即气温、降水的统计资料及其图表进行判读；一种是在区域图中，利用气候的分布规律进行判断。还可以根据地表景观特征等进行判断。

利用气候统计资料及图表判读的步骤：

1. 根据气温的变化判断所在的南北半球（以“温”定“球”）

半球	气温变化规律	气温曲线
北半球	6~8月气温高，12~2月气温低	波峰型
南半球	12~2月气温高，6~8月气温低	波谷型

2. 根据最冷月气温值判断所处的热量带（以“温”定“带”）

热量带	最冷月或最热月气温
热带气候	最冷月气温>15℃
亚热带气候（含温带海洋性气候）	最冷月气温0℃~15℃
温带气候（不含温带海洋性气候）	最冷月气温-15℃~0℃
寒带气候	最热月气温<15℃

3. 根据降水量特征确定气候类型（以“水”定“型”）

热量带	气候类型	降水量特征	
		年降水量（mm）	降水季节分配
热带	热带雨林气候	>2 000	年雨型
	热带草原气候	750～1 000	夏雨型
	热带季风气候	1 500～2 000	夏雨型
	热带沙漠气候	<125	少雨型
亚热带	地中海气候	300～1 000	冬雨型
	亚热带季风气候	>750	夏雨型
温带	温带季风气候	500～800	夏雨型
	温带海洋性气候	700～1 000	年雨型
	温带大陆性气候	<400	少雨型（夏雨型）
亚寒带针叶林气候、寒带气候		<250	少雨型

触类旁通 CHULEI PANGTONG

（2007·高考）读图2-3-25，回答（1）～（3）题。

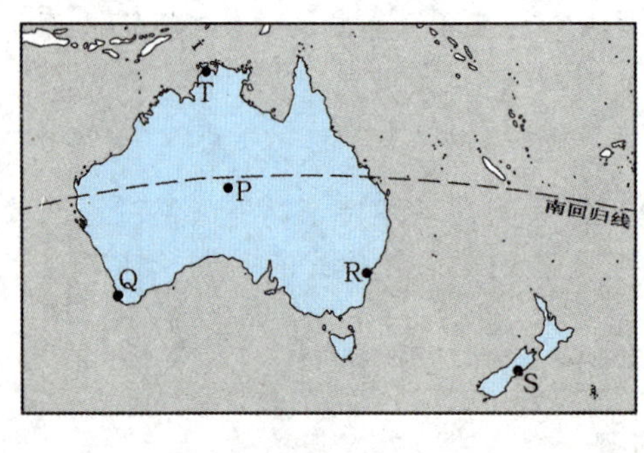

图2-3-25

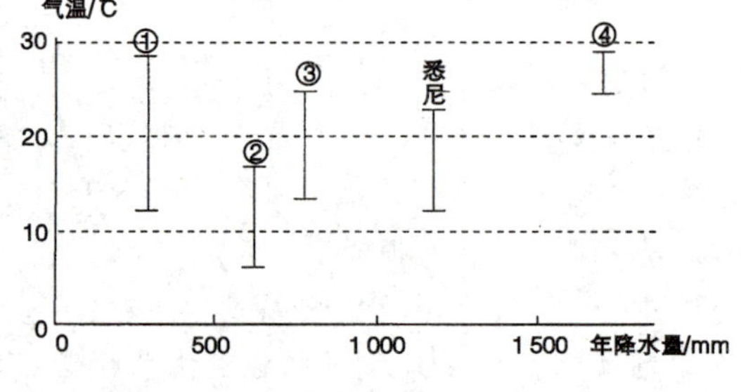

图2-3-26

（1）受暖流影响明显的地方是（　　）

A. T　B. Q　C. R　D. S

（2）气候特点为“冬季温和多雨，夏季炎热干燥”的地方是（　　）

A. T　B. Q　C. R　D. S

（3）在图2-3-26所示的几种气温年内变化和年降水量情况中，与P地相符的是（　　）

A. ①　B. ②　C. ③　D. ④

解析 该题组以澳大利亚和新西兰为情境，考查气候的相关知识。第（1）问考查洋流的分布规律，第（2）问考查地中海气候的特点及其分布，第（3）问考查气候类型的判断。第（3）问判断时，需要认清坐标轴的含义，横轴表示年降水量，纵轴表示最高月气温和最低月气温。

答案 （1）C　（2）B　（3）A

第四单元　世界的河流

第一讲　河流补给与水文特征

河流和湖泊与人类社会息息相关，为人们提供了丰富的淡水资源，塑造了富饶的冲积平原，滋润了土地，哺育了人民，成为人类文明发展的摇篮。埃及的尼罗河流域、西亚的两河流域、中国黄河流域和南亚的印度河流域孕育了世界的四大古代文明。世界众多的河流，有利于各国发展灌溉、航运、水电、水产和旅游等各项事业。

水系和流域

每条河流的集水区域称为该河的流域。相邻的流域之间以高地分隔，高地两侧的流水顺着地面斜坡分别流入不同的水系。这些高地被称为相邻水系或流域之间的分水岭。水系又称“河网”，指流域内大大小小的水体所构成的脉络相通的系统，它由干流、支流及流域内的湖泊等组成。

水系的划分，有的以流入的海洋划分，如太平洋水系、印度洋水系；有的以河流的干流命名，如长江水系、黄河水系；也有的以归宿的湖泊而定名，如洞庭湖水系、鄱阳湖水系等。

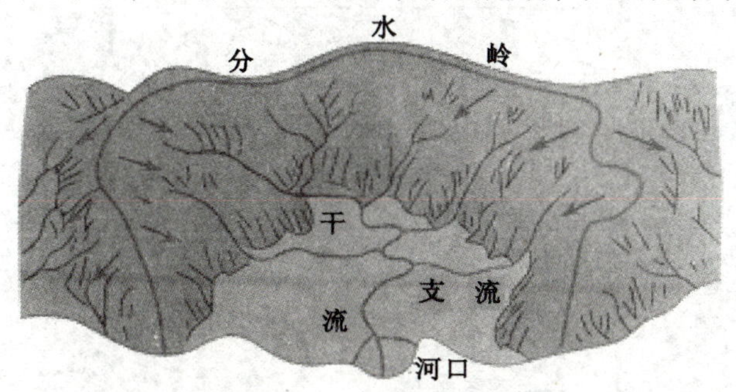

图 2－4－1　水系与流域

世界的大河根据其注入的大洋，可以将其分为太平洋、大西洋、印度洋和北冰洋四大水系。如长江、黄河属太平洋水系，刚果河、亚马孙河属大西洋水系，恒河、赞比西河属印度洋水系，鄂毕河、勒拿河属北冰洋水系。

一条河流的水系特征包括支流的多少、流程、河段划分、水系形态、流域面积和注入的海洋等。

内流区和外流区

最终流入海洋的河流叫外流河，外流河的流域称为外流区。沿途注入内陆湖泊，或在中途消失，最终未能流入海洋的河流叫内流河。内流河一般分布在深居内陆的干旱和半干旱地区。从世界范围来看，外流区面积占到陆地总面积的 80% 左右，其中又以大西洋水系的流域面积最大，约占陆地总面积的 1/3。

全球内流、外流区域面积（单位：万千米^2）

区域	面积	外流区域				内流区域
		北冰洋	大西洋	印度洋	太平洋	
欧洲	1 010	150	680	—	—	180
亚洲	4 400	1 170	60	700	1 190	1 280
非洲	3 020	—	1 490	560	—	970
北美洲	2 423	920	920	—	500	83
南美洲	1 797	—	1 520	—	120	157
大洋洲	897	—	—	330	170	397
南极洲	1 405	—	400	505	500	—
陆地总面积	14 952	2 240	5 070	2 095	2 480	3 067
比重（%）	100	15	34	14	17	20

河流的补给

河流的补给指河水的来源。河流的一般补给方式有雨水、冰川融水、季节性积雪融水、湖泊水和地下水。世界上的大河往往是由多种水源补给的，大气降水是河流最重要的补给形式。河流的补给影响着河流径流量的变化。

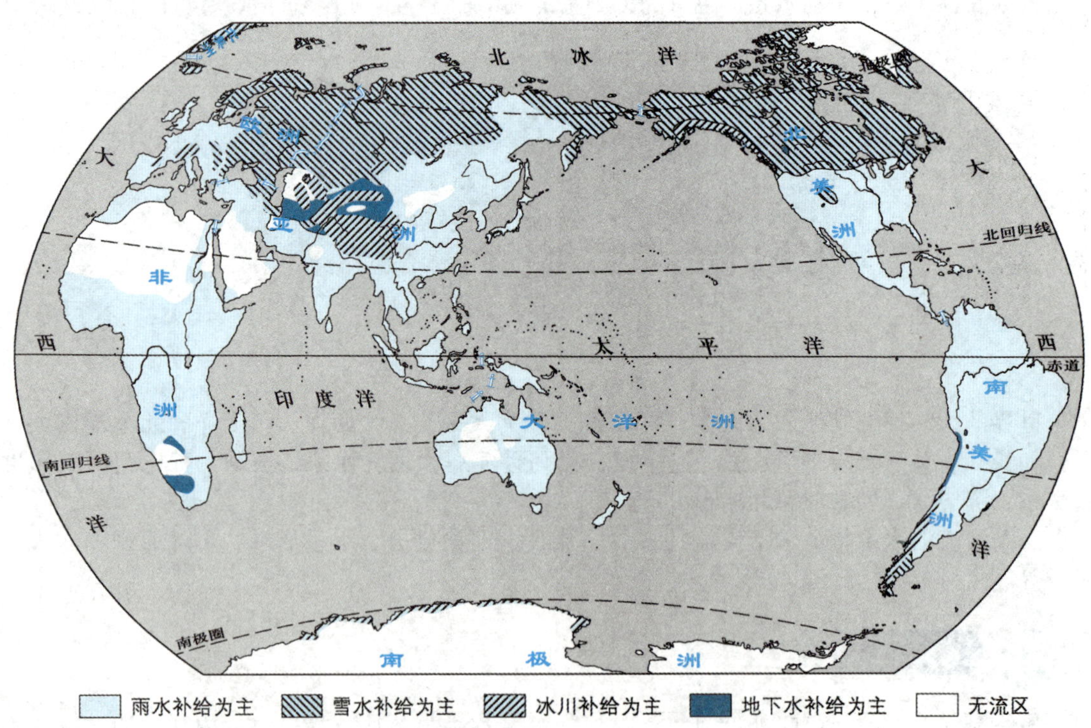

图 2－4－2　世界主要河流及其补给

河流补给类型及其特点比较表

补给类型	时间	影响因素	径流变化特点	世界的分布	我国的分布
雨水	雨季	降雨量	随降水量的变化而变化	世界大多地区	东部季风区
季节性积雪融水	春季	气温	春季积雪融化常形成春汛	亚洲和北美北部	东北、西北
冰川融水	夏季	气温	夏季径流量大，冬季断流	亚欧大陆内部	西北地区
湖泊水	全年	水位	补给水量平稳，与河水可以互补，可调节河流径流；洪水期削减洪峰，枯水期补给河流	世界大多地区	普遍，长江中下游地区较典型
地下水	全年	水位	补给水量稳定，补给量较小，且与河水可以互补	世界部分地区	普遍，喀斯特地区较典型

河流水文特征

水文特征一般指河流的水位、流量、汛期、含沙量、结冰期等。水位是指河流某处在某时刻，相对基准面的水面高程。水位的变化主要受水量大小的影响。流量是指在单位时间内，通过河流某一横断面的水量，一般用米³/秒表示。枯水期是河流一年中流量最小的时期。汛期是指流域内季节性降水或冰雪融化，引起定时性水位上涨时期。结冰期指水体开始结冰至冰面破裂，冰块随水开始移动的这一时期。凌汛是河流上冰坝阻塞水流的现象。凌汛发生在河流封冻时和解冻时，低纬度处的水流，挟带冰块不断涌来，造成冰坝阻塞水流，水流不畅，河水泛滥。从时间上看，凌汛发生在冬末春初和冬初；从位置上看，凌汛发生在由低纬流向高纬的有结冰期的河段，如黄河、鄂毕河、叶尼塞河、勒拿河等。

能力提升 NENGLI TISHENG

1. 如何描述和解释河流水文特征及其原因?

影响河流水文特征的主要因素是气候，含沙量的大小还受植被等因素的影响。

水文要素	特征描述	原因分析
水位	水位变化大或小	取决于河流的补给类型。以雨水补给为主的河流，水位变化由降水特点所决定，年雨型地区水位变化小，冬雨型和夏雨型地区水位季节变化大。以冰雪融水补给为主的河流，水位变化由气温变化决定
流量	流量大或小	以降水补给为主的河流依据降水量的多少、水系特征和流域面积大小等方面分析

汛期	汛期有无及时间	雨水补给的河流根据降水特点判断；冰雪融水补给为主的河流根据气温变化判断
含沙量	含沙量大或小	取决于流域内植被、地形状况及降水的集中程度（季节分配及暴雨频率）
结冰期	有或无、长或短	河段的结冰期最冷月均温 <0℃
凌汛	有无及时间、河段	凌汛形成条件：河流或河段有结冰期；由低纬流向高纬

2. 如何分析河流径流量变化图？

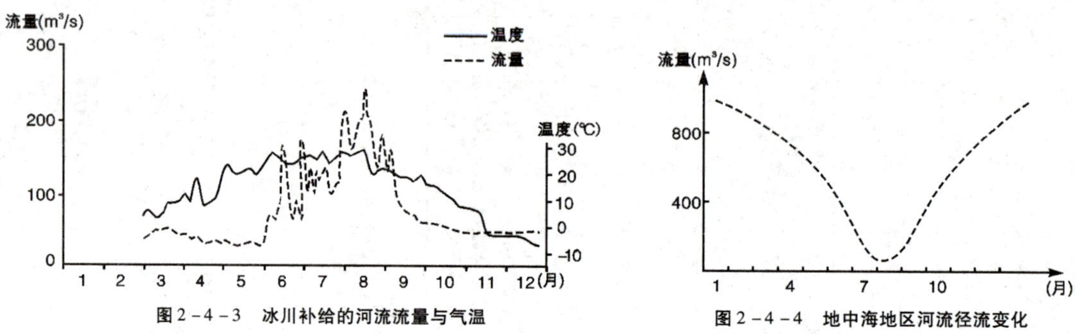

图2-4-3 冰川补给的河流流量与气温　　图2-4-4 地中海地区河流径流变化

第一步：明确坐标的含义，一般横轴表示时间（月份），纵轴表示流量（m^3/s）。

第二步：据图描述河流的水文特征，如径流量的季节变化、汛期（丰水期）和枯水期的时间及长短等。

第三步：推断河流的补给及径流量变化的原因。

（1）曲线变化幅度小，起伏和缓　该类河流的径流季节变化小，原因大致分为三类：一是河水以地下水或湖泊水补给为主；二是流域在热带雨林气候区或温带海洋性气候区；三是水利工程对径流的调节作用。

（2）曲线变化幅度大，有明显的波峰和波谷　该类河流的径流季节变化大，分析时注意：

①丰水期出现在夏秋，枯水期在冬春的河流，一般多为雨水补给，分布在季风区、热带草原气候区。

②丰水期出现在冬春，枯水期在夏秋的河流，一般为雨水补给，分布在地中海气候区。

③汛期出现在夏季的河流，除雨水补给外，还有可能是冰川融水补给，冰川融水补给的河流多分布在温带大陆性气候区。

④具有春汛的河流往往可能是季节性积雪融水补给，分布在高纬地区的河流往往具有此特征。

⑤河流在冬季断流可能是河水封冻缘故，内流河往往是气温低，没有冰川融水补给所致。

⑥河流在冬春枯水期断流除自然原因外，一些河流还受人类活动的影响，如黄河下游在20世纪80～90年代频繁断流。

触类旁通 CHULEI PANGTONG

（2010·新课程卷）下页图所示区域降水季节分配较均匀。2010年5月初，该区域天气晴朗，气温骤升，出现了比常年严重的洪灾。据此完成（1）～（2）题。

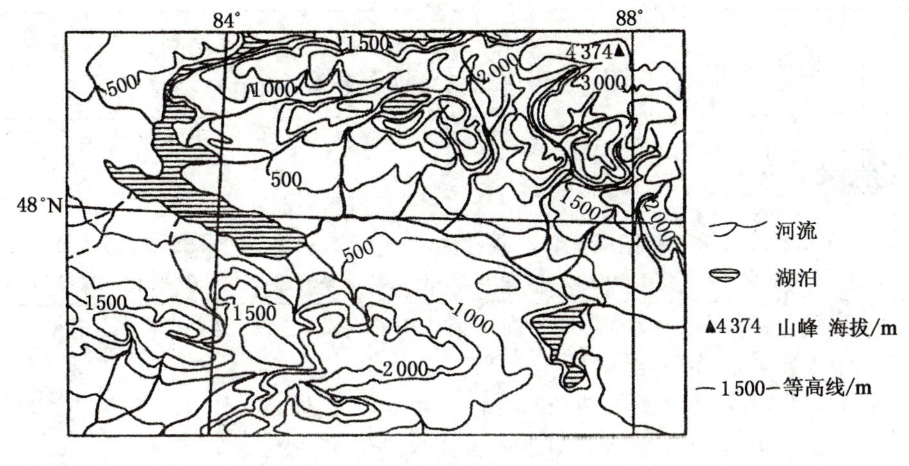

图 2－4－5

（1）形成本区域降水的水汽主要来源于　　（　　）

A．太平洋　　B．印度洋　　C．大西洋　　D．北冰洋

（2）自 2009 年冬至 2010 年 4 月底，与常年相比该区域可能　　（　　）

A．降水量偏少，气温偏高　　B．降水量偏多，气温偏高

C．降水量偏少，气温偏低　　D．降水量偏多，气温偏低

解析 该组题考查从材料中获取和解读信息、调动和运用知识的能力，运用的知识有空间定位、等高线图的阅读、大气环流、河流补给及天气系统等。第（1）题需根据图中经纬度信息定位为中纬度的亚洲大陆内部，受西风带的影响，降水的水汽主要来自大西洋；第（2）问重在从文字信息和题干中获取信息，文字信息“2010 年 5 月初，该区域天气晴朗，气温骤升，出现了比常年严重的洪灾”。隐含着 2010 年 5 月前该地区的气温较常年偏低的信息，由“天气晴朗”、“严重洪灾”可推断该地洪灾非暴雨所致，结合空间定位和运用河流的补给知识，可知该区河流春季的补给主要为季节性融水补给，进而确定 2010 年 5 月前该地区降水（雪）量比往年偏多。

答案（1）C　　（2）D

第二讲　世界主要河流和湖泊

尼罗河

尼罗河发源于非洲东部高原，自南向北，注入地中海，流域面积280多万平方千米，全长6 600多千米，是世界最长的河流。有人把它的干支流分布形容为树根在地中海，树干在撒哈拉沙漠，树枝部分（众多支流）在赤道地区的一棵古树。

白尼罗河和青尼罗河是尼罗河两条重要的支流。白尼罗河发源于赤道附近，主要流经地势平坦的沼泽地区，水量稳定而流动舒缓。青尼河发源于埃塞俄比亚高原的热带草原气候区，河水在一年中有暴涨暴落现象。湿季时，河水猛涨，大量泥沙冲入下游；干季时，流量骤减。两条河流在苏丹首都喀土穆附近汇合。

尼罗河的下游流经热带沙漠地区，沿途降水稀少，缺少补给，是沿岸地区重要的水源。

尼罗河下游有定期泛滥现象。每年的12～5月为枯水期，河水清澈，河水主要来自白尼罗河。6～11月青尼罗河上游进入雨季，下游两岸地区的田野被洪水淹没。洪水消退之后，人们在厚厚的淤泥上种植棉花、小麦、水稻等农作物。尼罗河哺育着沿河的居民，在沙漠地区形成一条“绿色走廊”。古埃及人民利用尼罗河水的定期泛滥，在这里创造了高度的文明。

20世纪60年代，埃及开始在尼罗河上修建阿斯旺大坝。历时10年，耗资近10亿美元，建成坝高111米，长3 830米的大坝，大坝以上形成库容达1 640亿立方米的纳赛尔水库。水库的2/3在埃及境内，1/3在上游的苏丹境内。大坝的修建，改变了历史上尼罗河年年泛滥成灾的状况，对尼罗河水起到了很好的调节作用。

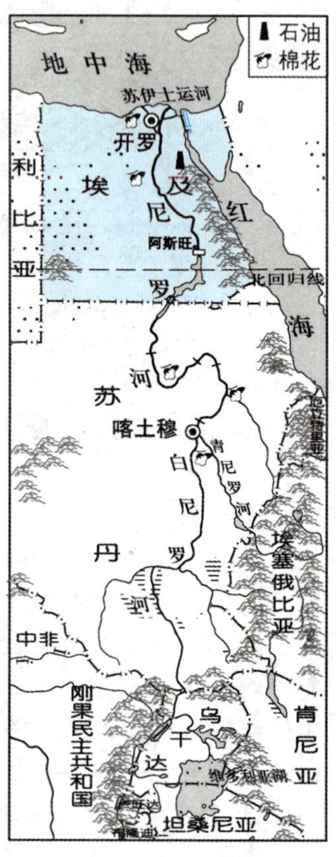

图2－4－6　尼罗河

信息链接 XINXI LIANJIE

阿斯旺大坝的经济效益及对环境的负面影响

阿斯旺大坝建成以来，埃及获得了巨大的经济效益：保证了尼罗河下游约477万公顷的农田浇灌，耕作制度由一年一熟改变为一年两熟或三熟；防洪抗旱方面，节约了大笔资金；水电站装机容量达210万千瓦，20世纪80年代初年发电量占到全国总发电量的一半；改善了尼罗河的通航条件，实现了下游全年通航；库区和下游发展渔业和旅游业，收入可观等。

阿斯旺大坝建成后，对环境的负面影响主要表现在以下几方面：尼罗河下游平原失去定期泛滥带来的天然肥料，土地质量下降；河水量减少，致使河水中的鱼类品种数量减少，河口外海域的沙丁鱼大量迁往地中海北部；河口三角洲由于河水流量减少，导致海水倒灌，土地盐渍化加重，海岸因海水的侵蚀而后退。

亚马孙河

亚马孙河位于南美洲中北部，是世界上流域面积最广、流量最大的河流。它的长度为

6 400多千米，仅次于尼罗河，居世界第二；流域面积705万平方千米，每年注入大西洋的水量约6 600立方千米，约占世界河流注入大洋总水量的1/6。

亚马孙河发源于安第斯山脉，流域横贯于2°N～15°S之间，大部分地区受赤道低气压带和从海洋上来的东北信风、东南信风的影响，地形向东敞开，西部高，有利于海洋上来的水汽深入内部，流域内全年降水丰沛，加之流域面积广大，河网密布，因而水量极大。流域内平原广阔，水流平缓，水量的季节变化比较小，航运便利。河口处宽度可达300多千米，与碧波荡漾的大西洋融为一体，一片汪洋，有“河海”之称。

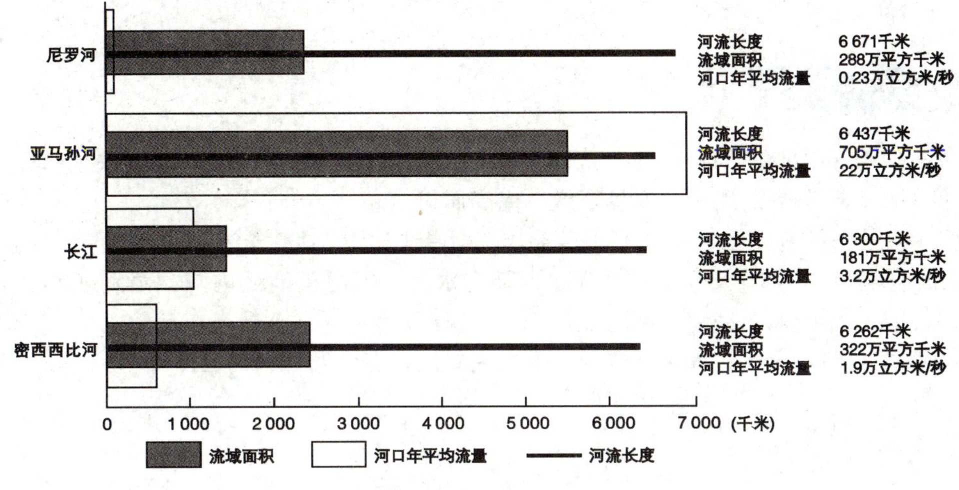

图2－4－7 世界四大河流比较

亚马孙河流经世界面积最大的雨林气候区，受人类活动的影响较少，被称为世界上最健康的河流。

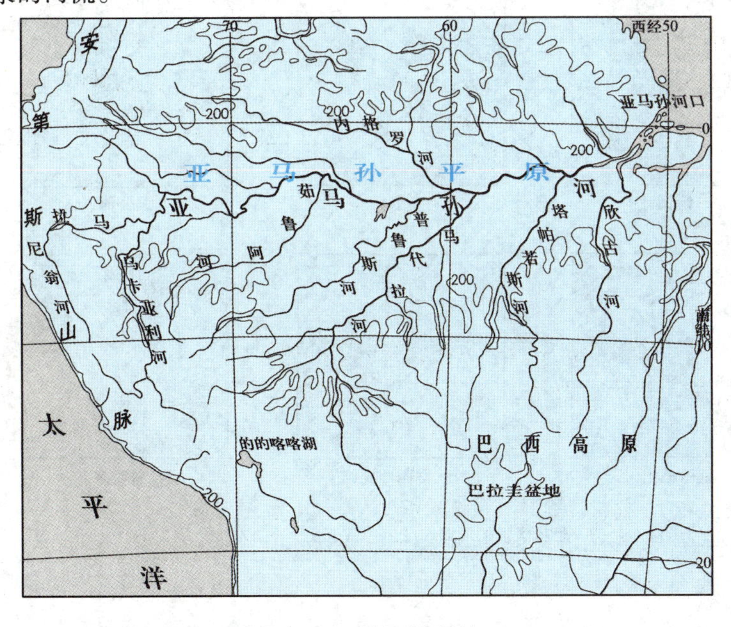

图2－4－8 亚马孙河流域

读图指南

1. 从大气环流、洋流和地形三方面，分析亚马孙河流域降水丰沛的原因。

2. 从流域面积、地形和降水三方面，分析亚马孙河水量丰富的原因。

莱茵河

莱茵河发源于阿尔卑斯山脉北麓，自南向北流经瑞士、列支敦士登、奥地利、法国、德国和荷兰等国，在荷兰鹿特丹附近注入北海，全长1 300多千米，流域面积22万多平方千米。

莱茵河上游流经山地高原，水能资源丰富，景色优美；中游河谷地区以葡萄种植和酿酒业闻名于世；下游三角洲地区农牧业发达。中游65千米的莱茵河河谷被联合国纳入世界文化遗产，沿途有众多的古堡、历史小城和葡萄园。

莱茵河航运发达，通航里程达886千米，货运量居世界各河之首。两岸的许多支流，通过一系列运河与多瑙河、罗讷河等水系连接，构成了一个四通八达的水运网。莱茵河流经欧洲的主要工业区，德国的鲁尔工业区就在它的支流鲁尔河和利珀河之间。

莱茵河曾遭受严重的污染，经过治理，水质大幅度提高，河水变清，鱼儿畅游，人们又可以在莱茵河畔垂钓了。

里海

里海位于亚洲与欧洲的交界处，是世界最大的湖泊（咸水湖），西、北、东三岸分属阿塞拜疆、俄罗斯、哈萨克斯坦、土库曼斯坦，南岸属伊朗。

里海南北长1 200千米，平均宽320千米，湖岸线长约7 000千米，约有50个岛屿。沿岸有伏尔加河、乌拉尔河等130多条河流注入补充水量，但由于地处内陆，蒸发旺盛及人类利用，湖水水位逐年降低，目前水域面积约37万平方千米。

里海周围石油、天然气等矿产资源丰富，主要港口有阿塞拜疆的巴库等。

能力提升 NENGLI TISHENG

熟悉世界主要河流入海处的经纬度位置、海陆轮廓、濒临的海洋和水系等特征，快速定位。

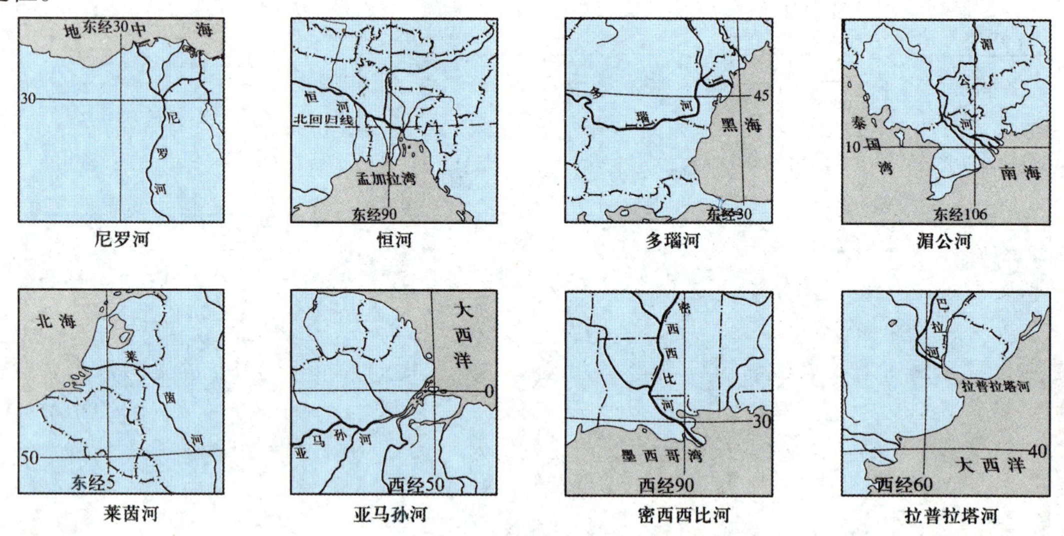

图2－4－9 世界大河的河口地区

信息链接 XINXI LIANJIE

正在消失的湖泊——咸海

咸海位于中亚哈萨克斯坦和乌兹别克斯坦的交界处，曾是世界第四大内陆湖。中亚地区的阿姆河与锡尔河是咸海的主要水源。20世纪六七十年代以来，两河沿岸地区大量引水灌溉，种植棉花和水稻，使注入咸海的水量减少，咸海水面日益缩小。欧航局环境观测卫星在2006

年至2009年间对咸海的观测发现，南侧部分的东片水量竟然减少了80%。欧航局预测说，咸海的整个南侧部分将在2020年完全干涸。21世纪初，咸海萎缩的进程仍在继续。随着水位的下降，咸海自然分成了南咸海和北咸海两片水域，而其中南咸海部分又进一步分成了东、西两部分。咸海的生态危机已引起周边国家的关注。

触类旁通 CHULEI PANGTONG

读下图，完成下列要求。

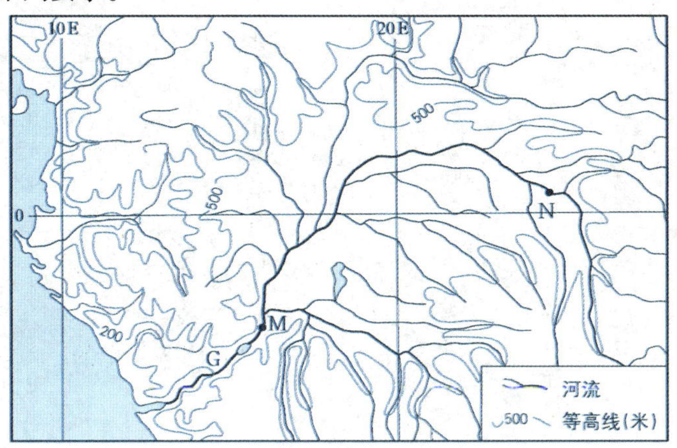

图2－4－10

（1）判断G河自N点至M点流经地区的地形类型，并说明判断的理由。

（2）说明G河水量丰富的原因。

（3）指出G河没有形成明显三角洲的原因，并加以分析。

解析 该题立意是从图示信息中，结合所学知识探究刚果河河口没有形成明显三角洲的原因，对思维能力的要求很高，不刻意考查知识。试题所给情境比较简明，即水系、经纬网和200、500米等高线。试题围绕立意，层层设问，第（1）问地形类型为第（2）问分析水量丰富作铺垫，最终第（1）（2）问均为分析第（3）问没有形成明显三角洲服务。根据纬度与地形可判断气候类型，进而推断植被；根据中游盆地、下游山地的地形分布及气候特点，可推断下游泥沙不易沉积和河流的含沙量小。

第（1）问考查依据等高线及水系判断地形特征的能力，而非考查对刚果盆地的识记，从图中500米等高线凸出方向与水系特征，可判断出属盆地地形。答题时注意区分地形类型与地形区，若答为刚果盆地，则画蛇添足。

第（2）问考查调动和运用大气环流、地形对降水的影响等知识分析问题和解决问题的能力。河流的水量大小主要取决于流域的降水量、支流状况与流域面积的大小。答题时，要从以上三个方面展开分析。

第（3）问可采用执果推因的方法，逐步推理，探究原因，答题时再由因及果。思路如下：三角洲是流水沉积的结果，无明显三角洲则说明流水沉积作用较弱，需从泥沙的多少与水流速度两个角度去分析。入海泥沙的多少又需从流域的植被状况与中上游的泥沙的沉积环境两方面去探究。

答案（1）盆地　从（向心状）水系或河流分布状况判断，该地形区北、东、南三面高（或河水自四周向中间流）；从（500米）等高线判断，该地形区（四周高中间低）为盆地。

（2）流域位于赤道地区，终年（受赤道低气压控制，盛行上升气流）降水丰富；流域大

部分为盆地，支流多，集（汇）水区面积广（或流域面积大）。

（3）①入海口附近，泥沙不易沉积，因为地形高差大，河流落差大，流速大。②入海泥沙量较少，因为G河在M点以上多流于盆地中，流速较小，易于泥沙沉积；且从纬度位置和地形看，流域内热带雨林广布（植被覆盖率高），水土流失较轻。

附：世界主要河流经纬度位置和干流特征

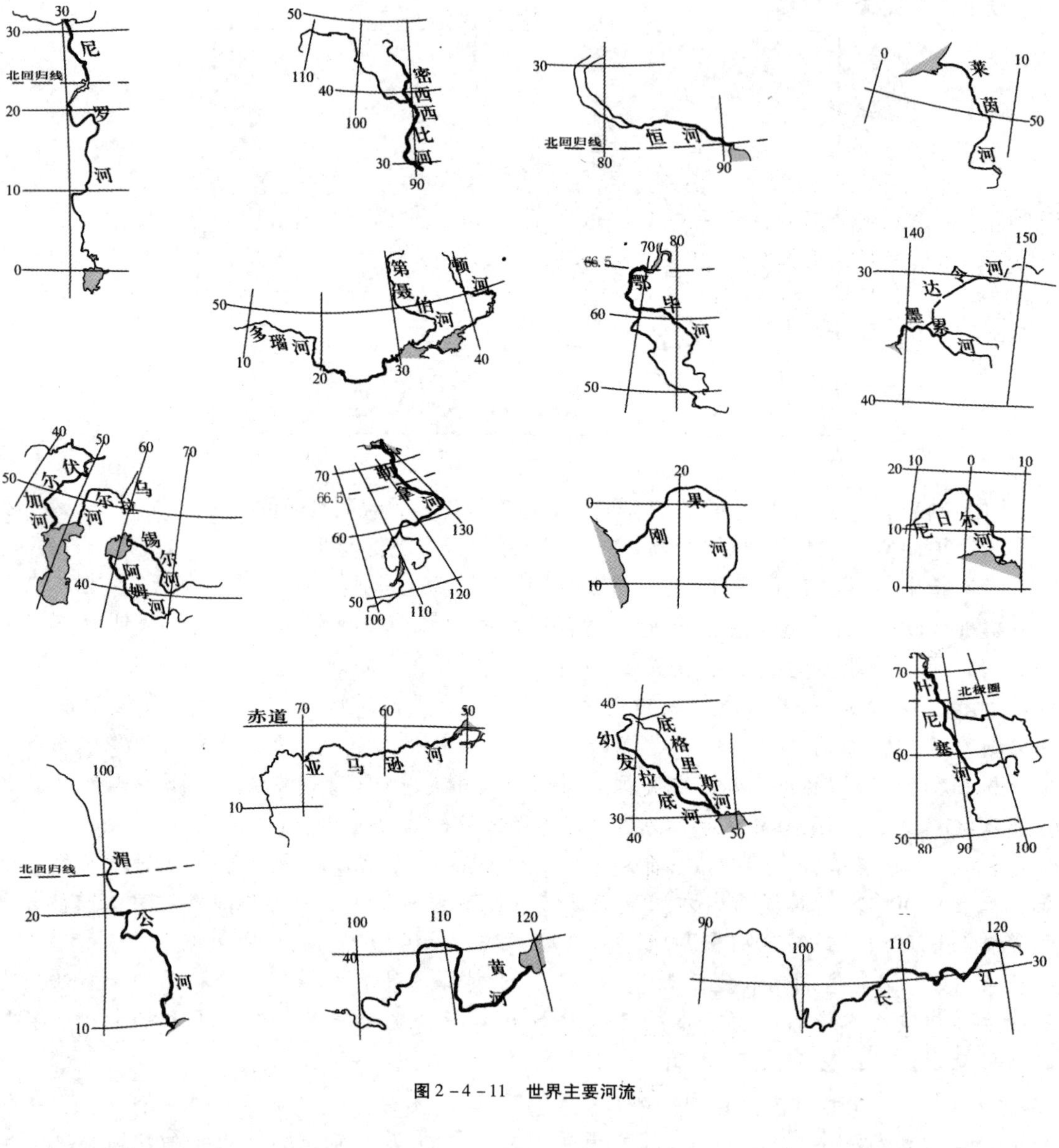

图2-4-11 世界主要河流

第五单元 世界的居民与国家

第一讲 世界的人口

人口增长

2017年世界人口达75亿。纵观世界人口的发展历史，总趋势是人口不断增长。人口增长受社会生产力水平的影响，不同的历史阶段，人口增长的速度不同。产业革命以前的漫长历史时期，人口增长是极其缓慢的，18世纪中叶产业革命以后，特别是20世纪50年代以来，人口迅猛增长。目前，世界人口仍以每年约7 000万的速度增长，人口数量越来越多。

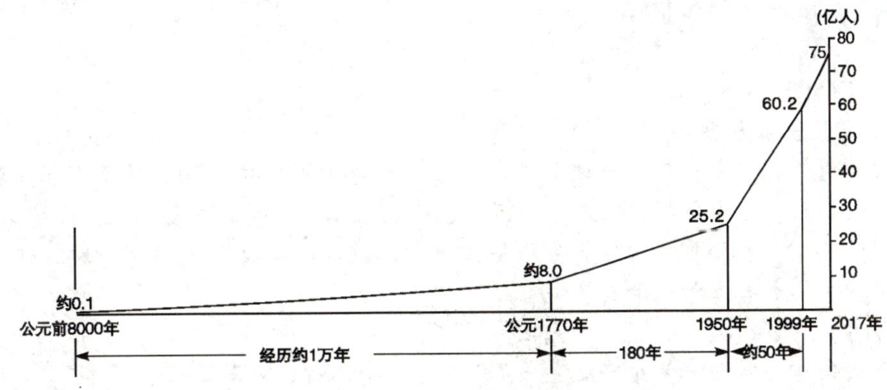

图2-5-1 世界人口增长

世界人口的增长速度，通常用人口的自然增长率来表示。自然增长率的高低取决于人口的出生率和死亡率。由于生产力水平的不同，不同历史阶段的人口增长表现出不同的特点，形成不同的人口增长模式。产业革命以前，人口增长呈“高出生率、高死亡率、低自然增长率”的特点，产业革命后，由于人口的死亡率开始下降，人口增长呈“高出生率、低死亡率、高自然增长率”的特点，进而向“低出生率、低死亡率、低自然增长率”的现代人口增长模式转变。

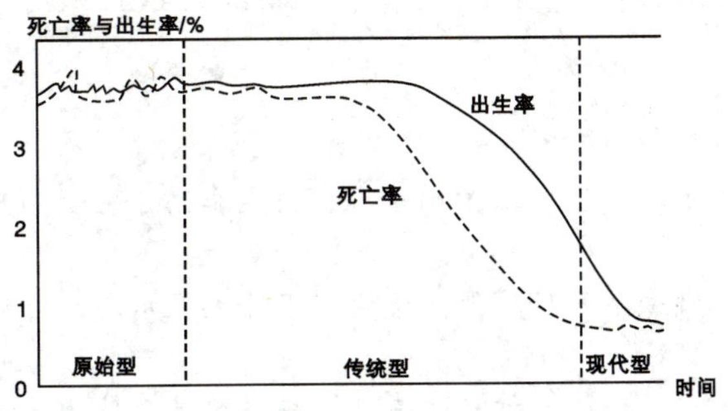

图2-5-2 世界人口增长的阶段示意

读图指南

人口增长的转变是从死亡率下降开始的，死亡率的下降打破了“高位静止”的均衡，使人口快速增长；出生率的下降则使这种迅速增长的势头得以遏止，最终实现出生率与死亡率在“低位”的均衡，人口接近零增长。

信息链接 XINXI LIANJIE

联合国人口基金2010年10月发表的《2010年世界人口状况报告》预测，到2050年，世界人口将超过90亿，人口过亿的国家将增至17个，印度将取代中国成为世界人口第一大国。

报告显示，到2050年世界人口将增至91.5亿，比目前增加22.41亿。其中非洲地区人口将从现在的10.33亿增至19.85亿，增幅最大；亚洲地区人口也将有较大幅度增长，将从目前的41.67亿增至52.32亿；而欧洲人口将从目前的7.33亿减至6.91亿，将是唯一人口减少的大洲。

报告说，目前全世界共有11个国家人口过亿。其中中国人口最多，达到13.54亿，其次为人口12.15亿的印度。其他人口过亿的国家依次为美国、印度尼西亚、巴西、巴基斯坦、孟加拉国、尼日利亚、俄罗斯、日本和墨西哥。

报告预测，到2050年时，刚果（金）、埃及、埃塞俄比亚、坦桑尼亚这4个非洲国家以及亚洲的菲律宾和越南也将人口过亿。届时，印度人口将增至16.14亿，成为世界第一人口大国；中国人口将增至14.17亿，退居第二。

能力提升 NENGLI TISHENG

人口金字塔图及其阅读

（1）概念及表示方法

人口金字塔图是用来表示一个国家或地区人口年龄构成和性别构成的条形图。图形的纵坐标轴表示年龄组，横坐标轴按性别分为两栏，分别表示各年龄组中男（左侧）、女（右侧）人口在总人口中所占的比重。人口金字塔图能形象地反映人口年龄、性别结构，便于说明和分析人口现状、增长特点和未来发展趋势。

（2）类型及阅读

人口年龄结构通常划分为年轻型、成年型和老年型三种，如图2-5-3所示。

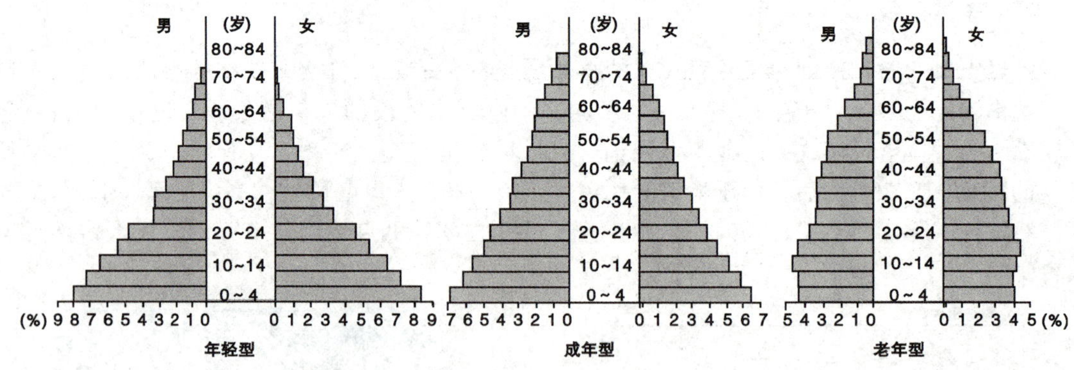

图2-5-3　人口金字塔

年轻型：塔形下宽上尖，呈典型的金字塔状，少年儿童比重大；出生率高，死亡率开始下降，自然增长率高，人口急剧增长。

成年型：塔形较直，仅顶部急剧收缩。出生率开始下降，死亡率下降到低水平，自然增长率逐渐降低，人口增长趋缓。

老年型：塔形下窄上宽，呈矩形甚至钟型，老龄化特征明显，人口增长呈三低模式，有些国家出现零增长，甚至负增长。

人口增长的地区差异

由于社会经济发展的不平衡，世界人口增长具有明显的差异性。目前，发达国家的人口增长率已保持在较低水平，人口增长缓慢，完成了人口增长的转变，基本步入“低低低”的现代人口增长模式，面临着人口老龄化问题。大多数发展中国家人口的出生率仍然较高，由“高低高”模式向“低低低”现代模式的转变。由于发展中国家的人口占世界人口的绝大多数，所以，从整体上看，世界人口增长仍处于“高低高”模式向“低低低”模式的过渡阶段。

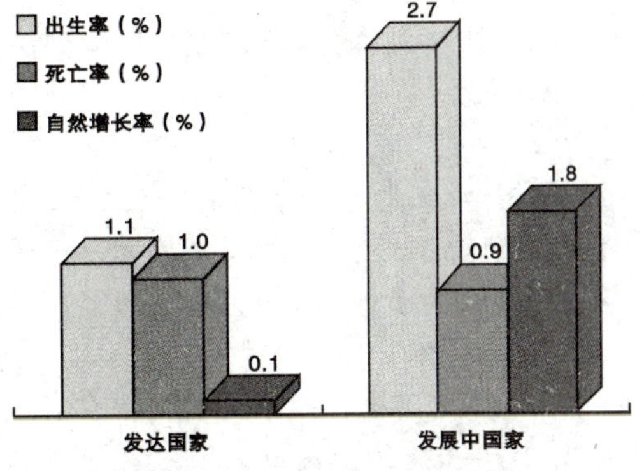

图2－5－4　世界人口增长的地区差异

人口问题

人口的发展应与社会经济发展相适宜，与环境和资源相协调。目前，世界人口的快速增长，对资源和环境造成了巨大的压力，给社会和经济带来了沉重的负担，已经影响到人类社会的可持续发展。人口数量过多、人口增长过快或过慢都会产生人口问题。目前，发达国家与发展中国家人口问题表现出不同的特点，如下表。

地区	人口增长特点	人口问题表现	应对措施
发展中国家	人口增长过快，青少年、儿童比重大	经济、教育、就业、资源、环境等压力巨大	实行计划生育，控制人口增长，提高人口素质
发达国家	人口增长缓慢，人口老龄化严重	劳动力不足，青壮年和社会负担重	鼓励生育；接纳移民；建立健全社会保障和服务体系

触类旁通 CHULEI PANGTONG

（2010·新课程卷）图2－5－5曲线为某国2000年不同年龄人口数量与0到1岁人口数量的比值连线。18～65周岁人口为劳动力人口，其余为劳动力人口负担的人口。假定只考虑该国人口的自然增长，且该国从2001年起控制人口增长，使每年新生人口都为2000年新生人口的80%。据此完成（1）～（2）题。

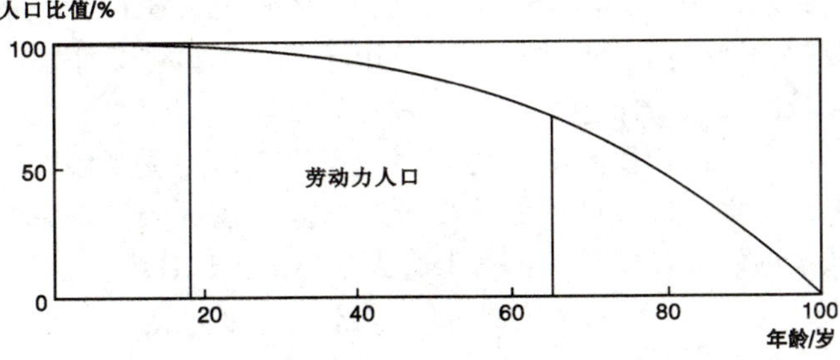

图2－5－5

（1）该国劳动力人口负担最轻、最重的年份分别是　（　　）

A. 2019年，2066年　　B. 2066年，2019年

C. 2001年，2019年　　D. 2001年，2066年

（2）出生人口的减少将最先影响到该国劳动力人口的　（　　）

A. 数量　　B. 职业构成

C. 性别构成　　D. 年龄构成

解析 该组题考查学生获取地理信息、综合分析解决问题的能力。图示曲线可以解读为2000年某国不同年龄人口数量分布的一个状态，该国应属发展中国家。题干中有三个条件：劳动力负担人口的年龄（18～65周岁）、2000年后每年的新生人口数量（2000年新生人口的80%）、不考虑人口迁移。

第（1）问根据题干的假定条件，判断该国劳动力人口负担最轻、最重的年份。该国从2001年开始控制人口，按照劳动力人口的年龄规定，18年后（2019年）2000年出生的人口将会成为劳动力人口，即2019年劳动力人口负担最轻，劳动力负担轻，经济进入比较好的时期，这个时期一般称作“人口红利”；从2001年控制人口起，65年后（2066年）2000年出生的人口进入劳动力负担人口（老年人）的行列，劳动力的负担最重，2066年以后老年人口数量逐渐减少，劳动力负担也逐渐减轻。综合分析，2019年和2066年为该国劳动力人口负担最轻、最重的年份。

第（2）问审清题目要求极为重要，题目设问的是出生人口减少对劳动力人口的影响，而不是对总人口的影响。出生人口的减少到18年后才会影响到该国的劳动力人口的数量和年龄构成，对劳动力人口的性别构成也不会有大的影响。出生人口减少将最先影响该国劳动力人口的职业构成，因为出生人口减少，首先受影响的就是从事婴幼儿服务等行业的劳动力人口的职业构成。

答案 （1）A　　（2）B

人口迁移

一个国家或地区人口数量的变化，取决于人口的自然增长与人口的迁移状况。简单地说，人口迁移就是人口的居住地在较大范围内发生了长期的变化。根据人口迁移是否跨越国界，人口迁移可以分为国际人口迁移和国内人口迁移两种类型。

国际人口迁移　新大陆发现后，国际人口出现大规模的迁移，从旧大陆迁往新大陆，如欧洲人迁往美洲，非洲黑人被欧洲殖民者贩运到美洲，亚洲的中国人、印度人、日本人到美洲、东南亚当劳工。客观上，移民开发了新大陆，传播了工业文明，改变了人种分布。第二次世界大战后，国际人口迁移主要表现为三个特点：第一，劳动力输出，外籍工人逐渐成为国际人口迁移的主要形式。西欧、北美和中东地区成为世界劳务的主要输入地。第二，发展中国家优秀人才移民到发达国家，美国、加拿大、澳大利亚等国以优厚的经济待遇、良好的科研条件吸引了大量的发展中国家人才。第三，由于战争、政治、宗教、民族、环境等原因被迫离开家园的国际难民数量增加。

国内人口迁移　农村人口迁往城市是目前国内人口迁移的主要形式。20世纪初，这种形式还仅局限于工业发达国家，目前已经成为发展中国家普遍的人口迁移现象。国家大型建设项目的布局、资源和区域的大规模开发也会引起大规模的人口迁移。

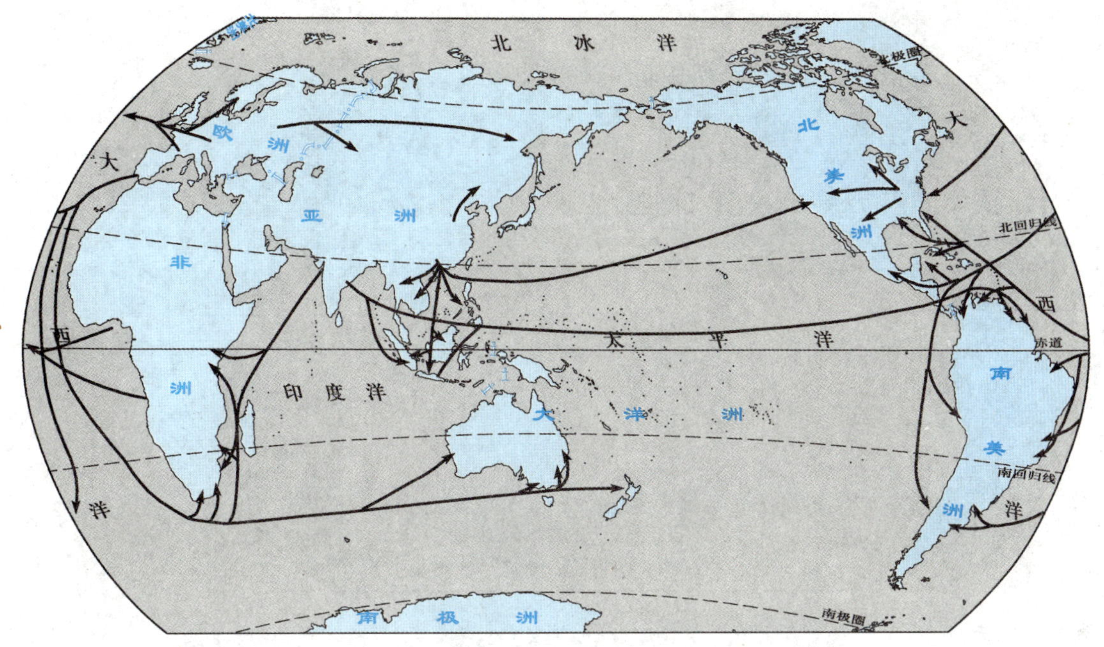

图 2－5－6　近代世界人口迁移

能力提升 NENGLI TISHENG

用图解法表示第二次世界大战前后国际人口迁移

二战前，人口迁移的主要特点是由旧大陆移向新大陆，从已开发地区迁往未开发地区；二战后，国际人口迁移发生了很大变化，主要是从经济欠发达地区迁往经济发达地区。

第二次世界大战前	大洲	第二次世界大战后
——→	拉丁美洲	——→
——→	北美、大洋洲	←——
←——	亚洲、非洲	——→
←——	欧洲	←——

人口分布

人口分布是指一定时期内人口的空间居住状况。人口分布是在自然、社会、历史等因素的影响下，通过人口自然增长和人口迁移形成的。世界人口的分布极不平衡。

人口密度是衡量人口分布的重要指标，它是指一定时期内，单位面积土地上居住的人口数，通常用“人/平方千米”来表示。2017 年世界平均人口密度接近 56 人/平方千米。

从全球范围来看，人口分布的特点表现为：首先，主要集中于北半球的亚热带和温带地区。其次，沿海人口稠密，内陆人口稀疏。世界距海岸 200 千米范围内的陆地面积占陆地总面积的 30%，而人口却占世界总人口的 50% 以上。第三，地势低平地区人口稠密，高原、高山地区人口稀少。

从大洲来看，亚洲人口最多，约占世界总人口的 60%；亚洲、非洲和拉丁美洲，约占世界总人口的 85%；欧洲、北美和大洋洲则仅占世界总人口的约 15%。

从国家来看，2017 年底，世界人口超过 1 亿的国家有中国、印度、美国、印度尼西亚、巴西、巴基斯坦、尼日利亚、孟加拉国、俄罗斯、日本、墨西哥、埃塞俄比亚和菲律宾 13 个，约占世界总人口的 63%。

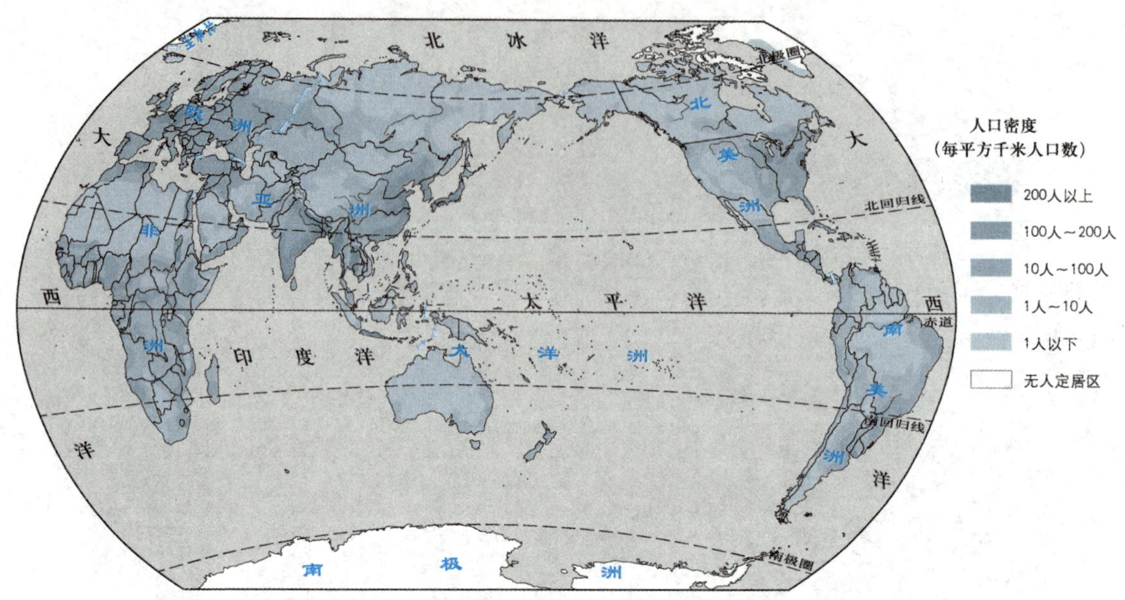

图 2－5－7 世界人口分布

东亚、南亚、西欧和美国东北部是世界人口密集的地区。东亚和南亚有世界古老文化中心，人类聚居的历史悠久，发展农业的自然条件优越；西欧是世界上资本主义发展最早和经济发达地区；美国东北部自然条件优越，是世界经济高度发达地区。

世界上人烟稀少的地区是北美洲和亚洲的高山和寒冷地带，撒哈拉、中亚和澳大利亚的沙漠地带，以及亚马孙河和刚果河流域的湿热地带。南极洲至今无人定居。

触类旁通 CHULEI PANGTONG

（2013·新课程卷Ⅰ）图 2－5－8 示意某城市 20 世纪 80 年代和 90 年代平均人口年变化率。当前，该城市总人口约 1 300 万。据此完成（1）～（2）题。

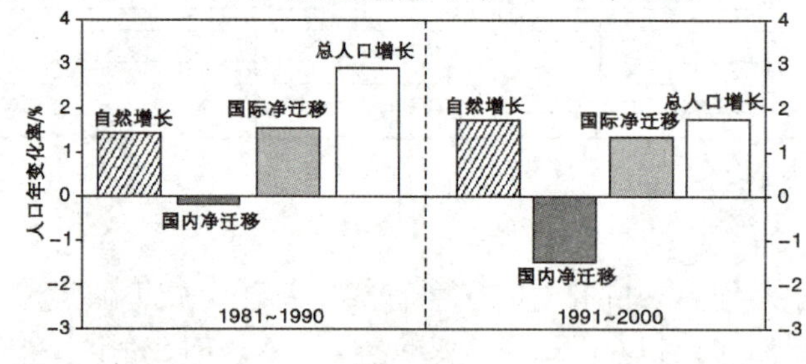

图 2－5－8

（1）20 世纪 90 年代和 80 年代相比，该城市（　　）

A. 总人口增长速度加快　　B. 总人口减少

C. 人口自然增长率降低　　D. 人口净迁入量减少

（2）该城市所在的国家可能是（　　）

A. 美国　　B. 日本　　C. 俄罗斯　　D. 德国

解析 该题组通过图文信息提供了某城市（美国洛杉矶）的人口总量，以及 20 世纪 80 年代和 90 年代该市平均人口年变化率（自然增长率、国内净迁移率、国际净迁移率和总人口增长率）。通过设问，考查考生读图分析能力、推理能力，以及综合运用地理知识分析和解决问题的能力。

答案（1）D　（2）A

第二讲　世界的人种、语言和宗教

三大人种

人种，又称种族。不同的人种，其肤色、毛发、面部等体貌、体质特征不同。一般根据人类体貌、体质方面的特征，把人类划分为白色、黄色和黑色三个主要人种。由于不同人种间的相互通婚，世界上还有一定数量的混血人种。

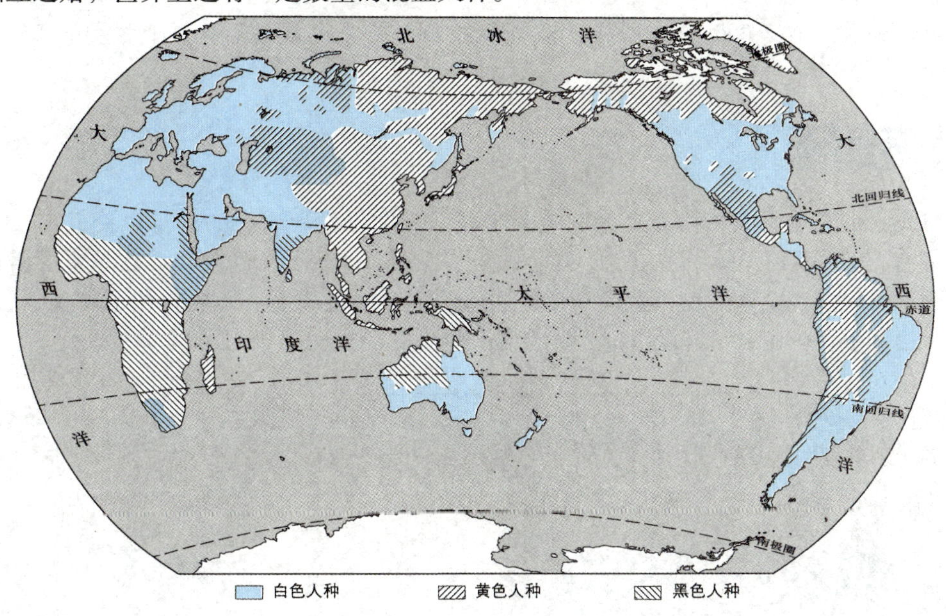

图 2-5-9　世界人种的分布

人种	主要体貌特征	主要分布地区
白色人种	皮肤浅淡，眼色、体毛和发色都很浅，头发呈波状，鼻梁高，嘴唇薄，体毛较多	欧洲、南北美洲、澳大利亚、亚洲西部和北非
黑色人种	肤色黝黑，头发卷曲，鼻形扁平，体毛很少	非洲南部、大洋洲、美国、巴西
黄色人种	肤色浅黄，头发黑直，脸形宽平，眼球黑色，具有黑色人种和白色人种的过渡特征	亚洲东部、东南部、北部和南北美洲的部分地区

世界上不同人种，只有体质特征方面的差异，没有优劣、贵贱之分。不同的人种在人类文明的进程中都做出了巨大的贡献，都应享有相同的权利与义务。

信息链接 XINXI LIANJIE

人种与地理环境

居住在赤道附近的黑色人种，在炎热的阳光下，卷曲的头发犹如头顶上的“天然凉帽”；较为宽阔低平的鼻子，能及时散发热量，保持体温平衡；多而粗的汗腺、较少的体毛、较厚的嘴唇等，都有利于散热。居住在纬度较高地区的白色人种，肤色较浅，鼻梁较高，鼻孔较长，能对吸入的冷空气起一定的“预热”作用；较发达的体毛、较薄的唇形，都是为了减少热量的耗散。黄色人种多分布在温带地区，体貌特征具有过渡性。

能力提升 NENGLI TISHENG

如何区分人种与民族？

人种是根据人类体质方面的特征，如肤色、发色、眼色、鼻形等，将人类分为黄色、白色和黑色三大人种。

民族是指长期生活在同一地域的人们，有共同的生产习惯，使用相同的语言，有着共同的宗教信仰和社会制度等。具有这些特征的人们就成为一个民族。同一人种可以分属许多不同的民族。世界上有2 000多个民族，大多数国家也是多民族国家，如我国是由56个民族组成。

语言

语言是人们表达思想、相互交流的重要手段。借助语言，人类文化得以传播与发展。世界的语言有2 000多种，其中汉语、英语、法语、俄语、西班牙语和阿拉伯语是主要语言。汉语的使用人数最多，英语的使用范围最广。联合国大会的正式语言是阿拉伯语、汉语、英语、法语、俄语和西班牙语；工作语言是英语和法语。

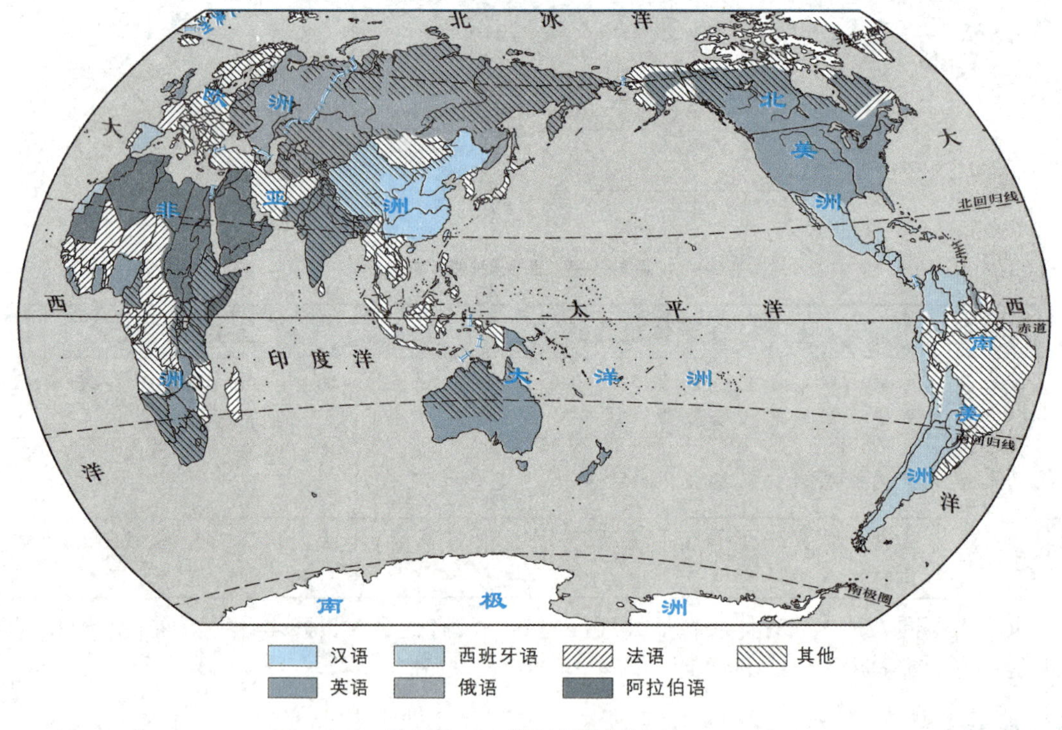

图2-5-10 世界主要语言的分布

信息链接 XINXI LIANJIE

世界各地的语言

亚洲除了西亚国家大多使用阿拉伯语外，基本上各国使用的语言都不相同；欧洲基本上各个国家都有自己的语言，几乎所有文字都使用拉丁字母或斯拉夫字母；非洲北部以阿拉伯语为主，其他各国都有各自不同的语言，但大多数国家都将英语或法语作为官方语言；美国的通用语言是英语，英语和法语同为加拿大的官方语言；拉丁美洲除巴西使用葡萄牙语外，绝大多数国家都使用西班牙语；大洋洲的澳大利亚和新西兰使用英语，其他各国基本都有自己的语言，但英语是通用语言。

三大宗教

宗教是一种信仰，也是一种文化现象。基督教、伊斯兰教和佛教是世界的三大宗教。它们在世界各地传播，分布较广，对许多国家的历史、文化等影响很大。

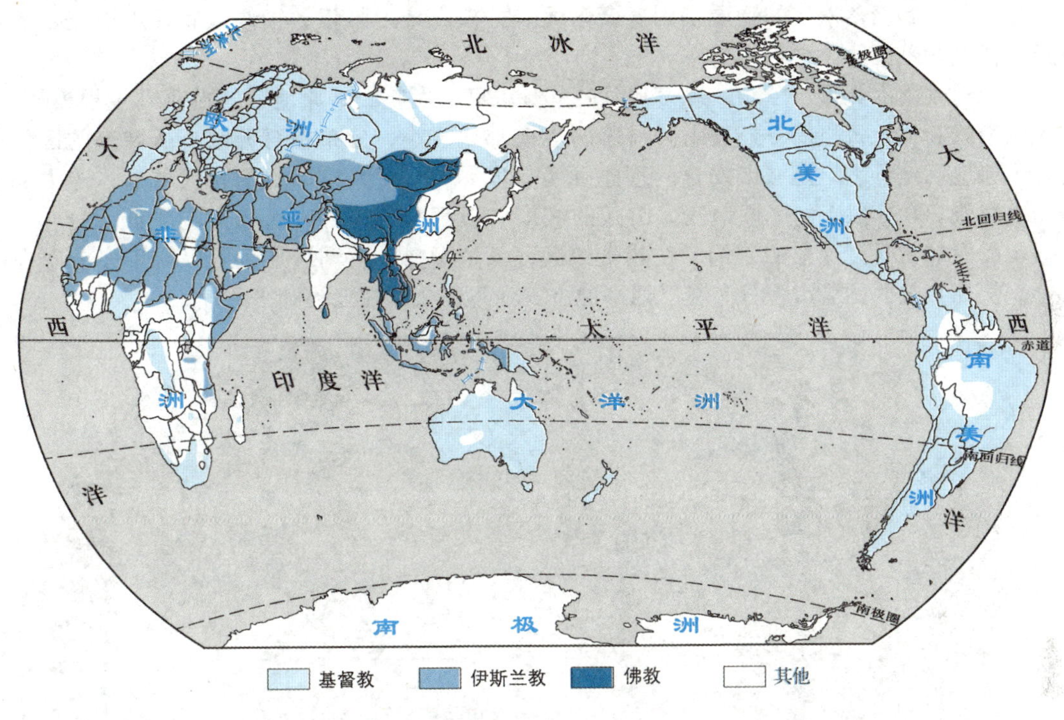

图2－5－11　世界主要宗教的分布

基督教起源于公元1世纪的西亚（巴勒斯坦地区），目前是世界上信仰人数最多的宗教，主要分布在欧洲、南北美洲和大洋洲。

伊斯兰教形成于公元7世纪初的阿拉伯半岛西部，其教徒称“穆斯林”，主要分布在亚洲的西部、中部、南部和东南部的一些地区，非洲的北部和东部。

佛教产生于公元前6世纪的古印度，后来传入亚洲的许多地区，主要分布在亚洲的东部和东南部。

基督教的教堂、伊斯兰教的清真寺和佛教寺庙是宗教活动的主要场所，也是三大宗教的代表性建筑物，各自具有鲜明的文化特色。

第三讲　世界的聚落和国家

聚落与环境

聚落是指人类从事生产和生活活动而聚居的场所。按照聚落的性质和规模，可分为城市和乡村两大类型。聚落的形成和发展受自然环境和社会经济环境等因素的影响。

聚落与自然环境

自然环境是聚落形成的物质基础。聚落大多分布在地形平坦、气候适宜、水源充足等自然条件优越的地区。

地形对聚落的类型、分布、规模和发展具有深刻的影响。平原地区的村落一般规模较大，多呈团聚式、棋盘式格局；丘陵山区村落的规模都比较小，分布相对分散。从城市的区位来看，平原地区地势平坦是城市发育的理想环境。世界100万人口以上的特大城市，绝大部分分布在海拔200米以下的平原地区。山区的城市一般都沿着河谷或比较开阔的低地分布，但是城市的发展常受到地形的制约。在热带地区，低地闷热，不利居住，所以城市多分布在高原上。例如，巴西的城市多分布在巴西高原上，而不是分布在亚马孙平原上。

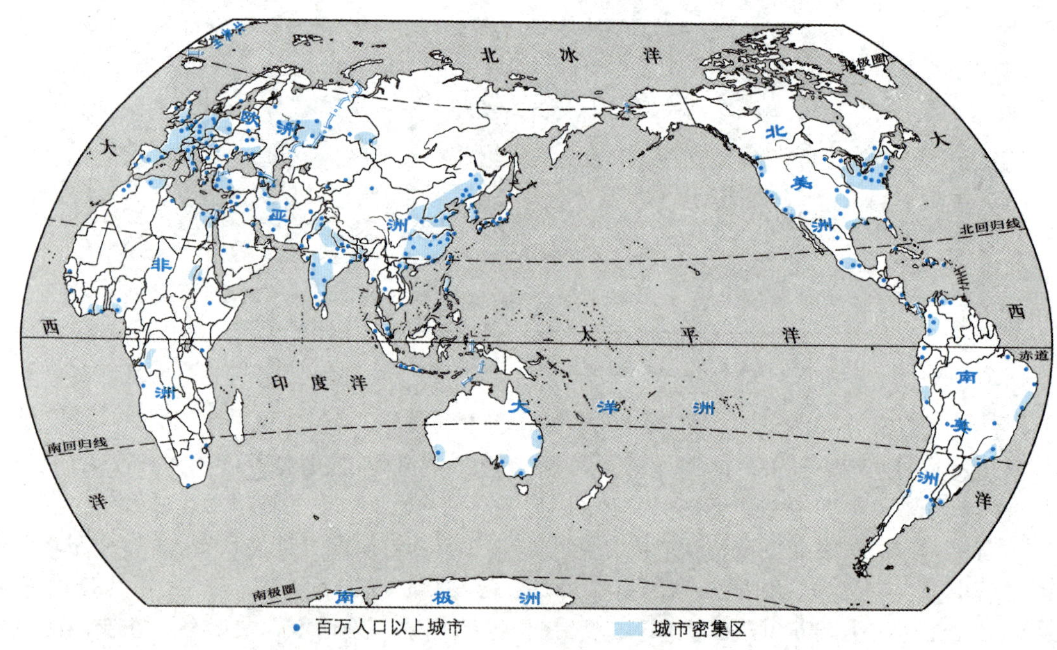

图2－5－12　世界主要城市分布

> **读图指南**
>
> 1. 在图中找出世界三大城市密集区，即大约60°N以南的欧洲地区；东亚的日本、朝鲜半岛及我国东部沿海和平原地区；美国的东北部地区。
> 2. 分析世界三大城市密集区形成的自然原因和社会经济原因。

气候对聚落的影响表现在聚落的区位和聚落的结构、形态等方面。适度的降水和适中的温度适合于人类生活，因而世界大城市主要分布在中低纬地带的沿海地区。城市的风向影响城市的功能分区，如工业区常常布局在居民区最小风频的上风地带或与常年主导风向垂直的郊外。

能力提升 NENGLI TISHENG

世界各地的房屋在用材、房顶坡度、墙壁厚度、窗户大小和形态等方面，都与当地的自然环境，尤其是气候密切相关。学会比较不同房屋的特点，分析其与当地自然环境的关系。

	民居的建筑特点	对气候的适应
东南亚的高架屋	双层木楼或竹楼，下层堆放杂物、养牲畜，上层住人	全年高温潮湿，上层通风好、凉爽、防潮
西亚的房屋	墙厚、窗小	全年高温炎热，昼夜温差大。厚墙可以减少太阳辐射对室内的影响，小窗可以减少来自沙漠地区的热风
北极地区因纽特人的冰屋	冰块构筑，低矮，墙体很厚	气候严寒，风大，就地取材，保温性能好
黄土高原的窑洞	利用黄土层，挖凿成窑洞	干燥，冬冷夏热；就地取材，黄土保温性能好，冬暖夏凉

河流对聚落的区位影响很大，主要表现在河流的供水功能和运输功能两方面。干旱地区河流是人们生产生活的重要水源，因而对聚落的分布有着决定性的影响。目前，世界许多地区，水资源已经成为制约城市发展的一个重要因素。水运是早期城市形成的主要因素。从中国城市的发展史来看，大部分城市都是沿江河湖海交通要道发展起来的。河口、两条河流的汇合处、水运的起点或终点，往往成为一些重要城市的发祥地。

触类旁通 CHULEI PANGTONG

（2010·海南）宁夏传统民居多坐北朝南，墙体较厚，一般不设北窗，南面窗户较大，屋顶坡度较小。分析宁夏传统民居建筑特色形成的地理原因。

解析 宁夏传统民居深深打上地理环境的烙印，生动地反映了人与自然的关系，具备一定的典型性。该题从传统民居建筑特色形成的地理原因设问，考查学生对地理环境与聚落的分析与理解，以及利用地理原理分析解决地理问题的能力。解答的思路是根据特点联系自然环境逐一分析回答。房屋坐北朝南，南面窗户较大，是因为宁夏位于北温带，一年中太阳大多时间位于偏南方向，房子坐北朝南、南面窗户较大，有利于室内采光和冬天接受更多阳光，提高室内温度；之所以墙体较厚，一般不设北窗，是因为宁夏冬季严寒漫长，盛行偏北风，冬春干旱多风沙，不设北窗、墙体较厚以防风、保温；屋顶坡度较小，是因为宁夏地处西北内陆，降水少。

答案 宁夏地处西北内陆，降水少，所以屋顶坡度较小；冬季严寒且漫长，冬春干旱多风沙，盛行偏北风，故不设北窗、墙体较厚以防风、保温；南面窗户较大，以便（采光）冬天接受更多阳光，提高屋内温度。

聚落与社会经济条件

聚落，尤其是城市的形成和发展不仅受自然环境的影响，还要受资源、交通、政治、军事、宗教等社会经济因素的影响。

矿产资源是近代一些城市形成和发展的重要因素。英国的伯明翰、美国的匹兹堡、德国鲁尔区的埃森、杜伊斯堡等都是以煤矿为基础发展起来的城市。矿业城市也是我国重要的城市类型，如鞍山、包头、攀枝花等是在铁矿石产地发展起来的城市，大庆、玉门等是在石油产地发展起来的城市，大同、抚顺等是重要的煤炭工业城市。矿业城市的规模主要取决于资源的蕴藏量和开采水平，在矿产资源开采的后期，要考虑这些城市的转型，否则城市就会走向衰退。

交通对聚落的影响表现在两方面，一方面表现在对聚落空间分布的影响，即区位；另一方面表现在对聚落空间形态的影响。不同的历史时期，交通运输的方式不同，城市的分布特点不同。古代城市多建在河流、大道的汇合处；近现代，随着公路、铁路运输的发展，在公路、铁路枢纽及其沿线出现了一批城市。从世界来看，目前各大城市都建在主要交通线上。沿海、沿江、沿铁路干线、沿高速公路形成城市发展的轴线。同时，一个地区交通运输条件的变化，会给该地区城市的分布及发展带来很大的影响。

交通的发展变化也会影响到城市空间形态的变化。在城市的发展过程中，城市的空间形态也在不断地演化。城市经济的发展促使城市需要更大的空间，城市空间的扩大有赖于便利的交通条件。交通改变空间的通达性从而对城市土地的利用方式产生影响，造成城市功能结构的改变，进而使城市的空间形态发生变化。公路和铁路的发展，不仅催生了新一代城市，而且使城市沿交通轴线发展，改变了城市沿江河单一扩展的形式。交通不发达时，城市只能是集中式的团块状或条带状，而交通发展以后，城市形态有分散的趋势。如随着城市放射状路网的形成，城市的形态从单一到多方向、从内聚到沿轴放射状发展。

聚落的发展与保护

随着人类社会和经济的发展，聚落在发生着深刻的变化，一些聚落在衰落，更多的聚落在发展。城市化是聚落发展的显著特点之一。城市在为我们提供物质文明和精神文明的同时，也使人们饱受“城市病”的困扰。在城市化过程中，有文化特色的传统民居正在受到钢筋水泥的威胁，数量在减少。如何处理聚落发展与保护的关系，是人类共同面临的问题。

传统聚落是先人遗留下来的重要的历史文化遗产，记录了当时社会的经济、政治、文化等信息。为了保护世界各地具有历史学、美学、考古学、科学、民族学或人类学价值的纪念地、建筑群和遗址，联合国教科文组织于1972年通过了《保护世界文化和自然遗产公约》。目前，许多传统聚落被选入世界文化遗产名录。如意大利的威尼斯城、法国的“巴黎塞纳河岸”、我国云南的丽江古城、山西平遥古城、安徽的宏村、西递等。

世界的国家和地区

目前，全世界有190多个国家和30多个地区，它们分布在除南极洲以外的各个大洲。世界上的国家陆地面积大小不一，最大的俄罗斯，有1 700多万平方千米；最小的梵蒂冈（位于意大利首都罗马市内），仅有0.44平方千米。各个国家人口的数量相差很大，人口最多的中国为13.7亿，约占到世界人口的20%。

世界各国虽然在面积、人口、政治、经济、文化等方面存在差异，但它们在国际上的地位是平等的。我国一贯主张世界各国应该“互相尊重主权和领土完整、互不侵犯、互不干涉内政、和平共处、平等互利”，以利于各国的共同发展。

世界上还有一些没有获得独立的殖民地和属地，称为“地区”。例如，北美洲的格陵兰地区，是丹麦的属地；大西洋中的百慕大群岛是英国的属地。

面积居前10位的国家		人口居前10位的国家	
国家	面积（万平方千米）	国家	人口（亿人）（2017年）
俄罗斯	1 707	中国	14.05
加拿大	997	印度	13.04
中国	约960	美国	3.23
美国	937	印度尼西亚	2.58
巴西	854	巴西	2.05
澳大利亚	769	巴基斯坦	1.92
印度	297	尼日利亚	1.82
阿根廷	278	孟加拉国	1.65
哈萨克斯坦	272	俄罗斯	1.46
阿尔及利亚	238	日本	1.27

发达国家与发展中国家

根据经济发展水平，一般把世界上的国家分为发达国家与发展中国家。发展中国家人口占到世界人口的80%，但国内生产总值仅占到全球的22%。世界上有20多个发达国家，主要分布在欧洲、北美洲和大洋洲，包括美国、加拿大、日本、英国、法国、德国、意大利、澳大利亚、新西兰等。发展中国家主要分布在亚洲、非洲和拉丁美洲。中国是发展中国家。

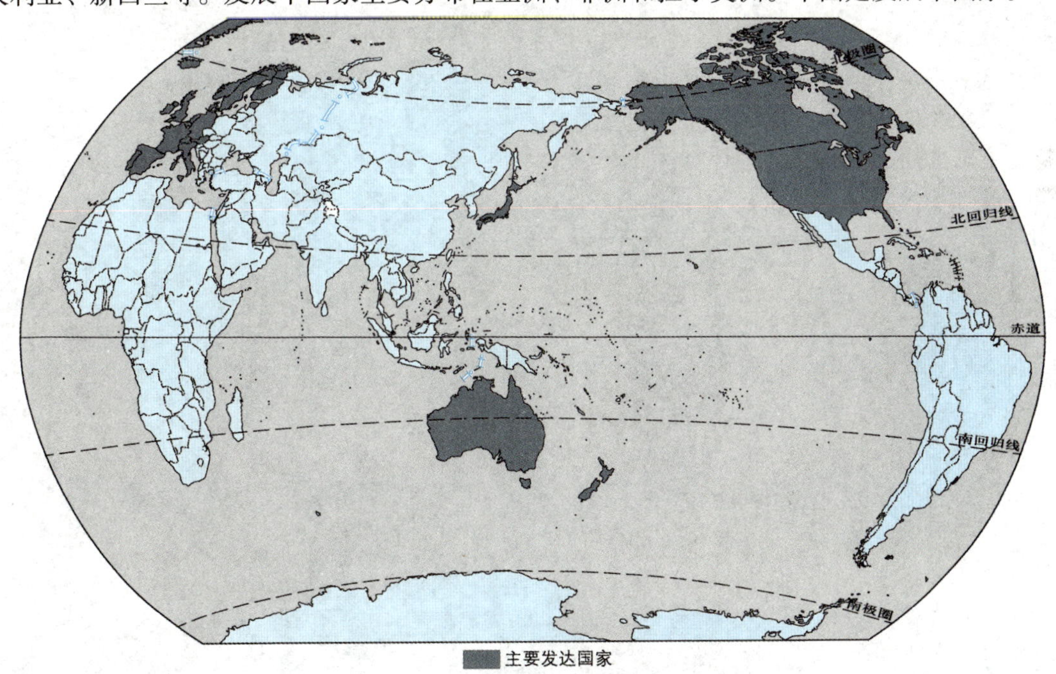

图2-5-13　世界主要发达国家

发达国家大部分位于北半球，发展中国家主要分布在南半球以及北半球的南部。因此，通常把发达国家与发展中国家的经济差别称为“南北差距”，发展中国家之间的互相合作称为“南南合作”，发展中国家与发达国家之间的关于经济、政治等方面的商谈称为“南北对话”。

模块三 世界地理分区

第一单元 认识大洲

第一讲 亚洲

世界第一大洲

亚洲的主要部分在东半球和北半球，陆地面积约4 400万平方千米，是世界第一大洲。从纬度位置来看，其北部深入北极圈内，南部延伸到赤道以南。从海陆位置来看，亚洲东、北、南三面分别濒临太平洋、北冰洋、印度洋，西与欧洲相连，西南与非洲为邻，东北隔白令海峡与北美洲相望。

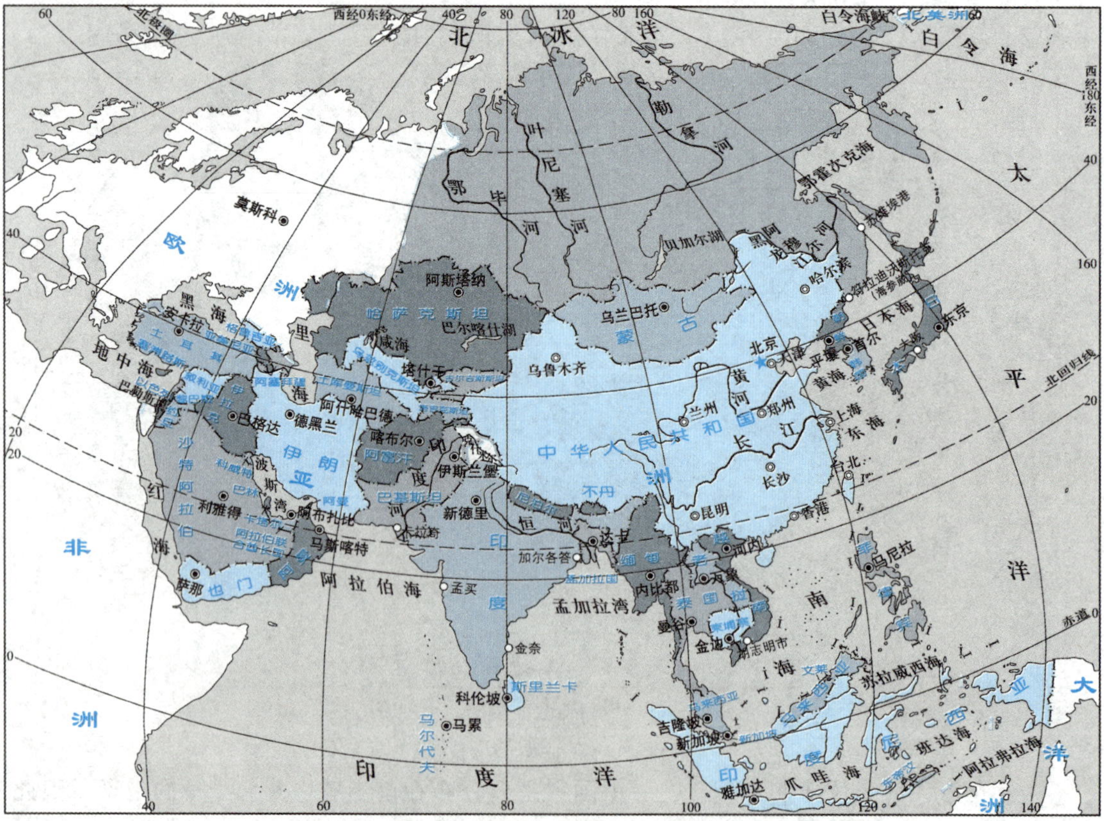

图3－1－1 亚洲的国家和地区

读图指南

1. 在图中描绘北极圈、北回归线、赤道，说明亚洲的纬度位置特征。
2. 在图中找到太平洋、印度洋、地中海、北冰洋、欧洲、非洲、大洋洲。说明亚洲的海陆位置特征。

能力提升 NENGLI TISHENG

学会描述大洲地理位置。

大洲地理位置的特征，一般要从绝对位置和海陆位置两个方面来描述。

绝对位置指经纬度位置（半球位置、热量带等）。如亚洲位于10°S～80°N，26°E～169°W，主要在东半球、北半球；有北回归线、北极圈穿过，跨热带、温带和寒带。

海陆位置主要指濒临的海洋、相邻相望的大洲以及大陆东西岸等。如亚洲东、北、南三面分别濒临太平洋、北冰洋、印度洋；东南隔海与大洋洲相望；东北以白令海峡为界，与美洲相望；西与欧洲相连；西南与非洲相邻。

高原山地为主的地形

亚洲地形以高原、山地为主，平均海拔高。高原、山地约占总面积的3/4，平均海拔近950米，仅次于南极洲。亚洲地表起伏大，高低悬殊。有世界最高的山峰珠穆朗玛峰和世界陆地的最低点死海。亚洲地势中部高，四周低。世界最高的高原青藏高原雄踞中部。

亚洲大陆东侧和东南侧自北而南分布有一系列向太平洋凸出的弧形列岛，它们形成亚洲东部的双重海岸，并围成许多边缘海。

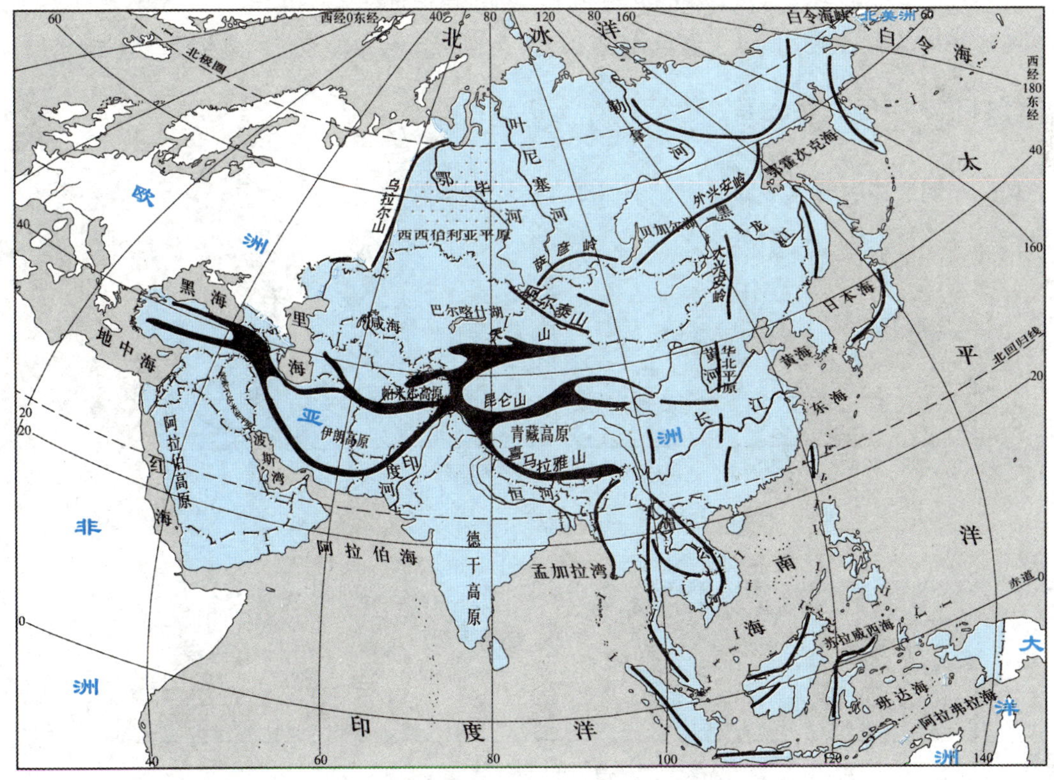

图3-1-2　亚洲的地形示意

读图指南

1. 在图中找出青藏高原、帕米尔高原、美索不达米亚平原、印度河平原、恒河平原。归纳亚洲的地形特征。

2. 找出长江、黄河、恒河、印度河、湄公河、鄂毕河、叶尼塞河、勒拿河，分析亚洲大河流向与亚洲地形之间的关系。

亚洲的大江大河很多。长江的长度和流量居亚洲首位，世界第三。湄公河在我国境内称澜沧江，是亚洲流经国家最多的一条国际河流。

大河多发源于中部的高原山地，顺势呈放射状向四周分流，注入太平洋、印度洋和北冰洋。内流区面积广大。亚洲中部的锡尔河和阿姆河流经干旱地区，注入咸海，是世界上著名的内流河，也是沿岸地区的重要灌溉水源。

信息链接 XINXI LIANJIE

亚洲地理之最

喜马拉雅山——世界最高大的山脉，有50多座海拔超过7 000米的山峰。

珠穆朗玛峰——世界最高峰，喜马拉雅山脉的主峰，海拔8 844.43米，位于中国和尼泊尔边界。

青藏高原——世界最高的高原，平均海拔在4 000米以上，有“世界屋脊”之称。

阿拉伯半岛——世界最大的半岛，面积约320万平方千米。

马来群岛——世界最大的群岛，有2万多个岛屿，陆地面积243万平方千米。

里海——面积约为37万平方千米，是世界面积最大的湖泊，咸水湖。

贝加尔湖——世界最深的湖泊，最深处达1 620米，淡水湖。

死海——世界陆地最低点，湖面海拔低于海平面415米，咸水湖，含盐量极高。

能力提升 NENGLI TISHENG

观察不同经纬度的地形剖面图，认识亚洲主要地形的分布。

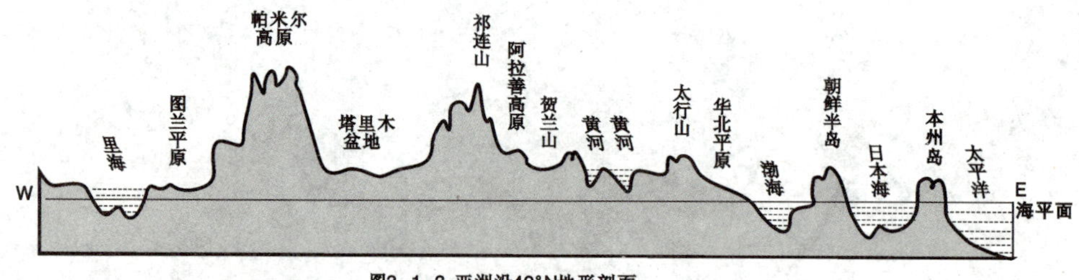

图3-1-3 亚洲沿40°N地形剖面

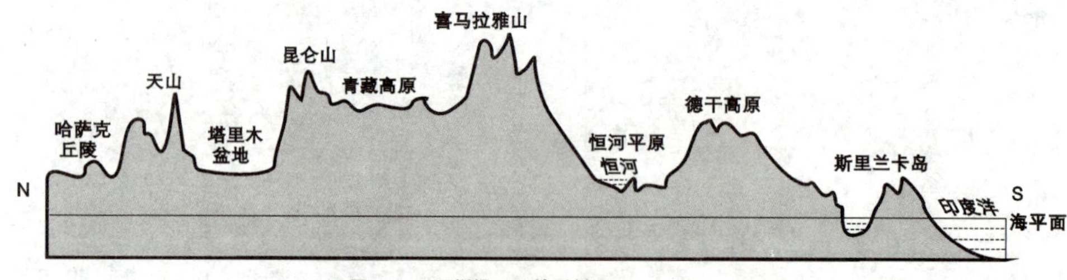

图3-1-4 亚洲沿80°E地形剖面

复杂多样的气候

同其他大洲相比，亚洲气候具有一些突出特征。

● 季风气候显著。我国东部、朝鲜半岛和日本等地为温带季风气候和亚热带季风气候区，中南半岛和印度半岛为热带季风气候区。由于位于亚欧大陆的东部，东、南部分别濒临太平洋和印度洋，海陆间巨大的热力性质差异及气压带、风带的季节移动，形成了强度最大、影响范围最广和类型复杂的季风气候。其特征是雨热同期，夏季暖热多雨，冬季凉冷干燥。

● 大陆性气候分布广。主要表现为冬冷夏热、春秋短促，气温年较差大，降水季节集中。

● 气候类型复杂多样。由于亚洲面积广大，地形复杂，使得其南北热量差异、东西水分差异、海拔高度的水热差异均较大，因而形成复杂多样的气候类型。

亚洲具有世界上少见的冷、热、干和湿的极端地区，这既是大陆性气候的一个反映，也是其气候复杂性的一种表现。

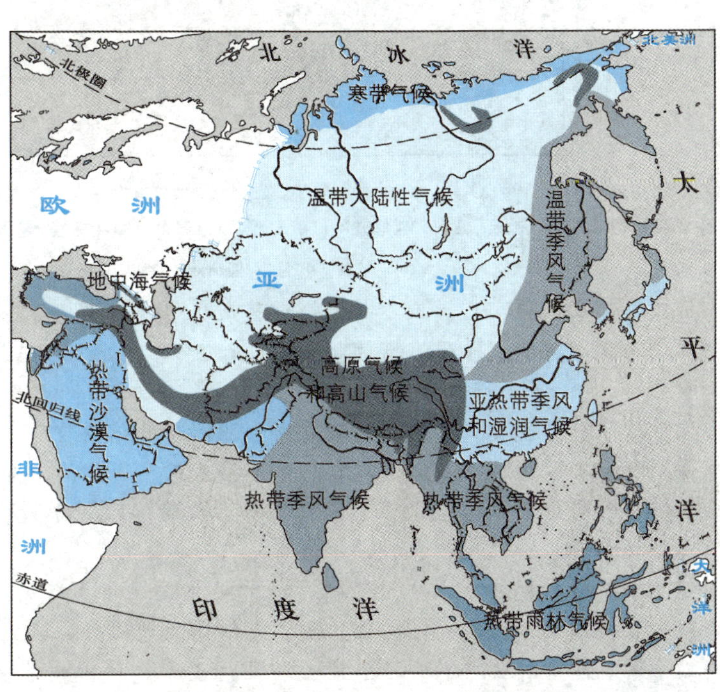

图 3－1－5 亚洲气候类型分布

读图指南

1. 说出亚洲的主要气候类型及其分布地区。
2. 亚洲为什么没有温带海洋性气候？
3. 说出温带大陆性气候的特征及成因。

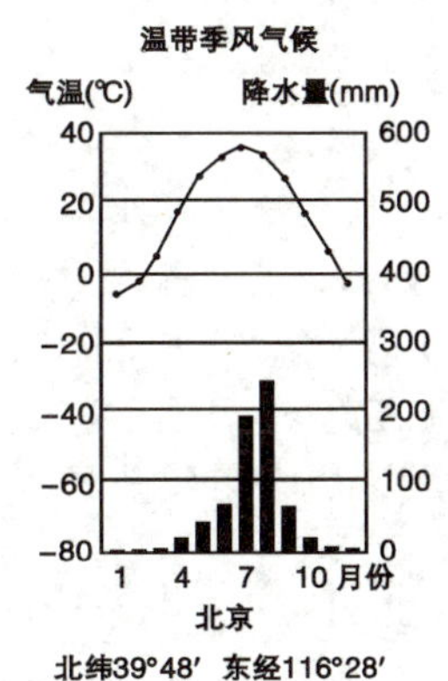

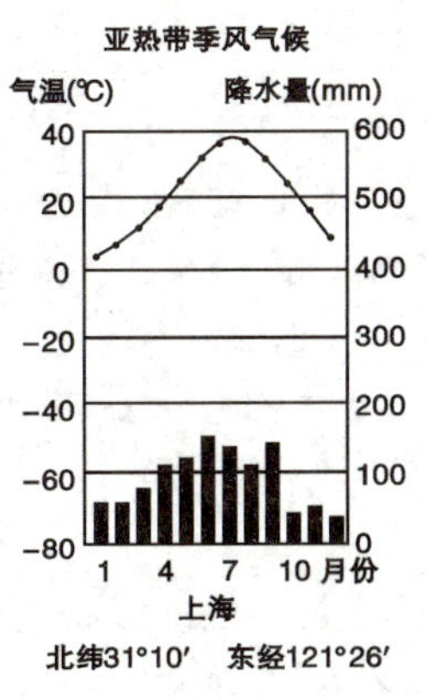

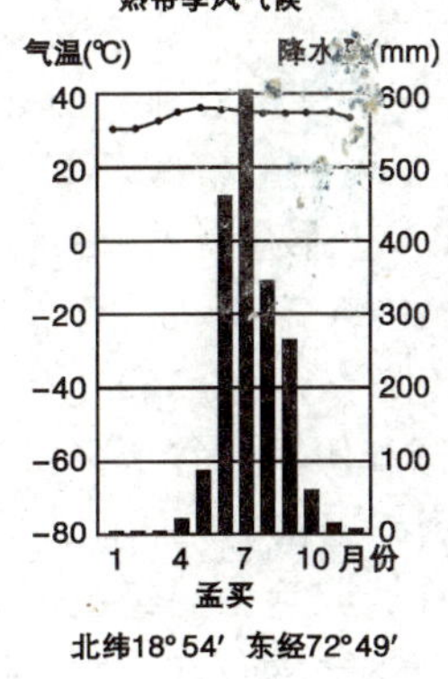

图 3－1－6

读图指南

1. 说出季风气候的共同特征。
2. 温带季风气候和亚热带季风气候在特征上有什么差异？
3. 说出热带季风气候的成因及特征。

能力提升 NENGLI TISHENG

从所处的纬度位置和海陆位置，分析亚洲地理环境地域分异规律。

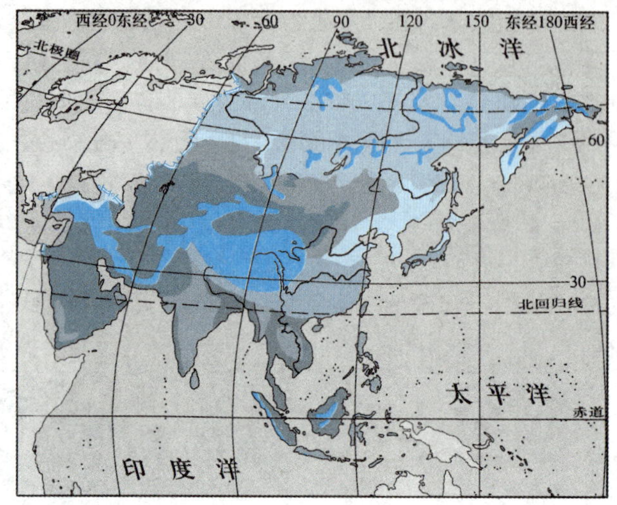

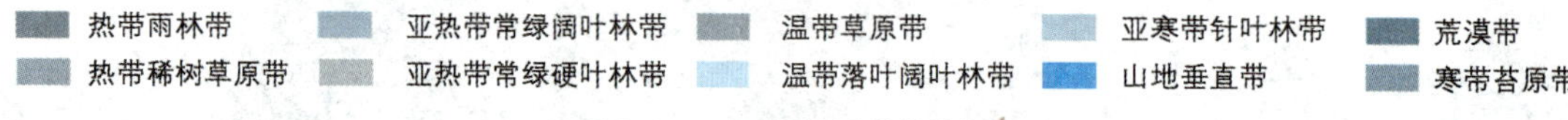

图 3－1－7 亚洲陆地自然带的分布

地球上不同的地区，具有不同的热量和水分组合，形成了不同的气候类型。不同的气候，又产生了与之相应的，有代表性的植被和土壤类型，从而形成具有一定宽度、呈带状分布的陆地自然带。

纬度地带分异规律以热量为基础。由于亚洲纬度范围较广（10°S～80°N），受太阳辐射从赤道向两极递减的影响，地表景观和自然带沿着纬度变化的方向作有规律的更替。如沿 120°E 从北向南自然带依次是：苔原带、亚寒带针叶林带、温带落叶阔叶林带、亚热带常绿阔叶林带、热带雨林带。

经度地带分异规律以水分为基础。由于亚洲陆地东西跨度大，距海洋的远近差异大，自然景观和自然带从沿海向大陆内部产生了有规律的地域分异。如沿 40°N 从东向西自然带依次是：温带落叶阔叶林带、温带草原带、温带荒漠带、山地垂直带、温带荒漠带、亚热带常绿硬叶林带。

触类旁通 CHULEI PANGTONG

（2008·全国Ⅰ）阅读图文资料，回答下列问题。

1771 年 1 月 17 日，渥巴锡率领近 17 万人踏上东归征程。2 月 7 日，沙皇命令堵截东归的土尔扈特人。7 月 8 日，土尔扈特前锋抵达伊犁河流域。16 日，清军总管会见渥巴锡等人。此时东归的土尔扈特部仅剩 6 万余人。10 月 15 日，渥巴锡在木兰围场觐见乾隆帝。10 月 27 日，乾隆帝立《土尔扈特全部归顺记》和《优恤土尔扈特部众记》两碑，以资纪念。

（1）土尔扈特汗国和伊犁河谷地都属于温带大陆性气候，但水草丰美，适合游牧业的发展。分别说明两地水资源丰富的原因。

（2）土尔扈特人在回归途中历经艰辛，其中来自自然的威胁主要有哪些？

解析 第（1）问主要考查水资源空间分布及影响因素。水资源的空间分布与降水的空间分布基本一致。影响降水的因素主要是大气环流和下垫面。这两个地区都为温带大陆性气候，但距海远近不同，地形不同，所以降水丰富的原因不同。第（2）问要求从自然原因来分析其回归的艰辛，而不能受材料的影响，分析历史等因素。从上问中温带大陆性气候的提示，可分析出游牧民在漫长的回归途中所受到的自然威胁，主要是大陆内部冬季气候严寒，干旱缺水，荒漠地区的草料供应不足等。

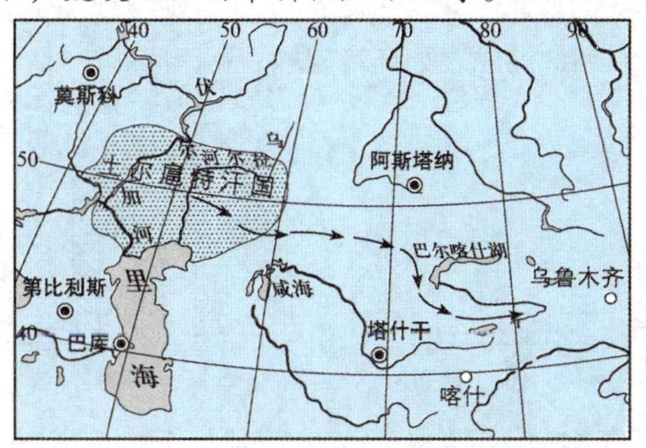

图 3－1－8　土尔扈特回归路线示意图

答案（1）土尔扈特汗国：河流较多（有伏尔加河、乌拉尔河等），距大西洋较近，西风带来的水汽较多。伊犁河谷地：西风带来的水汽较少，但因地形抬升，降水量增加，同时有高山冰雪融水。

（2）冻害（气候寒冷）；缺水（干旱）；缺草（料）。

众多的人口

亚洲是世界上人口最多的大洲，2008 年亚洲人口达 43 亿，约占世界总人口的 63%。

2008 年，亚洲人口的年平均增长率为 1.2%，在各大洲中仅次于非洲和南美洲，居第三位。东亚、南亚和东南亚的人口占到亚洲总人口的 90%，人口密度分别达到每平方千米 127 人、297 人和 118 人。而在北亚、中亚和西亚，人口则比较稀少，北亚的人口密度每平方千米只有 3 人。世界上人口超过 1 亿的国家，大多数在亚洲。

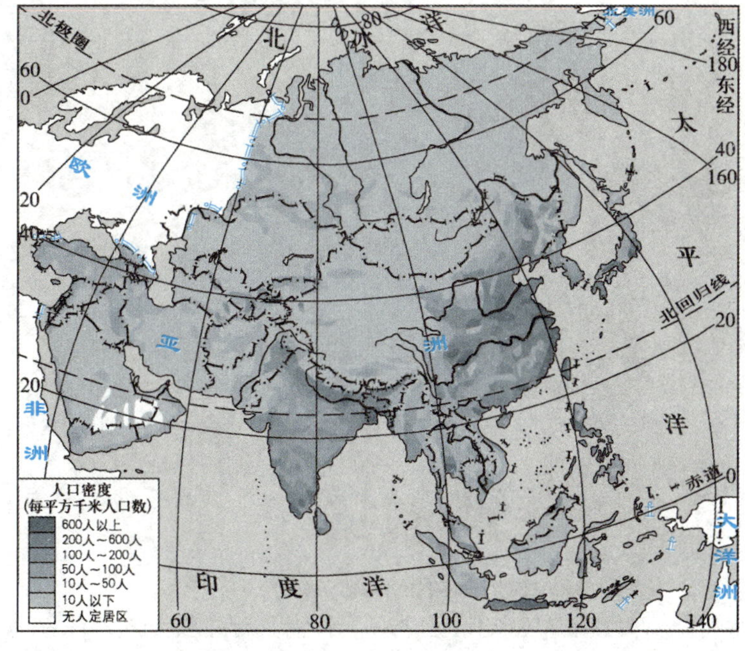

图 3－1－9　亚洲人口密度分布

读图指南

1. 分析东亚、东南亚、南亚人口稠密的原因。

2. 北亚、中亚、西亚人口稀疏，但原因不同，试分析其原因各是什么？

3. 分析一个地区人口疏密的原因，要从哪些方面入手？

信息链接 XINXI LIANJIE

亚洲的人口问题

亚洲国家人口增长模式以“高低高”模式为主。人口问题表现为人口数量多，增长快。随着人口的快速增长，带来一系列的问题，如环境问题、资源问题、社会问题等。

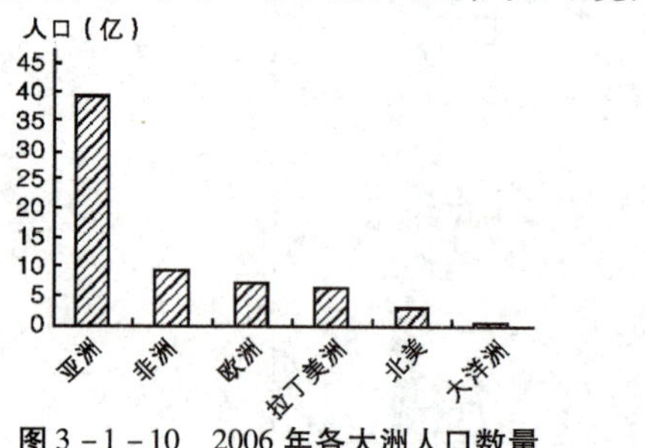

图 3－1－10 2006 年各大洲人口数量

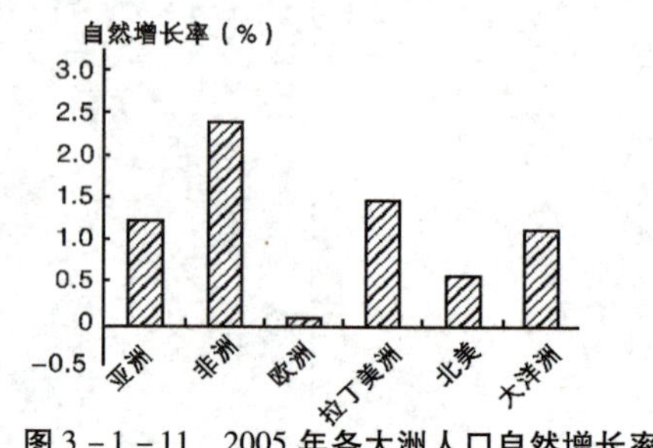

图 3－1－11 2005 年各大洲人口自然增长率

亚洲大部分国家已经认识到人口问题的重要性，并且把人口问题同社会经济的发展、社会生活的全局联系起来加以考虑，从本国的需要和具体情况出发，采取政策来降低人口的增长速度。

随着计划生育政策的实施以及生活条件和医疗条件的不断改善，亚洲的人口出生率和死亡率均有所下降，也使亚洲一些国家进入人口老龄化阶段，加重了国家的社会负担。

发展中的经济

亚洲各国的经济发展差异很大，除日本为发达国家外，其余均属发展中国家。

20 世纪 70 年代以来，东亚、东南亚的韩国、新加坡、马来西亚和泰国等国利用国内外的有利条件，大力发展出口加工工业，极大地促进了经济的快速发展。西亚的一些国家依靠石油资源，经济获得发展。

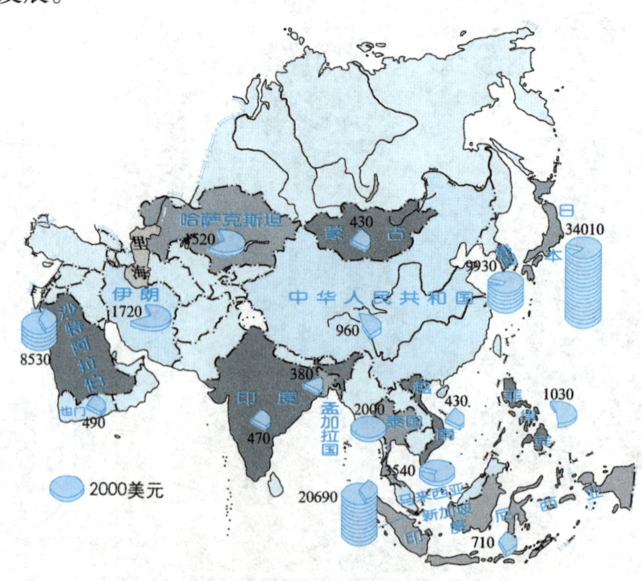

图 3－1－12 2002 年亚洲部分国家人均国民生产总值（美元）

中亚是世界上石油和天然气资源蕴藏最丰富的地区之一，石油资源主要分布在里海东岸及湖底。中亚的石油、天然气加工能力有限，开采的石油和天然气大部分出口。

能力提升 NENGLI TISHENG

分析亚洲水稻种植业的区位条件和特点。

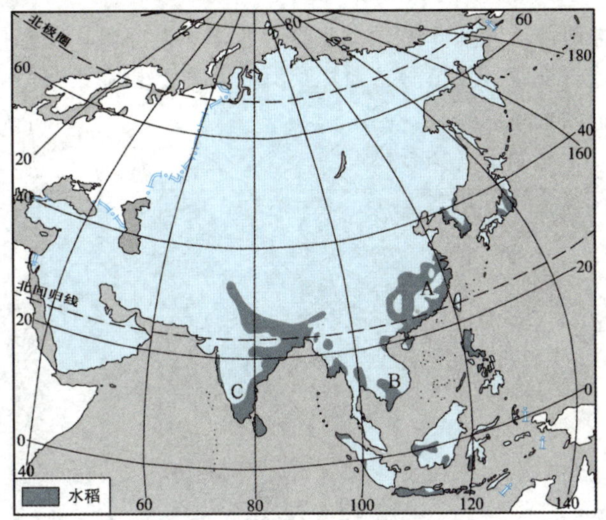

图 3－1－13 亚洲水稻种植业分布

(1) 亚洲水稻种植业的有利条件

①自然条件：沿海平原地势低平、土壤肥沃；季风气候，水热充足，雨热同期；河流中下游灌溉便利。

②社会经济因素：人口密集，粮食需求量大。人多地少，劳动力丰富；种植历史悠久，经验丰富。

(2) 亚洲水稻种植业的特点

①小农经营：人均耕地少。

②单产高、商品率低：精耕细作；生产规模小。

③机械化和科技水平低：人多地少，多为发展中国家。

④水利工程量大：季风气候，水旱灾害频繁。

信息链接 XINXI LIANJIE

热带种植园农业

热带种植园以大种植园和密集型农场为主，专门生产热带经济作物。产品大量进入国际市场，专业化和商品化程度很高。它广泛分布于拉丁美洲、东南亚、南亚以及撒哈拉以南非洲。如橡胶种植园主要分布在东南亚和巴西，咖啡种植园主要分布在南美洲及非洲，马来西亚是世界上最大的油棕产地和棕油出口国。

种植园一般占地几千至几万公顷，雇用成千上万名农民从事大规模生产。种植园的数量在一个国家内不一定很多，但却在该国有关经济作物的生产中居于重要以至垄断地位。种植园内拥有一套完整的生产、生活设施，不少种植园不仅有农业和运输机械，还有园内的道路系统、农产品加工厂、农机具维修厂、供电供水以及教育、卫生设施。许多种植园由外国垄断公司出资兴办，直接经营者是公司雇用的经理和职员，这是与个人经营的农场明显的不同之处。

我国海南岛的国营橡胶农场，生产形式虽然与种植园相似，但性质、规模、管理方式都与种植园有很大差别。

第二讲 欧洲

欧洲位于亚欧大陆西部。北临北冰洋，西濒大西洋，东部以乌拉尔山、乌拉尔河、里海、大高加索山与亚洲相连；东南部隔黑海、土耳其海峡与西亚相临；南面隔地中海与非洲相望；西北隔丹麦海峡与北美洲相对。

欧洲大部分地区位于北温带，没有热带。

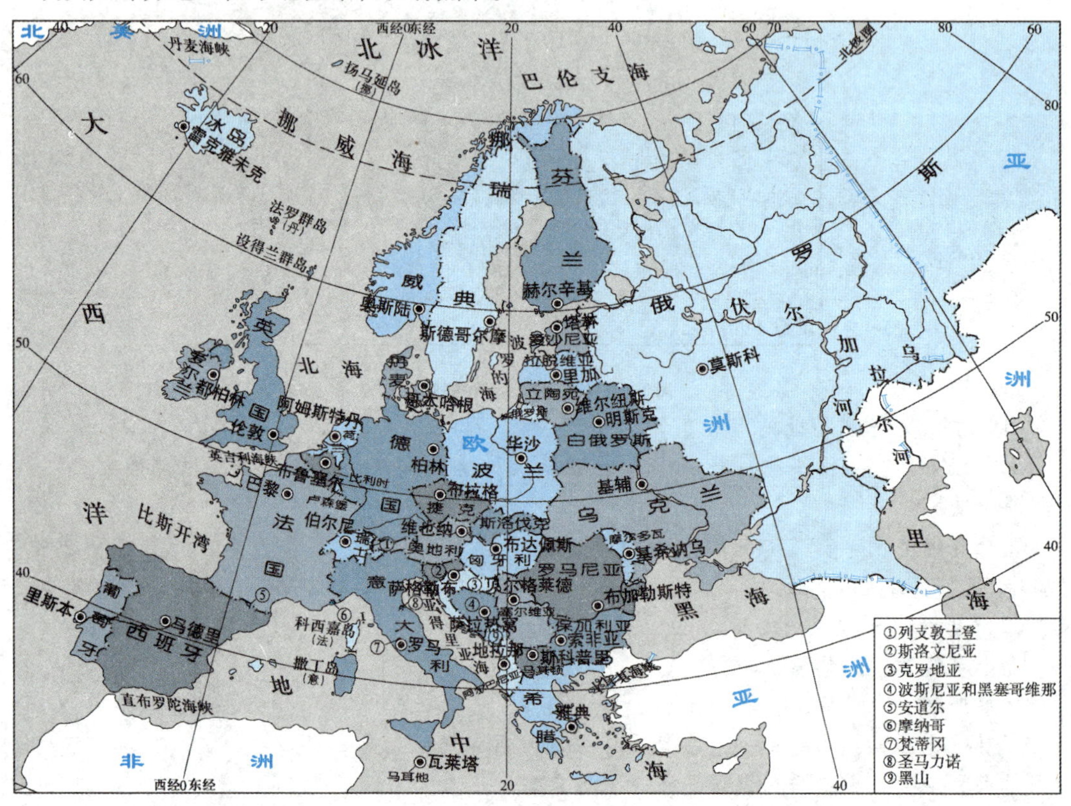

图 3-1-14 欧洲的国家和地区

> **读图指南**
>
> 1. 在图中描绘出 40°N、北极圈、0°经线、30°E、60°E。说出欧洲的纬度位置特征。
> 2. 在图中找出北冰洋、大西洋、波罗的海、北海、比斯开湾、地中海、黑海、英吉利海峡、直布罗陀海峡、土耳其海峡。说出欧洲的海陆位置特征。
> 3. 从纬度位置和海陆位置，分析欧洲大气环流的特征。

平均海拔最低的大洲

欧洲地形是以平原为主，海拔低。平均海拔只有 300 米，是世界上海拔最低的大洲。主要平原自西向东为西欧平原、中欧平原（波德平原）、东欧平原。平原约占全洲总面积的 60%，平原面积所占比重居各大洲首位。

欧洲地势南北高、中部低。北部有斯堪的纳维亚山脉；南部有大高加索山、阿尔卑斯山；中部为平原，里海北部沿岸低地为欧洲最低点。

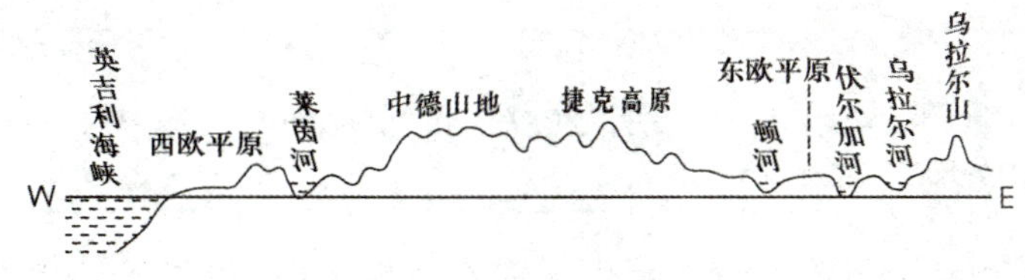

图 3－1－15　欧洲沿 50°N 地形剖面

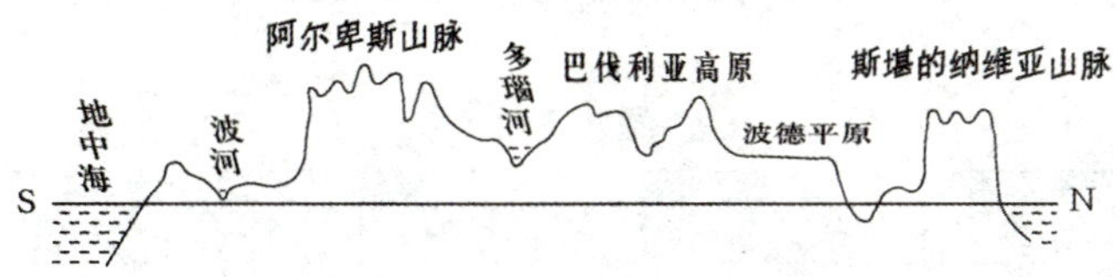

图 3－1－16　欧洲沿 10°E 地形剖面

欧洲冰川地貌分布广。冰川对欧洲地形的雕塑作用非常明显。如：挪威幽深曲折的峡湾；东欧平原波状起伏的冰碛丘陵；阿尔卑斯山脉峰峦挺拔、谷地宽阔、两侧多湖泊；芬兰、瑞典的冰蚀湖等。

欧洲的海岸线曲折，多半岛、岛屿和海湾。

主要半岛	北部：斯堪的纳维亚半岛 南部：伊比利亚半岛、亚平宁半岛、巴尔干半岛
主要岛屿	大不列颠岛、爱尔兰岛、冰岛
主要海湾	比斯开湾
主要海峡	直布罗陀海峡、英吉利海峡
主要海域	波罗的海、地中海、黑海、北海、挪威海

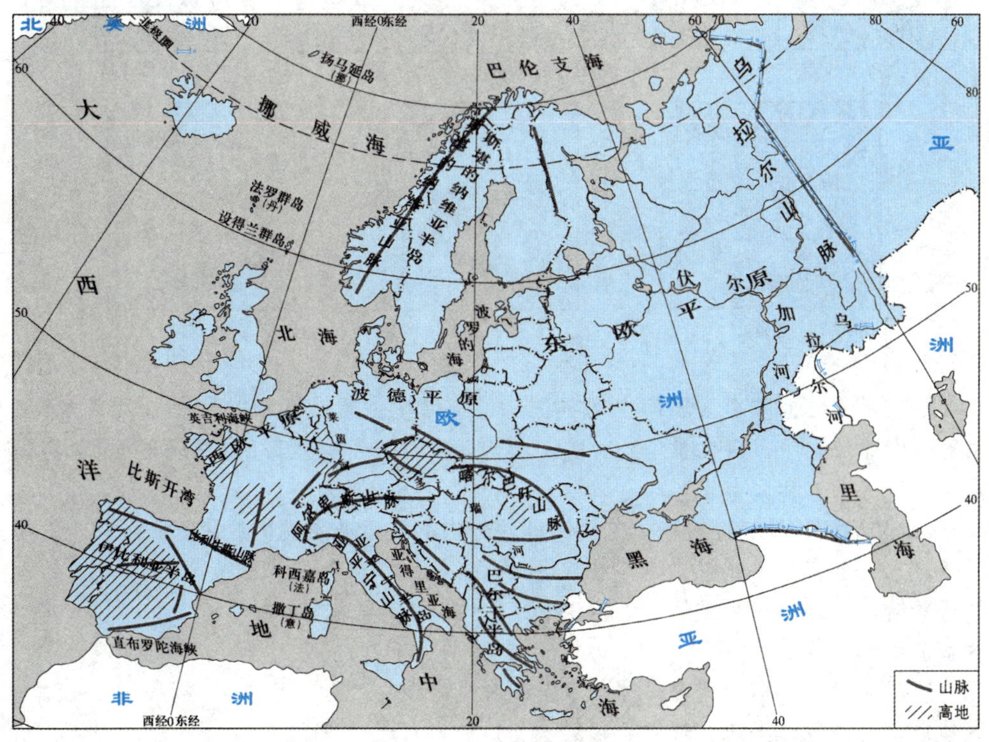

图 3－1－17　欧洲的地形

> **读图指南**
> 1. 在图中找到斯堪的纳维亚山脉、阿尔卑斯山、西欧平原、波德平原、东欧平原。
> 2. 归纳欧洲的地形特征。

欧洲河网稠密，河流绝大部分为外流河，注入大西洋。水文特征表现为：水量丰富，径流量季节变化小，水流平缓，含沙量小，大多河流没有结冰期，河流短小，河流的航运价值较大。

欧洲主要河流

河湖	概况
莱茵河	发源于阿尔卑斯山，注入北海。世界航运最繁忙的河流
多瑙河	发源于德国南部山地，注入黑海。欧洲第二长河。世界干流流经国家最多的河流
伏尔加河	世界最长的内流河，欧洲第一长河，注入里海
湖泊	主要分布在北部和阿尔卑斯山地区，多为冰川作用形成

能力提升 NENGLI TISHENG

1．仔细观察，熟悉以下欧洲主要地理事物的空间特征。

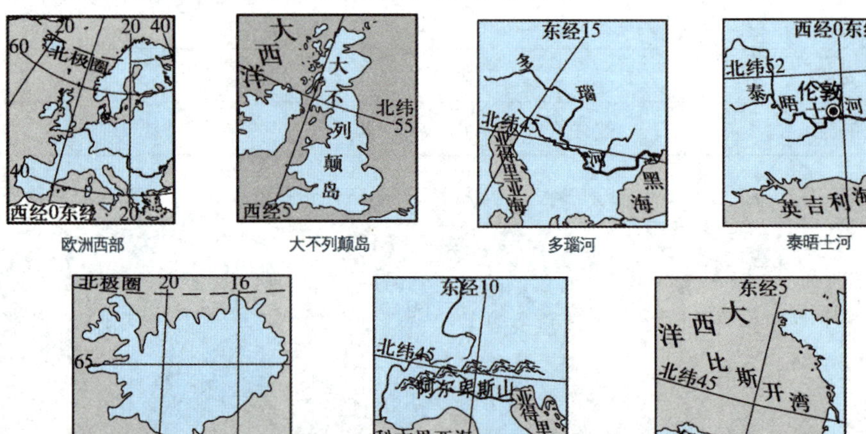

图 3－1－18

可以从以下几方面掌握区域的空间特征：①经纬度位置；②相对位置（交通位置、政治地理位置、海陆位置和山河位置等）；③区域地理环境的典型特征（海陆轮廓的形状、地形起伏特点、河流、湖泊和城市等）。

2．从水文特征、社会经济特征分析欧洲西部内河航运业发达的原因。

①河流水量丰富且季节变化小。温带海洋性气候，降水较多，季节分配均匀。

②通航时间长。最冷月平均气温在0℃以上，冬季无结冰期。

③水流平稳。地形以平原为主。

④河流不易淤积。植被覆盖率高，水土流失少。

⑤各河之间多运河沟通，形成稠密的、发达的内河运输网。

⑥欧洲西部经济发达，货物运量大，航运价值高。

触类旁通 CHULEI PANGTONG

（2009·浙江）图 3－1－19 是世界某地区示意图。读图，回答下列问题。

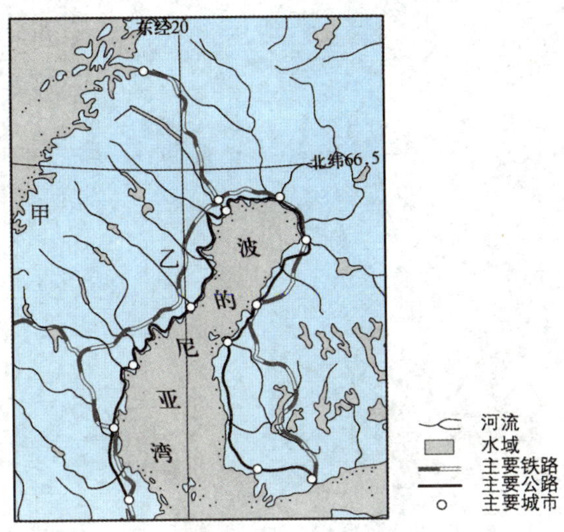

图 3－1－19

（1）分析海陆分布与地形对甲、乙两地气候形成的影响。

（2）简述该区域第四纪主要外力作用及对地表形态的塑造。

解析 该题以区域图为切入点，考查北欧气候的形成和地表的特征。（1）从经纬网及陆地轮廓能够判断出该地的气候类型为温带海洋性气候。气候的形成因子主要有太阳辐射、大气环流和下垫面等。题目要求从下垫面因素中的海陆分布与地形进行分析。海陆分布主要通过判断该地位于沿海还是内陆、位于大陆东海岸还是西海岸，进而分析受海洋影响的强弱、是受气压带风带影响还是受季风影响等；地形主要分析迎风坡、背风坡对降水的影响。（2）外力作用主要有风化、侵蚀、搬运、沉积、固结成岩，主要载体有风力、流水、冰川、海浪等。图示区域不仅河流众多，而且冰川地貌广布，主要外力作用为冰川作用与流水作用。

答案（1）甲地：温带海洋性气候，降水丰富，季节分配均匀，气温年较差小。西临大西洋，盛行西风，山脉走向与海岸平行，迎风坡，暖流经过。乙地：温带大陆性气候，降水相对少，集中在夏季，气温年较差较大。背风坡，海域面积小，海洋水汽较少。

（2）冰川作用，流水作用。西部海岸曲折，多峡湾；湖泊广布，东部形成冰湖群；河流平行状排列。湖泊主要位于河流中上游。

深受海洋影响的气候

欧洲海洋性气候显著，是世界上温带海洋性气候分布最广的大洲。与同纬度的亚洲和北美洲的西部海岸相比，欧洲冬季温和、夏季凉爽，降水较多且季节分配均匀。

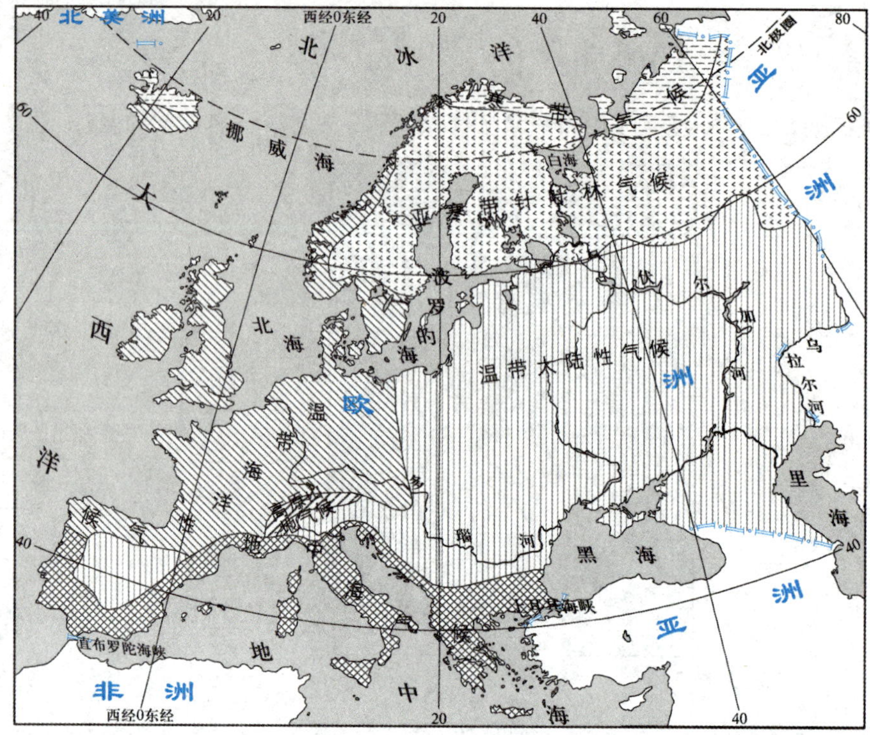

图 3－1－20 欧洲气候类型分布

> **读图指南**
> 1. 说出欧洲主要气候类型及其分布。
> 2. 说出地中海气候的特点及形成原因。
> 3. 分析欧洲温带海洋性气候分布面积较大的原因。

欧洲气候自西向东由海洋性向大陆性过渡。

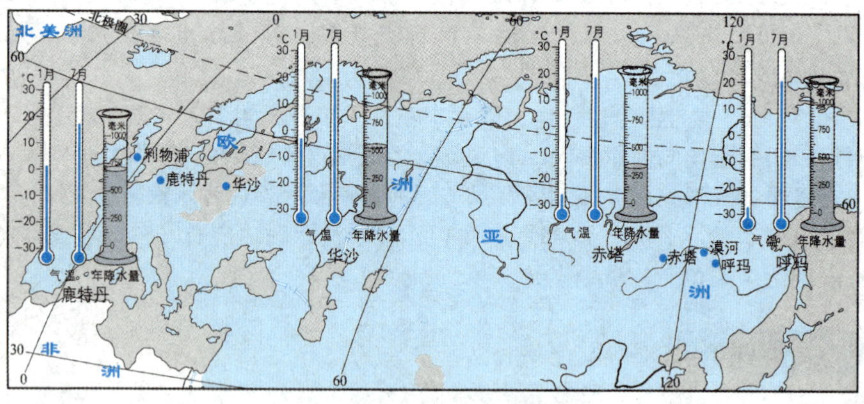

图 3－1－21 亚欧大陆同纬度地区气温和降水的比较

> **读图指南**
> 1. 海洋性气候和大陆性气候的差异主要表现在哪些方面？
> 2. 说出欧洲自西向东的气温年较差和年降水量的变化特征，分析产生这些变化的原因。

从太阳辐射、大气环流和下垫面三大气候因子角度，分析欧洲的气候特征。

1．温带海洋性气候分布比其他大洲广的原因。

从太阳辐射看，欧洲大部分处于北温带，为温带气候。

从大气环流看，欧洲大部分地区位于35°N～60°N之间，常年受西风带控制的区域较广，西风从大西洋带来丰富的水汽。

从下垫面看，欧洲三面临海，形状似伸向大西洋的大半岛，而且轮廓较破碎，多半岛、岛屿和海湾，又地处西风带的迎风岸，受海洋影响较大；欧洲西部大西洋有强大的北大西洋暖流，对沿岸地区气候有增温增湿作用；欧洲地形以平原为主，山脉多呈东西方向延伸，来自大西洋的暖湿气流易于深入欧洲内陆，使温带海洋性气候的分布更为广泛。

2．地中海沿岸地中海气候典型、面积大的原因。

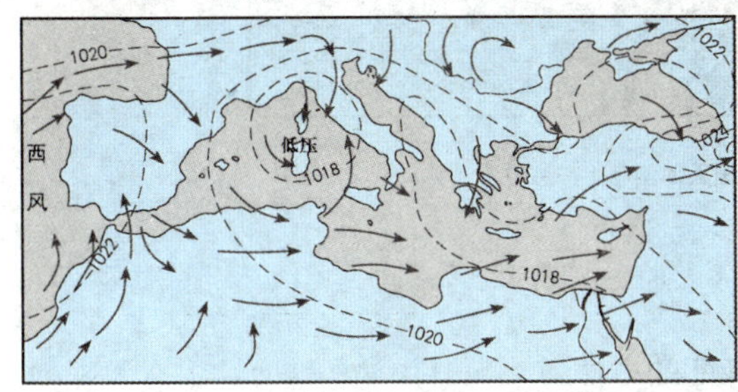

图3－1－22　地中海地区1月气压（百帕）和风向图

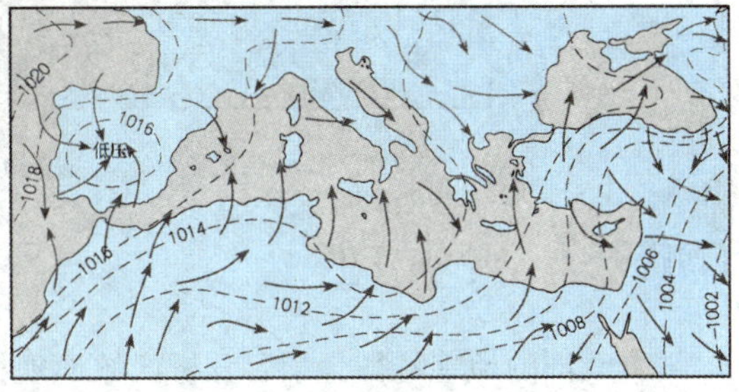

图3－1－23　地中海地区7月气压（百帕）和风向图

从太阳辐射看，地中海地区位于亚热带地区，为亚热带气候类型。

从大气环流看，地中海地区处于副热带高压带和西风带交替控制的区域。冬季受西风控制，温和湿润；夏季受副热带高压带控制，炎热干燥。

从下垫面看，地中海地区西部向大西洋敞开，且直布罗陀海峡为东西走向，利于西风深入。同时地中海海区冬季形成低压中心，加强了西风的强度，更加利于西风的深入。

发达的经济

欧洲的经济发展水平居各大洲首位，是发达国家集中的地区。其中经济发展水平较高的国家有德国、英国、法国等，南欧一些国家经济水平相对较低。

欧洲农业以农牧结合和集约化水平高为重要特点。法国、英国、荷兰、丹麦等国农牧业发达。

欧洲工业以制造业为主，工业中心多，分布密集。主要的工业区有：英国的伯明翰、德国的鲁尔区、法国的萨尔区等。欧洲东部重工业发达。

欧洲运输业居世界之首，已经形成庞大的综合运输网络。

欧洲西部是国际旅游业最发达的地区。法国、意大利、西班牙是欧洲三大著名旅游国家。

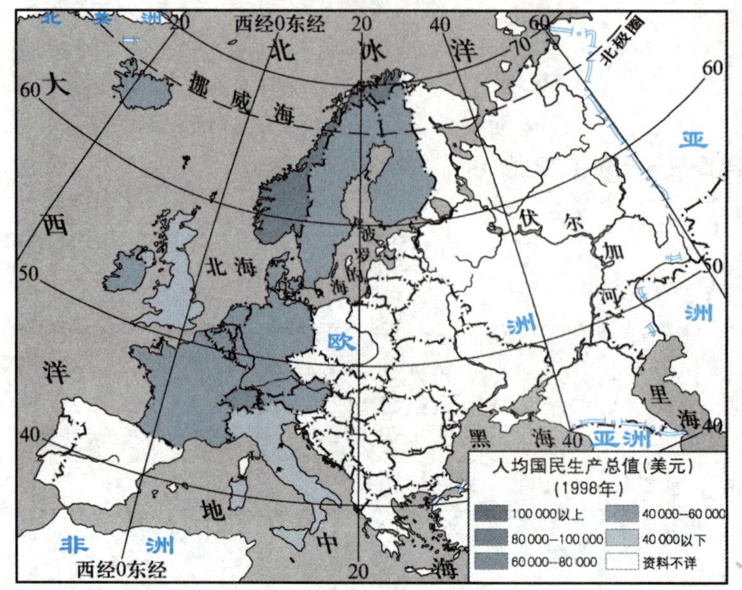

图 3－1－24 欧洲各国人均国民生产总值

能力提升 NENGLI TISHENG

结合欧洲的地理特征，学习分析区域地理特征的方法。

首先，明确区域的位置、范围，并将重要的地理事物落实在地图上。

其次，进行区域内地理特征的综合分析。其中自然地理特征包括地理位置、气候特征、水文特征、自然景观、地质地貌、资源与灾害；人文地理特征包括农业、工业、人口、城市、交通、商业贸易等。不同的区域所表现出的典型特征有所差异，所以要突出区域的主要特征。如欧洲西部强调海洋性气候和高度发达的经济，地中海沿岸则强调冬雨夏干的气候等。

再次，加强区域间地理特征的比较。例如欧洲和亚洲同位于亚欧大陆上，为什么欧洲气候类型要比亚洲简单？①纬度位置：欧洲位于36°N～71°N之间，没有热带，寒带范围较小；亚洲大致在10°S～80°N之间，地跨寒、温、热三个热量带。②海陆位置：欧洲西临大西洋，受北大西洋暖流影响，海洋性气候显著；亚洲东临太平洋，南临印度洋，因距海远近不同和海陆热力性质的差异，形成湿润的季风气候和干旱的大陆性气候。③地形因素：欧洲地势低平，亚洲地形复杂，地势起伏大，因而欧洲没有亚洲的气候垂直差异明显。

第三讲 非洲

起伏和缓的高原大陆

非洲位于东半球的西部，赤道横贯中部。东濒印度洋，西临大西洋，北隔地中海与欧洲相望，东北隔红海、苏伊士运河与亚洲分界。非洲海岸线平直，海湾、半岛、岛屿较少。

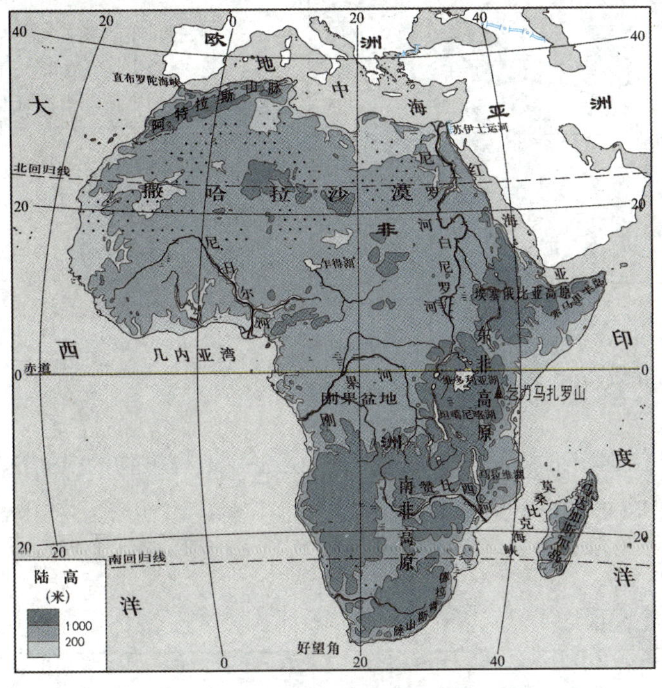

图 3－1－25 非洲地形

读图指南

1. 在图中找到马达加斯加岛、索马里半岛、地中海、直布罗陀海峡、大西洋、几内亚湾、好望角、印度洋、红海、苏伊士运河等。

2. 在图中找到刚果盆地、东非高原、南非高原、阿特拉斯山脉、德拉肯斯山脉。描述非洲大陆的地形特点。

非洲地形以高原为主，被称为“高原大陆”。地势东南高、西北低。东南部自北向南有埃塞俄比亚高原、东非高原、南非高原，称为“高非洲”。西北部除边缘的阿特拉斯山脉外，多为较低的高原和宽广的盆地，称为“低非洲”。赤道附近的刚果盆地原为内流湖，因地壳上升，刚果河下切，湖水外泄而形成。北部有世界上最大的沙漠——撒哈拉沙漠。

东非裂谷带南起赞比西河口，纵贯东非高原、埃塞俄比亚高原，向北经红海，一直延伸到西亚的死海附近，是世界大陆上最大的裂谷带。非洲大部分的湖泊集中分布在东非裂谷及其两侧，多为断层湖。其中维多利亚湖是非洲最大的湖泊，坦噶尼喀湖是非洲最深的湖泊。

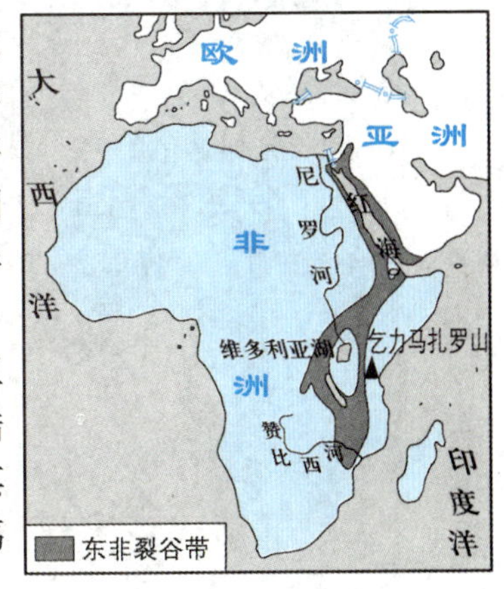

图 3－1－26 东非裂谷带

非洲主要的河流有尼罗河、刚果河、赞比西河和尼日尔河等。

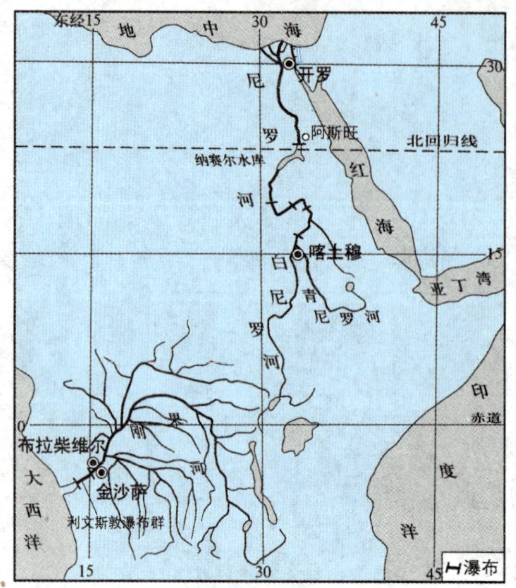

图 3－1－27 尼罗河和刚果河水系

读图指南

1. 说出尼罗河的水文特征。
2. 分析尼罗河给下游地区的经济发展提供了哪些有利条件？
3. 结合非洲地形、气候，说明刚果河水力资源丰富的原因。

能力提升 NENGLI TISHENG

1. 观察经纬度位置、轮廓形态，认识非洲及其主要地理事物的空间位置特征。

（1）牢记控制性的经纬线

非洲：赤道、20°E；莫桑比克海峡：20°S、40°E；乞力马扎罗山：赤道、40°E；几内亚湾：赤道、0°经线。

（2）掌握基本轮廓形态

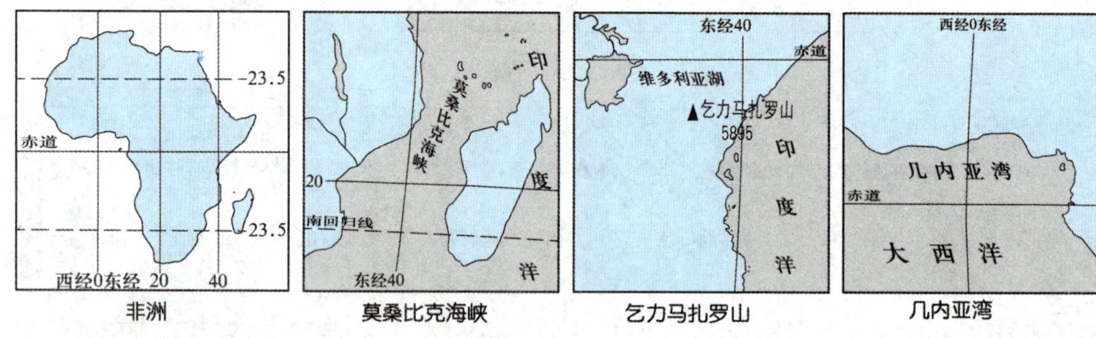

图 3－1－28

2. 从地势起伏的特点，认识非洲的地形特征以及重要的地理事物。

（1）非洲赤道沿线地区

总体东高西低，东部以高原为主，西部主要为刚果盆地。赤道横穿刚果盆地中部，刚果河的入海口位于赤道以南。

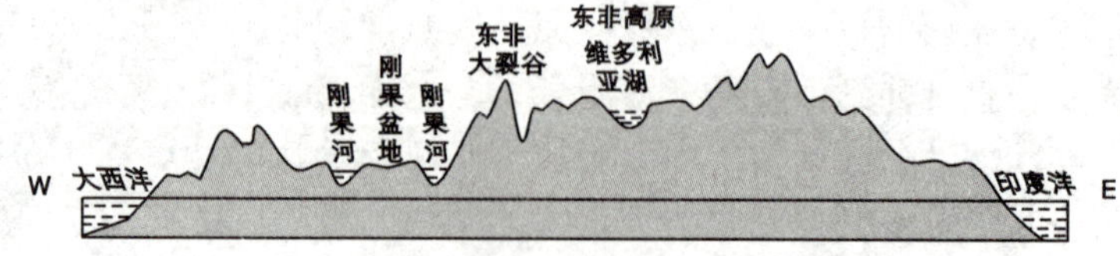

图 3－1－29 非洲沿赤道地形剖面

（2）非洲 20°E 沿线地区

地势南、北高，中间低。20°E 经线穿过刚果盆地中部。赤道和 20°E 为刚果盆地控制性的经纬线。

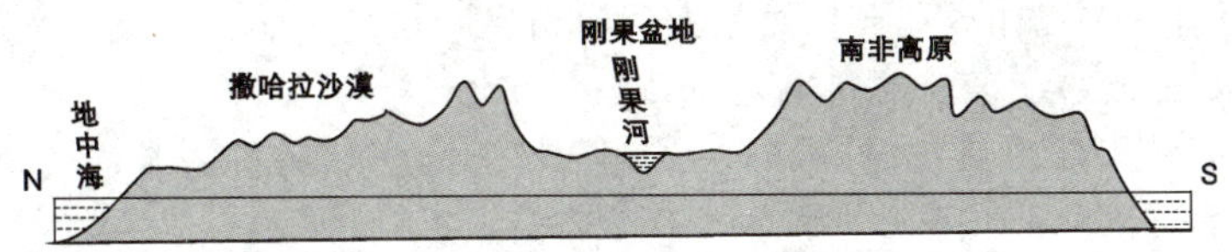

图 3－1－30 非洲沿 20°E 地形剖面

对称分布的气候类型

非洲绝大部分在南北回归线之间，是世界上平均气温最高的大洲，被称为“热带大陆”。非洲的降水分布极不平衡，干旱区域面积广，又被称为“干燥大陆”。

非洲的气候类型呈带状分布，以赤道为轴，南北大致对称。从赤道向南、北两侧依次为热带雨林气候、热带草原气候、热带沙漠气候和地中海气候。刚果盆地及几内亚湾沿岸为热带雨林气候。非洲热带草原气候面积在各大洲中最为广阔。

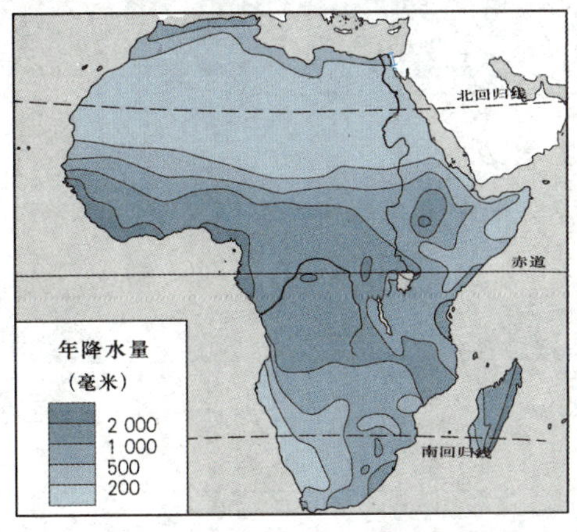

图 3－1－31 非洲年降水量分布

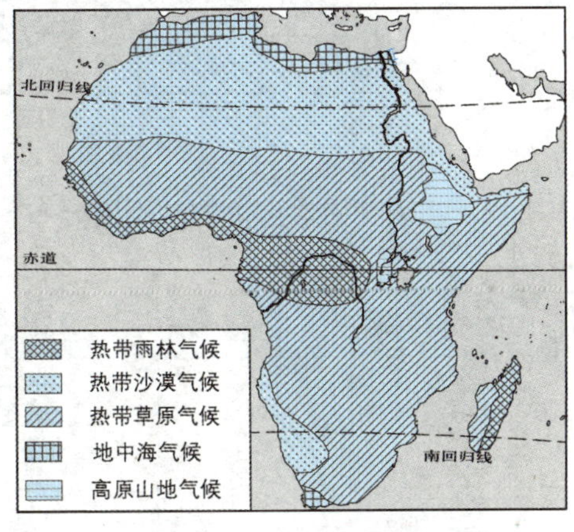

图 3－1－32 非洲气候类型

读图指南

1. 说明非洲气候类型以赤道为轴，南北对称的原因。
2. 在图中找到非洲热带雨林气候的分布地区，并分别解释其形成的原因。
3. 观察尼罗河流经地区的气候类型，分析气候对尼罗河水文特征的影响。
4. 分析撒哈拉沙漠直逼西部海岸的原因。

读图指南

1. 影响乞力马扎罗山自然带垂直分布的因素是什么？
2. 说明乞力马扎罗山自然带复杂的原因。

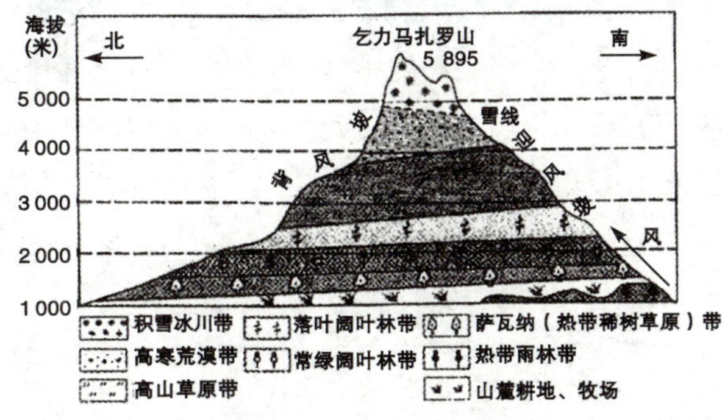

图 3－1－33 非洲乞力马扎罗山自然带的垂直分布

能力提升 NENGLI TISHENG

1. 从太阳辐射、大气环流和下垫面三方面分析撒哈拉地区热带沙漠气候的形成原因。

撒哈拉地区处于低纬地区，太阳辐射强，全年高温。

撒哈拉地区受副热带高气压带和东北信风控制。副热带高气压带，气流下沉，降水少；来自亚欧大陆的东北信风水汽含量少，不易形成降水。

撒哈拉地区西部沿海的寒流有降温减湿作用。

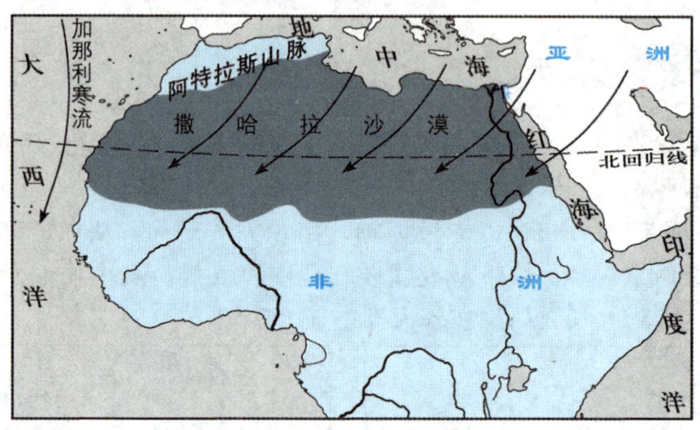

图 3－1－34 撒哈拉沙漠

2. 比较、归纳相同地理事物的不同分布，并分析成因。

（1）非洲热带雨林气候

分布地区	成因
刚果盆地	常年受赤道低气压带控制，盛行上升气流，多对流雨，降水丰富
马达加斯加岛东侧	来自海洋暖湿的东南信风，经马达加斯加暖流增温增湿，并受中部地形的抬升，多形成地形雨
几内亚湾沿岸	来自大西洋的暖湿气流，受几内亚湾暖流增温增湿的影响和沿岸地形抬升，降水丰沛

（2）世界主要沙漠

分布规律	分布地区	成因	举例
纬度地带性	南、北回归线附近的大陆西岸和内陆	终年受副热带高压带和信风带控制，以及沿岸寒流的影响	非洲撒哈拉沙漠、亚洲阿拉伯沙漠、澳大利亚西部的维多利亚大沙漠，南美洲的阿塔卡马沙漠
经度地带性	温带大陆内部	深居内陆，受海洋水汽影响小	中亚的卡拉库姆沙漠、中国塔克拉玛干沙漠
非地带性	山脉背风坡	“焚风”效应与“雨影”效应	南美南端大陆东侧的巴塔哥尼亚沙漠

(3) 世界四大沙尘暴多发区

分布	原因	
	自然原因	人为原因
北美西部与沙漠接壤的荒漠干旱区	持续干旱	土地利用不当，植被破坏严重
澳大利亚中部和西部海岸地区	热带沙漠气候，降水稀少	过度耕作和放牧，土壤表层缺乏植被覆盖，土地沙化
亚洲中部	温带大陆性气候，降水少	人口增长过快，人为过量引水灌溉，乱砍滥伐，超载放牧，导致草场退化、土地沙漠化，加上盐碱地面积广阔，造成沙尘暴与盐尘暴的混合发生
非洲撒哈拉沙漠南缘地区	热带沙漠气候，干旱	过度放牧和开垦，造成草场退化、田地荒芜、沙漠化土地蔓延

触类旁通 CHULEI PANGTONG

(2007·重庆) 读图3-1-35，分析A、B区域年降水量特别丰沛的主要原因。

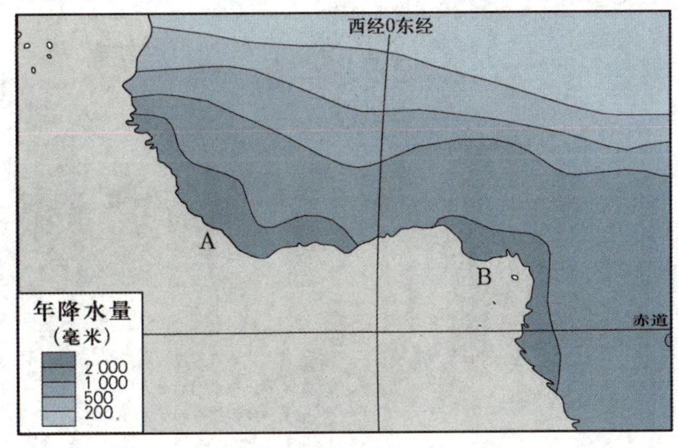

图3-1-35

解析 该题考查降水的形成原因。影响降水的因素主要有大气环流、洋流、地形等。由图可知，该地为非洲赤道地区西海岸，常年受赤道低气压带控制，降水多，东南信风越过赤道后转向形成的西南风正好与A、B两地海岸线垂直，西南风经过几内亚湾暖流的增温增湿作用后又被高原山地抬升，形成大量地形雨。

答案 地处赤道低压带；受西南暖湿气流影响，西南风与海岸线垂直；沿岸（几内亚）暖流经过；高原山地的抬升。

快速增长的人口

非洲人口有9.22亿（2005年），自然增长率为2.4%，是世界上人口增长最快的大洲，尤其是撒哈拉以南地区。长期殖民统治造成的经济落后，再加上巨大的人口负担，使这里成为世界上最不发达国家的聚集区，面临许多问题。

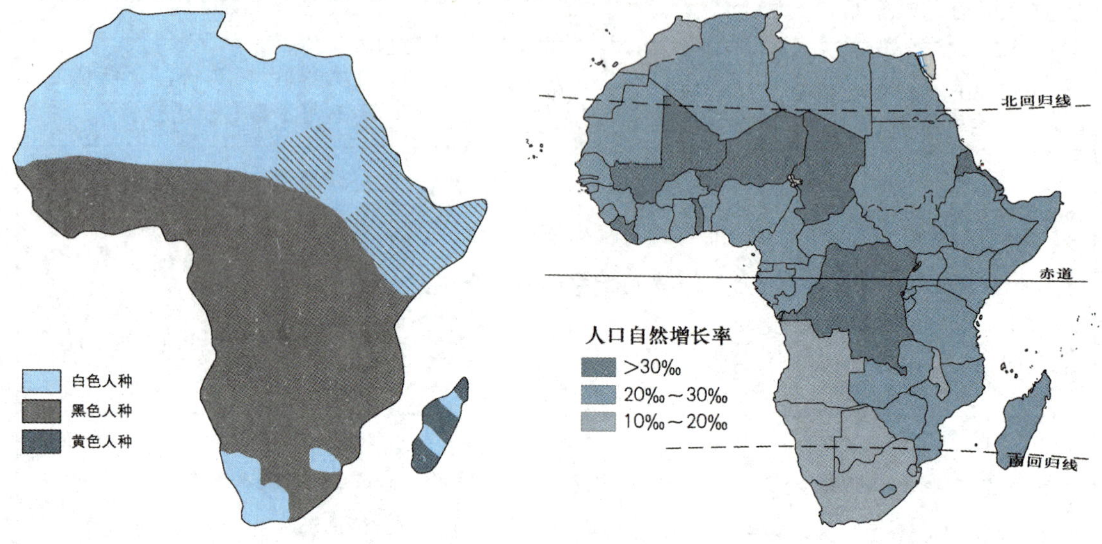

图3-1-36 非洲主要人种分布

图3-1-37 2000年非洲人口自然增长率

由于人口增长过快，需要更多的粮食和肉类，于是人们砍伐森林，开垦草原，以扩大耕地面积，或在草原地区过度放牧。这些做法导致了土地肥力丧失、草原退化，加剧了土地荒漠化，使生态环境逐步恶化。

读图指南

1. 指出非洲土地荒漠化地区的分布规律。
2. 说出土地荒漠化的主要人为原因。
3. 提出解决土地荒漠化的可行措施。

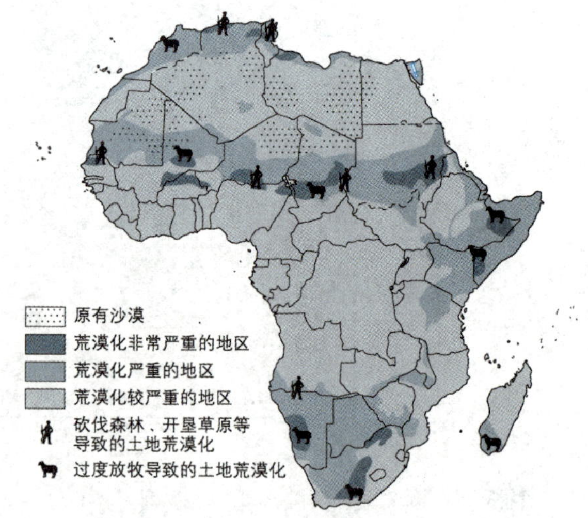

图3-1-38 非洲的土地荒漠化

能力提升 NENGLI TISHENG

理清事物之间的因果关系，是分析地理问题的基本前提。利用框图，表示非洲的人口、粮食、环境与发展问题之间的关系。

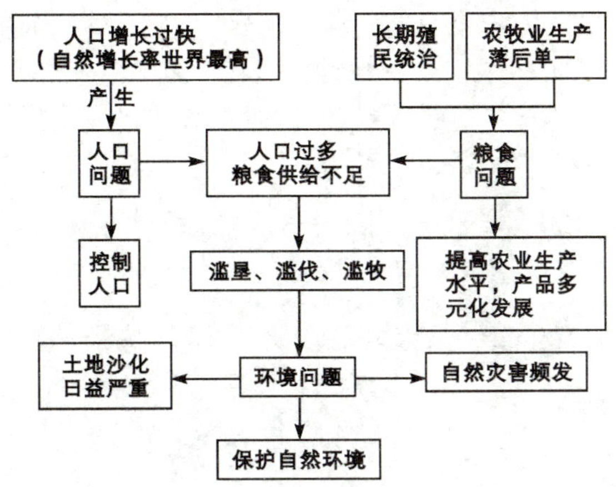

差距较大的南北经济

非洲的物产丰富，被誉为“富饶大陆”。

非洲矿产资源种类多，储量大。刚果民主共和国的金刚石、南非的黄金、利比里亚的铬铁矿、摩洛哥的磷酸盐、几内亚的铝土矿等的储量与产量都居世界前列，另外尼日利亚的石油和赞比亚的铜矿产量也很丰富。非洲的动植物资源非常丰富。热带经济作物种类繁多；森林和草场资源丰富；大型野生动物的种类和数量居世界之首。

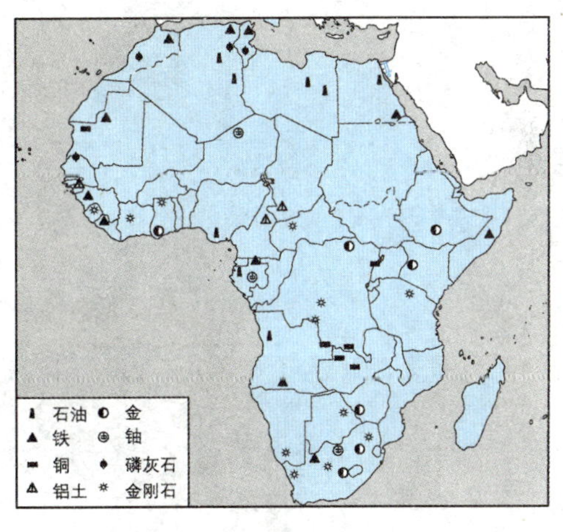

图 3－1－39　非洲主要矿产分布

但是由于长期的殖民统治，使非洲经济以初级产品为主，是世界上经济发展水平最低的大洲。而且南北差距较大，其中北非（撒哈拉沙漠北侧）人口约占非洲的 1/4，国民生产总值则占 1/3 以上，该地区均属于中等收入国家。撒哈拉以南的非洲，经济相对较落后。

撒哈拉以南非洲

撒哈拉以南非洲位于世界上最大的沙漠——撒哈拉沙漠以南，介于印度洋与大西洋之间。撒哈拉以南非洲大约有 6 亿人口，其中 90% 以上是黑人，这里是黑人的故乡。

几个世纪以来，殖民者为了自己的利益，使撒哈拉以南非洲变成农矿产品的供应地和工业产品的倾销市场，使很多国家形成了过分依赖某一种或某几种初级产品生产的“单一商品经济”。

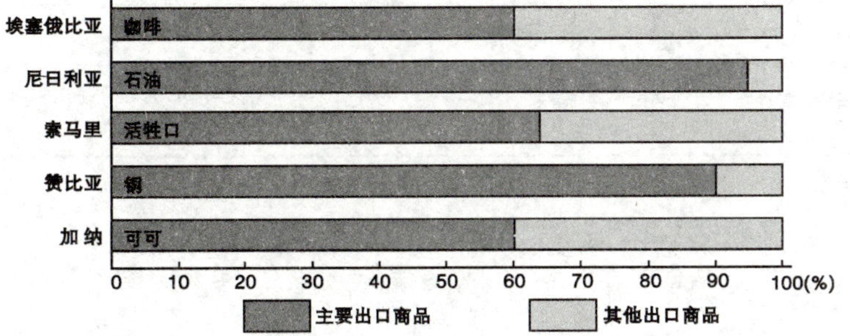

图 3－1－40　撒哈拉以南非洲部分国家主要出口商品占本国出口商品总额的百分比

读图指南

说出撒哈拉以南非洲国家在国际贸易中所处的地位，并分析原因。

为了改变经济依赖于单一产品的局面，一些“单一商品经济”的国家努力发展民族工业，还有些国家致力于发展多样化的农业。例如科特迪瓦，为了减少对可可、咖啡的依赖，大力发展了油棕、菠萝、橡胶、甘蔗、椰子等农产品的生产，同时，发展了农产品加工业、旅游业、水产业等其他产业，以振兴经济。

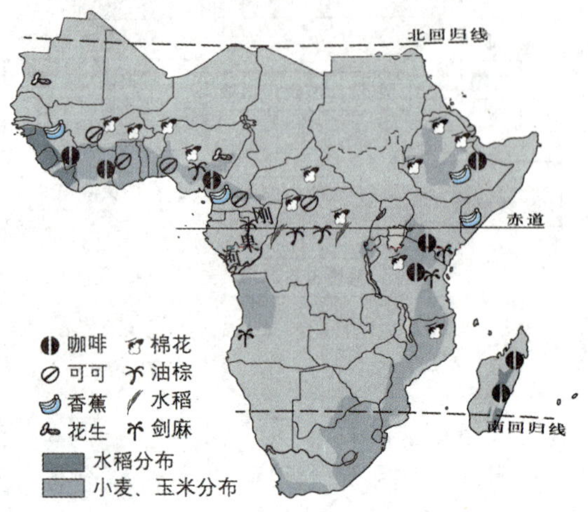

图 3－1－41　撒哈拉以南非洲农作物分布

信息链接 XINXI LIANJIE

非洲最发达的国家——南非

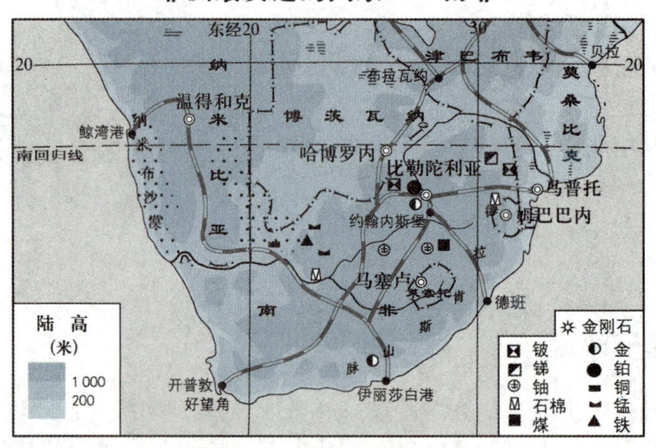

图 3－1－42　南非的地形和矿产

1. 南非的自然地理特征

地形	内陆高原、西北部沙漠、沿海带状平原
河流	河网稀疏
气候	以热带草原气候为主。西北部为热带草原和热带沙漠气候，东部是热带草原气候，西南部为地中海气候

2. 南非的经济地理特征

南非是非洲经济发展水平最高的国家。

矿产资源丰富：黄金、铂族金属资源多，锰、铬、萤石、红柱石的含量居世界首位，金刚石、铀也很丰富。

采矿业在经济中占重要地位。制造业以钢铁、机械、食品、纺织为主。

农牧业发达。农产品主要为玉米、小麦、棉花等。

南非是非洲军火工业发达的国家。

3. 重要城市

比勒陀利亚：首都，政治、文化中心；约翰内斯堡：商业经济中心；开普敦：重要港口。

触类旁通 CHULEI PANGTONG

阅读图文材料，回答下列各题。

图3－1－43所示国家气候干旱，降水量小而且不稳定。2007年人均国民收入仅270美元，农业是国民经济的支柱，但粮食不能自给。农业生产技术相对落后，如在平原、山地斜坡主要采用传统地面灌溉和引洪灌溉的方式，很少实施喷灌、滴灌。目前我国和该国正在开展农业方面的合作。

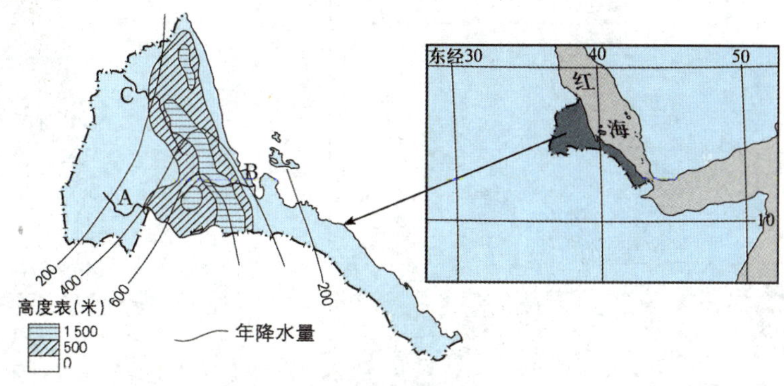

图3－1－43 厄立特里亚位置及地形示意

(1) 概述该国的地理位置特征。

(2) 试分析该国发展灌溉农业的优势区位条件。

(3) 简述该国农业发展面临的主要问题以及该国可以采取的措施。

解析 (1) 从图中所给的经纬度、海陆分布与轮廓等信息进行地理位置特征的分析。(2) 发展旱作农业的条件是在干旱、半干旱地区丰富的光照、热量基础上，要有充足的灌溉水源。(3) 根据年降水量线可判断，干旱、半干旱区主要问题为水资源匮乏；此国为发展中国家，面临资金短缺、技术力量不足等问题。水资源匮乏需要节水，要推广喷灌、滴灌技术，在高原修建水库与水坝，实现雨水的季节调配。技术力量不足，要注重培养农业技术人员。

答案 (1) 位于热带；东濒红海，非洲东北部。

(2) 该地大部分地区为热带沙漠气候，光照、热量充足；虽然年降水量小于400毫米，属于干旱、半干旱区，但是有河流作为灌溉水源。

(3) 问题：水资源匮乏；资金短缺；技术力量不足。措施：在高原修建水库与水坝，实现雨水的季节调配；培养农业技术人员；推广滴灌与喷灌等节水灌溉技术；加强国际合作，解决资金短缺困难等。

第四讲　美洲

“新大陆”

美洲大陆是一个整体。大部分位于 35°W～175°W、60°S～70°N。习惯上，以巴拿马运河为界，把美洲大陆分为北美洲和南美洲两部分。北美洲位于西半球北部，面积 2400 多万平方千米，地处太平洋、大西洋和北冰洋之间；南美洲面积约 1800 万平千米，位于太平洋和大西洋之间。

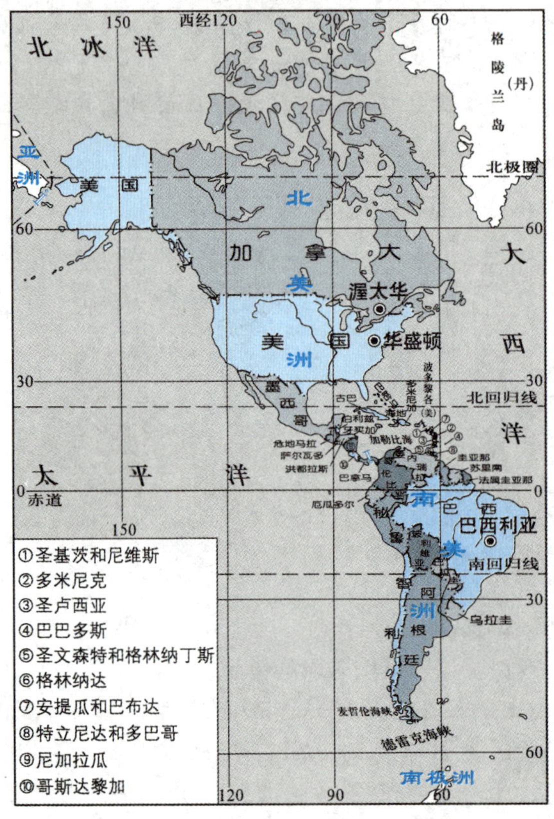

图 3－1－44　美洲的国家和地区

> **读图指南**
>
> 1. 在图中找到巴拿马运河，说说巴拿马运河开凿的地理意义。
> 2. 在图中找到太平洋、大西洋、北冰洋、加勒比海。比较南、北美洲地理位置的异同。
> 3. 在图中指出北美地区和拉丁美洲的范围。
> 4. 在图中标出白令海峡，说说白令海峡为哪些地理界线？

能力提升 NENGLI TISHENG

观察南、北美洲的经纬网示意图，识记两洲的相对位置。

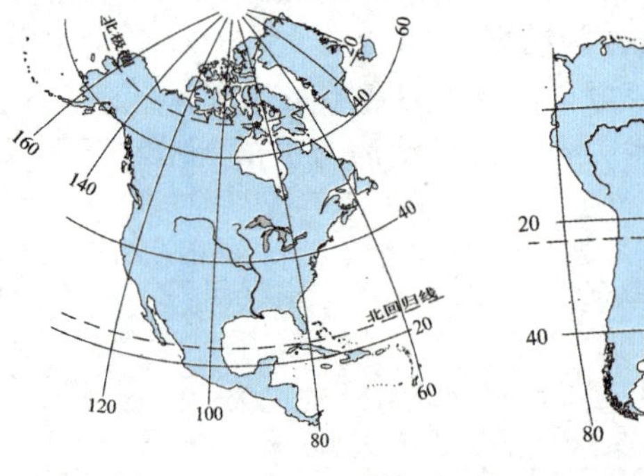

图 3－1－45

(1) 控制性经纬线

北美洲：100°W、40°N

南美洲：南回归线（23.5°S）、60°W

(2) 两洲的位置关系

南美洲位于北美洲的东南。其中80°W分别穿过北美洲的东部和南美洲的西部。

美洲的地形

北美洲地势东西高，中部低，呈纵列分布。西部是高大的科迪勒拉山系，主要山脉有落基山脉、海岸山脉，中部是广阔的中央大平原，东部是低矮的阿巴拉契亚山脉和拉布拉多高原。北部冰川地貌广布。格陵兰岛是仅次于南极洲的现代冰川分布区。

南美洲以低平地形为主，地势西高东低。西部为科迪勒拉山系，以世界最长的山脉安第斯山脉为主干；东部高原和平原相间分布，自北向南有圭亚那高原、亚马孙平原、巴西高原、拉普拉塔平原和巴塔哥尼亚高原。

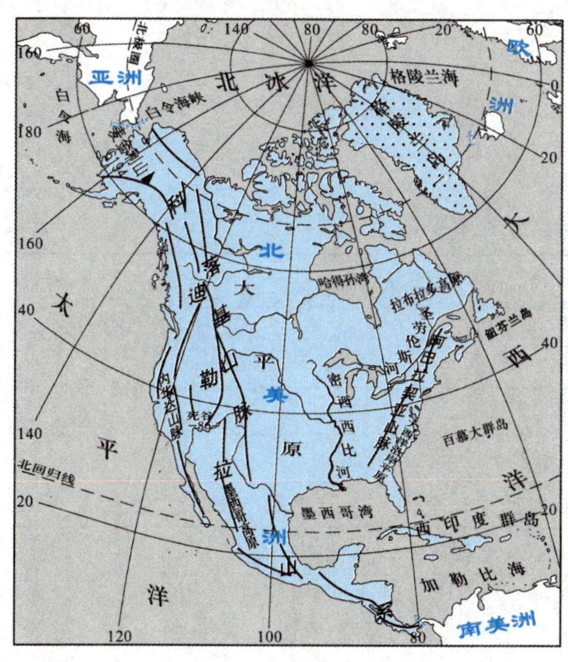

图3－1－46 北美洲地形

读图指南

1. 找到落基山脉、中央大平原、阿巴拉契亚山脉、拉布拉多高原。说出北美洲地形区的分布特征。

2. 找到密西西比河、圣劳伦斯河、五大湖。

3. 找到阿拉斯加半岛、拉布拉多半岛、西印度群岛、格陵兰岛、纽芬兰岛、墨西哥湾。

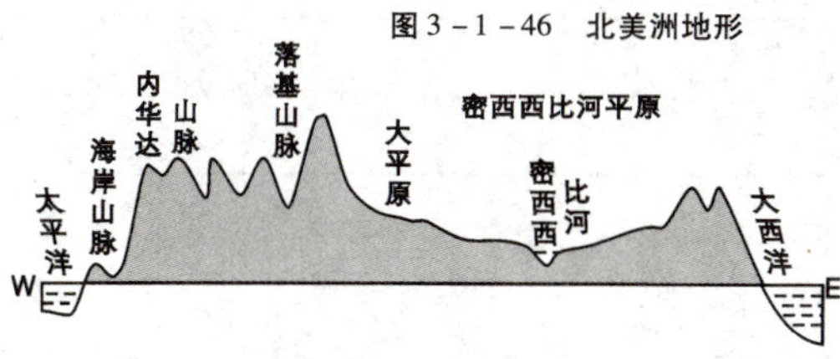

图3－1－47 北美洲沿40°N地形剖面

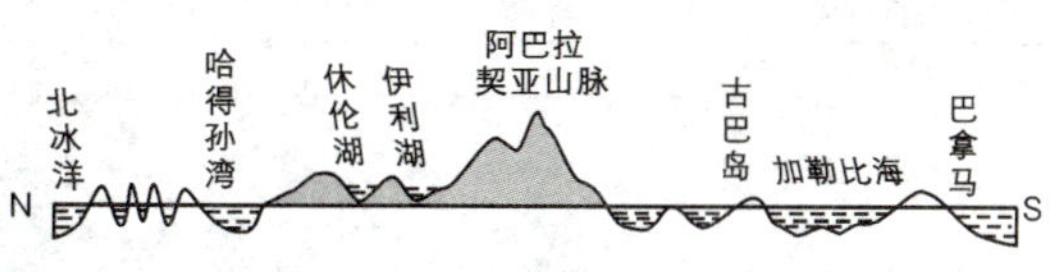

图3－1－48 北美洲沿80°W地形剖面

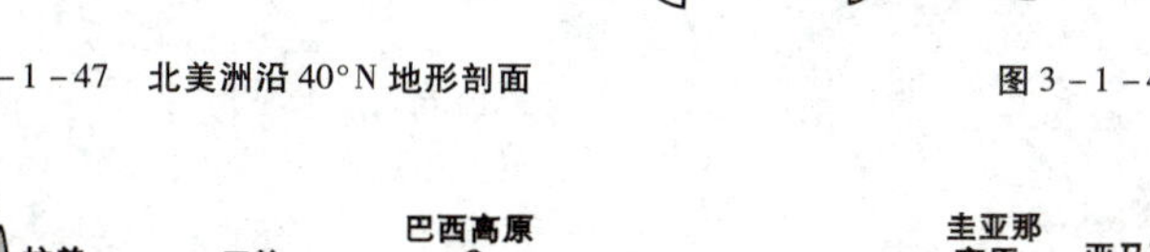

图3－1－50 南美洲沿20°S地形剖面

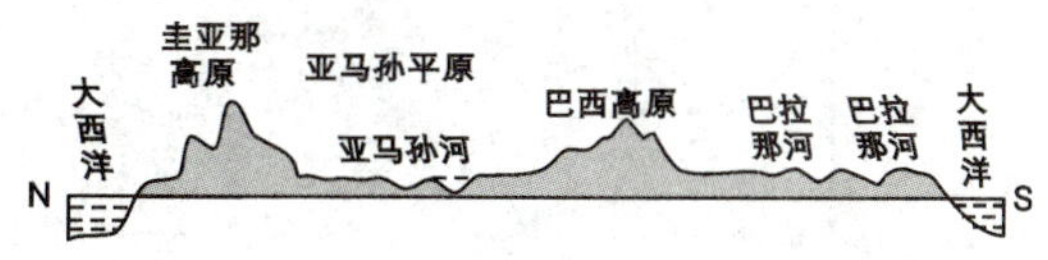

图3－1－51 南美洲沿60°W地形剖面

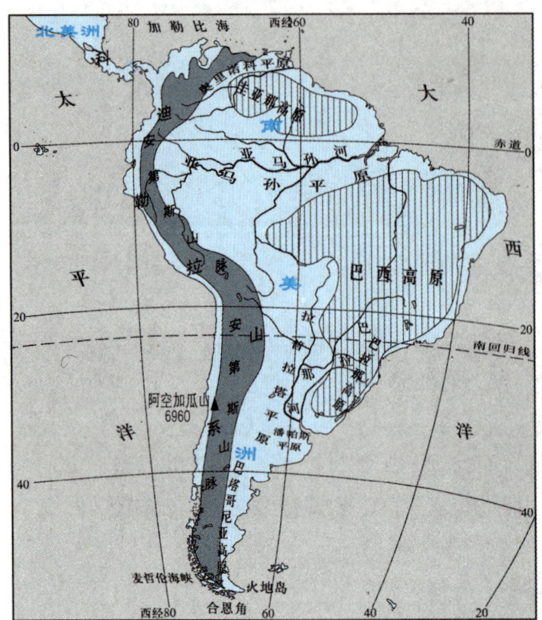

图 3-1-49 南美洲地形

读图指南

1. 在图中找到安第斯山脉、亚马孙平原、巴西高原、拉普拉塔平原。说出南美洲地形区的分布规律。
2. 在图中找到亚马孙河、巴拉那河以及注入的海洋。
3. 在图中找到火地岛、麦哲伦海峡。

信息链接 XINXI LIANJIE

美洲主要河流与湖泊

主要河湖	概况
密西西比河	自北向南注入墨西哥湾。北美洲最长、流域最广、流量最丰富的河流。世界第四长河
圣劳伦斯河	发源于安大略湖，注入纽芬兰湾
科罗拉多河	发源于落基山脉，注入加利福尼亚湾
亚马孙河	发源于安第斯山脉，注入大西洋，是世界上流域面积最广、流量最大的河流
巴拉那河	发源于巴西高原东南部，注入大西洋
五大湖	世界最大的淡水湖群。包括苏必利尔湖（世界第一大淡水湖）、密歇根湖（全部在美国境内）、休伦湖、伊利湖和安大略湖。五大湖有运河和密西西比河连接，组成了统一的河湖海联运网
的的喀喀湖	世界面积最大的高山淡水湖泊
马拉开波湖	世界重要的石油产区

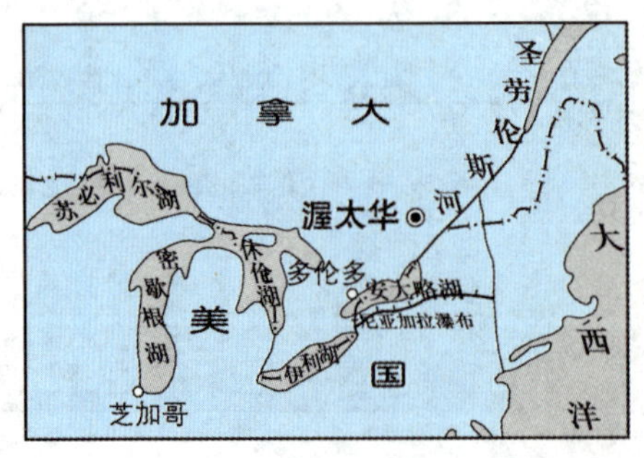

图 3-1-52 北美的五大湖

读图指南

1. 说出五大湖的名称。
2. 五大湖给沿岸城市提供了哪些有利的条件？

触类旁通 CHULEI PANGTONG

（2009·福建）结合材料，读图回答下列问题。

图 3－1－53 中的主要国家是拉丁美洲经济一体化集团的重要成员国。甲国为拉丁美洲人均 GDP 较高的国家，与中国有良好的贸易关系，2006 年 8 月双方签订了农田灌溉系统建设、矿产品开采、机电生产等多项协议。

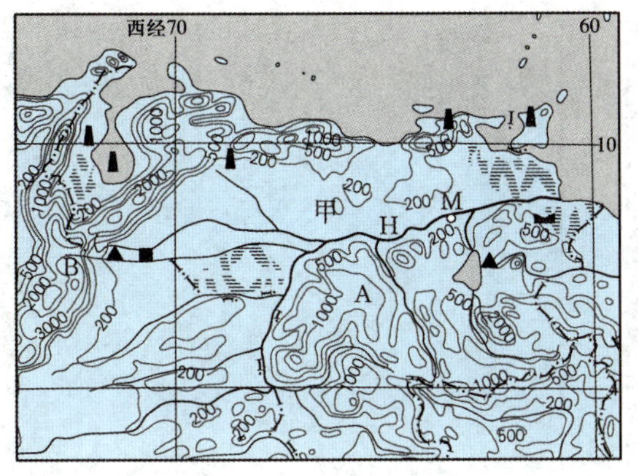

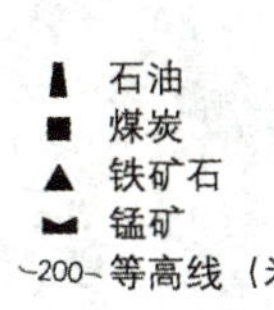

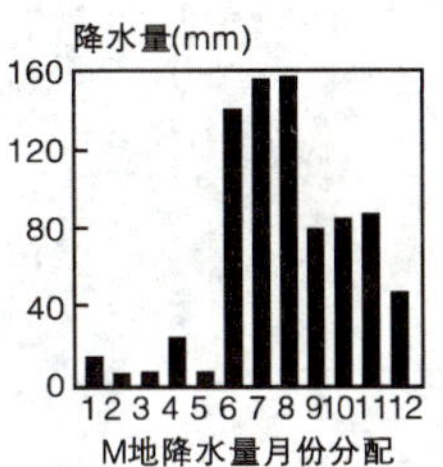

图 3－1－53

（1）分别说出 A、B 两地所在地形区的主要地形类型。

（2）描述 H 河中下游的水文特征。

（3）说明甲国建设农田灌溉系统的自然原因。

解析（1）A 地所在地形区中心部分等高线稀疏，海拔在 1 000 米左右，周围等高线密集，且中高周低，为高原地形；B 地所在地形区等高线密集，相对高差大，坡度陡，为山地地形。（2）河流的水文特征主要从水位、流量、含沙量、结冰期等方面分析。结合当地的地形、气候、植被覆盖等特点来描述该地的水文特征。该地位于南美洲北部，区域大部分为热带草原气候，降水量季节变化大，河流中下游地形平坦，直接影响该地水文特征。（3）甲国建设农田灌溉系统的自然原因主要从气候、地形等方面考虑。该地为热带草原气候，干湿季变化明显，干季需要用水灌溉，中下游地势低平，雨季时需要排涝，而山区适宜建设水库。

答案（1）A：高原　B：山地

（2）水量丰富；水位季节变化大；无结冰期；含沙最小；水流平缓。

（3）以热带草原气候为主，干湿季明显；干季需要水源灌溉；中下游平原地势低平，雨季需要排涝；山区适宜建水库。

美洲的气候

北美洲地跨寒、温、热三带，气候类型多样；大部分位于北回归线以北，以温带大陆性气候（包括亚寒带针叶林气候）为主，热带范围相对狭小。

南美洲以热带气候为主，温带面积不大，寒带缺失；热带雨林气候和热带草原气候分布最广；气候温暖湿润，是世界上最湿热的大洲。

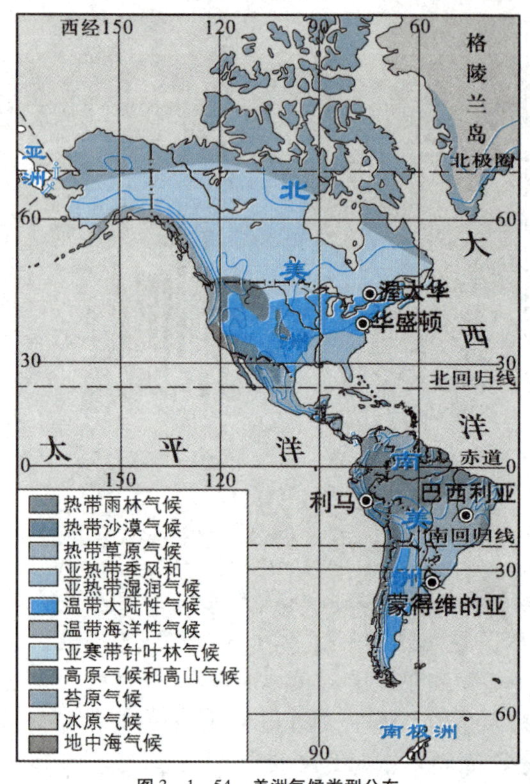

图 3－1－54 美洲气候类型分布

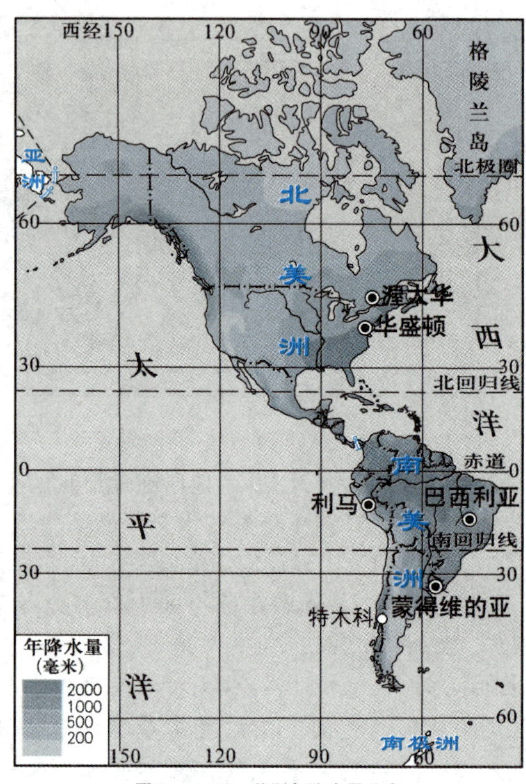

图 3－1－55 美洲年降水量分布

读图指南

1. 北美洲的气候类型有哪些？哪种气候类型的分布范围最大？为什么？
2. 南美洲分布面积较广的气候类型有哪些？分析其形成原因。
3. 说出南美洲年降水量大于 1 000 毫米的分布范围，并分析原因。

能力提升 NENGLI TISHENG

1. 以北美洲为例，分析地形对气候的影响。

（1）北美洲西部

高大的科迪勒拉山系阻挡来自太平洋的暖湿西风气流深入内地，使大陆西部的迎风坡地带降雨丰富，受西风影响的地中海气候和温带海洋性气候仅分布在西部沿海狭长地带；部分海拔较高的山地形成高山气候；落基山脉和海岸山脉间的高原盆地降水稀少，为半干旱气候区。

（2）北美洲中部

大平原贯通南北，是冬夏冷暖气流的通道；冬季极地冷空气从北冰洋长驱直达墨西哥湾沿岸，形成强烈的寒冷天气，同时墨西哥湾的暖气流有时进入内陆，带来短期反常温暖天气；

夏季，墨西哥湾暖湿气流自由北上，中部和东部普遍暖热多雨，飓风也可影响大范围地区。中部平原在冷暖气团交替控制之下，形成气温和降水季节变化剧烈、大陆性较强的温带大陆性气候。

（3）北美洲东部

低缓的高原、山地对大西洋暖湿气流阻挡作用不明显，降水由沿海向内地减少；海陆热力性质差异不如亚洲显著，因而季风势力不强，加上阿巴拉契亚山脉的阻挡，夏季风只能影响北美的东南沿海地区，形成亚热带季风性湿润气候。

2．运用示意图，分析比较南北美洲气候的异同。

（1）相同点

南北美洲大陆西岸，从低纬到高纬均分布着热带沙漠气候、地中海气候、温带海洋性气候；且受地形影响，分布均具有南北延伸、狭长的特点。

（2）不同点

①南美洲有大面积的热带雨林气候，北美洲大陆没有；北美洲北部分布有极地气候，南美洲没有。

②北美洲面积最广的气候类型为温带大陆性气候（包括亚寒带针叶林气候），南美洲面积最广的气候类型为热带雨林气候和热带草原气候。

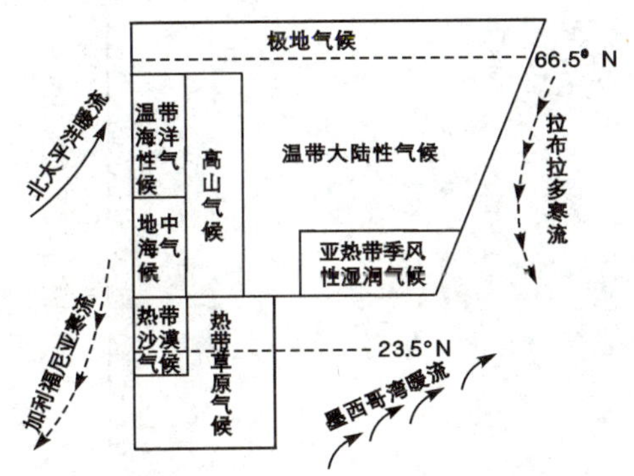

图3－1－56　北美洲气候分布模式

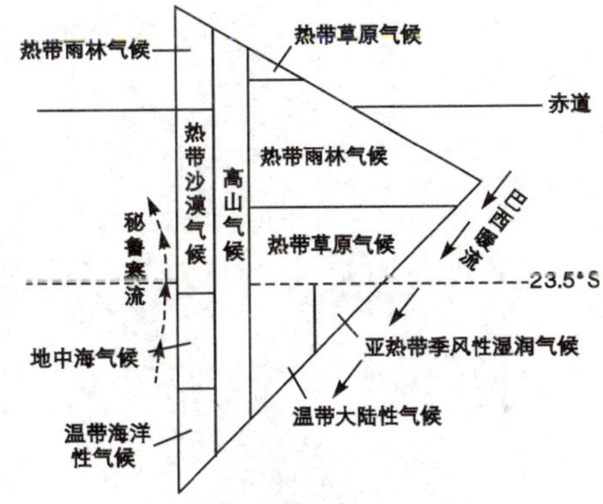

图3－1－57　南美洲气候分布模式

3．从纬度和下垫面两方面，简要分析南美洲与非洲气候类型的异同。

相同点：由于南美洲与非洲大部分地区位于回归线之间的热带，所以两地区均以热带气候为主，且分布广泛，缺少寒带气候。

不同点：①因为南美洲最南端纬度比非洲高，有温带气候分布，而非洲的纬度较低限制了其温带气候的形成；②非洲气候类型呈南北对称分布，南美洲气候类型的分布更为复杂。因为赤道从非洲中部穿过，且地形以高原为主，地表起伏不大，海岸线平直；而赤道从南美洲北部穿过，且地形复杂，地形对其气候影响较大。

触类旁通 CHULEI PANGTONG

（2009·全国文综Ⅱ）阅读材料，回答下列问题。

20世纪90年代以来，花卉消费的国际需求迅速增长，北美、日本、欧洲成为世界三大花卉消费市场。同期，图3－1－58所示国家成为所在大洲第二大花卉出口国。

（1）简述该国的地理位置及地形特征。

（2）说明该国有利于花卉生长的自然条件。

（3）概述该国发展花卉产业的社会经济条件。

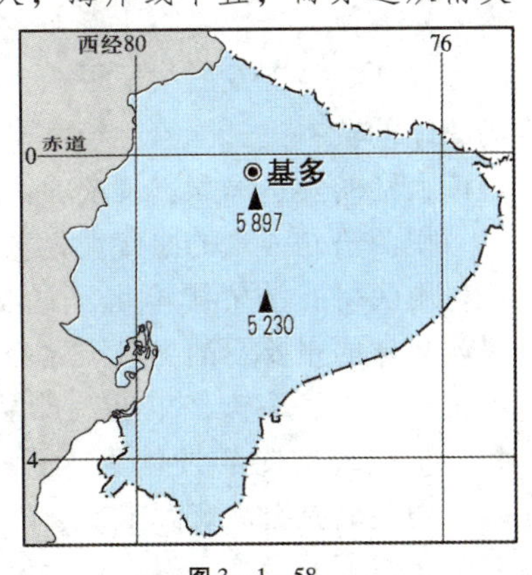

图3－1－58

解析 （1）地理位置主要从纬度位置和海陆位置来阐述；地形的特征主要从地形的类型和地势起伏来描述。地理位置和图例、注记是地形特征判读的依据。（2）花卉生长的自然条件需要气候温和，水量适宜等。该地区位于赤道地区，且地势海拔高，气候温暖，年温差小，蒸发较小，雨量较充沛；地势海拔高，使该地区光照相对充足，适宜花卉生长。（3）花卉生产需要便利的交通运输和广阔市场，该地自身市场狭小，利用航空运输可扩大市场范围；北美、欧洲等花卉消费市场广阔；该地劳动力廉价，成本较低；政府政策的扶持，有力地推动花卉种植和出口。

答案 （1）位于南美洲（西）北部，赤道从北部穿过（位于低纬地区或热带地区），西临太平洋。地形以高原山地为主，多高峰。

（2）（地处低纬）雨量较充沛，（地势较高）常年光照充足，气候温暖，年温差小。

（3）通过航空运输，可以方便联系北美、欧洲等花卉消费市场；该国（为发展中国家）劳动力成本低廉；政府决策推动花卉种植和出口。

移民与经济

美洲是移民为主的大洲。人口的主体是来自欧洲、非洲和亚洲的移民。

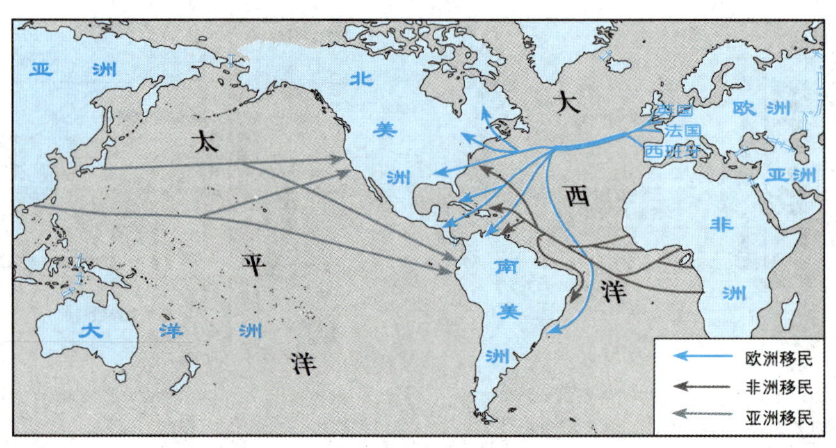

图 3－1－59　16 世纪～20 世纪美洲移民来源

北美洲人口的主体是来自欧洲及其他大洲的移民，美国和加拿大是典型的移民国家。南美洲由于不同人种间的长期通婚，形成了一系列混血种人。南美洲混血人口数量与比例在各大洲中最大。

美洲的经济发展很不平衡。美国是当代实力最为雄厚的资本主义国家，经济高度发达；加拿大是地广人稀的发达国家。其余国家均为发展中国家。

墨西哥是玉米的原产地，玉米是主要的粮食作物。墨西哥石油资源丰富，石油工业为经济支柱，是西半球的主要石油出口国之一。阿根廷是重要的小麦出口国，牛肉、羊毛等产品的国际地位突出。秘鲁是传统的农矿业国家，铜等有色金属矿产丰富；委内瑞拉石油资源丰富。

南美洲的经济虽然有较大发展，但农矿产品仍

图 3－1－60　南美洲主要矿产和物产分布

然是主要的出口商品。

能力提升 NENGLI TISHENG

潘帕斯草原牧牛业的区位优势分析。

大牧场放牧业主要分布在美国、澳大利亚、新西兰、阿根廷等国的半干旱、半湿润气候区。这些地区草原面积较大，适宜放牧牲畜，进行大牧场经营。阿根廷潘帕斯草原上的大牧场牧牛业，因其良好的经济效益，成为世界大牧场经营的杰出代表。

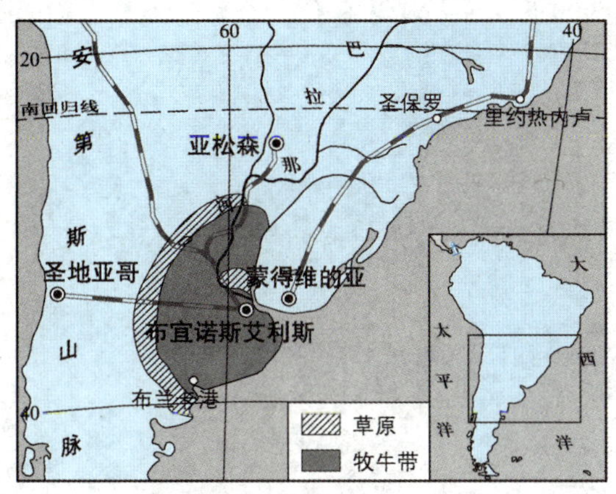

图 3－1－61　潘帕斯草原牧牛业的分布

(1) 潘帕斯草原发展大牧场放牧业的优势条件

①气候温和，草类茂盛，是世界上优良的天然草场之一；

②地广人稀，土地租金低；

③交通便利，距海港近，促进了牧场的商品经营；

④市场广阔，扩展到欧洲；

⑤技术水平高（保鲜、冷冻、病害研究、培育良种牛、开辟水源等）。

(2) 大牧场放牧业的特点

商品化、集约化、专业化、地域化。

第五讲　大洋洲

陆地面积最小的大洲

大洋洲包括澳大利亚大陆，塔斯马尼亚岛，新西兰南、北岛，新几内亚岛以及太平洋中的美拉尼西亚、密克罗尼西亚和波利尼西亚三大群岛所在的地理区域。大洋洲是世界上面积最小的大洲，陆地总面积900多万平方千米，仅占全球陆地总面积的6%。

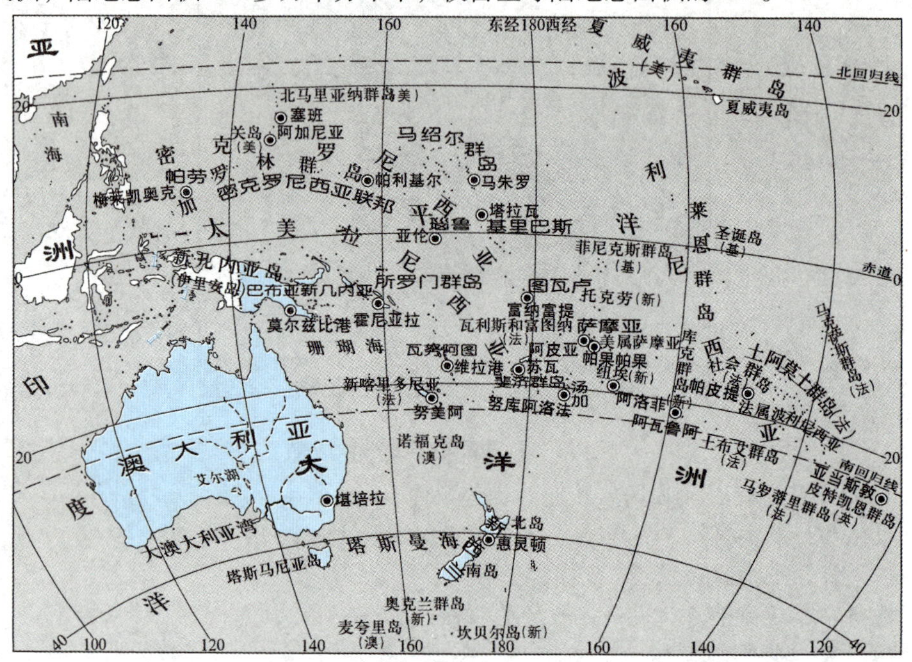

图3－1－62　大洋洲

读图指南

1. 在图中找到塔斯马尼亚岛、新西兰南北二岛、新几内亚岛、美拉尼西亚、密克罗尼西亚、波利尼西亚三大群岛。
2. 在图中找到印度洋、太平洋。

大洋洲地处亚洲、南北美洲、南极洲、非洲之间，东西沟通太平洋和印度洋，在世界交通和战略上具有重要的地位。随着世界交通运输的发展，大洋洲已成为亚洲、南北美洲与非洲之间船舶、飞机往来所需淡水、燃料和食物的供应站。

独占一个大陆的国家——澳大利亚

澳大利亚位于太平洋和印度洋之间，由澳大利亚大陆、塔斯马尼亚岛和附近海域的岛屿组成。陆地面积769万多平方千米，是大洋洲面积最大的国家，也是世界上唯一独自占有一块大陆的国家。人口约2 255万（2011年）。

澳大利亚大陆地势低平，平均海拔仅300米，是世界上地势起伏最和缓的大陆。大陆的地形明显分为三部分，东部分布着山地，中部为平原，西部是高原。东部山地又称为大分水岭，全长3 000千米，澳大利亚最大河流墨累河发源于此；东北大堡礁是世界上最大的珊瑚礁群；中部地表起伏小，海拔在200米以下，以北艾尔湖为中心的地区，是世界著名的大自流盆地；西部高原海拔在200～1 000米之间，地表大部分为沙漠和半沙漠。

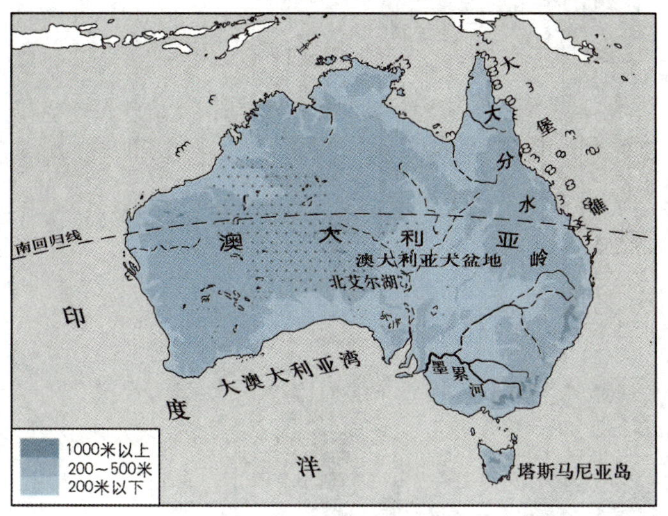

图3－1－63　澳大利亚地形分布

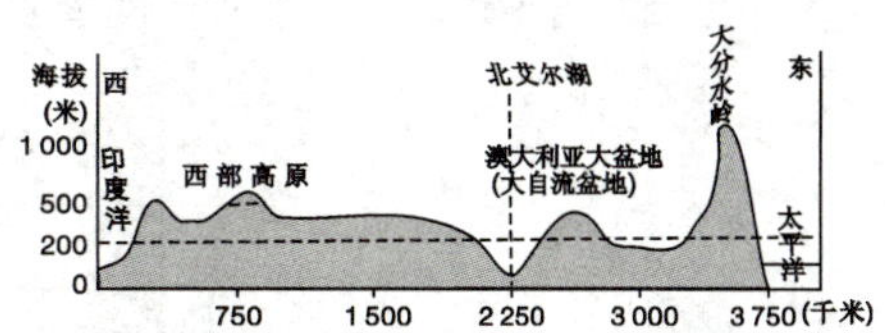

图3－1－64　澳大利亚沿28°S地形剖面

读图指南

1. 参考图3－3－60，在图中描绘120°E，140°E，40°S，南回归线，说出澳大利亚所处的半球位置与热量带。

2. 在图中找到西部高原、中部平原、大分水岭，并结合图3－3－59，归纳澳大利亚的地形特征。

澳大利亚大部分地区处在热带、亚热带地区，降水量自北、东、南三面向中西部递减，大部分地区气候炎热干燥。气候类型呈半环状分布。

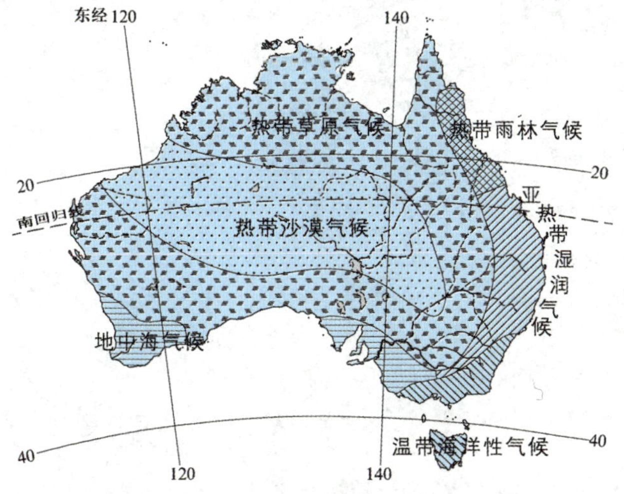

图3－1－65　澳大利亚气候类型分布

读图指南

1. 澳大利亚主要有哪些气候类型？

2. 澳大利亚的气候分布有什么特征？分析原因。

澳大利亚有许多特有的生物，与其他各大陆相比，具有明显的原始性和独特性，这与澳大利亚大陆形成、演变的历史及现代自然地理环境有着密切的关联。在很早以前的地质时期，澳大利亚就同其他大陆分离。长期以来，它独自孤立于南半球的大洋上，自然条件比较单一，辽阔的海洋阻隔了生物的迁徙和传播。因此，澳大利亚的动植物在生物进化阶段上发展非常缓慢，保存了许多古老的动植物种类。

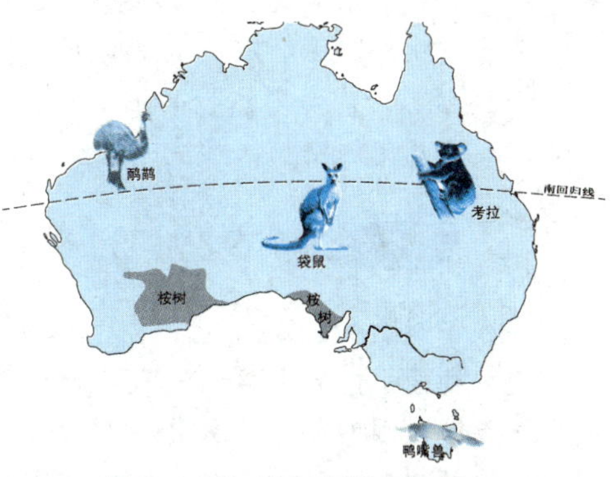

图3－1－66　澳大利亚特有的动物

能力提升 NENGLI TISHENG

1. 画示意图记忆澳大利亚南回归线附近的地形区分布。

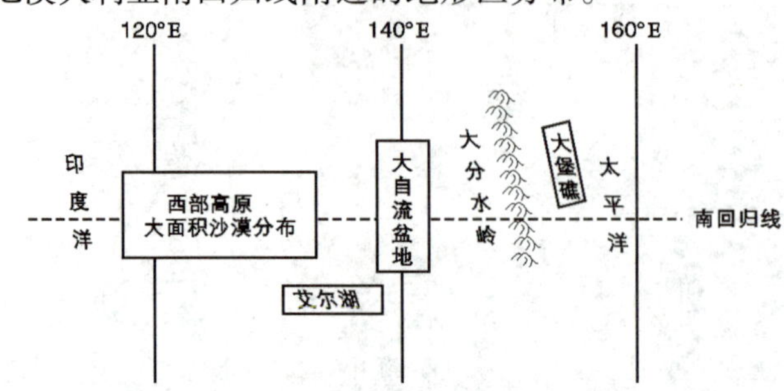

图 3-1-67

2. 结合气候的形成因素，图解澳大利亚气候呈半环状分布的原因。

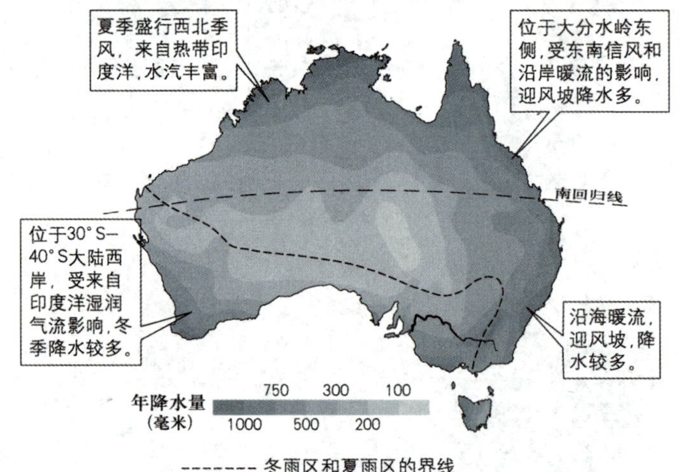

图 3-1-68 澳大利亚年降水量分布

(1) 南回归线横贯澳大利亚大陆中部，大部分地区受副热带高压带和东南信风带控制，气候炎热干燥。

(2) 南部和西南部位于副热带高压带和西风带交替控制地区，属地中海气候。

(3) 北部夏季来自海洋的西北风带来丰富的水汽，降水多，为湿季；冬季受来自大陆的东南信风影响，为干季；属热带草原气候。

(4) 东北部常年吹来自海洋的东南信风，并受地形抬升，降水丰沛，形成热带雨林气候；东南沿海一带受东澳大利亚暖流影响，比较湿润。东南部为亚热带季风性湿润气候；最南端的塔斯马尼亚岛四面环海，常年受西风影响，为温带海洋性气候。

(5) 西部沿海受副热带高压带和来自大陆的东南信风控制，加上西澳大利亚寒流及大分水岭对暖湿气流的阻挡，形成干燥少雨的热带沙漠气候。

澳大利亚的农牧业和工矿业

骑在羊背上的国家

澳大利亚是世界上著名的农牧业国家，农牧业用地占国土面积的59.2%，利用不同地区的自然条件，因地制宜地发展农牧业，形成了几个不同的农牧业区。农牧业生产的规模大、机械化程度很高。澳大利亚最重要的农作物是小麦，是世界上小麦的主要生产国和出口国之一。澳大利亚养羊业是发展最早和最重要的部门，羊只数量居世界前列，是世界上羊毛生产和输出最多的国家，被称为“骑在羊背上的国家”。

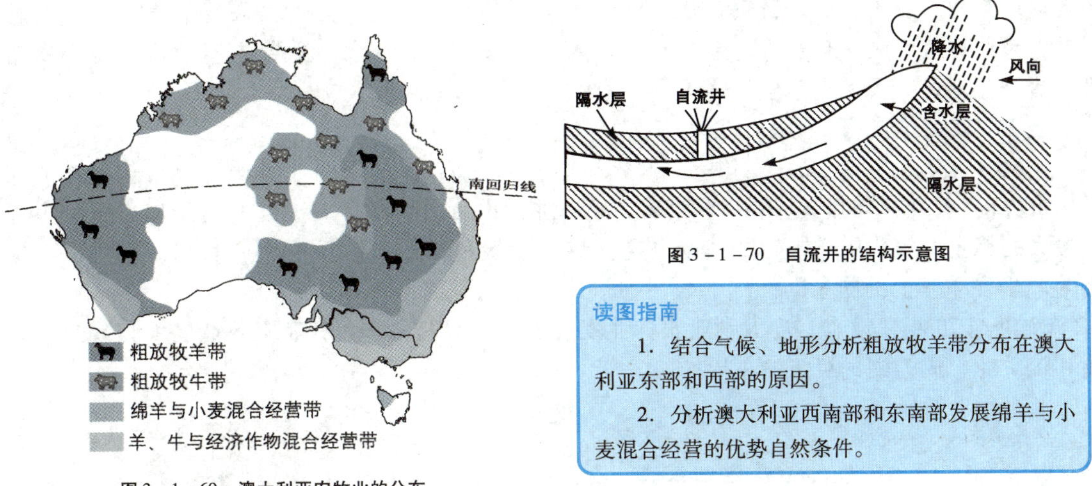

图 3－1－69　澳大利亚农牧业的分布

图 3－1－70　自流井的结构示意图

读图指南

1. 结合气候、地形分析粗放牧羊带分布在澳大利亚东部和西部的原因。
2. 分析澳大利亚西南部和东南部发展绵羊与小麦混合经营的优势自然条件。

信息链接 XINXI LIANJIE

澳大利亚的混合农业

澳大利亚是世界上出口羊毛最多的国家，也是世界上重要的小麦出口国之一。其羊毛和小麦主要产于国土东南和西南部的草原地区。这两片地区的农业生产普遍采用同时种植小麦和牧羊的混合经营方式。其中，东南部的墨累—达令盆地是主要的小麦—牧羊带。

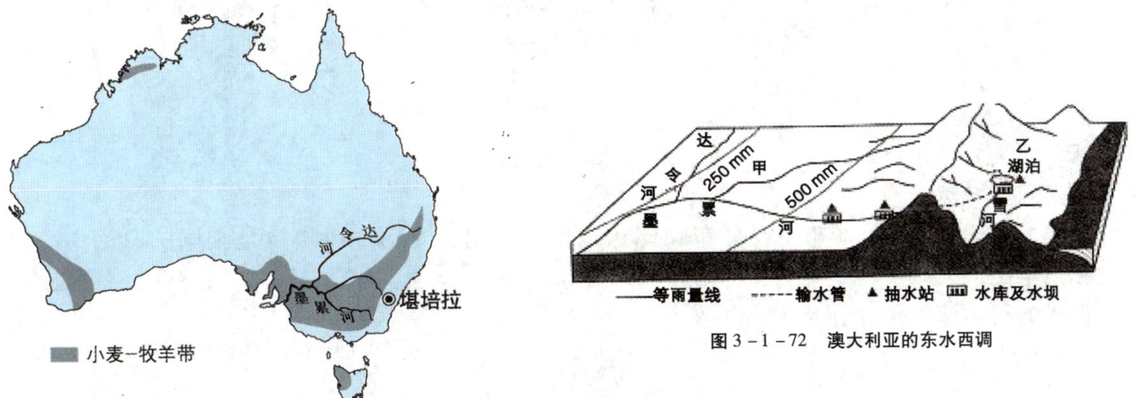

图 3－1－71　澳大利亚小麦—牧羊带的分布

图 3－1－72　澳大利亚的东水西调

小麦—牧羊农场的农事安排

<table>
<tr><th>月份</th><th>1</th><th>2</th><th>3</th><th>4</th><th>5</th><th>6</th><th>7</th><th>8</th><th>9</th><th>10</th><th>11</th><th>12</th></tr>
<tr><td>小麦种植</td><td colspan="2">犁地（忙碌）</td><td colspan="3">播种（忙碌）</td><td colspan="4">生长季节</td><td colspan="3">收割（忙碌）</td></tr>
<tr><td>绵羊饲养</td><td colspan="4">在牧场上放牧</td><td colspan="3">配种（忙碌）</td><td colspan="2">剪羊毛（忙碌）</td><td colspan="3">在收割后的麦田上放牧</td></tr>
</table>

墨累—达令盆地的混合农业有三个方面显著的优点：农场成为一个良性的农业生态系统；农民可有效地利用时间安排农业活动；农民可根据市场需求决定多种植小麦还是多牧羊，农

业生产具有很大的灵活性和对市场的适应性。

墨累—达令盆地处于大分水岭西部，从东部海洋吹来的湿润气流，在大分水岭东侧降下丰富的地形雨，在大分水岭西侧，气流下沉，降雨稀少。灌溉成为这里农牧业发展的限制性条件，为此，澳大利亚政府不遗余力地修建水利工程，将大分水岭东部丰富的水资源调入墨累—达令盆地，大大促进了墨累—达令盆地农牧业的发展。

坐在矿车上的国家

澳大利亚矿产资源丰富，其中铅、镍、银、钽、铀、锌的探明储量居世界首位。铁的储量居世界前列，铁矿的品位高、埋藏浅。澳大利亚开采的矿石有一半以上用于出口，是世界上最大的铝土、氧化铝、铅生产国，也是世界上煤炭和铁矿石的重要生产和出口国之一，被称为“坐在矿车上的国家”。

20 世纪 70 年代以来，澳大利亚服务业发展迅速。目前，澳大利亚服务业已大大超过农牧业和工矿业，成为国民经济的主导产业。

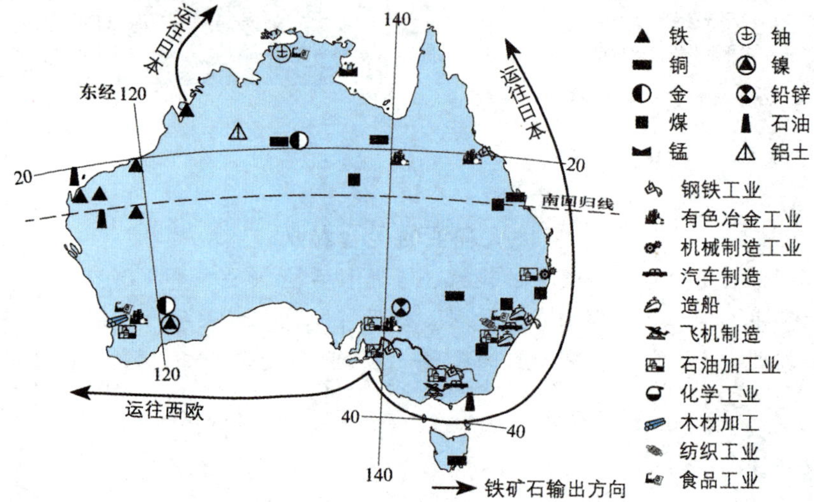

图 3－1－73　澳大利亚的工业和矿产

人口与城市

澳大利亚的人口和城市主要分布在国土东南部的沿海地区。堪培拉是全国的政治中心；悉尼是全国最大城市、最大工业中心和港口城市；墨尔本是全国第二大城市；阿德莱德是闻名世界的科学城。

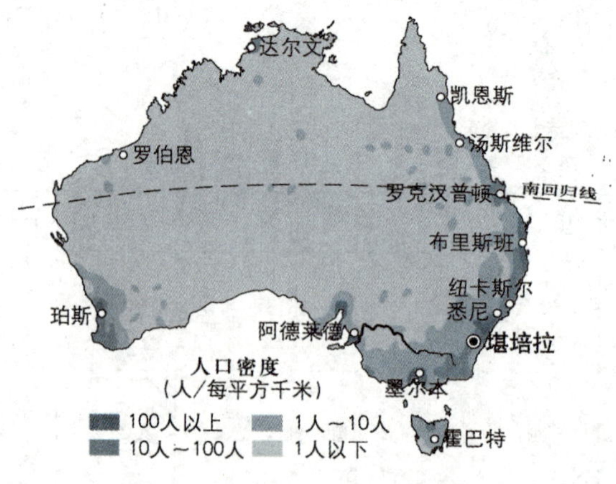

图 3－1－74　澳大利亚人口与城市分布

触类旁通 CHULEI PANGTONG

（2010 · 北京）读图 3－1－75，回答下列问题。

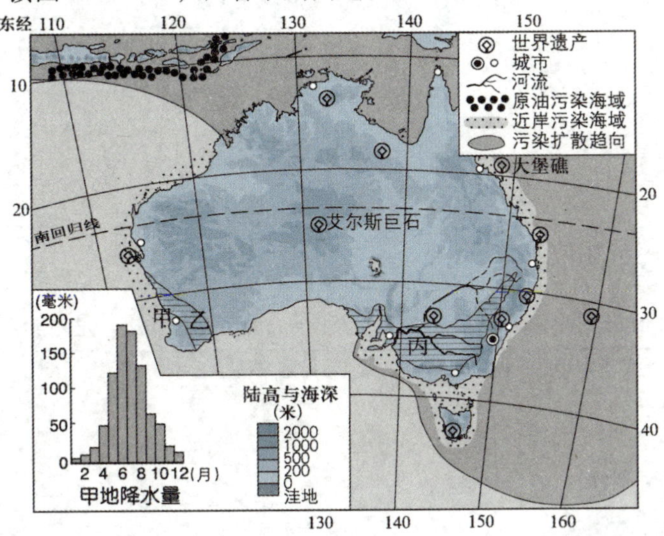

图 3－1－75

（1）说明甲地降水特征及其形成原因。

（2）指出乙、丙两区的农业地域类型。与乙区相比，说明丙区农业生产的自然优势。

澳大利亚是世界主要蔗糖生产和出口国，甘蔗种植区主要分布在东部沿海多雨的平原和河谷地带，所产蔗糖的 75% 以上销往 30 多个国家和地区。

（3）指出澳大利亚蔗糖加工业的主要分布地区，简述其区位因素。

澳大利亚拥有艾尔斯巨石、大堡礁等 10 多处世界遗产。

（4）简述大堡礁相对于艾尔斯巨石的旅游资源开发优势。

（5）说出澳大利亚东岸污染扩散的特点，并分析其主要原因。

解析 该题的命题立意是结合澳大利亚图，考查气候特征及原因分析、农业区位分析、影响工业的区位因素、旅游资源开发评价、海洋环境污染问题的特点及原因。

答案（1）年降水量 900 毫米左右（较丰富），夏季（1 月）少雨，冬季（7 月）多雨；夏季（1 月）受副热带高压带影响，冬季（7 月）受西风控制。

（2）乙、丙两区同为现代混合农业（小麦—绵羊带或小麦—牧羊带）；丙区有河流（水资源较丰富），平原范围广（地形较平坦）。

（3）主要分布在东部沿海地区（甘蔗种植区）。接近原料地（原料指向型），接近港口，接近市场。

（4）资源：周边有其他旅游资源，空间组合好；区位及市场：交通便利，靠近国内外客源市场；基础设施：临近东部沿海经济发达地区，基础设施条件好。

（5）东岸污染由近岸向大洋扩散（向东、向南扩散）；东部海区主要受由低纬（西北）向高纬（东南）的洋流（暖流）影响。

第二单元 认识地区

第一讲 东南亚

半岛和岛屿组成的地区

东南亚位于亚洲的东南部，包括中南半岛和马来群岛两部分，是亚洲纬度最低的地区。

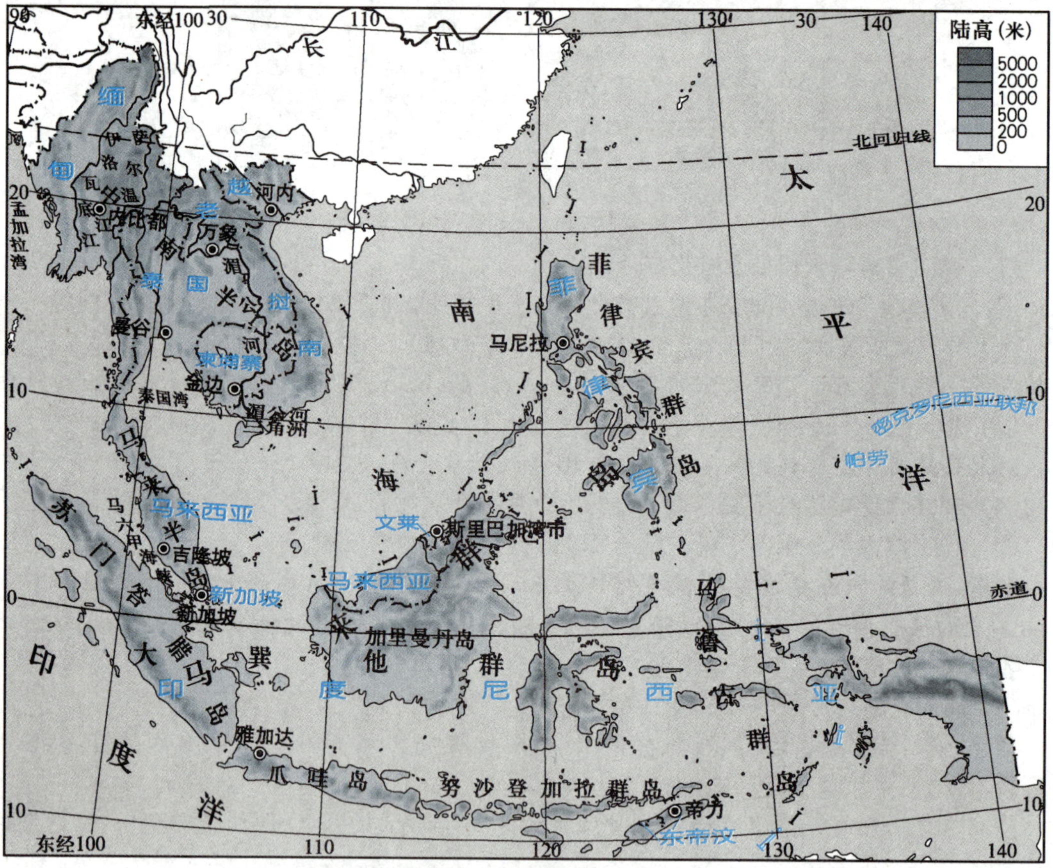

图 3－2－1 东南亚位置与地形

读图指南

1. 找出太平洋、印度洋、孟加拉湾、南海。
2. 找出中南半岛、马来半岛、马来群岛、苏门答腊岛、加里曼丹岛、爪哇岛、菲律宾群岛、马六甲海峡。
3. 找出湄公河、萨尔温江、伊洛瓦底江、湄公河三角洲。

中南半岛和马来群岛在地形、气候、河流等方面有较大的差异。

	中南半岛	马来群岛
地形	地势北高南低，具有山河相间、南北纵列的地表形态。河流下游多冲积平原和三角洲	地势高峻，沿海有狭窄平原；火山地震活动强烈
河流	河流以南北流向为主，多大河，上游流速快，水能资源丰富，中下游水流平缓，流量大，季节变化明显	河流短小，流速急，水量丰富
气候	大部分地区为热带季风气候。全年高温，一年分旱季和雨季。11月至次年5月，盛行东北风，为旱季；6月至10月盛行西南风，为雨季	除菲律宾北部外，大部分为热带雨林气候。终年高温多雨

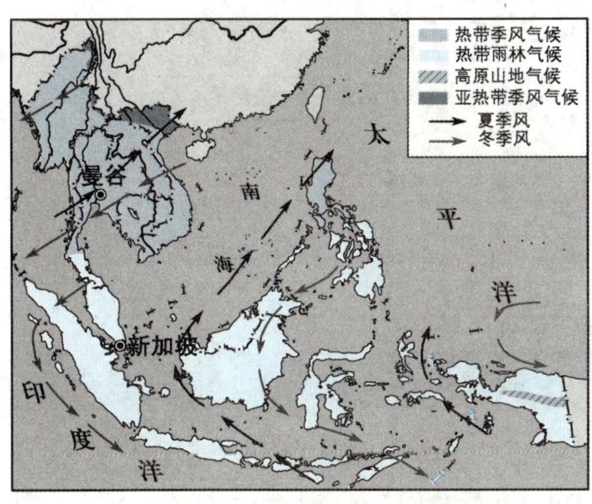

图 3－2－2　东南亚气候类型分布

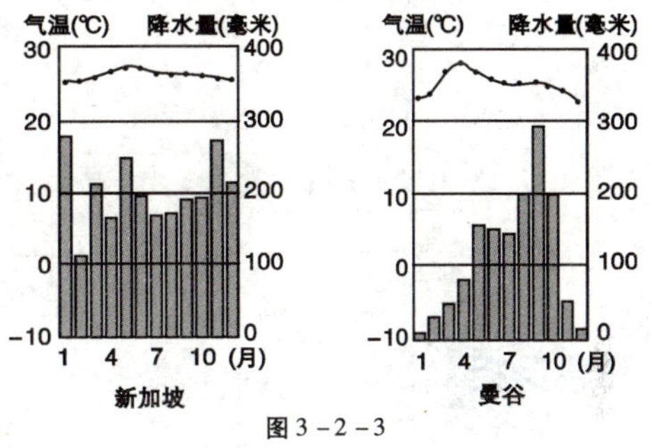

图 3－2－3

读图指南

1. 描述热带雨林气候和热带季风气候的分布范围。

2. 比较新加坡和曼谷的气候特征及形成原因。

能力提升 NENGLI TISHENG

1. 绘制东南亚简图，快速记忆区域的经纬度范围，并读图记忆重要经纬线穿过的主要国家和地区。

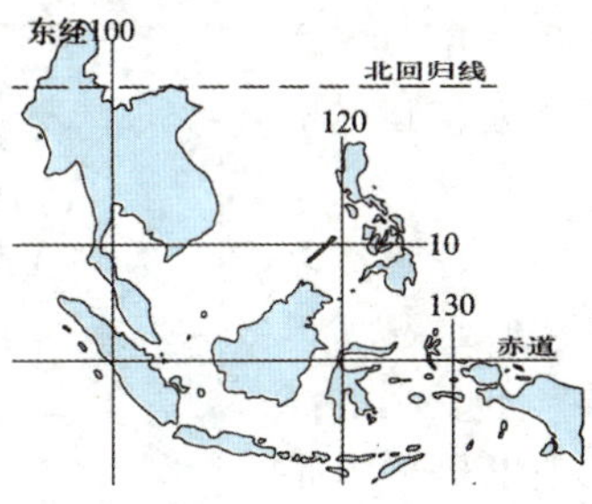

图 3－2－4

重要的经纬线	穿过的主要国家和地区
赤道	苏门答腊岛、加里曼丹岛
10°N	马来半岛、泰国湾、湄公河三角洲、南海、菲律宾群岛
北回归线	缅甸
100°E	缅甸、泰国、泰国湾、马来半岛、马六甲海峡、苏门答腊岛、印度洋

2．观察经纬度位置、轮廓特征，认识东南亚的主要岛屿。

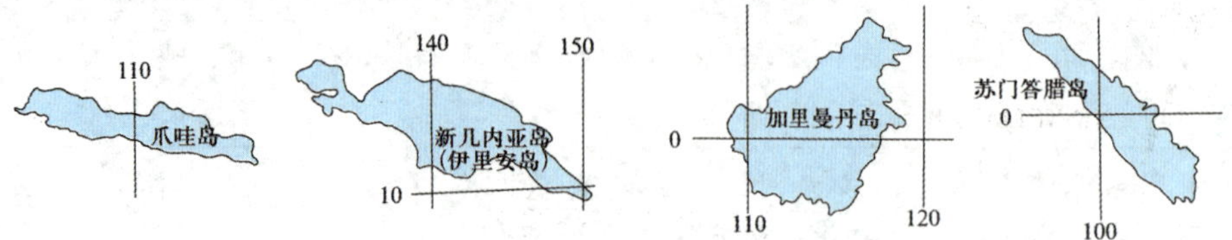

图 3－2－5

3．从地理环境整体性的角度，用知识框图分析东南亚地质灾害频发的原因。

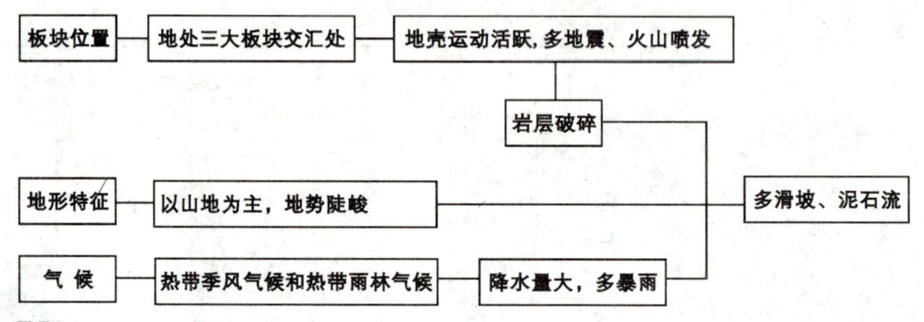

信息链接 XINXI LIANJIE

东南亚主要国际性河流

河流名称	上游河段名称	流经国家	沿岸城市
红河	元江	中国、越南	河内
湄公河	澜沧江	中国、缅甸、老挝、泰国、柬埔寨、越南	万象、金边
萨尔温江	怒江	中国、缅甸	
伊洛瓦底江	独龙江	中国、缅甸	

十字路口的位置

东南亚是亚洲与大洋洲、太平洋和印度洋的“十字路口”，是世界海洋运输和航空运输的重要枢纽。

马六甲海峡位于马来半岛和苏门答腊岛之间，是欧洲、非洲东行到东南亚、东亚各港口最短的必经之地，是连接太平洋与印度洋的海上通道，有“咽喉要道”之称，是世界最繁忙的海峡之一。新加坡是位于马六甲海峡东口的岛国。

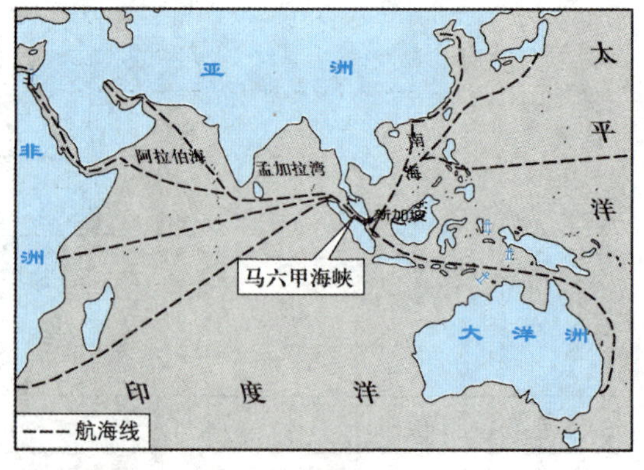

图 3－2－6 马六甲海峡的航线

能力提升 NENGLI TISHENG

从日本的经济特点，分析马六甲海峡对日本经济发展的意义。

日本经济发达，矿产资源贫乏，为典型的“进口—加工—出口”型经济，工业生产所需的大量原料及外销的产品多需经过马六甲海峡完成。日本的对外贸易对海运的依赖程度大，马六甲海峡是日本与南亚、西亚、非洲、欧洲各国进行海上贸易的必经之地，对日本经济的发展有着举足轻重的作用。

信息链接 XINXI LIANJIE

克拉地峡与克拉运河

克拉地峡是泰国南部的一段狭长地带，北连中南半岛，南端与马来西亚接壤，东临泰国湾，西濒安达曼海。

克拉地峡东南的马六甲海峡是国际航运黄金水道，每年有大约8万艘船只装载着价值约5 000亿美元的货物通过这条长约600海里的海峡。在石油工业成为国民经济支柱的今天，马六甲海峡被称为“海上生命线”。马六甲海峡在给过往的船只提供了巨大便利的同时，也面临着越来越大的危险。如航道拥挤，交通秩序混乱，严重影响船舶航行安全；海盗活动猖獗，严重威胁着过往商船的安全；外国军事力量对马六甲海峡及印度洋的渗透等等。

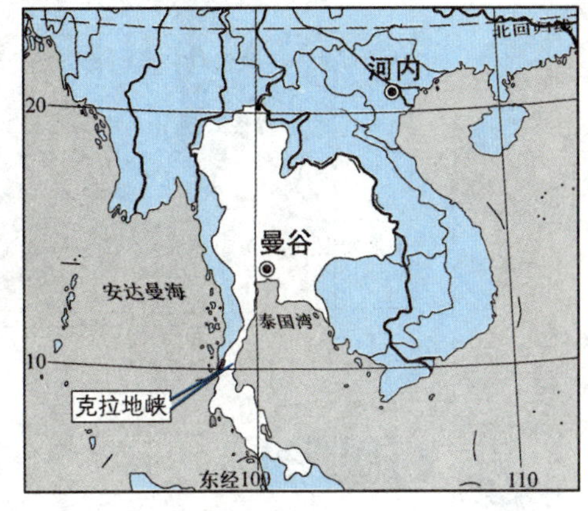

图3-2-7　克拉地峡

近年来，随着马六甲海峡安全隐患的不断增多，在多方面的综合考虑下，为了避免和分散过于依赖马六甲海峡可能带来的风险，开凿克拉运河开始了研究论证。

克拉运河的设想是全长100千米，宽400米，水深25米，双向航道，整个工程将用10年时间完工，工程费用将高达250亿美元。

运河开通后，船舶无须经马六甲海峡，可直接从印度洋的安达曼海进入太平洋的泰国湾，太平洋与印度洋之间的航程至少缩短约1 200千米，大型轮船可节省2至5天时间，每次航程预计可节省近30万美元。

富饶的物产

东南亚地区资源丰富，热带经济作物在世界占重要地位。

粮食作物以水稻为主，热带动植物、锡矿、石油等自然资源也十分丰富。

物产类型	种类	主要生产国
热带经济作物	天然橡胶	印尼、马来西亚、泰国
	油棕	马来西亚、印尼
	椰子	菲律宾、印尼
	蕉麻（马尼拉麻）	菲律宾
	金鸡纳、胡椒	印尼
粮食作物	水稻	泰国、缅甸、越南
矿产资源	锡	马来西亚、泰国、缅甸、印尼
	石油	印尼、文莱

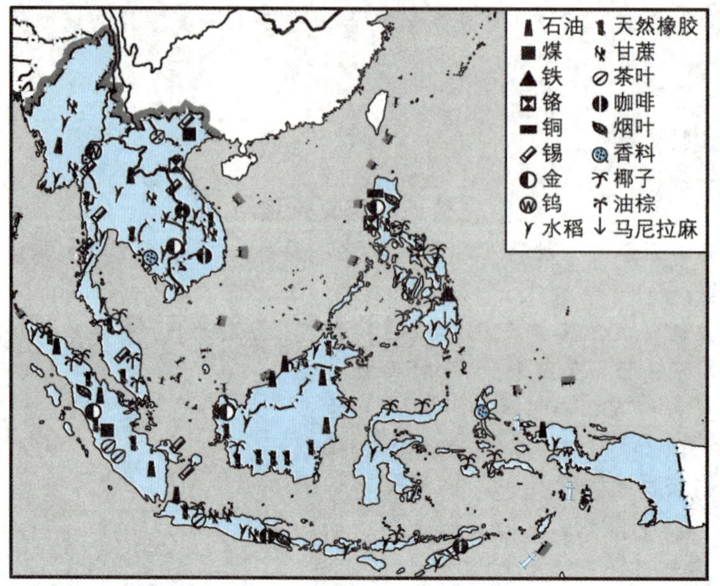

图 3－2－8　东南亚物产分布

外向型为主的经济

东南亚各国拥有丰富的自然资源和人力资源，为经济发展提供了良好条件。热带种植园和水稻种植业是主要的农业地域类型。经济结构比较单一。

20 世纪 60 年代以后，各国发展了外向型市场经济与国家干预相结合的经济发展模式。大力发展制造业，以发展劳动密集且资本周转较快的轻纺工业和装配工业为主；扩大农矿产品的生产和出口。

这种发展模式一方面促进了地区经济的发展，但另一方面也暴露出资金和技术对外国的严重依赖，生态环境恶化，地区之间、尤其是城乡之间差别扩大等一系列问题。

能力提升 NENGLI TISHENG

用图解的方法，分析新加坡工业化进程。

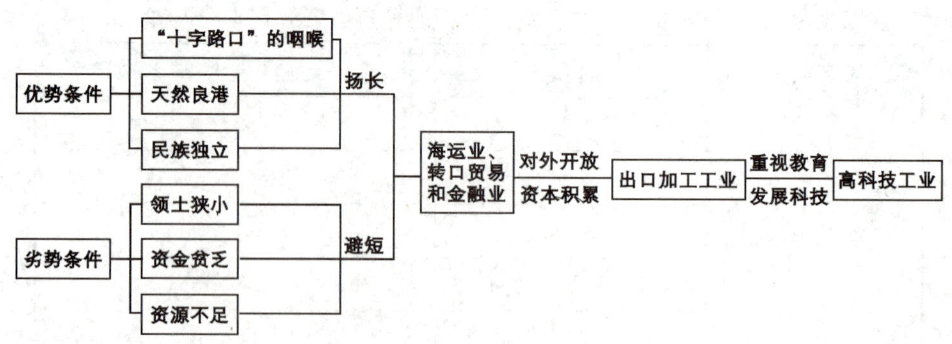

信息链接 XINXI LIANJIE

中国—东盟自由贸易区

1967 年，马来西亚、菲律宾、泰国和印度尼西亚成立了区域性合作组织——东南亚国家联盟，简称东南亚联盟（ASEAN）。目前包括印度尼西亚、马来西亚、菲律宾、新加坡、泰国、缅甸、越南、柬埔寨、老挝、文莱10个成员国，总部秘书处设在印度尼西亚的雅加达。

东盟与我国的关系密切，2000年东盟是我国第五大贸易伙伴、我国第二大承包工程劳务市场、我国第六大投资来源地区。2001年11月在文莱举行的第五次中国—东盟领导人会议上，双方领导人一致同意建立中国—东盟自由贸易区（CAFTA），2010年1月1日贸易区正式全面启动。

自由贸易区建成后，东盟和中国的贸易占到世界贸易的13%，成为一个涵盖11个国家、19亿人口、GDP达6万亿美元的巨大经济体，是目前世界人口最多的自由贸易区，也是发展中国家间最大的自由贸易区。

触类旁通 CHULEI PANGTONG

湄公河是一条国际河流。2008年3月3日，围绕加强资源、能源合理利用，扩大贸易市场等问题，湄公河流域有关国家领导人召开了第三次经济合作会议。

（1）描述图示地区的地形特征，并用地质作用的基本原理，解释其形成的原因。

（2）流域内各国具有各自的地理优势，易于形成互补。分析我国与流域内国家加强经济合作的重要意义。

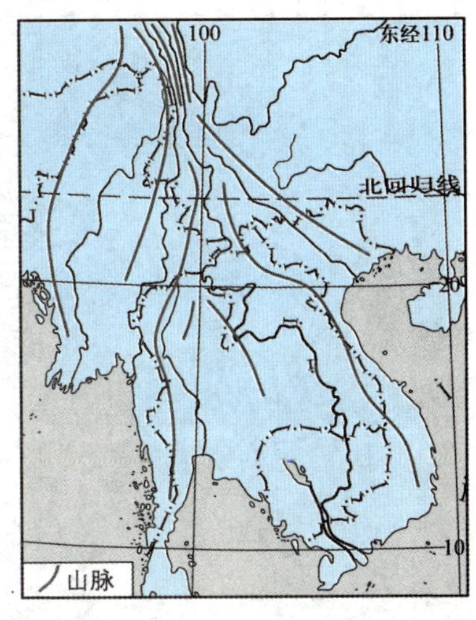

图3-2-9　湄公河流域示意

解析 该题以区域轮廓图、山脉、河流的分布为信息源，并结合材料，考查内外力作用与地貌的关系以及区域经济合作意义。

答案 （1）图示区域为中南半岛，其地形特征是山河相间，纵列分布。形成原因：这种地形特征是在亚欧板块与印度洋板块的强烈挤压抬升和流水的侵蚀作用下形成的。

（2）有利于我国西部地区的开发；有利于流域内各国国际大通道的建设；有利于流域内各国资源优势互补与市场共享；有利于流域内各国经济共同发展与繁荣。

第二讲　南亚

南亚次大陆

南亚指位于亚洲南部喜马拉雅山脉中、西段与印度洋之间的广大地区。南亚的大部分处于北纬10°～30°的低纬度地区，东濒孟加拉湾，西临阿拉伯海，总面积约430万平方千米。南亚因被高峻的喜马拉雅山与亚洲其他区域隔开，使其成为一个相对独立的自然地理单元，因此把南亚大陆部分称为“南亚次大陆”。

南亚次大陆上有印度、巴基斯坦、孟加拉国、尼泊尔、不丹等5个国家和克什米尔地区，印度洋中有斯里兰卡和马尔代夫两个岛国。

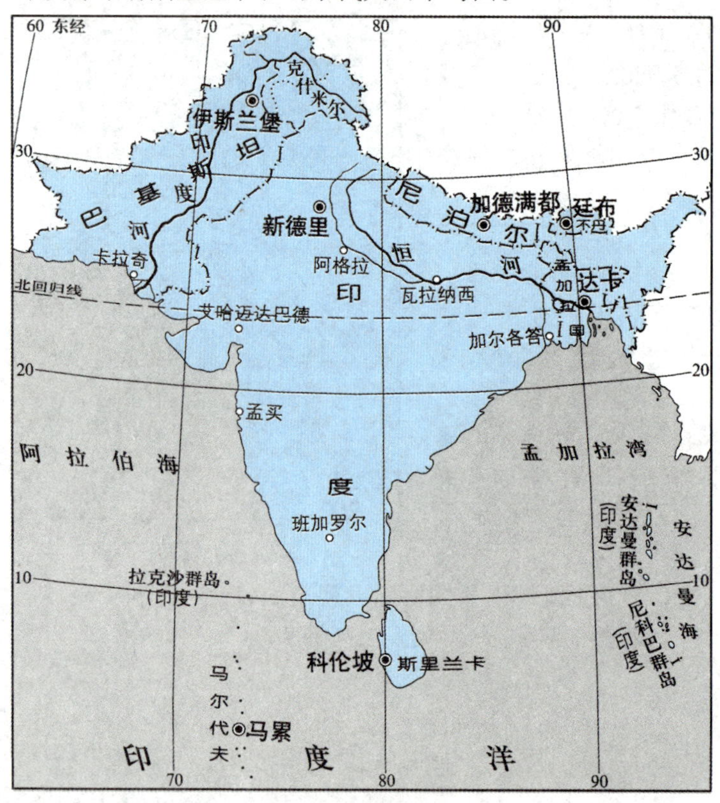

图3－2－10　南亚国家和地区

> **读图指南**
>
> 1. 在图中找出与中国接壤的南亚国家。
> 2. 在图中找到印度洋、阿拉伯海、孟加拉湾。
> 3. 在图中描绘70°E、90°E、10°N、30°N，明确南亚的经纬度范围。

三大地形区和两大河流

南亚的地形分为三大部分：北部山地是喜马拉雅山南坡的一部分；中部平原包括印度河平原和恒河平原；南部是低矮的德干高原，高原东西两侧有东高止山、西高止山。

南亚河流众多，水量丰富。其中印度河发源于冈底斯山，流经巴基斯坦，注入阿拉伯海；恒河（圣河）发源于喜马拉雅山南段，流经印度和孟加拉国，下游形成冲积平原和恒河三角洲，注入孟加拉湾。布拉马普特拉河（在我国境内为雅鲁藏布江）发源于喜马拉雅山北坡，流经印度和孟加拉国，与恒河汇合注入孟加拉湾。

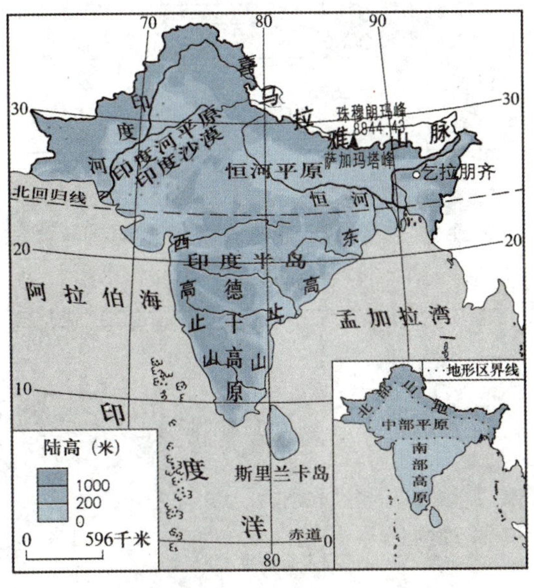

图 3－2－11　南亚的地形与河流

读图指南

1. 在图中找到喜马拉雅山、印度河平原、恒河平原、德干高原、东高止山、西高止山。说明南亚的地形特征。
2. 在图中找到恒河、印度河、布拉马普特拉河。
3. 说出图 3－2－12 中 A、B、C 所代表的地形区名称。

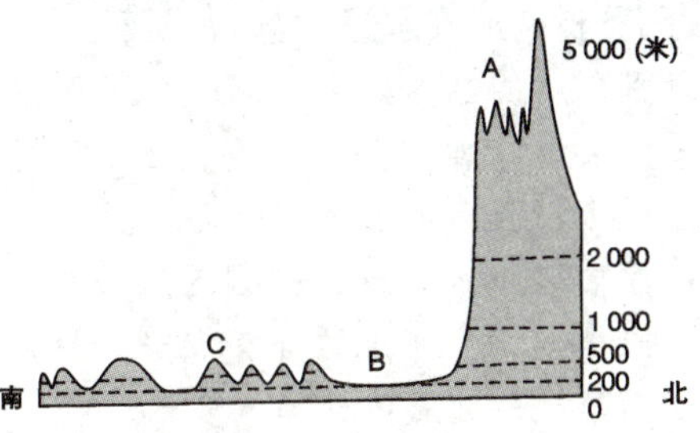

图 3－2－12　沿 78°E 南亚地形剖面

典型的热带季风气候

南亚的气候类型多样，但以热带季风气候为主。北部属于高原山地气候，西北部印度河流域大部分为热带沙漠气候。

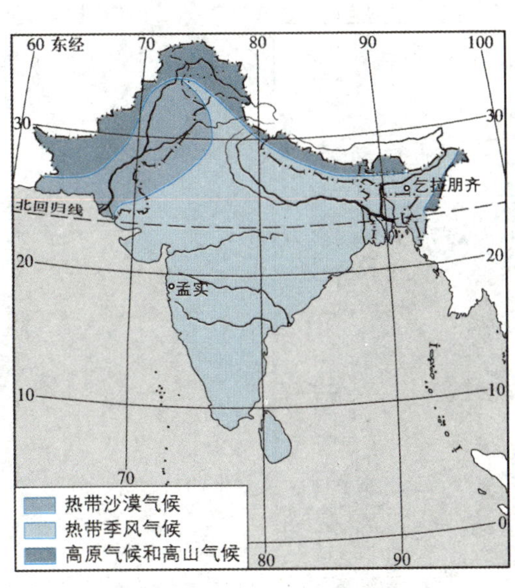

图 3－2－13　南亚气候类型分布

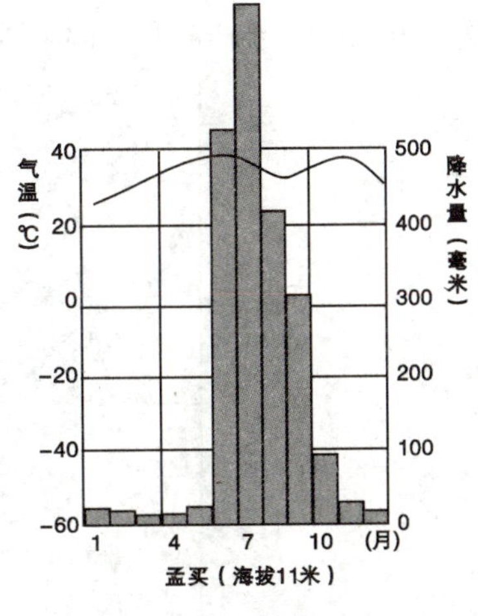

图 3－2－14　热带季风气候

读图指南

1. 描述孟买的气候特征。
2. 说明孟买夏季降水多的原因。

能力提升 NENGLI TISHENG

1. 列表比较东亚季风气候与南亚季风气候。

	东亚	南亚
气候类型	偏北地区：温带季风气候 偏南地区：亚热带季风气候	热带季风气候
成因	海陆热力差异	海陆热力差异；气压带和风带的移动
风向	冬季西北风；夏季东南风	冬季东北风；夏季西南风
陆地自然带	温带落叶阔叶林带；亚热带常绿阔叶林带	热带季雨林带

2. 读图分析南亚降水量的分布特征。

南亚地区降水的总体分布特点是：由西向东增多；沿海多、内陆少。降水最多的地区分布在恒河三角洲和布拉马普特拉河河谷、斯里兰卡、西高止山西侧沿海地区。

德干高原内部降水较少，是因为高原东西侧有东高止山和西高止山，阻挡了来自印度洋水汽的进入。德干高原西侧因为位于暖湿西南季风的迎风坡，降水多于东侧。

乞拉朋齐位于山地、丘陵的迎风坡位置，来自印度洋的暖湿气流，遇地形阻挡抬升，形成丰富的地形雨。其年降水量达11 000毫米多，为世界的雨极。

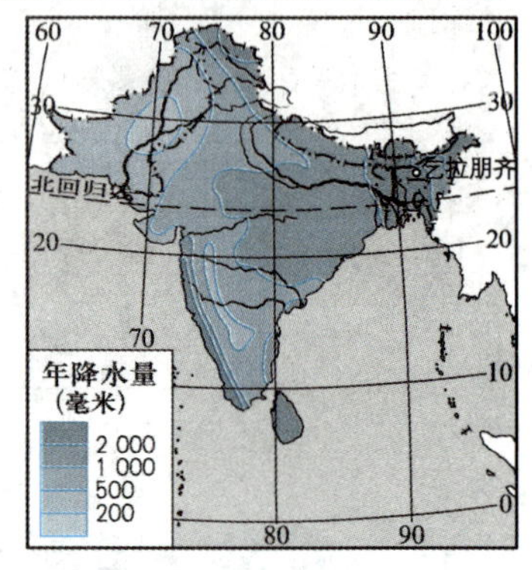

图 3－2－15　南亚年降水量分布

触类旁通 CHULEI PANGTONG

图 3－2－16 是世界某国简图。读图回答问题。

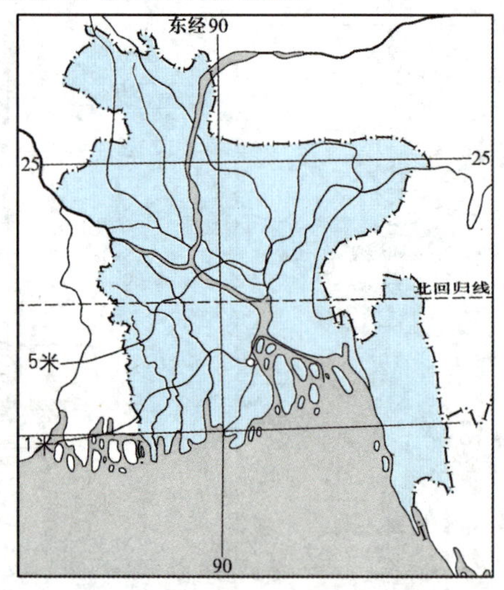

图 3－2－16

（1）分析该国地形及气候特点。

（2）说明该国气候、地形对发展农业的不利影响。

解析 通过经纬度定位及国界线显示的区域轮廓特征，可确定为孟加拉国。另外通过1米、5米等高线的分布规律及河流的流向、水系特征可判断出孟加拉国的地势特点以平原为主，地势低平，北高南低。孟加拉国属热带季风气候，降水受夏季风强弱影响，变率大，旱（干）雨（湿）季较明显，加之位于地势低平的恒河三角洲上，排水困难，又因为台风（飓风）等气象灾害多发，所以易产生旱涝灾害，对农业生产产生诸多不利影响。

答案 (1) 地形特征：以平原为主（大部分为大河下游冲积平原和三角洲），地势低平，北高南低。气候特征：全年气温高，降水量大；分雨（湿）季和旱（干）季。

(2) 雨季降水集中（暴雨），地面低平，排水不畅，形成洪涝灾害；（热带季风气候降水变率大，在水稻生长需水量大时）如果雨季来得迟、去得早（或降水偏少），容易形成旱灾。

人口、宗教和经济

南亚总人口13亿，占世界1/5强。以印度人口最多，超过10亿，巴基斯坦和孟加拉国人口超过1亿。

印度河流域是人类古代文明的中心之一，是佛教和印度教的发源地。但目前南亚只有少数居民信仰佛教，他们主要集中在斯里兰卡，而印度和尼泊尔的大多数居民信奉印度教，巴基斯坦和孟加拉国的多数居民信奉伊斯兰教。

南亚七国都是发展中国家。第二次世界大战后，工业发展较快，大多以纺织、食品等传统的轻工业为主。

信息链接 XINXI LIANJIE

克什米尔地区

克什米尔全称查谟和克什米尔。克什米尔地区的争端源于英国殖民统治时期。第二次世界大战后，面对民族解放运动日益高涨的形势，英国于1947年6月公布了“蒙巴顿方案”，实行印、巴分治。在信奉伊斯兰教居民集中的地区成立巴基斯坦，信奉印度教居民集中的地区为印度。但受信奉印度教的查谟王公统治，而居民大多信奉伊斯兰教的克什米尔地区的归属问题没有解决，印、巴两国为此发生多次武装冲突。1949年7月，在联合国的调停下划定了停火线，此后印、巴双方各控制一部分地区。克什米尔问题至今没有解决。

图3-2-17 克什米尔地区

第三讲 西亚

特殊的地理位置

西亚地处亚、非、欧三大洲的交界地带，位于阿拉伯海、红海、地中海、黑海、里海（内陆湖）之间，是联系亚欧非三大洲、沟通大西洋和印度洋的枢纽，有“五海三洲两洋之地”之称。

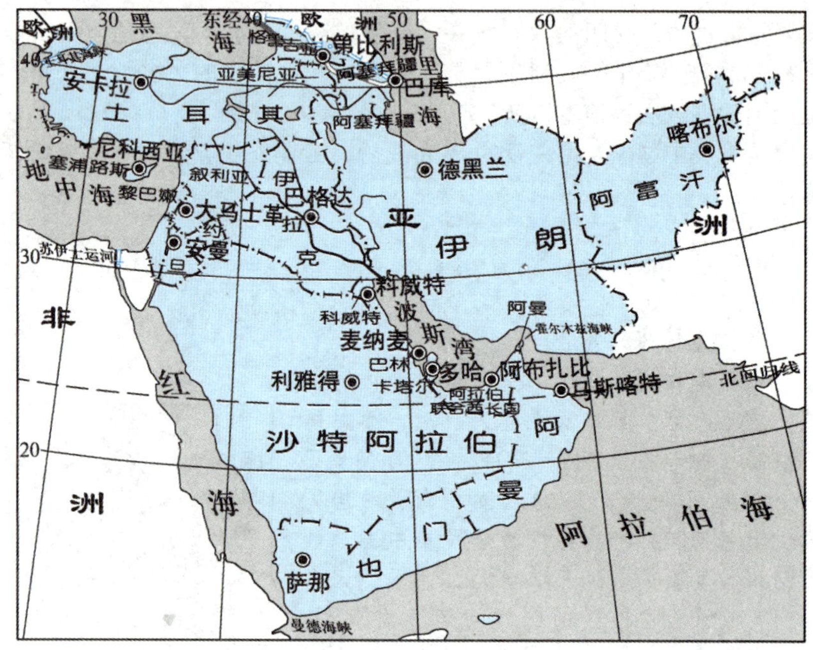

图 3-2-18 西亚政区

> **读图指南**
>
> 1. 在图中找出阿拉伯海、红海、地中海、黑海、里海。
> 2. 在图中找到苏伊士运河、曼德海峡、霍尔木兹海峡、土耳其海峡。

信息链接 XINXI LIANJIE

西亚、中东及阿拉伯国家

西亚是指亚洲西部自阿富汗到地中海东岸及其附近的广大地区，包括地中海上的塞浦路斯在内，共有20个国家和地区。

中东、远东和近东是欧洲人根据距离欧洲远近，对亚洲不同地区的称呼。近东和中东经常混用，已经没有明确的界限。现在普遍所说的中东包括西亚和北非的埃及。远东指离西欧最远的亚洲东部地区，包括中国、朝鲜、韩国、日本以及俄罗斯的太平洋沿岸地区，习惯上有时也把东南亚各国归到远东之列。

西亚和北非多数国家和地区的居民主要是阿拉伯人，属白色人种，通用阿拉伯语，这些国家被称为“阿拉伯国家”。西亚的国家和地区中，除土耳其、阿富汗、伊朗、以色列、塞浦路斯、格鲁吉亚、亚美尼亚、阿塞拜疆8国外，均为阿拉伯国家和地区。

高原为主的地形

西亚地形以高原为主。阿拉伯半岛西部有阿拉伯高原，伊朗境内有伊朗高原，小亚细亚半岛上有安纳托利亚高原，东北部有帕米尔高原。平原主要集中在阿拉伯半岛的东部沿海以及两河流域（美索不达米亚平原）。地势东西高，中间低。位于巴勒斯坦和约旦交界处的死海水面是世界陆地最低点。

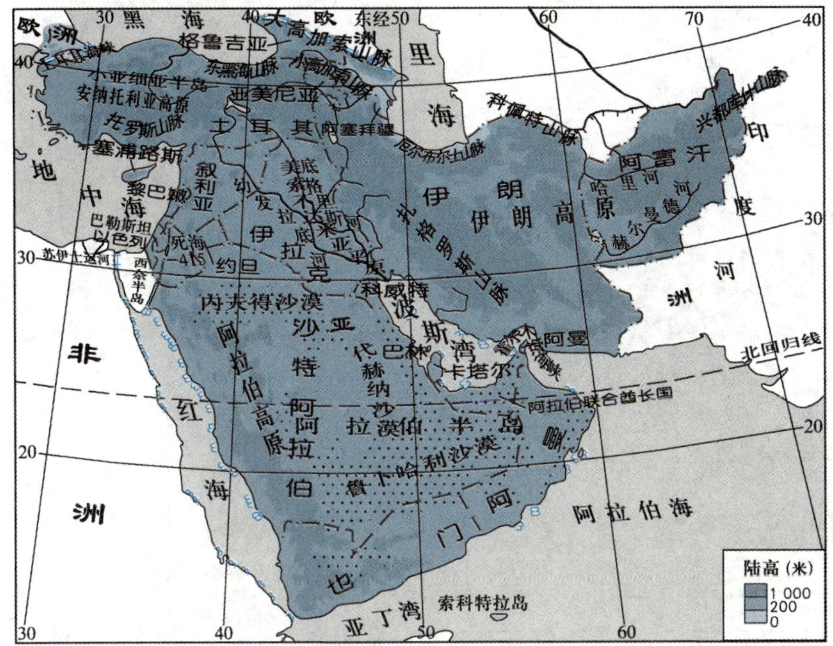

读图指南

1．在图中找到阿拉伯半岛、小亚细亚半岛。

2．在图中找到安纳托利亚高原、伊朗高原、阿拉伯高原、美索不达米亚平原。

3．在图中找到底格里斯河、幼发拉底河。

图 3－2－19 西亚地形及河流

干旱环境中的农牧业

北回归线穿过西亚南部，大部分地区终年处于副热带高压带控制下，为干热的热带沙漠气候，仅地中海沿岸地带为冬雨夏干的地中海气候。由于气候干旱，西亚的植被以荒漠、半荒漠为主，森林仅分布在地中海沿岸和向风多雨的山地。干旱和大陆性是本区自然环境的主要特征。

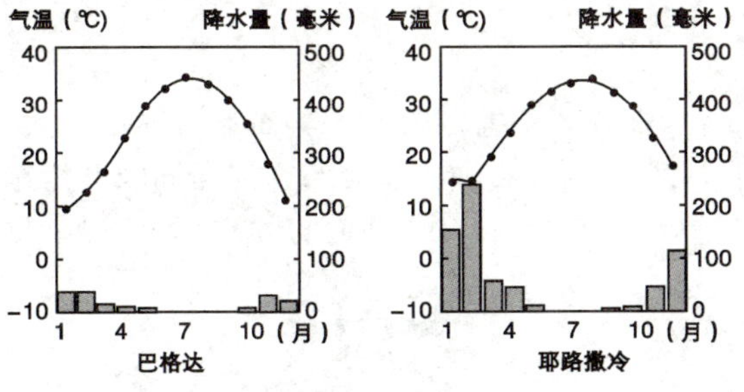

图 3－2－20

读图指南

1．描述巴格达的气候特征。

2．在图 3－2－18 中找到耶路撒冷，说出耶路撒冷的气候类型，并描述其气候特征。

西亚气候干燥，在高原上较湿润的地区或沙漠中有地下水出露的地区，居民多以游牧的方式，赶着羊群逐水草游动，畜牧业比较发达。土耳其的安卡拉羊毛、阿富汗的紫羔皮等畜产品都很有名。用羊毛织成的地毯，是伊朗等国出口的商品。

西亚的种植业多分布在河谷平原和沙漠中有地下水灌溉的绿洲，以灌溉农业为主。美索

不达米亚平原是主要的灌溉农业区，自古以来，人们引水灌溉，发展种植业，主要种植小麦、大麦、水稻、玉米、棉花和枣椰树等。椰枣是当地人民的主要食物，也是伊拉克等国的出口特产。

信息链接 XINXI LIANJIE

以色列的节水农业

以色列2/3的地区是沙漠，全国一半以上的地区年降水量不足150毫米，人年均水资源仅为370立方米，是我国的1/7。以色列在淡水资源严重缺乏的条件下，发展节水农业获得了成功。以色列农业节水技术主要有以下两方面：

一是大力推广节水灌溉技术，提高农业灌溉水的利用率。目前，以色列农业应用最广的是喷灌和滴灌技术。喷灌是用喷头将水喷射到空中，并使水分散成细小水滴后均匀地洒落在田间来进行灌溉。喷灌不会产生深层渗漏和地表流失。滴灌是将水和肥料通过密布在田间的管道网，由滴管直接送到植物的根部附近，这样能最大限度地提高植物对水和养分的吸收率。喷灌和滴灌技术比传统的沟渠漫灌技术节水一半以上。

二是充分开发水源，利用微咸水和废水灌溉。以色列有较丰富的地下咸水，但不适宜灌溉。以色列科学技术人员一方面大力开发地下咸水淡化技术，另一方面培育出了适应沙漠地区微咸水生长的小麦、洋葱、西红柿、西瓜等品种。以色列80%的城市废水经过处理后，广泛用于棉花等非食用农作物的灌溉。

能力提升 NENGLI TISHENG

图解西亚水资源缺乏的自然原因。

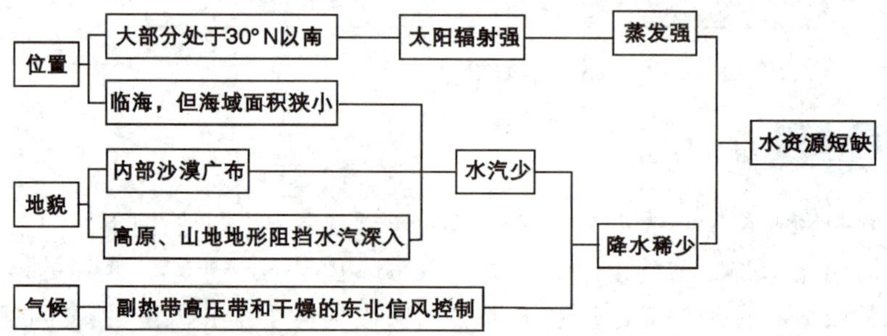

富饶的石油资源

西亚是世界上石油储量最丰富、产量最大和出口量最多的地区。西亚石油储量大、埋藏浅、出油多、油质好，有“世界石油宝库”之称。西亚石油主要分布在波斯湾及其沿岸地区。沙特阿拉伯、伊朗、科威特和伊拉克是世界重要的产油国。西亚所产石油的90%以上供出口，主要出口到美国、西欧、日本和中国。

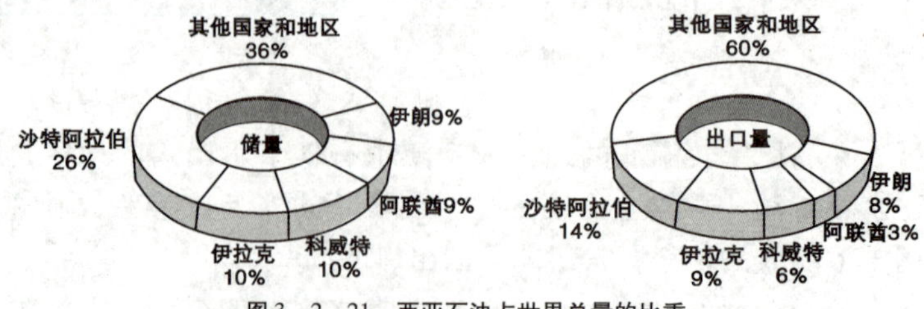

图3－2－21 西亚石油占世界总量的比重

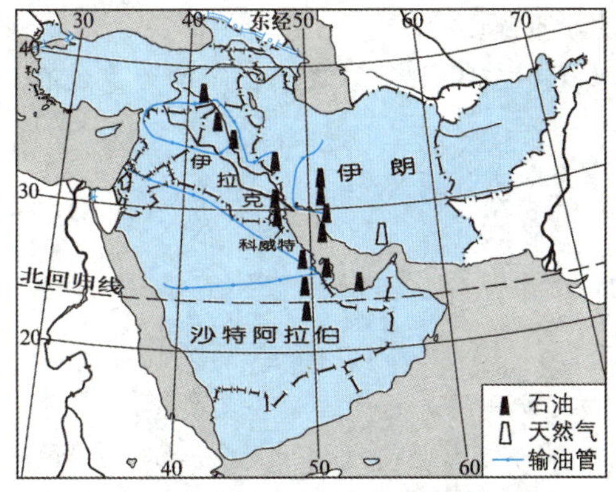

图 3-2-22　西亚石油资源分布

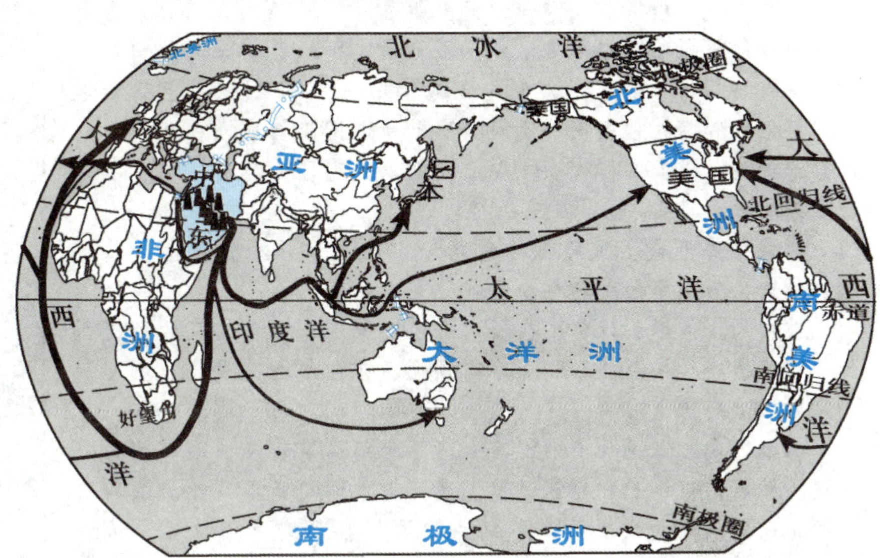

图 3-2-23　西亚石油输出方向

读图指南

1. 说出西亚石油主要的输出方向及输入地区。

2. 分析西亚石油大量出口的原因。

西亚石油输出方向与路线

航线	经过的海洋、海峡、运河	到达的国家和地区
①	波斯湾、霍尔木兹海峡、阿拉伯海、印度洋、马六甲海峡、南海、太平洋	日本、中国
②	波斯湾、霍尔木兹海峡、阿拉伯海、印度洋、好望角、大西洋	美国、西欧
③	波斯湾、霍尔木兹海峡、阿拉伯海、曼德海峡、红海、苏伊士运河、地中海、直布罗陀海峡、大西洋	美国、西欧

世界的热点地区

西亚长期以来局势动荡，战争不断，是世界上最不安定的地区之一。其原因有以下四点：

- 西亚处于“五海三洲两洋”之地，交通位置重要。
- 西亚波斯湾地区石油资源丰富，有“世界石油宝库”之称，资源争夺，成为战火根源。
- 西亚位于北回归线附近，受副热带高气压带控制，降水稀少，缺少水源。因此湖泊、河流水源的分配和争夺成为焦点问题。

• 西亚是阿拉伯人、犹太人、波斯人会聚之地，东西方文化在这里交会，文化的差异也带来了冲突。

• 西方国家插手该地区事务。

信息链接 XINXI LIANJIE

阿以冲突

阿以冲突由来已久，影响阿以和平进程的因素较为复杂。

巴勒斯坦问题。1947 年，联合国大会通过关于巴勒斯坦分治的第 181 号决议，规定在巴勒斯坦建立阿拉伯国和犹太国，耶路撒冷由联合国管理。根据决议，犹太国土地面积占57%，大部分是沿海肥沃地带；阿拉伯国占43%，多为丘陵和贫瘠地区。当时的阿拉伯人占总人口的2/3 以上，犹太人不到 1/3，这个决议遭到巴勒斯坦的阿拉伯人和阿拉伯国家的反对，巴勒斯坦国没有成立。犹太人同意分治计划，于1948 年 5 月 14 日成立以色列国。此后，爆发了多次中东战争。

耶路撒冷问题。耶路撒冷包括新旧两个城区。犹太教、基督教、伊斯兰教都将旧城尊称为圣城，互不包容。

被占领土问题。以色列在历次中东战争中先后占领了约旦河西岸、耶路撒冷和埃及、叙利亚等国领土，并在水源充足、土壤肥沃的地方兴建定居点。

水源问题。以色列境内没有大河，北部雨量较多，南部为大片沙漠。随着人口增长和经济迅速发展，缺水问题日益突出。为解决水荒，以色列通过戈兰高地和约旦河西岸拦截约旦河及其支流河水，并在被占领土上抽取地下水。

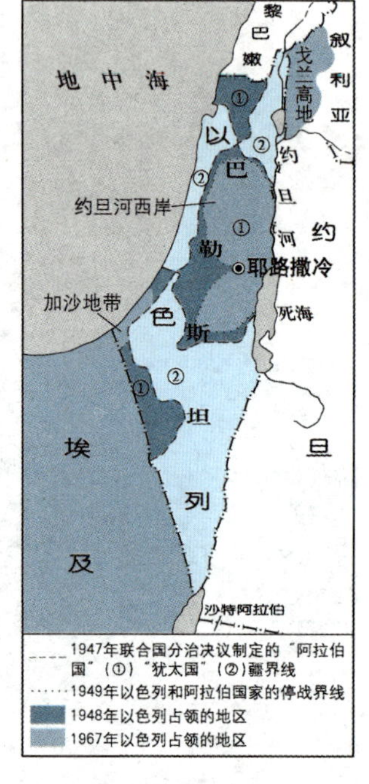

图 3－2－24 巴勒斯坦地区

第四讲　欧洲西部

发达国家众多

欧洲西部是指欧洲的西半部，陆地面积约500多万平方千米，占欧洲陆地总面积的一半左右。这里人口稠密，国家众多，是世界经济发达的地区之一。

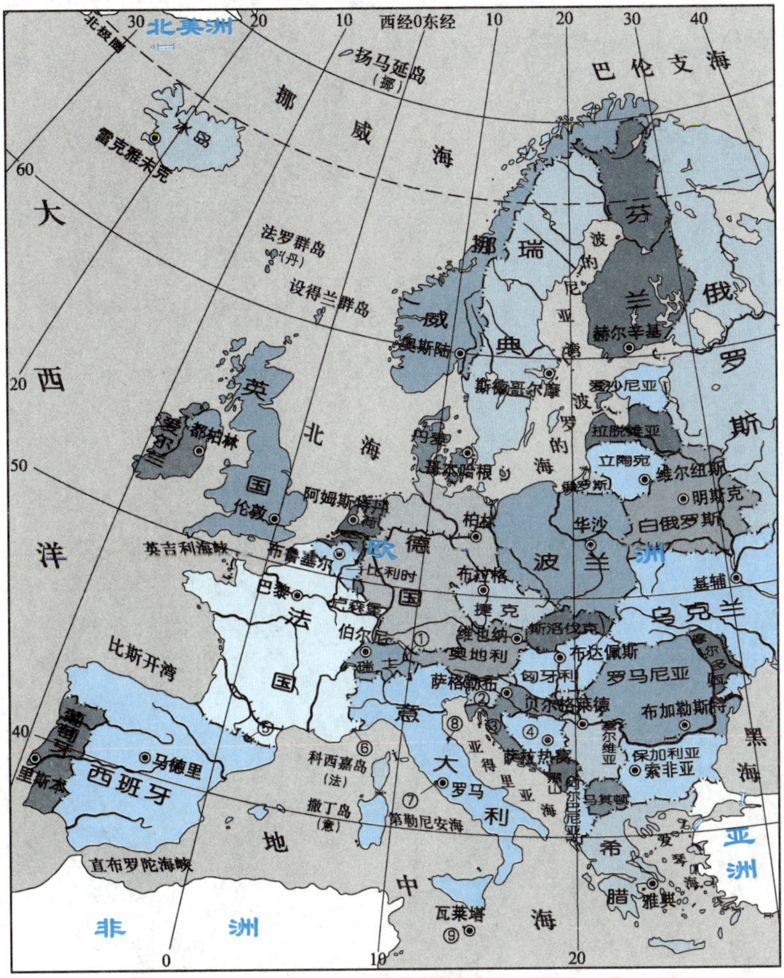

①列支敦士登
②斯洛文尼亚
③克罗地亚
④波斯尼亚和黑塞哥维那
⑤安道尔
⑥摩纳哥
⑦梵蒂冈
⑧圣马力诺
⑨马耳他

图3－2－25　欧洲西部政区

读图指南

1. 在图中找出大西洋、地中海、北海、波罗的海、直布罗陀海峡、英吉利海峡。
2. 在图中指出欧洲西部主要国家：西班牙、英国、法国、德国、丹麦、意大利、波兰、瑞典等。
3. 找到40°N、北极圈、本初子午线，描述欧洲西部的纬度位置特征。

增长缓慢的人口

欧洲西部是世界上人口稠密地区之一，人口分布与工业分布关系密切。欧洲的工业最早是以煤炭为主要动力发展起来的，所以这里的人口稠密区主要分布在煤炭产地和工业区，略成“十字”形。

欧洲西部的人口增长为低出生率、低死亡率、低人口自然增长率的现代人口增长模式，人口增长缓慢，人口寿命延长，大多数国家已进入人口老龄化社会。

读图指南

1. 欧洲西部人口分布有什么特点？分析其原因。

2. 列举人口老龄化带来的社会问题。

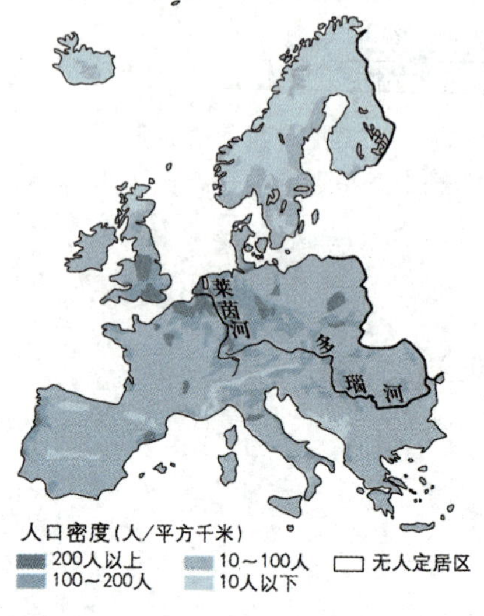

图 3－2－26 欧洲西部人口分布

高度发达的经济

发达的畜牧业

欧洲西部的农业现代化程度高，但农业在经济中所占的比重较小。种植业与畜牧业结合较好，畜牧业比较突出。荷兰、丹麦等国是世界上著名的乳畜大国，其中丹麦的畜牧业产值占农业总产值的66%，荷兰的农业构成以畜牧业和园艺业为主，是世界著名的农产品出口国，其中花卉的出口额占到世界的40%。

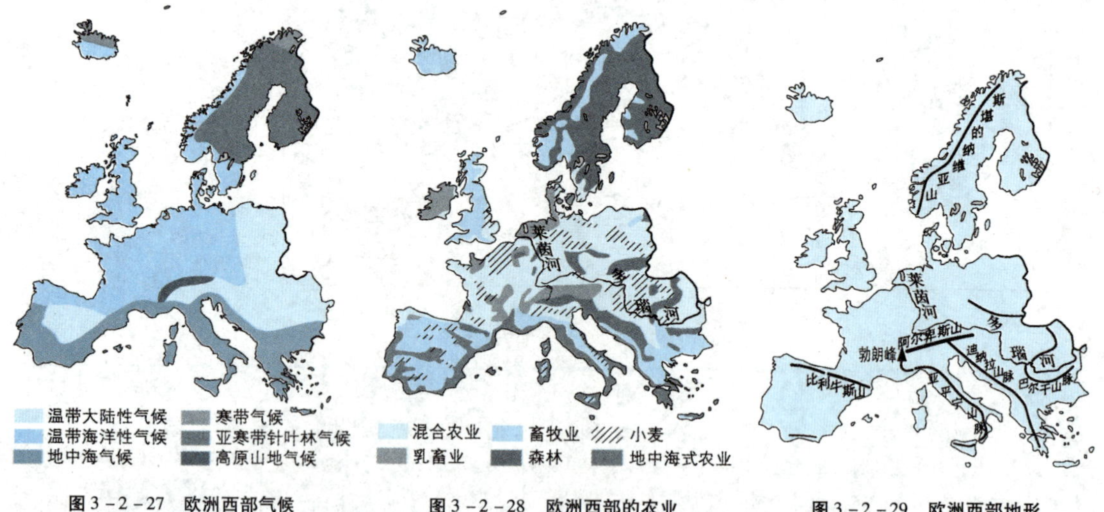

图 3－2－27 欧洲西部气候　图 3－2－28 欧洲西部的农业　图 3－2－29 欧洲西部地形

读图指南

1. 在图中找到乳畜业的分布地区，并结合气候分析其优势区位条件。
2. 分析地中海沿岸地区适合种植柑橘、葡萄等亚热带水果的条件。
3. 在图中找到欧洲西部地区小麦的主要产区，并从地形、气候两方面分析其原因。

能力提升 NENGLI TISHENG

乳畜业与地中海式农业的形成和分布

农业地域类型是指在不同的地区，利用当地的优势条件，发展各具特色的农业生产，并在地区之间开展商品交换所形成的农业经营单位或地域单位的组合。农业地域类型形成条件的分析，应在掌握其生产特点的基础上，从农业生产的自然条件、社会经济和技术经济三大因素入手，结合具体地域的实际情况进行分析。

（1）乳畜业的形成与分布

乳畜业是随着城市的发展而形成的面向城市市场的商品化、集约化的畜牧业地域类型。其生产对象主要是奶牛，产品是牛奶及其制品。

①影响乳畜业的主要区位因素

市场：城市需要大量新鲜牛奶以及牛奶制品。受牛奶运输的影响，以生产牛奶为主的乳畜业农场多分布在大城市的附近；以生产加工乳制品为主的乳畜业农场可以分布在离城市较远的地方。

饲料：乳牛既需要多汁的青饲料，也需要含蛋白质较高的精饲料，因此乳畜业农场既种植优质牧草，也种植饲料作物。

②乳畜业的分布

世界乳畜业主要分布在北美五大湖周围地区、西欧、中欧以及澳大利亚和新西兰等地。

③西欧发展乳畜业的优势条件

冬季温和，夏季凉爽，降水季节分配均匀，阴雨天较多，光照较少，不利于农作物生长，但适于多汁牧草生长。工业化、城市化水平高，对乳畜产品的需求量大。

（2）地中海式农业的形成与分布

地中海式农业属于种植业和畜牧业并重的混合农业，优势农作物有小麦、大麦等，葡萄、柑橘、橄榄等园艺作物也比较多。

①地中海式农业的分布特点

主要分布在南北纬30°～40°的大陆西岸。以南欧、西亚、北非的地中海沿岸地区最为典型。

②地中海气候区发展农业生产的气候条件

冬季温和多雨，夏季炎热干燥，光照充足，昼夜温差大，是亚热带水果的重要产区。

触类旁通 CHULEI PANGTONG

图3－2－30中的甲、乙两国分别为传统、新兴的鲜切花生产国。读图，完成下列各题。

（1）比较甲、乙两国的降水特点，并分析原因。

（2）分析与甲国相比，乙国发展鲜切花生产的优势自然条件。

（3）分析与乙国相比，甲国维持其在世界鲜切花市场竞争力的优势条件。

解析 （1）该题考查区域比较的能力。降水特点主要受大气环流和下垫面因素影响。甲国为荷兰，位于欧洲西部沿海，处于西风带控制区内，且沿岸有暖流增温增湿，为温带海洋性气候，降水丰富，分配均匀。乙国为肯尼亚，位于非洲东海岸，虽然位于赤道地区，但因受高原地形的影响，为热带草原气候，降水有明显的季节变化。（2）农业生产的自然条件，一般包括气候（热量、光照、水分）、地形、土壤、水源。甲国纬度高于乙国，热量少于乙国。甲国为温带海洋性气候，终年湿润，阴雨天多，天空云量多，光照条件比乙国差。（3）甲国为发达国家，种植鲜切花的历史悠久，经验丰富，技术先进，品质优良。

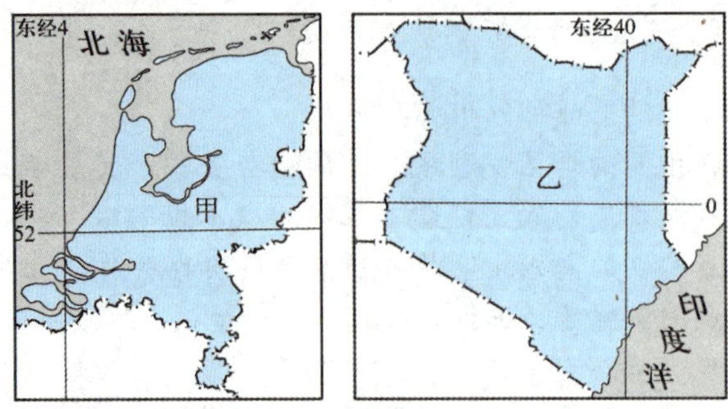

图 3－2－30

答案 (1) 甲国受西风带和暖流影响，全年降水较丰沛且季节分配均匀；乙国受地形影响，降水季节差异大。

(2) 热量丰富，光照充足。

(3) 技术含量高，鲜切花质量较优，培植历史悠久，专业化、规模化生产。

以制造业为主的工业

欧洲西部的工业以制造业为主，从事制造业的人口比例很高。本区许多国家从国外进口原料、燃料、粮食，向外出口机械、汽车、化学物品和食品等工业制成品，为国家带来财富。

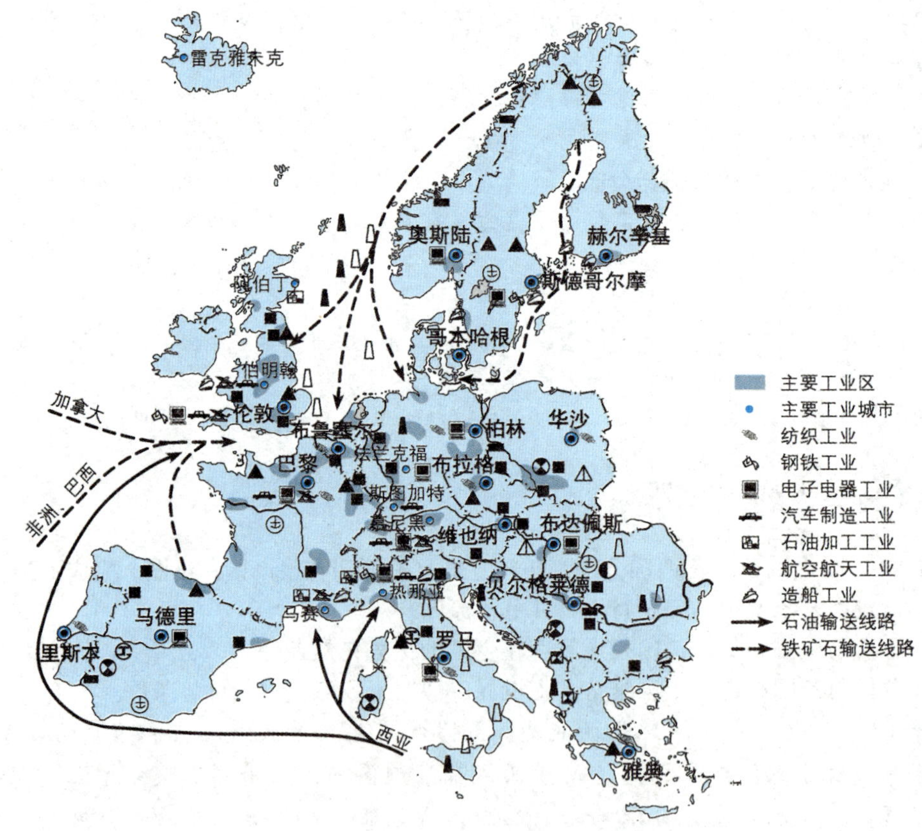

图 3－2－31　欧洲西部的工业

欧洲西部集中有德国、法国、英国和意大利等工业大国，它们的生产规模大，工业部门较为齐全，综合实力雄厚。最著名的工业区有德国鲁尔区、英国伦敦周围地区、法国的巴黎盆地和意大利北部地区。伦敦、巴黎、米兰、都灵、热那亚等是重要的工业中心。其余国家则根据本国的具体条件，因地制宜发展有特色的工业部门。

欧洲西部现已形成庞大的交通运输网络，铁路、公路、海运、内河航运和航空等都非常发达。

信息链接 XINXI LIANJIE

欧洲部分国家的特色产业

瑞士本国缺少工业原料，主要生产消耗原材料少而技术水平要求高的精密仪器和钟表等，很久以前就是闻名世界的“钟表王国”。

瑞典利用本国的优质铁矿石和廉价的水电，冶炼优质钢材，造船业、汽车和机器制造业等在国际上享有盛誉。

丹麦畜牧业发达，猪肉、牛肉、奶酪、黄油以及火腿、香肠等乳肉制品行销国际市场，素有“欧洲的牧场和食品库”之称。

挪威的海洋渔业发达，人均水产品产量居世界首位。

荷兰以花卉种植业发达而著称，尤以郁金香驰名世界。

触类旁通 CHULEI PANGTONG

(2009·上海) 读图文材料，回答下列各题。

瑞士经济发达，但95%的原料、能源依靠进口。第一、第二和第三产业从业人员比例分别为4%、23.3%和72.7%。瑞士素有“钟表王国”、“金融帝国”和“会议之国”之称，钟表制造十分发达，已有数百年的历史；全国共有银行6 000余家，苏黎世是国际金融中心之一；瑞士也是许多国际组织的所在地，每年仅在日内瓦召开国际会议就达6 000个之多，2007年游客过夜数达3 636万人次。

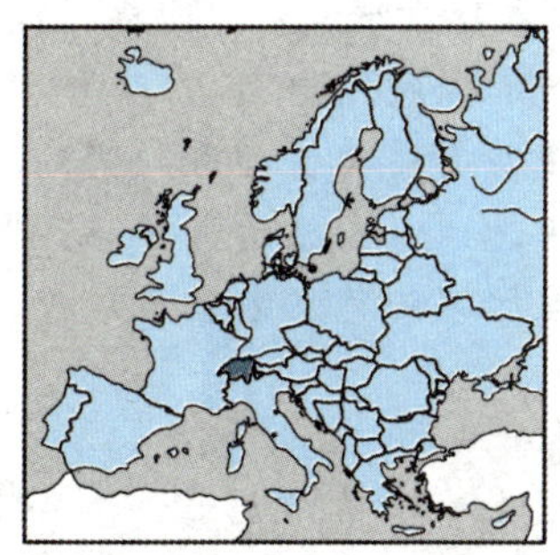

图3-2-32 瑞士位置示意

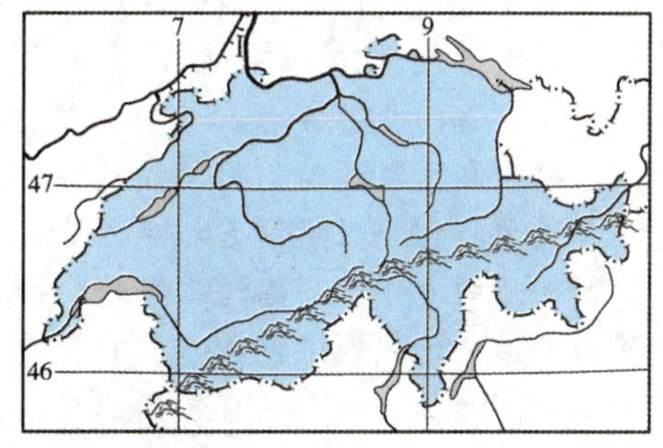

图3-2-33 瑞士简图

(1) 简述瑞士产业结构的特征。

(2) 从资源、劳动力、市场等因素，分析瑞士成为“钟表王国”的工业区位条件。

解析 (1) 本题主要考查从材料中提取信息的能力。(2) 钟表工业资源需求量小，但对劳动力素质和技术要求较高，并且要有广阔的国际市场。

答案 (1) 从三大产业从业人员的所占比重看，瑞士的第三产业很发达，在这一产业中，金融业、旅游业、会展业尤为突出。

(2) 山地多，原料、能源贫乏，客观上趋向发展占地少、耗费原料和燃料少的工业部门；钟表工业发展历史悠久，基础雄厚；劳动力技术熟练，工艺精湛，世代相传；旅游业、会展业发达，可以为钟表业提供广阔的市场。

欧洲联盟

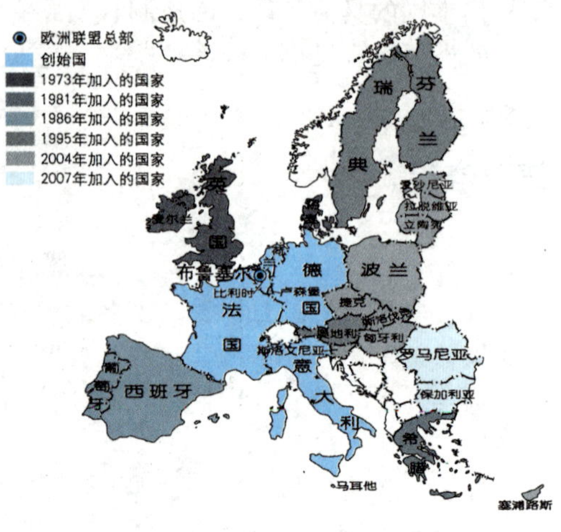

图 3-2-34　欧洲联盟示意

第二次世界大战后，欧洲西部为了加强各国之间的联系，提高在国际上的地位，形成了一个区域性的国际组织——欧洲联盟（简称欧盟）。目前，欧盟已向中欧和东欧发展，共有27个成员国，在国际政治、经济舞台上有着举足轻重的地位。

欧盟建立在三个基础之上，即经济与货币联盟、共同外交与安全政策、协调各国内政与司法事务。

1999年1月1日，欧元作为欧盟国家的统一货币正式启动。欧元的启动标志着欧洲经济与货币联盟正式建成，欧洲一体化进程进入了一个新阶段。欧元启动有助于增强欧盟整体实力，促进经济联合和政治联合，推动欧洲在多极世界中发挥更大作用。

繁荣的旅游业

欧洲西部是世界上旅游业最发达，接待国际游客最多的地区。法国、西班牙、意大利是欧洲三大著名的旅游国。目前，许多国家的旅游业收入已成为国民收入的主要来源之一。

能力提升 NENGLI TISHENG

以欧洲西部旅游业的发展为例，学习如何评价某区域旅游资源的开发条件。

①资源价值。开发旅游资源时，首先要对旅游资源本身进行评价，即要评价资源的质量，看其是否具备较高的美学价值、科学价值、历史文化价值和经济价值。

例如欧洲西部有丰富的旅游资源。其中自然旅游资源有：曲折幽深的挪威峡湾、阳光明媚的地中海海滩、登山和滑雪运动的好场所阿尔卑斯山地；人文旅游资源有：希腊雅典的帕台农神庙、意大利的罗马古斗兽场和水城威尼斯、法国巴黎的艺术殿堂卢浮宫、奥地利的音乐之邦维也纳、西班牙的斗牛节、德国的啤酒节等。

②地理位置与交通。优越的位置和方便的交通，能够提高旅游区的可进入性。例如欧洲西部有便利的交通，旅游通达度高。

③客源市场。客源市场评价的主要指标有客源地、游客人数、游客量的季节变化、停留时间、客源地与旅游地的距离，以及游客的年龄、性别、职业、文化水平等，其中，客源地、客源地与旅游地的距离是两个最基本的指标。例如欧洲西部社会经济发展水平高，是主要的客源地，而且旅游经济距离近，旅游市场广阔。

④基础设施。主要包括水、电、交通、邮政、通信等公共设施和住宿、餐饮、购物、健身、文化娱乐等配套设施。例如欧洲西部经济发展水平高，各种配套设施相当完善，地区接待能力强。

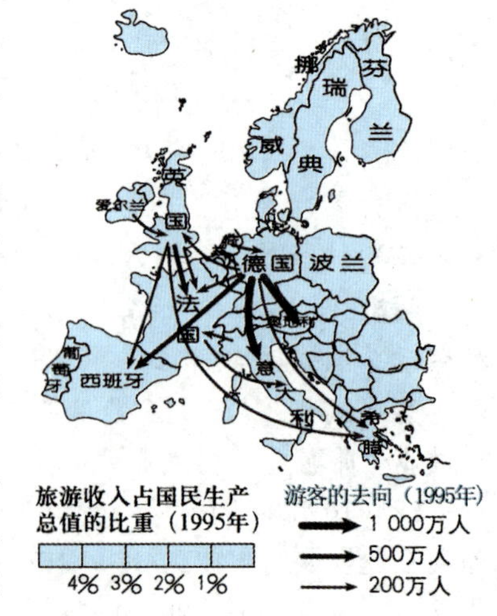

图 3-3-35　欧洲西部的旅游业

触类旁通 CHULEI PANGTONG

（2010 · 新课标卷）分析图 3－2－36 所示岛屿成为世界著名旅游目的地的优势条件。

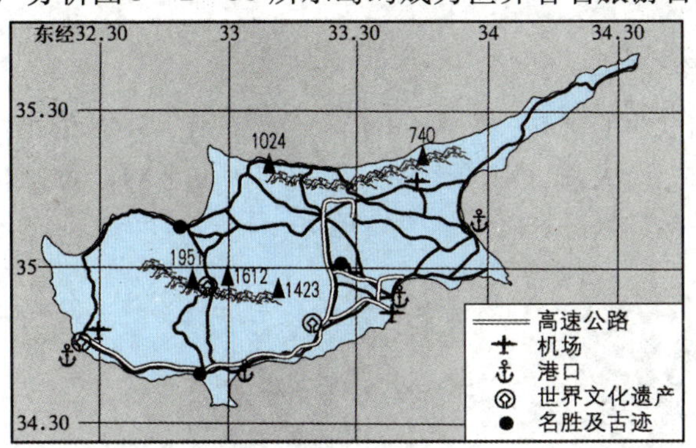

图 3－2－36

解析 本题主要考查旅游资源开发评价。通过提取图中的有效信息，并结合旅游资源开发条件的评价项目进行分析。

答案 旅游资源丰富（组合好）；地处地中海的岛屿，气候温暖，阳光充足；有海滨浴场、海域、山地等自然旅游资源；以及世界遗产、名胜古迹等人文旅游资源。交通设施完善（有机场、港口、高速公路等），通达性好。

第五讲 极地地区

冰雪覆盖的地区

北极地区指北极圈以北的区域，包括北冰洋绝大部分，及其沿岸的亚、欧、北美三洲大陆的最北部和诸多岛屿。南极圈以南的南极大陆和周围的海洋合称南极地区。两极地区是地球的高纬度地区，气候异常寒冷，终年冰天雪地。

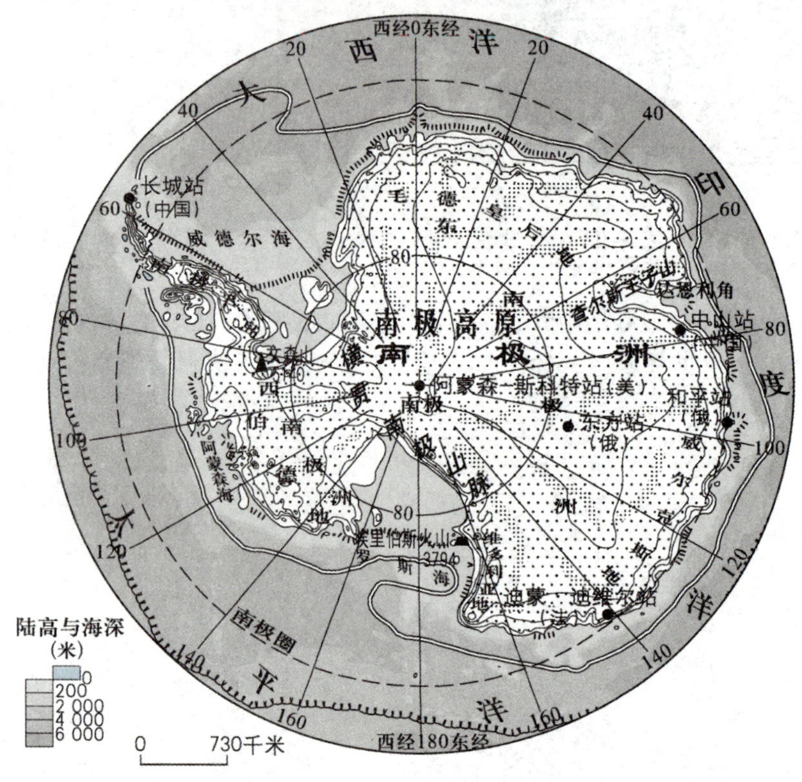

读图指南

1. 在图中描绘南极圈，明确南极地区的范围。

2. 在图中找到太平洋、大西洋、印度洋、南极半岛，并确定南美洲、非洲、大洋洲的方位。

3. 在图中找到长城站、中山站、东方站。

4. 简要说明西风漂流的位置与流向。

图 3－2－37 南极地区

南极大陆面积约 1 400 多万平方千米，95% 以上的地面覆盖着巨厚的冰层，冰层厚度平均 2 000 多米，最厚处可达 4 800 米。平均高度为 2 350 米，是地球上最高的大陆。

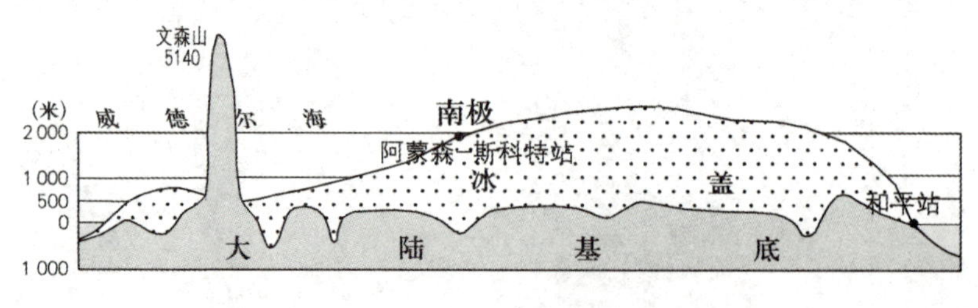

图 3－2－38 南极地区沿东、西经 90° 附近的地形剖面

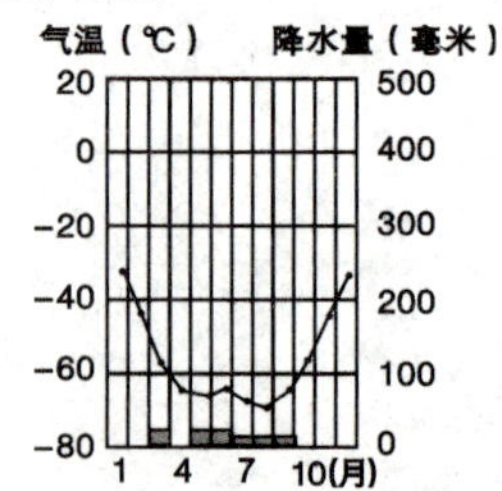

图 3－2－39 东方站气温降水

南极大陆是世界上最寒冷、暴风雪最频繁、风力最强的大陆，为冰原气候。南极气候酷寒，称为“寒极”，年均温为－25℃，极端最低温为－89.2℃；大陆年平均风速每秒 17～18 米，最大可达 100 米；大陆大部分地区的年平均降水量仅 55 毫米，有的地方降水量不足 5 毫米，被称为地球上的“白色沙漠”。烈风、干燥和酷寒是南极大陆的气候特征。

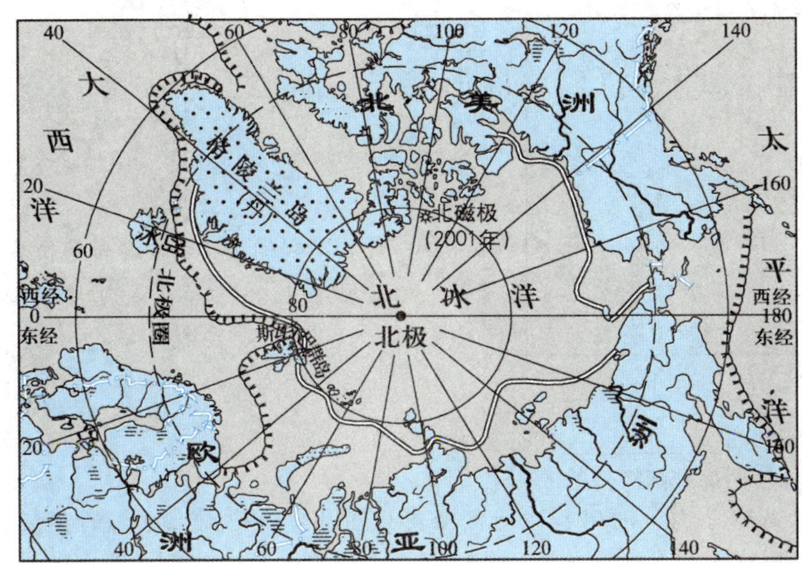

读图指南

1. 在图中描绘北极圈，明确北极地区的范围。

2. 在图中找到亚洲、北美洲、欧洲、斯瓦尔巴群岛、格陵兰岛、白令海峡。说明北极地区的地理位置特征。

3. 北冰洋封冻期较长，为什么在国际运输中还占有重要地位？

图 3－2－40 北极地区

北极地区以苔原气候和冰原气候为主。与南极地区相比，北极地区冬、夏两季的气温要高些，年降水量在 100～250 毫米之间，大陆沿岸的平均风速只有每秒 10 米。

能力提升 NENGLI TISHENG

1. 从影响气候的因素分析南极“酷寒”、“干燥”、“多暴风”的原因。

(1) 南极酷寒的原因

①纬度高。太阳高度角小，地面接受太阳光热最少。

②海拔高。南极洲的高原地形，空气稀薄，地面热量散失多。

③冰雪覆盖。巨厚的冰层，对太阳辐射的反射强，加剧气候的寒冷。

④洋流。南纬 40°～60°的西风漂流，形成了特殊的“风壁”，阻碍了南极地区与低纬地区的热量交换。

(2) 南极干燥的原因

①水汽少。气温极低，降水以固体形式为主，升华少，空气中水汽含量很少。

②受极地高气压带控制，气流下沉，降水少。

(3) 南极多暴风的原因

酷寒使极地地区形成极地高压中心，干冷的极地东风从高原内部向四周辐散，且冰雪表面摩擦力小。

2. 南极比北极寒冷的原因。

南极地势比北极高，南极洲是平均海拔最高的大洲，北极附近是北冰洋；南极终年冰雪覆盖，北冰洋夏季冰雪减少。

触类旁通 CHULEI PANGTONG

读南极洲等高线图（图 3－2－41）和南极洲四个气象站气温曲线图（图 3－2－42），回答下列各题。

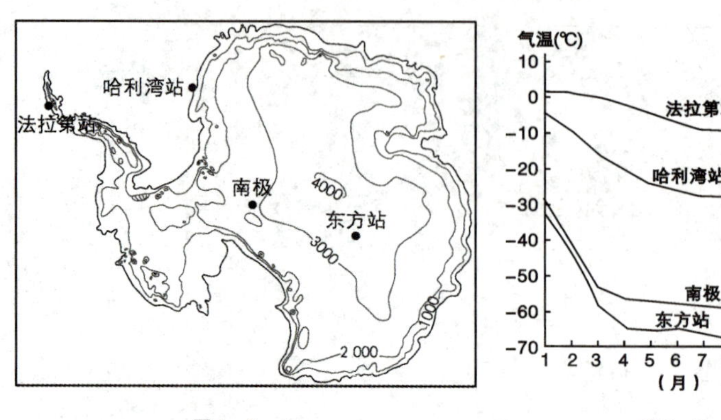

图 3－2－41　　　　图 3－2－42

（1）法拉第站在哈利湾站的＿＿＿＿＿方向。

（2）试分析东方站各月气温都较南极低的原因。

解析 该题的命题立意是结合南极洲图和四地气温变化图，考查地图上方向的判读、影响气温的因素等。（1）法拉第在南极圈以北，哈利湾在南极圈以南；以南极点为中心，地球顺时针自转，哈利湾在东。法拉第站在哈利湾站的西北方向。（2）影响气温的因素主要有太阳辐射（纬度因素）、下垫面（海陆分布、地形地势、洋流等）。从图中可以看出东方站的纬度比南极点低，接受的太阳辐射多于南极点，因而纬度不是东方站气温低的原因；两地均为大陆内部，因而海陆分布与洋流不是造成两地温度不同的因素；东方站海拔高于南极点，气温低。

答案（1）西北　（2）东方站海拔比南极高。

资源宝地和科研基地

我国极地科考将围绕全球气温变化及其对我国气候和环境的影响、极地地区空间环境和空间天气、极地环境中的生命特征与过程等研究领域，重点开展海洋、大气、冰雪、空间物理、遥感、地质、地球物理、生物和生态的长期观测和研究。

两极地区是重要的资源宝地，具有丰富的淡水、矿产及生物等资源。

两极地区自然资源及科学考察比较

	南极地区	北极地区
矿产资源	煤、石油、铁、有色金属等	煤、石油、天然气
生物资源	企鹅、海豹、鲸、磷虾等	北极熊、海豹、北极狐
淡水资源	地表储存着巨大的固体淡水资源，占整个地球表面淡水储量的72%	海上漂浮的冰山，储存大量的淡水资源；永久性冰雪主要集中分布在格陵兰岛的内陆地区
中国考察站	长城站（58°58′W，62°13′S） 中山站（76°22′E，69°22′S） 昆仑站（77°07′E，80°25′S） 泰山站（76°58′E，73°51′S）	黄河站（11°56′E，78°55′N）
考察最佳时间	每年9月至次年3月，极昼期，暖期	每年3～9月，极昼期，暖期

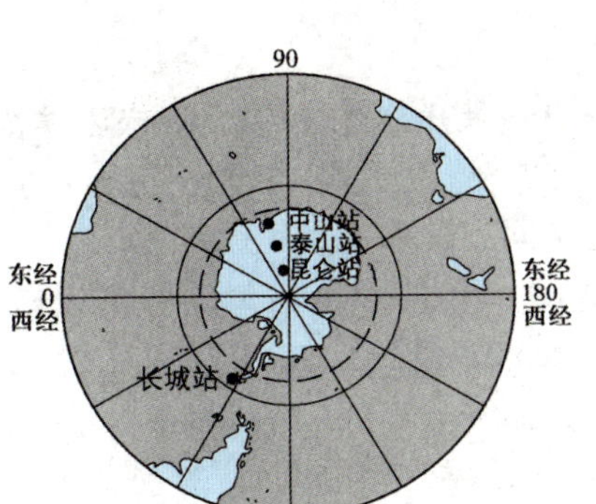

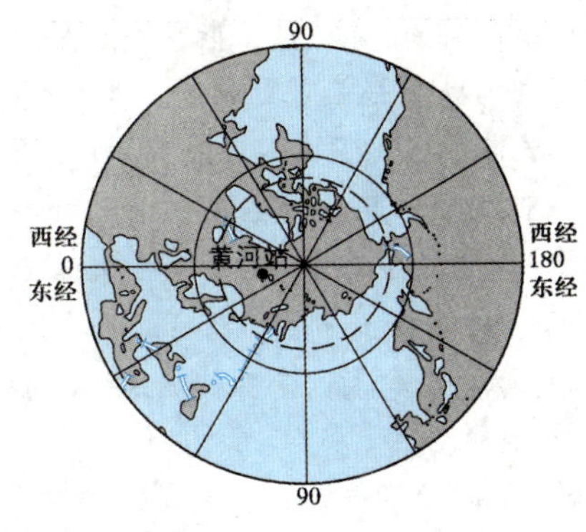

图 3－2－43 我国在极地地区的科考站

南极科学考察的意义：利于研究和开发南极洲的资源；有利于相关学科的发展（如对南极古地理和地质学的研究，为大陆漂移学说提供了有力的证据）；南极洲是南半球各大洲的中间基地，研究其自然地理学和地质学方面的情况具有重要意义。

极地的保护与和平利用

由于人们乱捕滥杀，南极地区的鲸已陷入危机之中，北极地区的北极熊、海豹、海象等，也遭到滥杀。极地地区的环境保护已被提到议事日程上。

为了保护南极生态环境，和平利用南极，1959 年 12 月，澳大利亚、阿根廷等 12 个国家签订了《南极条约》，我国于 1983 年正式加入《南极条约》。此条约规定南极利用只限于和平目的；不承认任何国家对于南极洲的领土要求；禁止在南极进行一切军事活动和任何核爆炸或处理放射性废物；自由进行科学考察和不断进行技术合作等。宗旨是保护南极环境，和平利用南极。

触类旁通 CHULEI PANGTONG

1. 阅读图文材料，完成下列各题。

南极有 4 个点，即极点、冰点、磁点和高点。高点冰穹 A 气候条件极端恶劣，被称为“不可接近之极”。我国科考队于北京时间 2005 年 1 月 9 日 22 时 15 分成功登上卫星遥测标识的冰穹 A “北高点”。

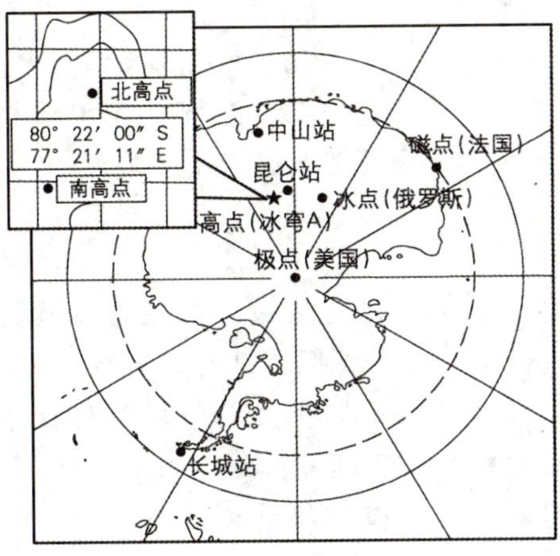

图 3－2－44

（1）从高点向北眺望可能看到的是________洋。

（2）科考队员在攀登到海拔3 000米高度时，少数队员就开始出现气喘和呼吸困难。而在青藏高原考察时，一般在到达海拔4 000米以上高度时才会出现上述的高山反应。请解释原因。

（3）对比南、北两极地区在自然环境方面的主要不同点。

解析 本题结合南极洲经纬网及四点位置图，考查南极洲的地理位置特征、南极自然环境特征、大气垂直分层等。（1）从高点沿经线向北可以看到印度洋。（2）对流层高度随气温的降低而降低。南极是地球上的寒极，对流层最低。（3）从海陆分布、气候、生物方面进行对比。

答案（1）印度

（2）南极地区纬度高，对流层远比青藏高原薄，所以攀登到海拔3 000米时，已进入到对流层上部，缺氧严重。

（3）北极地区以北冰洋为主，南极地区以南极大陆为主；北极地区没有南极地区寒冷，风速也远不及南极，但降水量比南极高得多；企鹅是南极的象征，北极的代表动物是北极熊。

2.（2014·海南卷）近年来，全球变暖使北极（海洋运输）航线的开通逐渐成为可能。图3－2－45示意计划中的北极航线（包括东北航线和西北航线）。据此完成（1）～（3）题。

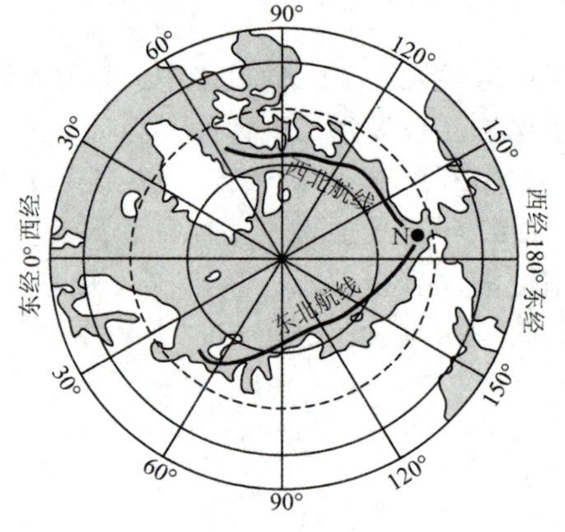

图3－2－45

（1）东北航线、西北航线会合处N临近（　　）

A. 北冰洋和大西洋的分界线　　B. 欧洲和北美洲的分界线

C. 亚洲和欧洲的分界线　　D. 亚洲和北美洲的分界线

（2）若北极航线开通，该航线（　　）

A. 可全年航行　　B. 单位距离能源消耗较少

C. 不宜使用罗盘导航　　D. 航行的船舶维护费用较低

（3）若北极航线开通，下列国家间海上航运受益最大的为（　　）

A. 中国——巴西　　B. 日本——英国

C. 越南——法国　　D. 美国——印度

解析 近年来，全球变暖使北极（海洋运输）航线的开通逐渐成为可能，有专家估计，北极航线的开通有望在未来100年之内实现。目前，挪威、加拿大、俄罗斯等北冰洋沿岸国家对于北极航线的开通高度重视。计划中的北极航线包括东北航线和西北航线。两航线都是从欧洲出发，一条经加拿大北部沿海，另一条经俄罗斯北部沿海汇聚于白令海峡。穿越白令海峡后通往亚洲国家。北极航线的开通可以大大缩短亚欧之间的贸易旅程，特别是东亚和西北欧国家间的联系将非常便利。

答案（1）D　（2）C　（3）B

第三单元 认识国家

第一讲 日本

东亚岛国

日本是地处太平洋西部，北半球中纬度地区的群岛国家。国土面积约 37.8 万平方千米，由北海道、本州、四国和九州四大岛及其附近的 3 900 多个岛屿所组成。这些岛屿由东北向西南延伸，呈狭长的弧形。

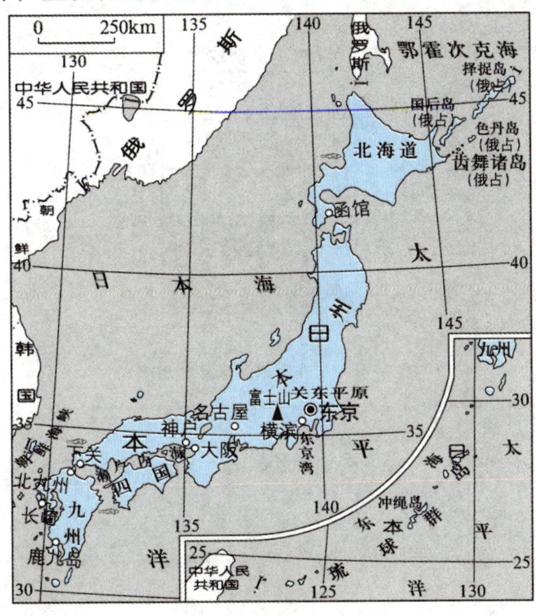

图 3－3－1 日本

读图指南

1. 在图中描绘 30°N、45°N 纬线和 130°E、145°E 经线。
2. 指图说出日本的国土组成。
3. 找出与日本隔海相望的国家。

多火山和地震灾害

日本境内多山，山地和丘陵占国土面积的 3/4 以上。平原狭小，仅分布在沿海地区，其中临近东京湾的关东平原是日本最大的平原。海岸线曲折，多优良港湾，太平洋沿岸的神户和横滨是著名的海港。

日本位于环太平洋火山、地震带上，多火山、地震和温泉，富士山是著名的活火山。

受地形的影响，日本的河流短小湍急，多峡谷、瀑布，水力资源比较丰富。

信息链接 XINXI LIANJIE

日本大地震

2011 年 3 月 11 日当地时间 14 时 46 分，日本东北部海域发生里氏 9.0 级地震。地震震中位于宫城县以东太平洋海域（北纬38.1度，东经142.6度），震源深度10千米。地震引发的海啸影响到太平洋沿岸的大部分地区。地震造成日本福岛第一核电站1~4号机组发生核泄漏事故。4月1日，日本内阁会议决定将此次地震称为“东日本大地震”。截至当地时间4月20日18时，已确认造成14 063人死亡、13 691人失踪。

此次地震是1900年以来全球第四强震，也是日本自1923年官方测定地震震级以来，震级最高的一次地震。强震在海底造成一条长300千米、宽150千米的裂缝，同时使日本本州岛向东移动大约3.6米，朝鲜半岛东移5.16厘米，我国北方地区也出现几毫米的东移现象，地轴移动25厘米，地球自转加快1.6微秒。

海洋性显著的季风气候

日本地处东亚，季风气候典型，南部为亚热带季风气候，北部为温带季风气候。日本群岛面向太平洋，气候深受太平洋和日本暖流的影响，年降水量偏多且分布较均匀，与亚洲同纬度的其他地方相比，冬季较为温暖，夏季较为凉爽，海洋性特征显著。

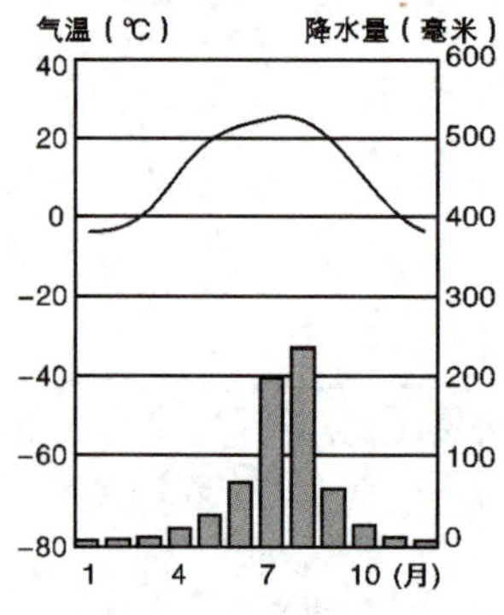

图3-3-2 北京气温与降水分布

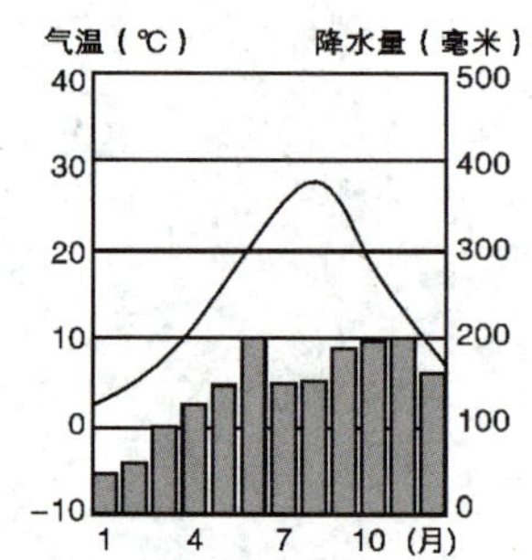

图3-3-3 东京气温与降水分布

读图指南

1. 比较北京与东京的气候特征，说明日本气候海洋性特征显著的表现，并分析原因。
2. 说明东京冬季降水多于北京的原因。

信息链接 XINXI LIANJIE

世界的“豪雪地带”

日本海一侧冬季降雪多，是世界著名的“豪雪地带”。这是因为西伯利亚气团经过日本海时加温加湿，并遇到与之几乎垂直的中央山脉而被迫抬升所致。大雪给生活在日本海一侧的居民带来诸多不便，而且时常会引起雪崩或融雪洪水等灾害，有“白魔”之说。

大雪除带来灾害之外，一方面雪成为山岳地带水力发电的重要能量资源，因而有“白炭”之誉；另一方面，这些地区利用雪资源开辟滑雪场，发展旅游业。

能力提升 NENGLI TISHENG

在一个特定区域中各自然地理要素之间是相互影响、相互制约、相互渗透的，形成了自然地理环境的整体性。以日本为例，用综合法分析自然地理要素之间的联系。

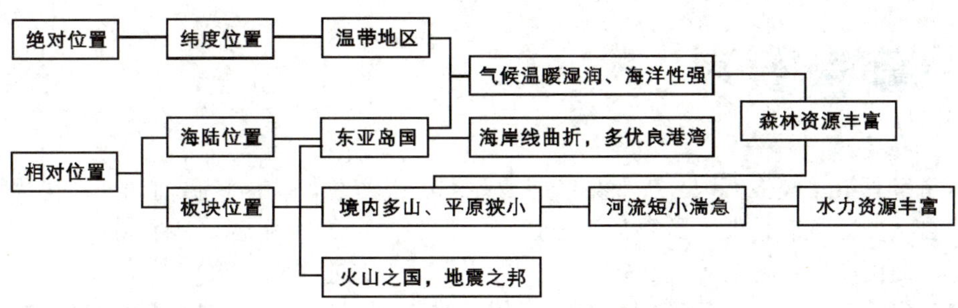

触类旁通 CHULEI PANGTONG

（2009·上海）日本河流众多，大多发源于中部山地。位于太平洋沿岸的山区年降水量多达3 000毫米，而面临日本海的地区与濑户内海沿岸地区年降水量较少。图3－3－4是日本山河分布示意图。读图，回答下列问题。

图3－3－4

（1）从河流的长度、流域面积、水流速度、流量季节变化等方面，归纳日本河流的主要特征。

（2）一般而言，夏季日本太平洋沿岸河流径流量大于日本海沿岸河流，其原因是什么？而日本太平洋沿岸地区的水资源却显得较为紧张，原因又是什么？

（3）濑户内海沿岸地区河流在冬、夏季的降水补给均比较少，解释其原因。

解析 （1）分析日本河流长度、面积、流速及流量季节变化特征，要求联系日本国土面积、地势起伏和降水变化特征。（2）比较日本太平洋沿岸与日本海沿岸河流夏季径流量的差异，则要从地形对夏季风的影响来分析。太平洋沿岸处于夏季风的迎风坡，多地形雨，雨量大，而日本海沿岸处于夏季风的背风坡，降水少；水资源是否紧张，更多关注的是人类活动。（3）濑户内海冬夏降水补给均较少，需要从地形对冬夏季风的影响角度进行分析。

答案 （1）日本河流短；流域面积小；水流急；流量季节变化较明显。

（2）太平洋沿岸因为夏季风会带来丰富的海洋水汽，形成大量地形雨，从而补给地表径流；而夏季日本海一侧处于背风坡，雨水较少。因为日本太平洋沿岸属世界著名工业区，城市密集，人口众多，工业与生活用水需求量大。

（3）在濑户内海沿岸地区，冬季有北部的山脉阻挡西北季风带来的日本海水汽，夏季有南部的山脉阻挡东南季风带来的太平洋水汽。

高度发达的经济

加工贸易经济

日本是世界第二经济大国，工业生产能力和国民生产总值均居世界前列，现代化程度高。日本本国自然资源贫乏，大多需要从国外进口。第二次世界大战后，日本利用本国丰富的劳动力资源、岛国多深水良港等有利条件，积极引进国外先进的科技水平，大力发展海上航运，进口原料，出口工业产品，拓展国际市场，使经济得到快速发展，是典型的“加工贸易型”国家。日本的贸易对象主要有美国、中国和欧洲。

日本是经济发达的资本主义国家，加工制造业、高科技产业、国际贸易、金融业和信息产业都位居世界先进行列。主要工业部门有电子、家用电器、汽车、造船、钢铁、化学、纺织、精密机械等。日本的工业品在国际市场上具有很强的竞争力。

日本生产力分布不平衡。工业大部分集中在本州岛南部太平洋沿岸地区，京滨区、阪神区、名古屋区、九州岛北部和濑户内海沿岸地区是日本主要工业区。九州岛电子工业发达，有“硅岛”之称。

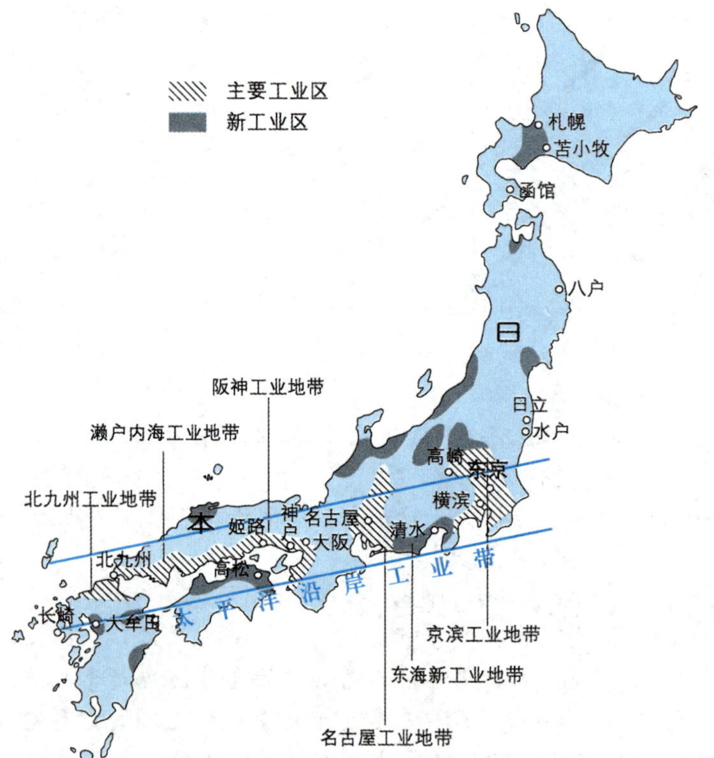

图 3－3－5　日本的工业地带和工业地域

> **读图指南**
>
> 1. 在图中找出日本的主要工业城市：东京、横滨、名古屋、大阪、神户、北九州。
>
> 2. 观察日本海岸线的特征及人口、城市的分布，分析日本工业集中分布在太平洋沿岸和濑户内海沿岸的原因。

高科技农业和海洋渔业

日本是一个人多地少的国家，人均耕地不到 0.1 公顷。为了适应耕地地块小的特点，采用小型农业机械进行生产，合理施用化肥，发展生物技术，精耕细作，提高单位面积产量。雨热同期的季风气候为平原地区的水稻种植提供水热，保证水稻产量达到自给。丘陵地区虽然发展了蔬菜和水果的种植，但仍需大量进口。

日本具有发展渔业的优越条件，沿海养殖业也很发达，捕鱼量常居世界首位。北海道附近海域，处于日本暖流和千岛寒流的交汇处，鱼类饵料丰富，为世界四大渔场之一。

能力提升 NENGLI TISHENG

1. 从自然和社会经济两方面，分析日本渔业发达的条件。

自然条件：位于温带海区，季节变化显著，冬季海水易发生搅动，上泛的底部海水含有丰富的营养盐类；处于日本暖流和千岛寒流交汇处，带来了丰富的饵料，渔业资源丰富。

社会经济条件：工业发达，造船业先进，拥有庞大的捕捞船队，鱼的捕获量占世界首位；沿海和陆上养殖业发达，水产品加工技术高；日本耕地面积小，人口多，海洋水产品在食品结构中比重大，有广泛的食鱼爱好，鱼产品消费量大，市场需求量大。

2. 分析日本发展经济的条件，并归纳日本的经济特征。

发展条件：①有利条件：便利的海运；发达的科技；高素质的劳动力；高效率的管理。②不利条件：国内矿产资源贫乏；国内市场狭小；国土面积小，缺少发展空间。

经济特征：①经济发达，工业现代化程度高。②经济结构以工业为主，农业不占重要地位。③对外依赖强。从国外进口原料、燃料，产品销售依赖国际市场。

3. 比较日本与英国地理特征的异同。

相同点：①都是岛国，海岸线曲折，海运业发达；②气候具有海洋性特征；③工业化水平很高，工业在国民经济中占主导地位；④都有世界著名渔场，渔业资源丰富；⑤新兴电子工业在布局上，都向国土南北两端扩展。

不同点：①气候类型不同：日本属于亚热带季风气候和温带季风气候，而英国为温带海洋性气候。②工业发展条件及工业布局类型不同：日本本国自然资源贫乏，靠进口原料和燃料发展工业，属“临海型”工业布局；英国是世界上发展最早的工业国，有较丰富的煤、铁资源，属“煤铁复合体型”工业布局。③农业发展条件不同：日本人多地少，种植业发达，农业现代化侧重于生物技术和水利化；英国气候温凉湿润，不利于农作物生长，农业以畜牧业为主，农业现代化侧重于机械化和生物技术。

信息链接 XINXI LIANJIE

日本的人口和主要城市

2010 年日本总人口 1.27 亿，其中城市人口均占 78%。居民绝大部分为大和族，多信奉神道教和佛教。

东京：日本的首都。位于关东平原南端，东京湾西北岸。日本政治、经济、文化中心，日本国内、国际交通的枢纽。人口 1 200 多万，是世界人口最多的特大城市之一。

横滨：日本最大的对外贸易港口之一，对外贸易占全国四分之一，是东京的外港。是日本故都和著名的文化、旅游、工业城市，出产丝织品、艺术陶瓷器。

大阪：日本第二大城市，著名工业中心，以机械、化学工业为主。

筑波：日本的科学城，位于关东平原北部。

丰田：日本的汽车城，位于名古屋的东部。

福山：日本的钢铁城，位于濑户内海沿岸。

东西融合的文化

日本是中国的近邻，中日文化交流历史悠久，早期的日本在制度、宗教、建筑、服饰、文字、书法等方面深受中国文化的影响。明治维新以后，日本又大量汲取欧美文化。当代日本文化既有浓厚的民族传统，又有鲜明的现代气息，是东西方文化交融的国度。

第二讲 印度

印度位于南亚次大陆，西北与巴基斯坦毗连，北与中国、尼泊尔、不丹为邻，东北与孟加拉国、缅甸相接壤，南部伸向印度洋，隔保克海峡同斯里兰卡相望。国土面积约298万平方千米，居世界第七位；人口10.9亿（2005年），居世界第二位。

读图指南

1. 读图中的经纬度，描述印度的纬度位置和半球位置。
2. 描述印度的海陆位置。

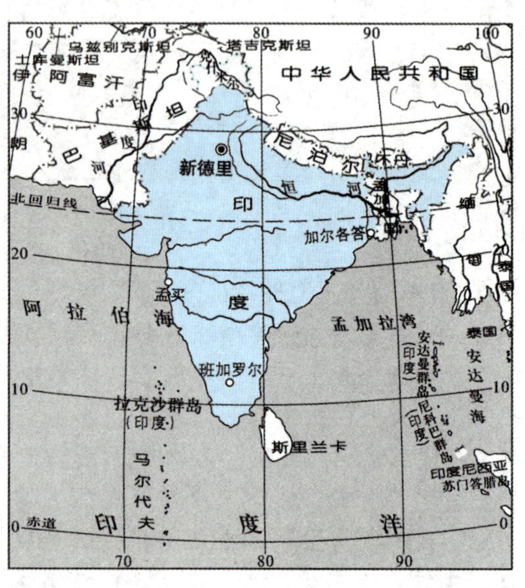

图3-3-6 印度

信息链接 XINXI LIANJIE

印度的人口

印度是世界第二人口大国，人口问题突出。1950~2001年，人口增加近2倍，年均增长2.1%，是世界上人口增长较快的国家之一。人口增长过快是印度人均收入增长缓慢和贫困人口迅速增加的主要原因。人口密度高，且分布不均衡。2001年，全国平均每平方千米314人，北部的孟加拉湾三角洲平原地区和南部的一些沿海地区人口比较稠密，其中孟加拉湾三角洲平原地区每平方千米在1 000人以上。印度人口年龄结构属成年型，15岁以下、15~65岁和65岁以上人口分别占总人口的35%、60%和5%，因此劳动力资源非常丰富，劳动力成本相对较低。

自然条件与农业

北回归线穿越印度的北部，大部分地区地处热带和亚热带，以热带季风气候为主。受季风的影响，降水集中在夏季。年降水量也极不稳定，有的年份多，有的年份少，水旱灾害频繁。印度的热量、土地条件相当优越。中部广阔的恒河平原地区土层深厚，土壤肥沃；绝大部分地区热量充足，降水较多，有利于发展农业生产。宽广的平原和低矮的高原使得印度耕地面积广阔，耕地约占国土的一半，是亚洲耕地面积最大的国家。

印度主要的粮食作物是水稻和小麦，棉花、黄麻、茶叶和甘蔗是主要的经济作物和重要的出口物资。印度政府于20世纪60年代推行“绿色革命”后，粮食产量增加很多，由严重

缺粮达到基本自给。

为了抵御水旱灾害，印度人民在恒河流域，修建了以渠道供水为主的庞大的灌溉系统，在高原地区则利用井水、池塘蓄水灌溉耕地。这些水利工程，使36%左右的耕地减轻了水旱灾害。面对严重的水旱灾害，印度仍需加强水利工程建设。

能力提升 NENGLI TISHENG

1．不同农作物对光、热、水、土的要求不同。运用图文资料，分析印度农作物分布与地形、气候的密切关系。

作物		生长条件
粮食作物	水稻	需要较高的热量和较多的水分
	小麦	耐旱能力强
经济作物	棉花	喜光、耐旱，要求土壤透气性好
	茶叶	多雨的气候及排水良好的坡地
	黄麻	喜低湿的土地和潮湿的气候
	甘蔗	喜温、喜湿、需肥多、生长期长

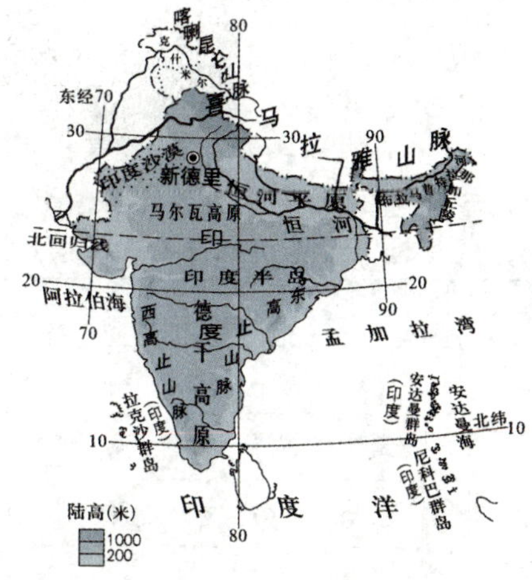

图3－3－7 印度地形

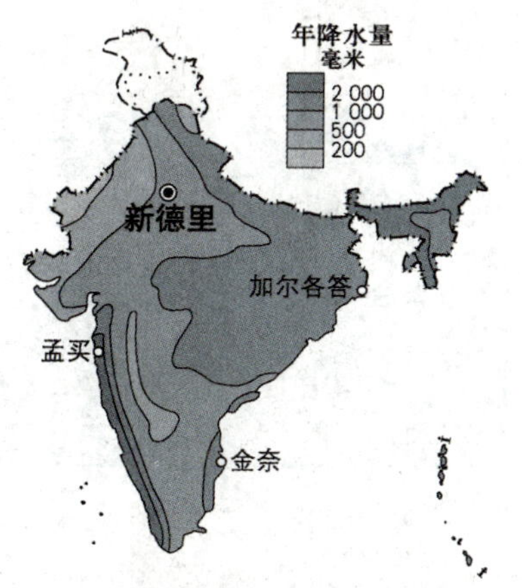

图3－3－8 印度年降水量的分布

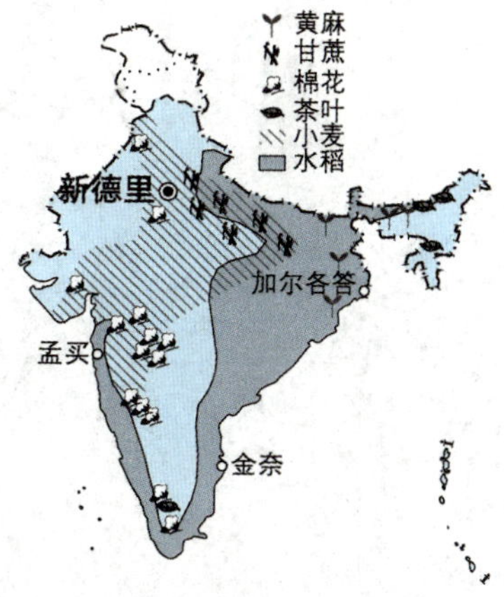

图3－3－9 印度农作物的分布

①水稻：主要分布在印度的东北部和半岛东西两侧的沿海地区。平原地形；气候湿润，降水较多，热量充足。

②小麦：主要分布在德干高原西北部，恒河上游地区。地面起伏平缓；虽然降水较少，但灌溉水源充足。

③棉花：主要分布在德干高原西北部。气温、降水适宜；土壤肥沃，生长后期多晴朗天气，日照充足。

④茶叶：主要分布在印度东北部（布拉马普特拉河两岸）。低山坡排水良好；气候湿润，雨水充足。

⑤黄麻：主要分布在恒河三角洲。气候湿热，地势低平，水源充足。

⑥甘蔗：主要分布在恒河中部平原。气候湿热，降水量较多，水源充足。

2. 印度西南季风对农业生产的影响。

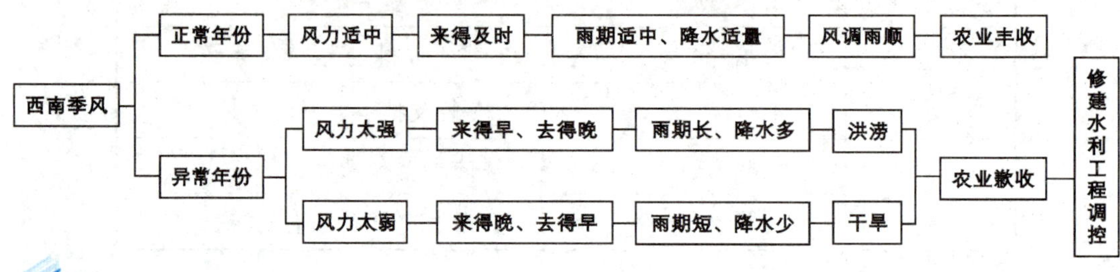

发展中的工业

在英国殖民者统治期间，印度工业以纺织和采矿为主。独立以后，钢铁、机械、电力、化学等工业迅速发展，已形成比较完整的工业体系。目前，印度的核工业、航空航天工业等新兴工业在世界占有重要地位，尤其是以计算机软件为主的信息产业的发展引人注目。

工业部门	工业中心	布局的主要区位条件	布局类型
钢铁工业	德干高原东北	煤、铁、锰资源丰富，接近各矿区	原料指向型
棉纺织工业	孟买	靠近主要产棉区，最大港口便于出口	
麻纺织工业	加尔各答	近黄麻产地，近港口，外运便利	
IT 产业	班加罗尔	科技力量雄厚，环境优美，空气洁净，国家政策扶持	技术指向型

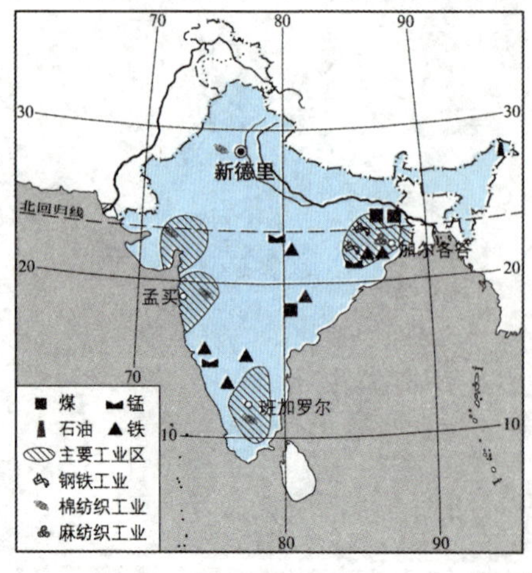

图 3-3-10 印度工业区和工业城市

读图指南

1. 在图中找到新德里、加尔各答、孟买、班加罗尔。
2. 指出印度矿产资源的主要分布区。
3. 分析印度钢铁工业、棉麻纺织工业的共同区位条件。

首都新德里，全国政治中心，也是印度北部的经济和交通中心。加尔各答，印度最大城市和主要港口，世界上最大的黄麻工业基地，世界最大的茶叶输出港之一。孟买，全国最大港口，棉纺织工业中心。班加罗尔，印度软件业中心，全球信息科技中心。

信息链接 XINXI LIANJIE

印度的“IT”产业发展

印度IT产业起步较早，20世纪50年代末即安装使用了第一代计算机。从80年代中期开始，印度的IT产业得到了迅速发展，特别是90年代以来，其发展速度举世罕见。印度之所以能够迅速崛起为IT产业大国，其原因主要有以下四个方面：

①政府的大力扶持。印度政府制定了一系列有利于IT产业发展的优惠政策，在税收、贷款、投资等方面给予政策支持，并先后建立了10个科学园区，推动IT产业的规模化发展。

②国际市场的推动。20世纪80年代中期以来，全世界对软件工程师、电气工程技术和各种软件的需求急剧增长，为印度IT产业的发展提供了巨大的市场，同时也为印度的科技人才创造了广阔的发展空间。

③拥有质优价廉的专业人才。印度拥有仅次于美国的第二大能持英语的科技人才库，而且印度的科技人才素质高、成本低。印度的软件研究与开发和编程人员的工资仅分别相当于美、英等国的1/6和1/8，这促使西方国家IT业投资转向印度，从而促进印度IT产业的迅速发展。

④IT企业的优质管理。印度的IT企业非常重视质量控制标准和培养自主开发能力，越来越多的软件企业注意自主开发并创立自己的软件包和各种服务，以占领迅速扩大的国际外包软件服务市场，包括“远程维修”市场。

第三讲 俄罗斯

世界上面积最大的国家

俄罗斯包括欧洲东部和亚洲北部，地跨亚欧两大洲和东西两半球，东西长约1万多千米，南北宽约4 000千米，陆地面积1 700万平方千米，是世界上陆地面积最大的国家。

俄罗斯人口约1.42亿（2009年），有180多个民族，其中俄罗斯族占总人口的80%。

俄罗斯领土的1/4，人口的3/4位于欧洲，全国的政治、经济和文化中心一直在欧洲。

东西差异明显的地形

俄罗斯大部分地区地形比较平坦，平原和高原面积广大。从西向东依次为东欧平原、西西伯利亚平原、中西伯利亚高原和东西伯利亚山地。地势东高西低，南高北低。

乌拉尔山以东的鄂毕河、叶尼塞河、勒拿河向北注入北冰洋，乌拉尔山以西的伏尔加河向南注入里海。东南部有世界最深的湖泊——贝加尔湖。

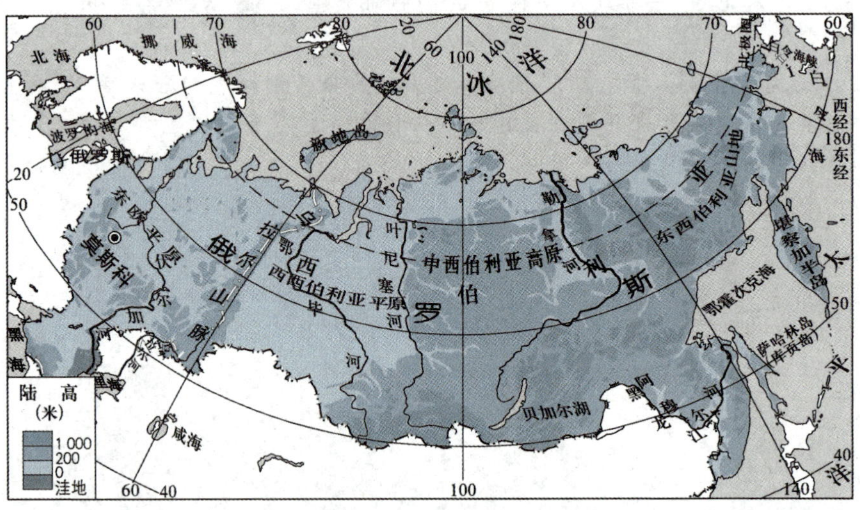

图3－3－11 俄罗斯地形

读图指南

1. 根据图中的经纬度，描述俄罗斯的纬度位置和半球位置。
2. 在图中找到北冰洋、波罗的海、黑海、里海、太平洋、白令海峡，并描述俄罗斯的海陆位置特征。
3. 在图中找到东欧平原、西西伯利亚平原、中西伯利亚高原、东西伯利亚山地；乌拉尔河、鄂毕河、叶尼塞河、勒拿河、伏尔加河，并说出河流所注入的海洋或湖泊。
4. 从各地形单元的分布以及河流的流向，分析俄罗斯的地形特点。

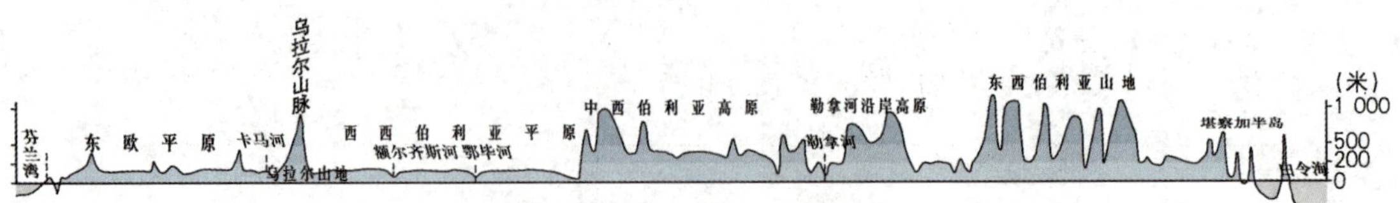

图3－3－12 俄罗斯沿60°N地形剖面

伏尔加河全长3 530千米，是欧洲第一长河，注入里海。通过运河，伏尔加河与波罗的海、白海、黑海、亚速海、里海相通，称为“五海通航”。它流量丰富，水流平稳，是俄罗斯最重要的内河航道，河运量约占全国的2/3。

读图指南

1. 找出波罗的海、白海、黑海、亚速海、里海。

2. 在图中适当位置标注俄罗斯最大的海港圣彼得堡，并分析其优势区位条件。

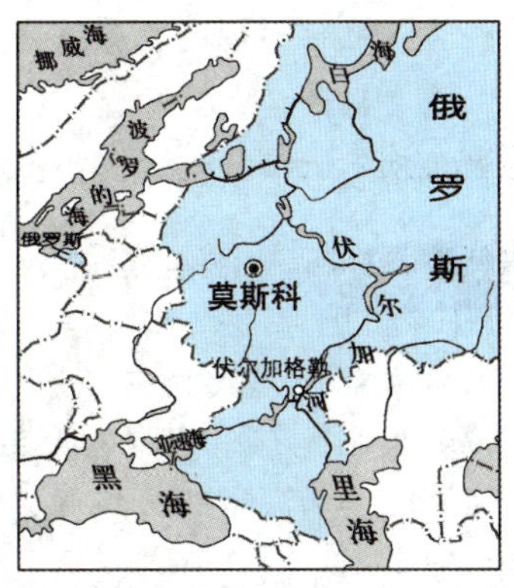

图3－3－13　五海通航

俄罗斯的水能蕴藏量仅次于中国，居世界第二位。西伯利亚各大河流中上游流经高原山地，落差大，水能蕴藏量丰富，建有大型水电站。伏尔加河的水能蕴藏量，虽不如西伯利亚各大河流，但开发利用程度较高。

触类旁通 CHULEI PANGTONG

俄罗斯虽有漫长的海岸线、众多的河流，但其航运能力不强。试分析其原因。

解析 河流的航运能力受自然和人文两方面影响。自然因素包括河流水位的高低、水位变化的大小（汛期）、冰期的长短、水流的平稳性等；社会经济因素主要包括经济发展水平、人口城市的分布、资源的分布等。

答案 俄罗斯以温带大陆性气候为主，夏季短促、冬季漫长，境内河流封冻期长，而且有凌汛现象发生，通航期短，运力弱（伏尔加河等少数河流除外）；几条大河（鄂毕河、叶尼塞河、勒拿河）均处于西伯利亚地区，人口密度小，且河流为南北流向，无法连接经济较为发达的西部地区。

俄罗斯东部沿岸地区经济欠发达；北部沿岸冰封期长；西部海岸线较短；除北冰洋外，各海域沿岸港口与外洋之间的联系都需要经过别国海域。

能力提升 NENGLI TISHENG

1．利用经纬网，掌握俄罗斯主要地形、河流等地理事物的空间分布。

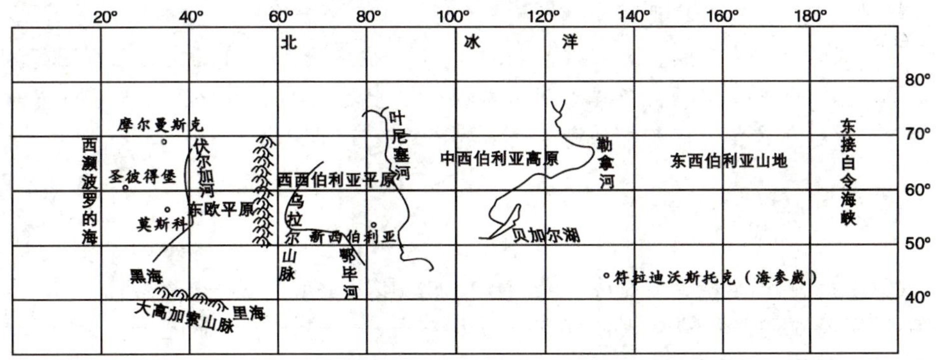

图3－3－14

2. 利用自然地理环境整体性的原理，分析俄罗斯沼泽广布的原因。

①纬度高，气温低，地表蒸发弱；

②地势低平，排水不畅；

③冬季积雪多，春季积雪融化量大；

④河流多，易凌汛泛滥；

⑤地下有永久性冻土层，地表水不易下渗。

温带大陆性为主的气候

俄罗斯以温带大陆性气候为主，冬季漫长而严寒，夏季短促而凉爽，并且东西差异大，东欧平原气候比较温和，有小范围的温带草原气候，北部的北冰洋沿岸为寒冷的极地气候，东部沿海受季风影响，为温带季风气候，南部大高加索山地有高山气候分布。西伯利亚地区冬季非常寒冷。

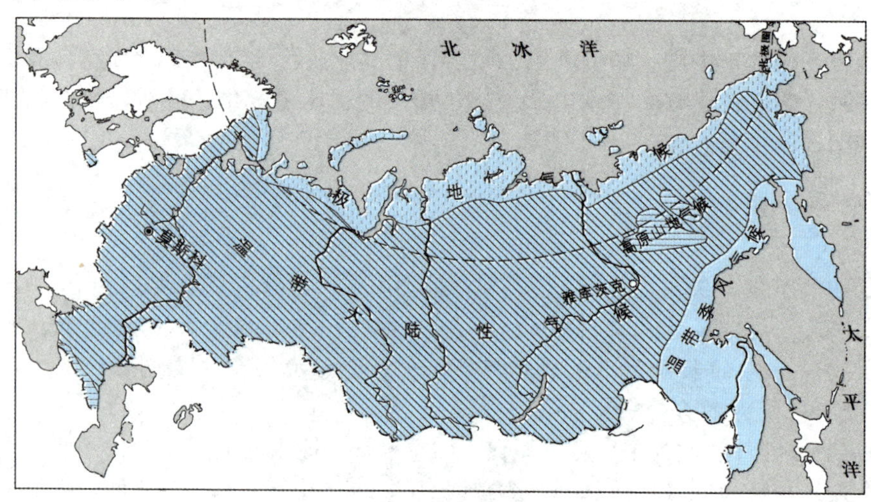

图 3-3-15 俄罗斯气候类型分布

读图指南

1. 说出俄罗斯主要气候类型的分布范围。

2. 从纬度位置、海陆位置分析俄罗斯的气候特征。

信息链接 XINXI LIANJIE

北半球“寒极”——奥伊米亚康

奥伊米亚康位于俄罗斯东西伯利亚山地的一个盆地中，它的气温从12月底到次年1月均低于-45℃，有的年份甚至低于-60℃，极端最低温为-71℃。形成低温的主要原因有：

①纬度高　单位面积得到的太阳辐射少；

②日照时间短　冬至日该地昼长小于5.5小时；

③海拔较高　奥伊米亚康盆地海拔在2 000米以上，高于同纬度的中西伯利亚高原；

④盆地地形　气流交换弱，冬季地面散热快，山上冷空气沿山坡下沉至盆地底部，同时极地寒冷气流在这里停留时间长，加剧了该地的寒冷程度。

触类旁通 CHULEI PANGTONG

分析俄罗斯气候冬季漫长而寒冷、夏季短促而温暖的形成原因。

解析 气候特征的成因应从太阳辐射、大气环流、下垫面等方面进行分析。

答案 俄罗斯纬度位置较高，太阳高度角小，接受的太阳光照和热量少，因而气温低；地处亚洲大陆最北部，加上西北部低、东南部高的地势，使得西伯利亚受北冰洋的影响很大，全年受极地气团控制，造成气候严寒，尤其是冬季，气候更加寒冷。

改革中的经济

不稳定的农业

俄罗斯虽然面积广大，但是由于大部分国土地处高纬地区，冬季漫长，气温偏低，不适合农作物生长。

俄罗斯耕地主要集中在气候相对温和的东欧平原以及纬度较低的南部顿河流域。在西伯利亚各大河流的上游河谷两岸也有耕地分布。伏尔加河流域和顿河流域是主要的农业地带。北部广大地区气温低，不利于农作物生长，是世界上最大的针叶林分布地区。

俄罗斯主要农产品有小麦、甜菜、马铃薯、向日葵、亚麻等。谷物产量不稳定，需大量进口。

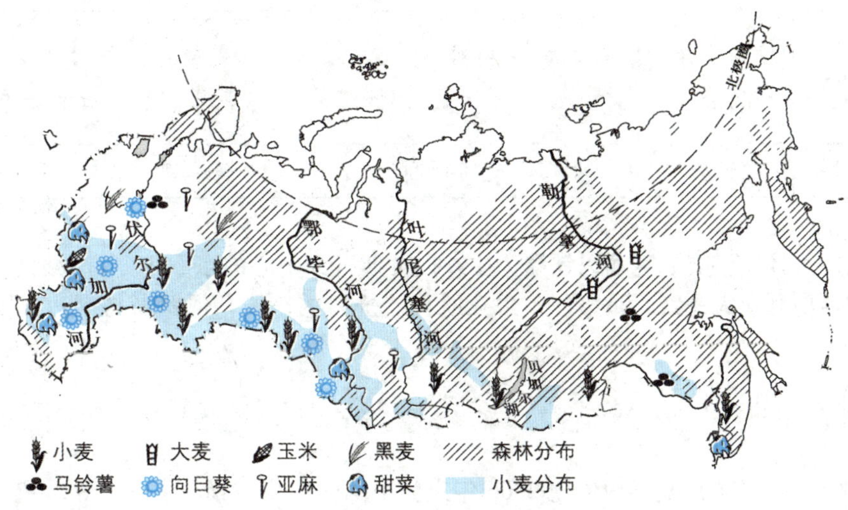

图 3－3－16　俄罗斯农作物分布

雄厚的基础工业

俄罗斯蕴藏着大量的矿产资源，很多矿产的储量和开采量居世界前列。石油开采量居世界第3位，仅次于美国和沙特阿拉伯；黄金产量仅次于南非，居世界第2位。乌拉尔山脉蕴藏着丰富的有色金属矿产资源，已成为俄罗斯金属冶炼的重要基地。

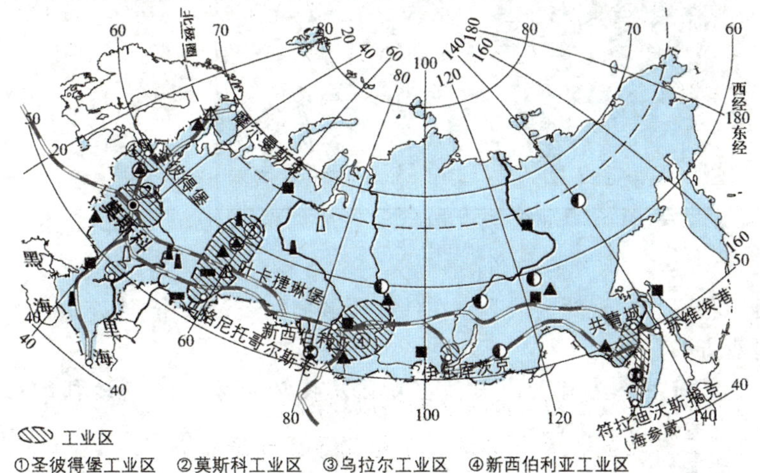

图 3－3－17　俄罗斯资源、工业和交通

读图指南

1. 在图中找到库兹巴斯、库尔斯克、第二巴库、秋明，分析乌拉尔工业区和新西伯利亚工业区的优势区位条件。

2. 在图中找到莫斯科、圣彼得堡、符拉迪沃斯托克。分析俄罗斯城市的分布特点。

库兹巴斯是俄罗斯的重要煤田，库尔斯克是世界上最大的铁矿区，石油和天然气主要分布在第二巴库和秋明等地。

俄罗斯工业基础雄厚、部门齐全。在丰富的自然资源基础上，重点发展重工业。主要工业部门为钢铁、机械和化工等，特别是核工业和宇航工业在世界上占重要地位。主要工业区有莫斯科工业区、圣彼得堡工业区、乌拉尔工业区和新西伯利亚工业区。

俄罗斯主要工业区比较

工业区	主要工业部门	工业中心	发展条件
莫斯科	机械、化学、纺织、航空航天、电子等	莫斯科	周围有铁矿（库尔斯克）、石油，铁路运输方便，是全国最大的交通枢纽
圣彼得堡	钢铁、机械、化工	圣彼得堡	临波罗的海，有优良海港
乌拉尔	钢铁、机械、有色金属冶炼	马格尼托哥尔斯克、叶卡捷琳堡	有多种有色金属矿产，附近煤、铁、石油资源丰富
新西伯利亚	重工业、军事工业	新西伯利亚	煤、铁、有色金属等丰富

铁路为主的交通

俄罗斯国土辽阔，交通运输以铁路为主。以莫斯科为中心的东欧平原有放射状的铁路网，横贯东西的西伯利亚大铁路，是第一条“亚欧大陆桥”的东段，俄罗斯与周边邻国都有铁路直接相通。

触类旁通 CHULEI PANGTONG

1.（2006·江苏卷）我国政府将2006年定为中国的“俄罗斯年”。读图3－3－18，回答问题。

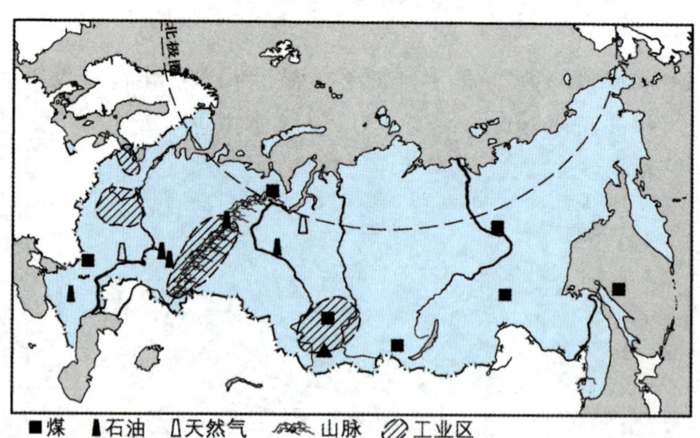

图3－3－18

（1）根据俄罗斯矿产资源状况，中俄两国最适宜在什么领域加强经贸合作？

（2）试分析这种合作对双方的意义。

解析 该题以中国的“俄罗斯年”为背景，以俄罗斯区域图为载体，考查读取信息的能力以及资源跨区域调配对地理环境的影响。

答案（1）石油（油气、能源）

(2) 对中国而言：有利于缓解石油紧张局面；实现石油进口渠道多元化；进口运费较低，安全性较好。对俄罗斯而言：将资源优势转化为经济优势，促进东部地区油气资源的开发和经济发展；扩大石油出口渠道；降低东部地区石油出口成本。

2. (2014·海南卷) 阅读图文资料，完成下列要求。

俄罗斯亚洲地区森林资源丰富。2007 年，中俄共同投资 5 亿美元在哈巴罗夫斯克建设了一座以木材为原料的纸浆厂，产品主要销往我国。图 3－3－19 示意哈巴罗夫斯克附近地区的铁路线和河流。

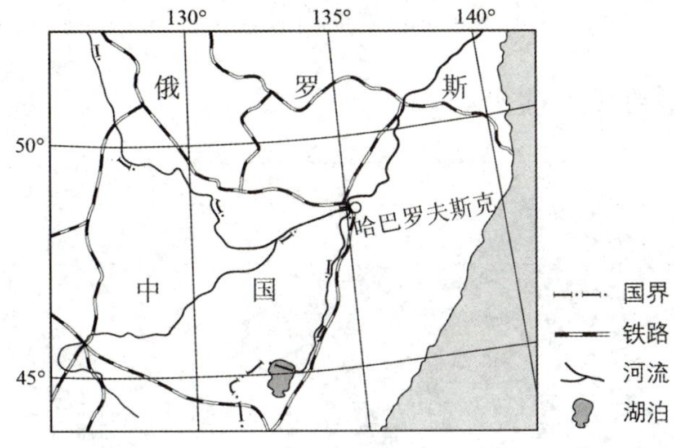

图 3－3－19

简述在哈巴罗夫斯克建设纸浆厂的有利条件。

解析 造纸业的主要原料是木材。目前，我国造纸业对木材的依赖度较高。我国和俄罗斯合作在俄罗斯建纸浆厂，可以更好地解决我国木材资源短缺和对纸张需求的问题。我国是俄罗斯木材资源的第一大出口国，与俄罗斯有广泛的森林资源国际合作，俄罗斯亚洲部分是我国森林资源国际合作开发的重点区域。中俄两国在中俄边境地区建设纸浆厂，是互惠互利之举。根据图文信息，调动纸浆厂区位选择的主要因素思考作答。

答案 临近原料产地（离木材产地较近）；临近铁路枢纽（铁路交会点），交通运输方便。临近两国交界处，接近市场（中国）；临江（河），用水、河运方便；基础设施较好。

信息链接 XINXI LIANJIE

莫斯科环形放射式的道路网

城市道路网是在一定的自然、历史、现状和建设条件下，为满足城市交通运输和其他各种需求而形成的。城市道路网规划时，需要遵循一些基本原则，如满足人们出行的需要、节约用地、合理利用地形和水文条件、保护环境等。

不同的城市有不同的道路网，欧洲许多著名的大城市为环行放射式道路网，如巴黎、伦敦、莫斯科等。这些道路网由若干条放射线和若干条环行线组成。

道路网类型	特点
放射式	优点：从郊区可以直达市中心，方便市中心与周围地区的联系。 缺点：将人流、车流引入市中心，容易导致交通拥堵、环境污染，且郊区端点的联系需要通过市区，不方便
环形	优点：方便郊区端点的联系，避免市中心的交通拥堵
环形放射式	有利于市中心与周围地区的交通联系；避免市中心的交通拥堵

第四讲 法国

法国是欧洲西部面积最大的国家。领土包括大陆部分和地中海的科西嘉岛。大陆部分大致呈六边形，三面临海，三面靠陆，国界线长 5 300 千米，其中海岸线长约 3 110 千米，是欧洲重要的海陆兼备的国家。

法国的地形以平原和丘陵为主，地势东南高、西北低。北有巴黎盆地，中南部为中央高原，东南部为阿尔卑斯山脉，西南部为比利牛斯山脉。

欧洲西部最大的国家

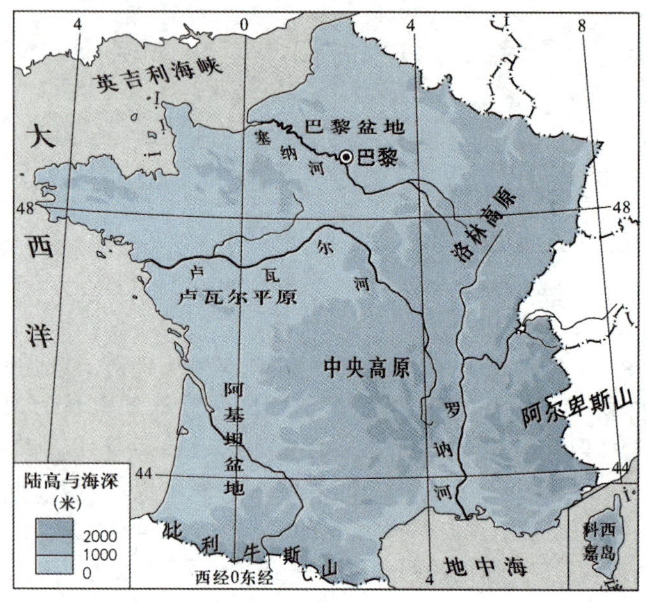

图 3－3－20 法国地形

> **读图指南**
>
> 1. 从法国的纬度位置和海陆位置，分析法国大部分属于温带海洋性气候的原因。
> 2. 在图中找到比利牛斯山、阿尔卑斯山脉、巴黎盆地，并简述法国的地形特征。
> 3. 说出法国气候的海洋性由西向东的变化规律，并分析原因。

法国的河流大部分发源于中央高原，向西北和东南入海。塞纳河为北部大河，水量丰富稳定，河床平坦，利于航运。卢瓦尔河为全国最长河流，上游因穿过中央高原，水流湍急，水能丰富。罗讷河水量最大，水流最急，水力资源最丰富。法国众多河流之间有运河相通，形成内河运输网络，为工农业生产提供了极大的便利。

法国大部分属于温带海洋性气候，气温变化小，全年降水比较均匀，基本没有旱涝灾害。地中海沿岸则是地中海气候，夏季气温高，降水少。

信息链接 XINXI LIANJIE

丰富的旅游资源

法国既濒临地中海又濒临大西洋，还拥有阿尔卑斯山和比利牛斯山山地景观，为旅游业提供了丰富的自然旅游资源。自中世纪以来，法国由于国力的强盛而成为欧洲文化的中心，其城市建筑、艺术、服饰，甚至语言曾长时期代表着欧洲和世界的时尚。历史的丰厚积淀给法国带来了具有世界影响力的人文旅游资源，法国因此有了世界上最发达的旅游业。

来自寒冷地区的人们特别钟爱夏季的阳光，所以夏季法国地中海沿岸的阳光、沙滩、大海吸引了无数的游客。著名旅游地有尼斯、戛纳等。法国西南部的比利牛斯山、中南部中央高原、东南部的阿尔卑斯山则为冬季的滑雪和夏季的登山提供了胜地。

欧洲的经济大国

法国工农业发达，农业在国民经济中占重要地位。

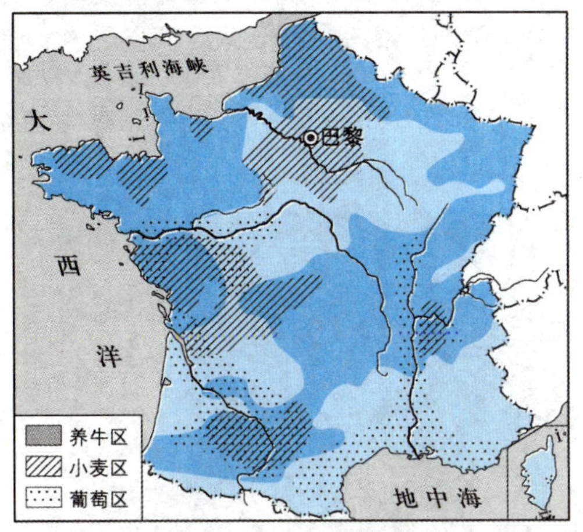

图3-3-21 法国的农业

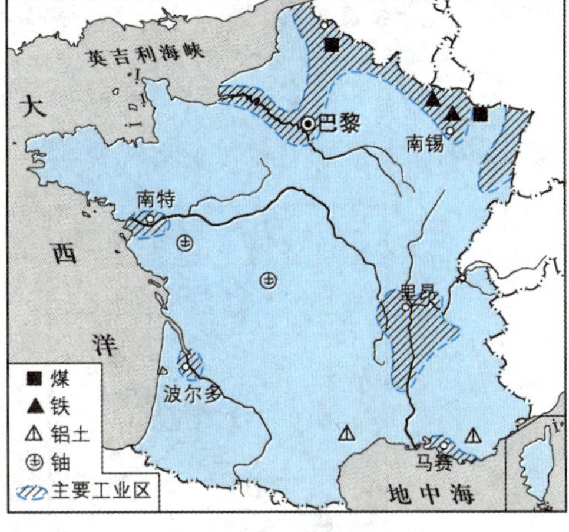

图3-3-22 法国的工业

发达的农业

法国发展农业的条件优越，是世界重要的粮食和农产品出口国。以平原和丘陵为主的地形，温和湿润的气候，肥沃的土壤，有利于农业生产的发展；西欧其他国家的气候不利于谷物的成熟，因而法国的农产品市场广阔。

法国主要农业区比较

农业区	农产品	生产条件
巴黎盆地及其以北	小麦、马铃薯	气候温和湿润，没有旱涝灾害，小麦产量高
西部大西洋沿岸和南部高原	肉类、奶制品	海洋性气候及高原地形，草原广阔；城市化水平高，市场广阔
西南部和地中海沿岸	葡萄、葡萄酒	夏季气温高，降水少，在植物生长旺盛的季节，光照充足，昼夜温差较大

发达的工业

法国是工业发达的国家。工业总产值居世界前列。

法国的煤、石油资源比较贫乏，所以发展核电受到高度重视，在世界上其核电站数量、核电装机容量仅次于美国，居第二位。在发展核电站的同时，法国也重视开发水力资源、潮汐能资源、太阳能资源。

法国的铁、铀、铝土矿储量在西欧名列前茅，有色金属依赖进口。主要工业部门有汽车、航天、电子和核工业等新兴工业和机械、钢铁、纺织等传统工业。

以巴黎为中心的巴黎盆地是法国最重要的工业区，主要工业部门有汽车、飞机、电器、电子、化学、纺织等。洛林区是法国历史悠久的传统钢铁工业区。马赛—福斯工业区利用丰富的铝土和水力资源发展炼铝业，利用港口交通的优势，进口原料，发展钢铁、机械工业，工业地位已超过洛林区。

首都巴黎位于巴黎高地中部，市区跨塞纳河两岸，是全国的政治、经济、文化和交通中心，人口1100多万，是举世闻名的大都市。

触类旁通 CHULEI PANGTONG

（2010·全国Ⅰ）阅读图文资料，完成下列各题。

葡萄的糖分含量越高，酿制出的葡萄酒酒精度越高。葡萄生长过程中，特别是成熟期的光照及昼夜温差与其糖分积累呈正相关。图3－3－23中甲、乙两地均为优质葡萄产地，图3－3－24为乙地典型的葡萄种植园景观。世界上酒精度最高（16.2度）的优质葡萄酒就是使用乙地及其附近所产的葡萄酿制而成的。

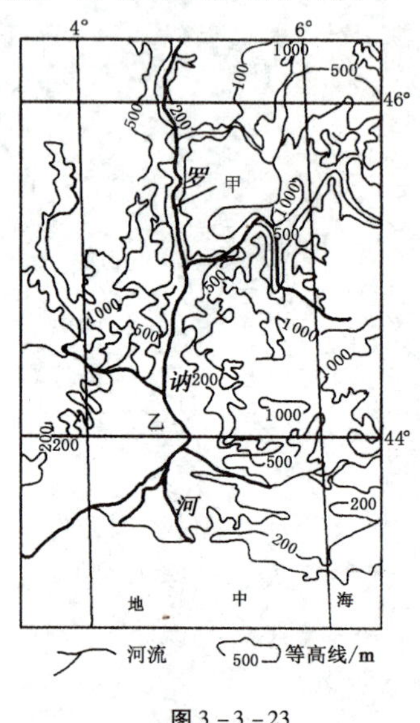

图3－3－23

图3－3－24

（1）分析甲地有利于种植葡萄的地形、气候条件。

（2）分析乙地葡萄种植园地表鹅卵石堆积的原因。

（3）简述乙地气候类型和特点，并说明气候条件以及葡萄种植园地表鹅卵石对葡萄生长的影响。

解析 本题主要考查从图文材料中提取信息，并与地形、气候、农业生产建立知识联系，进而解答问题。第（1）问由图中等高线、河流、经纬度位置等特征可知，甲地位于河谷，处于西南风的背风地带，晴天多、昼夜温差大。第（2）问乙地位于罗讷河出山口附近，鹅卵石堆积与河流的搬运和沉积作用有关。第（3）问由经纬度位置和海陆位置可知乙地为地中海气候，夏季炎热干燥，光照、热量充足，有利于葡萄生长；鹅卵石不仅可以保持土壤水分，还能增加昼夜温差，利于作物糖分积累。

答案（1）甲地位于（南北向的）河谷中，灌溉（和排水）条件好；（北纬45°附近）葡萄生长季节日照时间长，光照充足；葡萄成熟季节昼夜温差大，利于糖分积累。

（2）乙地位于（罗讷河）河流出山口附近。河流出山口前，穿行于峡谷，水流急，可携带砾石；河流出山口后，流速变缓，携带的砾石首先在此处堆积。

（3）乙地（临地中海）为地中海气候；冬季温和多雨，夏季炎热干燥。葡萄生长季节光照、热量充足，鹅卵石利于保持土壤水分（利于地表水下渗，防止土壤水分蒸发）；鹅卵石（白天受到太阳照射）增温快，夜间降温也快，增大气温的日较差，利于葡萄的糖分积累。

第五讲　德国

欧洲交通的“十字路口”

德国面积35.7万平方千米，人口8 245万人（2005年），首都柏林。

德国位于欧洲大陆中部，北部濒临北海和波罗的海，处于联系西欧、东欧、北欧和南欧的陆路十字路口，战略位置十分重要。穿越日德兰半岛南端的基尔运河，是联系波罗的海与北海之间的捷径，在经济和军事方面意义重大。

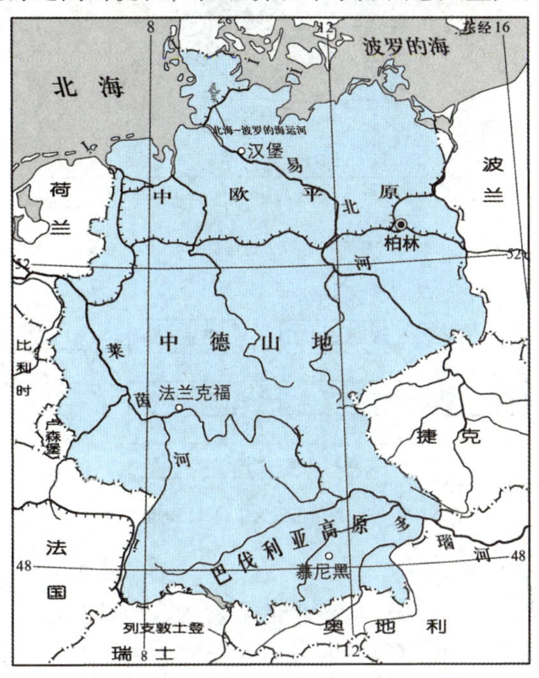

图3-3-25　德国地形

读图指南

1. 在图中描绘50°N纬线和10°E经线；在图中找出北海、波罗的海、基尔运河以及德国的邻国。
2. 在图中找出多瑙河、莱茵河、易北河，分析河流的水文特征。
3. 说出德国的地形特点。

德国地势南高北低，呈阶梯状分布。北部为波德平原，地势低平；中部为谷地宽广的山地，适宜农耕和放牧；南部为山地、高原，有著名的巴伐利亚高原和阿尔卑斯山脉。气候以温带海洋性气候为主，自西向东由海洋性向大陆性过渡。主要河流有向东注入黑海的多瑙河、向北注入北海的莱茵河和易北河，河流之间有运河沟通，交通便利。

欧洲经济的“火车头”

农业的地域差异

由于自然环境的差异，德国北部和南部农业生产各具特色。

	农业特点	生产条件
北部	畜牧业为主	以波德平原为主，地势低平；土壤贫瘠；夏季温凉，冬季阴冷
南部	水果、园艺业为主，盛产葡萄、烟草、水果等	以高原、山地为主；日照时间长；河谷地区土壤肥沃

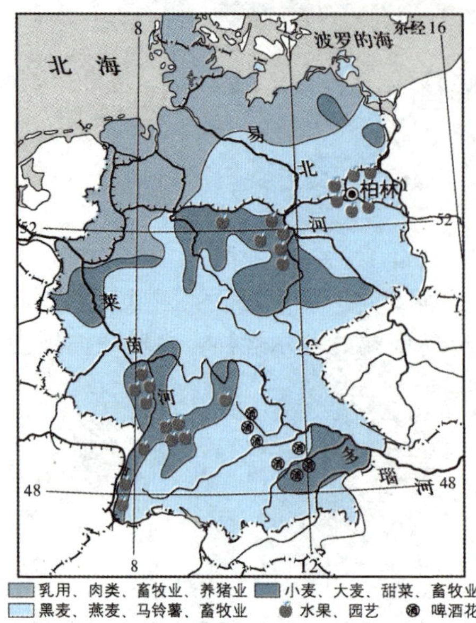

图 3－3－26 德国的农业分布

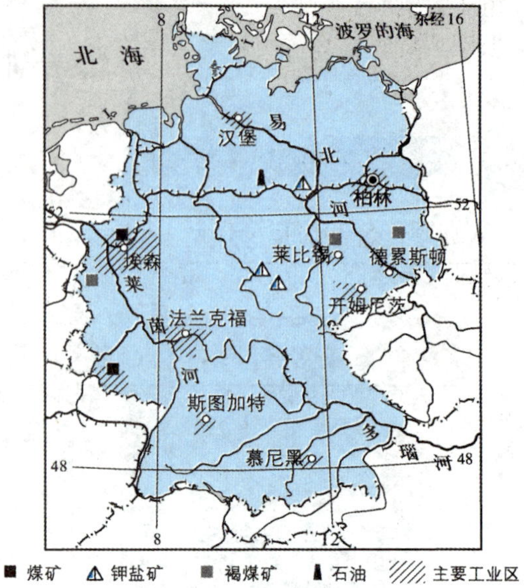

图 3－3－27 德国工业区

高度发达的现代化工业

德国是现代化工业高度发达的国家，经济实力居欧洲之首，有欧洲的“火车头”之称。德国工业的发展是建立在本国丰富的煤炭资源、便利的水陆交通、发达的科技基础之上的。主要工业部门有机械制造、化学、采煤、纺织等。鲁尔区是著名的传统工业区，慕尼黑是主要的新兴工业中心。

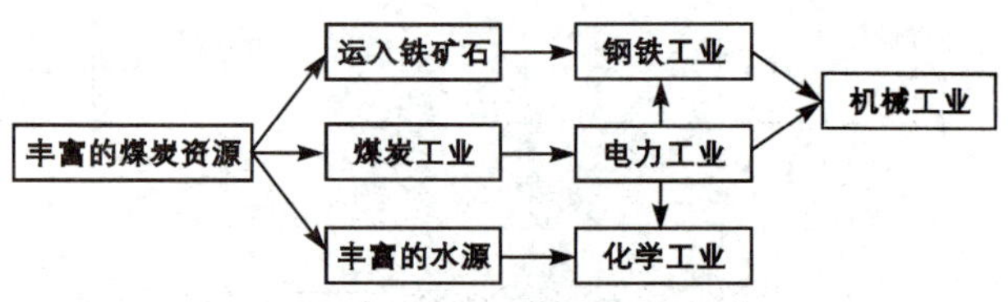

图 3－3－28 鲁尔区五大工业部门的联系

鲁尔区形成于 19 世纪中叶，被称为“德国工业的心脏”。鲁尔区发展的区位优势有煤炭资源丰富、离铁矿区较近、水源充沛、水陆交通便捷和市场广阔。

20 世纪 50 年代以后，鲁尔区经济开始衰落，其原因主要是生产结构单一、煤炭的能源地位下降、世界性钢铁过剩、新技术革命的冲击和本区用地紧张、环境污染等。

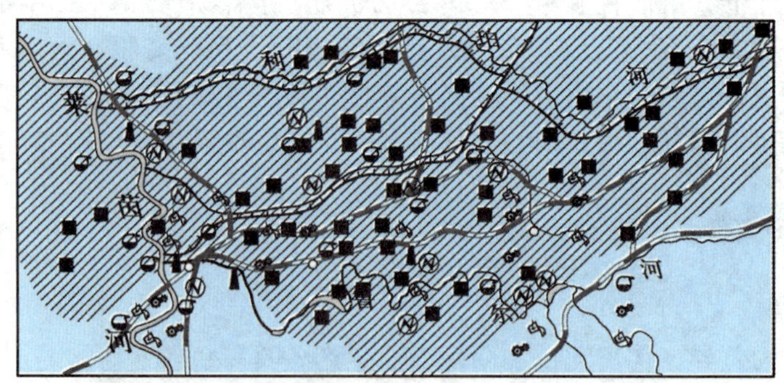

图 3－3－29 鲁尔区

20 世纪 60 年代以来，鲁尔区发展新兴工业和第三产业，改造煤炭、钢铁工业，促进经济结构多样化；调整工业布局，保证各行业平衡发展；拓展交通，完善交通网；发展科技，繁荣经济；消除污染，美化环境。经过综合整治，鲁尔区重新焕发青春活力。

电子、电气工业是德国快速兴起的工业部门，其规模仅次于日本，居世界第二位。慕尼黑、斯图加特和首都柏林是重要的电子、电气工业中心，其中慕尼黑是欧洲最大的微电子工业中心，有德国“硅谷”之称。

能力提升 NENGLI TISHENG

1. 列表比较德国与英国工业生产。

国家	工业特点	工业部门	发展条件	主要工业区
德国	①现代工业高度发达；②工业产品一半依靠国际市场；③工业分布较平衡	机械制造、化学、采煤、钢铁、纺织等	①丰富的煤炭资源；②便利的水陆运输；③雄厚的科技力量	鲁尔区、慕尼黑及周围地区
英国	①工业化最早的国家；②以工业为主的国家	纺织、钢铁、造船、汽车、石油、电子等	①海岸线曲折，沿海有优良港湾；②工业基础好；③20世纪60年代后开发北海油田，起到促进作用	英格兰中部区，苏格兰南部区

2. 分析矿产资源型工业基地发展的一般方法（以德国鲁尔区为例）。

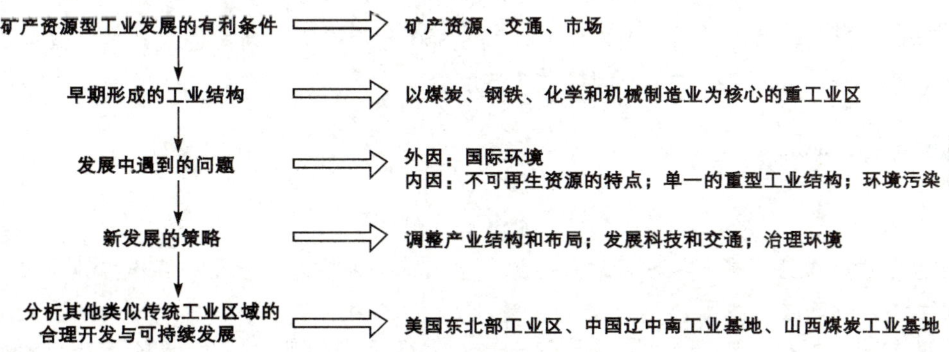

第六讲　埃及

地跨两大洲的国家

埃及地跨亚非两大洲，大部分位于非洲东北部，苏伊士运河以东的西奈半岛属于亚洲。埃及北濒地中海，东临红海，地处亚、非、欧三大洲交通要冲，也是大西洋和印度洋之间的航运要道，扼守着世界上最重要的石油运输线的咽喉，战略地位十分重要。

读图指南

1. 在图中找到红海、地中海、苏伊士运河；描出北回归线、30°N和30°E。

2. 分析埃及的地理位置特征，说明埃及战略地位的重要性。

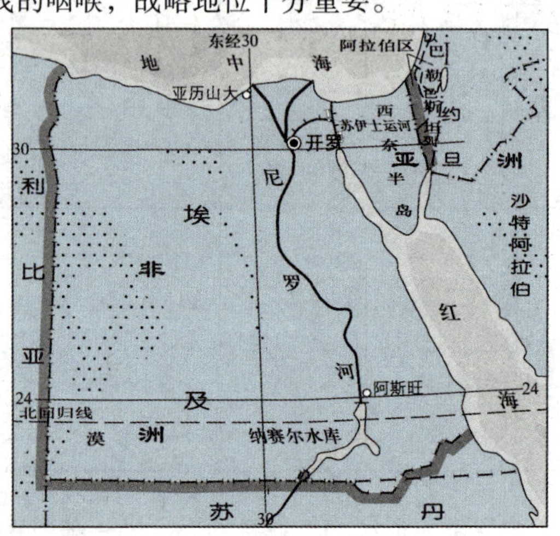

图 3-3-30　埃及

埃及领土面积约 100 万平方千米。人口约 8 300 万，87% 是阿拉伯人，多信奉伊斯兰教。首都开罗是一座千年古都，也是非洲最大的城市。

信息链接 XINXI LIANJIE

苏伊士运河

19 世纪中叶，法国资本家利用埃及劳工，在苏伊士地峡处开凿了一条连接地中海和红海、沟通大西洋与印度洋的运河。

苏伊士运河全长 193.5 千米，宽 320 米，水深 23.5 米，可通行 28 万吨满载货物或 56 万吨空载巨轮。苏伊士运河的开通将北大西洋沿岸各国到印度洋之间的航线比绕道好望角缩短了 5 500 ~ 8 000 千米；从地中海沿岸各国到印度洋的航线缩短了 8 000 ~ 10 000 千米。

1956 年，埃及将运河收为国有后，不断挖深加宽，使其通航能力不断提高，已经成为世界最重要的航道之一，为埃及带来了丰厚的收入。

沙漠中的绿色走廊

埃及除北部地中海沿岸为地中海气候外，大部分地区属于热带沙漠气候，终年炎热，干燥少雨。最高气温可达 40℃ 以上，年降水量大多不足 50 毫米。埃及大部分地区海拔在 200 ~ 700 米之间，90% 以上的土地为沙漠，是一个名副其实的沙漠之国。

尼罗河是埃及的“母亲河”，埃及人民利用尼罗河水的定期泛滥创造了灿烂的古代文明。

埃及人民利用尼罗河水作为主要灌溉水源发展种植业，在沙漠地区形成一条“绿色走廊”。埃及的耕地、人口和城市都集中分布在狭长的尼罗河沿岸平原和河口三角洲。

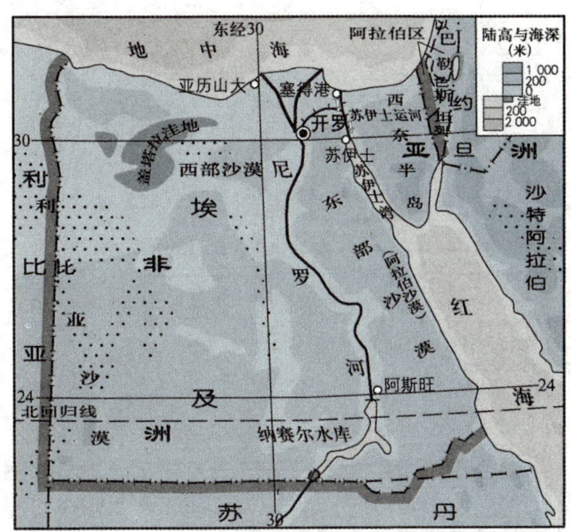

图 3－3－31 埃及地形

读图指南

1. 说出埃及的地形特征。

2. 从大气环流的角度，分析埃及大部分地区属于热带沙漠气候的原因。

3. 从尼罗河源头的气候特征入手，分析尼罗河定期泛滥的原因。

埃及的灌溉农业发达，集中分布在尼罗河谷地和河口三角洲地区，农业现代化水平高。长绒棉产量和出口量居世界首位。主要农产品有长绒棉、玉米、小麦、水稻、枣椰等。蔬菜、水果已经自给。

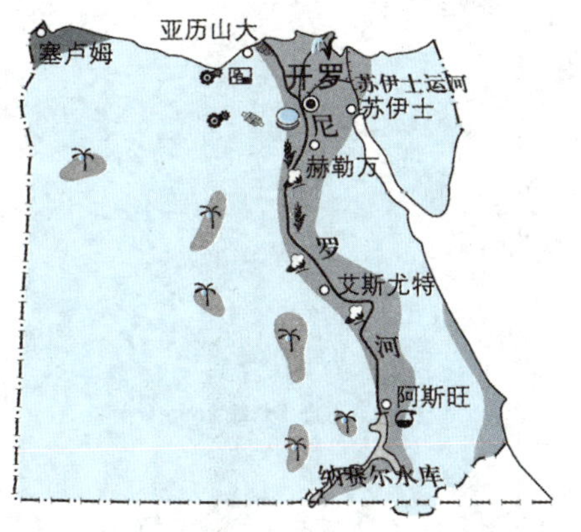

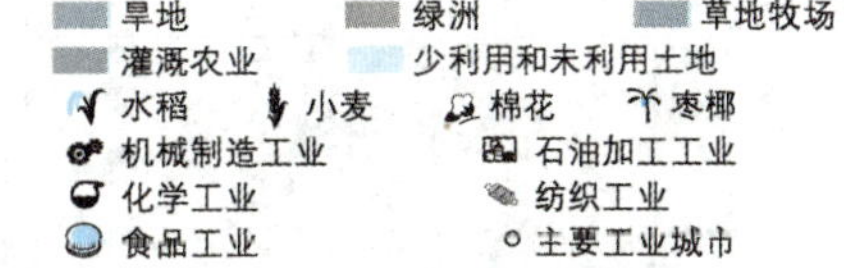

图 3－3－32 埃及主要工农业分布

读图指南

1. 简述埃及农业生产的分布特征，并分析原因。

2. 分析埃及长绒棉生长的有利自然条件。

能力提升 NENGLI TISHENG

用环境整体性的原理，分析阿斯旺大坝的修建对地理环境的影响。

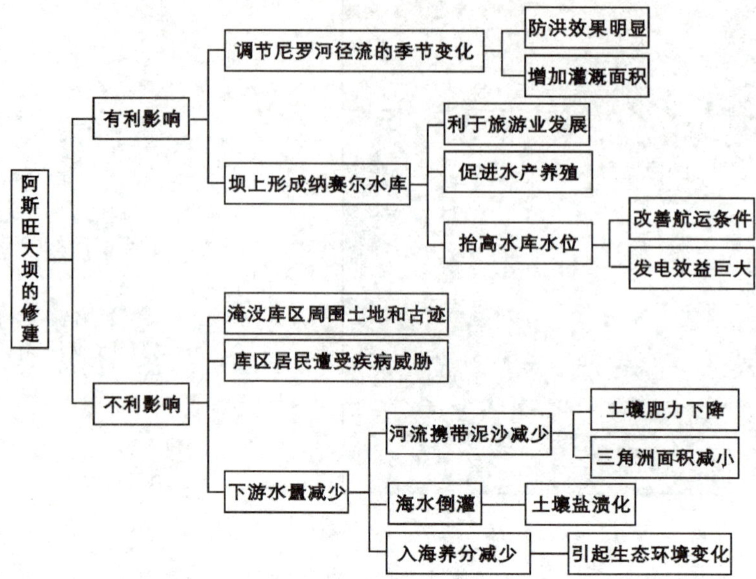

触类旁通 CHULEI PANGTONG

（2009 全国Ⅰ）根据图表资料，并结合所学知识，完成下列要求。

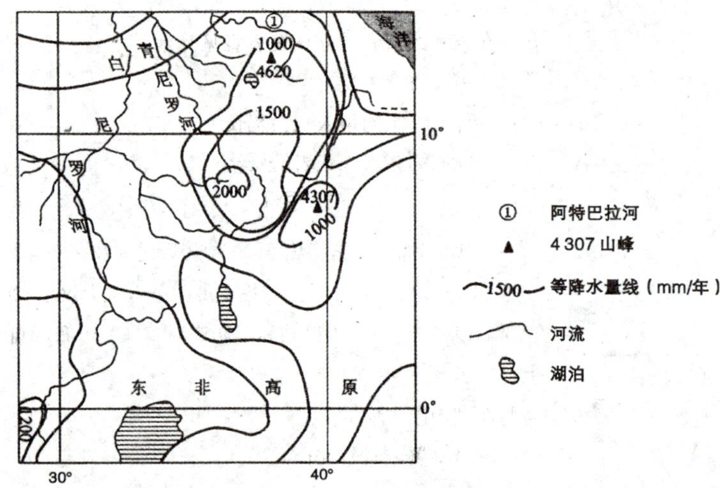

图 3－3－33

构成（%）流域 / 时段	白尼罗河	青尼罗河	阿特巴拉河
全年	32	60	8
洪水期	10	68	22
枯水期	83	17	0

（1）分析尼罗河径流量的季节变化特点及原因。

（2）为什么尼罗河枯水期径流主要来自白尼罗河？

（3）简述尼罗河径流季节变化对其下游河谷及三角洲古代农业生产的影响。

解析 该题立意是探究尼罗河径流变化对埃及古代农业生产的影响。在探究尼罗河径流季节变化特点及其原因之后，进而探究其季节变化对下游河谷及三角洲古代农业生产的影响。(1) 结合尼罗河流域的气候类型及其降水的季节分布状况，可分析出径流量的季节变化特点。结合三个具体流域的雨季分布及径流量变化综合分析其原因。(2) 结合各支流水量的季节变化进行分析。(3) 结合尼罗河径流量的季节变化、洪水泛滥带来的肥沃土壤等方面来解答。

答案 (1) 季节变化特点：洪水期出现在北半球夏半年，枯水期出现在冬半年。原因：尼罗河三个源流的流域大部分，以及流域降水量最丰富、产流量最大的地区，位于北半球热带草原带（热带草原气候区），雨季出现在北半球夏半年，产生径流多；干季出现在冬半年，产生径流少。

(2)（尼罗河枯水期时，青尼罗河和阿特巴拉河都进入枯水期，产生的径流量少。）白尼罗河源流位于南半球，南半球为雨季，所以白尼罗河产生的径流最多。

(3) 尼罗河径流季节变化显著，导致其下游河谷及三角洲农业生产具有明显的季节变化。洪水每年定期泛滥，洪水泛滥之后，开始农耕。枯水季节是作物生长及收获季节。洪水泛滥时在被淹农田表面沉积一层肥沃的淤泥，使土壤年年肥力不减，有利于农作物的生长。

四大支柱产业

过去，长绒棉一直是埃及著名的出口商品。近年来，埃及的石油、运河、侨汇和旅游收入都超过了棉花出口收入，成为埃及的主要经济支柱。

支柱产业	优势条件
石油	埃及北部有丰富的石油资源，是重要的石油出口国
侨汇	埃及人口众多，劳动力丰富，前往西亚工作的人很多，每年有大量的侨汇收入
运河	随着苏伊士运河的通航能力不断增加，运河收入也逐年增加
旅游	埃及旅游资源丰富，既有金字塔等著名文物古迹，也有尼罗河沿岸优美的风光，还有沙漠奇景

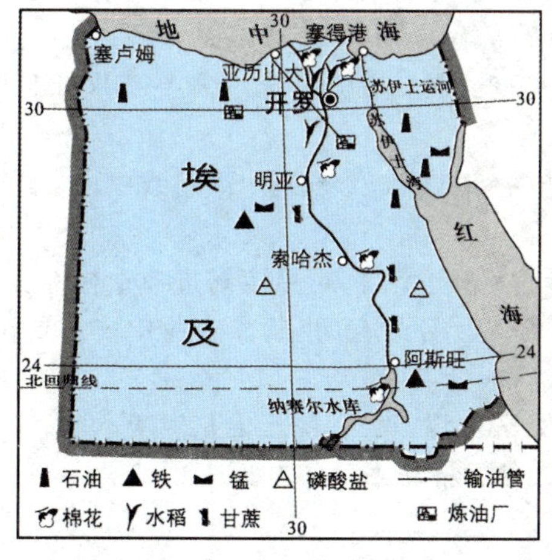

图 3－3－34　埃及矿产和物产分布

读图指南

1. 指出埃及旅游资源的分布特点。
2. 从资源、交通、市场等方面，分析埃及旅游业发达的原因。

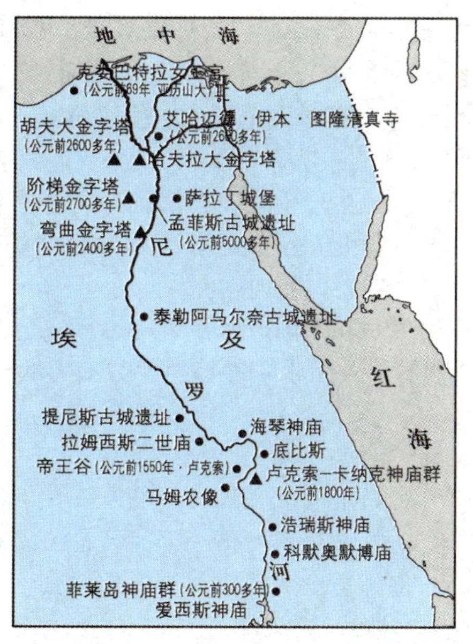

图 3－3－35　埃及文物古迹分布

触类旁通 CHULEI PANGTONG

阅读图文资料，完成下列各题。

A国面积176万平方千米，人口590万，外来人口200万。2008年人均GDP为16 114美元，居非洲之首。A国是世界重要的石油生产国，石油是其经济命脉和主要支柱，95%以上的出口收入来自石油。农业产值约占GDP总值的2.7%，农业人口占全国总人口的24%，其中牧民和半牧民占到农业人口的一半。2002年主要农产品产量：小麦9万吨，大麦20万吨，养殖牲畜1 160万头，主要为羊、骆驼和牛。

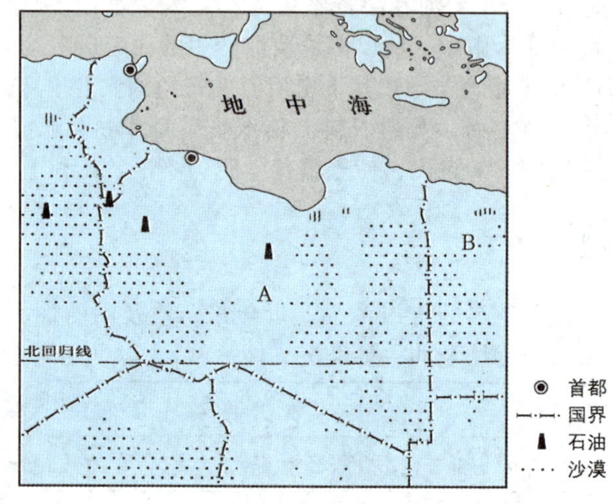

图3－3－36

（1）简述A国地理位置的特点。

（2）推测A国农业生产的特点。

（3）有人建议A国向B国学习，大力发展棉花生产。你是否赞成？简述理由。

解析 （1）地理位置主要从纬度位置、海陆位置、交通位置方面分析。（2）A国位于北非，气候干旱，水源成为制约农业生产的限制性条件。同时A国石油资源丰富，在国民经济中占主导地位，农业较落后。（3）A国是否能大力发展棉花，需要从农业区位因素中的优劣条件去分析，言之有理即可。

答案 （1）非洲北部，地中海南岸，大部分领土位于热带，处于地中海航线中段，地理位置重要。

（2）农业生产落后，在国民经济中不占重要地位；粮食和畜产品依靠进口；耕地少，比重小；种植业主要分布在水源条件较好的地中海沿岸和绿洲；畜牧业在农业中占重要位置，主要分布在广大内陆地区。

（3）赞成：A国地形平坦，热量充足，光照强，昼夜温差大，适于棉花生产。

不赞成：A国水资源短缺，劳动力缺乏，交通不便，棉花生产成本高。

第七讲 美国

跨两洲濒三洋的位置

美国的领土由本土 48 个州、一个特区，以及阿拉斯加州和夏威夷州两个海外州组成。本土东临大西洋、西临太平洋、南临墨西哥湾；北美洲西北角的阿拉斯加州北临北冰洋、西隔白令海峡与俄罗斯相望，南临太平洋；太平洋上的夏威夷州位于大洋洲的东北部。

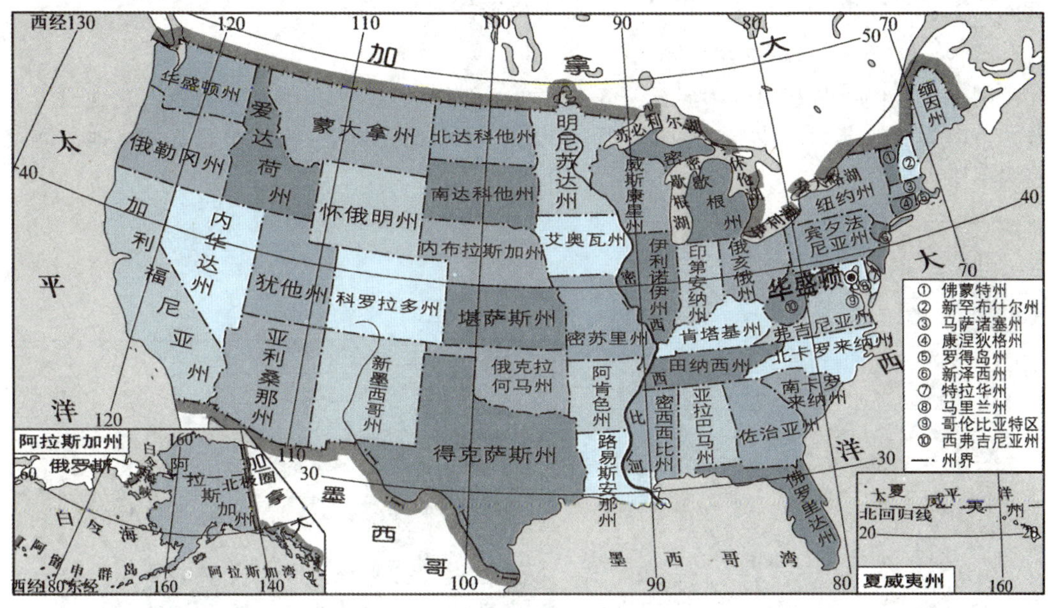

图 3－3－37 美国政区

> **读图指南**
>
> 1. 找到 100°W，40°N，描述美国“本土”的经纬度范围。
> 2. 在图中找到美国的邻国：加拿大、墨西哥。
> 3. 在图中找到太平洋、大西洋、墨西哥湾。描述美国的海陆位置特征。

优越的自然条件

美国本土地处太平洋和大西洋之间，分为南北纵列的三大地形区，西部为高山和高原，中部为平原，东部是低矮山地。平原面积占全国总面积的一半以上，耕地广大，约占世界耕地总面积的 10%。密西西比河和五大湖为灌溉、航运等提供了良好的条件。

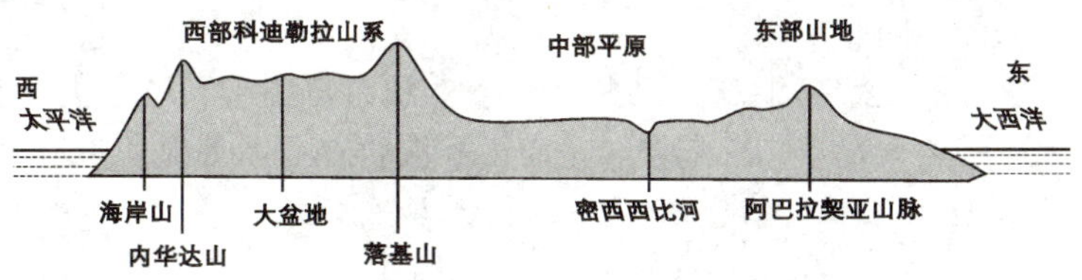

图 3－3－38 美国沿 40°N 纬线的地形剖面

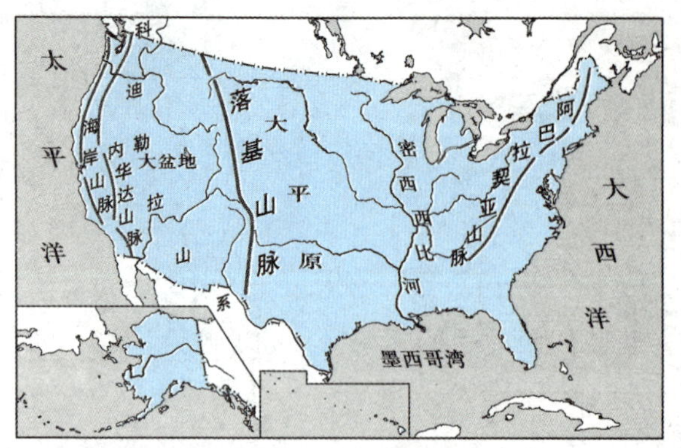

图 3－3－39 美国本土地形分布

读图指南

1. 在图中找到密西西比河、五大湖，并分析密西西比河的水文特征。

2. 在图中找到落基山脉、阿巴拉契亚山脉、中央大平原。并结合图 3－3－38，归纳美国的地形特征。

美国本土气候以落基山脉为界，分为东、西两部分。东侧约以 35°N 为界，北为温带大陆性气候，南为亚热带季风性湿润气候；西侧 30°N～40°N 大陆西岸为地中海气候，地中海气候以北为温带海洋性气候。

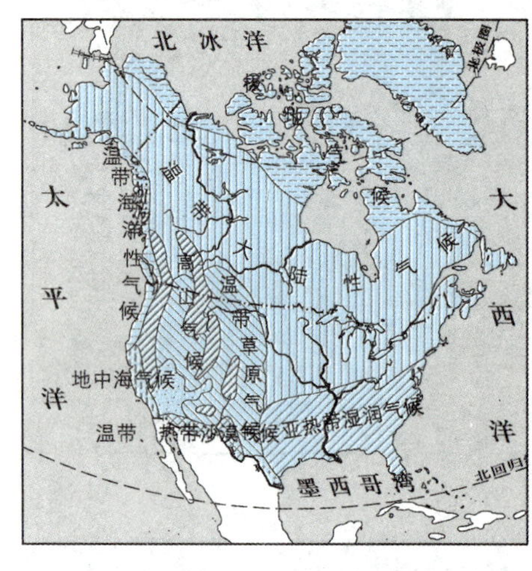

图 3－3－40 气候类型

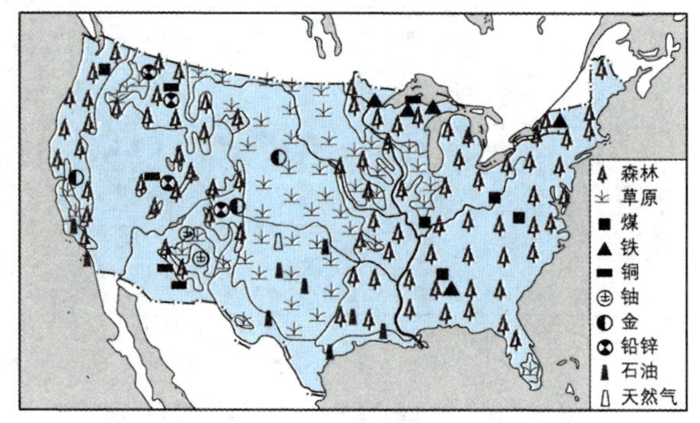

图 3－3－41 美国本土矿产、森林、草地分布

美国的矿产、森林、草原丰富。煤、铁、铜、石油、天然气的储量和产量都居世界前列。森林覆盖率占全国面积的 1/3，草原面积广阔。

高度发达的经济

美国是世界上经济最发达的资本主义国家，国民生产总值位居世界第一。

农业大国

美国农业现代化水平高，农业生产过程的专业化、农业地区的专门化、农业经营的社会化程度很高，农业劳动生产率、商品率都很高。它生产的小麦、大豆、玉米、乳肉等居世界前列。美国是世界上出口粮食最多的国家，但咖啡、可可、天然橡胶等热带农产品需要大量进口。美国农业十分依赖国际市场。

美国农业自然资源的利用率很高。根据自然条件和市场需要，确立各地区适合发展的农业类型，形成了乳畜带、玉米带、棉花带、小麦区和混合农业区等农业带（区）。

农业带（区）	区位条件
小麦区、玉米带	地形平坦，土壤肥沃，光热较充足，灌溉便利；水运、公路、铁路构成运输网，交通便利；地广人稀，工业发达，科技先进，有利于大规模经营、机械化作业，自然资源利用效率和生产效率高
乳畜带	纬度较高，适合牧草生长；城市密集，市场广阔
棉花带	地形平坦，土壤深厚；气候温暖湿润；交通便利，市场广阔

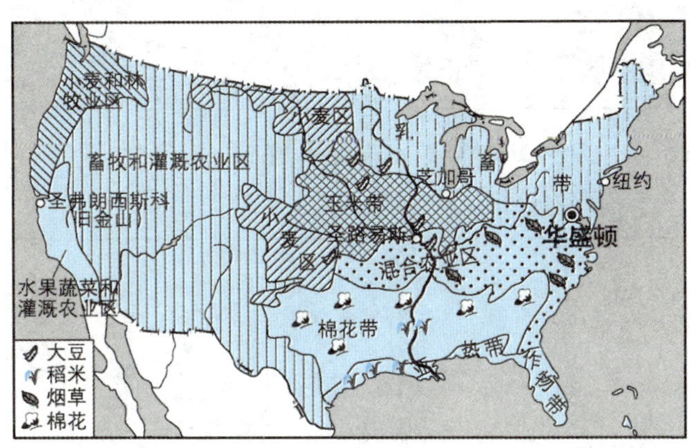

图 3－3－42　美国的农业带

工业大国

美国发展工业的三大优势：自然资源丰富，交通运输发达，科技力量雄厚。

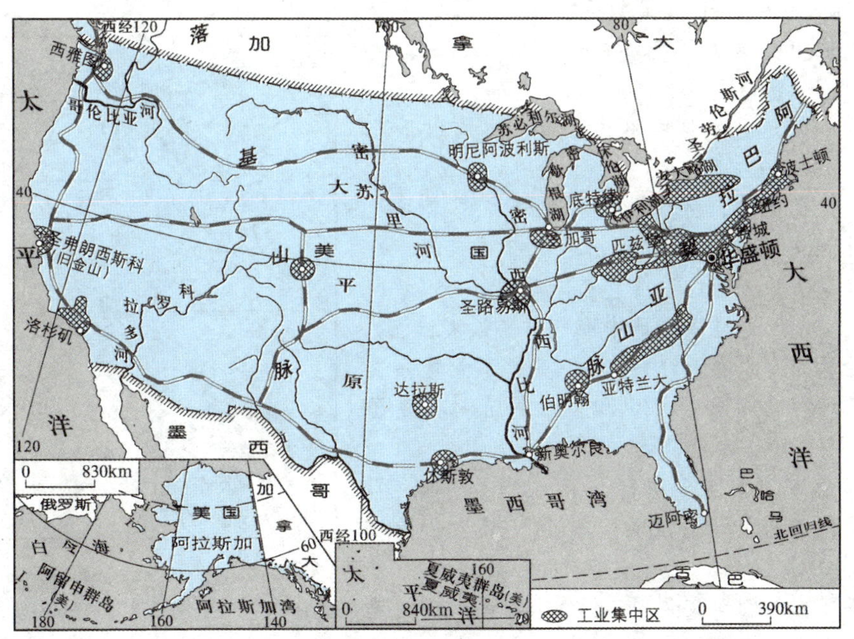

图 3－3－43　美国交通、城市和工业区分布

美国拥有完整的工业部门体系，工业产品种类齐全，产量大，技术先进，是世界上最发达的工业国家。主要工业区有东北部工业区、南部工业区、西部工业区。

工业区	发展条件	工业部门	工业中心
东北部	开发历史早；煤、铁资源丰富（阿巴拉契亚山区的煤、五大湖西部的铁矿）；充足的水源；多优良港湾，海运便利，五大湖和密西西比河的水运便利，铁路、高速公路发达；平原广阔，土地肥沃；人口众多、城市密集，有雄厚的技术基础和广阔的消费市场	钢铁、汽车、化学	纽约、芝加哥、底特律
南部	墨西哥湾西北地区石油资源丰富	石油、宇航、飞机、电子、化学	休斯敦
西部	科技力量雄厚，矿产资源丰富（石油、有色金属等）	宇航、飞机、电子	圣弗朗西斯科（旧金山）、洛杉矶、西雅图

信息链接 XINXI LIANJIE

美国"硅谷"

美国"硅谷"以微电子工业为主导，集中了数千家电子工业企业，既是美国微电子工业的发祥地，也是目前世界上最大的微电子工业基地，是高技术工业发展的先驱和典范。第二次世界大战后的三次电子工业技术的创新都发生在"硅谷"。"硅谷"创造的新技术、新工艺、新设备、新产品推动了全世界电子工业技术和产品的更新换代。

美国"硅谷"是拥有6.5万家公司，250多万人的现代化城市，是美国经济增长最快、最富裕的地区。

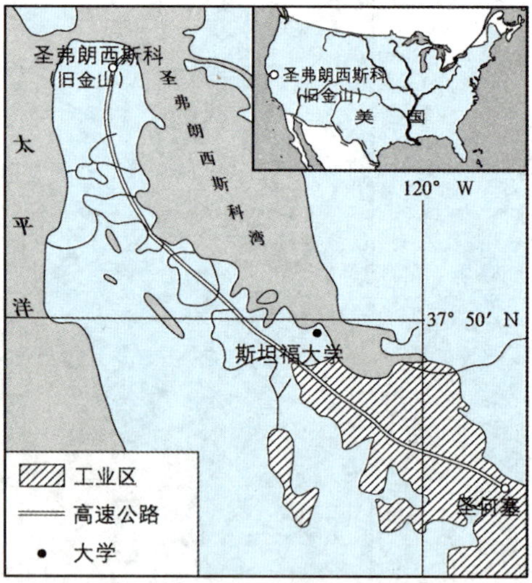

使"硅谷"迅速发展的区位因素主要有以下几方面。

- 地理位置优越，环境优美。"硅谷"南北长48千米，东西宽16千米，位于旧金山市东南部，背靠太平洋海岸山脉，面对圣弗朗西斯科湾。
- 气候宜人。这里属于地中海气候，温暖湿润。
- 全世界的人才高地。"硅谷"集聚了大量一流的高等院校和科研机构，知识和技术的密集程度居美国首位。
- 市场稳定。美国国防部一直维持对"硅谷"电子产品稳定的订货量，成为"硅谷"最大、最稳定的客户。
- 创新环境和创新文化。"硅谷"文化广泛的包容性及其推崇创业、宽容失败、鼓励冒险的社会文化观念，极大地激发人们的创新和奋斗精神。

图3－3－44　美国"硅谷"

能力提升 NENGLI TISHENG

以美国"硅谷"与美国东北部工业区为例，比较新兴工业区与传统工业区的差异。

工业区	区位因素	工业特点及问题
新兴工业区（美国“硅谷”）	高素质的劳动力，先进的科学技术；优美的环境；发达的交通运输等	人员素质高；增长速度快，产品更新周期短；开发费用高；产品面向世界
传统工业区（美国东北部工业区）	丰富的原料、燃料；便利的交通运输条件；丰富的劳动力	工业布局呈“饱和状态”，争水、争地、争动力、争公共设施等问题严重；环境污染严重；工业走向衰落等

人口与城市

2009年底，美国人口3.07亿，为世界第三人口大国。居民主要是欧洲移民的后裔，以及非洲黑种人和亚洲移民的后裔。

美国人口分布不均，人口稠密地区是沿海平原和五大湖附近，而西部高原山地人口稀疏。随着经济的发展，人口由东北部的“冷冻地带”向西部、南部的“阳光地带”迁移。美国城市人口占总人口的76.8%，大部分人生活在现代化的城市之中。

读图指南

1. 分析美国东北部人口稠密的原因。
2. 在图中找到华盛顿、纽约、芝加哥、洛杉矶、圣弗朗西斯科、休斯敦。

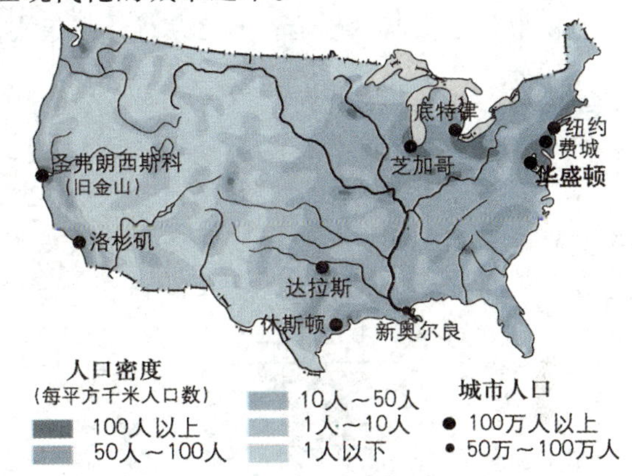

图3-3-45 美国本土人口与城市分布

美国的主要城市及三大城市带

城市	特点
华盛顿	首都，位于哥伦比亚特区，国家政治中心
纽约	第一大城市，最大的海港，世界四大金融中心之一
芝加哥	第二大城市，最大的铁路运输枢纽
洛杉矶	第三大城市，太平洋沿岸最大的港口城市和经济文化中心
圣弗朗西斯科（旧金山）	太平洋沿岸重要的金融、贸易、教育和文化中心之一，著名天然良港，附近的“硅谷”是世界闻名的高新技术产业区
底特律	最大的汽车制造业中心，世界著名的汽车城
匹兹堡	钢铁工业中心
休斯敦	宇航和空间研究中心
三大城市带：波士顿—纽约—华盛顿城市带；芝加哥—匹兹堡城市带；圣弗朗西斯科—圣迭戈城市带	

信息链接 XINXI LIANJIE

美国的“阳光地带”

同20世纪20年代美国大都市区的兴起同步产生的是美国区域经济结构的巨大变化。从二战到冷战期间，巨额的国防军事开支被分配到西部和南部，再经60年代高科技革命的刺激，西部和南部的“阳光地带”城市异军突起，而中西部和东北却处于衰退的困扰之中，被冠以“冰雪地带”之称。

所谓“阳光地带”泛指美国本土37°N以南的地带，以气候温和、光照充足而闻名。确切地说，新崛起的地区主要可划分为东南部和西南部两大部分。

“阳光地带”的崛起，集中反映在城市化方面。根据1990年人口规模，重新划定的全国十大城市为：纽约、洛杉矶、芝加哥、休斯敦、费城、圣迭戈、底特律、达拉斯、菲尼克斯、圣安东尼奥。其中有6个位于西部和南部。在美国排行前50位的最大城市中有31个也分布在西部和南部。

应该指出的是，相对于“阳光地带”的崛起，东北部和中西部依然拥有雄厚的实力，尤其在财政金融方面更是如此。纽约仍是全国第一大城市，全国各大公司的1/4将总部设在纽约，各跨国公司、银行、全国新闻网、大出版社、广告公司和法律事务所等都云集于纽约。洛杉矶、休斯敦等城市的崛起还不能与纽约相匹敌，更不能取代其首屈一指的地位。

触类旁通 CHULEI PANGTONG

1.（2006·天津）读图文材料，完成下列各题。

南北战争后，在美国中西部地区逐步形成以煤炭、钢铁、机械制造、农畜产品加工为主的工业带。大西洋沿岸各州生产的工业品在全国所占比例，从1860年前的80%下降到1890年的58%，原来以农业生产为主的中西部地区在制造业方面超过了东北部。

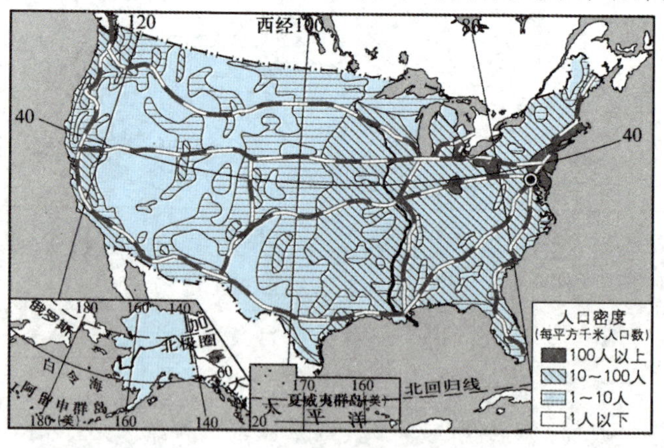

图3－3－46

（1）根据自然条件和资源开发现状，说明美国铁路运输网中，南北向铁路运输压力相对较小的原因。

（2）说明美国西部地区人口密度相对较小的社会经济原因。

解析 （1）美国中部是广阔的大平原，有运量很大的密西西比河沟通南北运输；大陆东西两岸多良港且南北海运便利；从资源分布看，南部墨西哥湾的石油资源主要采用管道运输，对铁路压力也较小。（2）美国西部受地势和气候影响而使土地利用以农林牧业为主，而且实行大规模机械化生产，不需要大量人口；同时开发历史较晚，大城市较少；

这些都导致人口密度较小。

答案 (1) 密西西比河为南北流向，水运条件优越，腹地广阔、河运量大；大陆东西两侧濒临海洋，多良港，海运便利；南部石油资源丰富，主要依靠管道运输。

(2) 土地利用以农林牧业为主；大城市数量少；农业现代化水平高（农业人口少）；开发较晚。

2. (2012·海南卷) 自20世纪60年代，甲国开始在临近乙国边境的地区设立边境工业区，吸引乙国的企业来此投资建厂，并从乙国进口原料和零部件，加工、组装成品后再销往乙国。目前，这些边境工业区已发展成规模不等的工业中心（见图3－3－47）。据此完成(1)～(3)题。

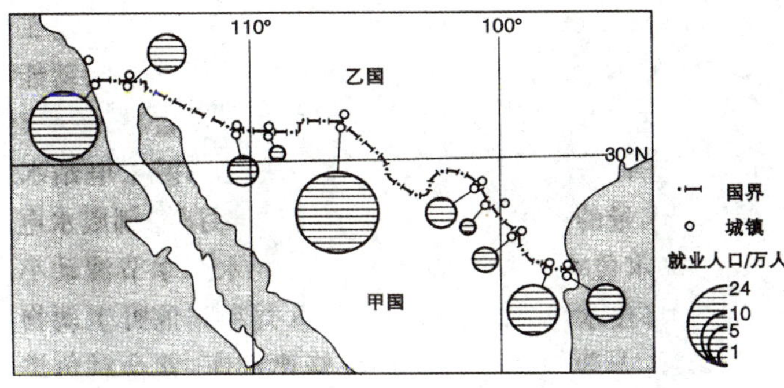

图3－3－47

(1) 据图文资料推断，与乙国相比，甲国 ( )

A. 劳动力价格较低 B. 技术水平较高

C. 消费市场较广 D. 资金较雄厚

(2) 影响甲国边境工业区区位选择的主导因素是 ( )

A. 廉价劳动力 B. 交通运输

C. 研发能力 D. 环境质量

(3) 甲国边境工业区的发展，提高了 ( )

A. 乙国的劳动生产率 B. 甲国的环境质量

C. 乙国的就业率 D. 甲国的城镇化水平

解析 20世纪60年代中期，美国一些企业为了降低生产成本，提高产品的竞争能力，寻找新的理想投资场所。1965年墨西哥政府提出了“边界工业化计划”，吸引美国等外国企业到墨西哥边界区投资兴办加工装配业。经过40多年的发展，这些边境区已形成规模不等的工业中心，有力地促进了墨西哥边境经济的发展。该题组以该内容为背景，考查考生工业区位的知识及其迁移运用能力。

第(1)题主要考查工业区的区位选择，考生从图中和题干信息中，可判断设在墨西哥的工厂主要完成劳动密集型工序，墨西哥边境工业区的吸引力在于其廉价的劳动力成本。第(2)题进一步考查考生对区位选择的主导因素的理解和掌握，需要有一定的综合分析能力，难度较大。从图中可知墨、美边界两侧的城镇基本是一一对应的，再从题干中可知墨西哥从美国进口原料和零部件，加工、组装成品后再销往美国，这种分工需要大量的物流，需要便利的交通运输条件，而图中界线两侧“孪生”城镇隐含着交通运输、配套设施等条件。第(3)题考查工业化对城市化的带动作用，从图中可以看出，目前边境工业区的就业规模，尤其是在墨西哥一侧甚为明显。

答案 (1) A (2) B (3) D

第八讲　巴西

南美洲最大的国家

巴西位于南美洲东部，东临大西洋，国土面积850多万平方千米，是南美洲面积最大的国家。巴西绝大部分位于赤道与南回归线之间，是世界上占有热带面积最大的国家。

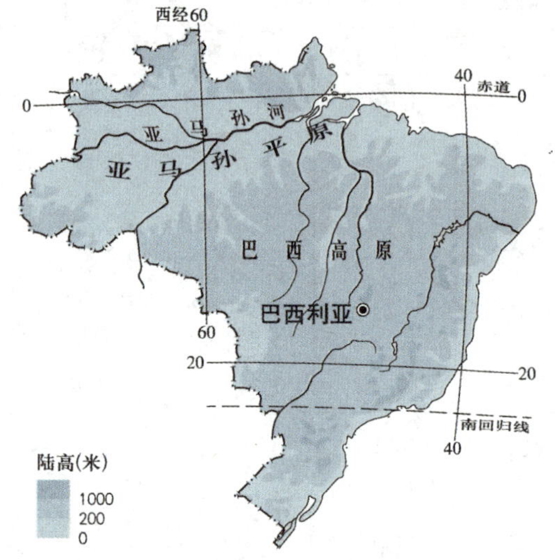

图3-3-48　巴西地形

> **读图指南**
>
> 1. 在图中描出赤道、南回归线、60°W、40°W，熟悉巴西的经纬度范围。
> 2. 说出巴西地形区的分布规律。
> 3. 分析亚马孙河的水文特征。

巴西北部的亚马孙平原西起安第斯山东麓，东到大西洋，面积约560万平方千米，是世界上面积最大的平原。亚马孙平原终年高温多雨，形成世界最大的热带雨林区；巴西南部的巴西高原是世界上面积最大的高原，以热带草原气候为主，全年高温，有明显的干、湿季。

亚马孙河发源于安第斯山脉，跨高温多雨的赤道南北，向东注入大西洋，是世界上水量最大、流域面积最广的河流。

能力提升 NENGLI TISHENG

如何分析亚马孙河水量丰富的原因?

(1) 影响河流水量的因素

①流域内的降水量。

②流域面积大小。流域面积越大，汇水面积越大，河流水量越大。

③河流支流数量。支流越多，河流水量越大。

(2) 降水的形成条件及影响因素

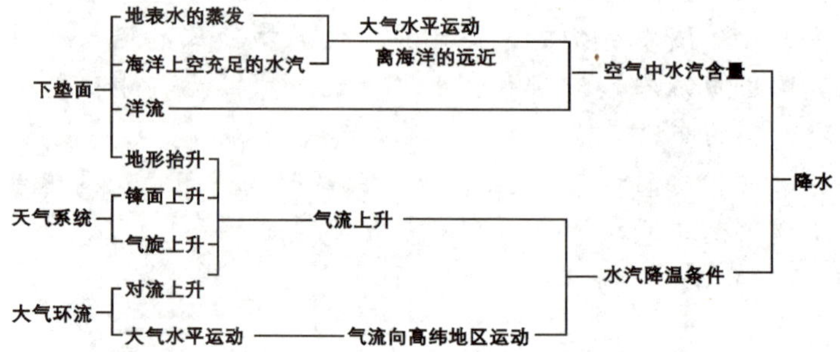

(3) 亚马孙河水量丰富的原因

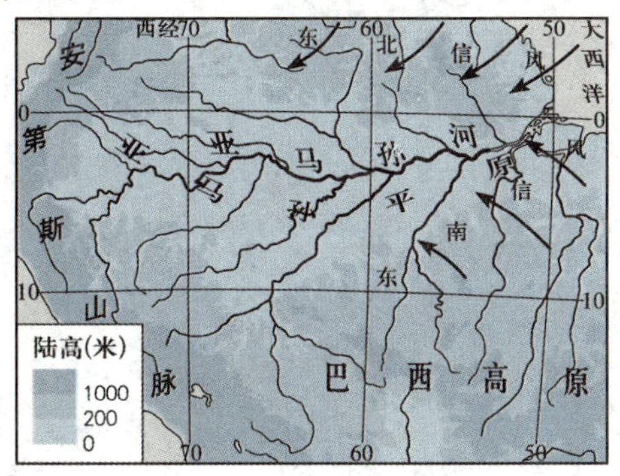

图 3-3-49 亚马孙河流域

①亚马孙流域全年降水量丰富。

• 亚马孙河流域地处赤道地区，受赤道低气压带影响，暖湿的东南信风和东北信风在赤道上空辐合上升，多对流雨。

• 亚马孙河流经亚马孙平原，北、西、南为高原山地，地形向东敞开，利于大西洋水汽进入，多降水。

• 西部受安第斯山脉的阻挡、抬升，河流源头多地形雨。

• 东部沿岸有暖流经过，受暖流影响，降水丰富。

②亚马孙河流域面积居世界第一，汇水区面积大。

③亚马孙河支流众多。

信息链接 XINXI LIANJIE

亚马孙地区的开发

为了开发亚马孙平原地区，人们修建铁路、公路和水电站。采矿、掠夺式的林木采伐和原始的耕作方式已经对森林造成严重的破坏。暴雨、旱灾经常发生，水土流失和土地沙化日趋严重，全球气候也受到影响，对世界环境的影响日渐显著。现在，保护热带雨林已成为全人类普遍关注的问题。1989 年，巴西政府制定了《我们的大自然计划》，重点保护亚马孙流域的热带雨林。

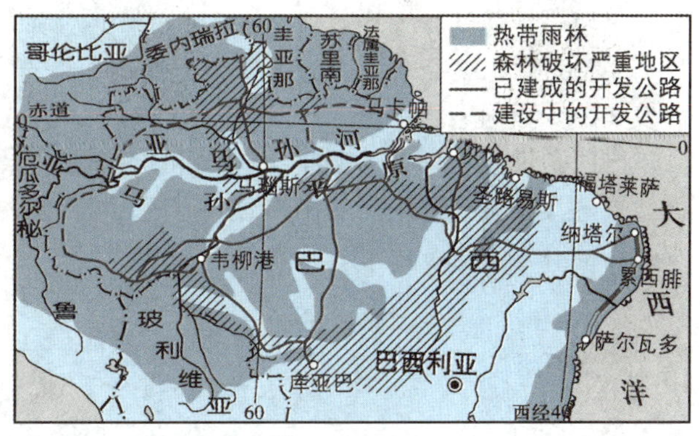

图 3-3-50 亚马孙地区的开发

触类旁通 CHULEI PANGTONG

自 20 世纪 50 年代以来，为了开发图 3-3-51 所示区域北部河流流域，所在国家政府历时 20 多年，修建了全长达 5 500 千米的横贯公路干线，并延伸出近 20 000 千米的公路支线，大大促进了区域经济由迁移农业（焚林开垦）向大规模商品性农牧业、商业转化，刺激了国民经济发展。但是，国际社会许多专家对此持指责观点，并预测这种状况持续下去会产生世界性环境、生态问题。

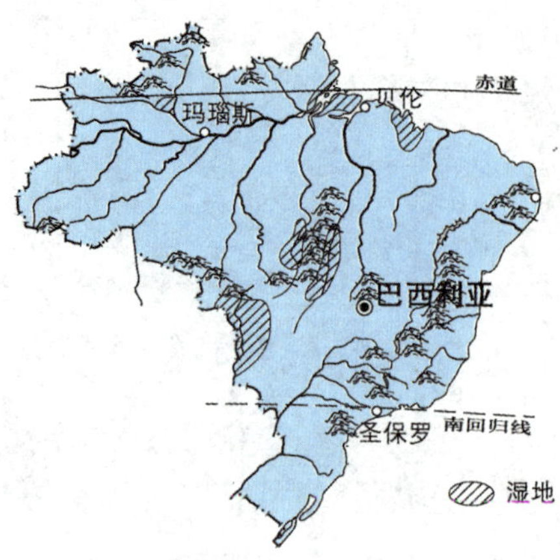

图 3-3-51

试分析图示区域北部河流流域开发可能会产生的世界性环境、生态问题。

解析 北部河流流域的开发是以破坏热带雨林为前提的。本题主要考查对森林资源生态作用的认识。亚马孙热带雨林有着巨大的生态效益：调节全球气候；为全球提供新鲜空气；涵养水源，保护淡水资源；保护土壤，防止水土流失；提供良好的生境，维护生物多样性。

答案 开发北部河流流域会造成该区水土流失加剧，土壤肥力下降，出现土地荒漠化；森林面积减少，对二氧化碳消耗减少，加剧温室效应，海平面上升；使气候恶化，干旱、洪涝灾害增加；会导致世界物种减少甚至灭绝。

快速发展的经济

世界上的农业大国

巴西土地辽阔，人均可耕地面积达 1.75 公顷。光照充足，降水充沛，大部分地区年降水量为 1 500～2 000 毫米，而且季节分配均匀，旱涝灾害少，是世界上适于农、林、牧、渔业全面发展的少数国家之一。

巴西是世界上最大的咖啡生产国和出口国，甘蔗、柑橘产量居世界第一位，咖啡豆、蔗糖、柑橘汁、大豆是重要的出口创汇产品；畜牧业发展较快，牛肉大量出口，其他农产品有香蕉、剑麻、大豆、可可、玉米等。

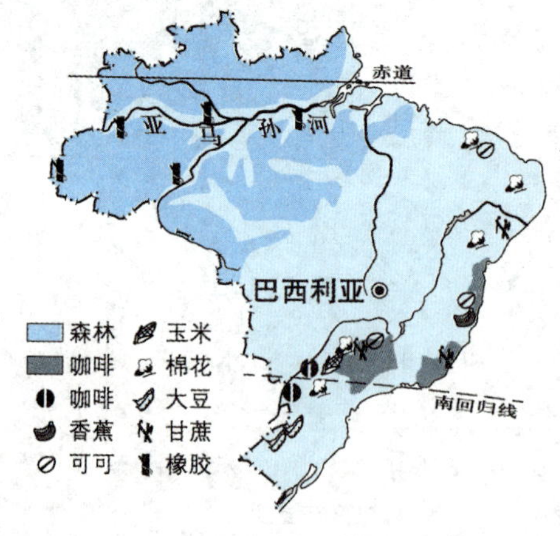

图 3-3-52　巴西农作物的分布

拉丁美洲最大的工业国

巴西有较为完整的工业体系，拥有采矿、钢铁、飞机制造、汽车、造船、食品等工业部门，是世界上钢铁、船舶、汽车和飞机的重要生产国家，工业产值居南美洲首位。巴西有3/4的工业分布在东南部沿海地区。

> **读图指南**
>
> 1. 说出巴西高原的主要矿产资源。
> 2. 分析巴西工业集中于东南沿海的原因。
> 3. 伊泰普水电站位于巴拉那河上，是世界上最大的水电站之一，在图中找到伊泰普水电站，并分析巴拉那河水能丰富的原因。

图3-3-53 巴西矿产资源和工业分布

能力提升 NENGLI TISHENG

用比较的方法复习地理特征相似或差异性明显的区域。

巴西与阿根廷农业生产比较

国家	不同点			相同点
	农业气候条件	农业地域类型	出口农畜产品	
巴西	大部分位于热带雨林气候和热带草原气候区，气候湿热，利于热带作物生长	热带种植园农业，热带经济作物种植量大，粮食不能自给	以热带经济作物为主	农业占主导地位；农业发展快，机械化水平高；农畜产品商品率高
阿根廷	大部分地区属于温带大陆性和亚热带湿润气候，气候温和，草类茂盛，适宜发展畜牧业和小麦种植	大牧场放牧业，以养牛业和小麦种植业为主	以小麦、牛肉为主	

南美人口大国

2010年巴西总人口达1.93亿，居世界第五位，是南美洲人口最多的国家。其中白色人种占54.03%，混血人种占39.94%，黑色人种占5.39%，黄色人种占0.46%，印第安人约占

0.16%，被称为“世界人种的大熔炉”。

巴西的城市主要分布在东部沿海地区，城市人口占总人口的3/4。圣保罗是最大城市，里约热内卢是第二大城市和最大海港，巴西利亚是巴西的首都。

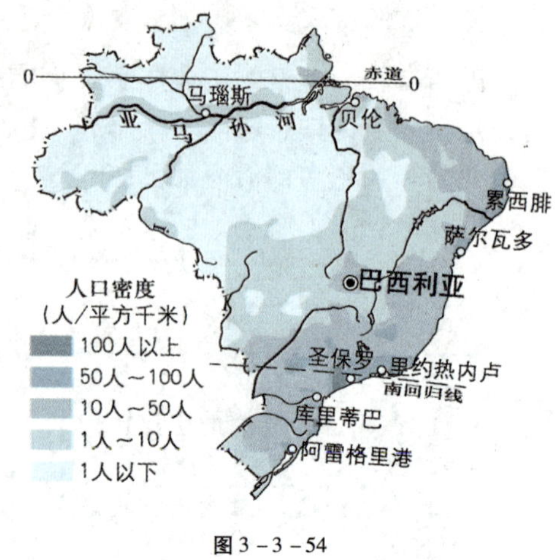

图3－3－54

能力提升 NENGLI TISHENG

自然条件、地理位置、经济条件对人口的分布都有较大的影响。试分析巴西人口集中分布在巴西高原东南部的主要原因。

巴西高原纬度虽低，但气候凉爽，尤其是东南沿海地区，气候温和湿润；濒临海洋，海上交通便利；沿海平原，地势平坦，土壤肥沃；欧洲殖民者由此登陆巴西，经济发展历史早；是巴西经济发达地区，城市集中，对人口吸引力大。

信息链接 XINXI LIANJIE

巴西利亚——最年轻的人类文化遗产

巴西首都巴西利亚（Brasilia）始建于1956年。当时，以发展主义著称的总统儒塞利诺·库比契克力图带动内陆地区发展及加强对各州的控制，遂耗费巨资，仅用41个月的时间就在海拔1 200米、一片荒凉的中部高原建成一座现代化的新城市。

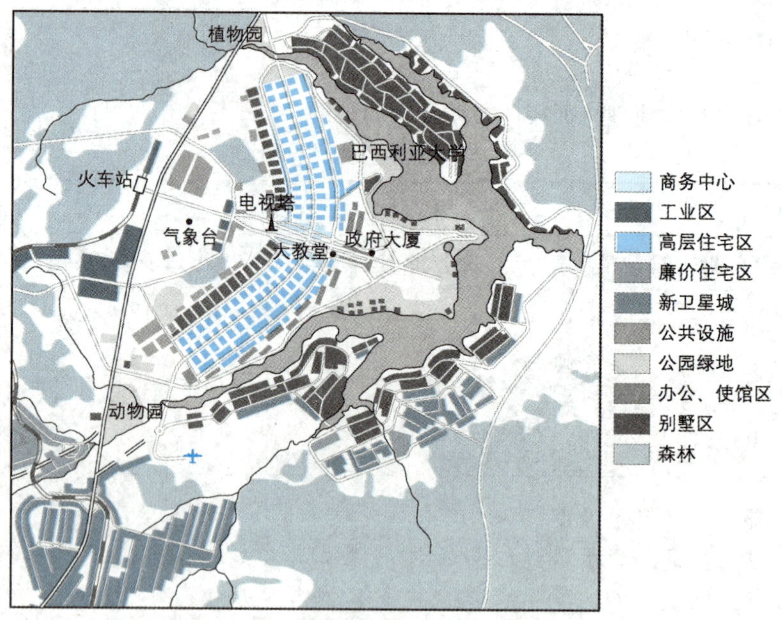

图3－3－55　巴西利亚城市规划示意

巴西利亚在建都之前，政府在全国举行了一次前所未有的“城市设计比赛”，卢西奥·科斯塔的作品获得第一名并被采用。科斯塔的作品是从十字架上得到灵感的。十字是将两条主要干线交叉在一起，因为要符合巴西利亚的地形，就把其中的一条变成弯弯的弧线，十字架就变成一架大飞机的形状。总统府、议会、最高法院环绕三权广场，各占北西南三个方向，20多个部的大楼有十几层高，以统一的建筑风格沿干线公路两侧而立，这些行政机构的建筑看上去像飞机的机头。机身由EXAO车站大道和绿地组成，左右两边为南北机翼，由商业区

图 3－3－56　巴西利亚大教堂

和住宅区组成，宽阔的车站大道又把城市分为东西两边。南北翼有许多正正方方像豆腐块似的住宅区，两个“豆腐块”之间就有一个商业区。所有街道没有名字，只用 3 个字母和 3 个数字来区分。

1987 年 12 月 7 日，巴西利亚被联合国教科文组织确定为“人类文化遗产”，成为众多璀璨辉煌的世界人类文化遗产中最年轻的一个。

图 3－3－57　巴西利亚国会大厦

巴西利亚的巴西利亚大教堂与传统的欧洲教堂迥然不同。它没有通常的高尖屋顶，16 根抛物线状的支柱支撑起教堂的穹顶，支柱间用大块的彩色玻璃相接，远远望去如同皇冠。而教堂主体则坐落在地下，人们通过甬道进出。

国会大厦的两座楼并立，中间有过道相连，成“H”形。“H”是葡萄牙文“人类”的第一个字母，因此这个造型寓意“以人为本”和“人类主宰世界”。国会大厦前的平台上有两只硕大的“碗”，一只碗口朝上，是联邦众议院的会议厅，因为众议院开会时向公众开放；一只碗口朝下，是参议院的会议厅，因为参议院审议的议题常常涉及国家机密。

触类旁通 CHULEI PANGTONG

(2013·大纲卷) 阅读图文资料，回答下列问题。

中国是世界最大的钢铁生产国，但需大量进口铁矿石。巴西是拉丁美洲人口最多、工业最发达的国家，其人口和城市主要集中在以里约热内卢、圣保罗为中心的东南沿海地区。巴西铁矿石资源丰富，是世界重要的铁矿石出口国。2010 年 4 月 13 日，中国和巴西签订协议，共同出资在巴西里约热内卢附近建设一家年产 500 万吨钢材的大型钢铁厂，所产钢材主要用于巴西汽车制造、造船、石油开采等行业，部分输往中国。

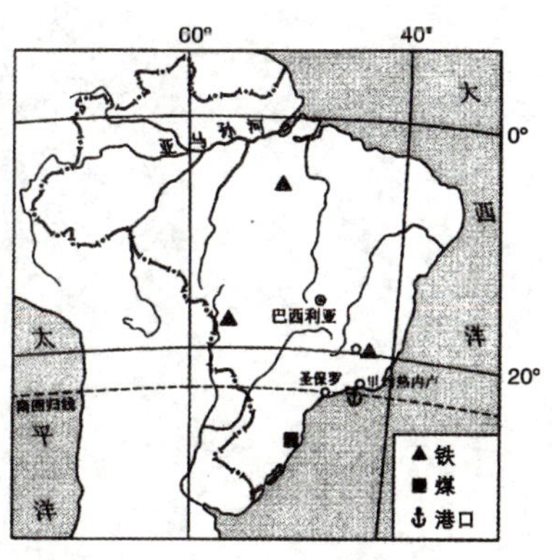

图 3－3－58

(1) 简述中巴联合在巴西兴建钢铁厂对中国和巴西之利。

(2) 简述该钢铁厂区位选择的有利条件。

解析 该题考查考生从图文中获取和解读信息、分析和解决问题的能力。第 (1) 问要求说明中巴联合在巴西兴建钢铁厂对两国的意义，第 (2) 问在获取图文信息的基础上，需要调动和运用知识，分析钢铁厂区位选择的优势。

答案 (1) 对中国：直接利用巴西铁矿石；拓展国际市场。

对巴西：有利于将资源优势转化为产业优势（提高铁矿石的附加值）；减少钢材对国际市场的依赖，提高钢材的自给率；提高工业化水平。

(2) 临近铁矿石产地（离煤炭产地较近）；位于产品的销售市场；社会协作条件良好，基础设施较完善，工人素质较高；位于大城市的港口附近，交通运输方便。

模块四　中国地理总论

第一单元　中国的疆域与人口

第一讲　疆域与行政区划

位置优越

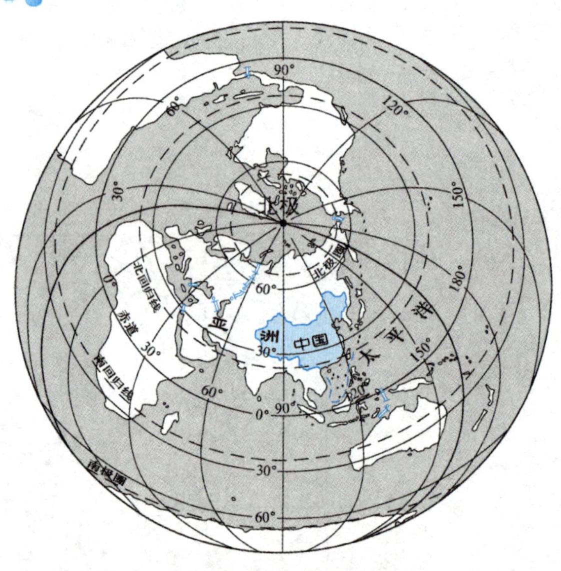

图 4－1－1　我国在世界上的位置

读图指南

1. 在图中找到南北半球、东西半球的分界线。
2. 在图中找出亚洲、太平洋。
3. 找到我国，描述我国地理位置，并进行评价。

从半球位置看，我国位于东半球、北半球。

从纬度位置看，北回归线穿过我国南部，大部分地区位于北温带，一小部分位于热带。南北气候的差异，为多种农作物的生长提供了有利条件。

从海陆位置看，我国位于亚洲东部、太平洋西岸，背靠大陆面向海洋，是个海陆兼备的国家。海陆兼备的位置，一方面使我国东部广大地区夏季受海洋气流的影响，雨量充沛，有利于农业生产；另一方面便于我国发展海洋事业，同海外各国交往；同时，也便于通过陆上交通与中亚、西亚和欧洲直接往来。

疆域辽阔

我国疆域辽阔，陆地面积 960 万平方千米，与欧洲的面积相当，仅次于俄罗斯、加拿大，居世界第三位。

我国领土的四端是：

最东端：135°E 多，黑龙江与乌苏里江主航道中心线的相交处；

最西端：73°E 附近，新疆帕米尔高原上；

最北端：53°N 多，黑龙江省漠河以北的黑龙江主航道的中心线上；

最南端：4°N 附近，南海的南沙群岛中的曾母暗沙。

我国南北纬度相差约 50 度，相距 5 500 千米；东西经度相差约 62 度，相距 5 000 多千米；东西时差达 4 个小时以上，当阳光洒满乌苏里江时，帕米尔高原还是满天星斗。

我国东濒海洋，大陆海岸线长 1.8 万千米，管辖的海域面积约 300 万平方千米。从北向南依次分布着渤海、黄海、东海和南海。沿海分布着台湾岛、海南岛、舟山群岛、南海诸岛等 5 000多个大大小小的岛屿。渤海和琼州海峡是我国的内海。

邻国众多

我国陆上疆界从中朝边界的鸭绿江口起，到中越国界的北仑河口止，长 2.2 万多千米。我国有 14 个陆上邻国，从东北到东南依次是朝鲜、俄罗斯、蒙古、哈萨克斯坦、吉尔吉斯斯坦、塔吉克斯坦、阿富汗、巴基斯坦、印度、尼泊尔、不丹、缅甸、老挝和越南。

我国隔海与韩国、日本、菲律宾、马来西亚、文莱和印度尼西亚等 6 个国家相望。

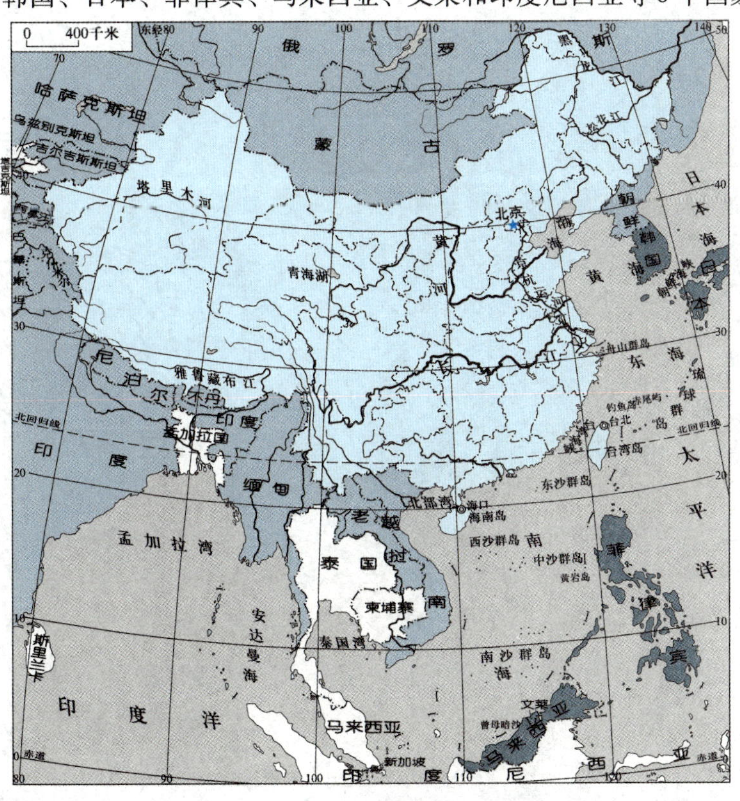

图 4－1－2　我国的疆域与邻国

能力提升 NENGLI TISHENG

巧记我国的邻国

1. 按方位记忆

陆上邻国：东——朝鲜，北——俄罗斯、蒙古，西北——哈萨克斯坦、吉尔吉斯斯坦、塔吉克斯坦，西——阿富汗，西南——巴基斯坦、印度、尼泊尔、不丹，南——缅甸、老挝和越南。

隔海相望的国家：东——韩国、日本，东南——菲律宾，南——马来西亚、文莱和印度尼西亚。

2. 歌谣记忆

十四邻国陆上环，俄国蒙古和朝鲜；
哈吉塔巴阿富汗，印尼不丹缅老南；
隔海六国要记全，印尼马文菲日韩。

3. 按方位图解记忆（如图 4－1－3）

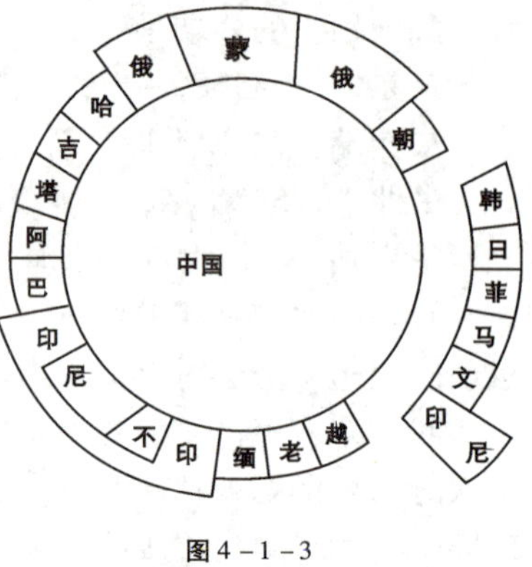

图 4－1－3

三级行政区划

我国的行政区采用省（自治区、直辖市、特别行政区）、县（自治县、市）、乡（镇、自治乡）三级区划。

我国共有 34 个省级行政单位，包括 23 个省，5 个自治区，4 个直辖市和 2 个特别行政区。

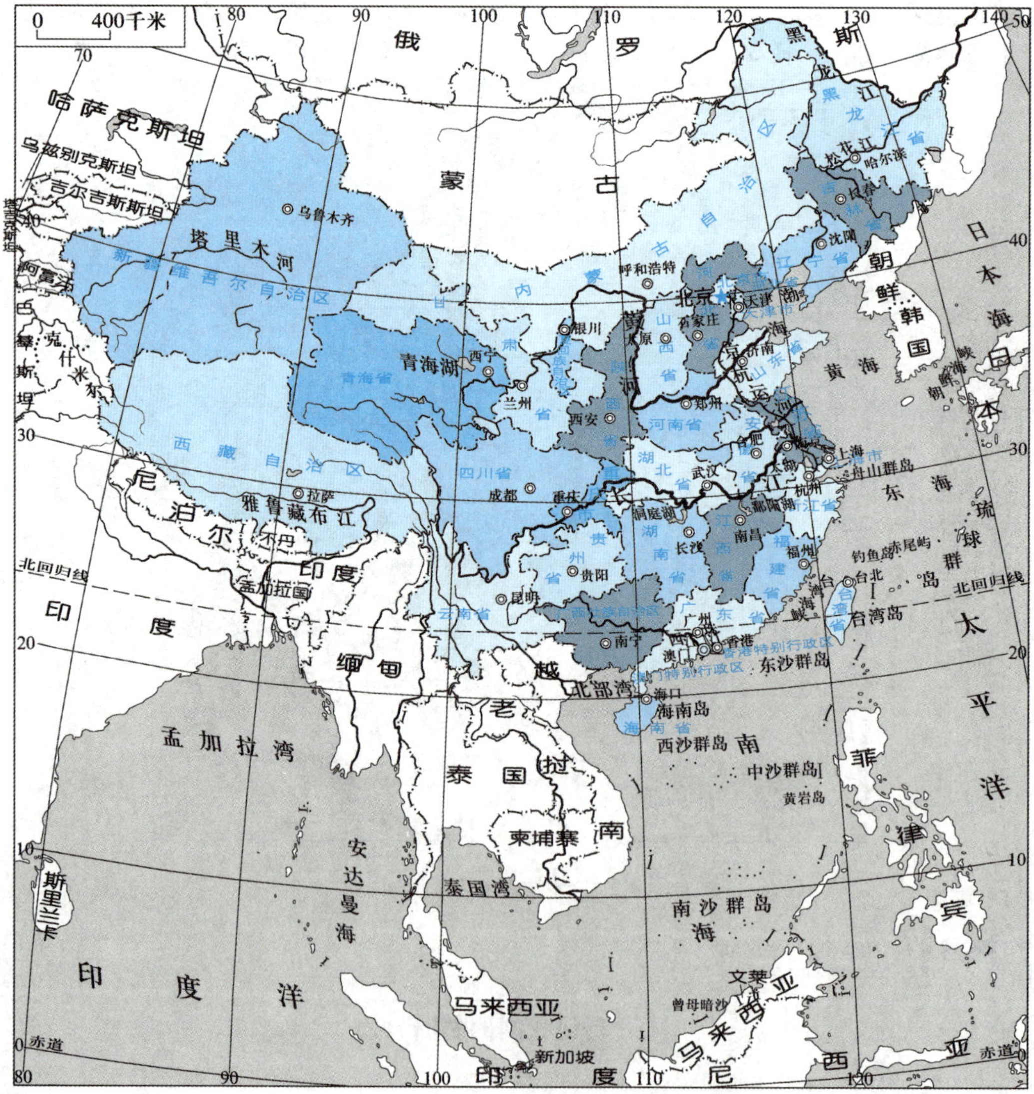

图 4－1－4　我国行政区划

读图指南

1. 熟悉图例，区分国界、未定国界、省级行政区界等。
2. 依据图例和注记认识各省级行政单位的位置、名称和轮廓范围。
3. 依据图例和注记认识各省级行政中心的名称和位置。

中国省级行政单位、简称和行政中心

名称	简称	行政中心	名称	简称	行政中心
北京市	京	北京	湖南省	湘	长沙
天津市	津	天津	广东省	粤	广州
河北省	冀	石家庄	广西壮族自治区	桂	南宁
山西省	晋	太原	海南省	琼	海口
内蒙古自治区	内蒙古	呼和浩特	重庆市	渝	重庆
辽宁省	辽	沈阳	四川省	川或蜀	成都
吉林省	吉	长春	贵州省	贵或黔	贵阳
黑龙江省	黑	哈尔滨	云南省	云或滇	昆明
上海市	沪	上海	西藏自治区	藏	拉萨
江苏省	苏	南京	陕西省	陕或秦	西安
浙江省	浙	杭州	甘肃省	甘或陇	兰州
安徽省	皖	合肥	青海省	青	西宁
福建省	闽	福州	宁夏回族自治区	宁	银川
江西省	赣	南昌	新疆维吾尔自治区	新	乌鲁木齐
山东省	鲁	济南	香港特别行政区	港	香港
河南省	豫	郑州	澳门特别行政区	澳	澳门
湖北省	鄂	武汉	台湾省	台	台北

信息链接 XINXI LIANJIE

我国省级行政区之最

黑龙江省：位置最北、最东的省级行政区

新疆维吾尔自治区：位置最西、面积最大、邻国最多（8 个）的省级行政区

海南省：位置最南、跨纬度最广的省级行政区

内蒙古自治区：跨经度最广的省级行政区

河南省：人口最多的省级行政区

澳门特别行政区：陆地面积最小的省级行政区

能力提升 NENGLI TISHENG

巧记我国 34 个省级行政区

1. 沿线状地理事物记忆

在阅读地图时，可用海岸线、国界线、河流、交通线、经纬线等线状地理事物作为参照

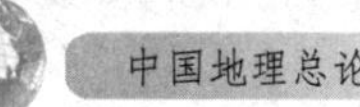

物，按一定的顺序记忆。

(1) 临海的省级行政区（顺时针方向）(14个)

辽、冀、津、鲁、苏、沪、浙、闽、台、粤、港、澳、琼、桂

(2) 有陆上国界线的省级行政区（逆时针方向）(9个)

辽、吉、黑、内蒙古、甘、新、藏、云、桂

(3) 黄河干流穿过的省级行政区（9个）

青、川、甘、宁、内蒙古、陕、晋、豫、鲁

(4) 长江干流穿过的省级行政区（11个）

青、藏、川、云、渝、鄂、湘、赣、皖、苏、沪

(5) 北回归线穿过的省级行政区（4个）

滇、桂、粤、台

2. 观察轮廓形象记忆

反复观察省级行政区的轮廓，展开想象，你会发现许多省级行政区的轮廓与生活中的一些实物很相似，如云南像孔雀开屏，广东像大象的头部，山东犹如骆驼的头和身，陕西则像一个面向西部屈膝而跪的兵马俑等。

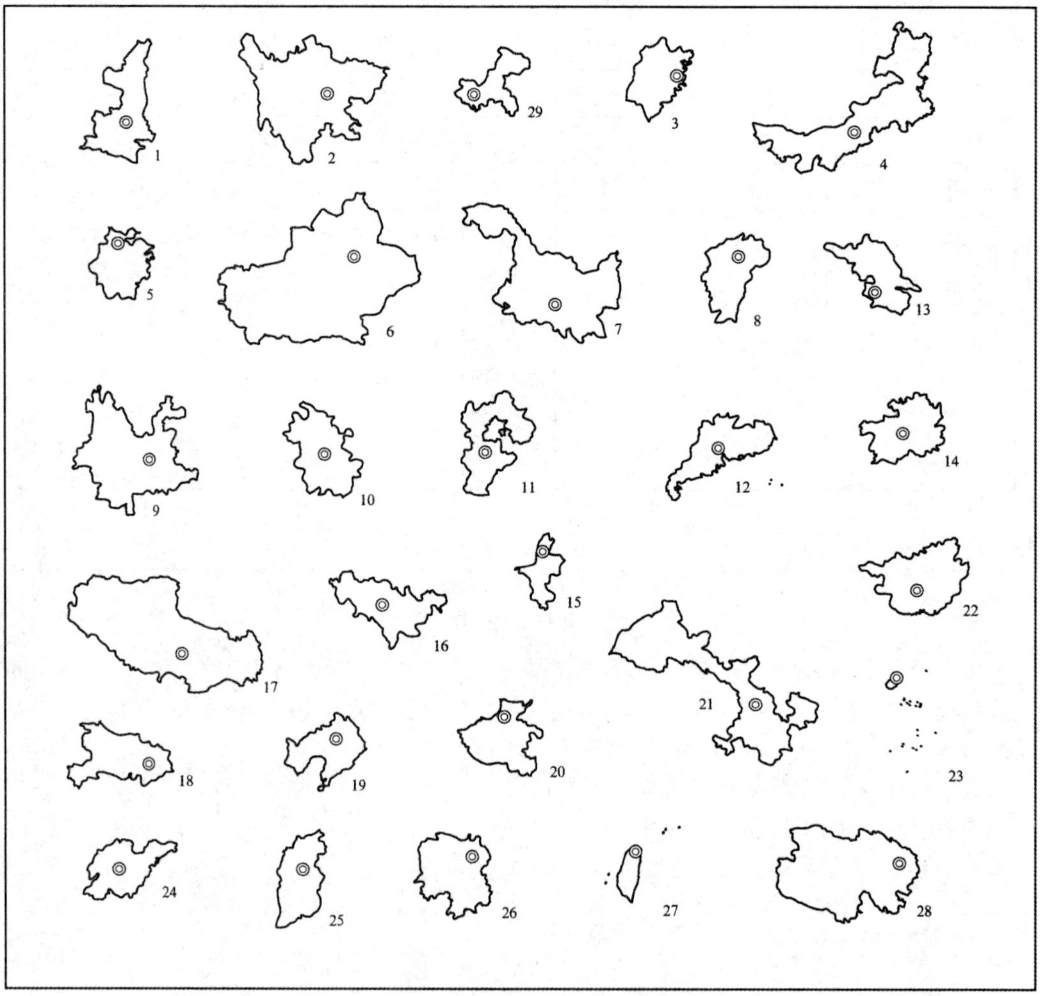

图4-1-5 部分省级行政单位轮廓

3. “三字经”记忆简称

京津沪　黑吉辽　内蒙古　晋陕甘　宁青新　冀鲁豫　苏浙皖　湘鄂赣　川黔滇　桂粤闽　藏琼渝　台港澳　我祖国　好河山

触类旁通 CHULEI PANGTONG

1. 在中国地图上，找到并记忆下列经纬线通过的省级行政区及附近的主要地理事物。
30°N、40°N、90°E、110°E

解析 识记我国主要经纬线附近的地理事物是帮助建立中国地理空间概念和进行空间定位的基础。脑海中这些线及地理事物越多、越清晰，意味着自己占有的空间定位的参照物越丰富，越有助于空间思维的发展。我国主要的经纬线除题目要求的几条之外，还需要用同样的方法掌握23.5°N、100°E、120°E等。

答案

经纬线	穿过的省级行政区	沿线附近的主要地理事物
30°N	浙江北部、安徽南部、江西北部、湖北南部、湖南北部、重庆中部、四川中部、西藏南部	舟山群岛（普陀山）、杭州、黄山、九江（庐山）、武汉、重庆、成都、峨眉山、贡嘎山、雅鲁藏布江谷地以北、拉萨
40°N	辽宁南部、天津北部、北京、河北中北部、山西北部、内蒙古南部、甘肃北部、新疆中南部	鸭绿江口、辽东半岛、辽东湾、秦皇岛、北京、大同、黄河、鄂尔多斯高原、嘉峪关、敦煌、塔里木盆地（河）中北部、喀什
90°E	新疆东部、青海西部、西藏中部	阿尔泰山、吐鲁番盆地、阿尔金山、青藏高原、拉萨、雅鲁藏布江
110°E	内蒙古中部、陕西东部、湖北西部、重庆东端、湖南西部、广西东部、广东西南端、海南中部	包头、晋陕峡谷西侧、华山、长江三峡（巫山）、雷州半岛、海口、三亚

第二讲　人口与民族

我国是世界人口最多的国家，2010 年总人口为 13.7 亿（全国第六次人口普查），约占世界人口总数的 20%。

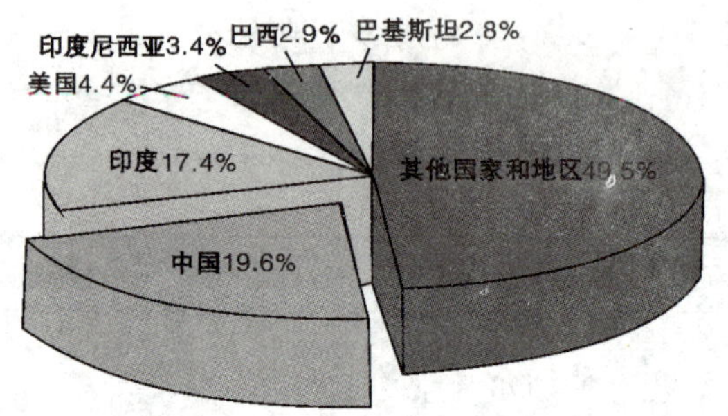

图 4－1－6　世界人口构成（2010 年）

1949 年以来，我国人口的增长过程可分为六个阶段。

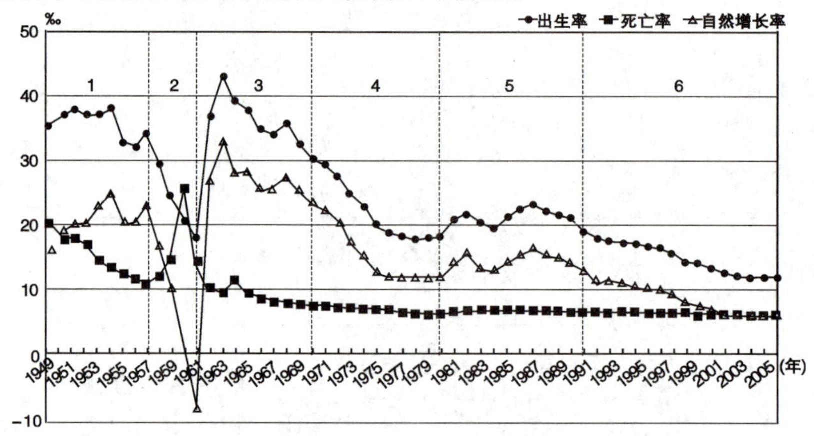

图 4－1－7　我国人口增长

第一阶段（1949～1957 年）：人口加速增长阶段，人口增长非常迅速；

第二阶段（1958～1961 年）：人口负增长阶段，受自然灾害等因素的影响，出生率持续下降而死亡率急剧上升，人口出现负增长；

第三阶段（1961～1970 年）：人口高速增长阶段，人口自然增长率在 20‰以上；

第四阶段（1970～1980 年）：人口减速增长阶段，受计划生育政策的影响，人口增长速度减慢，自然增长率最低达 11‰左右；

第五阶段（1980～1991 年）：人口波动增长阶段，受 60 年代人口出生高峰的影响，出现两次波动；

第六阶段（1992 年以来）：人口低速增长阶段，目前，进入低出生率、低死亡率和低自然增长率的现代型。

20 世纪 70 年代，我国大力推行计划生育政策。40 多年来，人口过快增长的势头得到有效遏制，缓解了对资源、环境的压力。进入 21 世纪，我国人口总量增长速度明显减缓，劳动适龄人口开始减少，人口老龄化问题逐渐凸现。为了顺应人口与社会发展的新形势，2015 年 10 月起国家全面实施一对夫妇可生育两个孩子政策。这是国家根据人口与资源、环境、经济、社会发展的新形势，对人口政策的重大调整。

信息链接 XINXI LIANJIE

2010 年全国第六次人口普查主要数据

指标		年末数（万人）	比重（%）
全国总人口		137 054	100.0
其中	城镇	66 558	49.68
	乡村	67 415	50.32
其中	男性	68 685	51.27
	女性	65 287	48.73
其中	0～14 岁	22 246	16.60
	15～59 岁	93 962	70.14
	60 岁及以上	17 765	13.26
其中：65 岁及以上		11 883	8.87

能力提升 NENGLI TISHENG

三角形人口统计图的阅读方法

三角形统计图，又称三维坐标图。它是在一个正三角形内，用三条边作轴，分别表示同一地理事物的三个不同要素，三要素的百分比之和为 100%。该图多用来表示有三个变量的地理事物的结构，如人口的年龄构成、三次产业结构等。

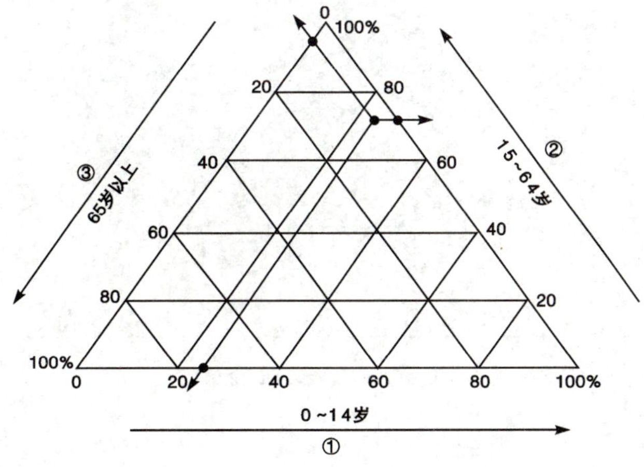

图 4－1－8

三角形坐标统计图阅读的步骤：

(1) 明确三个轴分别代表的地理含义；

(2) 熟悉三个轴的原点位置及数值的变化规律，如沿着三个坐标轴数值增大的方向画出三个箭头①②③；

(3) 在图中找到表示地理事物的点，在该点分别画出与上述三个箭头平行且延伸方向一致的三条斜线；

（4）分别读出上述斜线与三个坐标轴的交点数值，即该点的三维数值，如图中0～14岁为23%，15～64岁为73%，65岁及以上为4%。

（5）验证三个百分比数值的和是否为100%。

人口分布

我国是世界上人口稠密的地区之一，2010年我国平均人口密度约为143人/平方千米。

我国人口分布很不均匀，地区差异显著。概括起来，我国人口分布的特点是：①东部人口多，西部人口少；②沿海、沿河、沿湖人口多，干旱荒漠地区人口少；③平原、盆地人口多，山地、高原人口少；④经济和交通发达地区人口多，经济落后、交通闭塞地区人口少；⑤城镇密集、工业发达地区人口多，偏僻的农牧业地区人口少；⑥汉族地区人口多，大部分少数民族地区人口少。

黑河—腾冲线是我国人口分布的地理界线，该线以东、以南，面积占全国的43%，居住着全国94%以上的人口；该线以西、以北，面积占全国的57%，人口只占全国的6%。

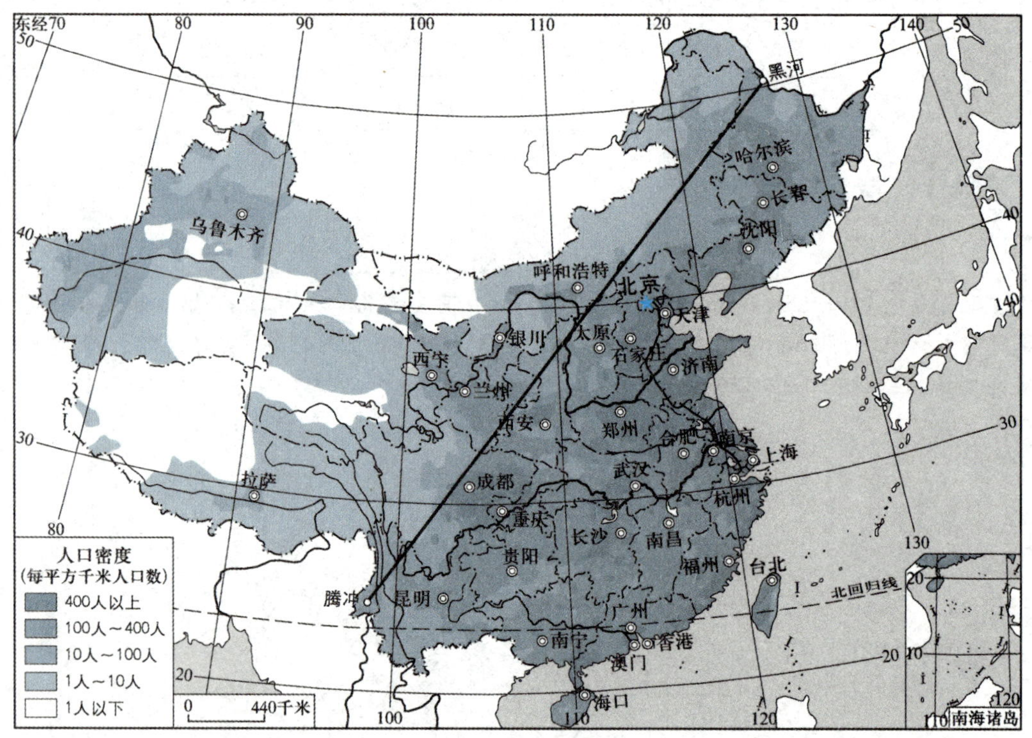

图4－1－9　我国人口密度

读图指南

1. 阅读图例，熟悉人口密度等级。

2. 找到黑河—腾冲地理分界线，依图例说出该界线两侧的人口分布状况，并分析原因。

3. 按人口密度等级，说出某一地区人口的分布状况。例如，山东省的大部分地区人口密度在400人/平方千米以上；四川省的东部人口密度大，西部人口密度小。

人口迁移

新中国成立以来，我国的人口迁移大致以20世纪80年代划分为两个阶段。20世纪80年代以前，由于国家实行计划经济体制和严格的户籍管理制度，国内人口迁移的特点是有计划、有组织进行，从东部向中部以及从东部、中部向西北、东北和西南方向迁移。例如，20世纪60年代有组织地移民支援新疆等边远省份；70年代知识青年“上山下乡”。

20世纪80年代以来，随着改革开放的不断深入，人口迁移表现出新特点：人口流动日益活跃，自发性迁移比重迅速上升，从中西部向东部迁移。

众多的民族

我国是一个团结统一的多民族大家庭，56个民族共同组成中华民族。各民族中，汉族人口最多，占全国总人口的91.5%；其他55个民族人口较少，称为少数民族。人口超过400万的有壮、满、回、苗、维吾尔、土家、彝、蒙古、藏九个民族；人口最多的壮族，有1 600多万；最少的珞巴族，约3 000人，主要分布在西藏自治区。

各民族不论大小，一律平等；国家保障各少数民族的合法权利与利益，维护和发展各民族的平等、团结、互助关系；帮助少数民族加速经济和文化的发展；在少数民族聚居地区实行民族区域自治；尊重民族的风俗习惯和宗教信仰。

大杂居、小聚居的民族分布

大杂居、小聚居是我国民族分布的主要特点。汉族遍布全国，主要分布在东部和中部；少数民族主要分布在西南、西北和东北等边疆地区。民族间的交错分布，促进了民族交往与合作，为各民族的共同繁荣提供了有利条件。

触类旁通 CHULEI PANGTONG

阅读下面的材料，说出北京市与河南省人口增长的差异及其造成差异的主要原因。

2003年北京市与河南省人口增长比较表

	自然增长率（%）	总增长率（%）
北京市	-0.015	5.292
河南省	0.564	0.562

解析 该题考查考生调动和运用知识、分析问题和解决问题的能力，需要运用的知识有人口的自然增长、人口迁移及北京市与河南省的经济发展状况。一个地区人口数量的变化取决于人口的自然增长与人口迁移（机械增长）两个方面。北京作为我国的政治和文化中心，人口的自然增长出现负值。快速的经济发展、较高的收入与待遇、优越的环境吸引了大量人口的迁入。河南作为中部省份，人口众多，经济相对落后，人口以自然增长为主，人口总增长率低于人口自然增长率表明部分劳动力外迁，成为北京等经济发达省市的劳动力供给地。

答案 北京人口自然增长率为负，河南为正，其原因是北京人口出生率低于死亡率，河南人口出生率高于死亡率。北京人口总增长率高于河南，其原因是北京人口的机械增长率较高（迁入人口较多），两个地区人口机械增长率不同反映了两地社会经济发展水平和吸纳劳动力的差异。

第二单元　中国的自然环境

第一讲　地形

我国地形的总特征是地形多种多样，山区面积广大；地势西高东低，呈阶梯状分布。地形对我国的自然环境和社会经济发展有重大的影响。

地势西高东低，呈阶梯状分布

我国西部以山地、高原和盆地为主，东部则以平原和丘陵为主，地势的特征是西部高、东部低，呈三级阶梯状分布。

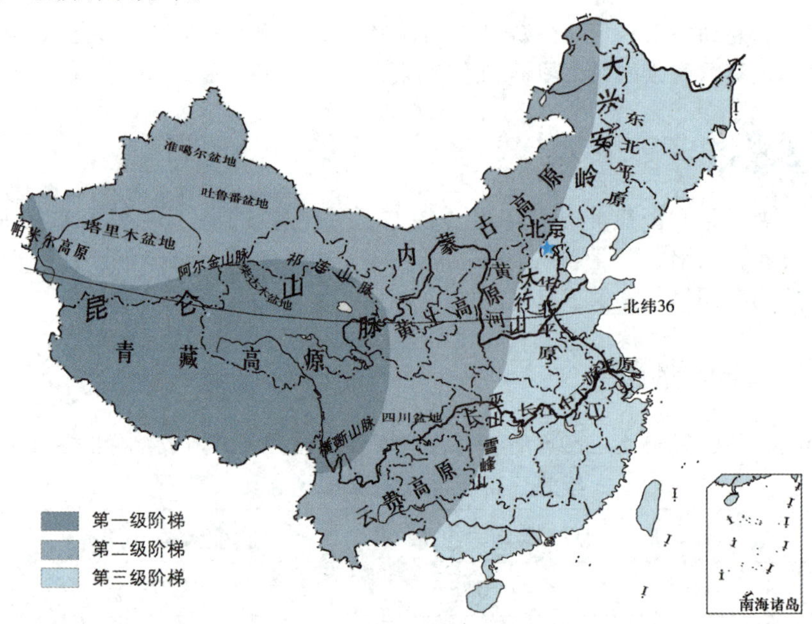

图 4－2－1　我国地势三级阶梯示意

读图指南

1. 指出地势第一级阶梯与第二级阶梯、第二级阶梯与第三级阶梯的分界线。
2. 自西向东说出北纬 36°纬线穿过的主要地形单元。

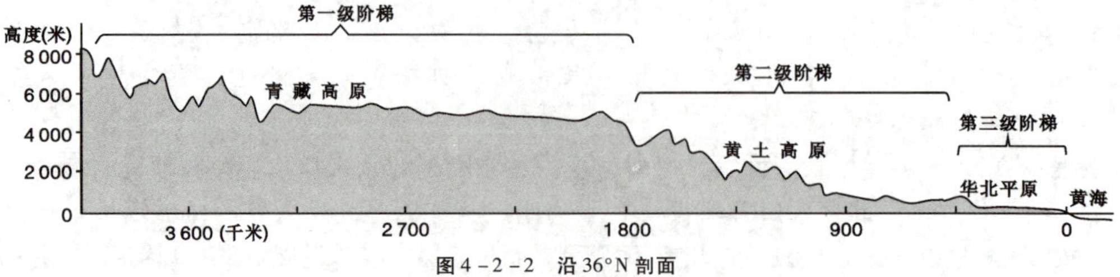

图 4－2－2　沿 36°N 剖面

阶梯	平均海拔/m	主要地形区
第一阶梯	4 000 米以上	青藏高原及青藏高原上的柴达木盆地（一个高原、一个盆地）
分界线：昆仑山——阿尔金山——祁连山——横断山脉		
第二阶梯	1 000～2 000 米左右，局部低于 500 米	内蒙古高原、黄土高原、云贵高原（三个高原） 准噶尔盆地、塔里木盆地、四川盆地（三个盆地）
分界线：大兴安岭——太行山——巫山——雪峰山		
第三阶梯	多在 500 米以下	东北平原、华北平原、长江中下游平原（三个平原） 辽东丘陵、山东丘陵、东南丘陵（三个丘陵）

我国地势对自然环境的影响

（1）对气候的影响

①地势西高东低，面向海洋倾斜，有利于来自海洋的夏季风深入内地，带来丰沛的降水，使我国东部季风区面积广大。②西高东低，阶梯状分布的地势，增大了同一气候带内的气候差异，增强了我国气候的复杂多样性。③高大的青藏高原，不仅形成了独特的高寒气候，而且阻碍了印度洋暖湿气流深入西北内陆，并且影响大气环流，对东亚和世界气候都有重要的影响。

（2）对河流的影响

地势西高东低，大河多自西向东流，注入太平洋，加强东西之间的水路交通；地势呈阶梯状分布，阶梯处河流落差大、水流急，水能资源丰富。

能力提升 NENGLI TISHENG

利用剖面图，掌握主要地理事物的空间分布

地形剖面图不仅能直观地反映地势的高低和起伏状况，而且能反映剖面沿线地理事物的分布，因而熟悉剖面线经过的地理事物，如某经纬线所穿过的主要山脉、地形区、河流、城市等，可以帮助同学们形成思维地图，并根据这些地理事物进行空间定位。

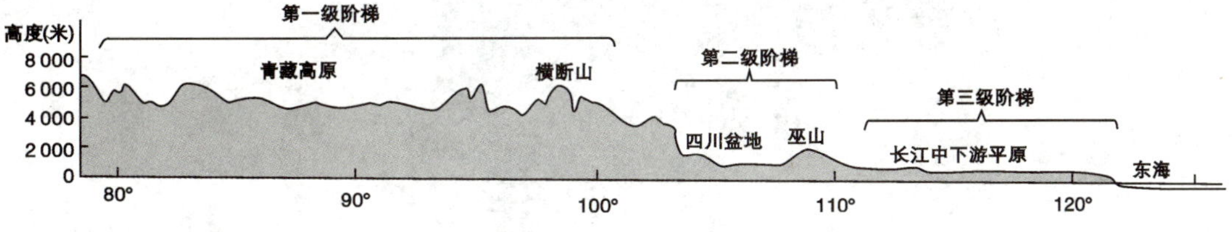

图 4－2－3 沿 30°N 剖面

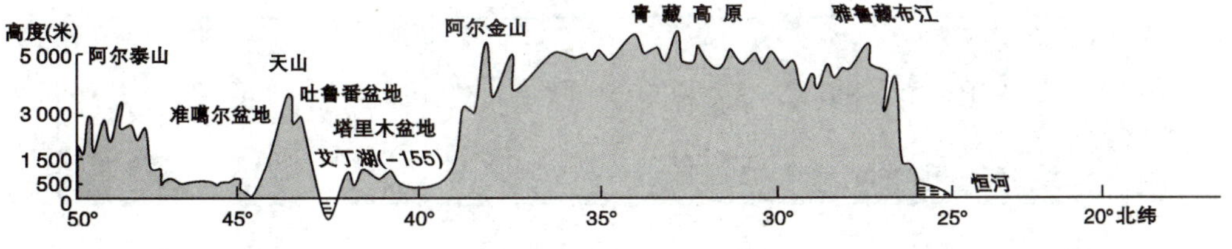

图 4－2－4 沿东经 89° 剖面

地形多种多样，山区面积广大

我国地域辽阔，地形类型多种多样。山地、高原、平原、盆地、丘陵五大类地形，在我国都有分布，而且各类地形面积都较大。

我国是一个多山的国家，山地面积约占全国面积的1/3。习惯上人们把山地、丘陵，连同比较崎岖的高原统称山区，我国山区面积约占总面积的2/3，平原面积仅占1/10多一点。

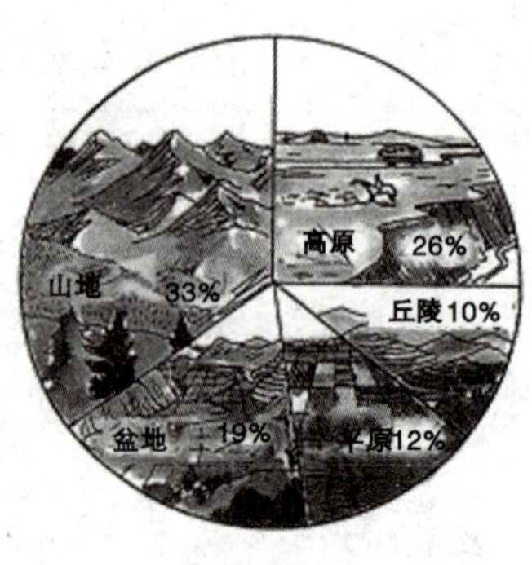

图4-2-5　我国各类地形的比重

复杂多样的地形为我国因地制宜，发展农、林、牧多种经营提供了有利条件，不同地区适合于不同类型农业的发展；广大的山区蕴藏着丰富的自然资源，在发展林业、牧业、旅游业和采矿业方面具有优势。但是，山区面积广，造成我国滑坡、泥石流等地质灾害多发，耕地压力过大，对交通发展、对外联系也带来诸多不便。

主要山脉

我国山脉众多，多为东西走向和东北—西南走向。山脉是我国地形的骨架，山脉之间镶嵌着四大高原、四大盆地和三大平原。

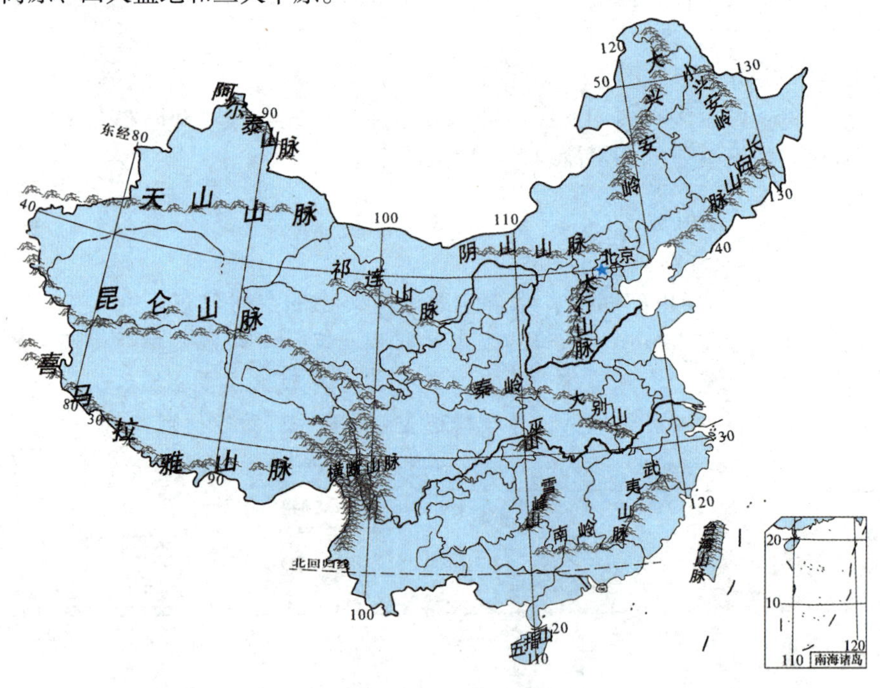

图4-2-6　我国主要山脉分布示意

读图指南

1. 按一定的顺序，找出东北—西南走向、东西走向、西北—东南走向的山脉和喜马拉雅山脉。
2. 说出这些山脉两侧分布着哪些地形区。

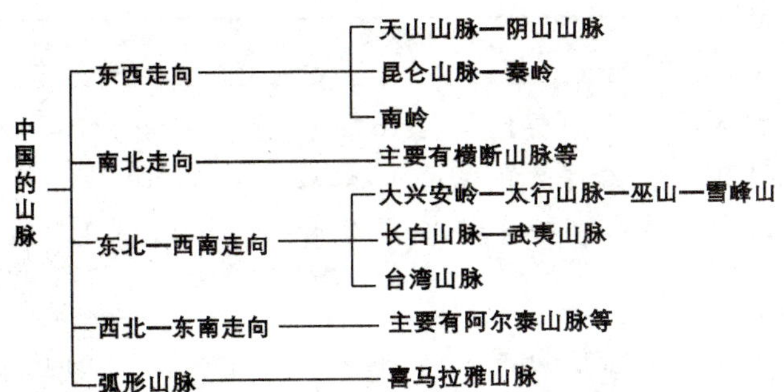

主要地形区

我国地形的分布东部和西部有很大的差异，西部主要是高山、高原和盆地，东部主要为丘陵和平原。

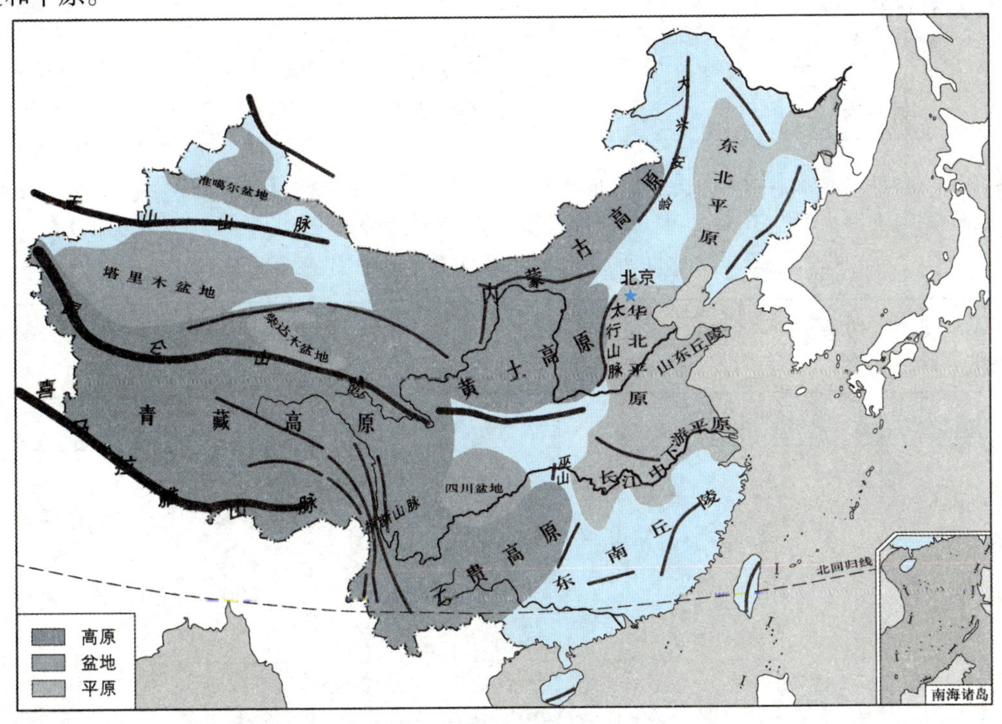

图4－2－7　我国主要地形区分布示意

读图指南

1. 找到天山、昆仑山，分别说出它们南北两侧的地形区名称。
2. 找到大兴安岭、太行山、巫山、横断山，分别说出它们东西两侧的地形区名称。
3. 尝试并反复练习画我国主要地形区分布示意图。

四大高原　分布在地势的第一、二阶梯上，面积辽阔。受高度、位置、成因和外力侵蚀的影响，高原的外貌特征各异。

	位置	特征
青藏高原	位于我国西南部，主要包括西藏、青海和四川西部。在昆仑山、祁连山、横断山和喜马拉雅山之间。	①地势高，平均海拔4 000米以上，多雪山冰川； ②面积大，占全国面积的1/4； ③高原上多大山，但相对高度较小。
内蒙古高原	位于我国北部，包括内蒙古大部分和甘、宁、冀的一部分。在大兴安岭以西、祁连山以东、长城以北。	①地势起伏和缓，山脉少； ②为我国第二大高原，平均海拔1 000～1 500米； ③东部多草原，西部多戈壁、沙漠。
黄土高原	位于我国中部，包括山西省和陕、甘、宁的一部分。在长城以南、秦岭以北、太行山以西、祁连山东端以东。	①海拔1 000～2 000米，地表覆盖深厚的黄土； ②地表破碎，沟壑纵横； ③植被少，水土流失严重。
云贵高原	位于我国西南部，包括云南东部，贵州大部。在横断山脉以东，雪峰山以西，四川盆地以南。	①地表崎岖，海拔1 000～2 000米； ②高原上多小型山间盆地（即坝子）； ③喀斯特地貌发育典型。

四大盆地 除柴达木盆地外，都分布在地势的第二阶梯上。由于所处位置不同，其特点也不相同。

	位置	特征
塔里木盆地	位于新疆南部，天山与昆仑山之间。	①我国面积最大的盆地； ②盆地内沙漠广布，分布着我国最大的塔克拉玛干沙漠； ③地势西高东低，海拔800～1 300米，边缘有绿洲。
准噶尔盆地	位于新疆北部，天山与阿尔泰山之间。	①我国第二大盆地； ②多风蚀地貌，沙漠面积较小； ③地势东高西低，海拔500～1 000米，西侧山间有缺口。
柴达木盆地	位于青海省西北部，阿尔金山、祁连山和昆仑山之间；	①地势高，海拔2 000～3 000米，是我国地势最高的盆地。 ②盆地东南部多盐湖沼泽。
四川盆地	位于四川东部，在巫山、大巴山、横断山、大娄山之间。	①海拔300～600米，北高南低，内有平原、丘陵、低山分布。 ②河流众多，为我国最大的外流盆地。

三大平原 均分布在东部第三阶梯上，由北向南依次是东北平原、华北平原和长江中下游平原，面积减小，平均海拔降低。

	位置	特征	主要组成部分
东北平原	位于我国东北部，大小兴安岭和长白山之间。包括黑、吉、辽三省和内蒙古的各一部分。	①我国最大的平原，广泛分布着肥沃的黑土；②海拔多在200米以下，中部地势稍高，三江平原等地区多沼泽。	三江平原、松嫩平原、辽河平原
华北平原	位于我国东部偏北，在燕山、太行山、淮河之间，包括冀、鲁、豫、京、津和苏、皖的一部分。	①我国第二大平原；②大部分海拔在50米以下，地表平坦。	海河平原、黄淮平原
长江中下游平原	位于我国东部，在巫山以东，长江干支流沿岸，包括鄂、湘、赣、皖、苏、浙、沪的绝大部分。	①大部分海拔在50米以下，地势低平；②河网纵横，湖荡密布。	江汉平原、洞庭湖平原、鄱阳湖平原、江淮平原、长江三角洲

主要丘陵　我国丘陵众多，东部地区分布广泛，自北向南有辽东丘陵、山东丘陵和东南丘陵等。东南丘陵是我国面积最大的丘陵，包括江南丘陵、浙闽丘陵和两广丘陵。丘陵海拔一般在200~500米，多开辟为梯田、果园或栽培经济林木。丘陵中的一些山峰是著名的风景区，如山东泰山、安徽黄山和江西庐山。

能力提升 NENGLI TISHENG

1. 利用经纬线记忆主要山脉及其地理事物。

记住重要山脉的主要经纬度，用山脉作为参照物掌握地理事物的空间分布是空间定位的重要方法。例如，利用我国东北—西南走向的四列山脉（如图4-2-8）可以判断山脉两侧的地形区、省级行政区等。

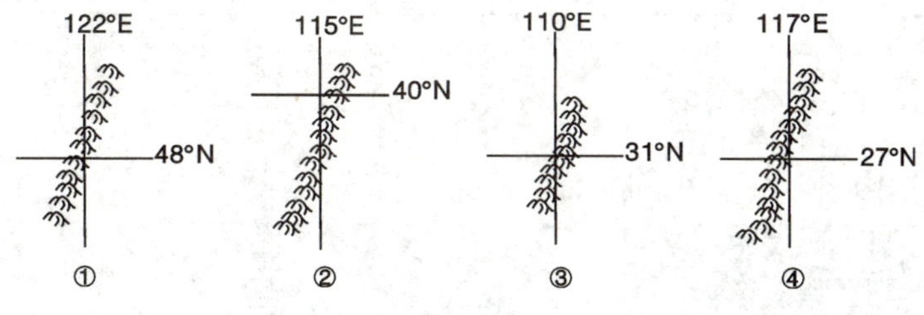

图4-2-8

(1) 四列山脉分别是大兴安岭、太行山、巫山、武夷山。

(2) ①②③山脉东西两侧的地形区分别是：①东北平原、内蒙古高原；②华北平原、黄土高原；③长江中下游平原、四川盆地。

(3) ②山脉东西两侧的省级行政区分别是河北省和山西省，④山脉东西两侧的省级行政区分别是福建省和江西省。

(4) ①②③山脉是我国地势第二、三阶梯的分界线，①山脉又是季风区与非季风区、农区与牧区的分界线等。

2. 我国主要地形区之间的分界线梳理

(1) 内蒙古高原和东北平原界线：大兴安岭

(2) 黄土高原和华北平原界线：太行山脉
(3) 四川盆地和长江中下游平原界线：巫山
(4) 云贵高原和青藏高原界线：横断山脉
(5) 准噶尔盆地和塔里木盆地界线：天山山脉
(6) 青藏高原和塔里木盆地界线：昆仑山脉
(7) 黄土高原和汉水谷地界线：秦岭
(8) 河西走廊和柴达木盆地界线：祁连山脉
(9) 四川盆地和汉水谷地界线：大巴山
(10) 内蒙古高原和黄土高原界线：长城
(11) 长江中下游平原和华北平原界线：淮河

3. 地形对我国社会经济环境的影响

环境要素	地形的主要影响
人口	影响人口的分布，平原、盆地人口密集，山地、高原人口稀疏。
聚落	影响城市的区位，我国特大城市多分布在地势的第三阶梯上；山区城市多分布在河谷盆地；干旱地区城市多分布在盆地边缘的绿洲（山前冲积扇、洪积扇的中下部）。
农业	平原、盆地等地形平坦的地区往往适宜发展种植业，且便于机械化作业；山区适宜发展林牧业，种植业一般分布在海拔较低、热量条件较好的河谷地带，如青藏高原的河谷农业；干旱地区种植业往往分布在相对平坦、水源充足的盆地边缘。
工业	大气污染严重的工业应布局在开阔的地形中，较封闭的谷地、盆地污染物不易扩散，会加重污染程度。
交通	受地势的影响，我国交通线路的空间分布表现出东部稠密、西部稀疏的特点；影响交通线的布局特点和形态特征，河谷城市交通线沿河谷延伸，山区公路多呈“之”字形分布。

触类旁通 CHULEI PANGTONG

1. 读下图描述图示地区主要地形区的分布状况。

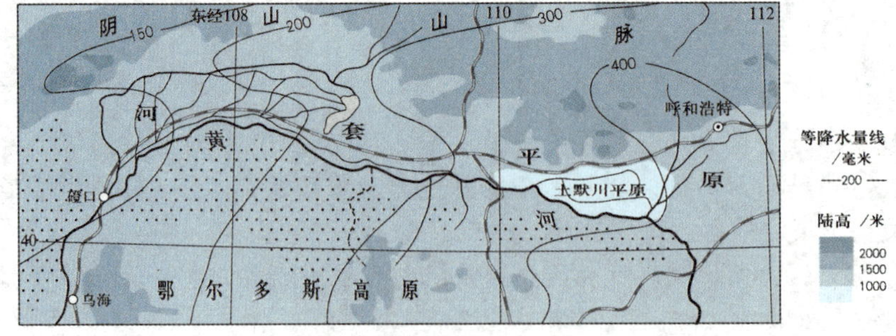

图 4-2-9

解析 该题以河套平原及其周边地区为背景，考查阅读分析分层设色地形图和描述地形分布状况的能力。仔细阅读图例和注记，不难看出图示地区自北而南分为山脉、平原和高原三大地形区。具体回答时，既要描述每个地形区自身的分布状况（延伸方向），又要描述各个地形区的组合状况（南北排列状况）。

答案 阴山山脉位于北部，呈东西走向；河套平原位于中部，东西延伸；鄂尔多斯高原位于南部，沙漠广布。

2. 下图是我国某区域沿不同纬度所做的地形剖面图，读图回答序号①②③④⑤分别所代表的地形单元名称。

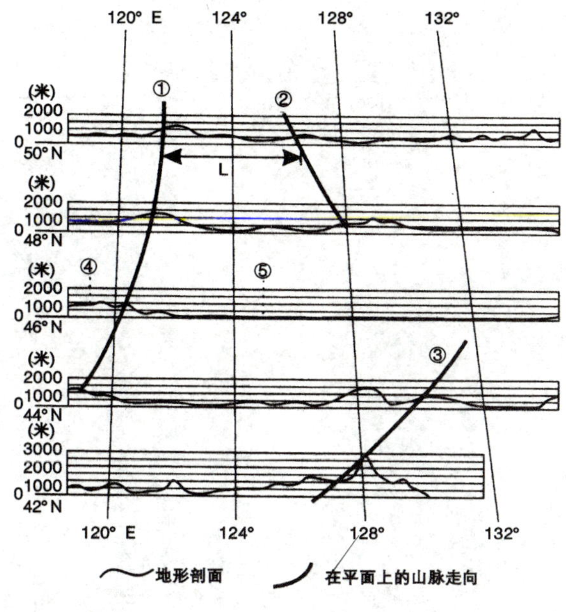

图 4－2－10

解析 该题考查根据信息识别我国东北地区地形特征的能力。从图中所给的经纬度可以确定图示地区为东北地区，调动东北地区“马蹄形”地形结构的知识，即可识别其主要地形单元。

答案 ①②③④⑤分别代表大兴安岭、小兴安岭、长白山、内蒙古高原和东北平原。

第二讲 气候

气温分布

我国南北纬度跨度大，受纬度的影响，南北气温呈现出一定的差异。我们可以通过1月和7月平均气温分布图，来了解我国冬夏气温的分布特点。

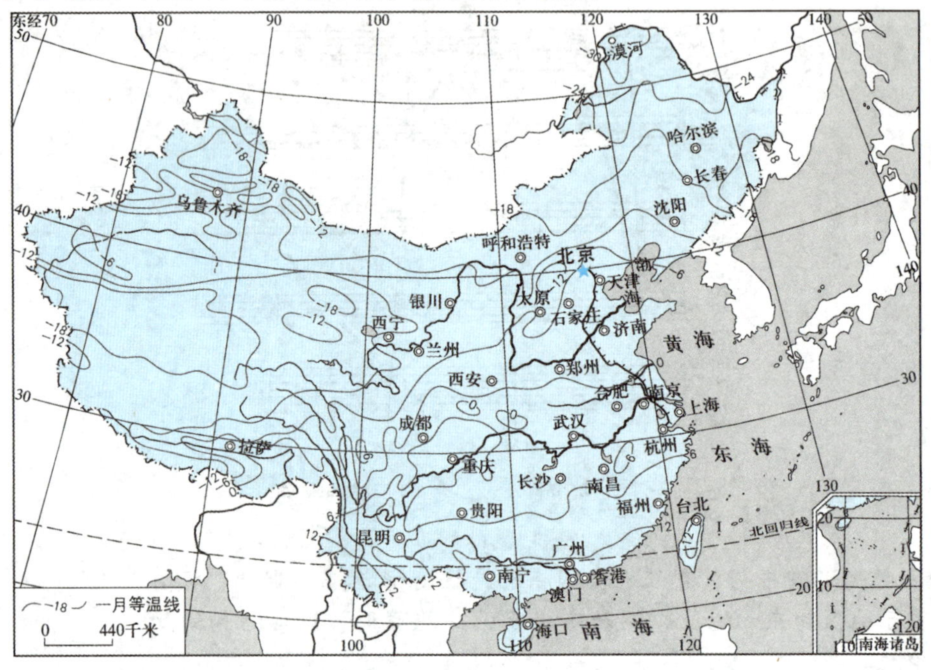

图4－2－11 我国1月平均气温分布

读图指南

1. 找出漠河与海口，说出两地的气温大致相差多少。
2. 在图中找出0℃等温线，并用彩笔描出，说出其大致经过的山脉、河流。
3. 对照我国地形图，找出大兴安岭附近等温线的分布特征，并解释原因。

冬季南北温差大

冬季，我国南暖北寒，南北温差大。漠河与海口的1月平均气温相差接近50℃。

冬季，太阳直射南半球，我国北方地区的太阳高度比南方小，白昼比南方短，获得的太阳辐射较南方少，因而气温较南方低。此外，北方距冬季风的源地近，受冬季风的影响强烈，寒冷的冬季风加剧了北方的严寒。

夏季全国普遍高温

夏季，我国除青藏高原外，全国普遍高温，南北温差小。漠河与海口的7月平均气温相差约12℃。

夏季，太阳直射北半球，我国北方地区的太阳高度虽然较南方小一些，但北方的白昼时间却比南方长，得到的太阳辐射相差较小，所以南北温差比较小。青藏高原由于海拔高，空气稀薄，大气对地面的保温作用弱，地面热量容易散失，因而成为我国夏季气温最低的地区。吐鲁番盆地由于地势低洼，深居内陆，大陆性强，增温快，成为我国夏季气温最高的地方。

以上表明我国北方的气温年较差较大，南方的气温年较差较小。

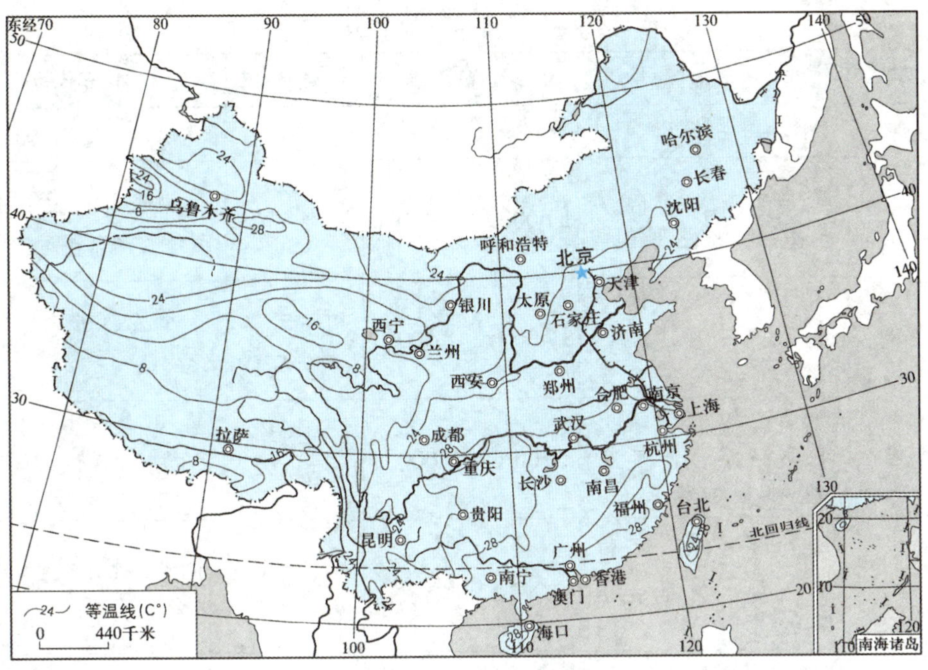

图 4-2-12 我国 7 月平均气温分布

> **读图指南**
> 1. 比较 1 月和 7 月等温线的疏密状况，说明我国冬夏气温的分布特征。
> 2. 说出 7 月大兴安岭、重庆附近等温线的分布特征，并分析原因。

温度带的划分

根据≥10℃的积温情况，我国自北向南依次划分为寒温带、中温带、暖温带、亚热带和热带五个温度带。青藏高原是特殊的高原气候区。各温度带的作物熟制不同。

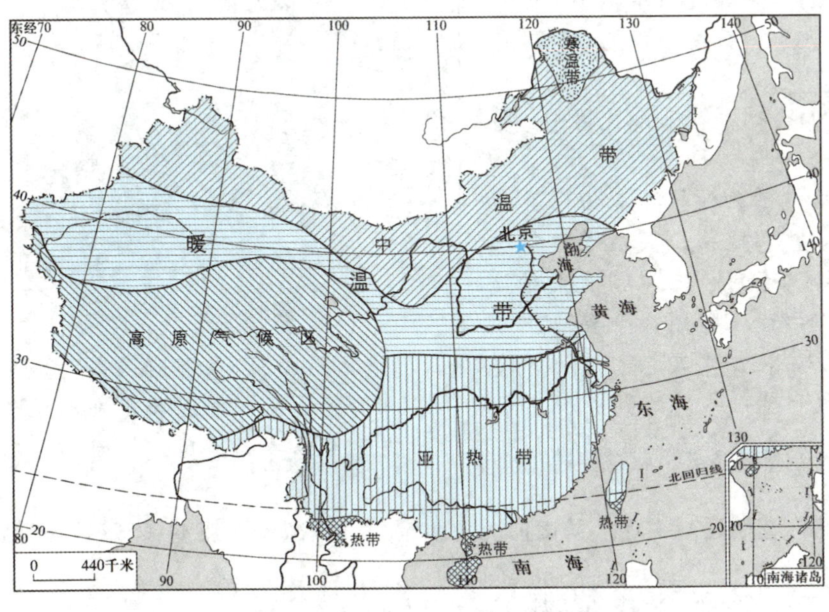

图 4-2-13 我国温度带的划分

> **读图指南**
> 1. 说出暖温带与亚热带的分布界线。
> 2. 说出我国三大平原、四大高原和四大盆地所属的温度带。

我国温度带的比较表

温度带	分布地区	≥10℃积温	作物熟制	主要作物
寒温带	大兴安岭北部	<1600℃	一年一熟	春小麦、大麦、马铃薯等
中温带	准噶尔盆地、内蒙古高原、东北平原	1 600℃～3 400℃	一年一熟	春小麦、大豆、玉米、谷子、高粱等
暖温带	塔里木盆地、黄土高原、河西走廊、华北平原	3 400℃～4 500℃	两年三熟 一年两熟	冬小麦、玉米、棉花、花生、甘薯等
亚热带	四川盆地、长江中下游平原、云贵高原、东南丘陵	4 500℃～8 000℃	一年两熟 一年三熟	水稻、油菜、冬小麦等
热带	云南南部、广东南部、台湾南部、海南全部	>8 000℃	一年三熟	水稻、甘蔗、天然橡胶等
高原气候区	青藏高原	<2 000℃	一年一熟	青稞等

触类旁通 CHULEI PANGTONG

读杏树开花盛期物候图，回答下列问题。

（1）我国杏树开花盛期的基本规律是____________________，其形成的主要原因是________________________。

（2）石家庄与太原的地理纬度基本相当，但____________________（太原、石家庄）的杏树开花时间较早，其原因是____________________。

（3）说明山东半岛的杏树开花盛期比鲁中、鲁西地区滞后的原因。

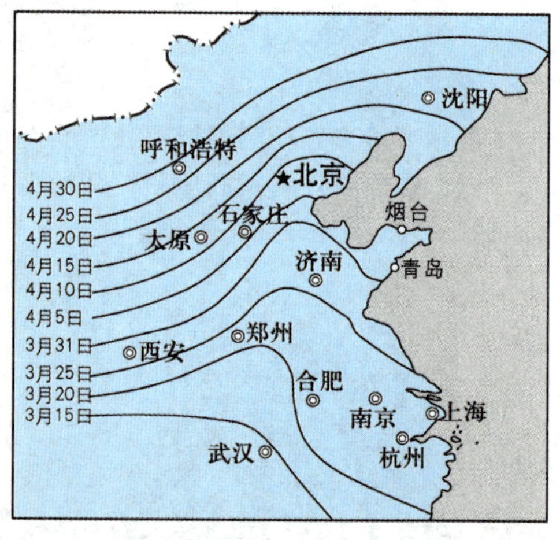

图 4－2－14

解析 该题以杏花物候图为情境，看似考查华北平原及山东半岛杏花盛期规律，实则考查气温的分布规律及太阳辐射、地形、海洋等因素对气温的影响。杏树花期（初放、盛期）主要取决于春季气温状况，因而从理论上讲，受气温分布基本规律的制约，我国东部地区杏花盛期由南向北逐渐推迟。位于同一纬度的太原和石家庄，受地形的影响，气温和花期产生差异。山东半岛三面临海，春季受海洋的影响，气温回升较鲁中和鲁西地区慢，因而气温较低、花期滞后。

答案（1）从南向北开花期逐渐推迟　从南向北太阳辐射逐渐减弱，热量（气温）逐渐减少（降低）

（2）石家庄　受地形的影响，石家庄的春温明显高于太原

（3）山东半岛三面环海，受海洋的影响大，春季气温回升慢，气温较鲁中、鲁西地区低，通常4月初杏花才大面积开花。

降水分布

降水空间分布很不均匀

我国年降水量的空间分布很不均匀，其特点是东南沿海多，西北内陆少，从东南沿海向西北内陆逐渐减少。

我国东南沿海的年降水量可达1 600毫米；800毫米等降水量线通过秦岭—淮河和青藏高原边缘；400毫米等降水量线从大兴安岭西坡向西南大致经过长城、兰州，延伸到青藏高原中东部。

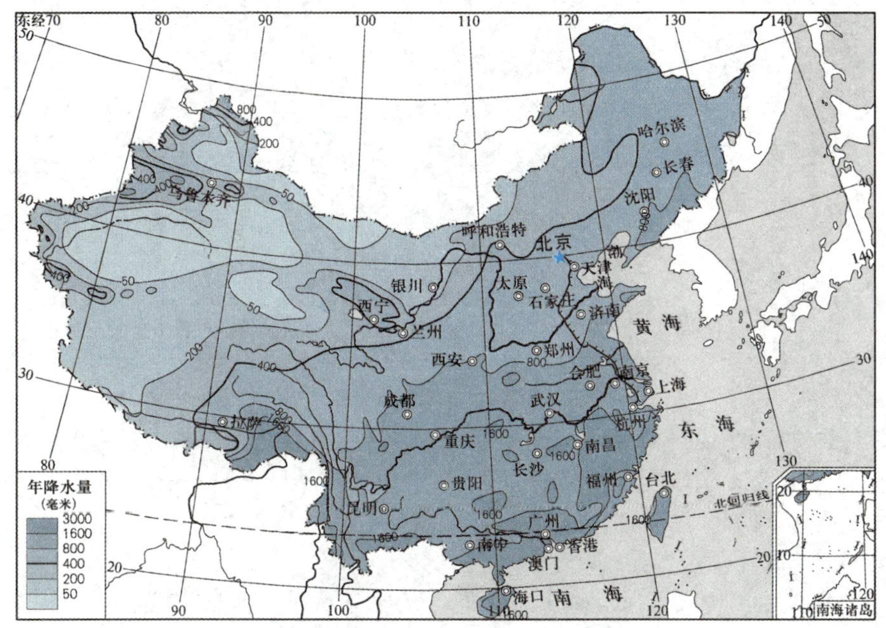

图4－2－15　中国年降水量分布

> **读图指南**
>
> 1. 在图中用彩笔分别描出200毫米、400毫米和800毫米等降水量线，并说出所经过的地区或城市。
> 2. 找出年降水量在50毫米以下的地区，并说明这些地区降水少的原因。

降水的季节变化和年际变化大

受锋面雨带的影响，我国降水的季节分配很不均匀，从全国来看，夏秋雨量占到全年降水的80%左右；南方雨季长，北方雨季短。

受季风气候的影响，我国降水年际变化较大。大致说来，北方较大，南方较小。

能力提升 NENGLI TISHENG

副热带高压与我国锋面雨带的移动规律

我国锋面雨带的移动受西太平洋副热带高压（简称“副高”）的影响。它的强弱、进退几乎决定着我国东部地区雨带的位置及水旱灾害的发生。影响我国的锋面雨带始终位于“副高”的西北侧，是由从“副高”吹来的暖空气与北方的冷空气相遇而形成。锋面雨带与“副高”同进同退。夏半年随着副高的北移和加强，冷暖气流在副高北侧形成的锋面雨带随之逐渐北上。

4、5月，锋面停留在珠江流域（“副高”约15°～20°N），华南地区进入雨季。

6 月（春末夏初），锋面在江淮间徘徊（“副高”20°N 附近），长江流域进入一个月左右的梅雨季节。

7、8 月，锋面到达华北、东北（“副高”25° ~ 30°N），华北、东北进入雨季；长江中下游地区受副热带高气压带的影响，盛行下沉气流，干旱少雨，形成伏旱天气。

9 月，“副高”南退，雨带随之南移，北方雨季结束。

10 月，“副高”和雨带退出大陆。

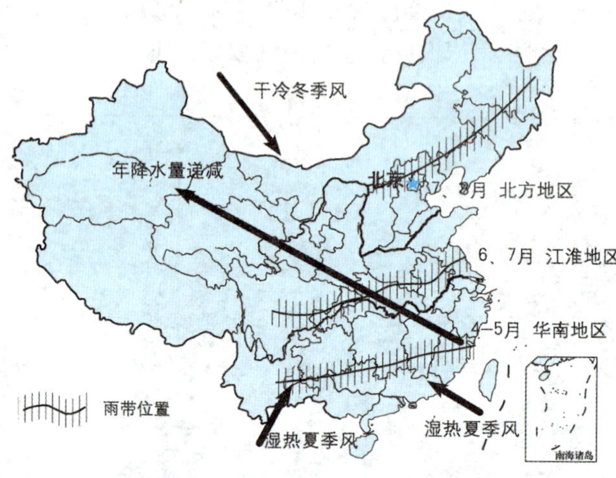

图 4－2－16 我国雨带位置示意

“副高”的位置和强弱一旦异常，就会引起我国不同地区的水旱灾害。有的年份，“副高”位置持续偏南，雨带长时间滞留在江淮地区，易造成江淮地区洪涝，而北方地区干旱。相反，“副高”位置较常年偏北时，易造成北方洪涝，南方干旱。

干湿地区的划分

降水量与蒸发量的比较可以反映出一个地方的干湿状况。依据干湿状况，我国可以划分为湿润、半湿润、干旱和半干旱四个地区。

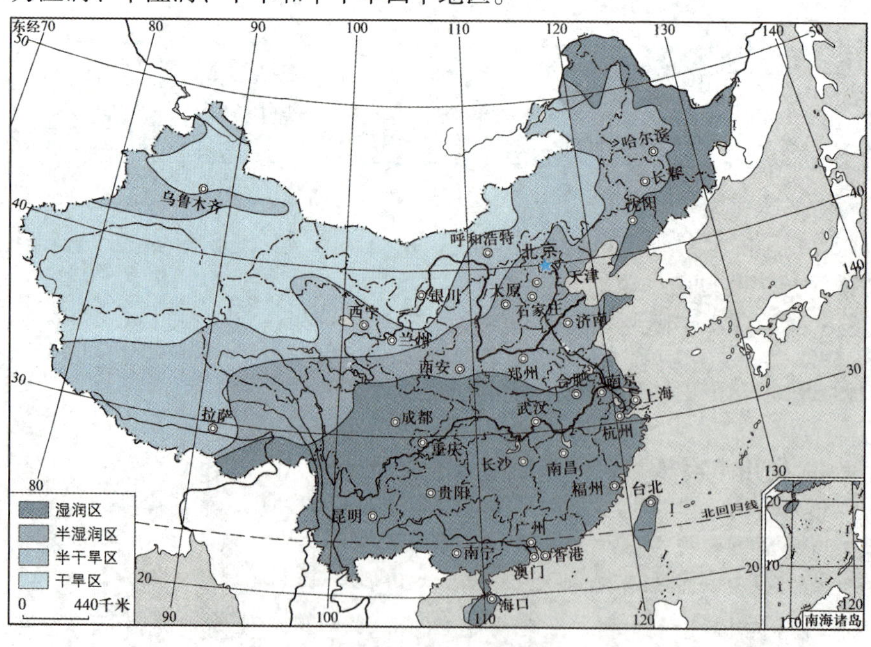

图 4－2－17 我国干湿地区的划分

读图指南

1. 说出湿润地区与半湿润地区的分界线。
2. 半湿润地区与半干旱地区的分界线与哪条等降水量线比较接近？
3. 说出甘肃、西藏、新疆、陕西、内蒙古等省区的干湿状况。

我国干湿地区比较

干湿地区	分布地区	干湿状况	植被	农牧业
湿润地区	秦岭—淮河以南地区，东北三省东部和青藏高原东南边缘	年降水量 > 800 毫米降水量 > 蒸发量	森林	水田为主
半湿润地区	东北平原、华北平原、黄土高原南部和青藏高原东南部	年降水量 > 400 毫米降水量 > 蒸发量	森林草原	旱地为主
半干旱地区	内蒙古高原、黄土高原和青藏高原大部分	年降水量 < 400 毫米降水量 < 蒸发量	草原	灌溉农业牧业
干旱地区	新疆、内蒙古高原和青藏高原西北部	年降水量 < 200 毫米降水量 < 蒸发量	多荒漠	绿洲农业牧业

信息链接 XINXI LIANJIE

春旱和伏旱

干旱是因长时期无降水或降水异常偏少而造成空气干燥、土壤缺水的一种现象。干旱是我国较普遍的自然灾害，且每个季节都可能发生。从全国来讲，比较严重的是华北地区的“春旱”和长江流域的“伏旱”。

华北“春旱”　春季华北地区降水稀少，气温回升快，蒸发量大。此时，正是华北地区春播和小麦返青的季节，农业用水量较大，因而显得旱情更为严重。一般来讲，季节性积雪融水对“春旱”有缓解作用，这在东北地区比较明显。

长江流域“伏旱”　梅雨过后，锋面雨带北移到华北和东北地区，长江流域受副热带高气压带控制，空气性质单一，气流下沉，降水稀少，旱情严重。

触类旁通 CHULEI PANGTONG

读我国不同地区年降水量的季节分配表，并结合所学知识，完成下列要求。

地名	年降水量（mm）	春季降水量（%）	夏季降水量（%）	秋季降水量（%）	冬季降水量（%）
广州	1 680.5	30.8	44.3	17.7	7.2
南昌	1 598.0	43.6	31.2	12.8	12.4
郑州	635.9	19.9	53.2	22.3	4.6
五台山	913.3	13.5	62.3	21.1	3.1
成都	976.0	16.5	62.9	18.3	2.3
乌鲁木齐	194.6	34.2	33.1	24.0	8.7

（1）表中资料显示，我国　（　　）

A. 各地降水量集中于夏、秋季节

B. 各地降水量季节分配极不均匀

C. 东部季风区降水量集中于夏、秋季节

D. 华北平原的降水量集中于夏、秋季节

（2）表中，夏季降水量占全年降水量比例最小的地点是＿＿＿＿＿＿，根据气压带、风带的季节移动，分析造成该现象的原因。

（3）表中，夏季降水量最少的地点是＿＿＿＿＿＿，原因是＿＿＿＿＿＿＿＿＿＿＿＿＿。

（4）分析五台山年降水量高于郑州降水量的原因。

解析 该题选取我国六个不同地区的年降水量及季节分配统计资料为情境，考查学生解读信息和阐释问题的能力，考查的具体知识是我国降水量的时空分布及成因。第（1）题对各地区降水季节分配的表述要以表中材料为依据，不能凭主观印象回答，否则很容易错选C项；第（2）题考查长江流域伏旱的成因；第（3）题考查海陆位置对降水的影响，乌鲁木齐远离海洋，夏季风影响不到，故降水少；第（4）题考查地形对降水的影响，在我国东部季风区地形对气流有抬升作用，山地往往成为地区的多雨中心。

答案（1）D

（2）南昌　　夏季副热带高压带盘踞此地，形成伏旱，降水偏少。

（3）乌鲁木齐　　距海远，水汽少

（4）五台山地形雨增加了降水量。

气候特征

气候复杂多样

我国南北的跨度大、东西距海洋的远近差异大，加之地形复杂，形成了众多的气候类型。东部季风区自南而北分布着热带季风气候、亚热带季风气候和温带季风气候，西北内陆地区分布着温带大陆性气候，青藏高原为高原高山气候。

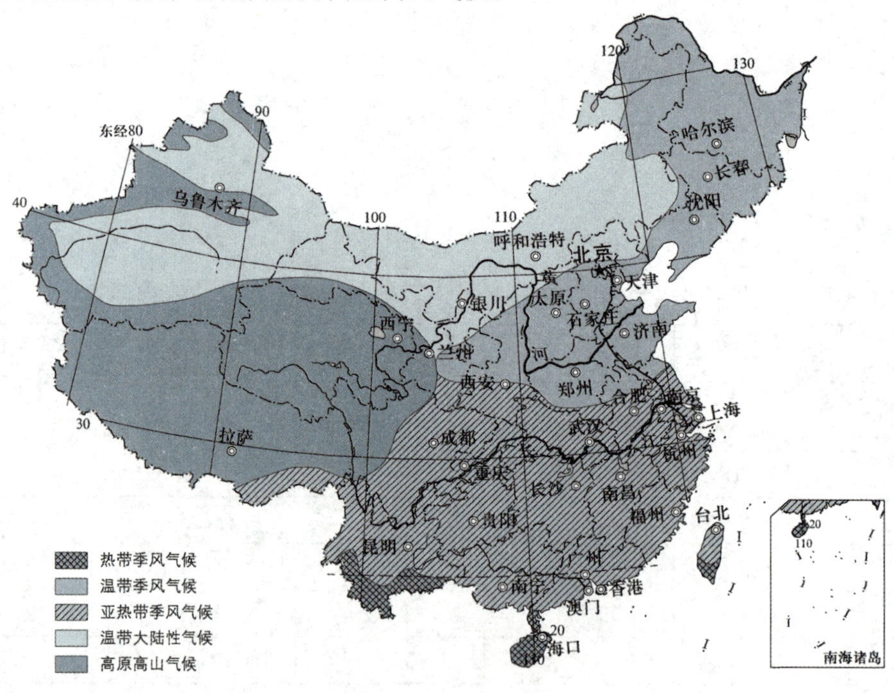

图4－2－18　我国气候类型

> **读图指南**
>
> 1．指图说出亚热带季风气候与温带季风气候的分界线。
>
> 2．说出三大平原、四大高原和四大盆地的主要气候类型。

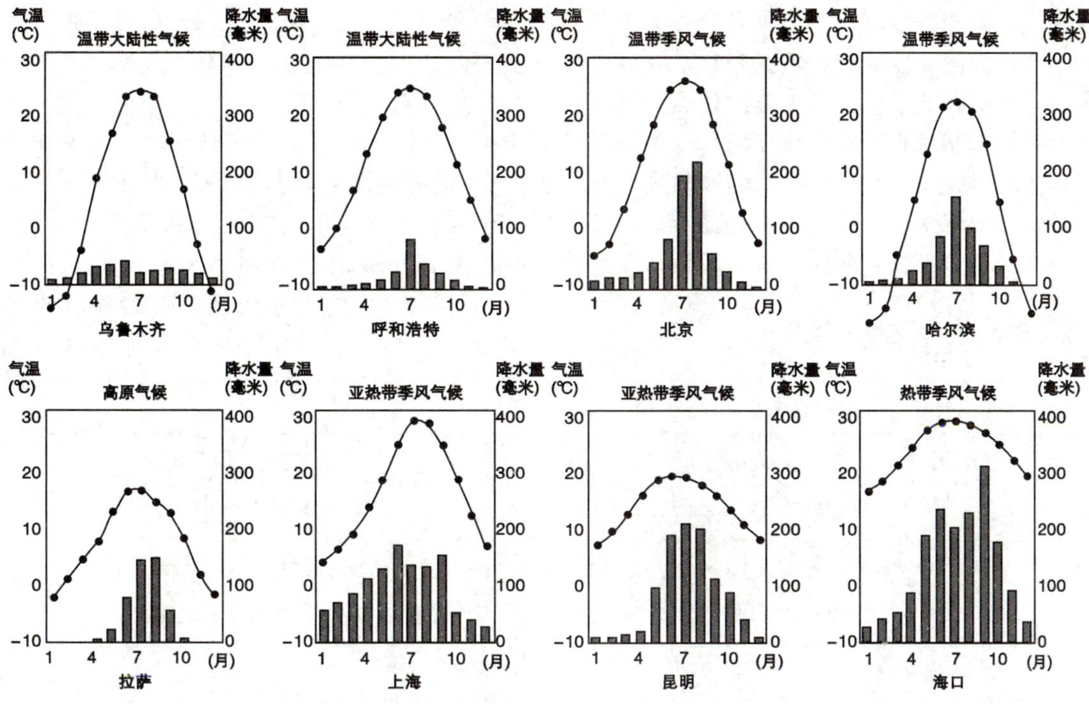

图 4－2－19　我国部分城市的气温和降水

复杂多样的气候，为多种生物的生存提供了条件，使我国拥有丰富多样的生物资源，利于开展多种经营，农、林、牧、渔各业综合发展，也有利于生活的丰富多彩和各具特色的地域文化的形成。

季风气候显著

我国地处亚欧大陆东部，是世界上季风气候最为典型的地区。热带季风气候、亚热带季风气候和温带季风气候在我国都有分布。因而，我国气候具有夏季高温多雨、冬季寒冷干燥、雨热同期、降水的季节变化和年际变化大的特征。

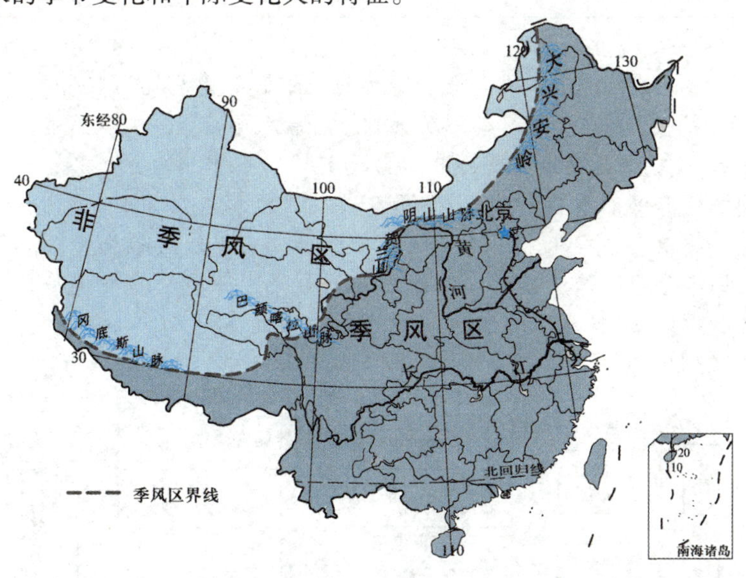

图 4－2－20　我国季风区与非季风区

习惯上，以大兴安岭—阴山—贺兰山—巴颜喀拉山—冈底斯山脉一线为界，把我国划分为季风区和非季风区。

与世界同纬度的其他地区相比，我国冬季气温偏低，而夏季气温又偏高，气温的年较差大，因而我国的季风气候大陆性较强，也称为大陆性季风气候。

季风气候对我国的自然环境和人类活动的影响很大。例如，受夏季风从海洋上带来丰沛降水的影响，我国华南地区成为回归线上的“绿洲”，而北回归线穿过的世界其他地区大多分布着大面积的沙漠；降水集中在夏季，雨热同期，有利于农作物、树木、牧草的生长；冬季风活动强烈，会带来寒潮等恶劣天气；夏季风强弱变化，会导致水旱灾害。

能力提升 NENGLI TISHENG

1. 列表比较我国的冬季风与夏季风

	冬季风	夏季风
源地	蒙古—西伯利亚一带	太平洋、印度洋
风向	偏北风（东部地区以西北风为主，西南地区以东北风为主）	偏南风（东部主要是来自太平洋的东南风，西南地区主要是来自印度洋的西南风）
风力	强大	较弱
性质	寒冷干燥	暖热湿润
影响时间	每年9、10月份到次年3、4月份	每年4、5月份到9、10月份
影响范围	除青藏高原、云贵高原、海南岛、台湾岛外，其他地区均受影响	大兴安岭—阴山—贺兰山—巴颜喀拉山—冈底斯山一线以东、以南地区
主要影响	加剧北方严寒，使南北温差加大；异常时带来寒潮、沙尘等灾害天气	影响我国降水的时空分布；异常时易发生水旱灾害

2. 秦岭—淮河一线南北两侧的气候差异

秦岭—淮河一线是我国东部重要的气候分界线，该线的南北气候有明显差异。1月平均气温0℃等温线大致通过秦岭—淮河一线，以北1月均温小于0℃，属暖温带；以南1月均温大于0℃，属亚热带。800毫米年降水量线也大致通过秦岭—淮河一线，以北年降水量小于800毫米，是半湿润地区；以南年降水量大于800毫米，是湿润地区。

秦岭—淮河一线以北的华北地区冬夏长、春秋短，东北地区冬长夏短；而该线以南的长江中下游地区则四季分明，珠江流域以南则长夏无冬。这种南北的气候差异，导致农业生产方式、耕作制度、作物品种以及人们的生活习俗等方面的不同。

3. 我国气候的形成框图

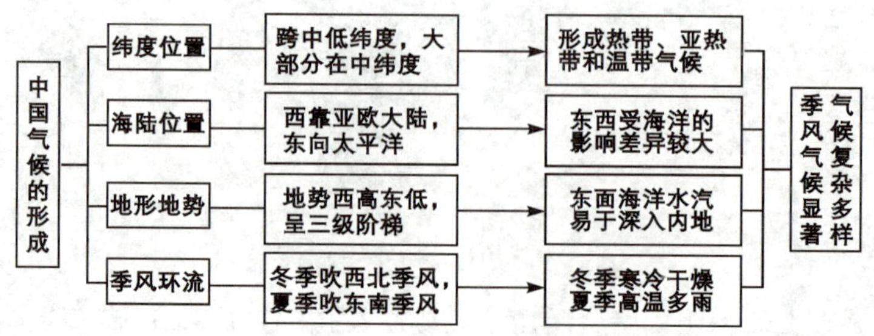

特殊天气

寒潮、梅雨、台风及沙尘暴是我国的特殊天气现象，对人们的生产和生活影响很大。

我国主要特殊天气比较

	概念	发生时间	天气特征	主要影响地区	主要危害
寒潮	强冷空气入侵，造成大范围的剧烈降温过程	冬半年	急剧降温、霜冻、大风，有时伴有雨雪天气	除西藏、云贵地区受影响较小外，大部分地区都受影响	冻害、雪灾、风灾
台风	形成于热带洋面的强烈发展的热带气旋	夏秋季节	狂风、暴雨	东南沿海，主要是广东、福建、海南和台湾	强风、特大暴雨、风暴潮
梅雨	江淮地区梅子成熟时期，一个月左右的阴雨连绵天气	春末夏初	阴雨连绵，相对湿度大，日照时间短，风小云多	江淮地区	洪涝、低温
沙尘暴	强风将地面大量沙土卷入空中，空气混浊，能见度降到1千米以下	冬春季节	天空呈黄色或红黄色，尘土飞扬，空气能见度低	西北和华北地区	风灾（土壤侵蚀）、污染大气、能见度降低

触类旁通 CHULEI PANGTONG

（2013·新课程卷Ⅰ）阅读图文资料，完成下列要求。

居住在成都的小明和小亮在“寻找最佳避寒地”的课外研究中发现，有“百里钢城”之称的攀枝花1月平均气温达13.6 ℃（昆明为7.7 ℃，成都为5.5 ℃），是长江流域冬季的“温暖之都”。图4－2－21a示意攀枝花在我国西南地区的位置，图4－2－21b示意攀枝花周边地形。

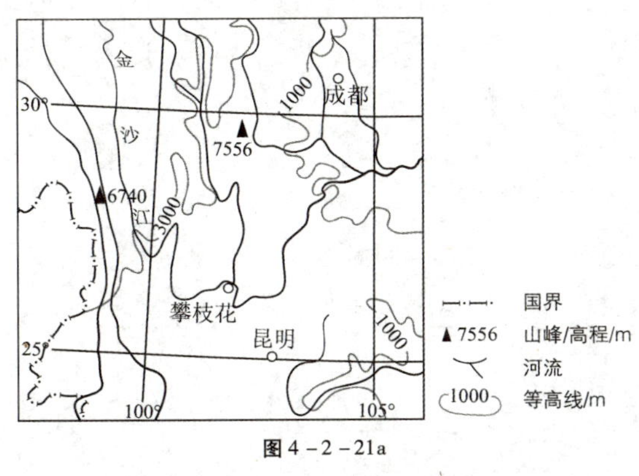

图4－2－21a

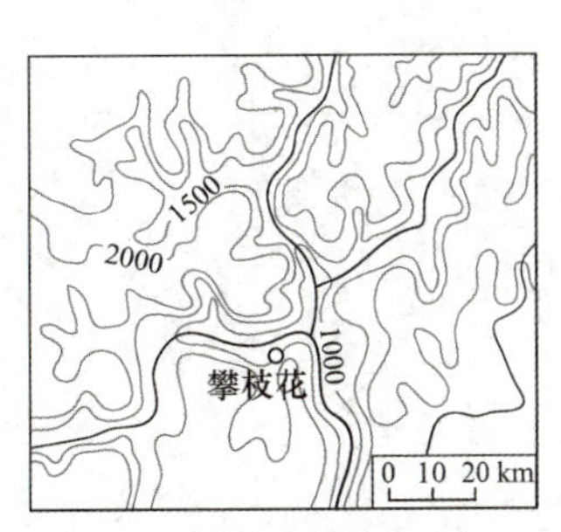

图4－2－21b

（1）分析攀枝花1月份平均气温较高的原因。

（2）推测攀枝花1月份的天气特征。

解析 该题主要考查地形对攀枝花气温的影响，试题以攀枝花周边地区不同比例尺的等高线地形图为情境，考查学生探究攀枝花1月份平均气温较高的原因与1月份的天气特征。从图a攀枝花在我国西南地区的位置图中可知，攀枝花北、西方向有高大山脉环绕，冬季对寒冷空气有较大的阻挡作用；从图b攀枝花周边地形图中可知，攀枝花地处河流谷地，盛行下沉气流。第（2）问“1月份的天气特征”的描述角度，除阴晴、雨雪、气温和风力外，因为是较长时间的天气状况，还需从稳定状况的角度描述攀枝花1月份的天气特征。

答案（1）因地形阻挡，冬季受北方冷空气（寒潮）影响较小；位于河流（金沙江）谷地，山高谷深，盛行下沉气流，气流在下沉过程中增温。

（2）多晴天、少云雨，风力弱，气温较高、较稳定（波动小）。

第三讲 河流与湖泊

外流区与内流区

我国河流与湖泊众多。外流区与内流区的界线，北段大体上沿大兴安岭—阴山—贺兰山—祁连山（东段）一线，南段比较接近200毫米的年等降水量线。这条线的东南部是外流区，约占全国总面积的2/3，河流的径流量占全国总径流量的95%以上。内流区域约占全国总面积的1/3，但河流的径流量不到全国总径流量的5%。

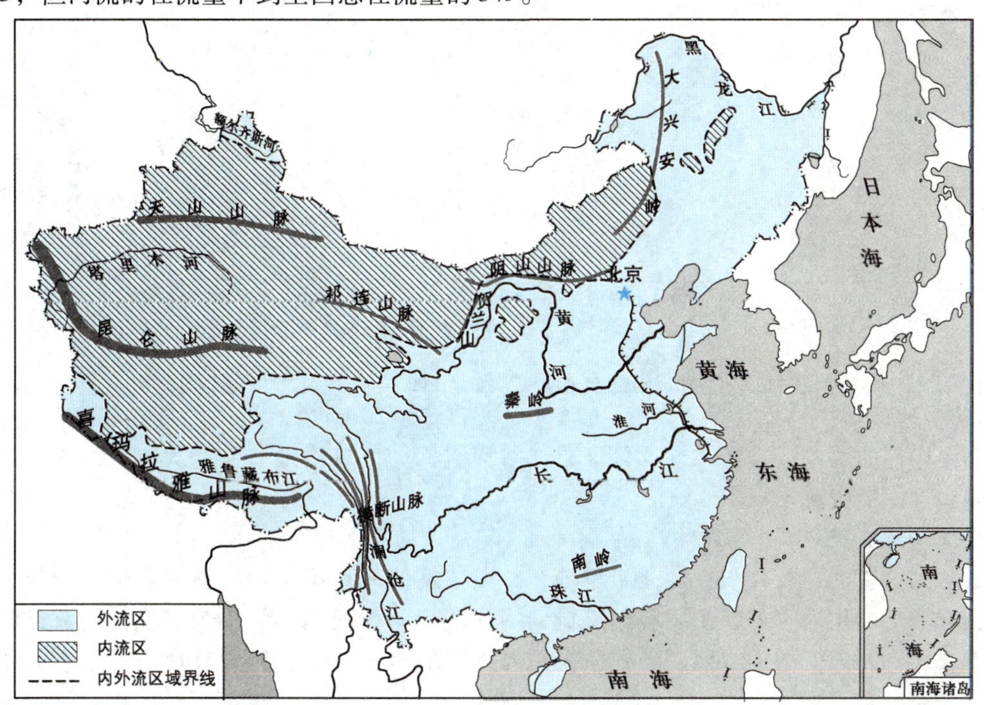

图4-2-22 我国的外流区与内流区分布

读图指南

1. 用彩笔描出外流区与内流区的界线，并说出经过的主要地理事物名称。
2. 分别找到注入印度洋和北冰洋的河流，并查阅世界地图说出它们流出国境后的名称。

外流区的河流和湖泊分属太平洋、印度洋和北冰洋三大流域。流入太平洋的黑龙江、辽河、海河、黄河、淮河、长江、珠江、澜沧江等，流入印度洋的有怒江、雅鲁藏布江等，额尔齐斯河是唯一流入北冰洋的河流。

河流水文特征

外流河水文特征

受季风气候的影响，我国外流河的河水多来源于大气降水，河流水量较丰富，流量的季节变化和年际变化都比较大，河流的汛期主要在夏秋季节，汛期的长短和水位的高低直接受锋面雨带的影响。

秦岭—淮河一线南北，由于气温、降水、植被等差异，河流表现出不同的水文特征。南方河流一般具有径流量大、无冰期、含沙量小、汛期长而水位变化小的特点。北方河流一般具有径流量较小、有冰期、含沙量大、汛期短而水位变化较大的特点。

东北地区的黑龙江、松花江、乌苏里江、鸭绿江等河流由于流域内气候湿润、森林茂密，河流径流量大、含沙量很小，但冬季有较长的结冰期。

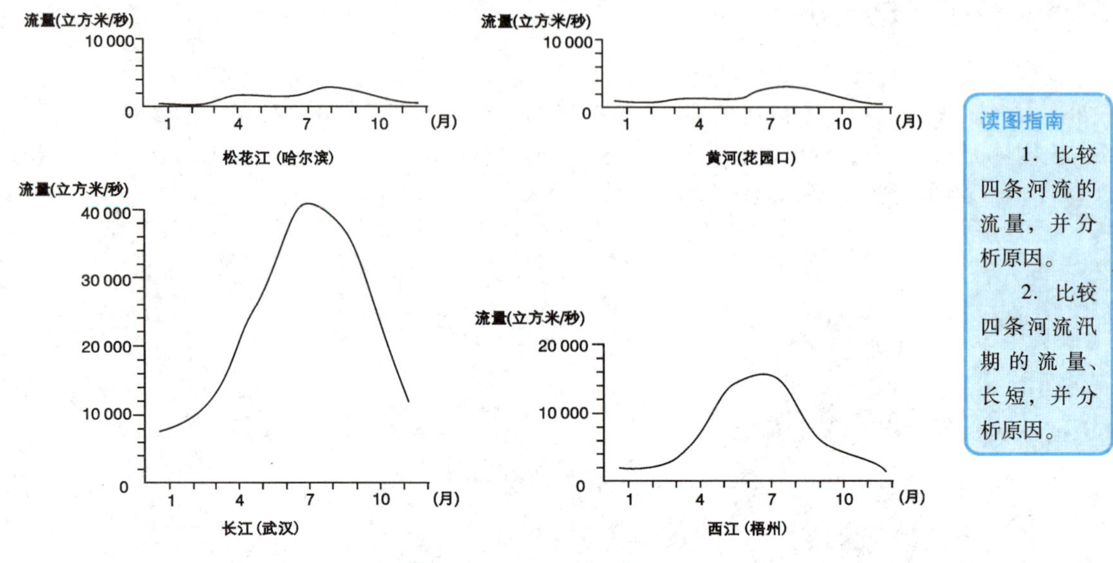

图 4－2－23　我国主要河流的径流量年变化

> **读图指南**
> 1. 比较四条河流的流量，并分析原因。
> 2. 比较四条河流汛期的流量、长短，并分析原因。

西南山区的澜沧江、怒江、雅鲁藏布江等河流因为流域内地势高差大、降水丰富，河流径流量大、水能资源丰富。

内流河水文特征

我国的内流河主要分布在西北干旱地区，主要河流有塔里木河、弱水和疏勒河等。季节性积雪融水和冰川融水是其主要补给来源，河流流量一般较小，大多为季节性河流，春夏季节冰雪融化，是河流的丰水期，冬季断流。内流河的流量大小、流程长短与气温高低及冰雪消融的关系非常密切。

塔里木河是我国最长的内流河，河水主要来自天山、昆仑山等高山冰雪融水。每年 7～9 月份为汛期，10 月以后，水量大减，中下游河道经常断流。

主要湖泊

我国湖泊众多，有天然湖泊 2 000 多个。根据湖泊所在的流域特点，可将湖泊分为外流湖（淡水湖）和内流湖（咸水湖）。

我国湖泊的分布范围广而又相对集中，主要有青藏高原和东部平原两大湖区。

外流湖与内流湖的特征比较

	特征	主要湖泊	主要分布地区
外流湖	淡水湖；与外流河相通，湖水可流进，也可排出	鄱阳湖、洞庭湖、太湖、洪泽湖、巢湖	长江中下游平原、淮河下游和山东南部
内流湖	咸水湖；内流河的终点；湖水只能流入，不能排出	青海湖（面积最大）、纳木错（海拔最高）	青藏高原、西北内陆

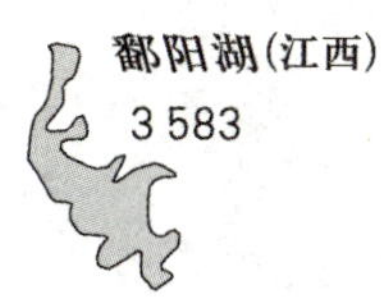

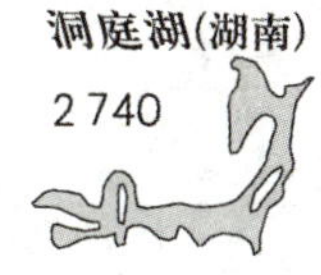

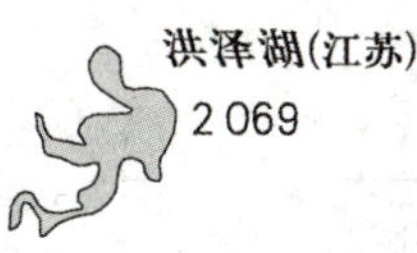

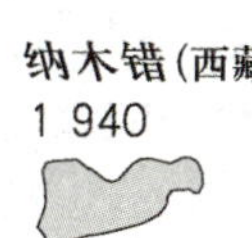

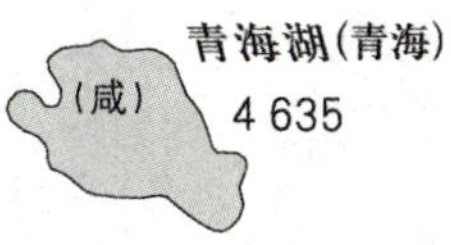

图 4－2－24　我国主要湖泊形状与面积（平方千米）比较

长江

源流概况

长江发源于青藏高原上的唐古拉山脉的各拉丹东主峰，流经青、藏、云、川、渝、鄂、湘、赣、皖、苏、沪 11 个省市区，注入东海，是我国长度最长、水量最大、流域面积最广的河流。

中国第一大河

干流长度	流域面积	年径流量
6 300 千米	180 万平方千米	10 000 亿立方米
中国第一，世界第三；仅次于尼罗河、亚马孙河	中国第一，占国土总面积近 20%	占全国河流年径流量的1/3；世界第三，仅次于亚马孙河、刚果河

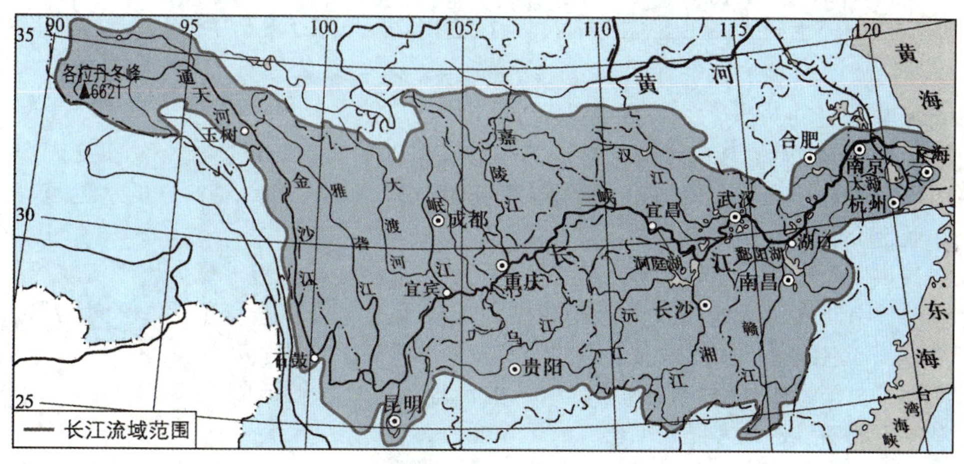

图 4－2－25　长江流域

读图指南

1. 找到长江的发源地，确定发源地所在的山地，然后沿干流依次找出流经的省级行政区和主要地形区及注入的海洋。
2. 找出长江的主要支流，说出干支流交汇处的城市。
3. 找出主要湖泊所在的省级行政区及与该湖泊相通的河流，并注意观察湖泊的轮廓形态。

河段划分及特征

长江以湖北宜昌和江西湖口为界，将河段划分为上、中、下游。

河段	划分	主要支流	主要特征
上游	源头→宜昌	雅砻江、岷江、嘉陵江、乌江	落差大，多峡谷，水流急，水能丰富
中游	宜昌→湖口	汉江、洞庭湖水系的湘江、沅江、鄱阳湖水系的赣江	多支流，多曲流，多湖泊，水流平缓
下游	湖口→入海口	青弋江、青阳江	江阔水深，少支流，受潮汐影响

水能资源

长江流域水能资源极为丰富，水能蕴藏量约占全国的1/3，可利用的水能占到全国的一半。长江水能资源主要集中在上游，以横断山区（源头到宜宾）和巫山地区（长江三峡）最为集中。目前已建成的水利工程主要有三峡、葛洲坝等，发挥着防洪、发电、航运、灌溉、水产养殖和旅游等作用。

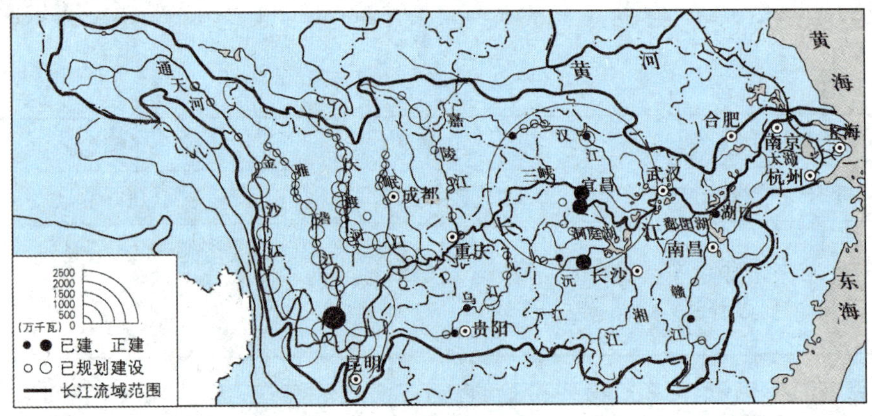

图4-2-26 长江流域水能资源分布示意图

黄金水道

长江干流横贯东西，江阔水深，终年不冻，宜宾以下四季皆可通航。长江支流众多，干支流通航里程近8万千米，占全国内河通航里程的2/3，形成一个纵横广阔的水运网。

长江航运价值巨大，被誉为“黄金水道”。

长江流域资源丰富，人口密集，经济发达，城市众多，运输需求量大。干流航线与京广、京九、京沪等南北铁路干线以及大运河相交，既沟通内地和沿海，又联系了南北广大地区。由此可见，长江航线对长江流域、全国的经济发展都具有重要的战略意义。

长期以来，国家通过对川江航道和荆江的治理、对长江航道的疏浚、沿江港口的建设、三峡水利工程的建设，大大提高了长江的运输能力。

洪水灾害

长江中下游历来是我国洪水灾害最严重的地区之一。1998年长江发生全流域特大洪水，干流连续出现8次洪峰，持续两个多月，造成经济损失1 600亿元。

长江洪灾的原因，首先是自然原因。一般年份，随着雨带的推移，长江南北两岸支流及上游的雨季和来洪时间可以错开，使干流不致在短时间内出现过大洪峰。但有些年份，流域内普降暴雨，南北支流同时来水，尤其是上游川江洪水也随之袭来，多股洪水汇合在一起，导致长江干流出现特大洪水。

其次，人为原因加剧了长江中下游的洪水灾害。由于人们破坏植被，地表覆被减少，水土流失加剧，一方面使得流域涵养水源、调节径流的能力降低；另一方面大量泥沙入江，淤积抬高河床，使河道的泄洪能力降低。再加之围湖造田、泥沙淤积，导致湖泊萎缩，调蓄洪峰的功能削弱，从而形成“小雨量、高水位、大洪灾”的局面。

三峡工程的建设可以有效控制长江上游暴雨形成的洪水，大大缓解洪水对中下游地区的威胁，具有巨大的社会效益、经济效益和环境效益。

触类旁通 CHULEI PANGTONG

1. 下图示意我国某地形区典型地段的地形剖面。读图，完成（1）~（3）题。

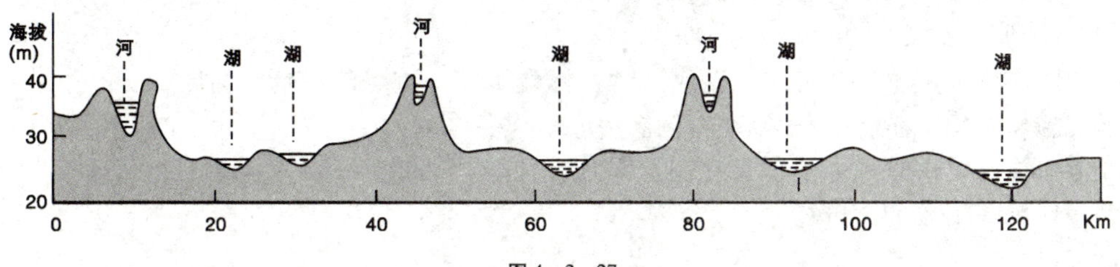

图 4－2－27

（1）造成该地形区地表形态变化的主要外力及地质作用分别为（　　）

A. 流水、沉积作用　　B. 流水、侵蚀作用

C. 风力、沉积作用　　D. 风力、侵蚀作用

（2）该地形区应重点防御的自然灾害是（　　）

A. 洪涝　　B. 干旱

C. 低温冻害　　D. 滑坡、泥石流

（3）该地形区可能位于我国的（　　）

A. 黄河下游地区　　B. 长江中游地区

C. 云贵高原　　D. 珠江三角洲

解析 该组题以我国某地区 120 多千米范围内的地形剖面图为情境，考查从图中获取信息和调动知识、解决问题的能力。图中的信息有：在 120 多千米的范围内，沿剖面线河湖众多，且河流为“地上河”，该地区的海拔为 30 米左右。由此可以判断该地形区为平原，根据湖泊众多和“地上河”可以确定为长江中游荆江河段。“地上河”是长江进入平原后泥沙沉积而成，该地区潜在的自然灾害是洪涝。

答案 （1）A　（2）A　（3）B

2. 分析长江中下游地区洪水危害的成因及其治理措施。

解析 长江洪水危害主要在中下游地区，成因从自然原因和人为原因两方面去分析，自然原因从水系水文特征和降水的异常两个角度分析，人为原因从破坏植被与围湖造田方面去考虑。针对洪水形成的原因，提出针对性的治理措施。

答案 （1）自然原因：主要原因

①长江流域面积广、支流多，降水丰富，干流汛期长，水量大；

②中下游流经平原地区，河道弯曲，水流不畅；

③来水异常：长江洪水来源有南岸支流、干流和北岸支流，三股洪水出现时间受雨带移动规律的影响，一般年份，各路洪水来洪时间相互错开；异常年份，多股洪水同时袭来。长江南北支流和干流汛期时间如下页表：

时间		雨带位置	洪水来源
一般年份	5月	南岸支流	洞庭湖水系、鄱阳湖水系
	6月	干流和北岸支流	干流、汉江
异常年份		徘徊于长江两岸	南北支流和干流

(2) 人为原因：加剧洪水危害

①过度砍伐导致水土流失严重，大量泥沙淤塞河道和湖泊，行洪能力降低；

②围湖造田导致湖泊的蓄洪能力减弱。

(3) 治理措施：

①加固防洪大堤，兴建分洪、蓄洪工程，修建水库，重点治理荆江河段；

②实施长江中上游防护林工程，保持水土；

③退耕还湖，恢复湖泊的调蓄作用；

④发挥三峡工程的防洪作用。

黄河

源流概况

黄河发源于青海省巴颜喀拉山北麓，流经青、川、甘、宁、内蒙古、陕、晋、豫、鲁9省区，注入渤海，全长5 464千米，流域面积约75万平方千米，年径流量480亿立方米。

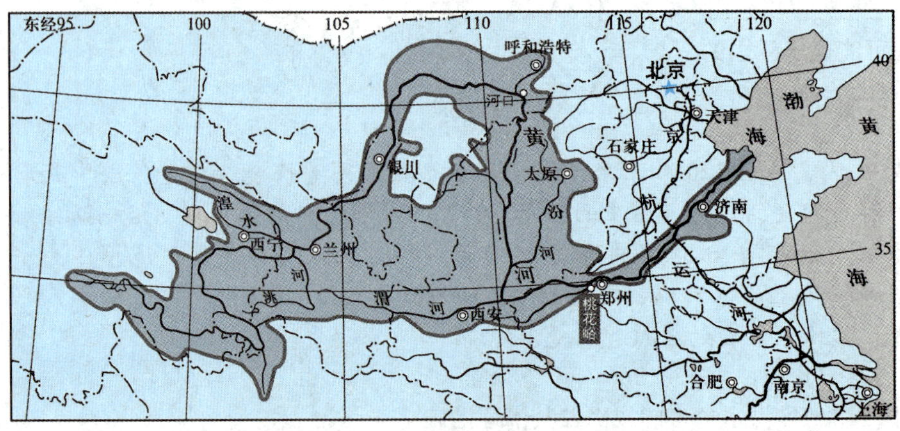

图4－2－28 黄河流域

读图指南

1. 在图中找到黄河的源头、依次流经的省级行政区和地形区及注入的海洋。

2. 找出黄河的主要支流，思考黄河下游流域面积狭小的原因。

河段划分及特征

黄河以内蒙古河口镇和郑州西北桃花峪为界，将河段分为上、中、下游。

河段	划分	主要支流	主要特征
上游	源头→河口镇	湟水、洮河	源头段水清；第一、二级阶梯交界处（峡谷段）水能丰富；宁夏平原和河套平原水流缓慢；水量占全河的70%
中游	河口镇→桃花峪	汾河、渭河、洛河	多支流，多峡谷，含沙量大，水位季节变化大
下游	桃花峪→入海口	洛河	水流缓慢，泥沙沉积形成“地上河”，流域狭窄

黄河的开发利用

黄河上游有比较丰富的水能资源，目前已建成的水电站有龙羊峡、李家峡、刘家峡；中游有万家寨、三门峡、小浪底等水利枢纽。黄河流经我国干旱和半干旱地区，是沿岸地区重要的水源。宁夏平原和河套平原是上游重要的农耕区，“引黄灌溉”历史悠久；中下游近几十年修建了许多引水工程，如万家寨引水工程、引黄济青工程。

信息链接 XINXI LIANJIE

小浪底水利枢纽调水调沙

小浪底水利枢纽位于河南洛阳城北 40 千米的黄河干流上，目前是黄河上最大的水利工程，具有防洪、防凌、减淤、供水、灌溉、发电等综合效益。工程总库容量 126.5 亿立方米，水电站装机容量 180 万千瓦。2001 年投入使用后，基本解除了黄河下游的凌汛威胁，改善了下游的灌溉供水条件，在综合治理开发黄河的整体布局中，具有重要的战略意义。

黄河每年的输沙量高达 16 亿吨，下游河床每年由于泥沙淤积而升高，形成世界闻名的“悬河”。研究证明，当黄河流量低于每秒 2 600 立方米时，泥沙就会沉积在下游河床；而高于每秒 2 600 立方米时，泥沙将被直接带入海洋，下游河床就会被冲刷降低。人们可通过人造水流，增水冲沙等多种调节水沙过程，有计划地冲刷河道，逐步减少淤积。这个过程就是“调水调沙”。小浪底水利工程利用水库蓄水形成“人造洪峰”，冲刷 800 多千米的黄河下游河床，把所经过河段的泥沙带入大海。

黄河的治理

黄河忧患与治理措施

	上游	中游	下游
存在问题	草地退化、荒漠化严重	水土流失严重	地上河、断流
治理措施	退耕还林还草，加强保护	植树种草，修筑梯田，打坝淤地，小流域综合治理	加固大堤、调水调沙；全流域统一调度水资源，节约用水

能力提升 NENGLI TISHENG

1. 绘制简图掌握长江和黄河水系特征

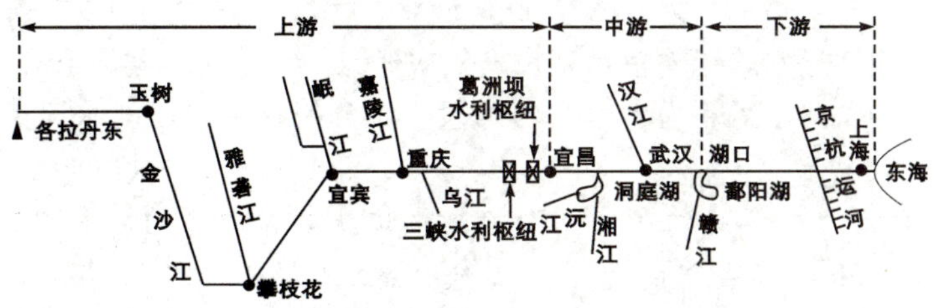

图 4-2-29 长江水系示意

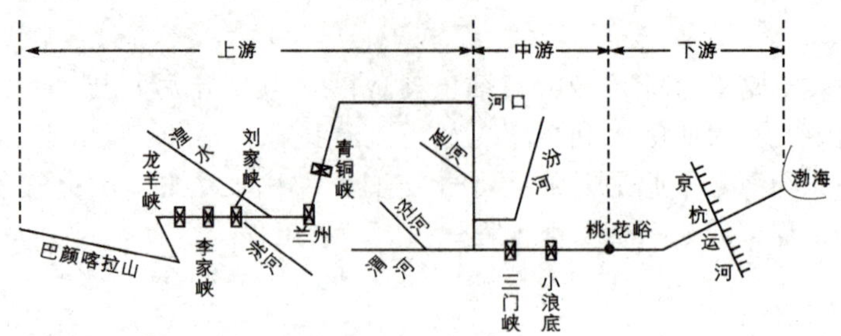

图 4－2－30　黄河水系示意

2. 中国主要河流分界线

(1) 外流区和内流区的界线：北段大体沿大兴安岭—阴山—贺兰山—祁连山（东端）一线，南段比较接近200毫米等降水量线

(2) 长江水系与黄河水系分水岭：巴颜喀拉山脉—秦岭

(3) 长江水系与珠江水系的分水岭：南岭

(4) 澜沧江与怒江的分水岭：怒山

(5) 长江流域与东南沿海诸河流域的分水岭：武夷山

触类旁通 CHULEI PANGTONG

1. (2010·全国Ⅰ) 分析图文资料，完成下列各题。

安史之乱后，唐中央政府全靠东南粮运支撑。史载，唐德宗时，“关中蝗，食草木都尽，旱甚，灞水将竭，井多无水”。百姓嗷嗷待哺，“聚泣田亩”。德宗曾因长安粮尽，得不到犒饷的禁军酝酿哗变，与太子相拥而泣。当得知发自扬州而中途受阻的运船已接近长安，德宗喜不自禁地跑到东宫对太子说:“米已至陕，吾父子得生矣!”（摘编自白寿彝总主编《中国通史》）

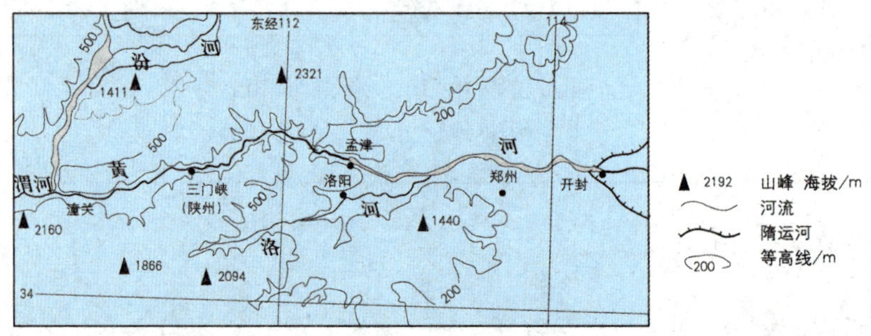

图 4－2－31

(1) 指出从扬州通过水路运输粮食到长安依次经________河、黄河、________河。

(2) 运粮经过的黄河以孟津为界分东西两段，试分析这两河段的水运条件对粮食运输的影响。

解析 该题结合史料，考查黄河中下游河段水文状况对航运的影响。第 (1) 问在考生具备基本的空间定位和空间分析能力后，从图中提取信息，即可完成。第 (2) 问可从图中提取信息，结合已有知识完成。图中有200米与500米两条等高线，孟津是黄河中下游的分界线，大致在200米等高线处，据此推断孟津地处地势二、三级阶梯交界处，孟津以上河段奔流在黄土高原和秦岭之间，以下河段进入华北平原。进而，结合各河段的水文特征分析其水运条件及其对粮食运输的影响。

答案 (1) 隋（大）运　　渭

(2) 孟津以东河段属黄河下游，河道开阔，水流平稳，运粮船航行顺畅。但洪水期水流

湍急，大旱时河道浅窄，大船难行，甚至停运。孟津以西至潼关河段属黄河中游，落差大，水流湍急，河道狭窄，多险滩，运粮船航行困难。

2. 读下图，回答问题。

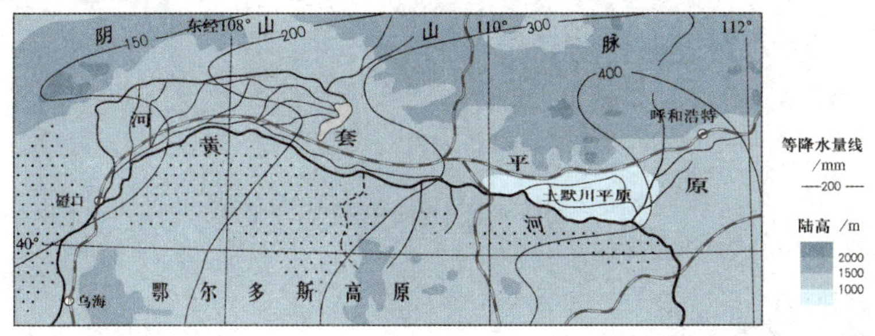

图 4－2－32

（1）简述黄河乌海至磴口段河流流向及水文特征。

（2）指出河套平原的年降水量分布特征，并分析原因。

解析 黄河乌海至磴口段处于宁夏平原与河套平原之间，该段黄河大致在40°N 附近，自南向北流，属黄河上游，流量比较大，泥沙含量开始增大，符合凌汛发生的条件，为凌汛的多发地段。描述河套平原年降水量的分布特征，注意从降水量的分布范围和变化规律两个角度表述。

答案（1）从南（西南）向北（东北）流动（或从低纬向高纬流动）；流量大，含沙量高（或含沙量比中下游低），有冰期，冬春季有凌汛。

（2）年降水量大多在150毫米至400毫米之间，自西向东逐渐增多（或自东向西逐渐减少）；从西（东）向东（西）距海（或太平洋）越来越近（远），受夏季风影响逐渐增强（减弱）。

京杭运河

京杭运河是世界上开凿时间最早、长度最长的人工河。京杭运河迄今有2 500多年的历史。它北起北京，南至杭州，自北向南经过北京、河北、天津、山东、江苏、浙江六省市，全长1 800千米，沟通海河、黄河、淮河、长江和钱塘江五大水系，是历史上重要的南北交通要道。目前，运河北段淤塞严重，许多河段不能通航。江苏、浙江境内的运河段，仍然是重要的水上运输线，每年经运河江苏北段运输的货物近1亿吨，相当于三条铁路的运输量。目前，正在建设的南水北调工程东线就是利用京杭运河提水北调，古老运河焕发出新的活力。

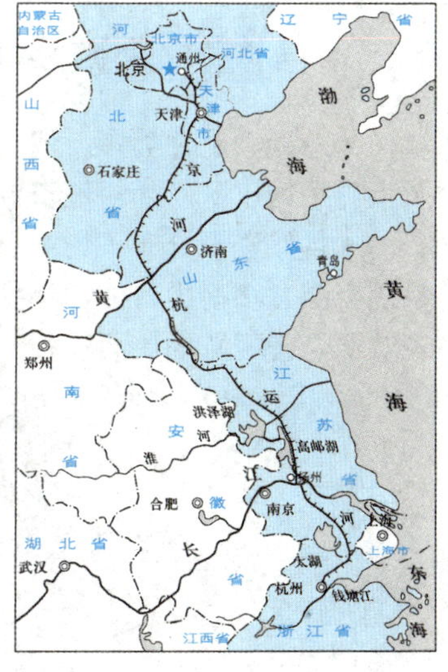

图 3－3－33

第三单元 中国的自然资源

第一讲 自然资源概述

自然资源及其特征

自然资源是指存在于自然界，在一定的时间条件下，能够产生经济价值的物质和能量。

根据自然属性，自然资源可分为气候资源、水资源、土地资源、生物资源、矿产资源以及海洋资源等；根据自我再生的性质，自然资源可分为可再生资源与非可再生资源两大类。

可再生资源与非再生资源的分类是相对的，多数可再生资源，当开发利用不合理时，它们的再生周期就会延长，甚至变成非可再生资源。

自然资源的特征

- 自然资源的数量是有限的。地球上的自然资源在一定的地区、一定时间只有一定的数量；同时，在一定的技术条件下，人们对自然资源的利用也具有一定的局限性。
- 自然资源的生产潜力可不断扩大和提高。科学技术的进步，既可提高自然资源的利用率，还可扩大资源利用的范围。
- 自然资源的形成和分布具有一定的规律性和不均衡性。可再生资源受地球表面水热条件的影响，其分布一般具有明显的地带性规律；矿产资源的形成受地质作用的制约，其分布也有规律可循。
- 许多自然资源之间的关系是相互影响、相互制约的。

我国自然资源特点

- 总量大、种类多，但人均不足。我国大多自然资源总量居世界前列，人均占有量却不及世界平均水平。如耕地资源总量居世界第四位，人均占有量仅有世界的1/3。
- 自然资源分布不均衡，自然资源分布与生产力分布不协调。我国水资源南多北少，但耕地资源北多南少；能源消费量大的东南沿海地区，能源资源缺乏。资源的跨区域调配是实现资源合理配置的主要途径，但同时也会带来运输紧张、成本增加等问题。

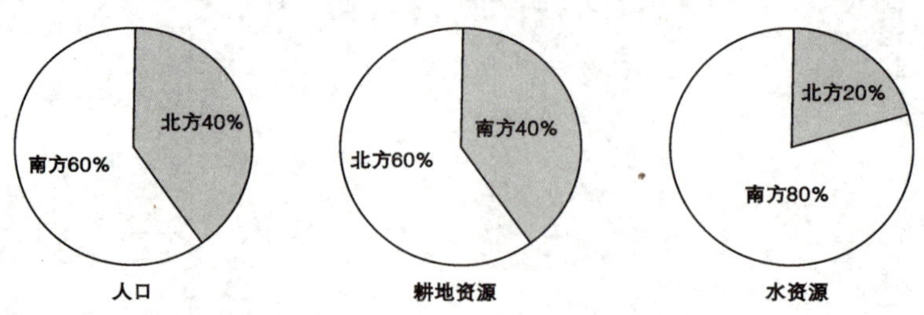

图4-3-1 我国南北方水土资源比较

- 资源利用率低，浪费严重。由于生产技术和工艺水平相对落后，我国工农业生产对资源的利用率较低，浪费资源的现象比较严重。例如，我国农田灌溉水的利用率仅为30% ~

40%，而发达国家已达到70%～80%；我国单位产值能耗是发达国家的3至4倍。

● 自然资源短缺日益严重。我国目前正处在迅速推进工业化进程和城市化的发展阶段，对自然资源的开发强度不断扩大。庞大的人口压力、经济快速发展的需求与资源相对短缺的矛盾长期存在。开发与节约并重，把节约放在首位；在保护的条件下开发利用；加强资源的综合利用和再利用；进行国际合作等是解决我国资源短缺问题的主要途径。

我国能源资源及其利用

在自然资源中，有一部分可以为人类的生产、生活提供动力，被称为能源资源。

我国的能源资源种类多，总量大，但能源消费结构不合理。能源利用中严重依赖煤炭、石油等化石燃料，这不仅带来了严重的环境问题，也加快了化石燃料的枯竭速度。因此，提高清洁能源和可再生能源的比重，发展多元化结构的能源系统，是我国能源结构调整的总趋势。

我国的水能、生物能、风能、太阳能、地热能、潮汐能等可再生能源的利用前景十分广阔。

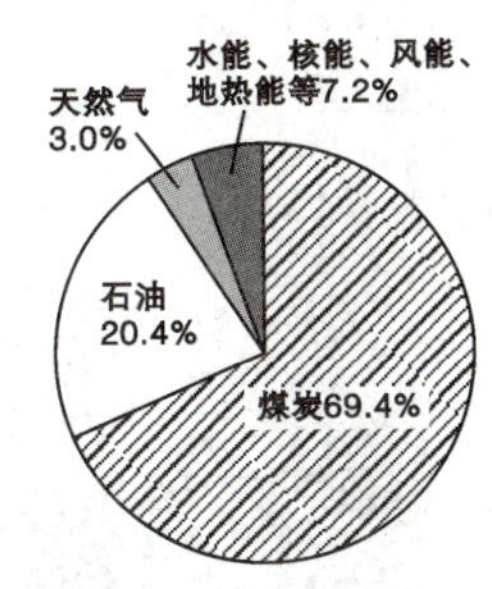

图4－3－2　我国能源消费结构（2006年）

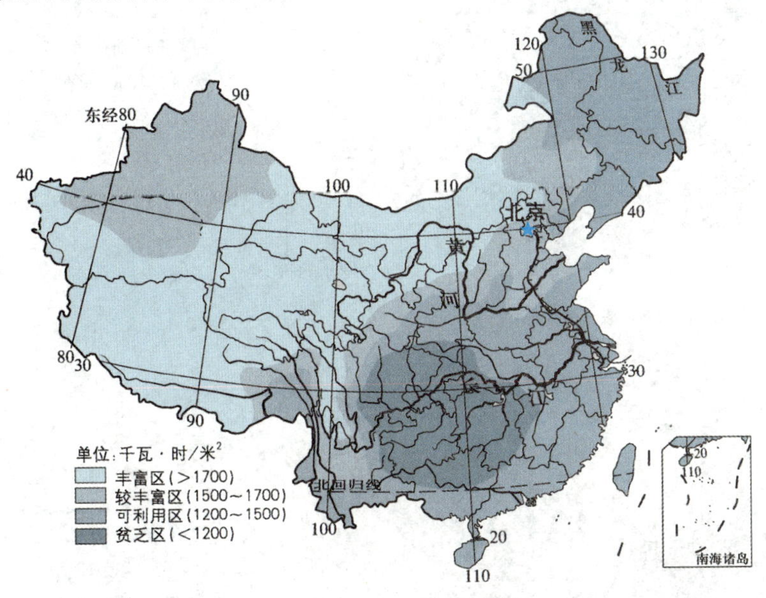

图4－3－3　我国太阳能的分布

读图指南

1．描述沿北纬30°纬线太阳能资源的分布差异。

2．简要分析产生上述差异的原因。

我国可再生能源的特点及其分布

类型	特点	分布
太阳能	无污染、用之不尽，但能量分散，只能在晴天获得	纬度低、海拔高、晴天多的地区丰富。拉萨有“日光城”之称，四川盆地太阳能较贫乏
水能	发电成本低，无大气污染，但有季节性变化，大坝建设可能带来环境问题	水量大、落差大的河段丰富。按地区说，西南最丰富，其次是中南；按河流说，长江水系最丰富，其次是雅鲁藏布江水系

风能	成本低、无大气污染，但有季节性和短期变化，风能与人口、经济布局往往不匹配，存在储存和输送问题	风力大的地区丰富。我国“三北”地区和沿海及岛屿是风能丰富的两大地带
生物能	生产沼气成本低，还可减少垃圾污染，技术难度低；制造酒精对原料消耗大	在热量充足、人口稠密的广大农耕区，沼气是理想的能源
潮汐能	无污染，但大坝会阻断船只和鱼类通道	窄浅的海峡、海湾和河口区较丰富。钱塘江口是我国潮汐能最丰富的地区

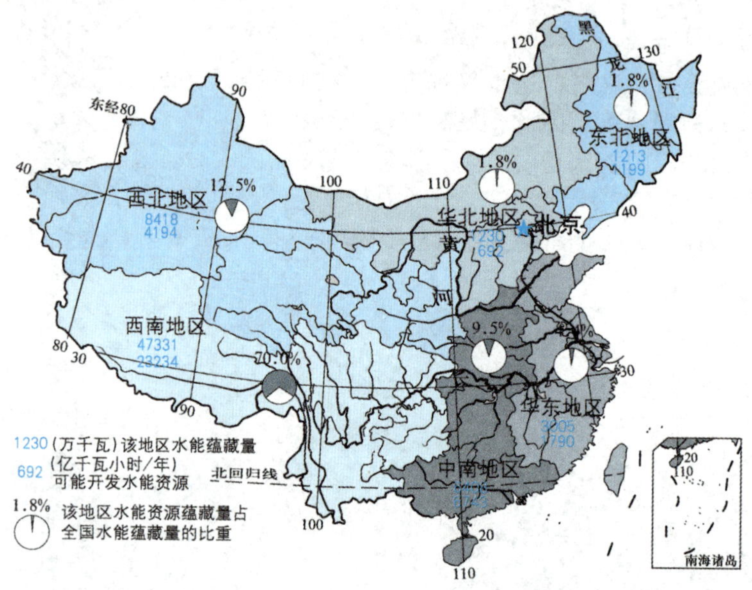

图 4－3－4　我国可开发水能的分布

读图指南

1. 我国水能资源最丰富的地区在哪里？为什么？
2. 华北地区和华东地区水能资源数量如何？为什么？

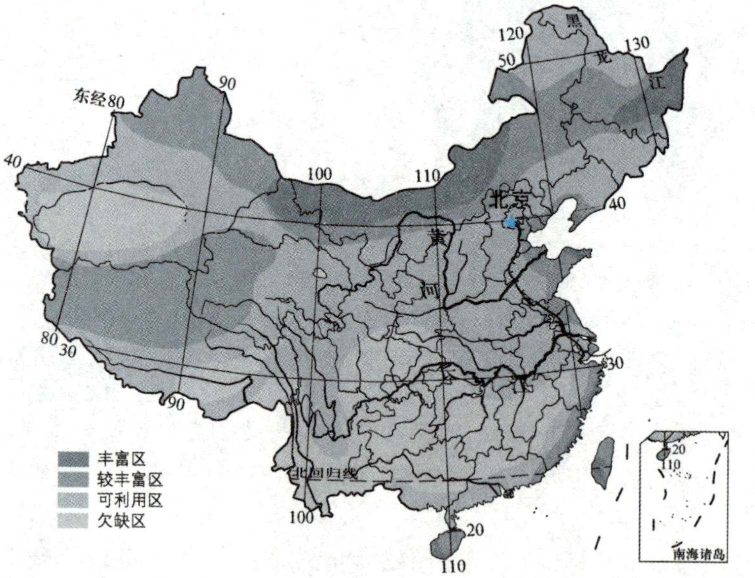

丰富区
较丰富区
可利用区
欠缺区

图 4－3－5　我国风能的分布

读图指南

1. 我国风能资源比较丰富的地区在哪里？
2. 简要分析这些地区风能丰富的原因。

信息链接 XINXI LIANJIE

能源资源的分类

按照能源的形成和来源，可分为：来自太阳辐射的能量，包括太阳能以及由太阳能转换形成的化石燃料、风能、水能、生物能等；来自地球内部的能量，如地热能、核能；来自天体引力的能量，如潮汐能。

按照能源资源的开发利用状况，可分为常规能源和新能源。常规能源指在现阶段的科学应用技术水平下，已经被人类的生产活动和日常生活广泛应用，而且技术比较成熟的能源资源，例如，生物能、矿物能和水能。新能源指目前由于技术经济水平的限制，还未广泛应用的能源资源，例如，地热能、核能、海洋能、太阳能、风能等。

按照能源的属性，可分为可再生能源和非可再生能源。可再生能源如水能、风能、太阳能、生物能、海洋能、地热能等。非可再生能源如煤、石油、天然气等。

按照能源的转换和传递过程，可分为一次能源和二次能源。一次能源指直接来自自然界的能源，没有经过人工转换。如煤、石油、水力、风力、太阳能等。二次能源指依靠一次能源而制取的能源，如电能、汽油、煤油、酒精、沼气、焦炭等。

触类旁通 CHULEI PANGTONG

图4－3－6是我国某区域风能资源分布图，读图回答问题。

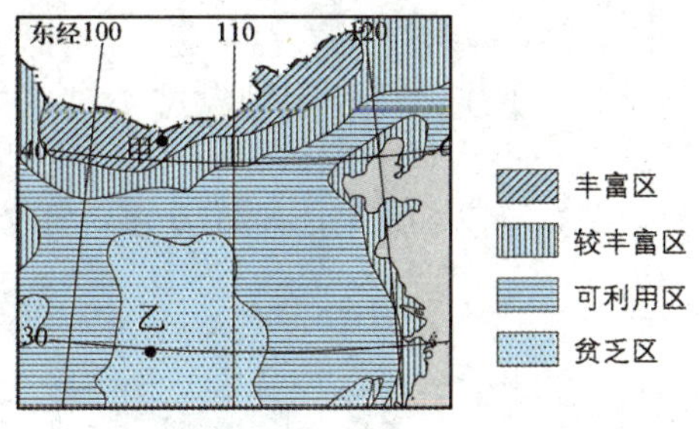

图4－3－6

（1）从自然和市场条件分析甲地建设风力发电基地的不利因素。

（2）分析乙地风能资源贫乏的原因。

解析 风能（风力）的大小与气压梯度力及摩擦力有关，甲地紧邻冬季风源地，地形平坦，冬季风力较大，但夏季风力较小；乙地位于四川盆地，远离风源地，加上地形阻挡，风力较小；影响发电基地建设的因素包括自然和社会经济两方面，风能资源丰富，自然灾害较少，市场广阔的地方是风电基地的理想场所。

答案 （1）夏季风力相对较小；易受冰冻、雪灾、沙尘暴等气象灾害影响；远离消费市场，输电距离远。

（2）离冬季风源地远；受盆地周围山地及高原影响，风力减弱。

第二讲　土地资源

根据土地的用途及土地利用的状况，土地资源可以分为耕地、林地、草地和建设用地等。耕地、林地、草地为农业用地，建设用地为非农业用地。

土地资源的基本特点

• 土地类型多样。受各地地质、地形和水热条件以及土地利用方式等的影响，我国土地资源类型多样。为我国因地制宜全面发展农、林、牧、渔各业提供了有利条件。

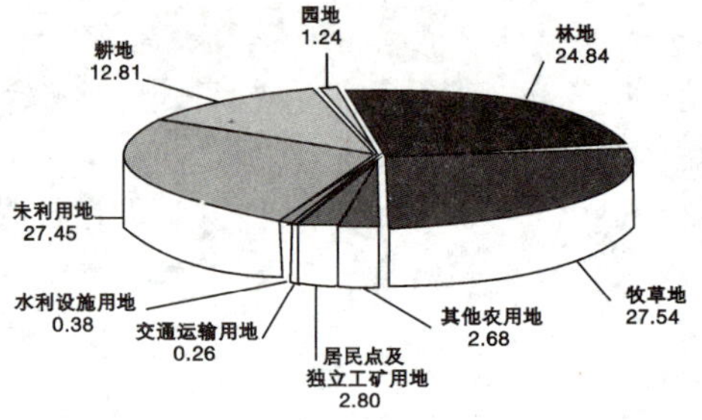

图 4－3－7　2007 年我国土地利用类型构成（%）

• 农业用地总量多，人均占有量较少。草地、耕地、林地总量分别居世界第 2、第 4、第 5 位，人均占有量仅有世界 1/2、1/4、1/8。

• 耕地、林地少，难以利用的土地多，后备土地资源不足。我国是一个多山的国家，山地多、平地少，导致我国耕地比重小；我国林地比重较小，低于世界平均水平（27% 左右），是一个少林国家；在未利用土地中，难以利用的土地比重大，宜垦荒地资源数量不多。

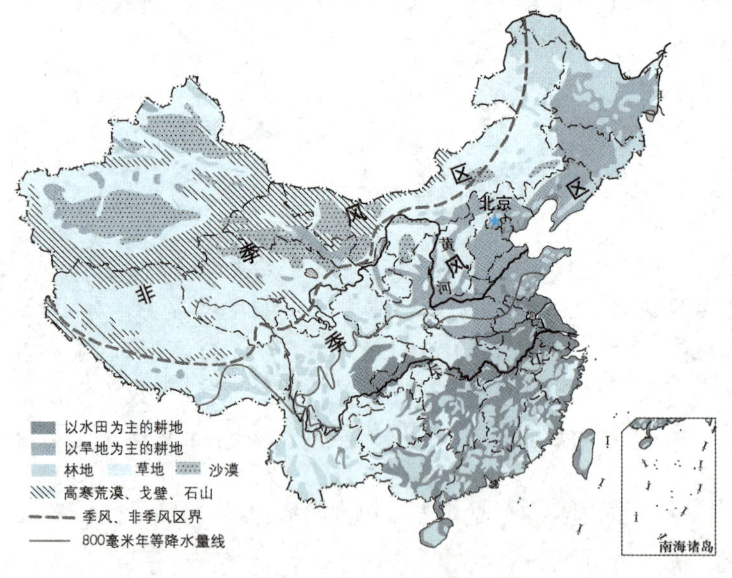

图 4－3－8　中国的土地利用类型分布

> **读图指南**
>
> 1. 指出我国耕地、林地、草地的集中分布区。
> 2. 导致土地利用类型地域差异的原因有哪些？

• 各类土地资源的地区分布不均。耕地集中分布在东部季风区的平原和盆地地区，西部耕地面积小，分布零散。天然林地主要分布在东北及西南的边远山区；东南部低山丘陵区多为人工林和次生林。草地主要分布在非季风区的高原、山地，其中内蒙古的东部，青藏高原的东部和南部比较集中。

●土地生产力地区差异显著。占全国土地面积46%的东部季风区，雨热同期，土壤肥沃，生产力高，集中了全国90%的耕地和林地。西北内陆土地整体生产力较低，但在水源充足的地方也分布着生产力较高的绿洲。同在季风区，北方耕地多，但水热条件较差，以旱地为主；南方耕地少，但水热条件较好，以水田为主。

土地资源的主要问题

耕地资源短缺和土地退化是我国土地资源面临的突出问题。

造成我国近年来耕地大幅度减少的原因主要有三个方面，即建设占用耕地、耕地转化为其他用途（如作为林地、草地和鱼塘用地等）和灾毁耕地（洪涝、干旱、水土流失、土地荒漠化等）。

水土流失、土地荒漠化、土地次生盐渍化及环境污染等使土地严重退化，农业生产空间趋于萎缩。

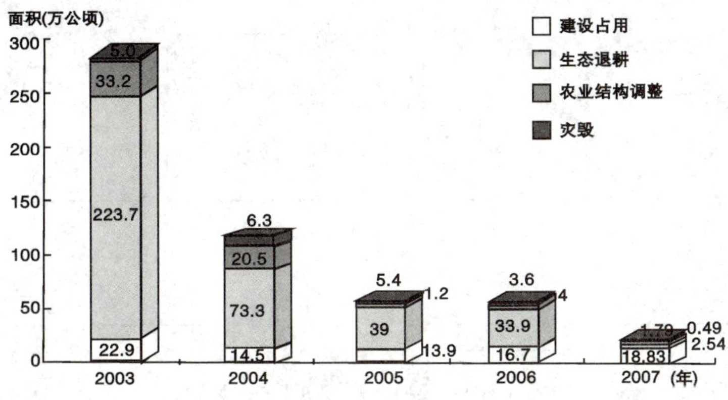

图4－3－9　2003—2007年我国耕地减少构成

信息链接 XINXI LIANJIE

18亿亩耕地“红线”是我国粮食安全的生命线

我国需要解决13亿多人口的吃饭问题，粮食安全的最基本保障是耕地。我国是一个耕地资源严重不足的国家，人均耕地仅1.4亩，约为世界人均水平的27%。我国承受着以世界7%的耕地养活世界21%人口的沉重负担。

在过去30年里，我国的耕地面积逐年递减，仅1996年至2003年7年间就减少了1亿亩。随着我国工业化、城镇化进程加快，土地需求持续扩大，我国耕地还将持续减少。在相当一段时期内，我国将面临土地供需矛盾尖锐的现实挑战。《全国土地利用总体规划纲要》提出，要坚守18亿亩耕地红线。这一红线是我国粮食安全的警戒线，保障耕地面积是铺设粮食安全之路的第一块巨大基石。

珍惜和合理利用每一寸土地

针对土地问题的现状，我国把“十分珍惜和合理利用土地，切实保护耕地”制定为基本国策。具体措施如下：

●依法进行土地资源管理。制定了《土地管理法》、《草原法》、《森林法》和《基本农田保护条例》等法规。

●注重土地资源的“节流”与“开源”。提高现有土地利用率，非农建设尽量利用荒地、劣地，不占好地；禁止闲置、荒芜耕地；科学开发未利用土地，科学整理各类用地中的废弃土地。

• 加强对土地资源的利用和保护。在牧区建设人工草场，划区轮牧，提高草场生产力；在农耕区通过植树造林、科学耕作等措施改善农业生态环境，改良土壤，提高地力，防治土壤污染和土地退化，提高耕地质量。

触类旁通 CHULEI PANGTONG

图 4－3－10 是我国甲、乙两省 2005 年农业产值结构图，图 4－3－11 是两省耕地面积变化图。读图回答下列问题。

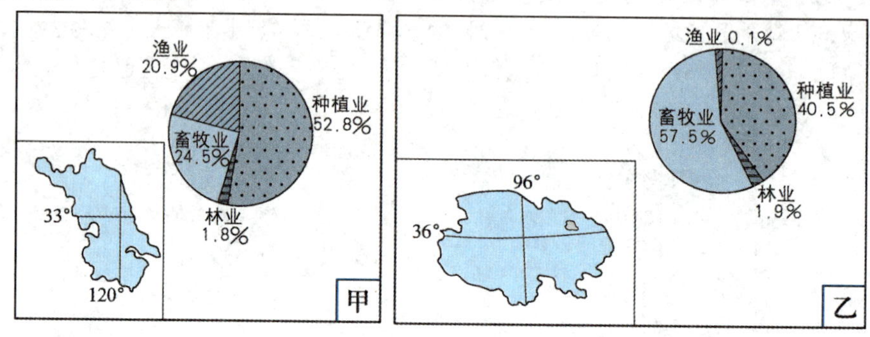

图 4－3－10

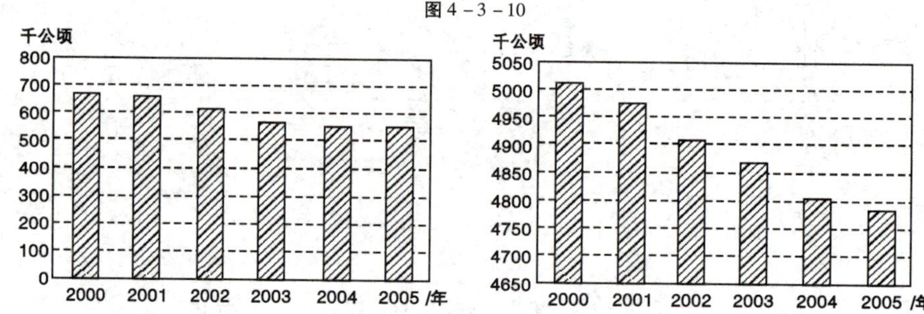

图 4－3－11

（1）2000 ~2005 年期间，两省耕地变化的共同趋势是__________。两省耕地变化绝对量较大的省是__________（省名）。变化率较大的省是__________（省名）。

（2）分别说明导致两省耕地变化的主要原因。指出甲省在耕地保护中应采取的最主要措施。

解析 该题考查地理空间定位能力、读图判断能力、区域差异的比较能力、利用所学地理知识综合分析问题的能力等。首先根据图中的经纬度和省区轮廓判断，甲为江苏省，乙为青海省；结合两省耕地面积可知，图 4－3－11 左右两图分别对应的是青海省和江苏省。第（1）题要注意“变化绝对量”和“变化率”这两个关键词。第（2）题要注意两省的区域差异，并根据原因制定措施。

答案 （1）耕地总量下降　江苏　青海

（2）原因：甲省因人口增加、工业化和城市化不断推进，城乡建设占用大量耕地；乙省为防治生态环境退化，实施退耕还草还林使耕地减少。措施：严格控制城乡建设占用耕地，科学合理地利用耕地。

第三讲　水资源

水资源是指陆地上各种可以被人类利用的淡水资源，如分布于地表的江河水、湖沼水以及浅层地下水等。地球虽然是“水球”，但是可供人类利用的淡水资源却是极其有限的（图4－3－12）。

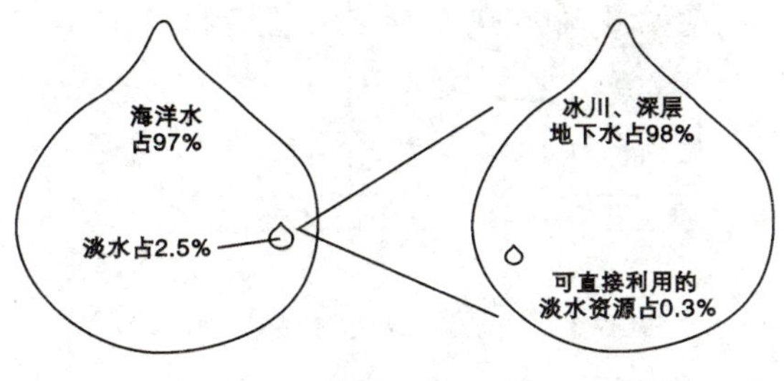

图4－3－12　水资源

我国水资源的特点

• 水资源总量比较丰富，但人均、地均拥有量少。我国多年平均淡水资源总量为2 812立方千米，次于巴西、俄罗斯、加拿大、美国和印度尼西亚，居世界第六位，但人均占有水资源量仅为世界平均水平的1/4，排在世界第110位之后。每公顷耕地所占有的水资源量仅为世界平均值的80%。

• 水资源时空分布不均。径流量的多少是衡量水资源是否丰富的一个重要指标。而径流量又受地形、气候的影响，具有空间差异和时间变化。

从空间分布看，我国水资源具有“南多北少、东多西少”的特点。特别是华北和西北地区，缺水最为严重，黄河、淮河、海河三大流域以及西北地区的水资源总量仅占全国的12%。

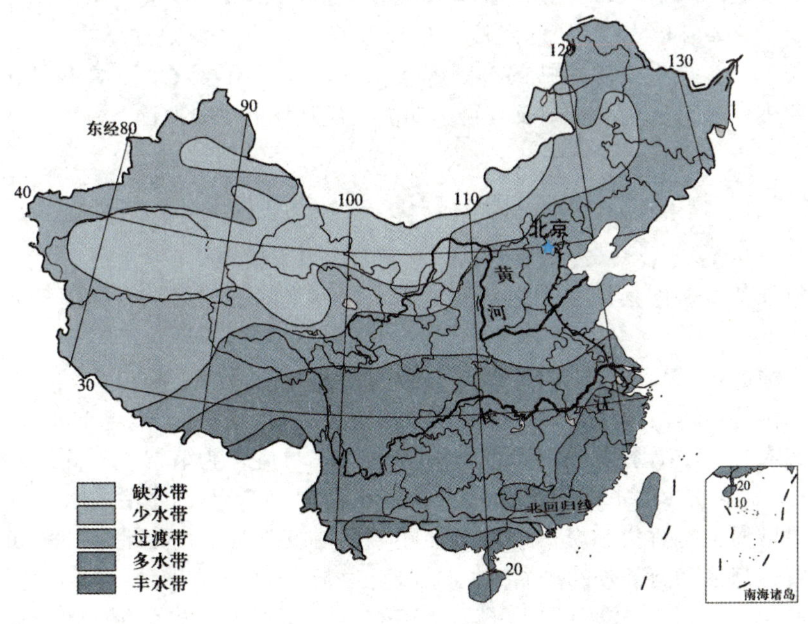

图4－3－13　我国水资源分布

读图指南

1. 描述我国水资源空间分布的特点。

2. 水资源的分布与降水量的分布有何关联？

从时间分配看，我国水资源具有夏秋多、冬春少和年际变化大的特点。

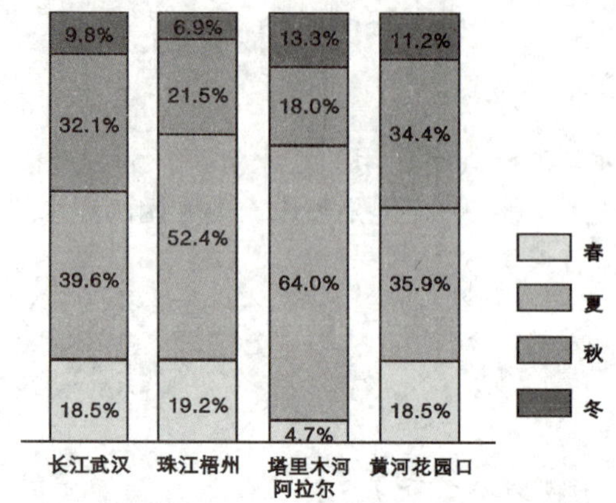

图 4－3－14　我国四条大河流量的季节分配

• 水资源与人口、耕地的分布不匹配。以我国小麦、棉花的主产区——华北地区为例，这里耕地面积占全国的40%左右，人口占全国1/4强，但水资源仅占全国的6%左右。

区域		水资源量占全国比重（%）	人口占全国比重（%）	耕地占全国比重（%）
外流区域	长江及其以南地区	80.4	53.5	35.2
	长江以北地区	14.7	44.5	59.2
内流区域		4.9	2.0	5.6

我国的水资源问题

水资源问题主要指水资源短缺问题。2002年，我国人均水资源量只有2 180立方米，属于中度缺水的上限。人口的迅速增长和经济的加速发展，是导致我国水资源短缺的基本因素；水资源在时间和空间上分布不均，是水资源短缺的客观因素；不合理利用导致水资源浪费和污染，以及流域植被和湿地破坏等，是对水资源及其再生功能造成破坏的主要原因。

水资源的利用和保护

要解决我国水资源问题，达到水资源供需平衡的目标，需采取以下措施。

• 开发水源。科学地修坝蓄水，修渠调水，在保证地下水位不下降的前提下，合理开发利用地下水。

• 保护生态。因地制宜地退耕还林还草、退田还湖，全面改善江河断流、湖泊萎缩、湿地干涸的现象。恢复生态系统的良性循环，提高环境对水资源的涵蓄能力。

• 全面节水。推行生态农业，提高灌溉效率；推行清洁生产，调整产业结构，提高用水效率；倡导公民遵守《水法》，保护水资源；提高全民的水忧患意识，倡导节约生活用水。

• 修建水利工程。跨流域调水是解决水资源空间分布不均的主要途径。南水北调、引黄入晋、引滦入津和引黄济青等都是我国著名的跨流域调水工程。

修建水库是调节水资源时间分布不均的主要途径。水库在洪水期蓄水、枯水期放水，以调节库区下游河段流量的季节变化。例如，三峡工程和小浪底水利枢纽的建成，对长江和黄河的防洪及水资源调配发挥着重要的作用。

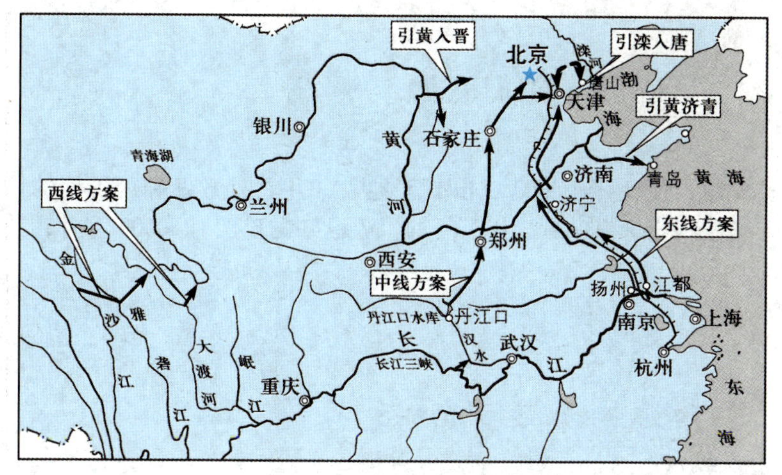

图4－3－15　我国的跨流域调水工程

> **读图指南**
>
> 1．指出我国主要的跨流域调水工程。
>
> 2．影响调水线路走向的因素有哪些？

触类旁通 CHULEI PANGTONG

国际上对河流的开发利用率一般不超过40%，而我国的黄河已超过60%，海河、滦河几乎达100%，有的年份根本无水入海。结合图4－3－16，回答下列各题。

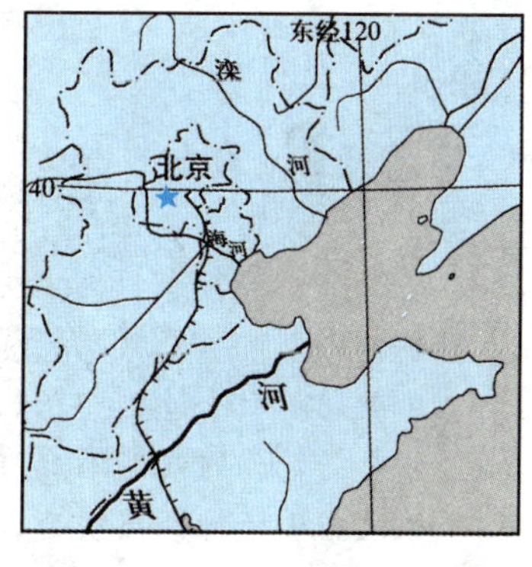

图4－3－16

（1）为什么海河、滦河水资源开发率很高？

（2）春季图示区域河流用水压力尤为突出，请简要分析原因。

（3）河流水量减少甚至断流给下游及河口会带来哪些生态环境问题？

解析 该题主要考查我国水资源的时空分布不均的特点及原因，以及过度开发水资源带来的生态环境问题。多年平均径流量是衡量水资源多寡的主要指标，而径流量与流域降水量关系密切。水资源的危机实质上是水资源的供需矛盾，与区域人口密度、经济规模及资源利用率的关系密切。

答案（1）海河和滦河流域降水量少，河流径流量较小；流域内人口密集，经济发达，人类活动对水资源的需求量较大；水资源的供需矛盾突出。

（2）图示区域位于华北地区，春季降水少，气温回升快，蒸发量较大，加之农业灌溉需水量大，导致河流用水压力增大。

（3）湿地生态环境受损，生物多样性减少；地下水位下降，导致海水入侵，土壤盐碱化加剧；海岸侵蚀严重；影响海洋生物。

第四讲 矿产资源

矿产资源指经过地质成矿作用，使埋藏于地下或出露于地表，并具有开发利用价值的矿物或有用元素的含量达到具有工业利用价值的集合体。目前世界已知的矿产有 1 600 多种，其中 80 多种应用较广泛。

能力提升 NENGLI TISHENG

利用框图表示地壳、岩石、矿物、矿产、化学元素的关系。

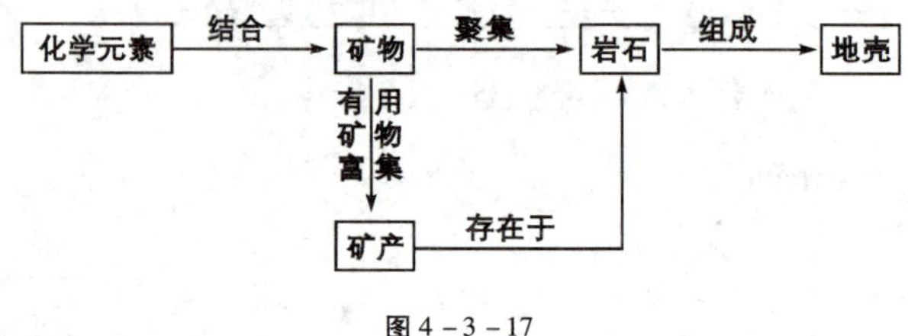

图 4－3－17

信息链接 XINXI LIANJIE

矿产资源的分类

由于研究角度不同，矿产资源的分类标准各异，主要有：

- 根据矿产的成因和形成条件，分为内生矿产、外生矿产和变质矿产；
- 根据矿产的物质组成和结构特点，分为无机矿产和有机矿产；
- 根据矿产的产出状态，分为固体矿产、液体矿产和气体矿产；
- 根据矿产特性及其主要用途，分为能源矿产（如煤、石油、天然气）、金属矿产（如铁、锰、铜）、非金属矿产（如金刚石、石灰岩、粘土）和水气矿产（如地下水、矿泉水、二氧化碳气、硫化氢气、氦气、氡气）。

我国矿产资源的特点

- 矿产资源总量丰富，人均不足。我国矿产资源探明储量占全球 12%，仅次于美国和俄罗斯，居世界第三位。目前已经发现了 171 个矿种，其中 20 多种矿的探明储量位居世界前列，钨、锡、锑、稀土等 12 种矿产位居世界第一。但是我国 45 种主要矿产资源人均占有量远低于世界平均水平，居世界第 80 位。
- 某些重要的矿产资源贫矿多，富矿少。例如，全国铁矿石的平均品位仅在 30% 左右，与澳大利亚进口矿 60% 的品位相比差距明显。由于品位低、渣量大，低品位铁矿石的冶炼严重影响了高炉炼铁的技术经济指标。
- 伴生矿多，分选冶炼困难。我国钒、钛储量 90% 以上伴生于其他矿种中。矿石含有多种元素，给分选冶炼带来困难。
- 分布广泛，相对集中。例如，磷矿主要集中在川、滇、黔、湘、鄂等省，华北、东北、西北较少。煤主要分布在华北、东北、西北和西南地区，其中晋、陕、内蒙古、黔等省区最集中，东南沿海各省很少。这种分布便于集中开采，但资源的跨区域调配也给交通运输带来压力。

我国矿产资源的分布

非能源矿产

类别	矿种	主要产地	集中分布地区
黑色金属	铁矿	辽宁鞍山、本溪，河北迁安，内蒙古白云鄂博，安徽马鞍山，湖北大冶，海南石碌，四川攀枝花	辽宁、冀东和川西等
	钒钛	四川攀枝花（与铁矿伴生）	四川攀西地区
有色金属	铜	江西德兴，安徽铜陵，云南东川，甘肃白银	横断山、南岭和秦岭等地区
	铅锌	湖南水口山，青海锡铁山，云南兰坪，陕西金堆城	
	钨	江西大余	
	锑	湖南锡矿山	
	锡	云南个旧	
	铝	广西平果，贵州修文	
	镍	甘肃金昌	
稀土矿	稀土	内蒙古白云鄂博	内蒙古

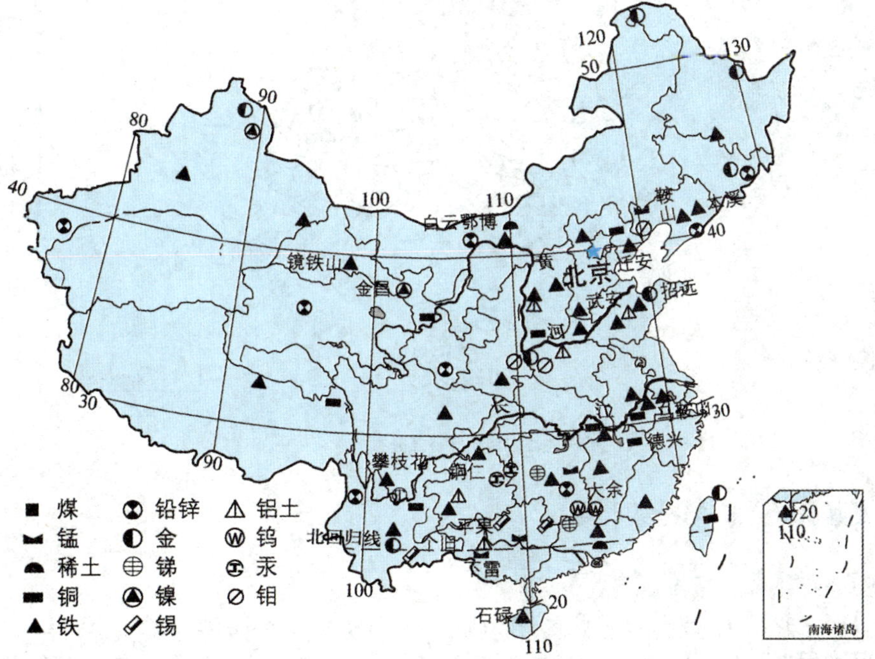

图 4-3-18　我国金属矿产分布

> **读图指南**
>
> 1. 找出我国主要的有色金属产地，其分布有何特点？冶炼有色金属需要哪些资源的配合？
> 2. 找出我国主要的铁矿产地。

能源矿产

能源矿产	主要产地	分布特点
煤矿	山西大同、阳泉，黑龙江鸡西、鹤岗，河北开滦、峰峰，辽宁抚顺、阜新，内蒙古霍林河、准格尔、东胜，山东兖州，江苏徐州，贵州六盘水，宁夏石嘴山，河南平顶山，安徽淮南、淮北等	北多南少，东北、华北、西北较丰富
石油	河北的华北油田，河南、山东交界的中原油田，山东胜利油田，黑龙江大庆，辽宁辽河，新疆克拉玛依、塔中及近海大陆架等	
天然气	新疆、青海、川渝、陕甘宁及近海大陆架等	西多东少 北多南少

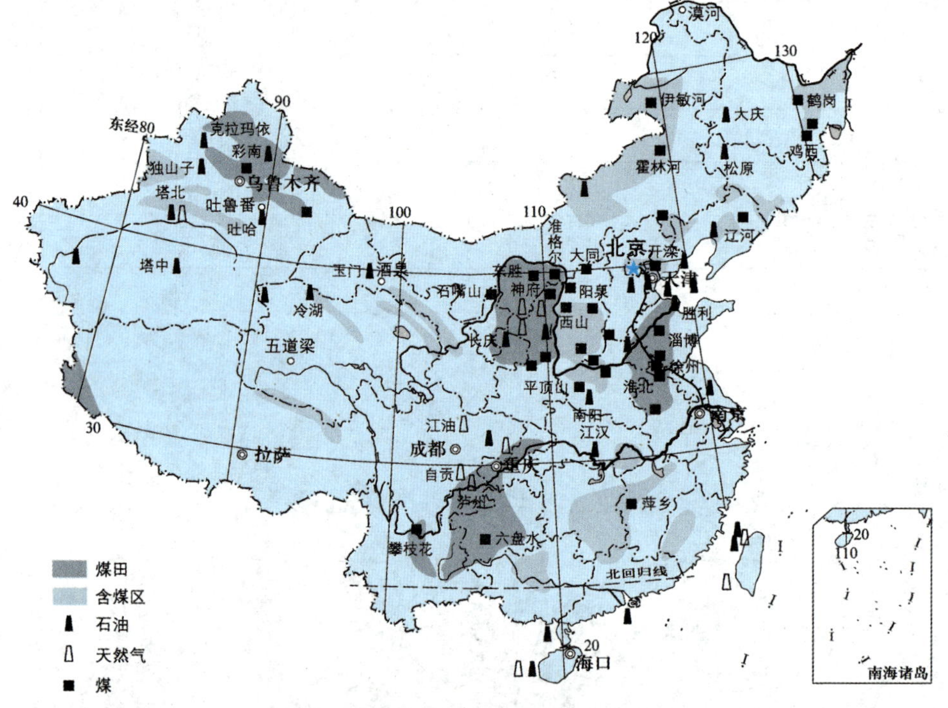

图 4－3－19　我国主要能源矿产资源分布

读图指南

1. 找出我国主要的大煤矿和油气田，其分布分别有何特点？

2. 尝试评价我国矿物能源分布与工业布局之间的关系。

矿产资源的可持续利用

矿产资源耗竭与应对措施

截至目前，我国45种主要矿产的探明储量有相当部分不能满足经济发展需要，到2020年，资源保障程度更低，特别是需求量大的石油、铁、铜、硫、磷等重要矿产缺口大，矿产资源供需矛盾加剧。

造成我国部分矿产濒临枯竭的主要原因有：我国人口多，人均矿产资源数量有限；经济发展速度快，消费量增长迅速。此外，我国贫矿多，富矿少；矿产资源地区分布不均；综合利用率低，浪费严重等国情，以及矿产资源的非可再生性质也是造成矿产资源短缺的重要原因。

提高矿产资源利用率，节约资源，寻找新的可采资源和替代资源，从国外进口资源等是当前应对我国矿产资源短缺的主要措施。

矿产资源开采利用中的问题与对策

生态破坏和环境污染是我国矿产资源开采利用中的主要环境问题，如因乱采滥挖、毁林开矿及随意堆放废弃物等对土地、土壤及水资源造成破坏或污染；因采富弃贫、采一弃他等落后的开采方式造成矿产资源的浪费和破坏；因生产工艺落后，矿产资源在加工利用过程中造成严重的环境污染。

严格贯彻《矿产资源法》，采用科学的方法开发矿产资源，提高矿产资源的加工深度，做好矿区的回填和复垦工作，加强矿产资源开发与使用中的环境管理等是应对上述问题的主要措施。

触类旁通 CHULEI PANGTONG

阅读以下材料，回答下列问题。

材料一 我国石油消费、生产和出口状况变化图（图 4－3－20）。

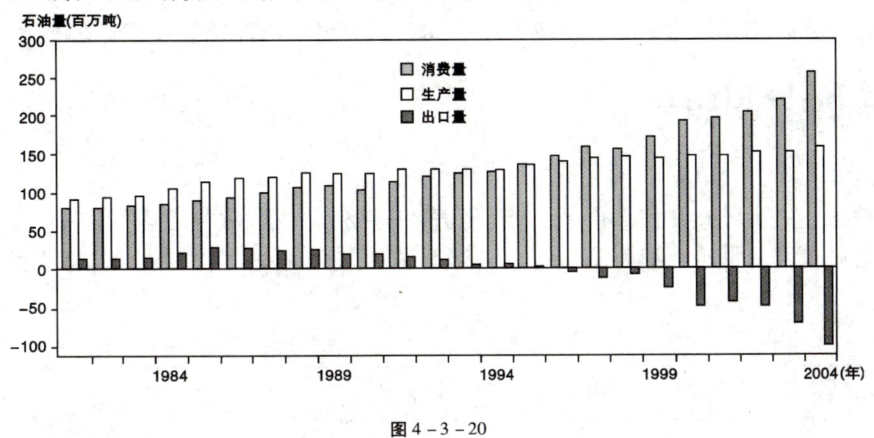

图 4－3－20

材料二 2006 年 9 月份中国原油进口量创历史纪录，月进口量飙升到 1 346 万吨，比 2005 年 9 月增长了 24%。

材料三 国际经验表明，当一国的石油年进口量超过 5 000 万吨时，国际市场行情的变化就会影响这个国家的经济运行；超过 10 000 万吨时，该国家就应该采取有力措施，来保证能源安全。

（1）根据材料一，概括 20 世纪 90 年代以来我国石油生产与消费变化特点。

（2）从能源开发利用的角度，分析我国应如何保障石油安全。

解析 （1）该题主要考查分析图像的能力，根据图中数据的变化分析回答即可。（2）针对我国石油安全问题，一般采取以下措施解决：①“进口源地”和“运输线路”多元化；②把对外依存度控制在尽可能的安全范围内；③加快建立包括石油工业管理体制、石油战略储备体系和石油期货交易市场在内的石油安全保障体制；④加大国内勘探开发力度，增加探明储量，提高石油产量；⑤积极开发石油替代能源，大力发展新能源和可再生能源；⑥加快建立节约型石油消费模式，降低能源消耗，提高能源利用率。

答案 （1）20 世纪 90 年代以来，我国石油生产量增长较慢，而消费量却增长较快，从 1996 年开始我国已成为石油净进口国。

（2）①优化能源结构，扩大煤炭、水能、核能的利用率；②调整产业结构，降低能源消耗；③加强技术改造，提高燃料利用率；④加大勘探力度，努力开发本国的油气资源；⑤拓宽石油进口渠道；⑥增加石油战略储备。

第四单元　中国的经济

第一讲　农业的分布与发展

农业是利用动物、植物等生物的生长发育规律，通过人工培育，以获得产品的物质生产部门。依据农业生产对象的不同，农业可分为种植业、林业、畜牧业、渔业；依据投入多少，农业可分为粗放农业和集约农业；依据产品用途，农业可分为商品农业和自给农业。

我国农业的分布

种植业

我国种植业主要分布在东部湿润、半湿润的平原和盆地。西北地区气候干旱，种植业只分布在有灌溉水源的平原、河谷和绿洲；青藏高原因气候寒冷，种植业分布在气温较高的河谷地区。

我国主要农作物及其分布

种类	作物	作物习性	分布地区
粮食作物	小麦	温带作物，耐寒、耐旱，适应性强，根据播种期不同有冬小麦（秋播夏收）和春小麦（春播秋收）之分	分布广泛，秦岭—淮河以北集中。冬小麦主要分布在长城以南的暖温带地区，春小麦主要分布在长城以北的中温带地区
	水稻	喜温喜湿，适宜于水田种植，可分单季稻、双季稻、三季稻	秦岭—淮河以南集中，以双季稻为主；东北和华北也有分布，以单季稻为主
	玉米	性喜暖湿	分布广泛，东北、华北是主产区，吉林省产量最大
纤维作物	棉花	喜温好光，适宜种植于沙壤土	新疆南部、黄河流域和长江流域是我国三大棉产区
糖料作物	甘蔗	喜温喜湿，需肥多	主要分布在华南及四川盆地等热带、亚热带地区，广西为最大产区
	甜菜	适宜于气候温凉的中温带，耐寒、耐旱、耐碱	黑龙江、吉林、内蒙古、新疆北部为主产区，东北种植最多
油料作物	油菜	喜温暖气候，肥沃土壤	种植普遍，长江流域是最大产区
	花生	喜温暖干燥，适宜种植于沙壤土	黄河下游各省集中，山东、河南两省为主产区
饮料作物	茶叶	适宜于雨水充足，排水良好的低山坡，耐酸性土壤	南方低山丘陵为主产区，福建、浙江、云南等产量较大

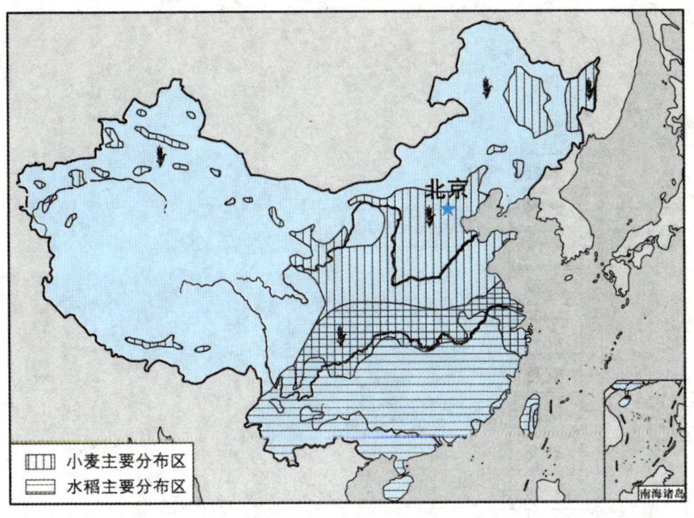

图 4－4－1　我国水稻和小麦的主要分布

读图指南

1．我国水稻、小麦分布区大致界线在哪里？

2．水稻与小麦集中产区的地域差异与气候有何关系？

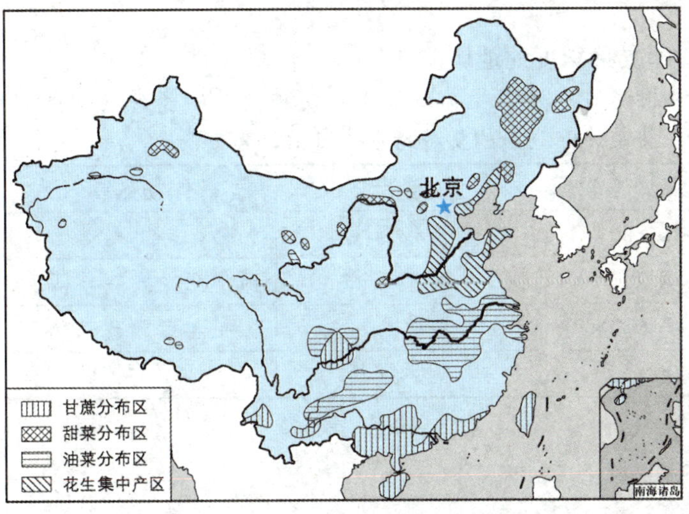

图 4－4－2　我国糖料作物和油料作物的主要分布

读图指南

1．指图说出我国甘蔗、甜菜、油菜、花生的主要产区。

2．结合农业的区位因素，尝试分析产生上述差异的原因。

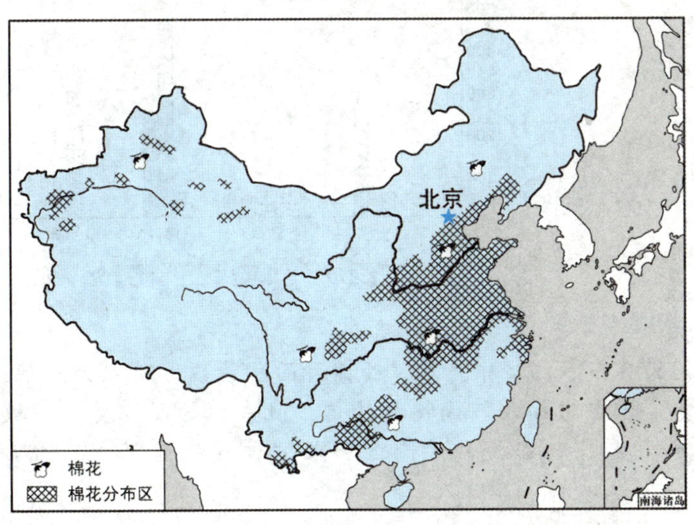

图 4－4－3　我国棉花的主要分布

读图指南

1．指图说出我国主要的棉花产区。

2．新疆成为优质长绒棉产地的有利自然条件是什么？

能力提升 NENGLI TISHENG

利用框图，归纳农业的区位因素。

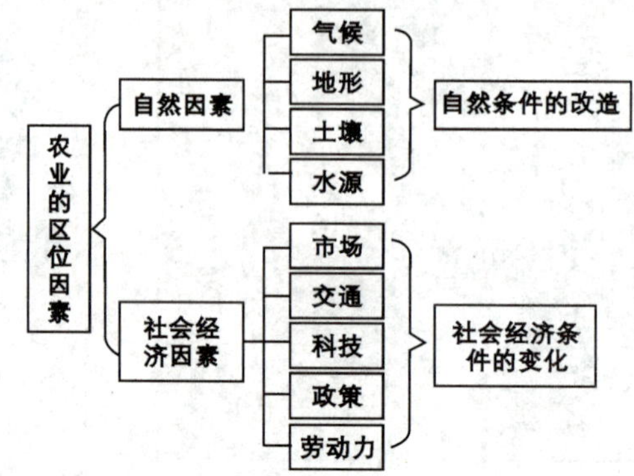

信息链接 XINXI LIANJIE

我国复种制度的地域差异

复种指土地重复种植（一年内种植作物一次以上）的制度。复种次数的多少（即熟制）受各地气候（特别是热量）等生产条件制约。我国的复种指数北方低，南方高。

地区	≥10°积温（℃）	温度带	作物熟制
东北平原	1 300～3 700	中温带为主	一年一熟
华北平原	3 400～4 700	暖温带	两年三熟或一年两熟
长江中下游平原	4 500～5 600	亚热带	一年两熟到三熟
海南省	>8 000	热带	一年三熟

触类旁通 CHULEI PANGTONG

1. 图4－4－4显示我国四个省2004年三种谷物的种植面积。读图，回答问题。

(1) ①、②、③代表的谷物依次是（　　）

A. 小麦、水稻、玉米

B. 玉米、小麦、水稻

C. 水稻、小麦、玉米

D. 水稻、玉米、小麦

(2) M省可能是（　　）

A. 山西　　B. 安徽

C. 广东　　D. 甘肃

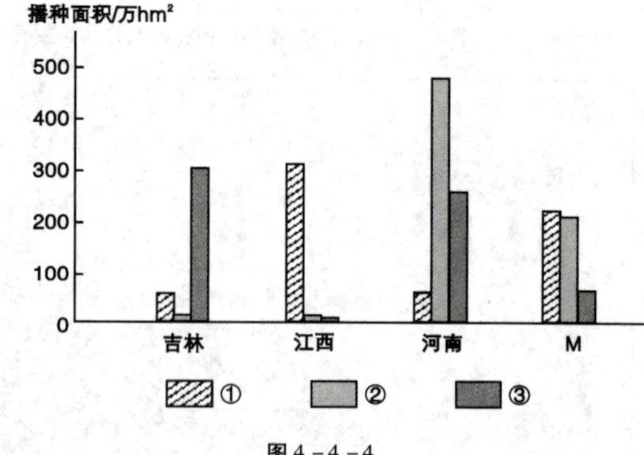

图4－4－4

解析 该题主要考查我国农作物的分布。四省中①在江西播种面积最广，所以为水稻；②在河南播种面积最大，故为小麦；③在吉林和河南播种较广，且吉林的面积更大，故为玉米。M省水稻和小麦的播种面积相当，应该处于南方和北方过渡的地带，故为安徽省。

答案 (1) C　　(2) B

2. 简要分析图4－4－5中甲商品棉基地发展的区位优势。

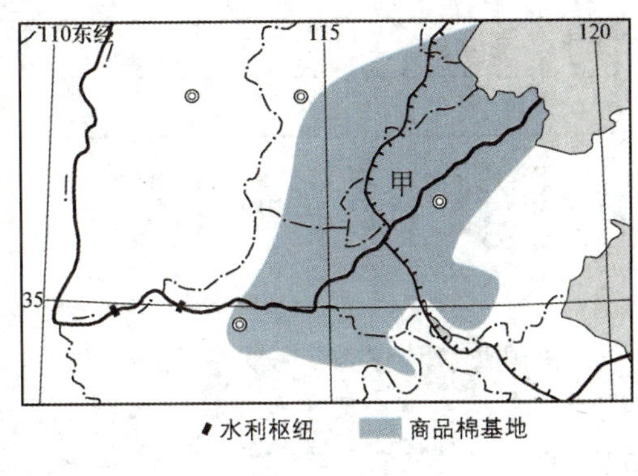

图 4-4-5

解析 该题考查综合分析农业发展条件的能力。首先需要进行空间定位，确定该地区为黄河下游地区，然后再结合本区域的地理特征及商品棉的生产，从自然和社会经济两方面加以分析。

答案 地形平坦；土层深厚、土壤肥沃；光、热资源丰富，降水适中；劳动力丰富，植棉历史悠久；交通便利；市场广阔；棉纺织工业基础好。

畜牧业

我国的畜牧业可分为牧区畜牧业、农耕区畜牧业和城郊畜牧业三类。

我国西部、北部草原辽阔，牧场宽广，许多地方水草肥美，具有悠久的畜牧业历史。内蒙古、新疆、青海、西藏是我国四大放牧区。

我国东部、南部农耕区，饲料资源丰富，以畜禽饲养为主。农耕区畜牧业饲养的牲畜头数占全国牲畜总头数的80%，每年为全国提供大量的肉类、乳类产品。

城郊畜牧业是随着城市的发展从农耕区畜牧业分离出来的农业类型，主要为城市提供新鲜的乳、肉、蛋等产品。市场是其主导区位因素。

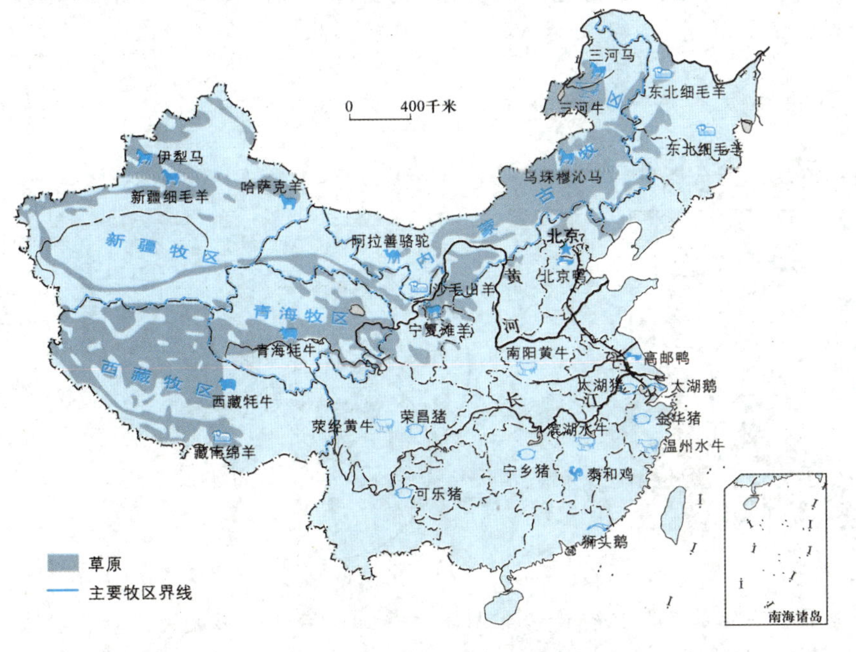

图 4-4-6 中国主要畜牧业分布

> **读图指南**
>
> 1. 指出我国四大放牧区及其优良畜种。
> 2. 影响畜牧业布局的主要因素有哪些？

林业

森林对于人类来说既有巨大经济效益，也有十分重要的环境效益。在自然界中，森林在调节气候、稳定大气成分、涵养水源、保持水土、以及繁衍生物和维护生物多样性等方面发挥着重要作用。此外，森林还具有净化空气、美化环境、吸烟除尘、防风固沙等方面的环保功效。为了保护生态环境，我国十分重视林业建设。

我国的三大林区

林区	特点
东北林区	岭阔谷宽，气候冷湿，松林成海

西南林区	高山峡谷，气候多样，树种繁多
东南林区（含台湾）	低山丘陵，气候湿热，经济林盛

信息链接 XINXI LIANJIE

中国防护林体系

中国防护林体系工程是中国生态工程建设的基本框架，覆盖了我国主要的水土流失区、风沙危害区、盐碱区和台风区。包括四个体系，即“三北”防护林、长江中上游防护林、沿海防护林和平原农田防护林体系。其中，地跨东北、华北、西北的“三北”防护林体系工程，是世界上最大的生态工程，被称为“绿色长城”。这些工程正在稳步、有效地进行，并取得明显的环境效益和经济效益。

渔业

渔业又称水产业，是指在水域中进行天然捕捞或者人工养育有价值水生生物的生产部门。

我国是世界渔业大国，发展渔业的优势明显。首先，我国地处热带及北温带，渔业品种极为丰富；其次，水域面积较大，管辖海域达 300 万平方千米，大陆上约有 2 000 万公顷水面；第三，人工养殖历史悠久，经验丰富。

长江中下游地区是我国淡水渔业最发达的地区，东南沿海是海洋捕捞和海洋养殖的基地，舟山渔场是我国最大的天然渔场。

能力提升 NENGLI TISHENG

借用图示，理解舟山渔场的形成条件。

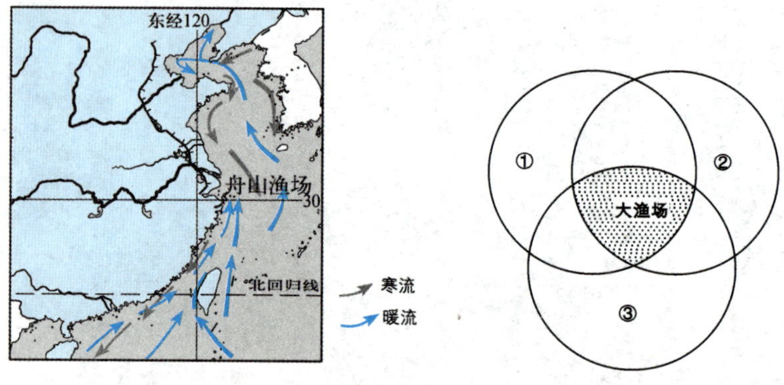

图 4-4-7

天然渔场的形成需要具备一定的条件，在诸多有利条件叠加的海域会形成大渔场。我国舟山渔场的形成条件主要有：①位于沿海大陆架，海水较浅，阳光集中，生物光合作用强；②位于钱塘江等河流入海口，入海河流通过泥沙带来丰富的营养盐类；③有寒暖流交汇及冬季冷海水上泛，将海底营养物质带至表层。因光照和养分充足，海洋浮游生物繁盛，鱼类饵料丰富，因此形成大渔场。

我国农业的发展

改革开放以来，我国农业发展较快。农业生产条件日益改善，地区分布趋于合理。我国粮食、肉类、棉花、花生、油菜籽、水果的产量已居世界第一位。谷物和棉花人均占有量接近和超过世界平均水平。

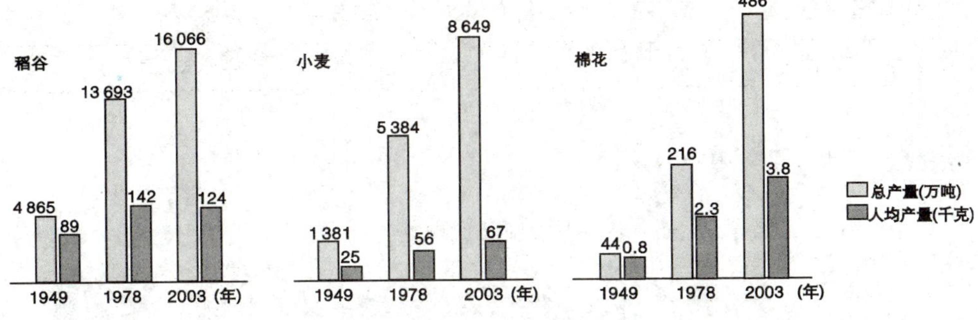

图 4－4－8　我国稻谷、小麦、棉花产量的增长

我国农业在取得巨大成就的同时，也面临着人口增加、耕地不断减少以及土地退化、自然灾害、环境污染及世界市场冲击等问题的严重挑战。因此，实现农业的可持续发展是今后我国农业发展的必由之路。

要实现农业的可持续发展，必须结合中国的国情和国际市场变化，积极调整农业结构，发展多种经营；运用现代科学技术，发展优质、高产、高效农业；走农业产业化道路，发展生态农业；在条件适宜的地方，建设商品农业基地。

信息链接 XINXI LIANJIE

我国的“七区二十三带”农业战略格局

农业稳则中国稳。在当前国际粮价波动、国内自然灾害频发、粮食安全问题凸显的背景下，中国如何布局今后五年的农业战略尤为重要。我国“十二五”规划纲要提出的“七区二十三带”农业战略格局，将为我们筑牢粮食安全屏障。

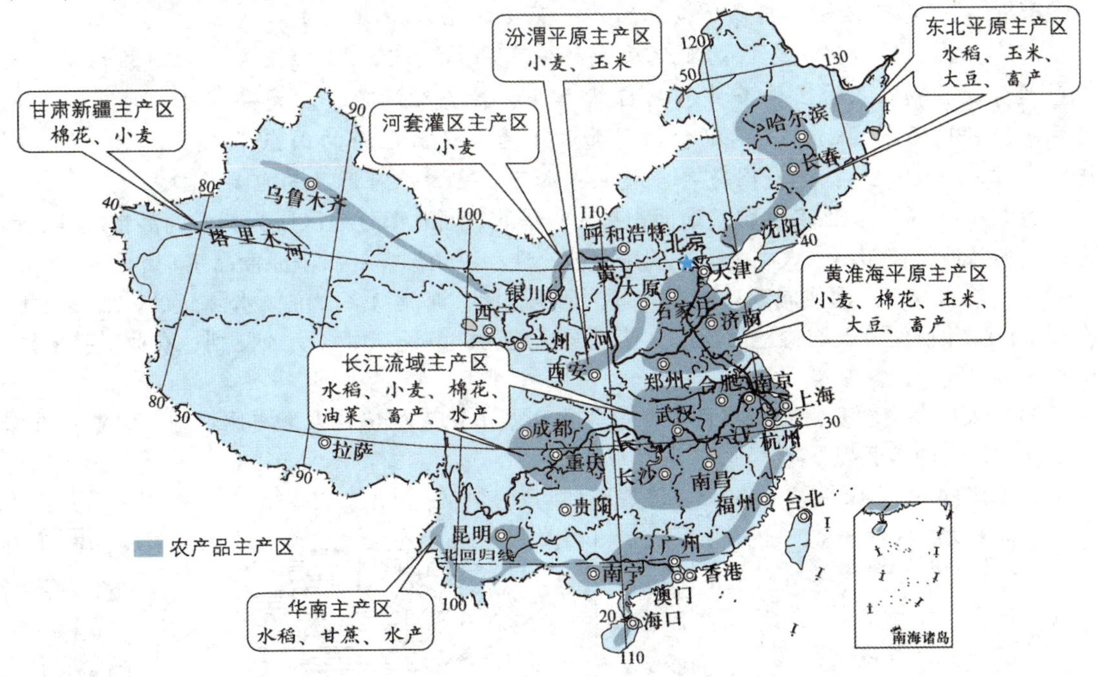

图 4－4－9　我国“七区二十三带”农业战略格局

《纲要》提出，优化农业产业布局，加快构建以东北平原、黄淮海平原、长江流域、汾渭平原、河套灌区、华南和甘肃新疆等的农产品主产区为主体，其他农业地区为主要组成的

"七区二十三带"农业战略格局。鼓励和支持优势产区集中发展粮食、棉花、油料、糖料等大宗农产品。这个战略布局将有利于农业的规模化、产业化发展，也将对稳固农业基础性地位产生积极作用。

触类旁通 CHULEI PANGTONG

1. 读图 4-4-10 和 4-4-11，完成下列问题。

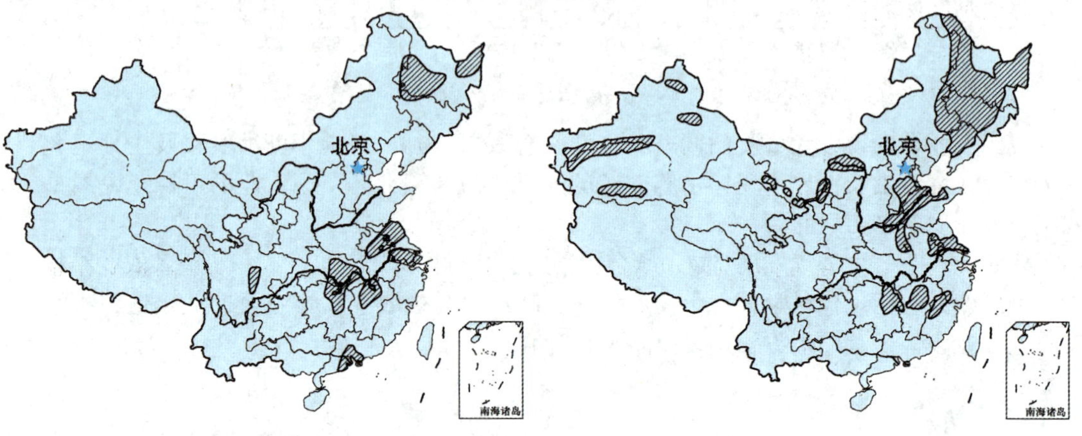

图 4-4-10 20 世纪 80 年代我国商品粮食基地分布　　图 4-4-11 2002～2003 年我国商品粮食基地分布

(1) 描述我国商品粮基地布局的变化特点。

(2) 分析东北地区建设商品粮基地的优势条件。

(3) 珠江三角洲商品粮基地丧失的原因有哪些?

解析 该题考查读图分析我国商品粮基地变化的能力。

对比两图，通过描述分区的变化反映整体布局的变化，20 世纪末我国商品粮基地呈北移趋势。影响农业的区位条件包括自然条件和社会经济条件。商品粮基地地位下降的原因一是耕地面积减小，二是粮食播种面积下降。目前沿海的山东半岛、太湖平原、闽南、珠江三角洲等地，是我国花卉、蔬菜、水产、畜禽等农产品的重要出口基地。

答案 (1) 东北地区商品粮基地面积扩大；华北、西北部分地区成为新增商品粮基地；南方商品粮基地面积缩小，太湖平原、四川盆地、珠江三角洲、江汉平原商品粮基地丧失。

(2) 降水较多，雨热同期；黑土广布，土地肥沃；河流众多，灌溉水源充足；地形平坦，有利于机械化耕作；人均耕地面积广；接近发达地区，市场广阔；交通便利；农业科技发达，机械化水平高；国家政策支持。

(3) 人口大幅增多，人均粮食少；工业化和城市化进程快，大量占用耕地；农业产业结构调整，粮食种植面积下降。

2. 读图 4-4-12 和 4-4-13，完成下列问题。

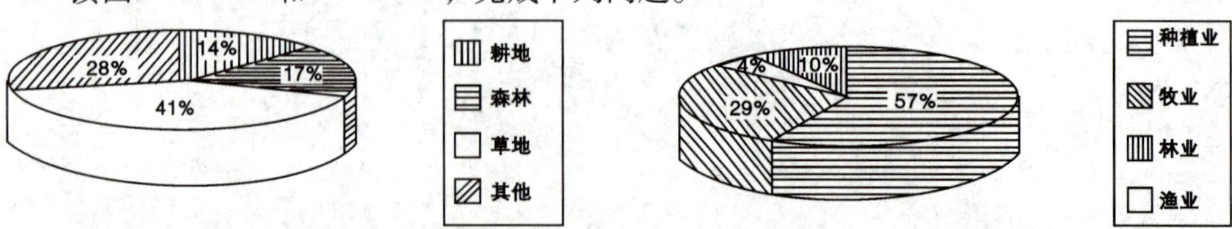

图 4-4-12 1999 年我国土地利用构成图　　图 4-4-13 1999 年我国农业产值构成图

(1) 描述 1999 年我国土地利用构成的特点，分析 1999 年我国农业产值构成的问题。

(2) 近年来，我国采取了哪些具体措施来调整农业结构? 这样做有何重要意义?

解析 观察图中的图例和注记来描述土地利用构成的特点，对比土地利用构成图和农业产值构成图，可以发现二者的不匹配。通过调整农业结构，因地制宜发展多种经营，来实现农业的可持续发展。

答案 (1) 耕地比重较小，森林比重较小，草地比重较大。种植业产值比重偏高，牧业、林业、渔业产值比重偏低。

(2) 国家实施退耕还林、退耕还草、退田还湖等生态退耕政策，提高林、牧、渔业的比重，降低种植业的比重。

因地制宜调整农业结构，实现农、林、牧、渔全面发展，既有利于改善生态环境，也有利于提高经济效益和社会效益，实现农业的可持续发展。

信息链接 XINXI LIANJIE

我国的几种特色农业

(1) 河谷农业　高山地区的河谷地带，由于地势较低，气温较高，无霜期较长，降水条件较好，土壤比较肥沃，河水又可作为灌溉水源，是山区适宜耕作的地区。例如我国青海省黄河谷地、湟水谷地，西藏的雅鲁藏布江谷地都是典型的谷地耕作区。

(2) 灌溉农业　通常指以水利灌溉设施为保障，满足作物对水分要求以获得稳产高产的农业。灌溉的作用除满足水分的需要外，还可以调节土壤温度、湿度、土壤空气和养分、培育地力和冲洗盐碱，是一种能排能灌、稳产高产的农业。如在关中平原、宁夏平原、河套平原兴起的灌溉农业。

(3) 绿洲农业　又称绿洲灌溉农业，指分布于干旱荒漠地区有水源灌溉地方的农业。如中国的新疆和甘肃河西走廊等地，通过冰雪融水和地下水灌溉，种植农作物，并植树造林和建设聚落。它与四周戈壁、沙漠景观截然不同，犹如沙漠中的绿色岛屿，为干旱荒漠地区农牧业生产较发达和人口集中的地方。

(4) 立体农业　立体农业是相对平面农业而言的一种垂直空间开发利用的农业新技术。在单位面积土地上，它能充分利用地面、空间和水域，把种植业、养殖业、加工业等巧妙地结合起来，形成多层结构、多途径利用的农业。如我国南方低山丘陵地区“丘上林草丘间塘，缓坡沟谷果鱼粮”的农业生产体系。

(5) 生态农业　生态农业是利用生态学原理和现代科学技术，合理组织农业各部门的生产，借以提高产量，改善环境的农业发展模式。生态农业追求经济、社会和生态效益的高度统一。如珠江三角洲“基塘农业”，人们利用低地挖地成塘，塘中蓄水养鱼；堆泥成基，在基上种植桑树、甘蔗、果树、花卉，形成“桑基鱼塘”、“蔗基鱼塘”、“果基鱼塘”、“花基鱼塘”等形式。在这个系统中，以塘泥作肥料，以蚕粪、桑叶等作鱼食，塘基互养，形成一个良性的、水陆互养的农业生态系统。

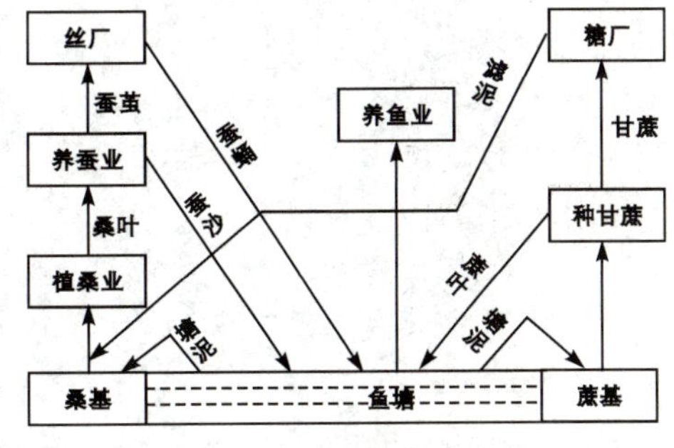

图 4-4-14　基塘农业

(6) 坝子农业　坝子就是四面环山的小盆地，在地势崎岖的地区，只有山间小盆地地势比较平坦，适合发展耕作业，成为主要耕作区。云贵高原地区坝子农业最为典型。

第二讲　工业的分布与发展

信息链接 XINXI LIANJIE

工业及其分类

工业是采掘自然资源、对工业原材料（矿产品、农产品）进行加工和再加工的生产部门。工业是国民经济的主导，是国家经济自主、政治独立和国防现代化的根本保证。

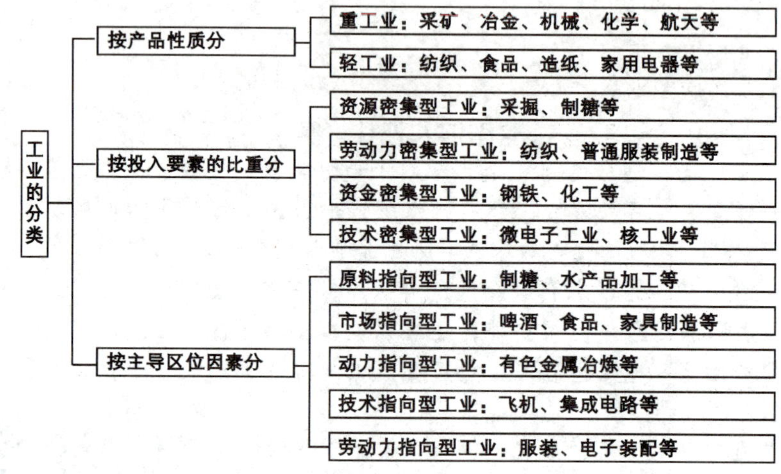

主要工业地带

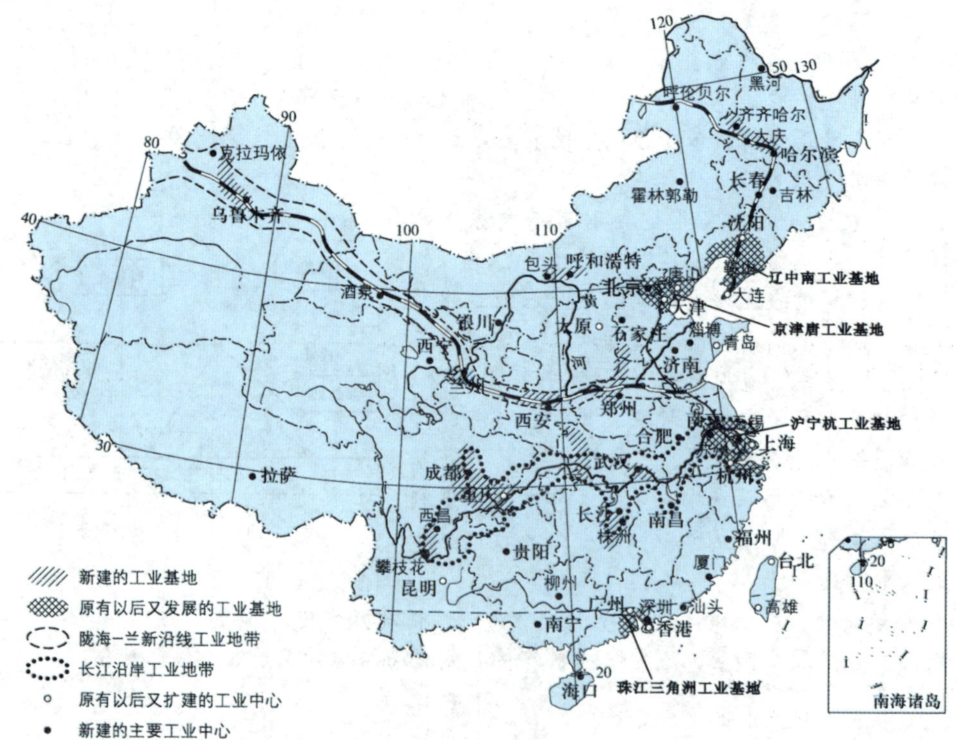

图 4-4-15　我国主要工业分布

我国工业具有沿海、沿长江、沿黄河、沿铁路干线的分布大势。

沿海集中了辽中南、京津唐、沪宁杭、珠江三角洲等地区，以及经济特区、沿海开放城市、经济开放区等，形成了工业最发达的经济地带。这个地带对内对外交通便利，是我国引进外资和技术，发展外向型企业的重要基地。

长江沿线形成了以上海、南京、武汉、重庆等城市为中心的沿江发达地带。这个地带工农业发达，人口众多，资源丰富，水运条件得天独厚，由沿海深入内地，是综合性强的一个地带。

沿黄河形成了能源开发的重要工业带。

京广、京沪、哈大、陇海—兰新等铁路沿线，形成了很多具有全国意义的工业地带。

能力提升 NENGLI TISHENG

结合影响工业布局的因素，理解我国工业带分布大势的形成。

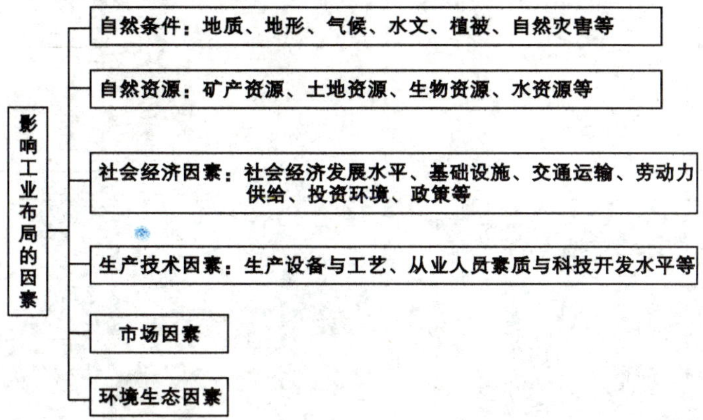

我国不同工业带的形成有其共同的区位优势，如交通便利、市场广阔、国家政策支持等。同时，不同工业带的形成也具备独特的优势条件，如沿海工业带对外交通便利，科技人才丰富，原有基础较好，经济基础雄厚、基础设施完善；沿江工业带矿产和水力资源丰富，河运条件得天独厚；陇海——兰新工业带的迅速发展与第二条亚欧大陆桥的开通及新疆油气资源的开发密切相关。

主要工业基地

我国四大工业基地比较

工业基地	地位	主要工业中心及部门	发展条件	主要问题
辽中南	著名的重工业基地	鞍山、本溪钢铁，沈阳机械，大连造船、化工，辽阳化纤	煤、铁、石油等资源丰富，水陆交通便利，工农业基础较好	能源、淡水不足，矿产面临枯竭，结构单一，污染严重
京津唐	北方最大的综合性工业基地	北京石化，天津制碱、纺织、食品，唐山钢铁，开滦煤矿	铁、石油、海盐资源丰富，紧靠煤炭能源基地，科技力量雄厚，交通通信发达，工农业基础雄厚，社会协作好	能源不足，水资源严重短缺，污染严重

<table>
<tr><td>沪宁杭</td><td>全国最大的综合性工业基地</td><td>上海的钢铁、汽车、化工、纺织、机械、造船、食品以及微电子等，南京、无锡、苏州、杭州的家电、丝绸、服装</td><td>地理位置优越，水源充足，水陆交通发达，科技力量强，社会协作好，工农业基础雄厚，经济腹地广大，高素质劳动力丰富</td><td rowspan="2">能源、原材料不足，耕地减少，土地资源紧张，农业地位削弱，环境问题突出</td></tr>
<tr><td>珠江三角洲</td><td>以轻工业为主的综合性工业基地</td><td>广州、深圳、珠海的家电、服装、食品、玩具制造</td><td>毗邻港澳，接近东南亚，著名侨乡，水陆空交通发达，便于利用外资发展外向型经济，市场经济发达，农业基础好</td></tr>
</table>

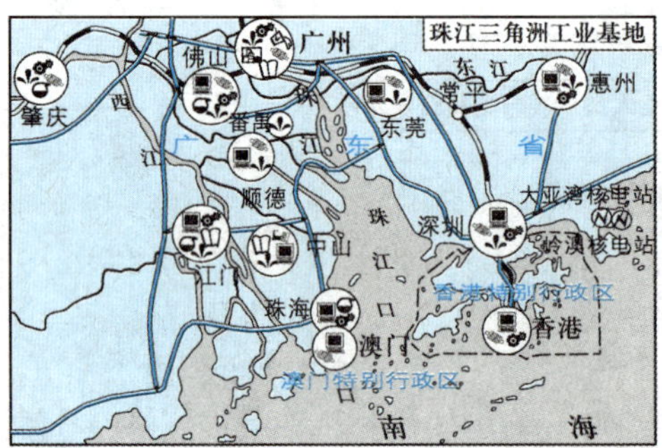

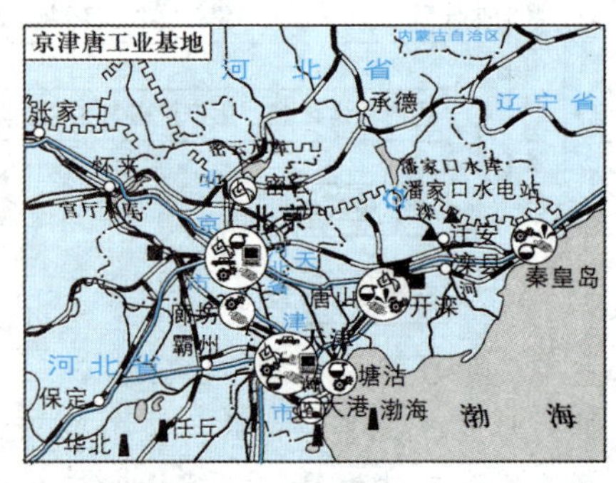

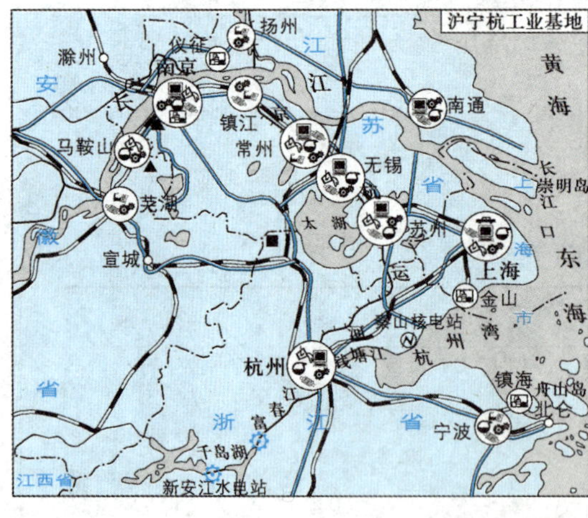

钢铁工业
机械制造工业
造纸工业
电子电器工业
化学工业
核电站
石油加工工业
食品工业
煤
汽车制造工业
制糖工业
纺织工业
石油
铁
锰
铅锌
水电站

图 4-4-16　我国四大工业基地

触类旁通 CHULEI PANGTONG

图 4-4-17 中，甲、乙、丙三区域工业发展共同的区位优势有哪些？甲、乙两区域建立化学工业不同的主导区位因素各是什么？

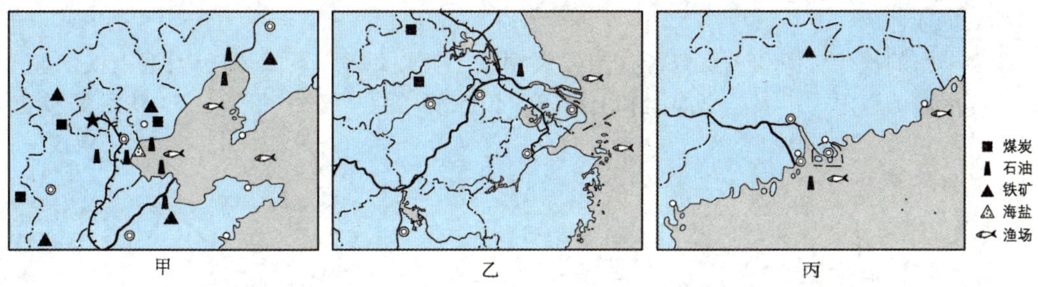

图 4－4－17

解析 本题考查评价工业发展条件的能力。解答时首先要对京津唐、沪宁杭、珠江三角洲进行准确的空间定位，其次要明确各图例的含义及分布，最后再结合工业区位因素知识比较三个地区区位条件的异同。

答案 甲、乙、丙三区域工业发展共同的区位优势有：良好的农业基础、发达的海陆交通、优惠的政策，科技水平高，经济基础雄厚。甲区域建立化学工业的主导区位因素是原料和燃料；乙区域建立化学工业的主导区位因素是市场。

主要工业部门

能源工业

煤炭是我国最主要的能源。煤炭工业的分布与煤炭资源分布一致。黄河中游的山西、内蒙古、陕西三省区是我国主要的煤炭工业基地。

油气的开采集中在东北松辽石油基地、华北及环渤海油气区、四川天然气基地和新疆石油基地以及近海大陆架油田。石油加工业建立在油气产地和消费区。

我国电力工业主要有火电和水电两种形式。大型火电站主要分布在北方的煤炭基地和大城市。水电站建在水能丰富的地方。核电站主要分布在沿海能源短缺的地区，其中，浙江的秦山核电站和广东的大亚湾核电站规模较大。

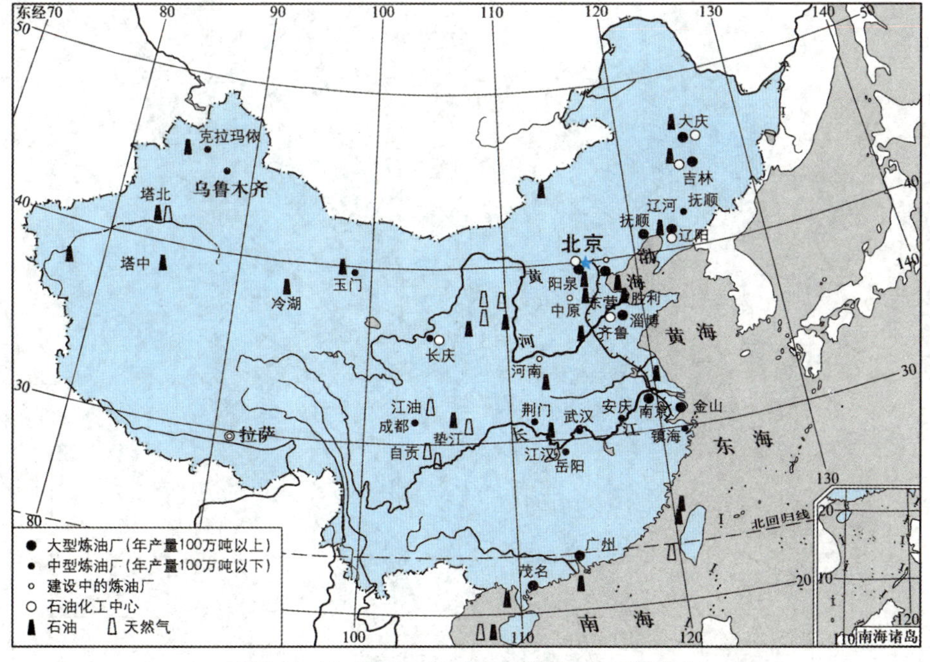

图 4－4－18 我国油气工业基地和炼油中心、石化中心

钢铁工业

我国丰富的铁矿资源和焦煤资源，为发展钢铁工业提供了有利条件。大型钢铁工业基地有：东部沿海的鞍山、本溪、京津唐和上海等，长江沿岸的马鞍山、武汉、重庆、攀枝花等，黄河流域的包头、太原等。

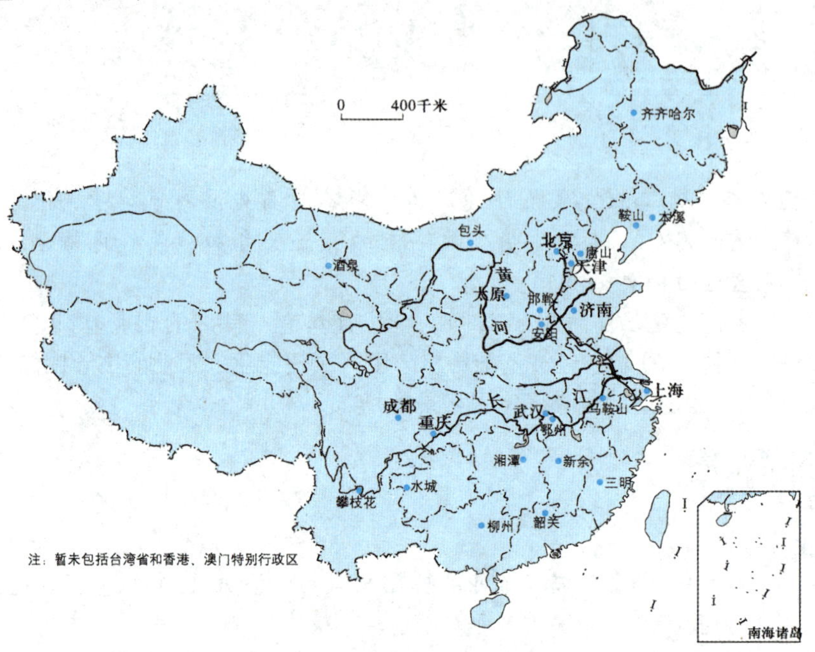

图 4-4-19 我国钢铁工业分布

机械工业

我国基本形成了包括汽车、造船、飞机、农业机械、各种机床的制造业在内的，门类齐全、布局合理的机械工业体系。辽宁、上海——南京、北京——天津地区是全国性的大型机械工业基地。

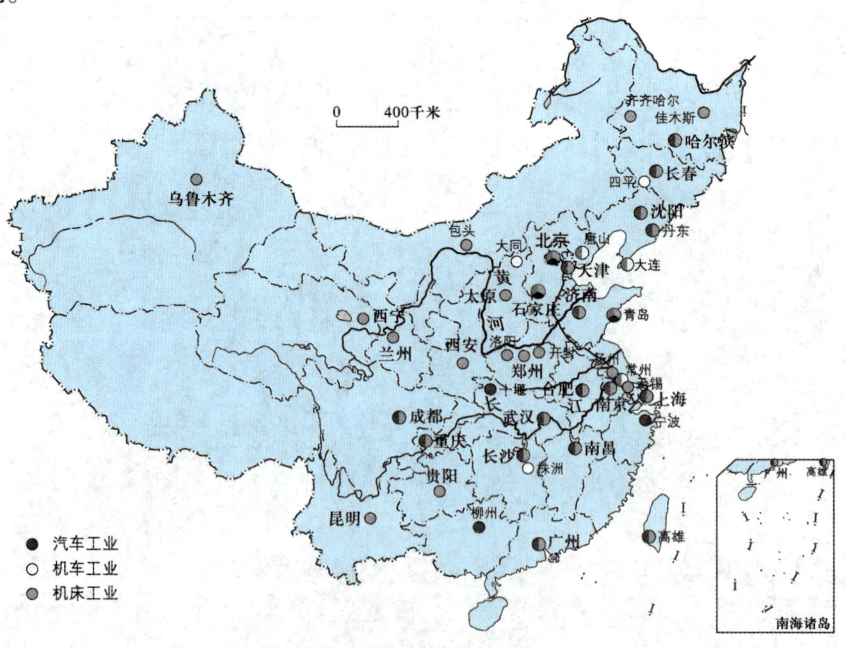

图 4-4-20 机械工业分布

我国纺织工业

我国纺织工业已形成以棉纺织为主的包括棉、毛、丝、麻和化纤在内的完整体系。上海、天津、青岛、石家庄、郑州、西安、武汉等是主要的棉纺织工业基地。

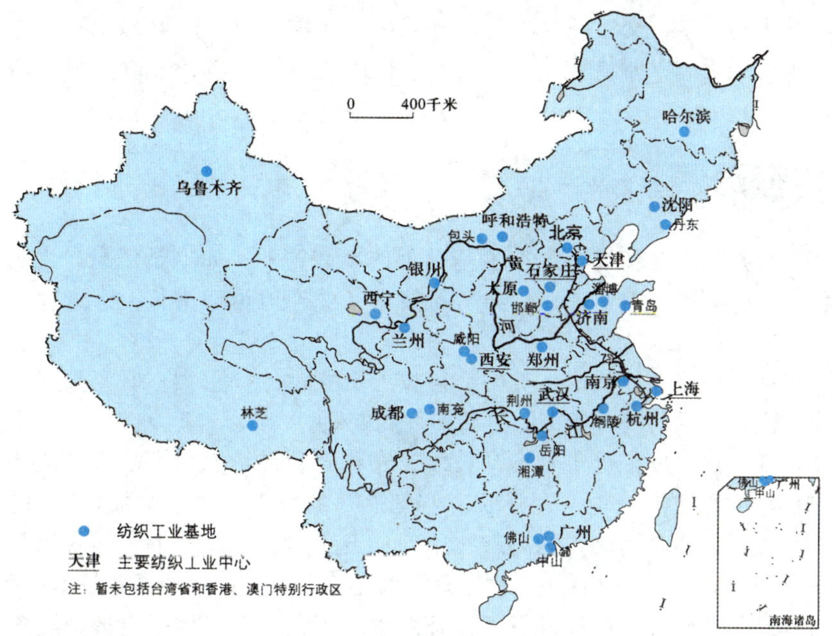

图 4－4－21 我国纺织工业分布

触类旁通 CHULEI PANGTONG

图 4－4－22 是我国 20 世纪 50 年代扩建的辽宁鞍山钢铁企业和 70 年代末兴建的上海宝山钢铁企业的区位。读图，完成下列问题。

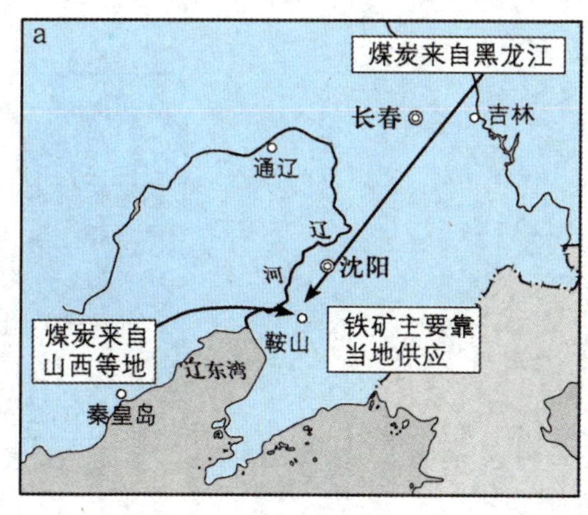

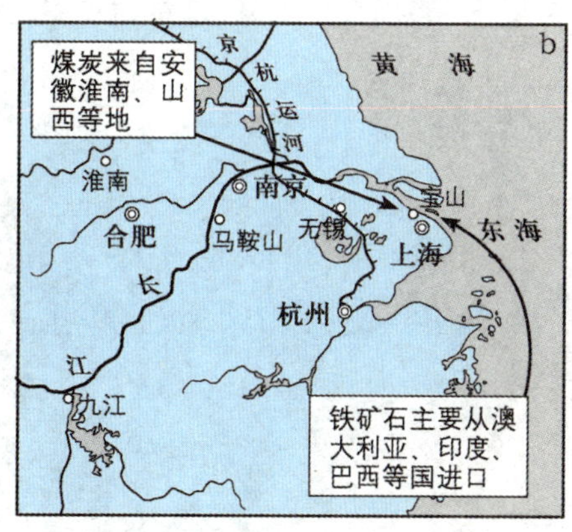

图 4－4－22

（1）简述 20 世纪 50 年代辽宁省鞍山钢铁工业的主导区位因素。

（2）宝钢的区位与鞍钢有何不同？分析导致钢铁工业区位因素变化的原因。

解析 不同工业部门及同一工业部门的不同发展阶段的主导区位因素不同。因生产力水平的提高，钢铁工业区位经历了煤炭→铁矿→市场的变化。结合题中信息，20 世纪 50 年代扩建的鞍钢，其区位指向原料和燃料。随着社会生产力的发展和科学技术的进步，原料、动力对工厂区位的影响逐渐减弱，市场对工厂的区位逐渐加强，70 年代末兴建的宝钢，其区位主要指向消费市场。

答案 （1）主导区位因素是原料（铁和煤）。

（2）宝钢远离原料和燃料产地，建在沿海港口，水陆交通便利，便于从国外进口铁矿石，且靠近国内外市场。

随着科学技术的进步，交通条件不断得到改善，运输能力不断增强，同时工业对原料和能源的利用率也得到提高，原料、动力对工厂区位的影响逐渐减弱，市场和交通对工厂区位的影响逐渐加强。

蓬勃发展的高新技术产业

高新技术产业是建立在新的科学技术基础上的新兴产业，如电子信息、生物工程、航空航天、新材料、新能源等。近年来，我国高新技术产业产值迅速增长，已进入世界十大高新技术出口国之列。

高新技术产业的特点有：从业人员中，科技人员所占的比重大；研究开发费用在销售额中所占的比例较高；产品科技含量高，更新换代周期短。

高新技术产业布局主要依赖于知识和技术，布局在科技力量雄厚、人才集中、交通和通信发达、环境优美的大城市，呈“大分散、小集中”的特点。北京中关村是我国建立最早、规模最大、实力最强、知名度最高的高新技术产业开发区。北京、上海是我国最重要的高新技术产业基地。长江三角洲、珠江三角洲、环渤海地区是我国主要的高新技术产业带。

地理位置不同的高新技术产业开发区，开发重点不同。沿海地区以智力资源和技术力量为依托，侧重科技园区型高新技术产业；沿边地区依靠开发政策和沿边位置优势，发展贸易导向型产业；内地依靠优势资源和工业基础，多发展与军工有密切关系的产业。

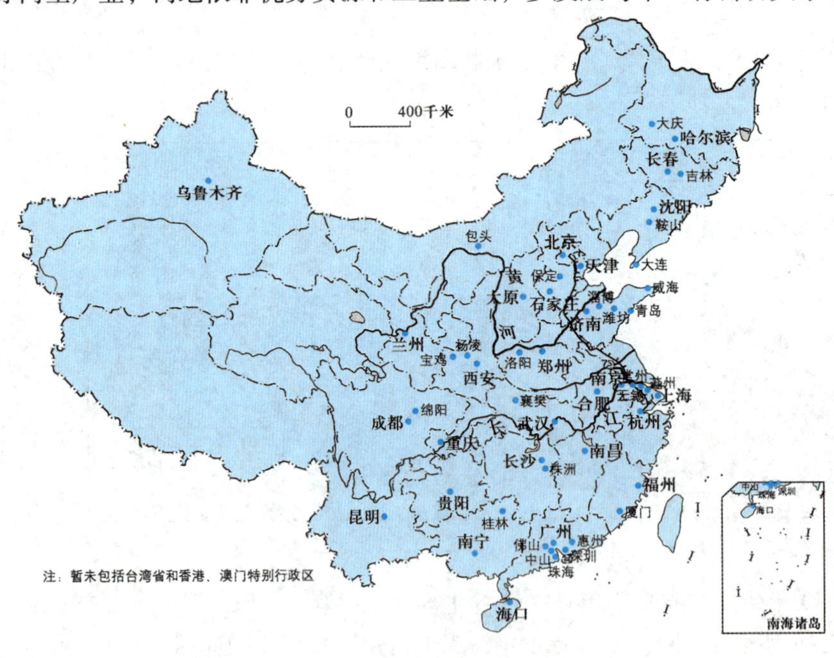

图 4－4－23 我国高新技术产业区分布

读图指南

1. 概括我国高新技术产业的布局特点。
2. 中关村高新技术产业开发区的主导区位因素是什么？

我国工业的发展

新中国成立前，我国工业基础十分薄弱，工业地区分布极不平衡，集中分布在辽中南和上海、天津、青岛、广州等少数沿海城市。新中国成立后，特别是改革开放以来，工业部门趋于齐全，技术水平不断提高，布局有了明显改善，发展速度前所未有。我国已从一个贫穷落后的农业国，转变为工业为主的国家。

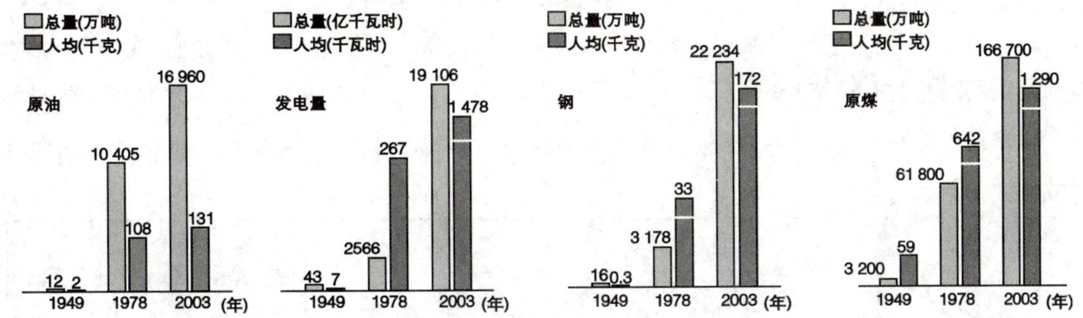

图 4－4－24 中国主要工业产品产量的世界位次（2002 年）

在取得较大成就的同时，我国工业发展也存在诸多问题。如部分地区开发强度过大给资源、环境带来较大压力，技术密集型工业的比重仍然较低，工业发展水平的区域差异仍然较大。因此，优化空间格局，实现科学发展是实现我国工业可持续发展的必然选择。

XINXI LIANJIE

我国的主体功能区战略

在 2011 年全国两会上通过的“十二五规划”中，主体功能区正式上升为国家战略。

主体功能区规划从人口、经济、资源与环境相协调的角度，打破行政壁垒，建立体现资源优化配置空间要求的特色功能区，将我国国土空间划分为优化开发、重点开发、限制开发与禁止开发四类，并赋予城市化地区、农产品主产区及生态功能区三类具体内容。

优化开发区。对人口密集、开发强度偏高、资源环境负荷过重的部分城市化地区要优化开发。目前，已基本形成规模的三个特大城市群——环渤海、长三角、珠三角地区定为优化开发区。“十二五”期间，这些地区的经济总量扩张将进一步淡化，地方政府区域规划的主要工作将重点关注与 GDP 质量相关的一系列指标，例如节能减排指标，以及服务业、高新技术产业和研发经费投入的增长。

重点开发区。对资源环境承载能力较强、集聚人口和经济条件较好的城市化地区要重点开发。国家级重点开发区共 18 个，包括冀中南地区、呼包鄂榆地区、太原城市群、中原经济区、海峡西岸经济区等，这些地区将在“十二五”期间推进大规模高强度的工业化、城镇化开发，GDP 增速仍是这些地区未来的主要特征。

限制开发区。限制开发区分为农产品主产区与生态功能区两种类型。对具备较好的农业生产条件、以提供农产品为主体功能的农产品主产区，要着力保障农产品供给安全。对影响全局生态安全的重点生态功能区，要限制大规模、高强度的工业化城镇化开发。

禁止开发区。对依法设立的各级各类自然文化资源保护区和其他需要特殊保护的区域要禁止开发。

第三讲　交通运输网络

现代化的交通运输方式

现代化的交通运输方式有铁路运输、公路运输、水路运输、航空运输和管道运输五种主要方式。

运输方式	特点					最佳客、货流选择
	运量	运速	运费	灵活性	连续性	
水路	大 ↓ 小	慢	低 ↓ 高	差	差	大宗、远程、不急迫
铁路		较快		差	好	大宗、远程、不急迫
公路		较快		好	差	小量、短途
航空		快		差	差	小量、贵重、急迫
管道	运量大，损耗小，安全性高，运输成本低			差	好	流体状货物

经济性、迅速性、安全性和通达性是运输方式选择的四大评价指标。各种运输方式都有其适用的范围。在选择货运方式时，往往考虑货物的类别、数量、运输距离等；在选择客运的方式时，需要考虑旅客的出行目的、时间要求、出行距离、经济负担能力等。

触类旁通 CHULEI PANGTONG

湖北省武汉市自古有“九省通衢”之称，查阅地图，简要说明武汉成为交通枢纽的区位因素。

解析 若干条交通干线在重要的客货流集散地衔接，形成了各种交通运输设施的综合体，称为交通枢纽。同种运输方式两条以上干线组成的枢纽为单一交通枢纽；由两种以上运输方式组成的枢纽为综合交通枢纽。

答案 武汉处于我国中部东西、南北的交通要冲。东西向，武汉是黄金水道长江航线及汉江与长江的交汇处的重要河港；南北向，武汉位于京广铁路的中间位置。此外，还通过汉丹线等铁路与焦柳线、京九线相连接，并有公路、航空等与其他地区相联系。

铁路运输

我国铁路运输网由相互连接的铁路干线、支线、专用线和铁路枢纽等组成。我国现在形成以北京为中心的全国铁路网。

南北向铁路干线

哈尔滨—上海：京哈线（北京—哈尔滨）、京沪线（北京—上海）

北京—九龙：京九线（北京—九龙）

北京—广州：京广线（北京—广州）

大同—柳州：北同蒲线（大同—太原）、太焦线（太原—焦作）、焦枝线（焦作—枝城）、枝柳线（枝城—柳州）

中卫—昆明：宝中线（宝鸡—中卫）、宝成线（宝鸡—成都）、成昆线（成都—昆

明）

东西向铁路干线

北京—兰州：京包线（北京—包头）、包兰线（包头—兰州）

连云港—阿拉山口：陇海线（连云港—兰州）、兰新线（兰州—乌鲁木齐）、北疆线（乌鲁木齐—阿拉山口）

上海—昆明：沪杭线（上海—杭州）、浙赣线（杭州—株洲）、湘黔线（株洲—贵阳）、贵昆线（贵阳—昆明）

与邻国接轨的铁路线

朝鲜：长图线（长春—图们）、沈丹线（沈阳—丹东）

俄罗斯：滨洲线（哈尔滨—满洲里）、滨绥线（哈尔滨—绥芬河）

蒙古：集二线（集宁—二连浩特）

哈萨克斯坦：北疆线（乌鲁木齐—阿拉山口）

越南：昆河线（昆明—河口）、湘桂线（衡阳—凭祥）

煤炭运输专线

大秦线（大同—秦皇岛）、神黄线（神木—黄骅）、焦日线（焦作—日照）

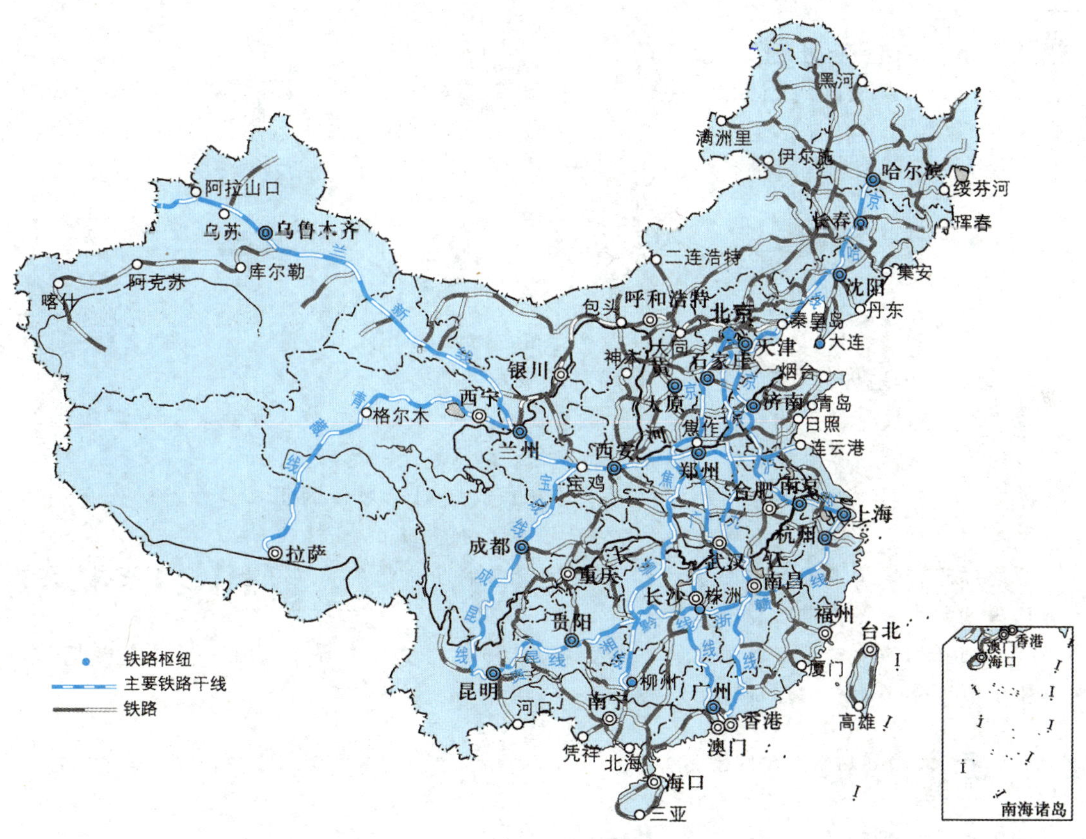

图4-4-25 我国铁路分布

读图指南

1. 在图中描画主要的铁路干线。查阅它们的起止点、途经省区、地形区。
2. 在图中圈画各铁路干线交会形成的铁路枢纽。

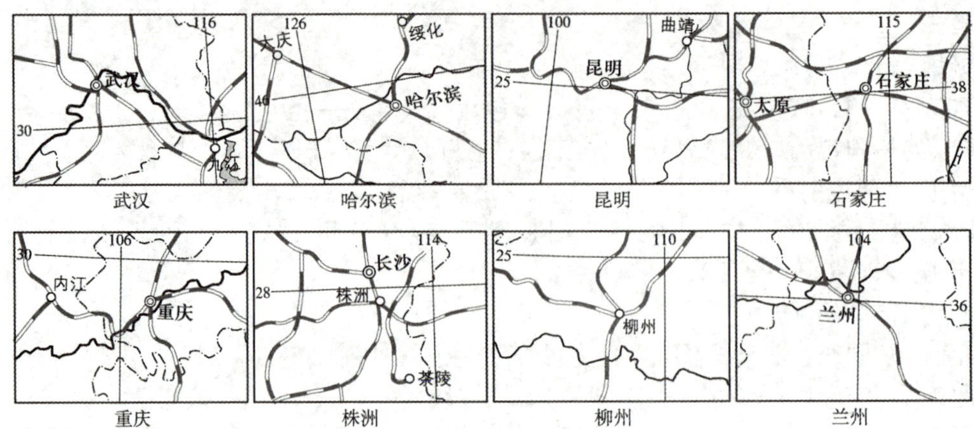

图 4－4－26　我国部分铁路枢纽

能力提升 NENGLI TISHENG

1．绘制简图，识记我国主要铁路干线及其枢纽。

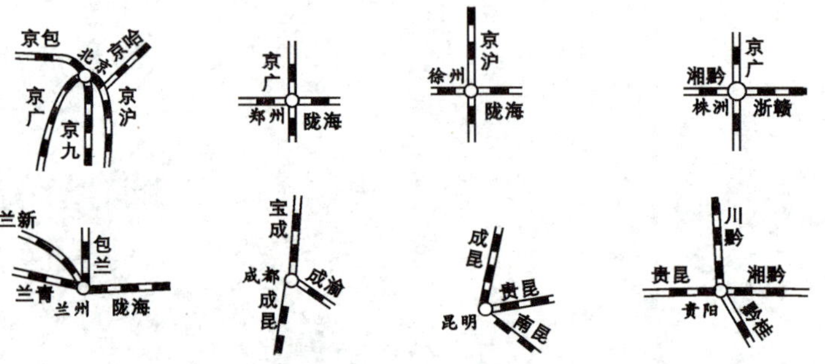

图 4－4－27　我国主要铁路枢纽

2．结合高中地理，总结交通运输布局对区域发展的影响。

①交通运输促进城市的崛起和繁荣。在交通枢纽处容易形成较大城市。如京广线上的石家庄、郑州、株洲，陇海线上的宝鸡等，就是在铁路枢纽上兴起与发展的。

②交通运输影响城镇的布局和空间形态。交通运输对于城镇的正常运营、对外交流和进一步发展作用重大。城镇的分布趋势是向交通便利的位置集中。

③交通运输影响商业网点的布局。交通运输是商品流通的重要手段，交通便利的地方，商业网点的数量较多，密度较大。

④交通运输能够带动沿线地区的经济发展。目前，京广、京沪、陇海—兰新等铁路沿线，已经形成具有全国意义的经济带。

触类旁通 CHULEI PANGTONG

阅读材料，回答下列问题。

材料一　京沪高速铁路2008年4月18日正式开工，2010年5月11日投入试运营。图4－4－28（见下页）是京沪高速铁路示意图。

材料二　原有的京沪铁路长度仅为全国铁路营运线的2%，却担负着全国10.2%的铁路客运量和7.2%的货运量，其运输密度是全国平均水平的4倍。新建的京沪高速铁路与现有的京沪铁路实现客货分流，其贯穿的4省3市国土面积占全国的6.5%，人口占全国的1/4，GDP占全国的40%，是我国经济发展最活跃和最具潜力的地区。

材料三 京沪高速铁路全长1 318千米，设计时速350千米/小时，全程运行时间不超过5小时，全线采用“以桥代路”的方式。

(1) 说明京沪铁路沟通的两大经济区及自北向南贯穿的省级行政区的简称。

(2) 青藏铁路和京沪高速铁路沿线均采用“以桥代路”的方式，其目的有何不同？

(3) 简要说明影响京沪高速铁路选线的主要因素。

(4) 简述建设京沪高速铁路的重要意义。

图4－4－28

解析 该题以京沪高速铁路建设为情境，考查影响铁路线选线的区位因素、铁路线修建的意义及铁路建设中的环境保护。铁路线选线的决定性因素是社会经济因素，不同区域地理特征不同，修建铁路线的原因和要关注的环境问题也不同。

答案 (1) 环渤海经济区和长江三角洲经济区。京、津、冀、鲁、苏、皖、沪。

(2) 青藏铁路是为了防止冻土段路基下沉，以及为藏羚羊等野生动物迁徙预留通道；京沪高速铁路主要是为了节省沿线珍贵的土地资源，避免与地面交通相互干扰。

(3) 人口密集、经济发达、城市化水平高、科技水平高、运输需求量大。

(4) 建设京沪高速铁路对缓解京沪铁路运力长期紧张局面，形成我国铁路客运专线网，提高经济运行效率，促进我国社会经济发展等具有重要意义。

公路运输

公路运输机动灵活，速度较快，适应性强，可以满足“门对门”的服务要求，是我国短途运输的主要形式。我国公路通车里程增加迅速，全国所有县及95%以上的乡镇都通了公路。我国高速公路起步虽然较晚，但发展很快，在促进经济社会发展方面发挥了重大作用。上海—嘉定高速公路是1984年我国修建的第一条高速公路。

图4－4－29 我国公路分布

读图指南

1. 在图中查阅青藏、川藏、滇藏、新藏公路的起止点，思考修筑进藏公路会遇到哪些自然障碍？

2. 我国公路网分布有何特点？影响因素有哪些？

触类旁通 CHULEI PANGTONG

交通建设要受控于地理环境，亦深刻影响着地理环境。昆曼公路北起中国昆明，经西双版纳进入老挝，南止于泰国曼谷，长达 1 850 千米，有“21 世纪新丝绸之路”之称。沿途复杂多样的自然环境，显著的地域差异铸就了这条斑斓的彩带。

读图 4－4－30，分析该区域不利自然条件对昆曼公路建设的影响，并列举两例修建该公路可能给沿线地区带来的生态环境问题。

解析 交通建设要受控于地理环境，亦深刻影响着地理环境。自然条件中，地形、地质、气候、水文对交通建设的影响较为深刻。反过来，交通建设也会对地理环境各要素及生态环境带来影响。

答案 山河相间，地势起伏大，喀斯特地貌发育，地质条件复杂，选线受限制大，工程量大；泥石流、滑坡等地质灾害频发，多暴雨、洪水等气象灾害，增加了施工难度。

修建公路可能使沿线泥石流、滑坡等灾害加剧；原始森林遭破坏；水土流失加剧；野生动物生存环境受到影响。

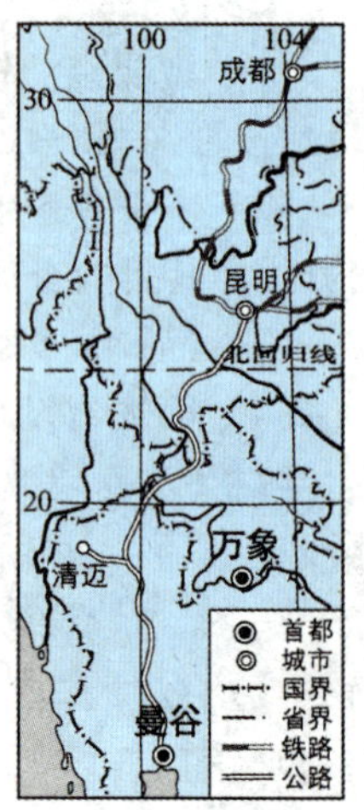

图 4－4－30　昆曼铁路示意

信息链接 XINXI LIANJIE

公路分级与国道编号

中国的公路，按照行政等级分为国道、省道、县道、乡道与汽车专业公路。

国道是在全国公路网中具有政治、经济意义的干线公路，路线基本方向以直达为主，并适当照顾沿线重要经济点，尽量缩短路线长度，以节省运营时间；省道等地方性公路，则以满足地方经济发展和居民的需要为主，可以通过当地的居民点、铁路车站、码头等。

国道编号与地理走向有关。首都放射线由“1”和两位路线序号组成，按顺时针方向编号。如 101 国道即北京—承德—沈阳线。南北纵线由“2”和两位路线序号组成，由东向西排列。如 201 国道即鹤岗—牡丹江—大连线。东西横线由“3”和两位路线序号组成，自北向南排列，如 301 国道即绥芬河—哈尔滨—满洲里线。

水路运输

水路运输是历史最悠久的运输方式，包括内河运输和海洋运输两种方式。

长江是我国内河运输的大动脉，京杭运河是我国主要的南北向内河航线。

内河航线	特点	港口
长江航道	通航里程达 7 万千米，被誉为“黄金水道”	重庆、武汉、南京、上海
京杭运河航道	货运量居第二位，以煤炭、粮食为主	济宁、扬州、苏州、无锡
珠江航道	通航里程居第二位，西江是主干	广州、梧州
松花江航道	北方重要航线，有较长结冰期	哈尔滨

我国是世界上海运大国之一，目前与世界 150 多个国家和地区有海运联系。沿海有 200 多个万吨级以上的深水码头泊位，上海是我国第一大港口。

我国北方沿海航区以上海、大连为中心，通航的主要海港有秦皇岛、天津、烟台、青岛、连云港、宁波等。南方航区以广州为中心，通航的主要海港有厦门、汕头、湛江、海口等。

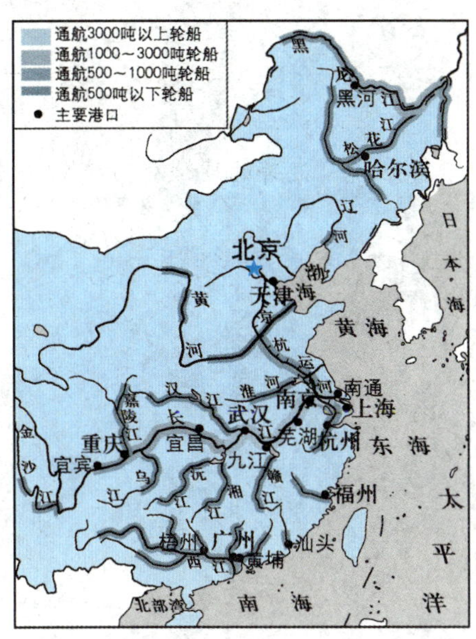

图4－4－31 我国内河航线和主要港口分布

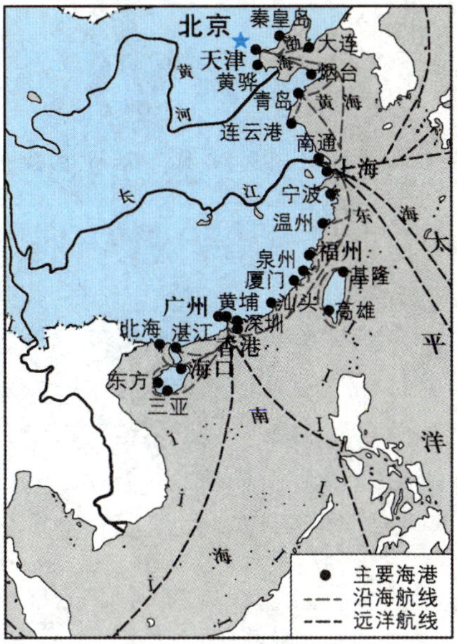

图4－4－32 我国主要海港分布

能力提升 NENGLI TISHENG

根据河流的水文特征及流域的社会经济条件，分析内河航线的开发条件。

自然条件（河流通行的必要条件）	水量，水位季节变化，流速，结冰期，航道宽度和深度
社会经济条件（影响河流开发程度）	人口数量，经济发展水平

长江成为我国“黄金水道”的原因有：①流域内降水量及集水面积大，因而河流流量较大。②流域雨季较长，干流和南北支流雨季时间错开，加上水利枢纽的调节，大部分河段水位季节变化不太大。③长江中下游流经平原区，水流平稳；上游受水库蓄水的调节，水流趋缓，通航条件改善。④河流终年不冻，宜宾以下四季通航。⑤大部分河段江阔水深。⑥河流沿岸人口稠密，物产丰富，经济发达，客货流量大。

航空运输

航空运输发展水平的高低，是衡量一个国家交通运输现代化程度的重要标志。目前，我国许多大城市之间，都有定期民航班机往来。北京、上海、香港、广州等地，有国际航线联通亚洲、欧洲、美洲和大洋洲许多国家的重要城市。

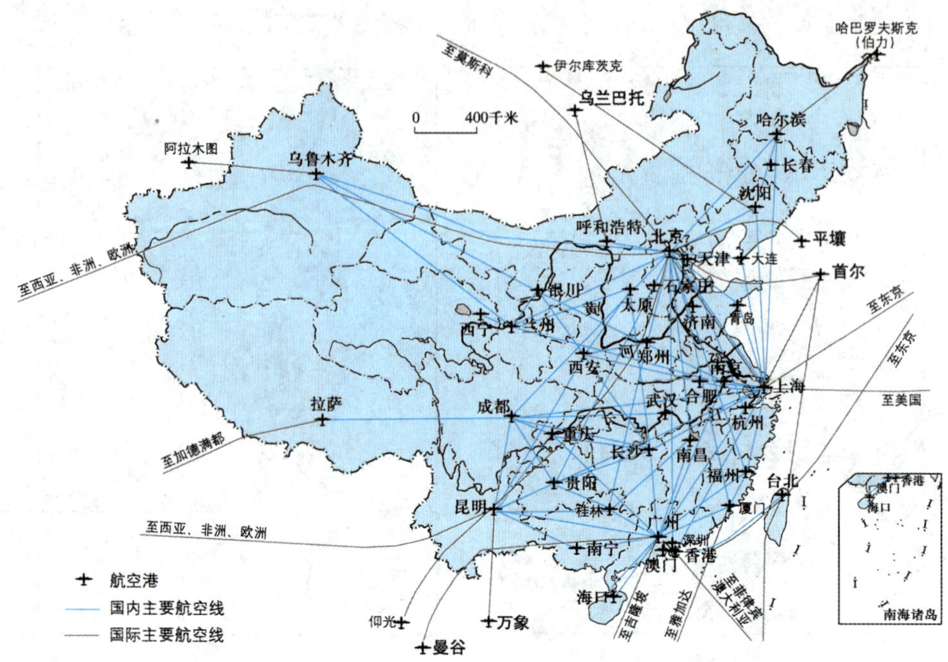

图4－4－33　我国主要航空港和航线分布图

能力提升 NENGLI TISHENG

列表分析影响航空港选址的区位因素。

自然因素	地势平坦开阔，坡度适当的地形，以保证排水；良好的地质条件，以保证地基稳定；低云、雾和暴雨较少，风速较小的气候等
社会经济因素	依托人口稠密、经济发达、腹地广阔、交通便捷的大城市，为航空港提供人、财、物之便。与市区保持适当的距离和便利的交通联系，既方便出行，又为城市留有发展余地
环境因素	远离市区，减小对城区的环境污染；尽量少占好地；避免生态破坏

触类旁通 CHULEI PANGTONG

图4－4－34所示地区计划建一大型机场，分别说明b、c两地作为机场选址的有利和不利条件。（提示：大型机场占地规模大，c地需填海。）

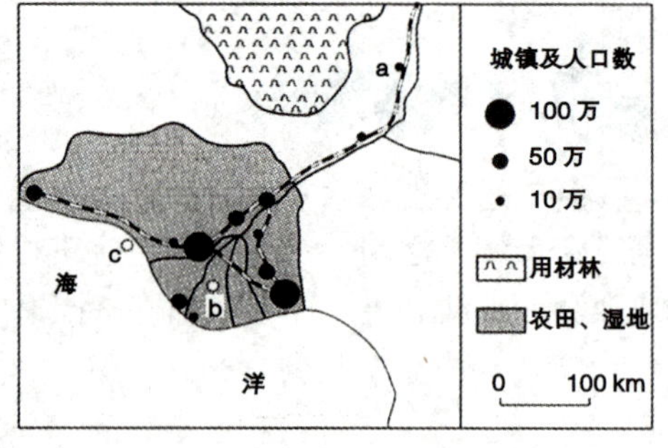

图4－4－34

解析 该题考查影响航空港的区位因素。航空港的选址需要综合考虑自然、社会经济、生态环境等多种因素，解题时需要结合图文信息，发现两地的差异，从正反两方面加以评价。

答案 b地有利条件：位于几个大城市的中间，便于旅客和货物的集散。

b地不利条件：占用大量农田和湿地。

c地有利条件：通过填海兴建机场，可以保护农田和湿地。

c地不利条件：位置偏离大城市，不利于旅客和货物的集散；填海造陆，工程造价较高。

第四讲　文化与旅游业

深受自然影响的地域文化

文化是指人类在社会历史发展过程中所创造的物质财富和精神财富的总和。地域文化是指在一定地域长期形成的特定文化现象。我国幅员辽阔，自然条件复杂多样，民族众多，人文环境差异明显，因而文化现象具有鲜明的地域特色和民族特色。其中，与人类生活密切相关的民居、服饰、饮食、交通等文化都深深打上了自然环境的烙印。

我国四大地理区域地域文化差异比较

	饮食	民居	交通	其他
北方地区	以面食为主，如馒头、面条、包子、饺子等；黄土高原还以小米为主食	注意防寒、保暖，屋内砌火炕。黄土高原的窑洞利用了黄土的直立性特点，既节省建材，又有冬暖夏凉的优点	过去多用骡马作畜力，在旱地骑乘、拉车，现在以铁路、公路为主	溜冰是冬季爱好的运动项目
南方地区	以大米为主食，米粉、糕团、粽子、汤圆等风味食品由大米加工而成	旧时民居多用砖瓦、竹木，注意通风散热。屋顶坡度大，便于排水。夏季习惯睡竹床、凉席	船舶是农村重要的运输工具	游泳、赛龙舟是人们擅长的运动项目
西北地区	牛、羊肉和乳制品是常见的食物	过去牧民居住在易于拆卸的毡房中，如今也建起了定居新村	过去靠畜力拉乘，现在以公路运输为主	少数民族能歌善舞，素有“歌海”、“舞乡”之称
青藏地区	青稞面作的糌粑，焦烤或煮熟的牛羊肉是比较普遍的食物，为了御寒喜好饮酒	为防御严寒和烈日照射，牧区藏民一般住在可以自由移动的、用厚重牛毛毡搭成的帐篷中	牦牛是藏民主要的交通工具	藏民男女老幼都能歌善舞，“锅庄”和“弦子”是高原世代流传的大众舞蹈

信息链接 XINXI LIANJIE

气候与房舍

仓房　我国塔里木盆地干旱地区，极少降雨，房屋不用考虑泄水问题，所以屋顶是平坦的，可以用来晾晒粮食。

蒙古包　“蒙古包”是蒙古草原上牧民为了适应游牧生活而建造的容易拆卸和搬运的房

屋。温带草原上风力强，气候干旱，风沙常常伤害人畜，牧民们住的蒙古包顶部多呈圆形，这样可以减小阻力，削弱风势。同时，从蒙古包中心这根“擎天柱”上部向四周拉上绳索，从外侧网住整个蒙古包，一端用木桩固定于地面，可以保证安全。蒙古包用厚实的毛毡和毛皮制造的帐篷封闭得也比较严密，可抵御夜间低温。

骑楼　在我国东南沿海的城市，如广州、厦门、南宁等地，街道两旁的房屋，从二楼延伸到人行道上，成为一道人行走廊。广州人称它为“骑楼”。这是为了对付夏季阳光的强烈照射和阵阵对流雨的侵扰。行人在“骑楼”下来往，既可遮荫，又可避雨。

高角楼　我国云南省西双版纳地区、湘西、黔西南的苗族地区，气候炎热，雨量丰沛，尤其在雨季就更加湿润，地势较低的地方很容易积水。住房要求防潮去湿。当地盛行一种高角楼，下层作畜舍，上层住人，既凉爽通风，又可使住房较干爽，还可以避免蛇兽的侵害。

触类旁通 CHULEI PANGTONG

分析乌篷船、那达慕大会、泼水节、坎儿井四种文化现象与地理环境的关系。

解析 物质文化（满足人类生产、生活所创造的物质产品及其所表现的文化，如服饰文化、饮食文化、居住文化、交通文化）直接受环境条件的制约和影响，非物质文化也被环境打上深深的烙印。结合不同地域的地形、气候、水文等地理环境特点，分析地域文化差异的自然原因。

答案

文化现象	乌篷船	那达慕大会	泼水节	坎儿井
所受地理环境的影响	位于我国江南平原地区，受亚热带季风气候影响，降水丰沛，河网密布，适宜于人们采用水路船运的出行方式	地处内蒙古高原，地形平坦，位于温带干旱、半干旱草原地区，畜牧业发达，适合赛马、摔跤等户外活动	地处云贵高原的坝子地区，属热带季风气候，暖热湿润，水源丰富	地处我国西北干旱地区，高山冰雪融水是主要水源，坎儿井有利于引水，减少蒸发

地域文化对旅游业的影响

独特的旅游资源能够对旅游者产生强烈吸引力，是发展旅游业重要条件之一。我国旅游资源丰富，无论自然风光、文化古迹，还是民族风情和革命纪念地，都有丰富多彩、引人入胜的一面。其中，因地域差异而产生的地方特色文化，是吸引旅游者观光和体验的主要项目，被称为社会风情类旅游资源。

信息链接 XINXI LIANJIE

中国社会风情类旅游资源

特色饮食习俗和特色民居

我国民族众多，由于历史、自然地理环境、宗教和经济生产活动等多方面因素，形成了许多特色饮食习俗。首先，中国菜肴因地方风味不同有八大菜系之说，即鲁菜、川菜、苏菜、粤菜、闽菜、浙菜、湘菜、徽菜。其次，不同区域还形成了特色饮食习俗，如草原牧民的食俗、以农业为主的民族食俗、渔猎为主的民族食俗等。

我国各族人民由于居住的自然环境、气候条件、生产方式和生产力水平不同，其居住习俗各具特色，成为游览中的观光对象和特色旅舍。如北方的四合院、草原上的蒙古包、侗家的吊脚楼、傣家的竹楼、黄土高原的窑洞、客家的围屋等。

传统服饰和民族工艺品

服饰是人类特有的文化现象，民族服饰是一个地区生活风尚的表征。在旅游活动中，民族服饰是最易被人察觉，最具魅力的组成部分。我国56个民族，民族服饰千姿百态。

民族工艺品具有浓郁的民族特色和地方风格，历史悠久，种类繁多，工艺精湛，是古老文化遗产的重要组成部分，也是旅游购物的主要对象。

婚丧习俗和节庆活动

少数民族中还存在许多有趣的婚嫁习俗，如傣族的“抢婚”、土家族的“哭嫁”吸引着游客的好奇心。另外少数民族的天葬、塔葬、水葬等丧葬习俗也给游客心里蒙上了一些神秘的色彩。

节庆活动的可参与性令游客兴奋不已。国家节庆活动包括国家传统节日和现代节日；少数民族节日更是五彩缤纷，如彝族的火把节、壮族的歌圩节、蒙古族的那达慕大会、傣族的泼水节等。

中国的世界遗产

依据《保护世界文化和自然遗产公约》（简称《世界遗产公约》），世界遗产可分为文化遗产、自然遗产、文化与自然遗产和文化景观。我国1985年加入联合国《世界遗产公约》，到2019年，我国共有世界遗产55处（不含人类口述及非物质文化遗产），总数与意大利并列为世界第一。对世界遗产，我们不能只从经济上去考虑它的旅游价值，更重要的是考虑对它的保护。

图4-4-35　我国主要世界遗产分布

附：中国的世界遗产简介

一、文化遗产

1. 长城　长城是中国也是世界上修建时间最长、工程量最大的一项古代防御工程。自公元前七八世纪开始，延续不断修筑了2 000多年，分布于中国北部和中部的广大土地上，总计长度达50 000多千米。现存长城主要为明长城。

2. 明清皇宫　北京故宫（紫禁城）是中国五个多世纪以来的最高权力中心，它以园林景观和容纳了家具及工艺品的9 000多个房间的庞大建筑群，成为明清时代中国文明的历史见证。沈阳故宫是清朝入关前建造的皇宫，是我国现存仅次于北京故宫的完整皇宫建筑。

3. 莫高窟　莫高窟地处丝绸之路的一个战略要点。它不仅是东西方贸易的中转站，同时也是宗教、文化和知识的交会处。莫高窟的492个小石窟和洞穴庙宇，以其雕像和壁画闻名于世，展示了延续千年的佛教艺术。

4. 秦始皇陵及兵马俑坑　位于陕西省临潼，秦始皇，这个第一位统一中国的皇帝，殁于公元前210年，葬于陵墓的中心，在他陵墓的周围环绕着著名的陶俑。结构复杂的秦始皇陵是仿照其生前的都城——咸阳的格局而设计建筑的。那些略小于人形的陶俑形态各异，连同他们的战马、战车和武器，成为现实主义的完美杰作，同时也保留了极高的历史价值。

5. 周口店“北京人”遗址　位于北京西南48千米处，遗址的科学考察工作仍然在进行中，到目前为止，科学家已经发现了中国猿人属北京人的遗迹，他们大约生活在中更新世时代，同时发现的还有各种各样的生活物品，以及可以追溯到公元前18 000年至公元前11 000年的新人类的遗迹。周口店遗址不仅是有关远古时期亚洲大陆人类社会的一个罕见的历史证据，而且也阐明了人类进化的进程。

6. 承德避暑山庄及周围寺庙　承德避暑山庄是清王朝的夏季行宫，位于河北省境内，修建于公元1703年至1792年。它是由众多的宫殿以及其他处理政务、举行仪式的建筑构成的一个庞大的建筑群。建筑风格各异的庙宇和皇家园林同周围的湖泊、牧场和森林巧妙地融为一体。避暑山庄不仅具有极高的美学研究价值，而且还保留着中国封建社会发展末期的罕见的历史遗迹。

7. 孔府及孔庙和孔林　孔夫子的庙宇、墓地和府邸位于山东省的曲阜。孔庙是公元前478年为纪念孔夫子而兴建的，千百年来屡毁屡建，到今天已经发展成超过100座殿堂的建筑群。孔林里不仅容纳了孔夫子的坟墓，而且他的后裔中，有超过10万人也葬在这里。当初小小的孔宅如今已经扩建成一个庞大显赫的府邸，整个宅院包括了152座殿堂。曲阜的古建筑群之所以具有独特的艺术和历史特色，应归功于2 000多年来中国历代帝王对孔夫子的大力推崇。

8. 武当山古建筑群　武当山古建筑中的宫阙庙宇集中体现了中国元、明、清三代世俗和宗教建筑的建筑学和艺术成就。古建筑群坐落在沟壑纵横、风景如画的湖北省武当山麓，在明代期间逐渐形成规模，其中的道教建筑可以追溯到公元7世纪。这些建筑代表了近千年的中国艺术和建筑的最高水平。

9. 拉萨布达拉宫（大昭寺、罗布林卡）　布达拉宫坐落在拉萨河谷中心海拔3 700米的红色山峰之上，是集行政、宗教、政治事务于一体的综合性建筑。它由白宫和红宫及其附属建筑组成。布达拉宫自公元7世纪起就成为达赖喇嘛的冬宫，象征着西藏佛教和历代行政统治的中心。大昭寺是一组极具特色的佛教建筑群。建造于公元18世纪的罗布林卡，是达赖喇嘛的夏宫，也是西藏艺术的杰作。

10. 平遥古城　山西平遥古城是以古代票号而兴起的、保存最完整的明清古城，是中国汉民族城市在明清时期的杰出范例，在中国历史的发展中，为人们展示了一幅非同寻常的文化、社会、经济及宗教发展的完整画卷。

11. 苏州古典园林　没有哪些园林比历史名城苏州的四大园林更能体现出中国古典园林设计的理想品质。咫尺之内再造乾坤，苏州园林被公认为是实现这一设计思想的典范。这些建造于16～18世纪的园林，以其精雕细琢的设计，折射出中国文化中取法自然而又超越自然的深邃意境。

12. 丽江古城　位于云南省西北部，是以纳西族木府为核心的保存完整的高原古城。古城丽江把经济和战略重地与崎岖的地势巧妙地融合在一起，真实、完美地保存和再现了古朴的风貌。古城的建筑历经无数朝代的洗礼，饱经沧桑，它融汇了各个民族的文化特色而声名远扬。丽江还拥有古老的供水系统，这一系统纵横交错、精巧独特，至今仍在有效地发挥着作用。

13. 北京皇家园林颐和园　北京颐和园始建于公元1750年，1860年在战火中严重损毁，1886年在原址上重新进行了修缮。其亭台、长廊、殿堂、庙宇和小桥等人工景观与自然山峦和开阔的湖面相互和谐、艺术地融为一体，堪称中国风景园林设计中的杰作。

14. 皇家祭坛天坛　天坛建于公元15世纪上半叶，坐落在皇家园林当中，四周古松环抱，是保存完好的坛庙建筑群，无论在整体布局还是单一建筑上，都反映出天地之间的关系，而这一关系在中国古代宇宙观中占据着核心位置。同时，这些建筑还体现出帝王将相在这一关系中所起的独特作用。

15. 重庆大足石刻　大足地区的险峻山崖上保存着绝无仅有的系列石刻，时间跨度从公元9世纪到13世纪。这些石刻以其艺术品质极高、题材丰富多变而闻名遐迩，从世俗到宗教，鲜明地反映了中国这一时期的日常社会生活，并充分证明了这一时期佛教、道教和儒家思想的和谐相处局面。

16. 青城山—都江堰　青城山是中国道教的发源地之一，属于道教名山。成都平原西部岷江上的都江堰，是中国战国时期秦国蜀郡太守李冰及其子率众修建的一座大型水利工程，是全世界至今为止，年代最久、唯一留存、以无坝引水为特征的宏大水利工程。2 200多年来，一直发挥着巨大效益。

17. 洛阳龙门石窟　龙门地区的石窟和佛龛展现了中国北魏晚期至唐代（公元493～907年）期间，最具规模和最为优秀的造型艺术。这些翔实描述佛教中宗教题材的艺术作品，代表了中国石刻艺术的最高峰。龙门石窟位于中国中部河南省洛阳市南郊12.5千米处，龙门峡谷东西两岸的峭壁间。因为这里东、西两山对峙，伊水从中流过，看上去宛若门阙，所以被称为“伊阙”，唐代以后，多称其为“龙门”。

18. 皖南古村落　西递、宏村这两个传统的古村落在很大程度上仍然保持着那些在上个世纪已经消失或改变了的乡村面貌。其街道的风格、古建筑和装饰物，以及供水系统完备的民居都是非常独特的文化遗存。

19. 明清皇家陵寝　包括湖北明显陵、河北清东陵和清西陵、江苏南京明孝陵、北京明十三陵、辽宁盛京三陵。是中国规模最大，保存最完好的古代帝王陵墓群。明清皇家陵寝依照风水理论，精心选址，将数量众多的建筑物巧妙地安置于地下。它是人类改变自然的产物，体现了传统的建筑和装饰思想，阐释了封建中国持续五百余年的世界观与权力观。

20. 大同云冈石窟　位于山西省大同市的云冈石窟，有窟龛252个，造像51 000余尊，代表了公元5世纪至6世纪时中国杰出的佛教石窟艺术。其中的昙曜五窟，布局设计严谨统一，是中国佛教艺术第一个巅峰时期的经典杰作。

21. 高句丽王城、王陵及贵族墓葬　高句丽王城、王陵及贵族墓葬距今已有2 000多年的历史，主要分布在吉林省集安市境内以及辽宁省桓仁县境内。列入世界遗产名录的项目包括五女山城、国内城、丸都山城、12座王陵、26座贵族墓葬、好太王碑和将军坟1号陪冢。

22. 澳门历史城区　澳门历史城区以澳门旧城区为核心，通过相邻的广场和街道连为一体，包括大三巴牌坊、玫瑰堂、妈阁庙、基督教坟场、东望洋炮台等20多个古建，是中国境内现存年代最远、规模最大、保存最完整和最集中的中西建筑相互辉映的历史城区。

23. 河南殷墟　殷墟位于河南省安阳市区西北小屯村一带，是闻名中外的中国商代晚期都城遗址，也是被甲骨文和考古发掘所证实的中国最早的古代都城遗址。殷墟文化被认为是公元前14世纪至公元前11世纪世界青铜文明的重要代表。

24. 开平碉楼与村落　开平碉楼是中国首个华侨文化的世界遗产。开平碉楼是广东开平侨乡民间建筑的一大特色，源于明朝后期，随着华侨文化的发展而鼎盛于20世纪初，是融中西建筑艺术于一体的华侨乡土建筑群体，也是地域性历史文化在建筑上的反映。现存碉楼1 833座，被誉为“华侨文化的典范之作”、“令人震撼的建筑文艺长廊”。碉楼最具特色的是顶部的装饰艺术，由分布于世界各地的华侨吸取各自侨居国的建筑风格，结合中国建筑传统而设计建造，风格迥异。

25. 福建土楼　福建土楼位于福建闽南的漳州地区、闽西的龙岩地区，由南靖、华安、永定的“六群四楼”共46座土楼组成，是世界上独一无二的山区大型夯土民居建筑，创造性的生土建筑艺术杰作。其产生于宋元时期，一直延续至今。福建土楼依山就势，布局合理，吸收了中国传统建筑规划的“风水”理念，适应聚族而居的生活和防御的要求，巧妙地利用了山间狭小的平地和当地的生土、木材、鹅卵石等建筑材料，是一种自成体系，具有节约、坚固、防御性强的特点，又极富美感的生土高层建筑类型。

26. 登封“天地之中”历史建筑群　包括周公测景台和登封观星台、嵩岳寺塔、太室阙和中岳庙、少室阙、启母阙、嵩阳书院、会善寺、少林寺建筑群（包括常住院、塔林和初祖庵）等8处11项优秀历史建筑，历经汉、魏、唐、宋、元、明、清，绵延不绝，构成了一部中国中原地区上下2 000年形象直观的建筑史，是中国时代跨度最长、建筑种类最多、文化内涵最丰富的古代建筑群之一，是中国先民独特宇宙观和审美观的真实体现。

27. 元上都遗址　元上都遗址是中国元代都城遗址，位于内蒙古自治区锡林郭勒盟正蓝旗旗政府所在地东北约20公里处、闪电河北岸。由我国北方骑马民族创建的这座草原都城，被认定是中原农耕文化与草原游牧文化奇妙结合的产物，史学家称誉它可与意大利古城庞贝媲美。

28. 大运河　大运河是中国东部平原上的伟大工程，是中国古代劳动人民创造的一项伟大的水利建筑，是世界上最长的运河，也是世界上开凿最早、规模最大的运河。隋朝大运河以洛阳为中心，南起杭州，北到涿郡（今北京），全长2700公里，跨越地球10多个纬度，本项目另包含运河入海水道，即浙东运河。

29. 丝绸之路：长安－天山廊道的路网　丝绸之路：长安－天山廊道的路网属丝绸之路东段的重要组成部分。由中哈吉三国联合申报，共涉及33个遗产点，其中包括中国4省22个遗产点。丝绸之路见证了公元前2世纪至公元16世纪期间，亚欧大陆经济、文化、社会发展之间的交流，尤其是游牧与定居文明之间的交流；它在长途贸易推动大型城镇和城市发展、水利管理系统支撑交通贸易等方面是一个出色的范例。

30. 土司遗址　“土司遗址”反映了13至20世纪初期古代中国在西南群山密布的多民族聚居地区推行管理少数民族地区的政治制度。留存至今的土司城寨及官署建筑遗存曾是中央委任、世袭管理当地族群的首领“土司”的行政和生活中心，其中湖南永顺老司城遗址、湖北恩施唐崖土司城址、贵州遵义海龙屯是相对集中于湘鄂黔交界山区的代表性土司遗址，在选址特征、整体布局、功能类型、建筑形式、材料和工艺等方面既展现出当地民族鲜明的文化特色，又在此基础上表现出尤为显著的土司统治权力象征、民族文化交流和国家认同等土司遗址特有的共性特征。

31. 鼓浪屿：历史国际社区　鼓浪屿位于厦门市的九龙江出海口，是一座面积仅1.88平方公里的海岛，与厦门市区隔着600余米宽的鹭江海峡遥遥相望。鼓浪屿展现了亚洲全球化早期多种价值观的碰撞、互动和融合，其建筑特色与风格体现了中国、东南亚及欧洲在建筑、传统和文化价值观上的交融。这种交融的产生得益于岛上居住的外国人和归国华侨的多元性，并因此形成一种全新的建筑风格——厦门装饰风格。这一风格不仅在鼓浪屿发展，还影响到广大东南亚沿海及更远地区。

32. 良渚古城遗址　良渚古城遗址（公元前3300年—前2300年）位于长江三角洲的杭州市余杭区，向人们展示了新石器时代晚期一个以稻作农业为支撑、具有统一信仰的早期区域性国家。该遗址由4个部分组成：瑶山遗址区、谷口高坝区、平原低坝区和城址区。通过大型土质建筑、城市规划、水利系统以及不同墓葬形式所体现的社会等级制度，这些遗址成为早期城市文明的杰出范例。

二、自然遗产

1. 武陵源风景名胜区　武陵源景色奇丽壮观，位于湖南省境内，连绵26 000多公顷，景区内最独特的景观是3 000余座尖细的砂岩柱和砂岩峰，大部分都有200余米高。在峰峦之间，沟壑、峡谷纵横，溪流、池塘和瀑布随处可见，景区内还有40多个石洞和两座天然形成的巨大石桥。

2. 九寨沟风景名胜区　九寨沟位于四川省北部，绵延超过72 000公顷，曲折狭长的九寨沟山谷海拔超过4 800米，因而形成了一系列形态不同的森林生态系统。它壮丽的景色因一系列狭长的圆锥状喀斯特溶岩地貌和壮观的瀑布而更加充满生趣。沟中现存140多种鸟类，还有许多濒临灭绝的动植物物种，包括大熊猫和四川扭角羚。

3. 黄龙风景名胜区　位于四川省西北部，是由众多雪峰和中国最东部的冰川组成的山谷。在这里人们可以找到高山景观和各种不同的森林生态系统，以及壮观的石灰岩构造、瀑布和温泉。这一地区还生存着许多濒临灭绝的动物，包括大熊猫和四川疣鼻金丝猴。

4. 三江并流　三江并流是指金沙江、澜沧江和怒江这三条发源于青藏高原的大江在云南省境内自北向南并行奔流170多千米，穿越担当力卡山、高黎贡山、怒山和云岭等崇山峻岭之间，形成世界上罕见的“江水并流而不交汇”的奇特自然地理景观。其间澜沧江与金沙江最短直线距离为66千米，澜沧江与怒江的最短直线距离不到19千米。

5. 四川大熊猫栖息地　包括卧龙、四姑娘山、夹金山脉，面积9 245平方千米，涵盖成都、阿坝、雅安、甘孜4个市州12个县。这里生活着全世界30%以上的野生大熊猫，是全球最大、最完整的大熊猫栖息地，也是全球除热带雨林以外植物种类最丰富的区域之一。

6. 中国南方喀斯特　“中国南方喀斯特”由云南石林的剑状、柱状和塔状喀斯特，贵州荔波的锥状喀斯特（峰林），重庆武隆的以天生桥、地缝、天坑群等为代表的立体喀斯特共同组成，形成于距今50万年至3亿年间，总面积达1 460平方千米。“中国南方喀斯特”有面积大、地貌多样典型、生物生态丰富等特点，集中了中国最具代表性的喀斯特地形地貌区域。

7. 江西三清山　三清山位于江西上饶东北部，古有“天下无双福地”、“江南第一仙峰”之称，因玉京、玉虚、玉华三座山峰高耸入云，宛如道教玉清、上清、太清三个道教最高尊神而得名。三清山东险西奇、北秀南绝，四季景色绮丽秀美。三清山有着其独特花岗岩石柱与山峰，丰富的花岗岩造型石与多种植被、远近变化的景观及震撼人心的气候奇观相结合，创造了世界上独一无二的景观美学效果，呈现了引人入胜的自然美。

8. 中国丹霞地貌　丹霞地貌属于红层地貌，由红色砂岩经长期风化剥离和流水侵蚀而形成，世界范围内以中国分布最广，因广东丹霞山最为著名，故得此名。“中国丹霞地貌”是全面展示丹霞地貌形成演化过程的6个丹霞地貌风景区的合称，包含福建泰宁、湖南崀山、广东丹霞山、江西龙虎山（包括龟峰）、浙江江郎山和贵州赤水。

9. 澄江化石遗址　澄江化石地位于我国云南澄江帽天山附近，是保存完整的寒武纪早期古生物化石群，生动地再现了5.3亿年前海洋生命壮丽景观和现生动物的原始特征，为研究地球早期延续时间为5370万年的生命起源、演化、生态等理论提供了珍贵证据。

10. 新疆天山　新疆天山世界自然遗产项目由博格达峰、巴音布鲁克、喀拉峻－库尔德宁、托木尔峰四部分组成。湖滨云杉环绕，雪峰辉映，非常壮观。天池成因有古冰蚀－终碛堰塞湖和山崩、滑坡堰塞湖两说。

11. 湖北神农架　湖北神农架世界自然遗产有11种植被类型，拥有世界上最完整的垂直自然带谱。神农架植物多样性地区弥补了世界遗产名录中的空白，同时为大量珍稀和濒危动物物种保留了关键的生态系统。

12. 可可西里　可可西里位于青海省玉树藏族自治州，提名地囊括了位于海拔4500米以上的大面积的高山和草原系统。可可西里区域内拥有青藏高原上最密集的湖泊，以及极其多样的湖泊盆地和高海拔内湖湖泊地形。这里独特的地理和气候条件孕育了独特的生物多样性，是大量高原特有动植物的重要庇护所。

13. 梵净山　梵净山位于贵州省铜仁市的江口、印江、松桃交界处，海拔2493米，系武陵山脉主峰，得名于“梵天净土”。梵净山是中国南方最早成为陆地的地区之一，有着悠久的地质演化历史。梵净山主要由变质岩组成，周围被广阔的喀斯特地貌环绕，使梵净山成为伫立于喀斯特海洋中的变质岩“生态孤岛”，展现了独特的地质、生态、生物和景观特征。

14. 中国黄（渤）海候鸟栖息地（第一期）　黄（渤）海候鸟栖息地（第一期）位于江苏省盐城市，主要由潮间带滩涂和其他滨海湿地组成，拥有世界上规模最大的潮间带滩涂。这些泥滩、沼泽地和滩涂极适宜生物生长，是许多鱼类和甲壳类动物的繁殖区，是濒危物种最多、受威胁程度最高的东亚－澳大利西亚候鸟迁徙路线上的关键枢纽，也是全球数以百万迁徙候鸟的停歇地、换羽地和越冬地。

三、文化景观

1. 庐山国家公园　这里的佛教和道教庙观，代表理学观念的白鹿洞书院，以其独特的方式融汇在具有突出价值的自然美之中，形成了具有极高美学价值的、与中华民族精神和文化生活紧密联系的文化景观。

2. 山西五台山　五台山地处山西省五台县东北部，因五座高峰顶部平坦如台得名。主峰北台叶斗峰，海拔3 061米，素有“华北屋脊”之称。五台山山势高耸，夏无炎暑，又名清凉山。自东汉永平年间（公元68年）开始建庙，历经兴废，现存名刹近50座，是我国规模最大的佛教名山。五台山环绕的台怀镇分布有著名的五大禅处：显通寺、塔院寺、菩萨顶、殊像寺和罗睺寺，标志建筑塔院寺大白塔，为我国现存元代覆钵式塔最高建筑。

3. 杭州西湖　由西湖自然山水、“三面云山一面城”的城湖空间特征、“两堤三岛”景观格局、“西湖十景”题名景观、西湖文化史迹和西湖特色植物六大要素组成。

4. 红河哈尼梯田文化景观　红河哈尼梯田位于云南省元阳县的哀牢山南部，是哈尼族人世世代代留下的杰作。元阳哈尼族开垦的梯田随山势地形变化，规模宏大，气势磅礴，绵延整个红河南岸的红河、元阳、绿春及金平等县，仅元阳县境内就有17万亩梯田，是红河哈尼梯田的核心区。

5. 左江花山岩画文化景观　左江花山岩画位于广西壮族自治区崇左市左江及其支流明江两岸200多公里的崖壁上，分布于宁明县、龙州县、江州区及扶绥县境内。左江花山岩画文化景观展现出独特的景观和岩石艺术，生动地展现出公元前5世纪至公元后2世纪期间，当地古骆越人在左江沿岸一带的精神生活和社会生活。

四、文化和自然双重遗产

1. 泰山　庄严神圣的山东泰山，2 000年来一直是帝王朝拜的对象，其山中的人文杰作与自然景观完美和谐地融合在一起。泰山一直是中国艺术家和学者的精神源泉，是古代中国文明和信仰的象征。

2. 黄山　黄山，在中国历史上文学艺术的鼎盛时期（公元16世纪中叶的“山水”风格）曾受到广泛的赞誉，以“震旦国中第一奇山”而闻名。今天，黄山以其壮丽的景色——生长在花岗岩石上的奇松和浮现在云海中的怪石而著称。

3. 峨眉山—乐山大佛风景名胜区　公元1世纪，在四川省峨眉山景色秀丽的山巅上，落成了中国第一座佛教寺院，随着四周其他寺庙的建立，该地成为佛教的主要圣地之一。许多世纪以来，文化财富大量积淀。其中最著名的是乐山大佛，它是8世纪时人们在一座山岩上雕凿出来的，仿佛俯瞰着三江交汇之所。佛像身高71米，堪称世界之最。

4. 武夷山风景名胜区　武夷山脉是中国东南部最负盛名的生物保护区，也是许多古代孑遗植物的避难所，其中许多生物为中国所特有。九曲溪两岸峡谷秀美，寺院庙宇众多。该地区为唐宋理学的发展和传播提供了良好的地理环境。自11世纪以来，理学对中国东部地区的文化产生了相当深刻的影响。

模块五 中国地理分区

第一单元 中国的区域地理差异

第一讲 区域及其划分

区域的含义

区域通常是指一定的地域空间，是人们在地理环境差异的基础上按照一定的指标划分出来的。所用的指标和方法不同，划分出的区域类型也不同。

信息链接 XINXI LIANJIE

区域的类型及特征

区域的类型，一般可分为均质区和功能区。均质区指那些要素具有相似性或相对一致性的区域，可以按照某一自然因素的相似性划分出自然区域，如根据地形划分出高原区、平原区，也可以按照人文要素的相似性划分出人文区域，如方言区、水田农业区。

区域具有以下主要特征：

- 有界性　区域具有一定的界线。这是进行区域划分，确定具体区域的基本依据。有的区域界线是明确的，如行政区界；有的区域界线是模糊的，如气候区界。
- 整体性　区域内部各要素相互作用、相互影响，构成一个统一整体。
- 差异性　不同区域之间具有显著的差异性。
- 开放性　区域之间是相互联系的，一个区域的发展变化会影响到周边和相关地区。

能力提升 NENGLI TISHENG

用整体性的观念统领区域地理知识。

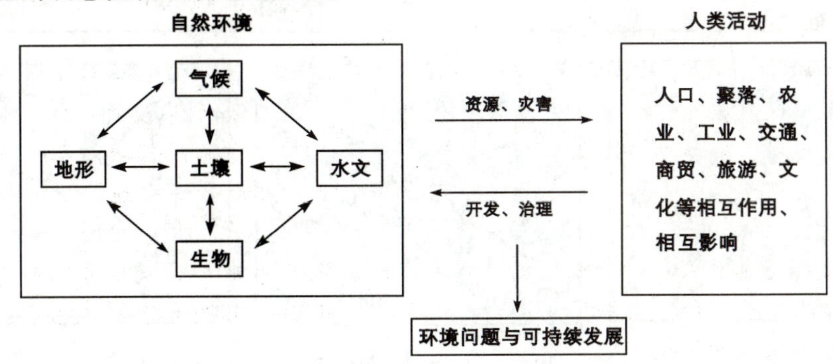

区域的空间尺度

区域的空间尺度可大可小，若把我国看作一个空间单元，大尺度的区域，可以包括几个、甚至十几个省区，如东部沿海经济带、长江沿江经济带等；中尺度的区域，可以包括一两个省区及相邻省区，如长江三角洲地区、京津唐工业基地等；更小尺度的区域，可以是一个省内的部分地区，如辽中南工业区，也可以是城市内部的某个区域，如上海市浦东新区等。

一般来说，区域的空间尺度越大，描述的区域特点就越宏观；反之，尺度越小，描述的就越具体。

全国
- 跨省区域：黄土高原、东北地区、长江沿江地带
- 省级区域：北京、台湾、新疆
- 省内区域：珠江三角洲、西双版纳、河西走廊

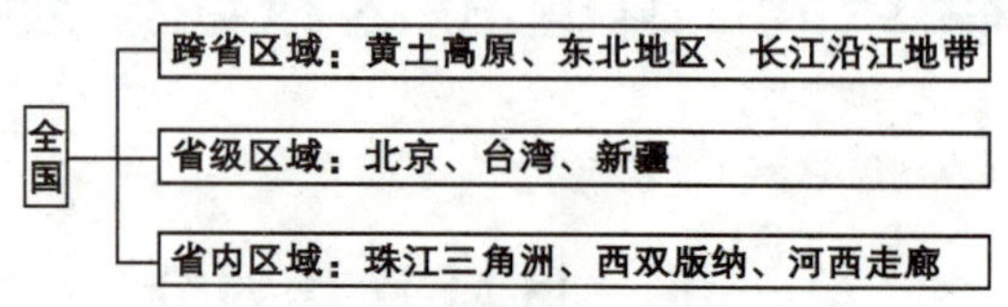

图 5－1－1　我国地理分区案例

能力提升 NENGLI TISHENG

依据图中所给信息，认识下列区域的位置特征。

区域的定位方法主要有：①利用经纬网定位（绝对位置定位）；②利用地理事物的分布定位（相对位置定位）；③利用地理事物的形状和轮廓定位；④利用地理事物的特征定位等。

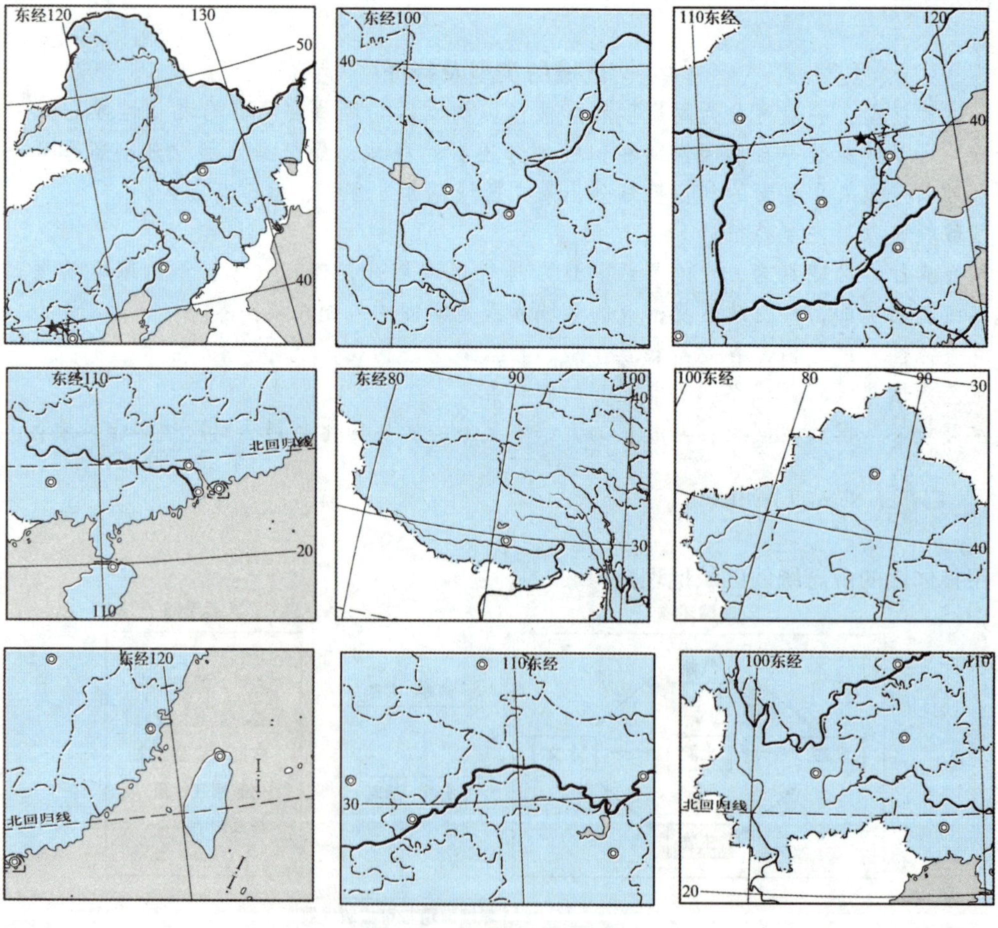

图 5－1－2　我国部分区域简图

我国的四大地理区域

根据我国各地的地理位置、自然和人文地理特征的不同，可以把我国分为四大地理区域。即北方地区、南方地区、青藏地区、西北地区。其中南方地区与北方地区以秦岭—淮河一线为界。

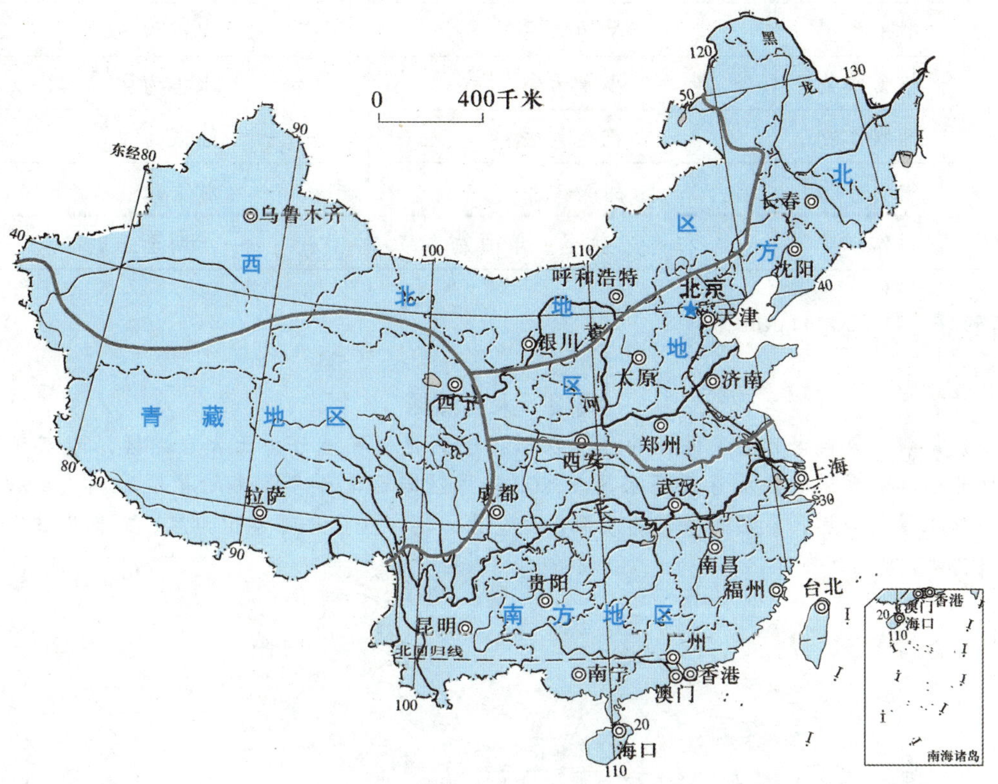

图5－1－3 我国四大地区

能力提升 NENGLI TISHENG

列表归纳秦岭—淮河一线的地理意义。

项目		秦岭—淮河以北	秦岭—淮河以南
纬度位置		32°N～34°N 以北	32°N～34°N 以南
气候	一月平均气温	0℃以下	0℃以上
	温度带	暖温带	亚热带
	年降水量	400 毫米～800 毫米之间，雨季短	800 毫米以上，雨季长
	干湿状况	半湿润地区	湿润地区
植被		温带落叶阔叶林	亚热带常绿阔叶林
水系		黄河水系	长江水系

河流	流量	流量较小，季节变化大	流量丰富，季节变化小
	含沙量	较多	较少
	汛期	较短	较长
	结冰期	冬季结冰	无冰期
农业	耕地类型	旱地为主	水田为主
	粮食作物	小麦为主	水稻为主
	油料作物	花生为主	油菜为主
	糖料作物	甜菜为主	甘蔗为主
	耕作制度	二年三熟至一年两熟	一年两至三熟

信息链接 XINXI LIANJIE

我国三大自然区

根据地貌、气候等自然条件差异，可以把我国的自然环境分为三大自然区，即东部季风区，西北干旱、半干旱区及青藏高寒区。东部季风区与西北干旱、半干旱区之间大致以400毫米等降水量线为界；青藏高寒区的北部以昆仑山—阿尔金山—祁连山为界，东部以3 000米等高线为界。

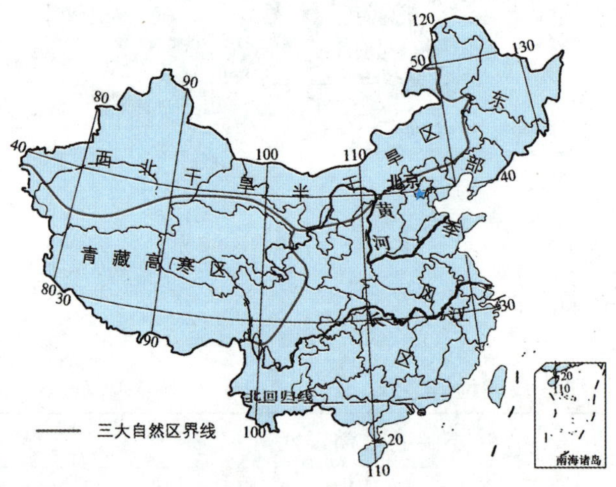

图5－1－4 我国三大自然区

三大自然区的地理差异比较

项目	东部季风区	西北干旱、半干旱区	青藏高寒区
地形	海拔较低，以平原丘陵为主	海拔较高，但差别显著，以高原、高山和盆地为主	海拔高，有世界最高大的山地
气候	季风气候显著，雨热同期，年降水量大于400mm	大陆性强，降水少，温差大，多大风天气	高寒，风大，空气稀薄，太阳辐射强，日温差大

植被	森林为主，部分为森林草原	大部分为荒漠，部分为草原	荒漠、草原和高山草甸
土壤	森林下发育，淋溶性强	有机质含量低，盐分高	土层浅薄，多冻土
水文	外流河，多大江大河，雨水补给	多内流河，河流短小，雨水、冰雪融水补给	大河源头，湖泊众多，多为咸水湖
人类活动	广泛而深入，是最主要的农耕区	影响小，畜牧业和灌溉农业，水是农业发展的决定性因素	影响微弱，畜牧业为主
内部差异	纬度地带差异	经度地带差异	垂直地带差异

触类旁通 CHULEI PANGTONG

图5－1－5为某区域模式图。读图回答（1）～（2）题。

（1）图中所示区域的数码代号与文化景观描述连线正确的是（　　）

A. ①——梯田层层稻花香

B. ②——草原茫茫牧牛羊

C. ③——翠竹青青有人家

D. ④——山歌阵阵采茶忙

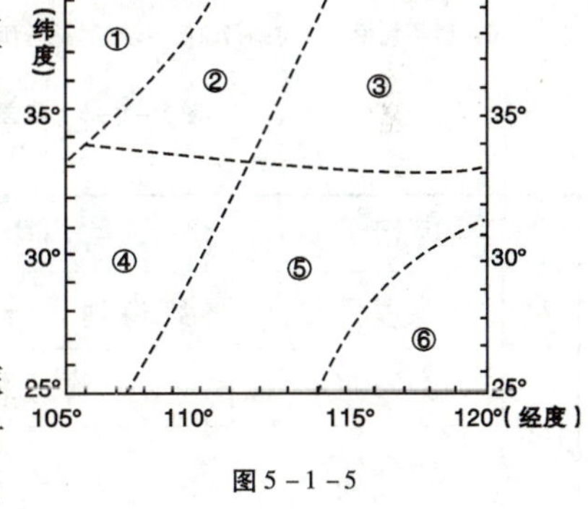

图5－1－5

（2）深秋季节，一旅游者从图中某区域乘火车外出旅游。出发时落叶纷飞，满目金黄，穿越重重隧道后，蓦然树木葱郁，山清水秀。火车经过的区域是（　　）

A. 从①到②　　B. 从②到④

C. 从③到⑤　　D. 从⑤到⑥

解析 该题考查我国区域的地理差异。解题的关键是明确我国重要地理分界线的地理位置。依据经纬度可以判断，图中③、⑤之间的虚线与秦岭—淮河一线大体一致，是我国南北方的分界线；②、③之间的虚线大致是地势的第二、三级阶梯分界线。

答案（1）D　（2）B

我国三大经济地带

20世纪80年代，国家根据各地的自然条件、经济基础、发展水平和对外开放程度，把全国划分为东部、中部和西部三个经济地带。三个经济地带的经济发展水平和经济发展速度均存在较大差异。目前我国正在通过实施西部大开发、加强东西部地区的经济合作等措施逐步缩小区域经济差距，实现区域协调发展。

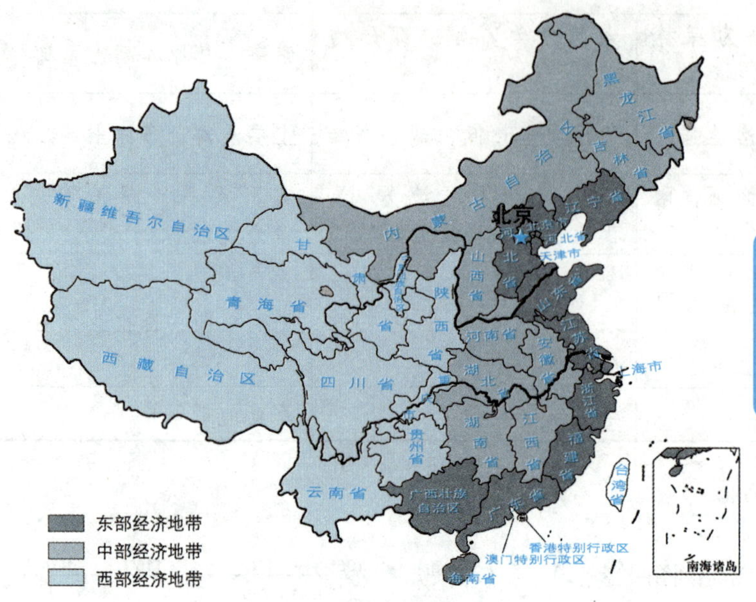

图 5－1－6 我国三个经济地带

读图指南

1. 三大经济地带各包括哪些省级行政区？

2. 三大经济地带的差异主要体现在哪些方面？

我国三大经济地带比较

项目		中、西部地带	东部地带
自然	地理区位	距海远，长期处于较封闭的状态	面向大海，具有开放性
	地形	海拔较高，地形复杂	地势最低的第三级阶梯，地势低平
	气候	半干旱、干旱区和高寒区面积广大	位于东部季风区内，气候湿润，雨热同期
	自然资源	能源和矿产资源具有明显优势	能源、原材料不足，北方淡水资源短缺
社会	城市化水平	低	高
	科技、教育水平	低	高
	对外开放程度	低	高
	国际化程度	内部联系和对外交流较少	国际化程度高，与外界保持着密切的联系
经济	发展基础	薄弱	较好
	产业结构	第一产业比重较大，生产力水平总体较低，经济发展相对迟缓	第二、三产业比重远大于第一产业，工业化程度较高，生产力水平较高
	交通运输状况	交通线路较少，运输条件较差	交通设施齐全，网络稠密
其他因素	民族心理	思想观念较保守，危机感、紧迫感较差	思想观念开放，竞争意识强
	通信条件	落后	发达
	市场经济	发育较晚，相对落后	发育较早，多种所有制并存

信息链接 XINXI LIANJIE

国家经济区划

从2006年起，国家宏观经济区划进行重大调整，全国划分为四大经济区（港、澳、台暂不划分），即西部大开发（12省、区、市）、东北老工业基地振兴（3省）、中部崛起（6省）、东部率先发展（10省、区、市）。

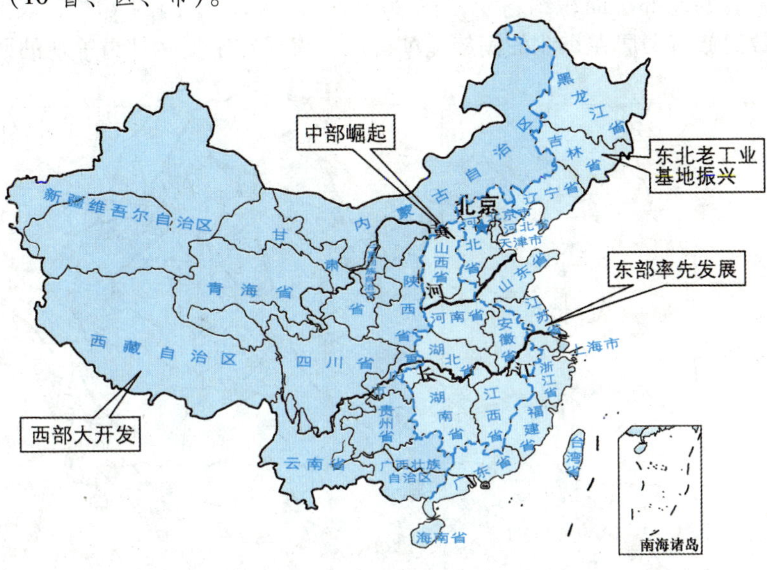

图5－1－7 国家经济区划

第二讲　北方地区

北方地区大体上位于大兴安岭、青藏高原以东，内蒙古高原以南，秦岭—淮河以北，东临渤海、黄海。包括东北三省、黄河中下游各省的全部或大部分，以及甘肃、宁夏的东南部和江苏、安徽两省的北部。面积约占全国的20%，人口约占全国的40%，汉族占绝大多数。人数较多的少数民族有聚居在东北的满族、朝鲜族，聚居在宁夏、甘肃等地的回族等。

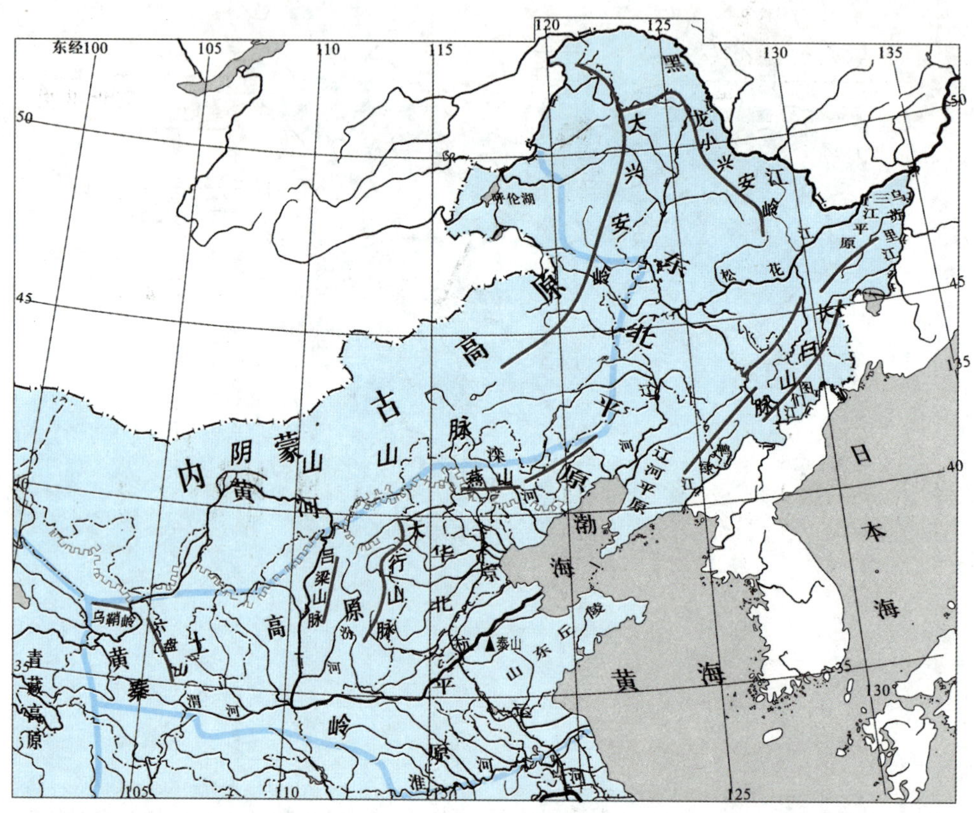

图5－1－8　北方地区的位置与地形

读图指南

1. 概括本区的地理位置特征，指出本区包含的省级行政区。
2. 指出本区的主要地形区：东北平原、华北平原、黄土高原。
3. 找出主要河流：黄河、淮河、海河、黑龙江、松花江、辽河、京杭运河。
4. 分析本区地理位置、地形对气候的影响。

黑土地与黄土地

北方大地常被称为“黑土地”与“黄土地”，这里分布着以肥沃的黑土著称的东北平原，土层深厚的黄土高原，由黄河、海河、淮河携带泥沙冲积形成的华北平原。

该区域绝大部分属于湿润、半湿润的温带季风气候，冬季寒冷干燥，夏季高温多雨，冬春季节多沙尘暴；年降水量400～800毫米，集中在7、8月份，降水自东向西递减。气候具有明显的南北差异和东西差异。

本区河流、湖泊较少，水资源紧缺；径流的季节变化明显，夏季为丰水期，冬季为枯水期；水量、含沙量南北差异较大；都有结冰期，且北长南短；河流的航运价值差异较大。

北方地区是我国耕作业比较发达的地区，耕地类型以旱地为主，区内农业差异显著。东北平原地势坦荡，土壤肥沃，盛产喜温凉气候的春小麦、玉米、大豆、高粱、甜菜，是我国重要的商品粮基地。华北平原土层深厚，土质疏松，排水性好，夏季高温多雨，秋季光照充足，是我国冬小麦、棉花、花生的主要产区。黄土高原农业历史悠久，出产的谷子闻名天下。

能力提升 NENGLI TISHENG

比较北方地区三大地形区的自然特征与农业生产差异。

		黄土高原	华北平原	东北平原
自然特征	地形	海拔 1 000～2 000 米，沟谷纵横	海拔多在 50 米以下，地势低平，西高东低	三面环山，平均海拔 200 米以下，多沼泽
	气候	暖温带半干旱、半湿润季风气候	暖温带半湿润季风气候	寒温带、温带湿润、半湿润季风气候
	水文	水量小、有夏汛、含沙量大、有结冰期	水量小、有夏汛、含沙量大、黄河山东段有凌汛	水量较大、有春汛和夏汛、结冰期长、含沙量小
	植被	温带落叶阔叶林	温带落叶阔叶林	针阔混交林、草甸草原
	土壤	黄土覆盖	棕壤、褐土	黑土、黑钙土
农业生产	作物熟制	从一年一熟到一年两熟或两年三熟	一年两熟或两年三熟	一年一熟
	农作物	谷子、冬小麦、棉花等	冬小麦、棉花、花生等	春小麦、玉米、大豆、高粱、甜菜等
	林副产品	苹果、梨、枣等	苹果、梨等	人参、貂皮、鹿茸等
	制约因素	水土流失、水旱灾害	旱涝、盐碱、风沙	低温冻害

触类旁通 CHULEI PANGTONG

图 5－1－9 表示我国某主要地形区中某山自然带的垂直分布，图 5－1－10 是该地形区中某城市年内各月气温和降水量图。读图，并根据所学知识，回答下列问题。

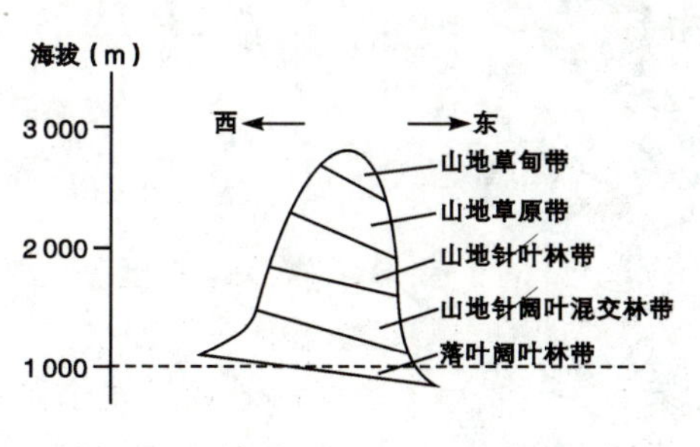

图 5－1－9

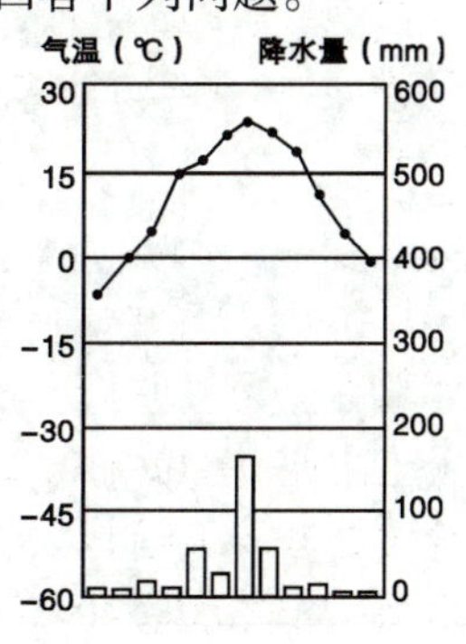

图 5－1－10

（1）说出该地形区的名称。

（2）描述该地形区气温、降水条件的特征。

（3）该地形区哪些气候条件不利于农作物种植？应采取什么对策？

（4）该地区突出的生态环境问题是什么？为此应采取哪些相应的治理措施？

解析 本题考查空间定位能力，根据气候资料描述气候特征、评价气候条件的能力及针对区域问题制定相应对策的能力。根据区域的气候特征、山地基带的海拔高度及自然带，可以确定该地为黄土高原，其突出的生态环境问题是水土流失；分析气候特征和评价气候条件要从气温、降水及二者的配合等方面完成。

答案（1）黄土高原

（2）夏季炎热，冬季寒冷；降水量全年较少且季节差异大，集中于夏季（尤其是7月份）；冬、春、秋三季干燥（或雨热同期）。

（3）全年降水较少且季节变化大，易发旱灾，尤其是春季气温快速升高而降水少，易发生春旱。低温时间长，不利于农作物生长。种植耐旱作物，发展水浇地，加强灌溉，发展节水农业。防霜冻。

（4）水土流失。退耕还林还草；加强小流域的综合治理；调整土地利用结构。

稠密的铁路网、丰富的矿产资源

北方地区交通以铁路运输为主，铁路网稠密。东北地区以滨洲—滨绥、哈大线构成“丁”字形骨架，以京哈线与北京和全国其他地区相连，是全国铁路网最稠密的地区。华北地区的铁路网以北京为中心辐射全国，有京哈、京广、京沪、京九、陇海等铁路干线。山西大同到河北秦皇岛的大秦线，是山西煤炭输出的专线。

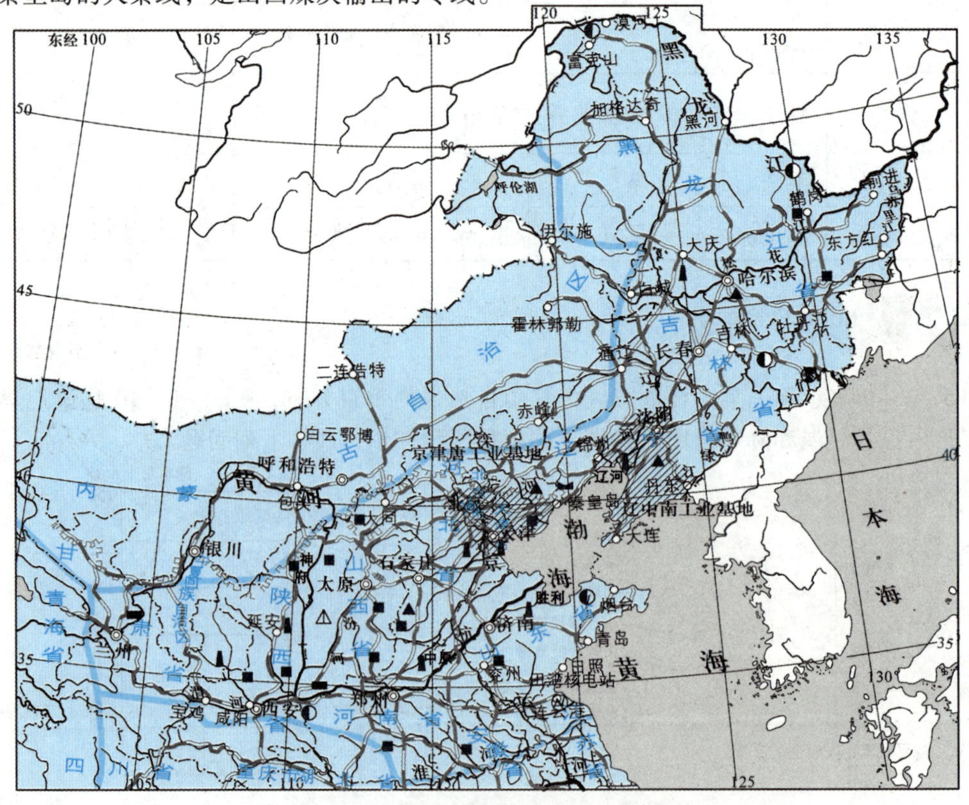

图5－1－11 北方地区的矿产、工业区和交通

读图指南

1. 查找主要矿产地：煤矿——黑龙江鹤岗，山西大同，陕西神府；油田——黑龙江大庆，辽宁辽河，山东胜利，河南、山东交界的中原，河北的华北。
2. 查找区内主要工业中心。

北方地区煤炭、石油、铁矿资源丰富。黄土高原是我国最大的煤炭能源基地。大庆、辽河、中原、华北、胜利等油田是全国主要的石油基地。辽宁鞍山、河北迁安还有铁矿。

传统工业区及其转型发展

环渤海地区是指环绕着渤海全部及黄海的部分沿岸地区所组成的广大经济区域，包括北京、天津、辽宁、河北、山西、山东和内蒙古中部地区。环渤海工业带是全国最重要的工业基地之一。

辽中南地区是环渤海工业带重要的重工业基地，这里有钢铁、机械、化工、汽车和船舶制造等工业部门。矿产资源丰富、海陆运输便利、历史基础较好是这里发展重工业的优势条件。

京津唐是环渤海工业带另一个重要的综合性工业基地，这里既有实力雄厚的重工业部门，又有发达的轻纺工业和高技术产业。燕山石化、天津制碱、开滦煤矿、唐山钢铁等是本区的重要重工业企业。科技力量雄厚、交通通信发达是本区的突出优势。

面对激烈的市场竞争，环渤海工业带存在高科技产业发展不足、高科技产品类型单一、技术落后、污染严重、淡水资源不足等诸多问题。环渤海工业带内两个工业区正在积极发展高科技产业，增加产品类型、加强技术改造，以尽快适应市场经济发展需要，并加强防治污染，保护生态环境工作。

触类旁通 CHULEI PANGTONG

2003 年夏，国务院总理温家宝在东北视察时指出，东北地区等老工业基地具有重要的战略地位，要把老工业基地的调整、改造和振兴摆到更加突出的位置，用新思路、新体制、新机制、新方式，走出加快老工业基地振兴的新路子。读我国鞍山钢铁工业基地区位示意图（图 5 - 1 - 12），回答下列问题。

（1）根据图中提供的信息，分析鞍山钢铁工业基地发展的优越区位条件。

（2）鞍山钢铁工业基地和德国鲁尔区都属于传统工业区，鞍钢在改革与发展中可以借鉴德国鲁尔区在综合整治中的哪些经验？

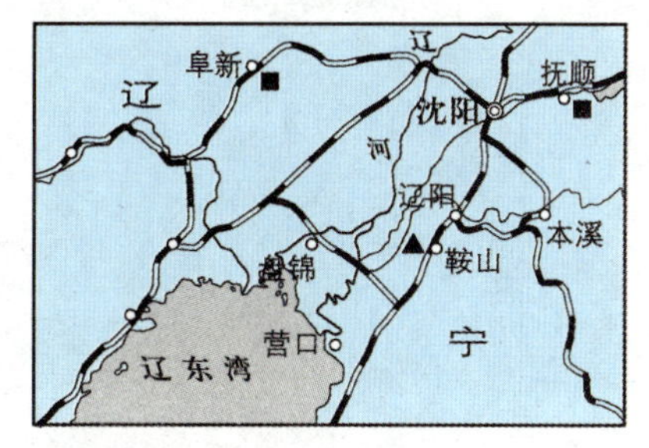

图 5 - 1 - 12

解析 该题考查工业的区位分析及传统工业区的综合整治。结合图中的信息可知，鞍钢的区位优势主要有原料、燃料、交通等；老工业基地的改造需要根据其存在的问题，找到对应的策略。

答案（1）接近原料、燃料产地；交通便利。

（2）发展科技；发展新兴工业和第三产业，促进产业结构多样化；拓展交通，完善交通网；消除污染，改善环境等。

脆弱的生态环境与综合整治

北方地区是我国生态环境比较脆弱的地区。东北平原由于长期的垦殖、开荒，出现大面积的黑土流失；黄土高原因为长期的乱伐滥垦及开矿等原因造成严重的水土流失；旱涝、盐碱、风沙是威胁华北平原农业发展的三大障碍。此外，夏季的洪涝、春季的沙尘暴等是本区共性的环境问题。

东北平原农林基地的建设，华北平原低湿地和盐碱地的治理，黄土高原的水土保持等是北方地区国土整治的重点工作。

能力提升 NENGLI TISHENG

列表总结黄淮海平原的旱涝、盐碱、风沙灾害。

<table>
<tr><th>灾害</th><th>自然原因</th><th>人为原因</th><th>治理</th></tr>
<tr><td>旱涝</td><td>春季降水少，气温回升快，多大风，蒸发量大，易成春旱；夏季降水集中，在低洼的地形区易形成涝灾</td><td>农、林、牧结构不合理，生态环境恶化</td><td rowspan="3">调整农业产业结构；推行“鱼塘—台田”模式；使用工程措施和生物措施科学地调控水盐运动</td></tr>
<tr><td>盐碱</td><td>春季和秋季气温较高，降水少，在地下水位较高的低平地区或排水不畅的洼地，水分蒸发，盐分在地表积聚</td><td>大水漫灌，只灌不排的灌溉方式导致地下水位上升</td></tr>
<tr><td>风沙</td><td>春季气温回升快，蒸发旺盛，风沙多，风沙加剧了春旱程度，形成沙荒地</td><td>不合理开垦导致风沙肆虐</td></tr>
</table>

第三讲　南方地区

本区位于秦岭—淮河以南，青藏高原以东，东部和南部分别濒临东海和南海。包括长江中下游地区、南部沿海地区和西南地区。面积约占全国的25%，人口约占全国的55%。汉族占大多数。少数民族有30多个，主要分布在桂、云、贵、川、渝、湘、琼等省区。其中，人数较多的为壮、苗、彝、土家、布衣、侗、白、哈尼、傣、黎等族。

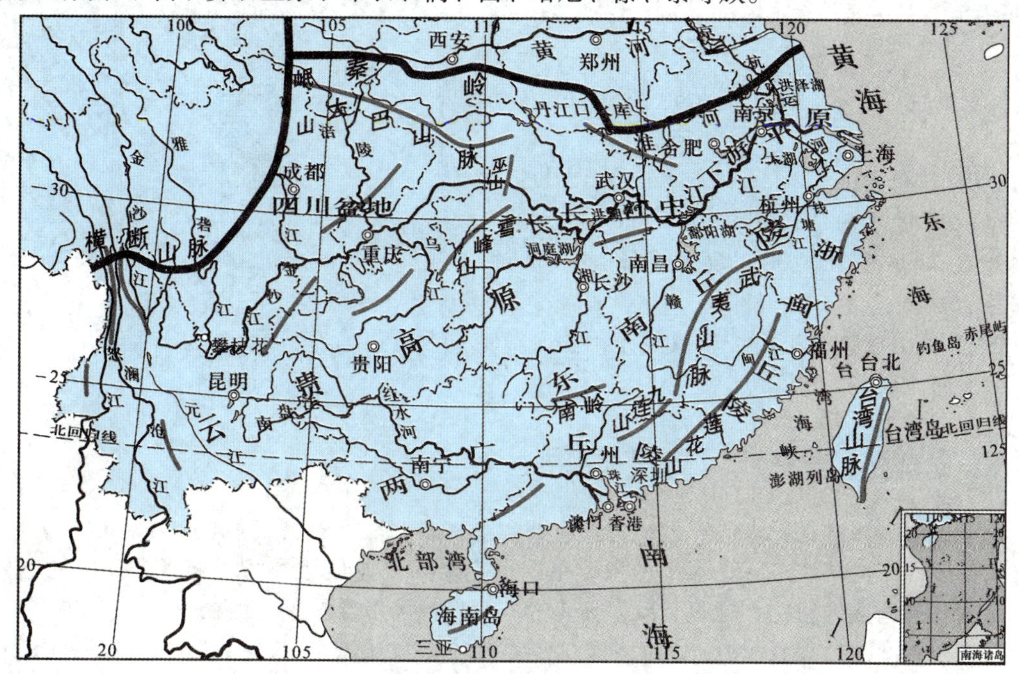

图5-1-13　南方地区的位置与地形

读图指南

1. 概括本区的地理位置特点，指出本区包含的主要省级行政区。
2. 找出主要地形区：长江中下游平原、四川盆地、云贵高原、东南丘陵、珠江三角洲、秦岭、巫山、雪峰山、南岭、武夷山。
3. 找出主要河流、湖泊：淮河、长江、钱塘江、闽江、珠江、洞庭湖、鄱阳湖、太湖。

复杂的地形、暖湿的气候

平原、盆地与高原、丘陵交错分布是本区地形的主要特点。主要地形区有长江中下游平原、四川盆地、云贵高原和东南丘陵，其中东南丘陵以武夷山和南岭为界可分为浙闽丘陵、江南丘陵和两广丘陵。多种多样的地形为农业的多种经营提供了便利，但山区面积广大也给交通带来不便。

南方地区纬度较低，最热月平均气温28℃～30℃，最冷月平均气温在0℃以上；东部和南部濒临海洋，受海洋和夏季东南季风、西南季风影响大，年降水量在1 000毫米以上，属于亚热带、热带季风气候。夏季高温多雨、冬季温和湿润是本区气候的主要特征。

受气候影响，河流水量较大，汛期长，无结冰期。主要河流有淮河、长江、钱塘江、闽江、珠江，主要湖泊有洞庭湖、鄱阳湖、太湖、洪泽湖等。长江三角洲因河汊纵横交错、湖荡星罗棋布，有“水乡”之称。

本区的植被类型主要是亚热带常绿阔叶林和热带季雨林。西南的横断山区植被种类繁多，垂直差异显著，是我国第二大林区，云南省是著名的“植物王国”。东南丘陵区是我国第三大林区，经济林木繁盛。

土层瘠薄的红壤是本区的地带性土壤，酸、黏、瘦是红壤的特性。四川盆地的紫色土是富含磷、钾等养分的肥沃土壤；长江中下游平原的水稻土则是经过长期培育的、肥力较高的耕作土壤。

触类旁通 CHULEI PANGTONG

读图5－1－14，概括图示地区的自然环境特征。

解析 该题考查空间定位能力，从图中获取和解读地理信息的能力及概括问题的能力。自然环境特征体现在地形、气候、水文、植被、土壤等自然要素方面。

答案 低山丘陵；亚热带季风气候；常绿阔叶林；中小河流众多，水资源丰富；以红壤为主。

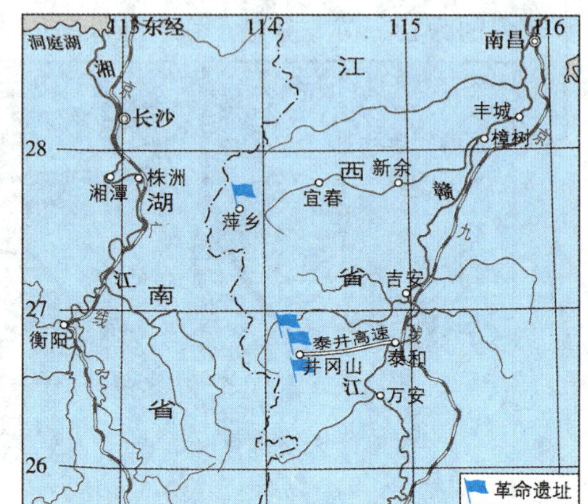

图5－1－14

水稻种植业为主的多种农业类型

由于气候高温多雨，水热充足，地表河湖沟汊密布，灌溉条件良好，本区耕地多为水田，农作物可以一年两熟或三熟。水稻种植业是这里主要的农业地域类型，稻米是人们的主要食粮。南方地区还盛产柑橘、香蕉、菠萝等热带、亚热带水果及油菜、棉花等经济作物。

气候温暖湿润、灌溉水源充足、劳动力丰富是本区发展农业的主要优势。水旱灾害频繁，部分地区受寒潮、台风等气象灾害影响，是制约农业发展的主要灾害。农业发展条件的地区差异较大。

能力提升 NENGLI TISHENG

比较南方地区不同地形区的农业差异。

	优势条件	不利条件	农业生产
长江中下游平原	地势平坦、土壤肥沃、河湖众多、水源充足、农业历史悠久，生产水平高	梅雨、伏旱等导致水旱灾害频繁	盛产单季稻、油菜、冬小麦、棉花等，淡水渔业发达，是著名的“鱼米之乡”
四川盆地	土壤肥沃，终年温暖，霜日少见，雨量充沛，开发较早	盆地内部光照不足，盆地边缘地形崎岖	盛产水稻、小麦、棉花、油菜、甘蔗、柑橘、桑蚕等，素有“天府之国”之称
东南丘陵	气候、生物、土壤的垂直差异明显，土地类型多样，光、热、水资源充足	红壤贫瘠，春季低温阴雨、夏季干热少雨，地形破碎，水土流失严重	发展立体农业，茶叶、竹子、油菜、松香、水稻、甘蔗等在全国占重要地位

珠江三角洲	高温多雨，地势较平坦，河网稠密	地势低洼易涝，夏秋季节台风频发	由双季稻、甘蔗、桑蚕、淡水鱼基地向蔬菜、花卉、水果基地转变，“基塘生产”是生态农业的典范
云贵高原	温和湿润，冬无严寒，夏无酷暑，山间盆地自然条件较好	地表崎岖、平原面积小，土层瘠薄，地表水缺乏，石漠化严重	云南的烟叶、花卉、茶叶，云、贵的中药材等物产丰富。“坝子农业”是本区的特色

水陆交通发达，有色金属丰富

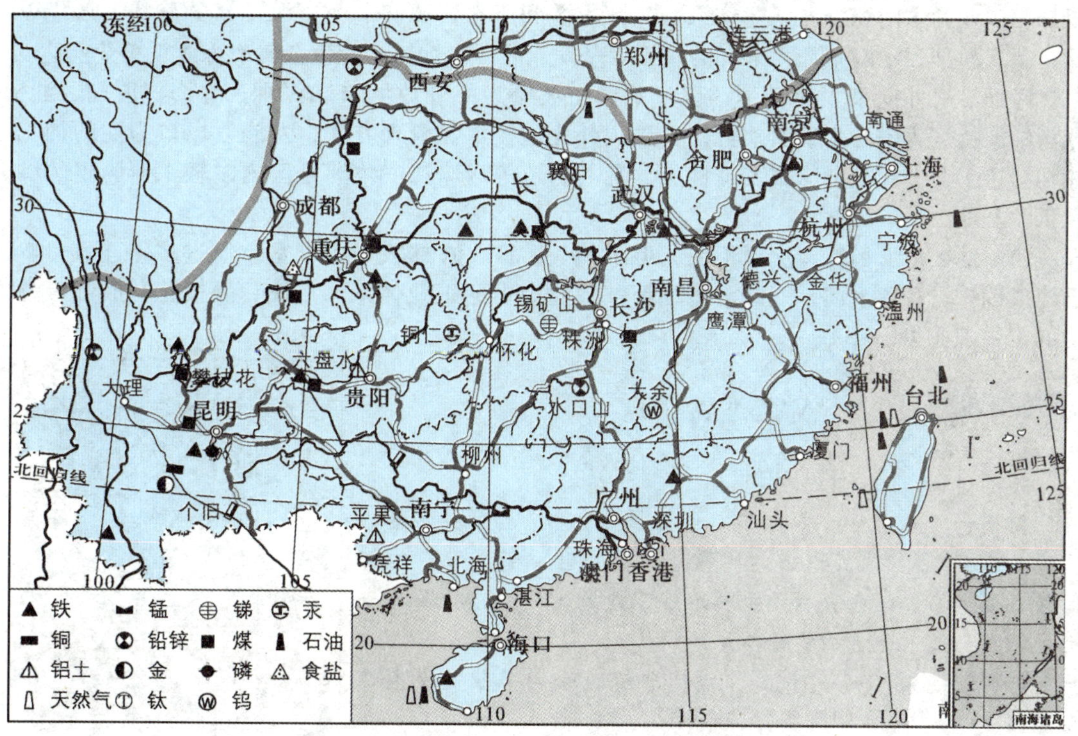

图5－1－15　南方地区主要矿产和铁路分布

读图指南

1. 查找主要的铁路干线：京沪、京九、京广、焦柳、宝成—成昆线、沪杭、浙赣、湘黔、贵昆线。
2. 查找区内主要工业中心。
3. 指出主要矿产地：德兴铜、大余钨，锡矿山锑、水口山铅锌，平果铝，铜仁汞，个旧锡。

南方地区交通运输方式齐全，是我国水运最发达的地区。长江是沟通东西的黄金水道，京杭运河沟通了钱塘江、长江、淮河、黄河、海河五大水系，运输量仅次于长江，珠江水系号称“华南大动脉”。此外，南方地区濒临东海、南海，海上运输也很发达。

陆运方面，覆盖全区的铁路、公路网已经形成。南北向的京沪、京九、京广、焦柳、宝成—成昆线，东西向的沪杭、浙赣、湘黔、贵昆线是区内的主要铁路干线。连接西南内陆与南部沿海的南昆铁路，克服了重重自然障碍，是区内技术含量最高的铁路线。

南方地区的有色金属资源丰富，在全国占重要地位，但是煤炭、石油资源较少，能源供应紧张。解决本地区能源供应问题，一方面在区内条件适宜的地方建设水电站和核电站，另一方面进行跨区域调配，如“北煤南运”、“西气东输”。

有色金属	江西：德兴铜、大余钨，湖南：锡矿山锑、水口山铅锌，广西平果铝，贵州铜仁汞，云南个旧锡等
水电站	长江的上游河段，如二滩、三峡、葛洲坝，珠江的红水河段
核电站	浙江秦山、广东大亚湾

经济特征明显的三大工业带

长江沿江工业带，地理位置优越、资源丰富、水陆交通便利，是我国工业实力最强、工业门类齐全的工业带。其中长江三角洲地区经济实力雄厚、技术先进，以沪宁杭为中心形成以加工工业为主的综合性工业体系。长江中游利用水资源和电力资源丰富的优势，形成以武汉、湖北西部、湖南中部为中心的重工业基地，能源、钢铁、有色金属冶炼等重工业发达。

南部沿海外向型工业基地，以广州、宁波等沿海开放城市和深圳、珠海、厦门、汕头、海南经济特区为中心，吸引外资，引进国外先进技术和管理方法，发展以出口为主的加工工业和制造工业，如家电、服装、食品、玩具制造等。珠江三角洲是区内以轻工业为主的综合性工业基地。

西南地区地形崎岖，交通不便，但水能、矿产、农林牧资源丰富。经过多年建设，本区已建成钢铁、有色金属、能源、化工等重工业为主的工业体系。重庆、攀枝花、成都等是本区的主要工业中心。

触类旁通 CHULEI PANGTONG

阅读材料，回答下列问题。

材料一 湖南省被誉为“有色金属之乡”，已探明储量的有色金属有27种，其中锑的储量居世界首位，钨、铋、铅锌储量也很丰富。湖南省有色金属冶炼工业基础较好，株洲有全国规模大、技术先进的铅锌冶炼厂。

材料二 图5－1－16为“湖南省有色金属工业发展条件示意图”。

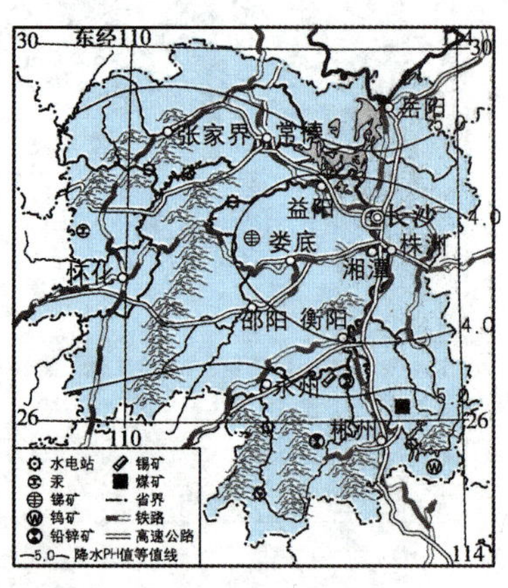

图5－1－16

材料三 湘东和湘南地区主要有色金属矿储量情况表。

地区	主要城市	储量占全省百分比（%）							
		锑	钨	锡	铅	锌	铜	汞	铋
湘东	长沙、株洲、湘潭	0.62	0.72	0.10	2.92	10.12	32.44		
湘南	衡阳、郴州、永州	3.30	94.14	99.71	72.61	55.68	54.90	1.14	100.00

（1）概括湖南省有色金属矿产资源的特点。

（2）推测湖南省水能资源的分布特点并指出影响其分布的主导因素。

（3）分析比较湘东和湘南地区发展有色金属工业的有利条件。

（4）湖南省酸雨（pH值小于5.6的大气降水）最严重的城市有哪些？分析该地区多酸雨

的主要人为原因及其防治措施。

解析 该题围绕湖南省有色金属工业的发展，主要考查获取信息能力及概括、分析问题的能力。崎岖的地形是产生水能的重要条件；影响工业发展的条件包括自然条件和社会经济条件；酸雨的产生条件是酸性气体及降水。

答案 (1) 种类多；储量大；分布不均。(2) 主要分布在西部和南部山区；地形。(3) 湘东：工业基础好，科技水平高；交通便利。湘南：有色金属矿产丰富；水能丰富。(4) 长沙（株洲、湘潭、娄底、益阳）有色金属冶炼工业发达，排放的酸性气体多。调整能源消费结构；降低能耗；开展综合利用；提高公众环保意识。

治水与治土

长江中下游地区、淮河流域是我国洪涝灾害频繁发生的地区。随着社会、经济的发展，长江，特别是淮河的污染问题也日渐突出。频繁的洪涝灾害和严重的水污染，不仅影响人们生活和经济发展，也带来生态环境的破坏。针对这些问题，国家通过修建水利工程、加固大堤、疏浚河道及营造水土保持林等措施来降低洪涝灾害发生的频率，并对流域内的污染源进行了限期治理，使水污染得到一定的控制。

东南丘陵地区广泛分布的红壤是南方的低产土壤之一。针对红壤的性状，当地农民摸索出一系列的治理措施：加入熟石灰以中和土壤的酸性，掺入沙子以改变土壤黏重的特性，增施有机肥和无机肥以改变土壤贫瘠的特性，种植茶树、杉木、马尾松等耐酸经济林木以抑制土壤流失等。发展立体农业可兼收生态效益和经济效益。

第四讲　西北地区

西北地区位于大兴安岭以西、长城和昆仑山—阿尔金山以北。包括内蒙古自治区、新疆维吾尔自治区、宁夏回族自治区和甘肃省北部。面积约占全国的30%，人口约占全国的4%，其中，汉族约为2/3，内蒙古、宁夏、新疆分别是蒙古族、回族、维吾尔族的聚居区。

内陆高原和盆地

西北地区东西跨经度约50°，南北跨纬度不足15°，大部分地区距离海洋较远，是个东西狭长的内陆区域。西部和北部依次与塔吉克斯坦、吉尔吉斯斯坦、哈萨克斯坦、俄罗斯和蒙古为邻。

本区位于地势的第二级阶梯，地形以高原、盆地为主。东部是辽阔坦荡的内蒙古高原，西部有昆仑山、天山、阿尔泰山等高大山脉，山脉之间是面积辽阔的塔里木盆地和准噶尔盆地。

图5－1－17　西北地区的位置和地形

读图指南

1. 找出本区包括的省级行政区及与本区接壤的邻国。
2. 找出位于区域边界的大兴安岭、阿尔泰山、昆仑山—阿尔金山—祁连山和区域内部的天山、塔里木盆地、准噶尔盆地、内蒙古高原、宁夏平原、河套平原。
3. 描述本区的地理位置特征。

干旱为主的地表景观

本区属于温带大陆性气候，气候特征表现为冬冷夏热，气温的年较差和日较差较大，降水稀少，日照强、多大风。干旱是气候的突出特点。

纬度位置、海陆位置和地形是影响本区气候的主要因素。本区大部分地区位于35°N～50°N，属于中温带和暖温带地区。由于远离海洋，受夏季风影响较小，海洋水汽难以达到，大部分地区年降水量小于400毫米，属于干旱、半干旱地区，年降水量由东向西逐渐递减。由于区域边缘多高大的山地环绕，尤其南部青藏高原的隆起对水汽的阻挡，导致本区成为全球同纬度地区降水最少、干旱程度最高的地带。在准噶尔盆地的西部边缘及天山的西段有一些缺口，大西洋的水汽可以进入，因而降水稍多。

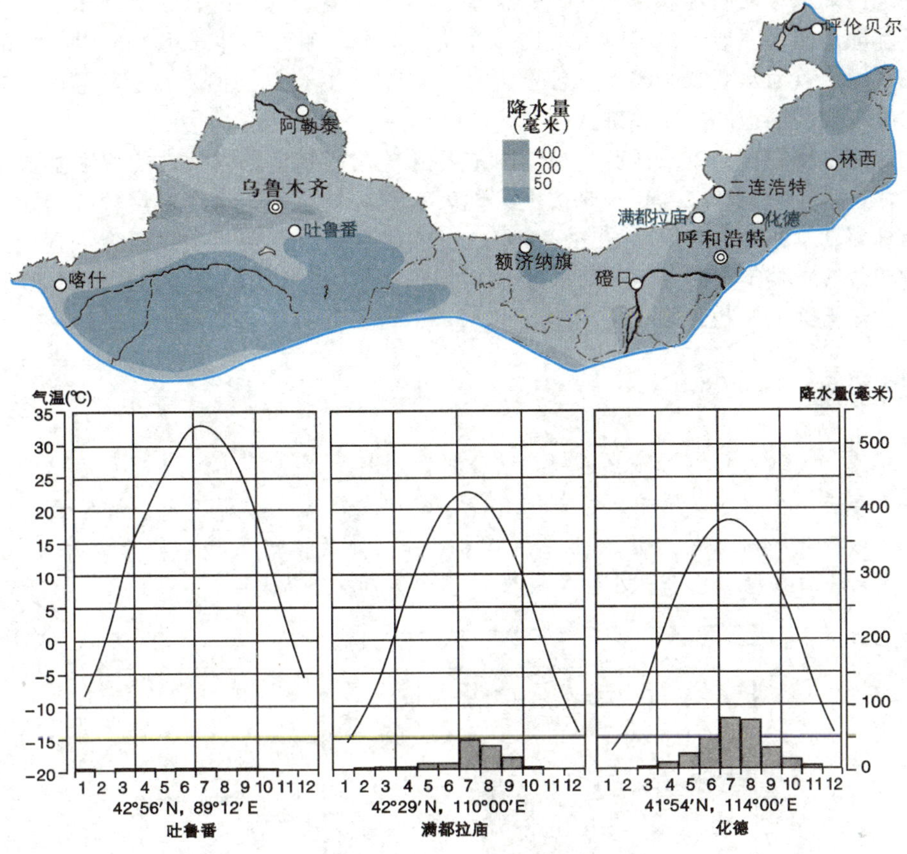

图 5－1－18　西北地区气候特征及其东西差异

西北地区的植被、水文和地貌表现出与干旱气候相一致的特征。本区的植被以草原和荒漠为主，植被分布随干湿程度由东向西表现为森林草原—典型草原—荒漠草原—荒漠；区内河流稀少，多为内流河，冰雪融水和山地降水是河流的补给水源。塔里木河是我国最长的内流河，黄河、额尔齐斯河等外流河的部分河段流经本区。干旱和大风使区内戈壁、沙漠等风蚀、风积地貌发育典型。

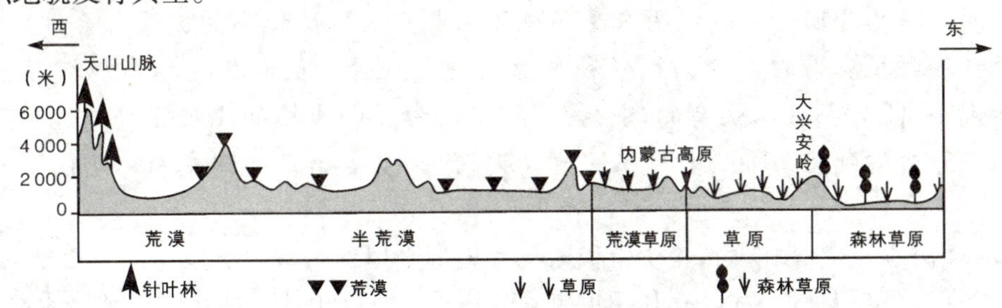

图 5－1－19　西北地区植被的空间差异

灌溉农业和畜牧业基地

西北地区降水难以满足农作物生长的需要，但是，夏季气温高，在有河水、高山冰雪融水、地下水灌溉的平原地区，小麦、水稻、棉花、瓜果、甜菜等生长良好。内蒙古的河套平原、宁夏平原引黄河水灌溉，成为著名的“塞外江南”。甘肃的河西走廊、新疆的山麓绿洲引冰雪融水灌溉成为当地的主要农耕区。

西北地区草场广布，草质优良，是全国重要的畜牧业基地。内蒙古的牧区主要集中在贺兰山以东，这里年降水量在350毫米以上，地表水资源较丰富，草场质量较好，如呼伦贝尔草原、锡林郭勒草原等，三河马、三河牛是这里的优良畜种。贺兰山以西降水逐渐减少，新疆、甘肃的牧区主要集中在天山、阿尔泰山、祁连山的山麓和山坡地带，这里山地降水较多，牧草茂盛。新疆细毛羊和伊犁马是优良畜种。

触类旁通 CHULEI PANGTONG

1.（2013·大纲卷）阅读图文资料并结合所学知识，完成下列要求。

新疆轮台盛产小白杏。原来，杏肉食用，杏核弃之。某年，浙江义乌某瓜子商经反复试验，研究出炒制此种杏核的方法，其杏仁口味上佳。此后，该瓜子商从轮台大量收购杏核，在义乌炒制后出口美国。由此，小白杏成为轮台重要的农产品之一。

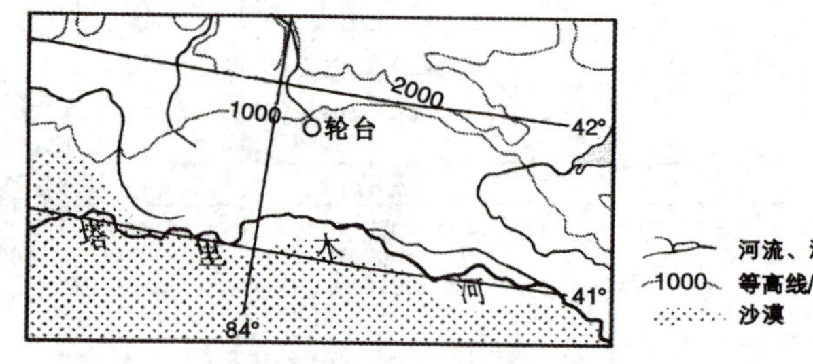

图5-3-20

（1）评价轮台种植瓜果的自然条件。

（2）从区位选择的角度，说明义乌瓜子商把杏核从轮台运到义乌加工的原因。

（3）说明我国东部地区和西部地区在农业区际协作中各自的优势条件。

解析 该题以新疆轮台小白杏为案例，要求考生评价小白杏种植的自然条件、说明杏核运到义乌加工的原因，分别说明东西部地区在农业区际协作中的优势。第（1）问评价应立足于新疆种植瓜果的地形、气候和水源的有利条件，同时又需指出规模种植的主要制约因素。第（2）问应从义乌的产业协作、工人素质和市场的比较优势，说明义乌瓜子商把杏核从轮台运到义乌加工的原因。第（3）问画龙点睛，回到东西部地区农业区际协作的主题。

答案（1）地处高山山麓洪（冲）积扇上（地形平坦，土壤肥沃）；（沙漠边缘，）气候干旱，日照充足，气温日较差大，有利于瓜果糖分积累；有高山冰雪融水和山地降水（地下水）可供灌溉。水源（宝贵）是制约瓜果种植规模的主要自然因素。

（2）杏核（晒干后）便于保存和运输，炒制（加工）后的杏核能尽快运往市场；义乌加工瓜子（炒制杏核）的相关产业联系（协作）密切；工人素质高（有经验、有技术），可以保证产品（炒制杏核）的质量。

（3）东部地区：技术先进，资金充裕，市场意识强（发展经济的经验丰富）。西部地区：

资源丰富，劳动力价格相对低廉。

2. 读图 5－1－21，回答下列问题。

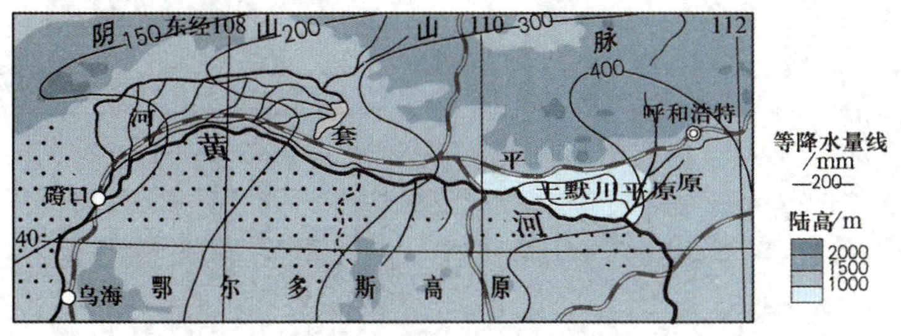

图 5－1－21

(1) 河套平原素有“塞上米粮川”之称，是内蒙古自治区粮、油、糖生产基地。请指出该地发展农业生产的限制性自然因素，并说明进行改造的方式及可能引发的问题。

(2) 近 10 年来，土默川平原实施退耕还草工程，使这一地区成为中国“乳都”呼和浩特的核心奶源基地。分析产生这一转变的社会经济因素。

解析 (1) 从年降水总量可知，降水量（非“水源”）较小是发展农业的限制因素；干旱地区引河水灌溉可能会对灌区和河流下游分别带来盐碱化和水量减少等生态问题。(2) 社会经济因素一般从交通、市场、技术、环境等方面作答。

答案 (1) 降水；引黄河水进行灌溉；土壤盐渍化；下游水资源短缺。

(2) 生态保护的需要；消费者对乳品需求的增加；交通运输条件的改善；乳品冷藏、保鲜技术的发展。

基础设施建设和资源开发

新中国成立后，西北地区的交通通信、水利电力设施等基础设施建设发生了根本改变。兰新线、包兰线等是区内主要铁路线，乌鲁木齐是重要的航空港，内蒙古中西部和新疆火电网基本形成。但是，西北地区的交通运输还未形成网络，通信和电网覆盖面仍比较狭窄，基础设施明显滞后于经济发展的需要。为此，国家在西部大开发战略中，将加快基础设施建设放在首位。

西北地区资源丰富，特别是煤、石油、天然气、稀土的储量大。铁、镍、黄金、盐、宝石等矿藏也多。包头钢铁工业，金昌以镍为主的有色金属工业，玉门和克拉玛依的石油工业，白云鄂博的稀土工业，伊敏河、霍林河、准格尔的煤炭工业等都是在本区丰富的矿产资源基础上发展起来的。新疆塔里木盆地的天然气资源是西气东输的主要气源。

防治土地沙化，保护生态环境

西北地区气候干旱，土地缺水，植被覆盖率低，是我国生态环境最为脆弱的地区。目前，由于经营管理粗放、超载放牧和盲目开垦，草原严重退化，沙化面积逐年扩大。荒漠化的发生发展，不仅阻碍了本区的经济发展，还成为沙尘暴的充足沙源，影响其他地区的生态环境。目前，西部地区正在通过退耕还林、建设生态林、大力发展人工草场、推广栏养和封沙育草等措施重建生态环境。

触类旁通 CHULEI PANGTONG

沙尘暴是指强风从地面卷起大量沙尘，使大气水平能见度小于 1 千米的特殊天气现象。

图 5－1－22 示意我国沙尘暴主要活动路径和强沙尘暴多发区；图 5－1－23 表示 1464～1913 年华北地区沙尘暴按月份累计次数。读图，回答下列问题。

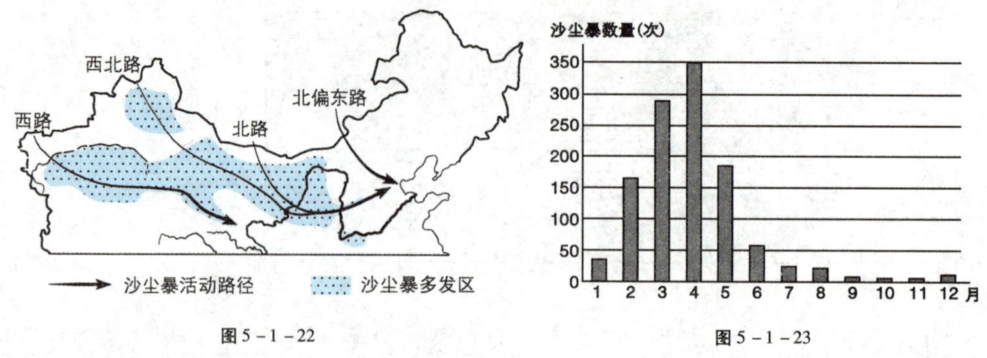

图 5－1－22　　图 5－1－23

（1）西路沙尘暴先后影响的两大盆地是：________盆地、________盆地。

（2）西北路沙尘暴先后影响的地理区域有：________盆地、河西走廊、内蒙古高原、________高原和________平原。

（3）说明图 5－1－22 中强沙尘暴多发区的地表环境特点。

（4）指出图 5－1－23 所示的沙尘暴季节分布特点，并说明其自然原因。

解析（1）（2）考查对我国主要地形区走向分布的识记，做题时需要利用图示资料掌握沙尘暴在我国的活动路径。（3）气温高、降雨少、大风多是形成沙尘暴天气的主要原因，我国西北和华北北部干旱半干旱地区生态环境脆弱，人为破坏活动造成土地沙化不断扩展，为沙尘天气提供了物源，是产生沙尘暴的重要原因。（4）北方地区冬春降水稀少，地表土壤干燥、疏松，植被还未形成，难以抑制沙尘天气的产生。

答案（1）塔里木　柴达木

（2）准噶尔　黄土　华北

（3）干旱、半干旱（缺水），沙漠（荒漠和黄土）广布，植被稀疏。

（4）沙尘暴主要集中在（冬末和）春季（2、3、4、5 月），（地表）增温快、表土（地表）疏松（和植被稀疏），降水少，大风天气较多。

能力提升 NENGLI TISHENG

绘制关联图，梳理西北地区知识间的联系。

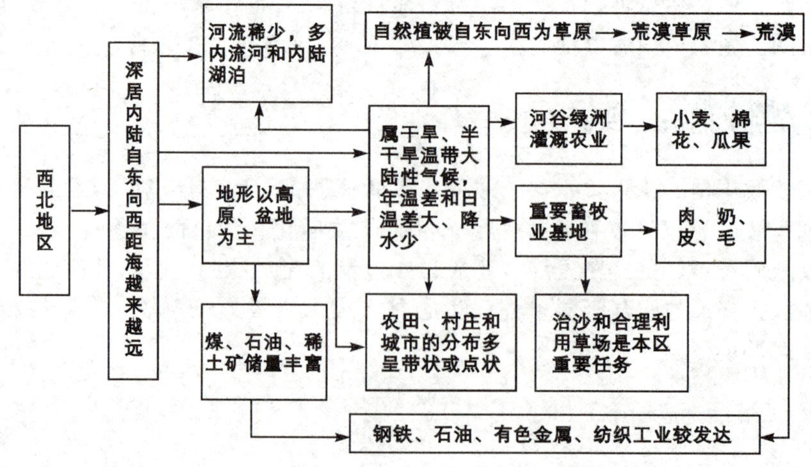

第五讲　青藏地区

本区位于我国西南部，横断山以西、喜马拉雅山以北、昆仑山—阿尔金山—祁连山以南，包括西藏自治区、青海省和四川省西部。面积约占全国的25%，人口不足全国的1%，是藏族的主要聚居区。

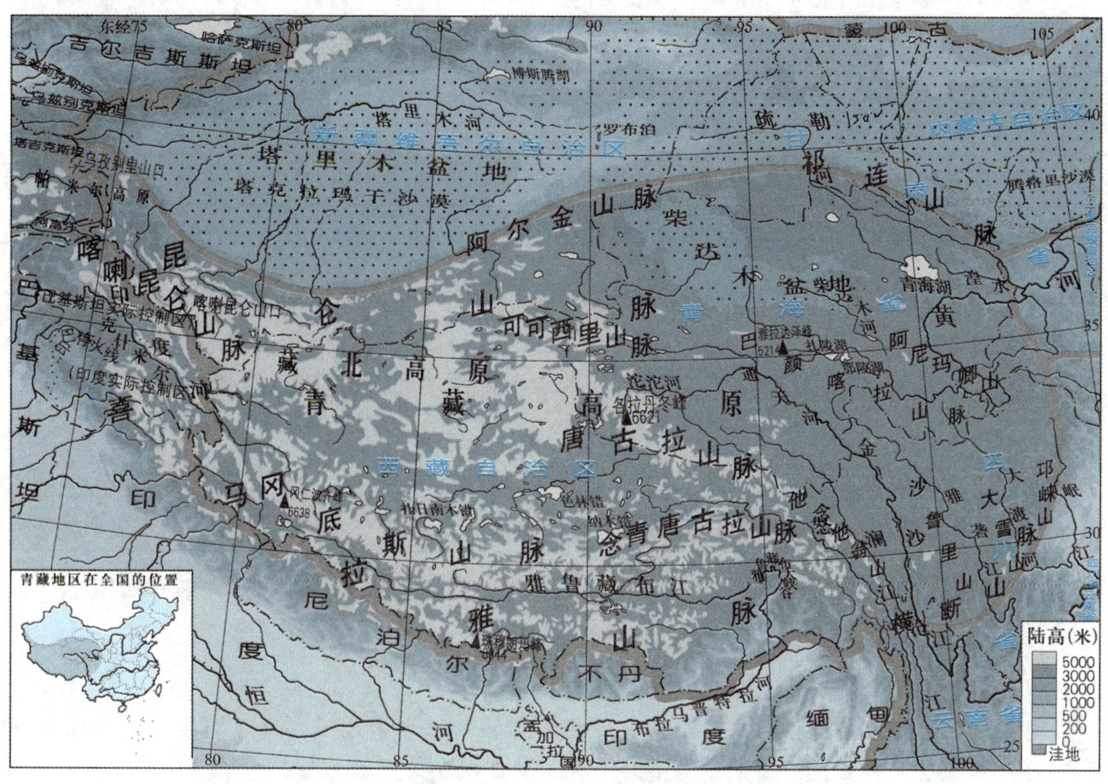

图5－1－24　青藏地区的位置与地形

读图指南

1. 概括本区地理位置特征。
2. 找出横断山、喜马拉雅山、昆仑山、阿尔金山、祁连山、冈底斯山、唐古拉山、巴颜喀拉山、柴达木盆地。
3. 找出源于本区的大江大河。

世界屋脊与高寒气候

青藏高原是青藏地区的主体，地势西北高，东南低，平均海拔在4 000米以上，许多山峰海拔高达7 000～8 000米，有“世界屋脊”之称。喜马拉雅山脉是我国最高大、最年轻的山脉，其主峰珠穆朗玛峰海拔8 844.43米，是世界最高峰。印度洋板块和亚欧板块的碰撞挤压是青藏高原隆起的原因。

在青藏高原的边缘是许多雄伟高大的山脉，在高原的内部，有一系列接近东西走向的、相对高度不大的山脉把高原分割成大小不一的盆地和宽谷，如高原北部著名的柴达木盆地和南部横贯东西的雅鲁藏布江谷地；西部的藏北高原相对完整；地势较低的东南部是呈南北走向的高山峡谷。“远看是山，近看成川”是青藏高原地表形态的极好写照。

由于地势高，青藏地区形成了高寒的高原气候，气温较低，冬寒夏凉，气温的日温差大、年温差小，太阳辐射强烈，风力强大。

青藏高原冬季气温一般比同纬度的东部平原低18℃～20℃，大致与长春的气温相同；夏季的气温一般在8℃～18℃，是我国盛夏气温最低的地区。在海拔5 000米以上的高山，气温常年低于0℃，形成雪山连绵、冰川广布的景观。

该区降水量的年内分配不均，干湿季节分明，每年的4～9月为雨季，受来自印度洋水汽和地形的影响，降水量由东南向西北递减；10月～次年3月为干季，降水量极少。

能力提升 NENGLI TISHENG

表解青藏高原地形对气候的影响。

地形特征	大气状况	气候特征
海拔高	空气稀薄，大气接受到的太阳辐射和地面辐射较少	气温比同纬度地区低
	空气稀薄，大气对太阳辐射的削弱作用和对地面的保温作用差	太阳辐射强，气温日较差大
	冬季不受冬季风影响，夏季较同纬度凉爽	气温年较差小
东南低，西北高	来自南面印度洋的水汽沿地势深入内陆	降水量由东南向西北递减

触类旁通 CHULEI PANGTONG

根据资料，结合所学知识完成下列要求。

材料一 当你在上海、杭州等地享受着温和湿润的海洋季风时，可曾想到，大约在3 000万年前，长江中下游曾是一片炎热干旱的地区，就像现今的非洲撒哈拉大沙漠一样。

材料二

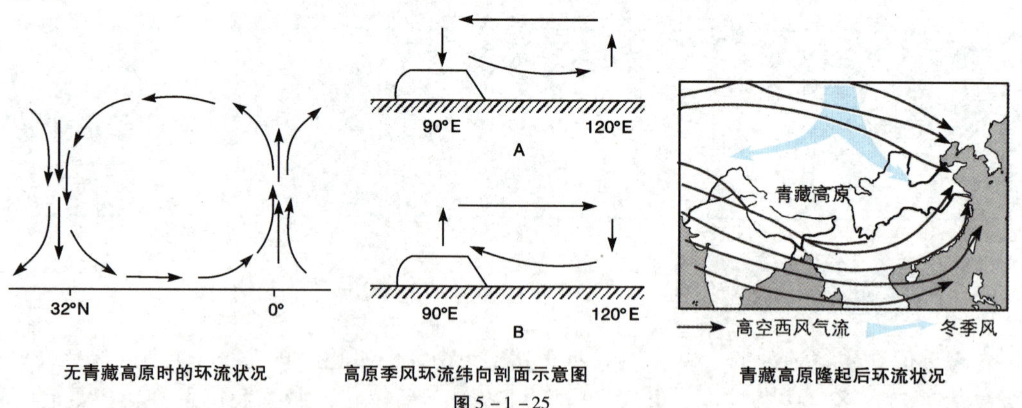

图5－1－25

（1）青藏高原隆起的主要原因是________________。

（2）材料一的观点是否可信？请说出你的理由。

（3）隆起的青藏高原与其周围大气的热力差异形成了冬夏相反的高原季风。根据热力环流形成原理，判断材料二中高原季风环流出现的季节。

（4）推测青藏高原隆起对东亚气候产生的影响。

解析 地理环境是相互联系的有机整体，青藏高原的隆起改变了大气的下垫面状况，不仅影响局地的气温状况，而且对大气环流也产生了深刻的影响。

答案（1）印度洋板块与亚欧板块碰撞挤压

（2）可信。长江中下游地区地处副热带，常年可能受副热带高压控制，气候炎热干旱。

不可信。3 000 万年来，海陆分布大势没变，海陆热力性质差异一直存在，仍具备形成季风的条件。

（3）A　冬季　　B　夏季

（4）一是高原季风环流方向与海陆热力性质差异形成的季风环流方向一致，两者叠加，使得东亚季风环流势力加强；二是青藏高原的隆起，迫使冬季风东移南下，使长江中下游地区冬季气温降低。

江河源地、高原湖泊

青藏高原是亚洲许多大河的源头，长江、黄河、澜沧江—湄公河，怒江—萨尔温江、雅鲁藏布江—布拉马普特拉河等都源于此。被称为“固体水库”的积雪冰川是这些大河的源流，河流在流经高原边缘的峡谷时，因落差大，水量湍急，水能资源丰富。

“三江源”是黄河、长江、澜沧江的源头地区，位于青海省境内，被誉为“中华水塔”，是主要的水源涵养区。长江总水量的25%、黄河总水量的49%和澜沧江总水量的15%都来自这一地区。然而，长期不合理的伐木、放牧、耕作，这里的生态环境严重恶化，湖泊萎缩、湿地退化、径流减少、草场退化、土地荒漠化发展迅速，藏羚羊、藏野驴等野生动物也急剧减少。为此，国家在此建立了我国面积最大的自然保护区——三江源自然保护区。

青藏高原是世界上最大的高原湖泊群分布区，湖泊面积约占全国的一半，多为咸水湖。位于青海省东部由断裂陷落而成的青海湖，面积4 500多平方千米，是我国最大的湖泊，属于咸水湖。湖中的鸟岛是候鸟的保护区，每年的4月份是最佳的观鸟时期。位于拉萨市以北的纳木错，海拔4 718米，是世界海拔最高的大湖和西藏最大的内陆湖，藏语意为“天湖”。

触类旁通 CHULEI PANGTONG

图5－1－26为长江源区环境恶化过程示意，试从自然和人类活动两个方面概述长江源区环境恶化的原因，并提出防治的建议。

解析 解答该题，首先需要从图中获取和解读地理信息，然后根据原因提出相应的对策。

答案 从自然条件方面看，全球变暖是主要原因。由此导致蒸发增加和地温上升，使河流的补给（冰川融水、土壤水）每况愈下，导致部分河段干涸，环境恶化。在人类活动中，乱捕滥猎野生动物，使得生态平衡被破坏；鼠害日益严重，以及过度放牧，是破坏草被和最终造成草场沙化的两大因素。

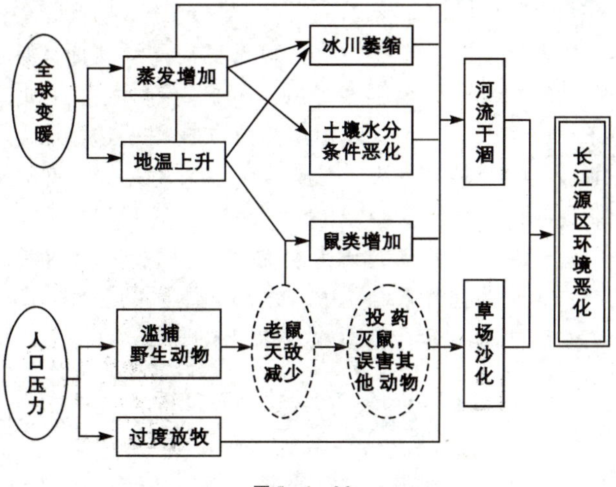

图5－1－26

制止对有益野生动物的乱捕滥猎，加强草场建设，提高畜牧业管理水平，是防止该区环境进一步恶化的主要措施。

垂直地域分异与高原农牧业

由于夏季受来自印度洋和太平洋的湿润气流影响，青藏高原呈现出东南温暖湿润、西北寒冷干旱的差异，高原面上自东南向西北出现了山地森林—高山草甸—高山草原—高山荒漠的水平变化。同时，由于地势的强烈隆起，山地自然景观随海拔的升高而发生明显变化，如喜马拉雅山南翼山地，从山麓到山顶分为7个自然带。

本区的农牧业也打上了垂直分异的烙印。海拔较高的高山草甸、高山草原带，是重要的高寒牧场，主要畜种有牦牛、藏绵羊、藏山羊，它们能适应高寒、缺氧、低气压的特殊高原环境，是高原上分布最广的三大畜种。畜牧业是青藏高原的主要生产部门。

海拔较低的河谷地带气温相对较高，水源充足，适宜发展河谷农业。西藏南部的雅鲁藏布江谷地，青海东部的湟水谷地是高原上的重要农业区。本区虽然气温低，但大气洁净，晴天多，日照时间长，太阳能丰富，喜温凉的青稞、小麦、豌豆等是这里的主要农作物。

触类旁通 CHULEI PANGTONG

我国某边防站（海拔4 900米）的驻防官兵在艰苦的条件下，为改善生活试种蔬菜。他们先盖起简易阳光房，但种的蔬菜仍不能生长。后来，他们又在简易阳光房中搭架，架上盆栽，终于有了收获。据此，回答下列问题。

（1）盖简易阳光房改造的自然条件主要是 （　　）

A. 热量　　B. 水分　　C. 土壤　　D. 光照

（2）在简易阳光房中再搭架盆栽，蔬菜才能生长，解决的问题是 （　　）

A. 蒸发量大　　B. 多虫害　　C. 地温低　　D. 太阳辐射强

解析 该组题考查农业的自然区位因素及其改造。（1）根据大气的保温作用原理可知，大棚、阳光房改造的是气候条件的热量条件。（2）结合题干，该地海拔高，气候寒冷，所以地温较低。

答案（1）A　（2）C

丰富的能源和矿产资源

因海拔高，空气稀薄，晴天多，青藏高原太阳能资源丰富。西藏各地全年日照时数比同纬度的东部平原地区多1 000小时。拉萨因晴日多，阳光灿烂，有“日光城”之称。雅鲁藏布江谷地，因位于印度洋板块与亚欧板块的边界，地热资源丰富。拉萨以北的羊八井有我国目前最大的地热蒸汽田，已建成地热发电站。此外高原西北部的风能资源、高原东部边缘的水能资源也比较丰富。

青海省西北部的柴达木盆地，矿藏丰富，被人们称为“聚宝盆”。这里的煤、石油、铅锌、盐矿都在开采利用中。东部盐湖区的公路、铁路就兴建在厚厚的盐盖上。柴达木盆地的察尔汗盐湖附近有我国最大的钾肥厂。

交通运输的变化

历史上，青藏地区是交通不便的地区，从1951年起，在克服层层险阻的情况下，我国先后建成了以拉萨为中心的川藏、青藏、新藏、滇藏等四通八达的公路网，此外，还修建了从拉萨通往邻国的中尼公路。

1984 年，高原上第一条铁路——西宁到格尔木的青藏铁路北段通车。2006 年，格尔木至拉萨的青藏铁路南段投入运营。青藏铁路连接了高原上的两个重镇，为当地经济的发展和资源的开发提供了有利的保障。

信息链接 XINXI LIANJIE

青藏铁路

青藏铁路起自青海省省会西宁市，终抵西藏自治区首府拉萨市，全长 1 956 千米，其中西宁至格尔木 814 千米，格尔木至拉萨段 1 142 千米。

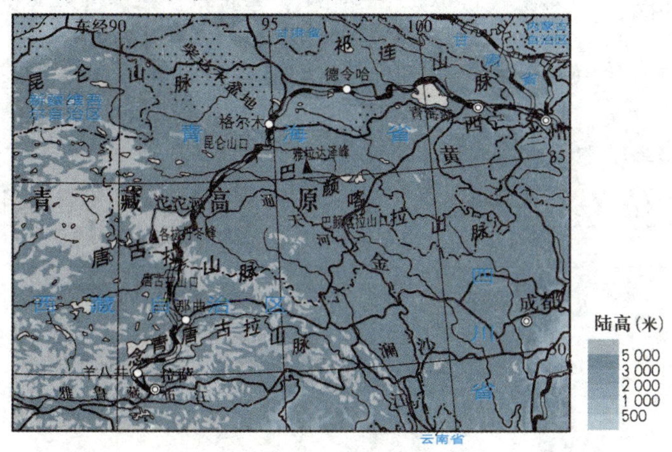

图 5－1－27　青藏铁路示意

高寒缺氧、冻土、生态脆弱是青藏铁路修建时遇到的三大障碍。新建的青藏铁路，经过海拔 4 000 米以上的路段 960 千米，经过多年连续冻土地段 550 千米，经过九度地震烈度区 216 千米，地壳运动活跃。此外，途中的可可西里、三江源等地区是生态环境脆弱、敏感地带。

青藏铁路是国家西部大开发的重点工程。青藏铁路的修建，结束了西藏自治区不通铁路的历史，进一步改善了青藏高原的交通条件和投资环境，它将在促进西藏资源开发和经济快速发展，加强内地与西藏的联系，促进藏族与各民族的文化交流，增进民族团结，造福沿线人民等方面发挥重要作用。

触类旁通 CHULEI PANGTONG

图 5－1－28 是格尔木至拉萨的地形剖面图，图 5－1－29 是格尔木和拉萨两地年内各月气温、降水量分配图。读图，完成下列各题。

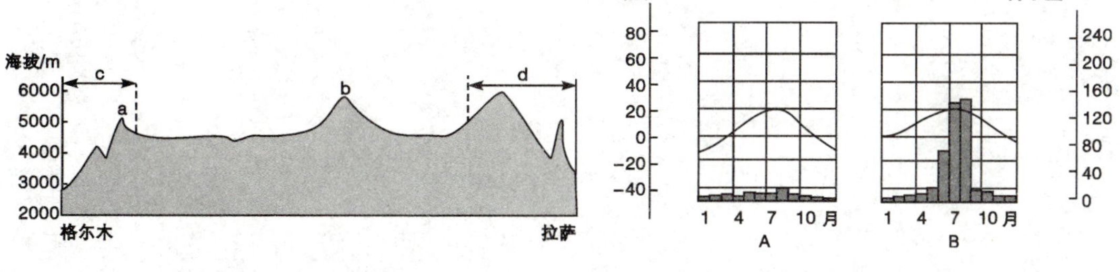

图 5－1－28　　图 5－1－29

（1）a为＿＿＿＿＿＿山脉，b为＿＿＿＿＿＿山脉，c、d两段地形变化的特点是＿＿＿＿＿＿＿＿＿＿＿，对铁路修建的影响是＿＿＿＿＿＿＿＿＿＿＿＿＿＿＿＿＿＿＿＿＿＿＿＿。

（2）A、B两幅图中，反映拉萨的气候资料是＿＿＿＿图，因为＿＿＿＿＿＿＿＿＿＿＿＿。

解析 （1）解答本题首先要熟悉格尔木至拉萨段青藏高原的地形分布，然后结合图中c、d两段的地形剖面图回答。（2）拉萨位于冈底斯山以南，属季风气候区，受来自印度洋的西南季风影响，夏季降水较多，气温年较差较小；格尔木则因位于内陆柴达木盆地，受不到夏季风影响，大陆性特征显著。

答案 （1）昆仑　唐古拉　高差大、坡度陡　工程量大、造价高

（2）B　两地共处青藏高原，但与格尔木相比，拉萨受夏季风影响大，格尔木深居内陆盆地，因此，拉萨比格尔木夏季降水量较多，气温年较差较小，年内气温变化和缓。

能力提升 NENGLI TISHENG

绘制关联图，说明青藏地区知识间的联系。

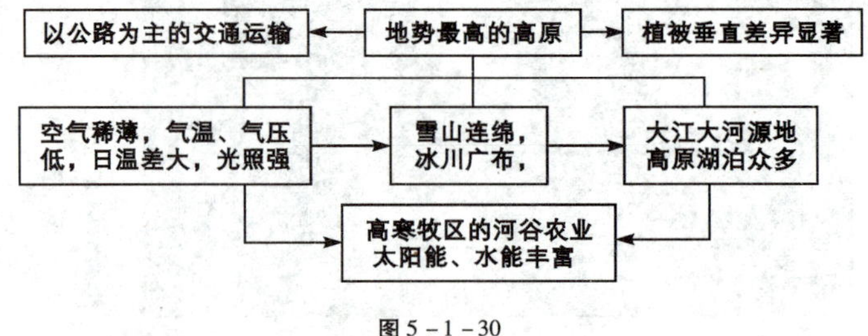

图5－1－30

第六讲　区域经济联系

资源跨区域调配

资源跨区域调配的产生，一方面是由于自然资源的区域分布很不均衡；另一方面各区域对自然资源的需求与该区域所赋存的自然资源往往不匹配。目前，我国资源跨区域调配的典型案例，一是水资源跨流域调配——“南水北调”，另一是能源资源的跨区域调配——“西气东输”和“西电东送”。

南水北调工程

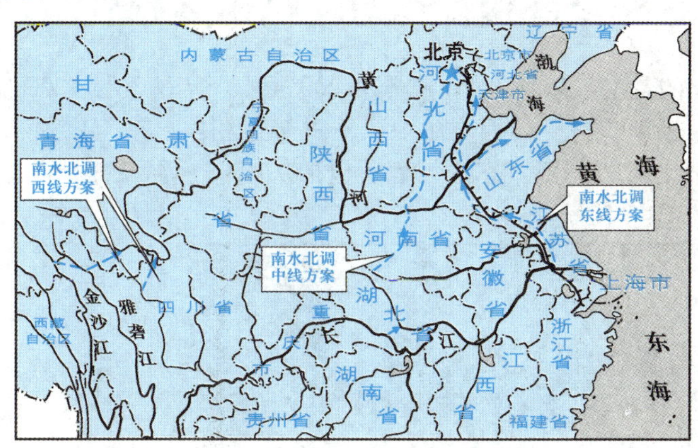

图 5－1－31　南水北调线路

> **读图指南**
>
> 1. 指出南水北调三条线路的具体走向。
> 2. 南水北调工程沟通了哪些水系？
> 3. 思考南水北调工程建设的原因及带来的效益。

● 南水北调的原因

其一，水资源的空间分布不均。长江流域水资源占全国的80%以上，耕地不足40%；黄淮海流域水资源占全国的7%左右，耕地占全国的40%以上。北方人均水资源量仅为南方人均水资源量的1/3。

其二，北方缺水制约经济发展，破坏生态环境。国际上对河流的开发利用率一般不超过40%，北方黄河、淮河开发率已超过60%，海河、滦河几乎达100%。

南水北调的线路

线路	走向	供水量（亿 m^3）	优缺点
东线	扬州江都抽引长江水，沿大运河及其平行的河道逐级提水北上，一路过黄河到天津，另一路经济南到烟台、威海	148	利用运河输水可节约投资；黄河以北可自流；沿线人口多，经济发达，污染严重；扬州感潮段，水质略差
中线	汉江上游丹江口水库引水，跨长江、淮河、黄河、海河四大流域到京、津	130	全程自流，封闭送水，水质好；造价高，工程量大；需要安置库区移民
西线	长江上游通天河、支流雅砻江、大渡河筑坝引水，隧道穿越巴颜喀拉山到黄河	170	线路短；工程量大、技术难度高

• 南水北调的效益

经济效益：有利于促进受水区的工农业生产和经济发展。

生态效益：有利于受水区的地下水位回升，遏制地面沉降和保护生物的多样性，同时受水区水量增加后利于美化环境，改善卫生条件。

社会效益：改善受水区的投资环境，为经济发展创造良好的社会条件；同时可以缓解城乡争水、地区争水、工农业争水的矛盾，有利于社会安定。

• 可能带来的影响

东线工程调水后长江径流量减少，可能引起长江泥沙淤积和河口海水上溯，影响航道及长江下游水质；北方灌区水位升高引起土壤次生盐渍化。中线工程的移民问题、对汉江中下游水文情势的影响等。

西气东输工程

• 管线走向方案

一线工程西起新疆塔里木盆地的轮南，东到上海，全长 4 200 千米，年输气量 120 亿立方米；二线工程主干线西起新疆霍尔果斯口岸，向西与中亚天然气管道相连，南至广州，全长 4 900千米，年输气量 300 亿立方米。此外，西气东输工程还包括从四川、重庆到湖北、湖南等省的天然气输送工程。

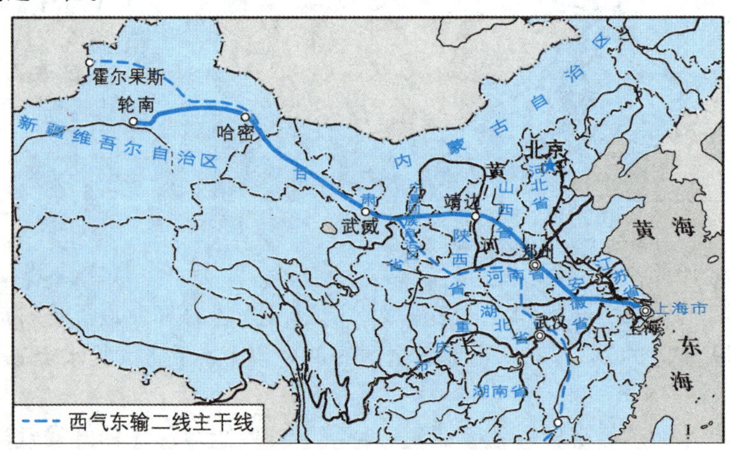

图 5－1－32　西气东输线路

• 西气东输的原因

其一，我国能源资源生产和消费的地区差异很大。东部沿海地区能源资源供不应求，西部地区能源资源供大于求。

其二，能源消费结构调整的需要。长期以来，我国能源消费结构中污染较重的煤炭占到70% 左右，而在矿物能源中具有清洁优势的天然气却不到 3% 。

其三，今后，我国油气资源开发的战略重点在西部。

• 西气东输工程的影响

东部地区：缓解能源紧缺的状况，促进经济发展；带动城镇基础设施建设，推动相关产业发展；优化能源结构，改善大气质量，提高生活质量。

西部地区：将资源优势转变为经济优势，促进经济发展；加快基础设施建设，增加就业机会，拉动相关产业发展；促进民族团结和社会稳定；改善当地城市大气环境质量。

此外，西气东输工程还可提高资源利用效率，促进东西部协调发展。

西气东输工程对中西部地区生态环境的影响不容乐观。管道经过地区植被稀疏，生态环境脆弱。施工会带来植被破坏，局部环境退化，影响区域经济发展。因此西气东输沿线的生态环境保护至关重要。

西电东送工程

● 西电东送的线路

北线：内蒙古西部、山西、陕西煤电基地、黄河上游水电基地→京津唐。

中线：以三峡电站为核心的长江中上游水电基地→华中和华东。

南线：云南、贵州、广西水电为主，贵州火电补充→广东。

● 西电东送的背景

其一，西部蕴藏着丰富的能源资源。西部的水能丰富，可开发量占全国水能蕴藏量的72%，但开发程度低，目前开发率小于8%。西部的煤炭资源占全国的39%，以原煤运输为主，输出方式落后。

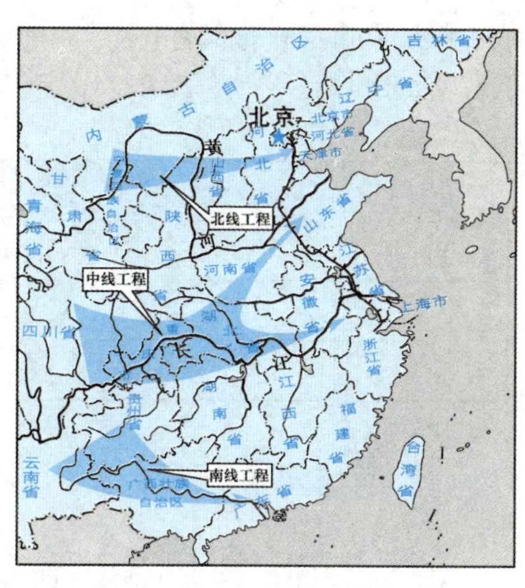

图5－1－33　西电东送线路

其二，东部急需能源输入与补充。因能源短缺，严重制约了经济发展；火电为主的能源结构，对环境造成了污染。

● 西电东送的效益

资源优势转化为经济优势，促进西部经济发展；实现全国电力资源的优化配置，调整电力结构；促进生态环境保护和恢复，减少河流下游的洪涝灾害。

能力提升 NENGLI TISHENG

全面、辩证地看待资源跨区域调配工程。

	调出区	调入区	备注
有利影响	变资源优势为经济优势，增加就业机会	缓解资源供需矛盾，带动相关产业发展	是两区的双赢工程，能产生经济、社会、环境效益
不利影响	资源减少，开发带来的环境问题，产业层次偏低	部分资源使用过程中有环境问题	有利影响是主要的，不利影响可以通过工程或技术手段加以克服

此外，资源调配工程对沿线地区产生的生态环境问题也不容忽视。如工程建设对土地资源的破坏、西气东输管线对沿线生物资源的影响、南水北调沿线土壤的盐渍化等。

触类旁通 CHULEI PANGTONG

图5－1－34为“2003年我国东、中、西部发电量和用电量柱状图”。读图回答下列问题。

（1）概括我国东、中、西部电力生产与消费的地区差异。

（2）从开源、节流、区际调配三方面简述缓解东部地区电力供应紧缺的对策及其理由。

解析（1）比较时既要注意区际之间总量的差异，还要注意区域内部供需的差异；（2）解决能源短缺问题有多条途径，结合图中信息，从设问要求的三方面一一作答。

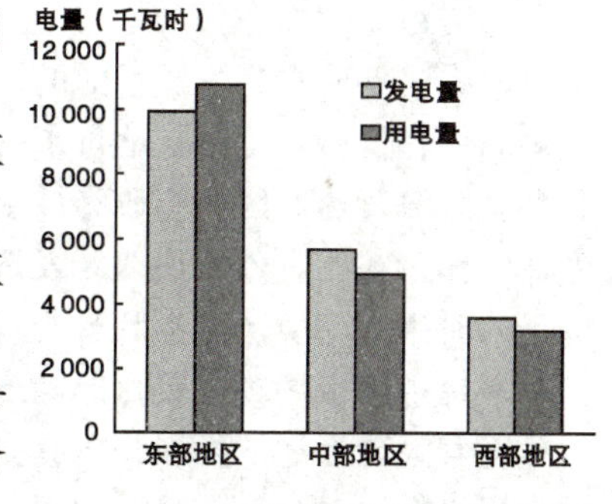

图5－1－34

答案 (1) 东部地区发电量、用电量都大；东部地区用电量大于发电量；中、西部地区发电量大于用电量。

(2)

对策		理由
开源	开发新能源	东部地区能源需求量大；中西部地区能源丰富；东部地区科技水平高
节流	降低能耗；调整产业结构	
区际协调	实施产业转移；能源跨区域调配	

产业转移

产业转移及其影响因素

为了降低生产成本，扩大销售市场，追求更高利润，企业将产品生产的部分或全部由原产地转移到其他地区，这种现象被称为产业转移。产业转移有时会扩展到某类产品或某类产业。劳动力的数量及素质、消费市场、内部交易成本是影响产业转移的主要因素，国际形势的变化，国家政策的调整，原生产地用地紧张、地价昂贵、环境污染严重等都会使企业进行产业转移。

产业转移对区域发展的影响

区域	分布	对产业结构的影响	对地理环境的影响	对劳动力就业的影响
移入地	发展中地区	接受发达地区的产业转移，可以加快本地区的经济结构调整，缩短产业升级的时间，从而加快工业化进程	区域地理景观的改变；环境污染加剧，自然资源消耗增多	缓解就业压力；劳动力从第一产业移向第二产业
移出地	发达地区	原主导产业向区外转移，可使区内的生产要素集中到新的主导产业，为产业结构顺利调整创造条件	环境质量提高，对自然资源的消耗减少	就业机会减少；劳动力从第二产业移向第三产业

我国产业转移案例

- 寻求低成本为主要目的的产业转移——沿海企业向内地的转移

原材料价格、工资与地价水平、公用事业费用等方面的差异，会导致产业向低成本地区转移。沿海发达地区的企业为寻求廉价资源和低成本，会向欠发达的内地转移。这种类型的产业转移，在促进欠发达地区发展的同时，也会由于劳动密集型企业、高耗能和高污染企业的迁入对生态环境造成不利影响。

- 寻求新市场为主要目的的产业转移——台湾产业向大陆转移

随着大陆经济的发展，尤其是投资环境的改善，广阔的市场空间、廉价的劳动力、众多的发展机会，对台商的吸引力很大。台湾的一部分产业大规模移到大陆，如机电、IT、化工等

行业。台商的大量投资，加速了大陆劳动密集型产业和高技术产业的发展，也创造了大量就业机会。

- 为实现区域协调发展而进行的产业转移——广东边远地区的集群效应

珠江三角洲地区在发展到一定程度后，产生人口稠密、交通拥挤、资本过剩、污染严重、自然资源不足等问题，使生产成本上升。根据近年来广东山区基础设施大为改善，已基本具备承接珠三角产业转移和本地资源型产业拓展的能力，广东省政府提出将珠三角地区部分劳动密集型产业、资源密集型产业向山区转移的战略，形成边远地区的产业集群，实现区域内部的“均衡发展、平衡布局”。

触类旁通 CHULEI PANGTONG

近些年来，G市（图5－1－35）大力建设工业开发区，以优惠政策吸引珠江三角洲地区劳动密集型产业的转移。据此完成下列要求。

（1）图中G市属于__________省，铁路名称是____________铁路。

（2）指出G市吸引珠江三角洲地区劳动密集型产业的有利条件。

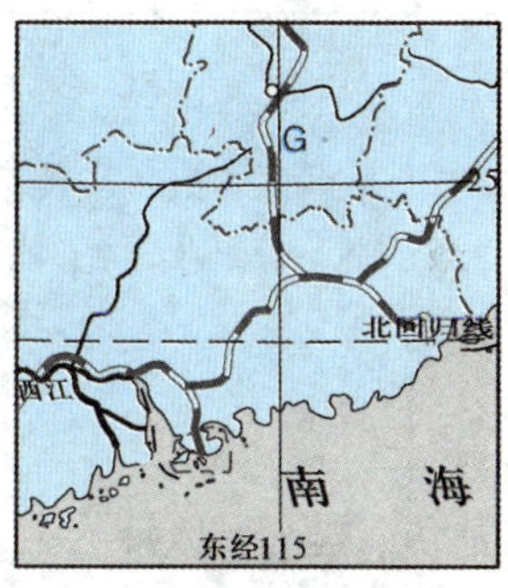

图5－1－35

解析 第（1）问考查空间定位能力，我国省级行政区和主要铁路干线是需要熟记的地理事物。第（2）问考查产业转移的影响因素。廉价劳动力丰富，地租便宜，政策优惠的地方对劳动密集型产业的吸引力较大，结合图中两省的位置和铁路线，还可得出位置临近和交通便利的结论。

答案 （1）江西　京九

（2）临近广东省，交通方便（有高速公路和铁路与珠江三角洲地区相连），劳动力和地价便宜（较低）（政府优惠政策、能源丰富等）。

信息链接 XINXI LIANJIE

亚太地区劳动密集型产业的转移

第二次世界大战以后，世界产业结构经历了由劳动密集型产业向资金、技术密集型产业的转变。在亚太地区，这种转变最先是在美国开始的，20世纪五十年代美国所淘汰的大部分劳动密集型产业转移到了日本；20世纪六七十年代，日本又将其转到中国台湾、中国香港、韩国、新加坡等亚洲四小龙国家和地区；20世纪八十年代中国大陆向外部打开了大门，以优惠条件吸引外商前来投资，使亚洲四小龙及美日的劳动密集型产业转到了地域广泛、劳动力丰富而价格低廉的我国沿海地区。至今这种转移仍在不同层次上继续着并向我国中西部地区扩展。

加入WTO后，我国成为世界上外商投资最大的国家，在制造业的投资中，外商大量投资劳动密集型的产业或加工组装生产环节。我国制造业优势的提升和生产要素低成本优势的维持及广阔的消费市场，吸引着越来越多的国际制造业生产转移到中国。

第二单元 认识跨省区域

第一讲 黄土高原

黄土高原北起长城，南到秦岭，东至太行山，西抵乌鞘岭，经纬度范围大致为34°N～40°N，103°E～114°E。横跨青、甘、宁、内蒙古、陕、晋、豫7省区大部分或一部分，面积30多万平方千米。

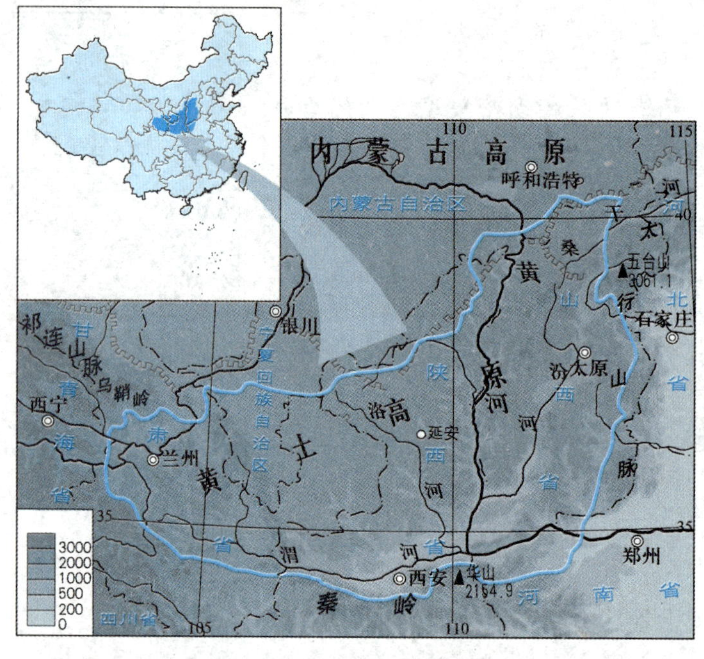

图5－2－1　黄土高原位置和范围

读图指南

1. 找出太行山、秦岭、乌鞘岭、长城，明确黄土高原的范围。

2. 指出黄土高原地跨的省级行政区。

3. 找出黄河及主要支流，概括其水文特点。

黄土铺就的高原

黄土高原是世界上最大的黄土堆积区，黄土的厚度一般超过100米。关于黄土成因的多种假说中，“风成说”影响较大，即认为黄土高原的黄土是从中亚、蒙古等地的荒漠、戈壁吹过来的。

受流水侵蚀的长期影响，黄土高原形成了千沟万壑、支离破碎的地表形态，并呈现出黄土塬、黄土梁、黄土峁等多种多样的黄土地形景观。

信息链接 XINXI LIANJIE

黄土高原特有地形

黄土塬——黄土覆盖的较高平地。又称黄土平台。顶面平坦，周围为沟谷深切，它代表黄土的最高堆积面，是主要的农耕地区。

黄土梁——平行沟谷中的长条状高地，长几百米至数十千米，但宽仅几十米至数百米。梁边常发生滑坡、崩塌等地质灾害。

黄土峁——沟谷分割而成的穹状或馒头状的黄土丘。顶部浑圆，斜坡处较陡。

能力提升 NENGLI TISHENG

利用地质作用原理，理解黄土高原地貌的成因。

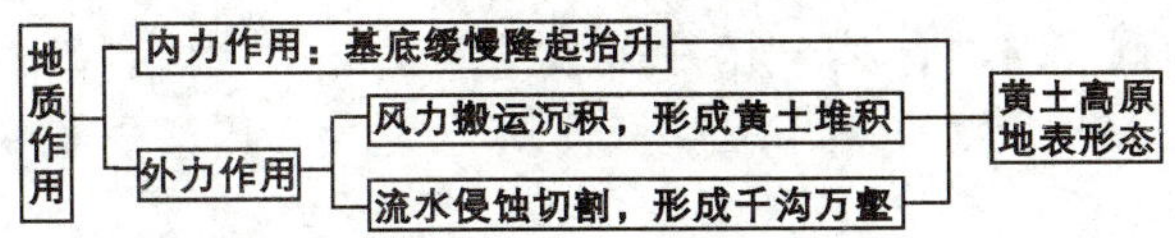

严重的水土流失

水土流失是土地表层因受流水冲刷而造成的水分和土壤流失的现象。黄土高原是我国水土流失最严重的地区，有3/4的土地存在着不同程度的水土流失，其中以晋西、陕北最为突出。

黄土高原的水土流失既受土质、气候、植被、地形等自然因素影响，也受乱垦滥伐、开矿等人为原因影响。其中，人为原因是现代水土流失的主要原因。

严重的水土流失不仅使本地区土地贫瘠、农业低产，生态环境恶化、诱发和加剧自然灾害发生，沟谷增多、扩大，耕地面积减少；而且使水库淤积，河流下游地区河床抬高，增加防洪难度。

黄土高原人民在长期的实践中，总结出许多治理水土流失的宝贵经验，小流域综合治理就是行之有效的方法之一。小流域综合治理实行“保塬、护坡、固沟”的治理方针，工程措施、生物措施和农业技术措施并用，重点是保持水土，开发利用水土资源，建立有机、高效的农林牧生产体系。

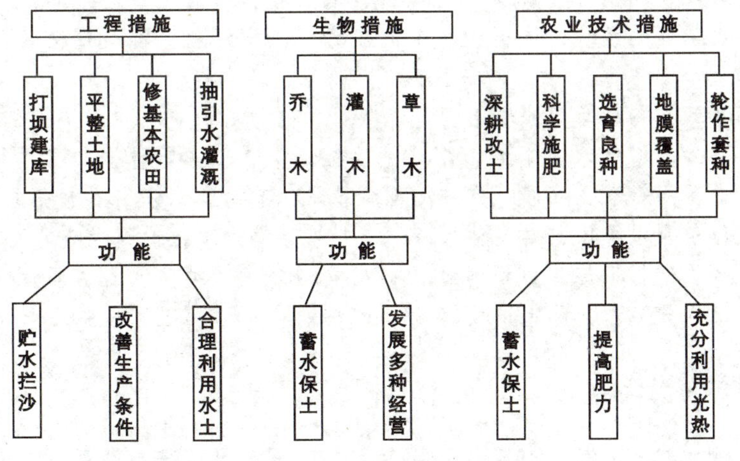

图5－2－2　小流域综合治理开发模式

能力提升 NENGLI TISHENG

1. 分析黄土高原水土流失的原因，针对原因提出防治措施。

自然原因	土质	黄土质地疏松，透水性强，垂直节理发育，遇水易溶解和崩塌
	降水	降水集中，夏季多暴雨，流水侵蚀作用较强
	植被	地表植被稀疏，缺乏保护
	地形	沟谷发育，地表起伏较大，坡面物质不稳定
人为原因		植被的破坏、不合理的耕作制度、开矿等
防治措施		调整土地利用结构，扩大林草面积，建立高产、稳产的基本农田；改善天然草场质量，合理放牧；开展矿区的土地复垦工作；缓坡修梯田、沟谷打坝建库等

2. 图解黄河“地上河”的成因、危害与治理。

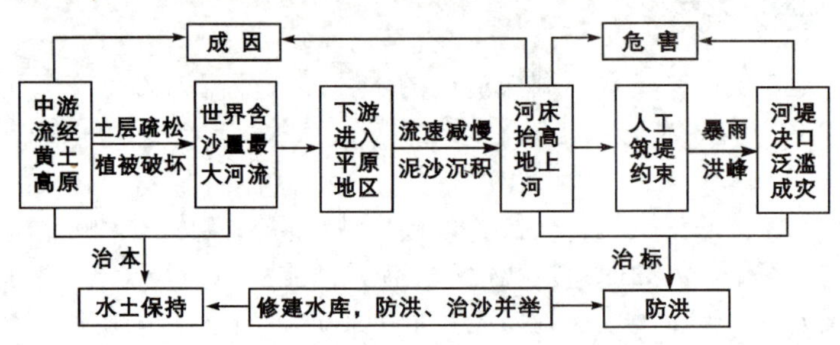

图 5－2－3

信息链接 XINXI LIANJIE

小流域综合治理

小流域是相当于坳沟或河沟的沟道流域，每个沟道可以看作为一个完整的地域单元。对小流域的综合治理不仅便于合理安排小流域内的农、林、牧业生产用地和统一管理，而且可以利用小流域综合治理的经验，进行大、中流域的大面积治理，推动整个黄土高原的水土保持和脱贫致富。

甘肃西峰南小河沟在进行小流域治理时，实行了“保塬、护坡、固沟”的治理方针。

保塬　平整土地，增加水流下渗，削减地表径流；营造护田林网，形成林粮间作、果粮间作的生态农业；采用喷灌、滴灌等先进的灌溉技术，节约和充分利用水资源。

护坡　缓坡修筑水平梯田，发展林果基地；封坡育林育草，达到拦截坡面径流的作用。

固沟　在主要沟道打坝建库，拦泥蓄水；在支沟分段营造防护林，既固定了沟床，又拦截了坡面和上游的大量泥沙，稳定了坡脚。

脆弱的生态环境

黄土高原抵御自然灾害的能力较低。黄土高原地理位置特殊，处在平原向山地、高原过渡，沿海向内陆过渡，湿润向干旱过渡，森林向草原过渡，农业向牧业过渡的地区，各自然因素交错，自然环境条件不稳定，表现为地质灾害、气象灾害频繁以及水土流失严重。

环境遭到破坏后，恢复相当困难。黄土高原曾经是塬面广阔，沟谷稀少，植被丰茂的地区。随着人口的增加，人类活动的加剧，环境逐渐恶化。然而，要把环境恢复到原来状态，现有经济、技术条件下很难做到。

能力提升 NENGLI TISHENG

图解黄土高原人口增长和开垦荒地引起的恶性循环。

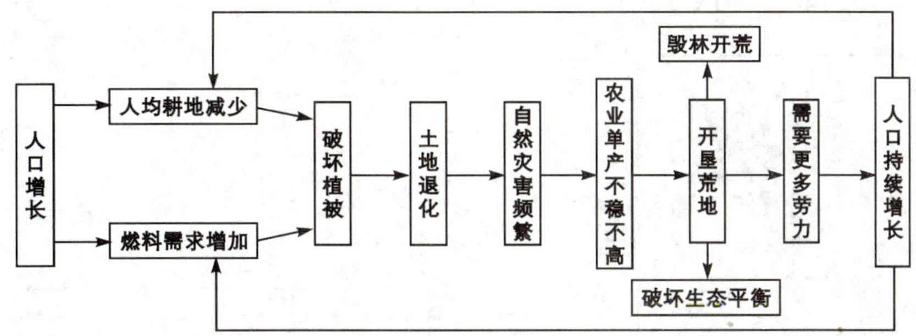

图 5－2－4

能源资源的开发利用

黄土高原煤炭储量约占全国的2/3，而且煤种齐全，品质优良，被称为“乌金高原”。其中，山西省煤炭的储量和产量最大。此外，内蒙古的鄂尔多斯、陕西的神府、豫西和宁夏也是重要煤炭基地。山西、陕西、内蒙古三省区交界地区分布着罕见的特大煤田，被称为“乌金三角”。依托煤炭资源，黄土高原形成众多火力发电基地。

黄土高原的石油、天然气和煤层气储量也相当可观。长庆气田是我国最大的陆上整装气田之一。通过管道运输，本区的油气资源源源不断地运往北京、西安、银川和上海等地。

建设在黄河上游和中游的刘家峡、万家寨、三门峡、小浪底等水利枢纽工程，发挥着发电、灌溉、防洪、调水等综合效益。

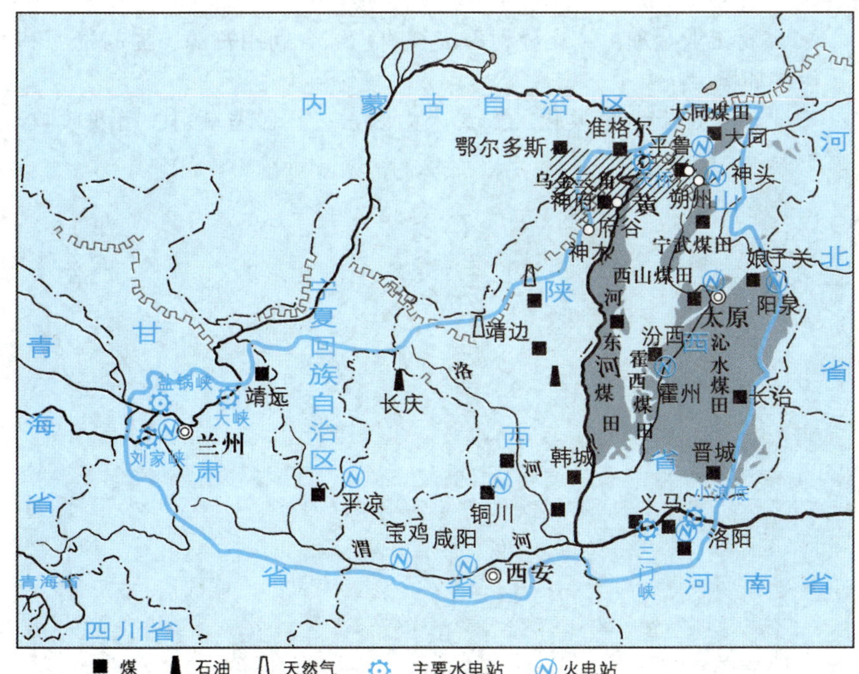

图 5－2－5　黄土高原主要资源的分布

读图指南

1. 找出主要煤矿区、油气田、水电站。
2. 该区域有哪些能源跨区域调配工程？
3. 对山西省来说，向外输煤和输电各有何利弊？

触类旁通 CHULEI PANGTONG

图5－2－6中阴影区域是我国21世纪重点建设的能源基地，图5－2－7为能源基地某产业链示意图。读图回答下列问题。

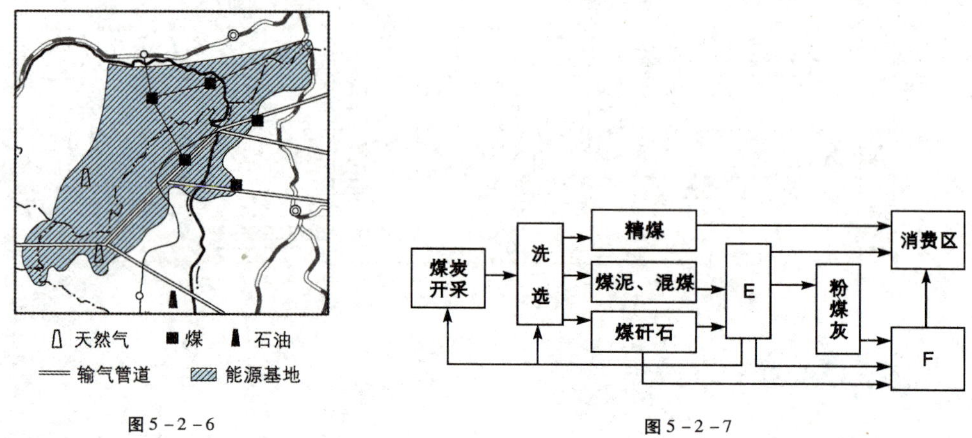

图5－2－6　　图5－2－7

（1）说明该能源基地建设的有利区位条件。

（2）填出E、F处的工业部门。此产业链体现了可持续发展思想，请说明理由。

（3）与20世纪初期的鲁尔区比较，该能源基地所在地区面临哪些不同的主要环境问题？简要回答导致这些环境问题的主要人为因素。

解析 该题主要考查能源基地的建设及可持续发展的措施。分析问题时要注意结合图示区域的区位特征和图中信息。在解题时要迁移鲁尔区的兴起、衰落和综合整治等知识。

答案（1）煤炭、天然气能源资源丰富，质量好，开采条件好；地形开阔平坦，靠近水源；交通便利，临近消费区。

（2）E：电力工业，F：建材工业。理由：充分利用废弃物；综合利用资源，提高资源利用率；减少污染物排放，保护环境。

（3）主要环境问题：水土流失、土地荒漠化。主要人为因素：不合理垦殖，超载放牧，过度砍伐，乱挖滥采矿产资源。

第二讲　长江沿江地带

优越的地理位置和自然条件

长江沿江地带西起四川省攀枝花，东至上海，东西长约3 000多千米，南北大约在长江两岸100～200千米范围内，是个宽窄不一的“带状”区域。

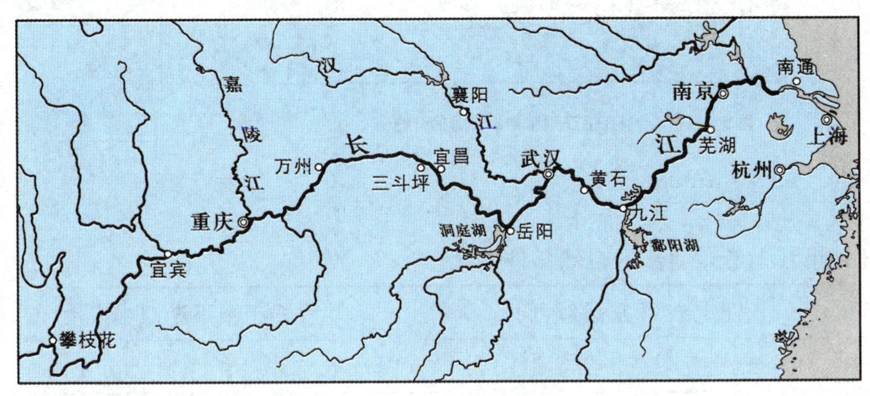

图5－2－8　长江沿江地带

本区地势低平，以平原和低山丘陵为主，平原东西排列，各段宽窄不一。

气候类型为亚热带季风气候，夏季炎热多雨，冬季温和少雨，四季分明；降水丰沛，年降水量在1 000毫米以上。

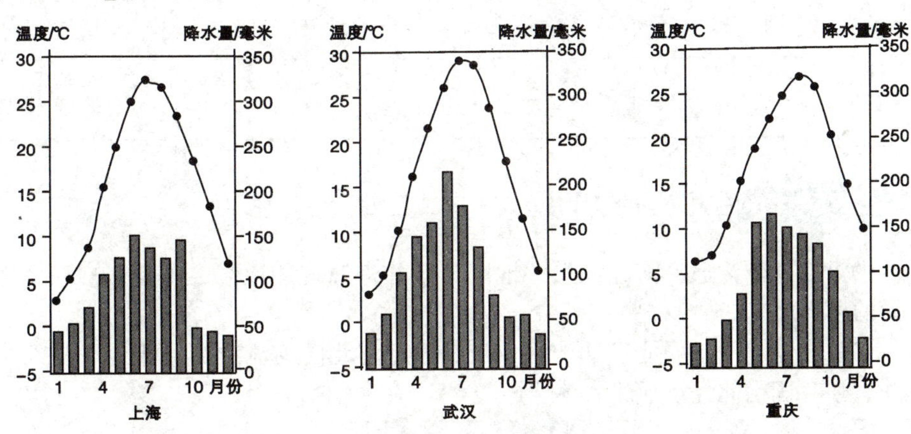

图5－2－9　长江沿岸的气候比较

受地形和气候影响，本区河网密布，湖泊众多，是我国地表水资源最丰富的地区。长江黄金水道横贯东西，水运便利。

自然资源种类多，储量丰富。矿产资源、水资源、耕地资源和气候资源等条件优越。

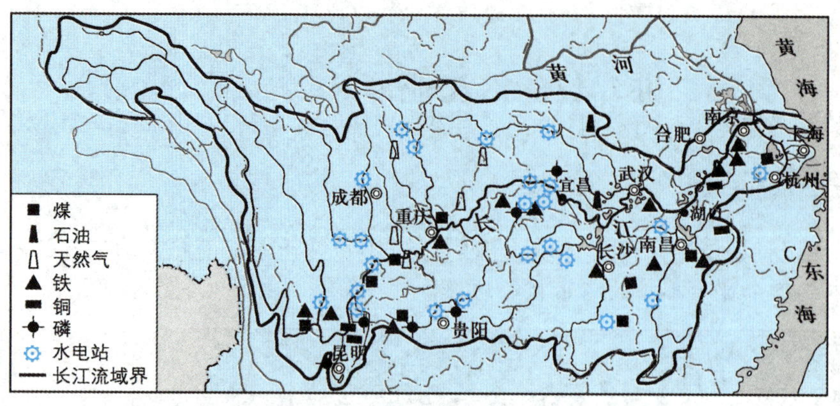

图 5－2－10　长江沿江地带自然资源的分布

读图指南

1. 找出区内主要矿产地。
2. 区内自然资源为哪些工业部门提供了有利条件？

能力提升 NENGLI TISHENG

列表比较沿江地带东西部的自然条件差异。

	长江上游（宜昌以西）	长江中下游（宜昌以东）
地形	云贵高原、四川盆地	长江中下游平原、南方低山丘陵
水文	有雅砻江、岷江、嘉陵江、乌江等长江支流，水能资源丰富	有湘江、汉江、赣江等支流和洞庭湖、鄱阳湖等湖泊，河网密布，水流平稳，航运条件好
气候	四川盆地冬季气温较同纬度高，但全年光照不足；云贵高原年温差较小	长江中下游平原水热资源充足，但夏季多洪涝灾害
资源	水能、煤、天然气等能源丰富	有色金属、铁等金属矿产丰富，能源缺乏

沿江地带的纽带和辐射作用

东西向的沿江地带沟通沿海经济发达地区与西部资源富集地区，是承东启西的纽带，构成“H”形的格局。

长江沿江地带是我国工农业发达的产业带。通过南北向支流及交通干道，其经济优势可向南北辐射，使我国南北经济成为一体。

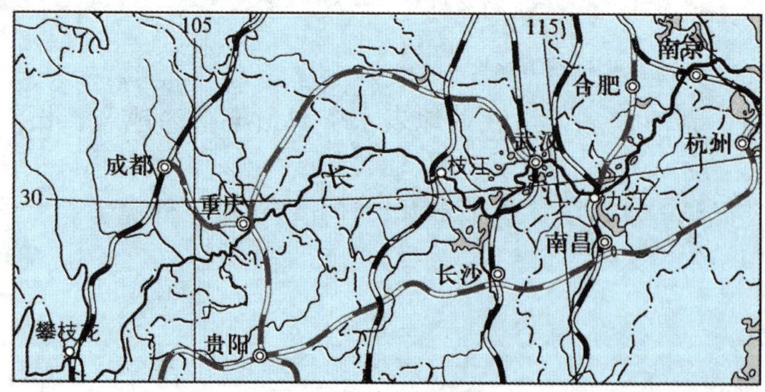

图 5－2－11　长江沿江地带铁路分布

读图指南

1. 找出长江的主要支流。
2. 指出穿越长江的南北向铁路干线及其与长江干流交会形成的交通枢纽。

触类旁通 CHULEI PANGTONG

图 5－2－12 是“长江沿江经济带示意图”。读图回答下列问题。

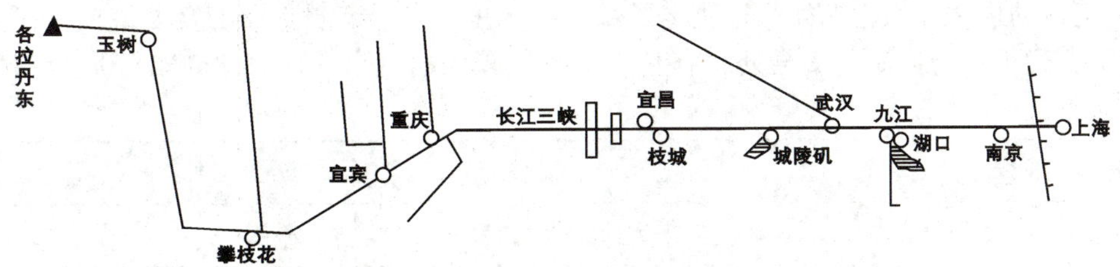

图 5－2－12

（1）写出与长江干流交会的南北向铁路线名称及交通枢纽城市的名称。

（2）长江沿江经济带可通过什么方式将其经济技术优势向南北辐射?

（3）简述三峡水利枢纽工程的建设对长江沿江经济带的重大意义。

解析 该题以长江沿江水系图为试题情境，考查长江沿江地带的纽带和辐射作用。南北向的铁路线为识记内容；辐射方式可结合第（1）问及图像得出结论；大型水利枢纽往往具有防洪、发电、灌溉、航运、供水、养殖、旅游等综合性的效益。

答案（1）京沪线——南京、上海；京九线——九江；京广线——武汉；焦柳线——枝城；成昆线——攀枝花。

（2）长江南北向的主要支流和南北向的主要铁路干线。

（3）长江三峡水利枢纽工程的建设可以改善上游地区的航运条件，为中下游地区带来防洪、供电效益，并给当地带来旅游、淡水养殖、供水等好处。

密集的城市和发达的工业

依托河流的供水和航运功能，长江沿江地带形成了以上海、南京、武汉、重庆四个特大城市为中心的城市密集群。长江三角洲地区的沪宁杭城市带是我国最大的城市带。

长江沿江地带是我国高度发达的工业地带，钢铁、石油化工、汽车、轻纺等工业基地沿江分布，构成了我国东西绵延的“工业走廊”。

钢铁工业走廊：由上海宝山、安徽马鞍山、湖北武汉、重庆、四川攀枝花等钢铁工业基地构成。

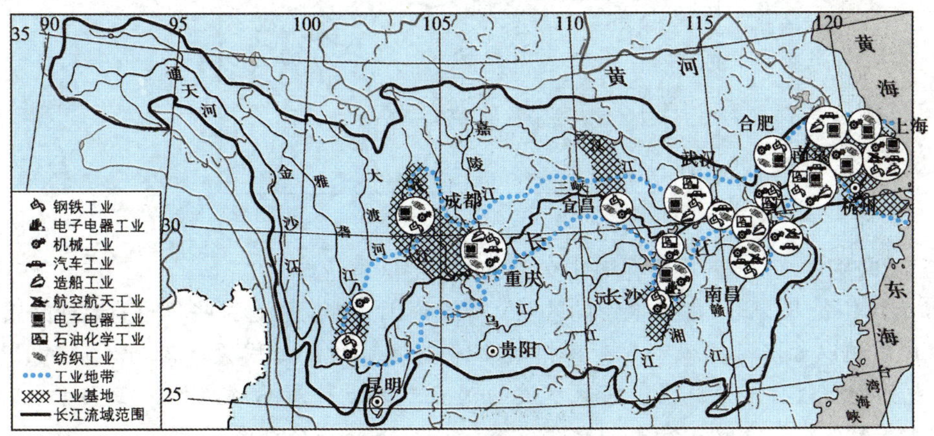

图 5－2－13 长江沿岸地带的工业分布

汽车工业走廊：由上海、南京、武汉汽车工业基地及重庆汽车、摩托车基地构成。

能力提升 NENGLI TISHENG

1. 河流的供水和运输功能往往决定了城市的区位。在干流与支流汇合处，在大河的入海口及陆上交通干线与河流的交会处，有利于形成比较大的城市。列表比较沿江地带四大城市的区位条件。

城市	城市区位
重庆	四川盆地，长江和嘉陵江汇合处
武汉	长江中下游平原，汉江和长江汇合、京广铁路与长江交会处
南京	长江中下游平原，京沪铁路与长江交会处
上海	长江入海口，京沪铁路、沪杭铁路与长江交会处

2. 列表比较沿江地带主要工业基地

工业基地	主要工业部门	主要区位优势
沪宁杭工业基地	我国最大的综合性工业基地	交通便利、科技发达、工农业基础好、社会协作条件好
以武汉为中心的工业基地	钢铁、轻纺	交通便利、水源充足、铁矿丰富、农业发达
以宜昌、重庆为中心的工业基地	电力、冶金	水能、铁矿资源丰富，交通条件有较大改善
以攀枝花、六盘水为中心的工业基地	钢铁、煤炭	煤炭、铁矿资源丰富

触类旁通 CHULEI PANGTONG

1. 读图 5－2－14，完成下列问题。

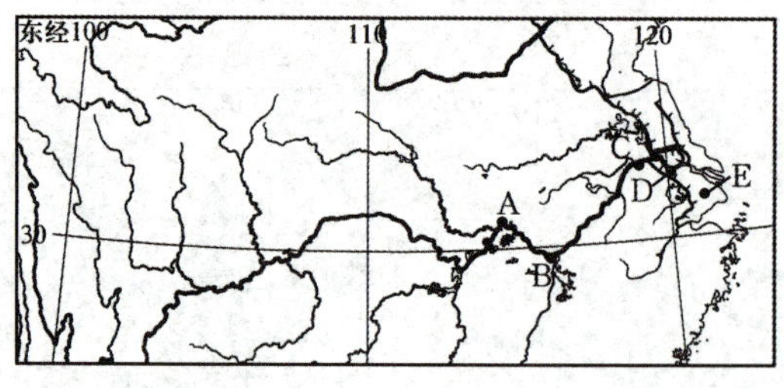

图 5－2－14

（1）比较图中 A、E 两城市在河流交通运输中的区位特点。

（2）影响 A、B、C、D、E 城市的区位，除交通因素外，还有哪些共同的地理因素？

解析 该题以长江沿江城市分布为情境，考查城市的区位因素。沿河设城的区位类型主要有两河交汇处、河口位置、河流水运的起点或终点；影响城市的区位因素包括地形、气候、河流等自然因素以及资源、交通、政治、经济等社会经济因素。

答案（1）A 位于长江与汉江汇合处，具有三个方向上的水运优势；E 位于长江口，是河运的起点和终点。

（2）位于长江中下游平原，地形平坦；亚热带季风气候，气候温暖湿润；农业发达，可为城市发展提供充足的农副产品；长江供水。

生态环境问题及其治理保护

由于长江上游毁林开荒、陡坡垦殖，造成森林减少，水土流失加重。严重的水土流失，造成长江水系河道、湖泊及水库淤积，河流通航能力降低，防洪难度增加，水库综合效益下降。

长江中下游地区是长江流域洪涝灾害最集中、最严重、最频繁的地区。究其原因，首先，受流域气候、地形、水系特征等自然原因影响；其次，还与上游的水土流失和中游的围湖造田等人为原因有关。近年来，国家在长江上游营造水土保持林、修建三峡水利枢纽、中游退田还湖，大大减轻了流域的洪涝灾害。

第三讲 东北地区

山环水绕的地表形态

东北地区包括黑龙江、吉林、辽宁三省和内蒙古自治区的东部。南临渤海和黄海，东、北、西与朝鲜、俄罗斯、蒙古为邻，包括我国领土的最东和最北两个端点，是我国少数民族的主要聚居区之一，有满族、朝鲜族等40多个少数民族。

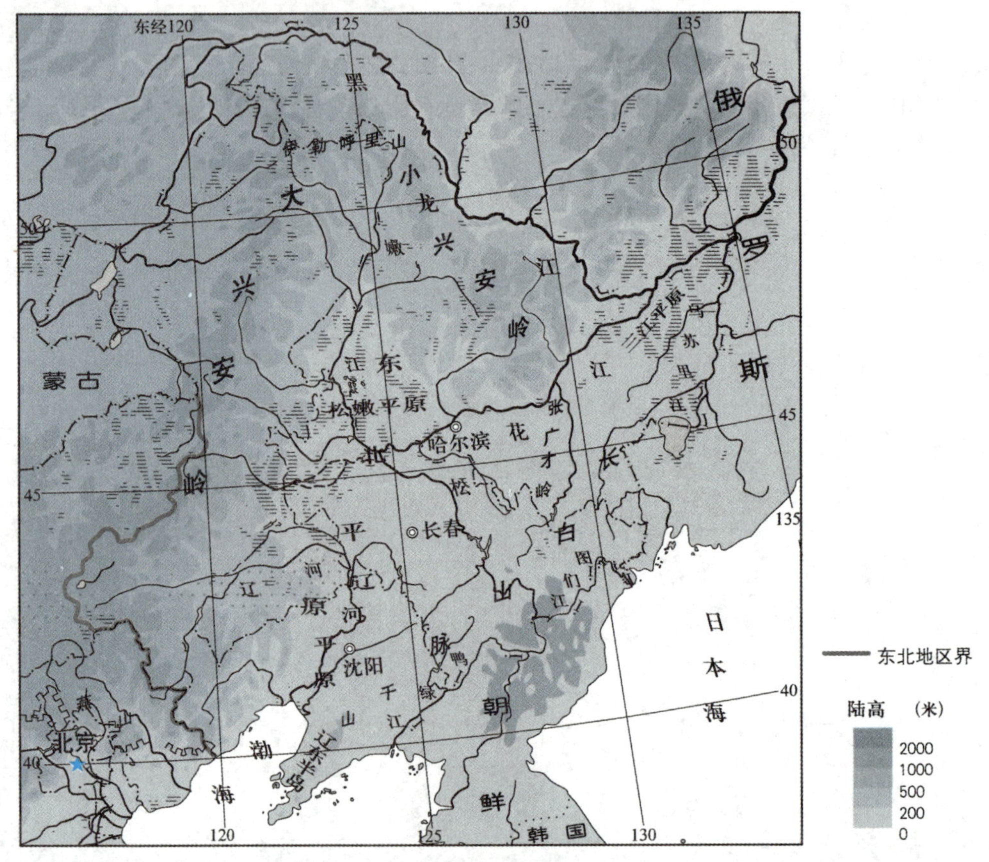

图5－2－15 东北地区的位置与地形

> **读图指南**
>
> 1. 找出黑龙江省、吉林省、辽宁省、内蒙古自治区。
> 2. 指出邻国蒙古、俄罗斯、朝鲜，临海渤海、黄海。
> 3. 说出东北地区的经纬度范围。
> 4. 找出大兴安岭、小兴安岭、长白山、东北平原、三江平原、松嫩平原、辽河平原、内蒙古高原、辽东丘陵等地形区，以及黑龙江、乌苏里江、松花江、嫩江、辽河、鸭绿江、图们江等河流。

东北地区地形以平原和山地为主，山环水绕、沃野千里是其地表结构特征。在西、北、东三面，分别排列着大兴安岭、小兴安岭和长白山，山地外侧环绕着界河黑龙江、乌苏里江、图们江和鸭绿江，内侧怀抱着肥沃的东北平原，形成马蹄形的地形结构。

东北平原包括辽河平原、松嫩平原和三江平原，面积35万平方千米，是我国面积最大的平原。平原南北长而东西窄，中部较高。三江平原由黑龙江、乌苏里江、松花江冲积而成，平原地势低平，是我国最大的沼泽分布区。黑土面积大，沼泽分布广是东北平原的特色。

黑龙江是东北最大的河流，松花江是黑龙江最大的支流，嫩江汇入松花江是黑龙江的二级支流，黑龙江的中段及支流乌苏里江是中俄界河；辽河是南部重要的河流，鸭绿江是中朝界河，图们江不仅是中朝界河，入海口附近还是朝俄界河。东北地区河流结冰期长，年内有春汛和夏汛两个汛期。

能力提升 NENGLI TISHENG

比较大兴安岭东西两侧的地理特征差异。

项目	东侧	西侧
年降水量	大于400毫米	小于400毫米
气候区	季风区	非季风区
流域类型	外流区	内流区
地形单元	东北平原	内蒙古高原
地势阶梯	第三级阶梯	第二级阶梯
植被类型	温带森林	温带草原
农业类型	种植业	畜牧业

冷湿的气候

东北地区纬度较高，距离冬季风的源地较近，长冬、严寒是这里气候的主要特点。受地形和海陆位置等因素影响，大兴安岭的东侧年降水量大于400毫米，属于温带季风气候；大兴安岭的西侧降水量小于400毫米，属于温带大陆性气候。

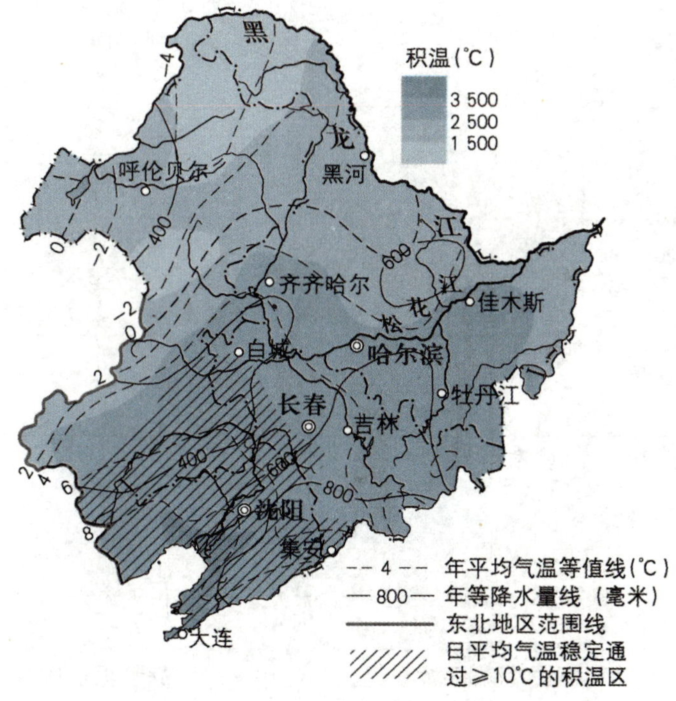

图5-2-16　东北地区年平均气温及年降水量分布

寒冷的气候，一方面使得土壤冻结时间长，导致低洼处积水下渗受阻，土壤沼泽化；另一方面使得微生物分解速度减慢，有机质积累形成肥力较高的土壤，黑土和黑钙土是东北的高产土壤。寒冷的气候还导致东北河流的封冻期较长，影响河流的通航能力。

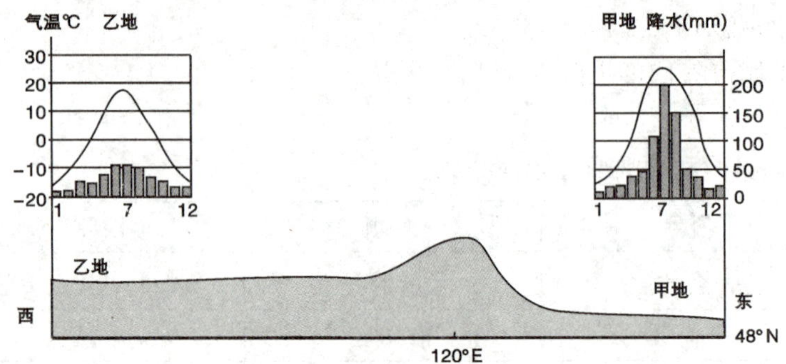

图5-2-17 大兴安岭东西气候

能力提升 NENGLI TISHENG

图解东北气候的成因及其对自然环境的影响。

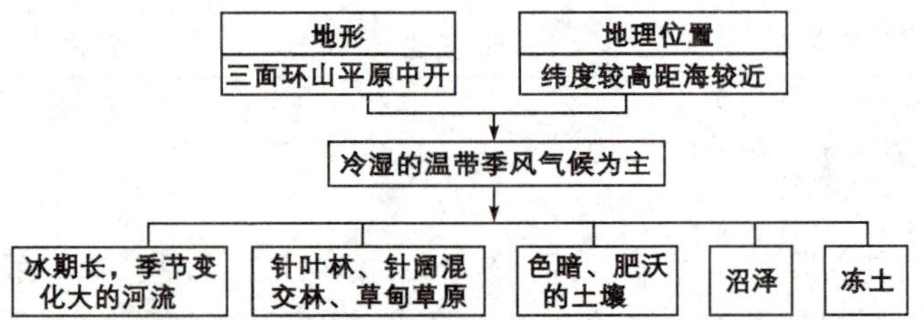

触类旁通 CHULEI PANGTONG

读我国某区域地形剖面图（图5-2-18）及相关气候资料，回答下列问题。

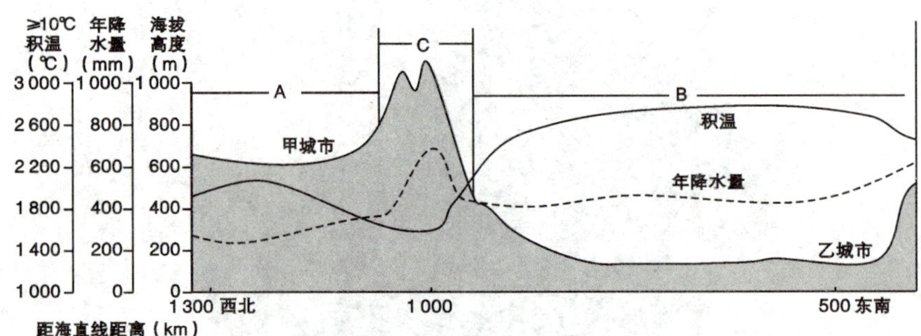

图5-2-18

气候指标 \ 月份 \ 城市	甲		乙	
	1月	7月	1月	7月
气温（℃）	-27.3	19.4	-19.7	22.7
降水量（mm）	3.6	90.8	4.3	176.5

（1）甲、乙两城市气候的大陆性哪地更强？请用图表中的数据加以说明。

（2）相关资料表明，甲、乙两城市每年接受到的太阳辐射总量基本相同。为什么？

（3）据图文信息判断出C山脉的名称。

（4）写出适宜A、B、C三个地区发展的主要农业部门。

解析 （1）大陆性气候特点表现为温差大，降水少；（2）纬度位置、天气状况、海拔高度是影响太阳辐射的主要因素；（3）依据地理事物的特征和分布可以进行空间定位；（4）自然环境差异影响农业活动的方式。

答案:（1）甲城市气候的大陆性强，甲城市气温年较差大，约46.7℃，年降水量少，约320毫米；乙城市气温年较差小，约42.4℃，年降水量大，约490毫米。

（2）甲城市比乙城市纬度高，但夏季日照时间长，地处半干旱地区，晴天多，接受到的年太阳辐射总量与乙城市相当。

（3）大兴安岭。

（4）A地——畜牧业，B地——种植业，C地——林业。

重要的农林基地

东北地区是我国最大的、比较稳定的农业基地。东北平原是主要的商品粮基地，其中，三江平原是我国商品率最高的商品粮基地。本区主要的粮食作物有小麦、玉米、水稻、高粱、谷子，主要经济作物有大豆、甜菜、亚麻等。

本区发展农业的有利条件主要有耕地面积广阔、土壤肥沃、水源较充足、雨热同期等，劣势主要是积温低，热量不足。土壤培肥、沼泽的保护是区域农业可持续发展需要重视的问题。

东北的大兴安岭、小兴安岭和长白山地有着丰富的森林，是我国最大的天然林区。主要林木有以落叶松为主的寒温带针叶林和以红松为代表的温带针阔混交林。黑龙江是我国最大的木材基地和最大的木材调出省。

多年来，由于人们过度采伐、毁林开荒、重采轻育及森林火灾等原因，东北林区面积不断减少，森林覆盖率逐渐降低，木材蓄积量大幅度下降。

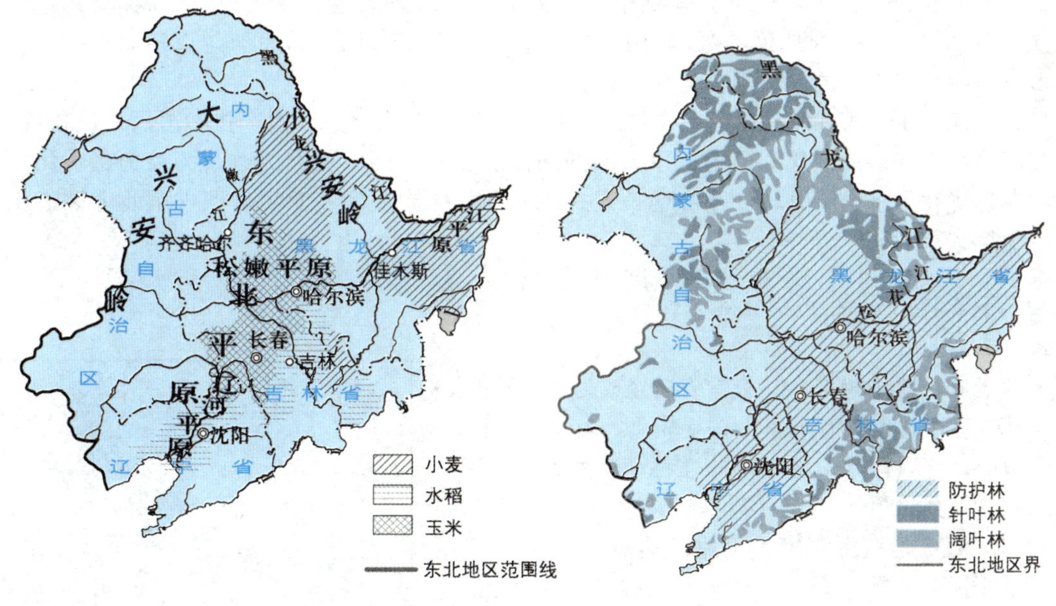

图5－2－19 东北地区粮食作物分布　　图5－2－20 东北地区林业分布

能力提升 NENGLI TISHENG

1. 图解气候对东北农业的影响。

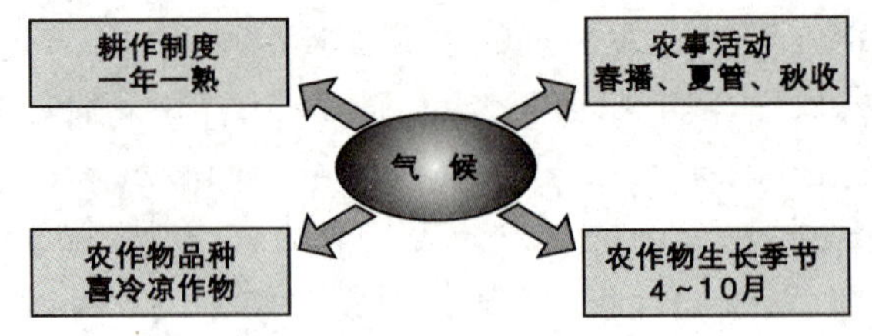

图 5-2-21 气候对东北地区农业生产的影响

2. 东北平原商品粮的发展条件分析。

	自然条件	社会经济条件
优势	夏季温暖，日照时间较长，年降水量较大，达400~600毫米，雨热同期；春季的积雪融水和夏季的降水保证了充足的灌溉水源。地势低平，对农业机械化耕作极为有利；土层深厚，遍布肥力较高的黑土；冻土广布，保证了土壤有较好的墒情。冬季气候寒冷，农作物病虫害少。	人均耕地面积大，农业商品率高；雄厚的农业机械制造业为现代化农业奠定了坚实的基础；国家东北农林基地建设的政策支持。发达的交通运输网，庞大的消费市场等。
劣势	热量资源不足，作物只能一年一熟；农作物在秋季降霜早或春季温度低时会受到低温冻害影响而大幅减产；沼泽地面积很大。	

发展中的重工业基地

东北地区煤炭、石油、铁矿等矿产资源丰富，水源充足，水陆交通便利，为工业发展提供了良好的发展条件。这里工业基础雄厚，曾是全国最大的重工业基地，工业部门以钢铁、煤炭、石油加工、森林加工为主。沈阳的机械制造、大连的化工和船舶、长春的汽车、哈尔滨的电机制造、鞍山的钢铁等在全国久负盛名。

近年来，东北工业基地出现了资源开始枯竭、生产结构单一、生产技术落后、设备陈旧、环境污染严重、产品老化和市场竞争力差的局面。目前，国家决定以改革为动力，转化体制和机制、优化经济结构，转变经济增长方式，提升整体素质和竞争力，推进东北地区老工业基地的振兴。

触类旁通 CHULEI PANGTONG

1. 到20世纪50年代，辽宁省已经成为中国的重工业基地。辽宁省蕴藏有丰富的铁矿资源，在20世纪70年代以前，抚顺有“中国煤都”之称。读图5-2-22，分析回答下列问题。

(1) 辽宁省资源丰富，工业发达，其中________有“中国煤都”之称，________有“中国钢都”之称。

(2) 简述20世纪70年代以前影响辽宁省钢铁、机械工业的区位因素。

(3) 简述近年来该省工业区位因素的变化。

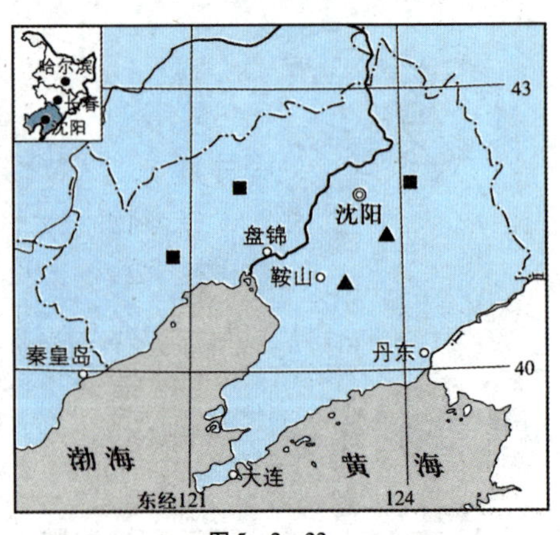

图 5-2-22

解析 工业的区位条件包括自然条件和社会经济条件。从图中信息可知，辽宁钢铁工业的主导因素是矿产资源。区位条件的改变对工业发展会带来较大影响。

答案 (1) 抚顺 鞍山

(2) 有丰富的铁、煤等矿产资源，便利的水陆交通，辽河水源，劳动力资源或辽河平原的农业资源。

(3) 省内的煤炭资源枯竭，交通运输条件有了很大的改善，(改革开放和引进外资等都使) 工业发展有了新的机遇，国家振兴东北老工业基地的政策支持等。

2. (2014·新课程卷Ⅱ) 阅读图文资料，完成下列要求。

建三江位于三江平原腹地，于1957年开始垦荒。目前面积1.24万平方千米，人口20多万。这里空气清新，水源丰富且水质优良，土壤肥沃。近年来，建三江重点种植水稻，有“中国绿色米都”之称。建三江采用现代技术科学生产，如定点监测土壤肥力并精准施肥。图5-2-23示意建三江的位置和范围。

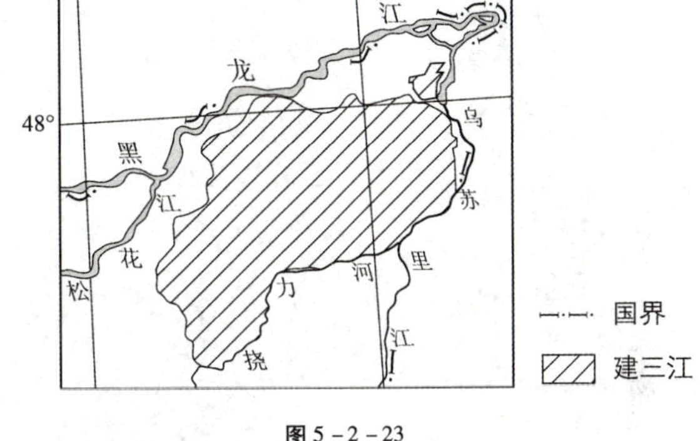

图5-2-23

(1) 分析三江平原环境质量优良的原因。

(2) 分析建三江农作物虫害较少的气候原因。

(3) 简述建三江水稻种植过程中化肥施用量较少的原因。

(4) 建三江被称为“中国绿色米都”。请说明建三江获此美誉的理由。

解析 该大题以建工三江被称为“中国绿色米都”为主线，精选图文资料，设计阶梯性问题，引导考生逐步探究建三江被称为“绿色米都”的原因，综合考查考生获取和解读信息、调动和运用知识、分析和解决问题的能力。各小题之间的关系及命题(解题)思路如下图所示。

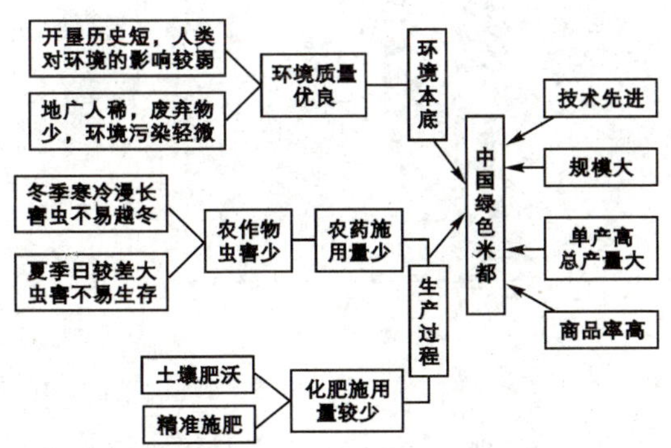

答案 (1) 开垦历史短，人类对环境的影响较弱；地广人稀，工矿业、城镇、交通车辆等较少，人类活动排放的废弃物(废气、废水、废渣等)较少，环境污染轻微。

(2) 纬度高(48°N附近)，冬季寒冷而漫长，害虫(虫卵)不易越冬；夏季气温日较差大，日低温较低，不利于虫害生存和繁殖。

(3) 土壤肥沃(肥力高)；精准施肥，控制施肥量。

(4) 环境质量优良(污染少)；化肥、农药施用量少，生产绿色稻米；生产技术先进，具有示范作用；生产规模大；单位面积产量高，总产量大；商品率高等。

第三单元 认识省级区域

第一讲 北京市

优越的自然地理条件

北京市简称京，面积1.68万平方千米，人口1 961万多（第六次人口普查）。

北京位于华北平原的北部边缘，西北背靠太行山和燕山，东南面向渤海，与河北省和天津市接壤。

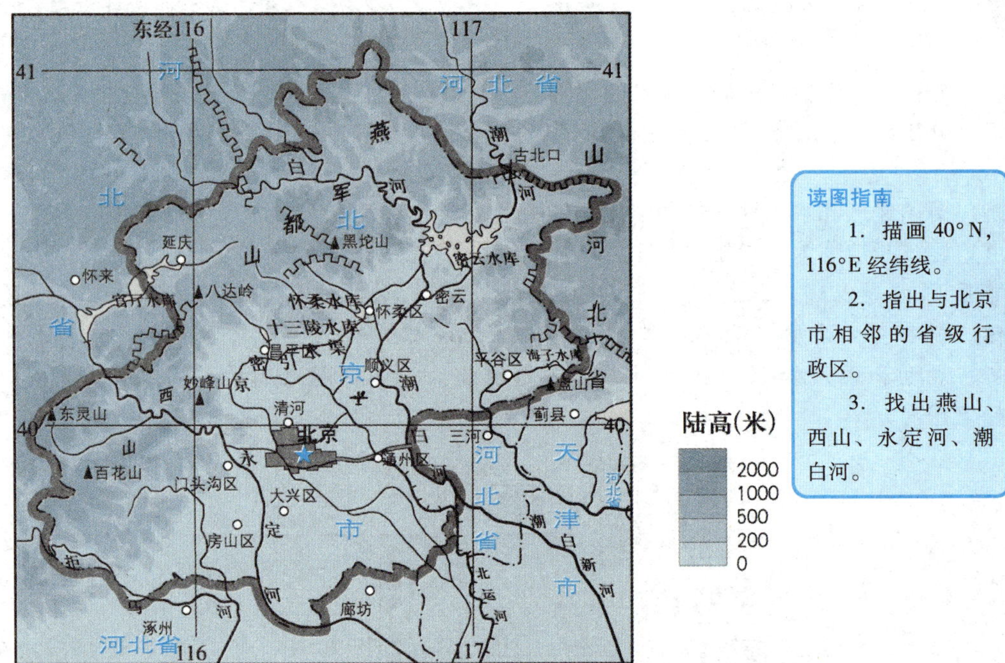

图5-3-1 北京市地形

读图指南

1. 描画40°N，116°E经纬线。
2. 指出与北京市相邻的省级行政区。
3. 找出燕山、西山、永定河、潮白河。

北京市属于温带季风气候，冬季寒冷干燥，夏季高温多雨，四季分明，春、秋短促，冬、夏较长，降水集中，7、8月份降水量大且多暴雨。

北京市西部、北部和东北部三面环山，东南部是一片缓慢向渤海倾斜的平原，地势西北高、东南低。西山、军都山、燕山为境内主要山脉。市区位于海河支流永定河冲积扇上。

永定河、潮白河、北运河是境内主要河流，属于海河水系。

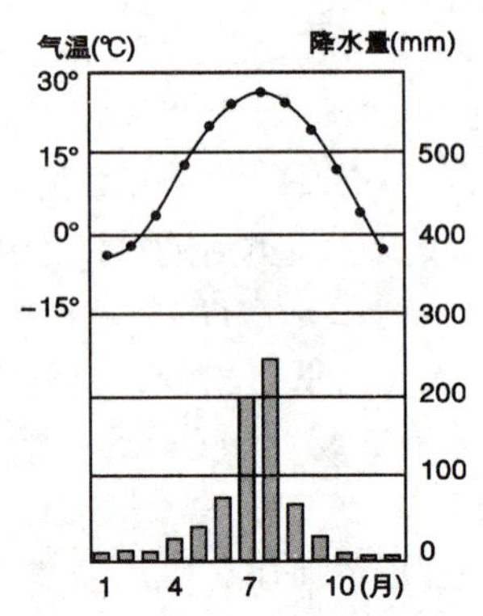

图5-3-2 北京市气温和降水分布

触类旁通 CHULEI PANGTONG

读图 5－3－3，回答下列问题。

（1）说明燕京城城址选择的有利自然条件。

（2）说明燕京在区际联系中地理位置的重要性。

图 5－3－3

解析 该题以燕京（今北京）为例，考查城市的自然区位因素以及燕京作为政治中心其位置的重要性。影响城市选址的自然条件包括地形、气候、河流与水源、土壤与农业等方面。交通位置的重要性可从图中提取信息并加以说明。

答案（1）地形：位于山前冲积扇上，地形平坦。

土壤与农业：土壤肥沃，有利农耕，可生产城市必需的农副产品。

河流与水资源：有河流经过，提供城市、农业用水，以及可能的水（漕）运通道。

气候：西、北背靠群山，东南面向海洋，可有效增加夏季风带来的降水，减弱冬季风的侵袭。

（2）位于几条古大道的交叉点，对外联系方便；东北可通东北平原；北可接内蒙古高原；西可联系黄土高原并进而联系大西北；南经华北平原可通东部平原地区，且东南离海较近。

政治、文化、交通及国际交往中心

北京市是中华人民共和国的首都，是我国的政治、文化、交通中心，也是国际交往中心。

人民大会堂是全国人民代表大会常务委员会所在地，中南海是党中央国务院所在地。

北京荟萃着北京大学、清华大学等数百所高等院校，集中了中国科学院、中国社会科学院、中国工程院等众多科研机构，此外还有规模宏大的国家图书馆、首都博物馆等众多的文化场所，鸟巢、水立方等体育活动中心，以及许多国家级文艺团体。

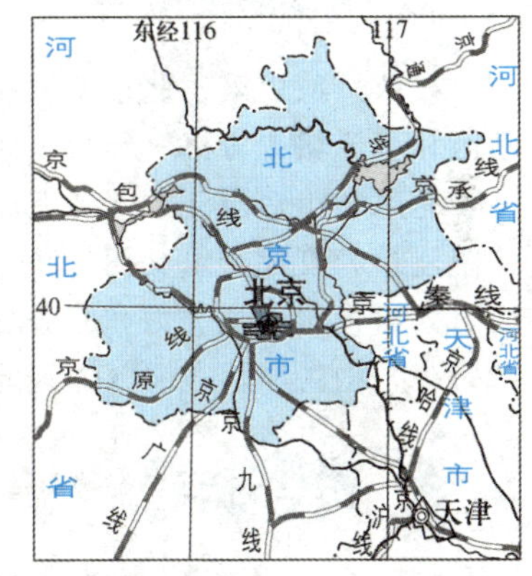

图 5－3－4 北京市铁路交通

北京是东北、西北、南方之间往来的交通要道在华北的交会处。铁路、公路、航空运输十分便利。北京是京哈、京沪、京九、京广、京包等全国铁路干线交会而成的铁路枢纽。京津、京沪等高速铁路大大缩短了地区间的时间距离，首都机场是全国最大的航空港。

北京有外国大使馆、国际组织代表机构，以及众多的外国企业代表机构、外国新闻机构驻京记者站。随着世界著名跨国公司的落户和各种国际会议的频繁召开，北京与世界各地的联系日益密切。

历史文化名城

北京是我国著名的古都和历史文化名城。距今 3 000 万年前的周武王时，北京就初步形成了聚落中心，当时称蓟，是世界最早的城市之一。从公元 12 世纪中叶起，金、元、明、清等朝代都把北京作为都城，前后近 800 年。

悠久的古代历史为北京留下许多驰名中外的名胜古迹。八达岭长城、明清故宫、周口店北京人遗址、颐和园、天坛和明十三陵被列为世界遗产名录。北京还有200多处国家级和市级文物保护单位，是全国第一座重点保护的历史文化名城。

信息链接 XINXI LIANJIE

明代北京城的城市布局

明清北京城是中国封建社会后期都城的代表。

明代北京城是在元大都的基础上建造的，城市由三套城墙组成，中心为代表封建统治的皇帝居住的紫禁城，它外面是皇城，居住着内府的官员及贵族，外城为一般市民居住。长达8千米的中轴线纵贯南北，由城门、干道、不同体型大小的广场、建筑群、制高点等组成，突出了皇权的中心——宫殿建筑群。这种围绕紫禁城和中轴线呈对称分布的城市结构，充分体现了皇权的至高无上。

面向南方是明代北京城布局的主导方向，这既有利于居室避寒、采光，又体现了“面南而王”的传统观念。“凸”字轴线型的城市格局，给人以稳定感、整体感和协调感。

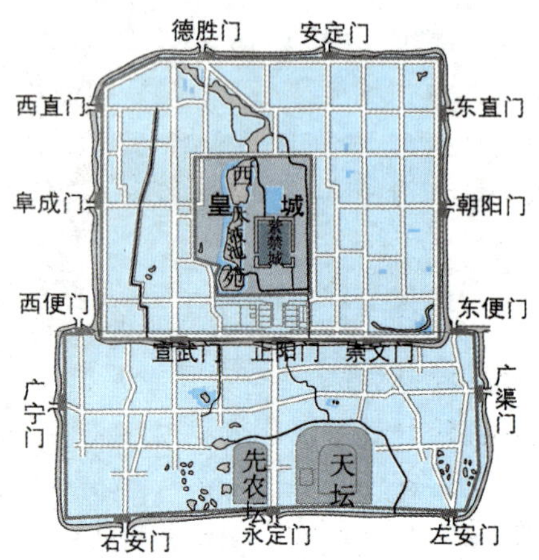

图5－3－5　明代北京城

城市建设成就

改革开放以来，北京市发展日新月异。城市空间以旧城为中心向四周扩展，兴建了许多新区和卫星城，方格—环行—放射式道路网将城市各个部分连接在一起。

北京城市建设注意保持旧城基本格局和原始风貌，同时还兴建了许多现代化建筑和设施。传统建筑和现代建筑交相辉映，既有文化特色又有时代风貌。

为增强国际竞争力和服务功能，北京市加大基础设施建设力度，规划和建设中央商务区、金融街、中关村科技园区、王府井商业街等重点功能区以及城市快速轨道交通和高速公路。

城市的可持续发展

随着北京市人口规模和经济规模的不断扩大，城市环境问题日益突出，主要表现为能源和水资源供不应求，环境质量下降，交通拥挤，住房紧张等。这些“城市病”已经严重制约了北京市的可持续发展。

为了促使北京市的良性发展，国家和地方政府采取了一系列有效举措。西气东输、西电东送、南水北调工程将大大缓解北京市的能源和水资源短缺状况；合理规划城市功能分区，建设新城和卫星城对解决北京城市化问题起到积极作用；首钢等高污染企业的搬迁，燃煤、机动车、工业等污染源的治理等使首都大气环境有了明显改善；不断完善的市内交通网对缓解交通压力起到一定作用。

触类旁通 CHULEI PANGTONG

近二十年来，北京大气质量较差。请分析在图5－3－6条件下，大气污染较重的原因。

图5－3－6

解析 该题考查获取和解读信息以及调动和运用知识的能力。据图中信息可知，大气污染源包括工厂、交通工具、城市生活、建筑工地等，图示天气状况为逆温，不利于污染物的扩散。

答案 生产生活排污、城市建设扬尘及汽车尾气使进入大气的污染物总量较多；城市上空气温高于地面气温，大气的垂直运动受阻，污染物汇集于近地面，扩散较难，加重了污染。

第二讲 台湾省

祖国神圣的领土

台湾省包括台湾岛以及附近的澎湖列岛、钓鱼岛、赤尾屿、兰屿、绿岛等200多个岛屿，面积共36 000平方千米。台湾自古以来就是我国领土不可分割的一部分。

台湾岛形似纺锤，面积35 808平方千米，是我国第一大岛。北濒东海，南临南海，东部直接面向太平洋，西部隔台湾海峡与福建省相望。

台湾海峡全部位于大陆架上，平均宽度190千米，平均水深60米。澎湖列岛位于海峡东南部，扼海峡咽喉。

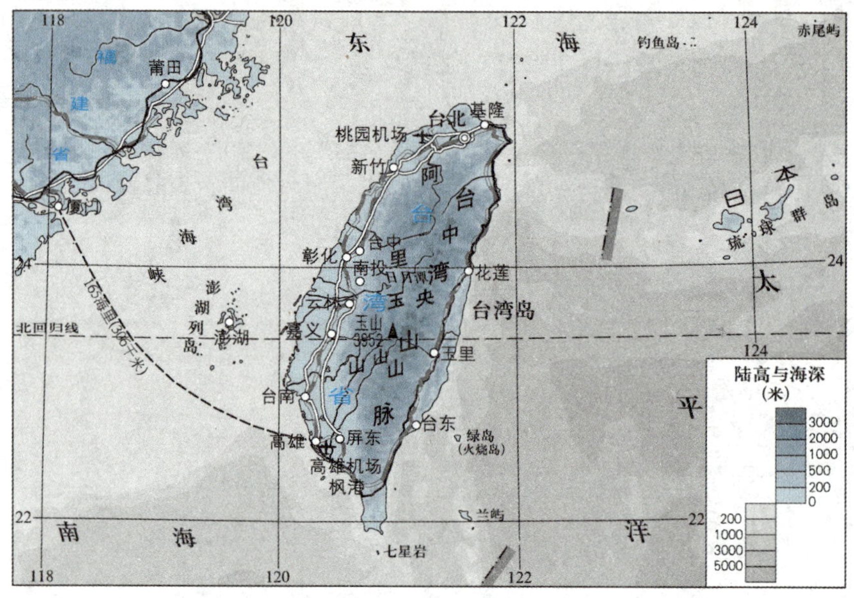

图5－3－7 台湾省位置和地形

读图指南

1. 找出台湾岛、澎湖列岛、钓鱼岛、赤尾屿。
2. 指出台湾岛周围的海洋和海峡。北回归线穿过台湾岛的哪个部位？
3. 利用台湾岛南北的纬度差估算台湾岛的南北长度。

台湾岛地势东高西低，地形多山。山地、丘陵占全岛面积的2/3，主要分布在岛屿的中部和东部。台湾山脉纵贯全岛，玉山海拔3 952米，是我国东部的最高峰。平原占岛屿面积的1/3，分布在岛屿的西部及东部沿海地带，西部的嘉南平原是台湾最辽阔和富饶的平原。因地处太平洋板块与亚欧板块交界处，台湾岛地壳不稳定，多火山、地震。

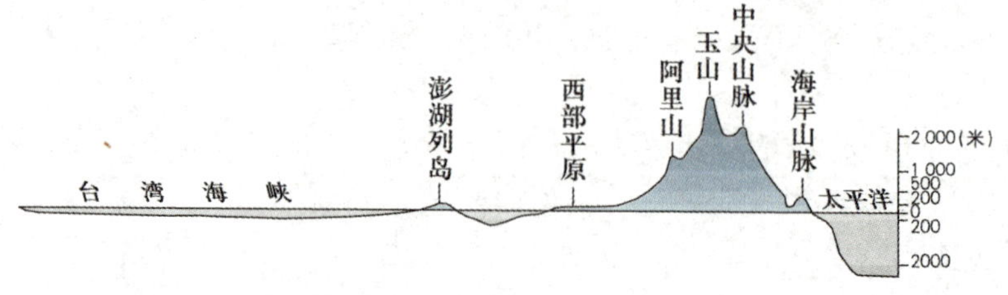

图5－3－8 台湾岛沿北回归线附近地形剖面

北回归线穿过台湾岛中南部，台湾岛大部分属于亚热带季风气候，只有南部小部分地区属于热带季风气候。年平均气温22℃，年降水量2 200毫米，气候温暖湿润。每年6～10月常受台风侵袭。台湾山脉东北部的火烧寮，年平均降水量6 558毫米，有我国“雨极”之称。

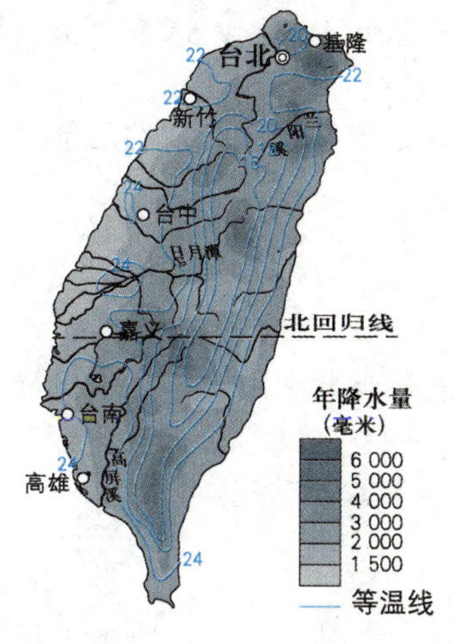

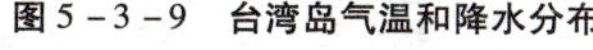

图5－3－9 台湾岛气温和降水分布

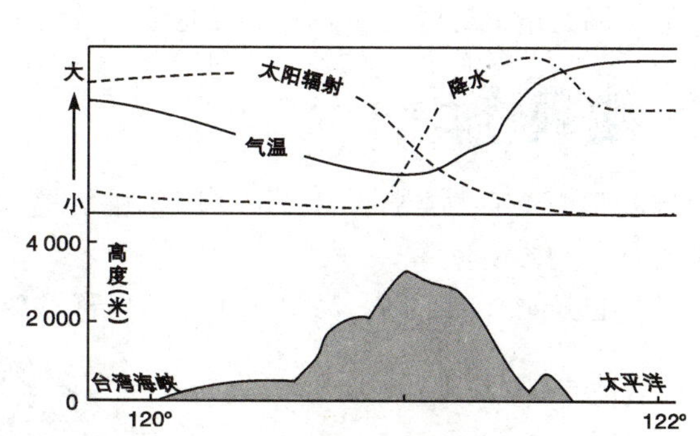

图5－3－10 台湾岛沿回归线地形剖面及相关要素变化

台湾岛上河流众多，水量丰富，受地形影响，河流短促，水能蕴藏量较大。最大河流为浊水溪，长度186千米。最大湖泊是日月潭，为我国十大旅游胜地之一。

能力提升 NENGLI TISHENG

图解台湾岛地形分布对气候和河流的影响。

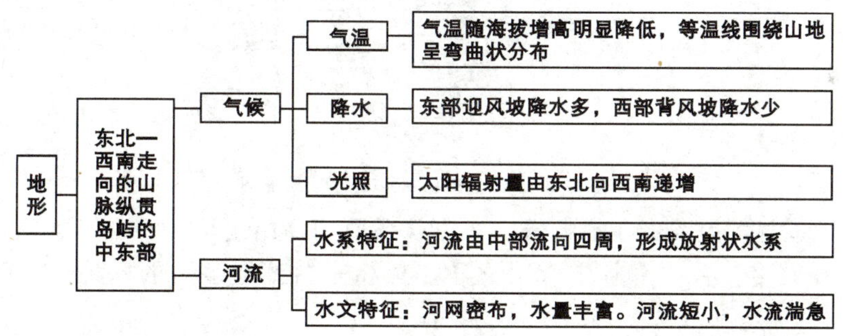

触类旁通 CHULEI PANGTONG

图5－3－11是台湾岛气候类型分布简图，图中Ⅰ、Ⅱ分别表示亚热带季风气候和热带季风气候。读图完成下列问题。

（1）分析台湾岛形成湿热气候特征的原因。

（2）说明两种气候类型的界线向南弯曲的原因。

（3）说明两种气候类型的界线在岛屿东侧较西侧纬度偏高的原因。

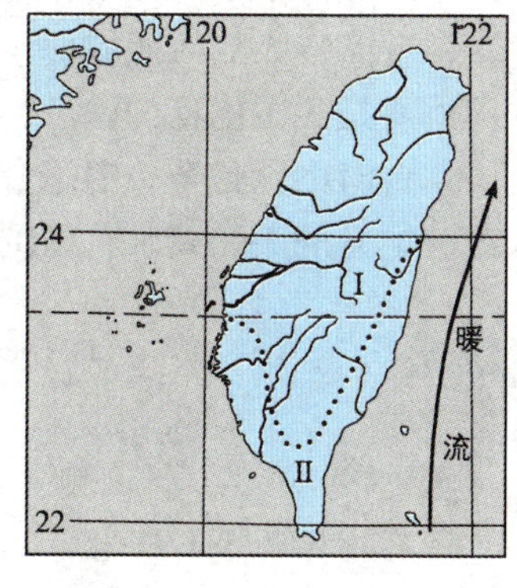

图5－3－11

解析 该题以台湾岛的气候分布为背景，考查分析气候特征成因的能力。纬度位置形成气温的基本格局，大气环流影响降水基本状况，地形、洋流、海陆分布使气候复杂化。

答案（1）地处低纬度，北回归线横穿中南部，终年得到的太阳辐射较多，因而气温较高；四周临海，终年受海洋的影响大，尤其夏季的东南季风从太平洋带来充足的水汽，受台湾山脉的抬升，产生丰沛的降水；周围有暖流经过，增加了岛上的湿润程度。

（2）两种气候类型的界线向南弯曲，说明中部地区的气温低于两侧，这是由于中部地形隆起所致。

（3）两种气候类型的界线在岛屿东侧纬度偏高，说明东部地区较同纬度的西部地区气温偏高。这是因为东部地区有强大的暖流通过，起到了增温的作用。

美丽富饶的宝岛

台湾岛是个美丽的宝岛，日月潭、阿里山等美丽的自然景观和高山族等少数民族风情是岛上独具特色的旅游资源。

台湾岛也是富饶的宝岛，岛上农矿产品丰富，被誉为“祖国东南海上明珠”。

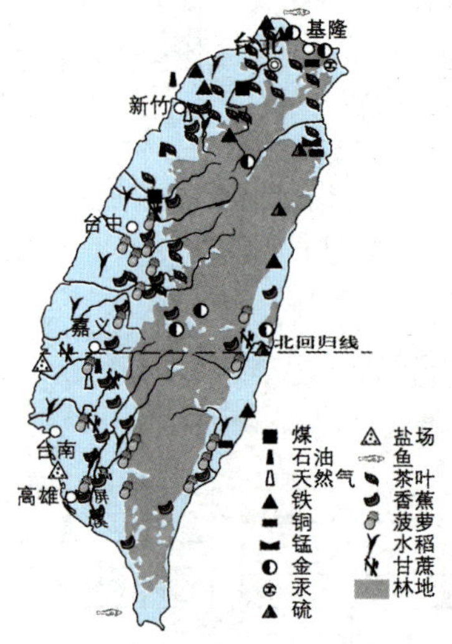

图 5－3－12　台湾岛主要农矿产品分布图

台湾是我国森林覆盖率最高的省份，从山麓平原到高山山顶，呈现出从热带到亚寒带的植被景观，树种繁多，有“森林宝库”之称。樟树是台湾最著名的树种，樟脑产量居世界首位。

台湾岛有“海上米仓”、“东方甜岛”、“水果之乡”的美称。西部平原水热充足，土壤肥沃，地形平坦，盛产稻米、甘蔗和热带水果。蔗糖出口率达到40%，香蕉、菠萝驰名中外，其中香蕉占水果总量的1/2。

台湾省大陆架海域面积广阔，海洋资源丰富，有“海上鱼舱”和“东南盐库”之称。台湾海峡是我国优良的渔场，台湾岛西海岸是重要产盐区，著名的布袋盐场就分布在那里。

台湾山脉是金、铜等金属矿产的重要产地；西部是煤、石油的主要分布区；北部的火山区有丰富的天然硫磺；周围大陆架蕴藏着石油和天然气资源。

信息链接 XINXI LIANJIE

台湾最肥美的肚腹——嘉南平原

嘉南平原是位于浊水溪以南的热带农业区，这里属于典型的热带湿润气候，平原上溪流纵横，水库、湖泊众多，保证了农田的充足灌溉，适宜多种热带作物生长，是台湾省水稻、

甘蔗、柑橘等主要农产品的生产和集散地，素有台湾“最富庶的谷仓”和“东方的糖库”之称。

嘉南平原虽然开发较早，但一直是传统农业区，工业污染较少，水土资源和农业、农村生态环境良好，是宜农、宜居、宜生活的好地方。

嘉南平原在生态农业和观光农业的生产和推广方面做出了探索，越来越多的农民采取健康的作物种植方式，使土地得以永续利用。

能力提升 NENGLI TISHENG

学做关联图，理解台湾岛自然环境与物产及美称的关系。

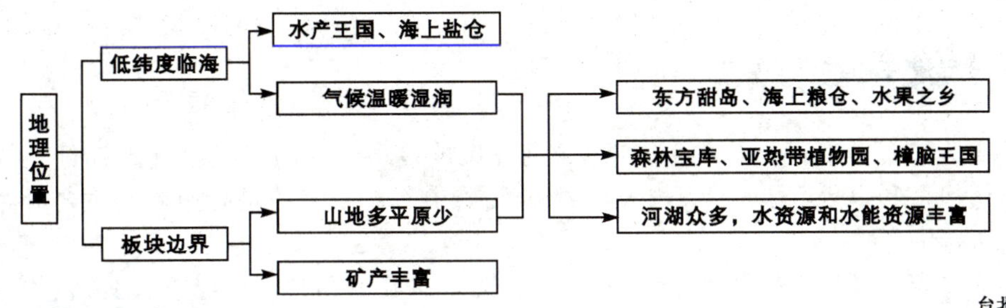

出口导向型经济

20世纪60年代以前，台湾经济以农业和农产品加工为主，出口蔗糖、菠萝、稻米、樟脑等。从60年代开始，台湾利用自身的一些优势和条件，重点发展出口加工工业，形成“进口—加工—出口”型的经济，工业产品在出口贸易中的比重稳步上升。近年来，旅游业发展较快，已经成为重要的经济支柱。

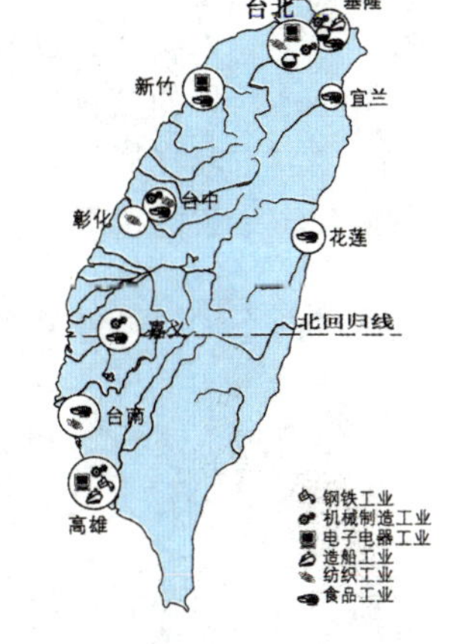

图5-3-13 台湾岛主要的工业中心

触类旁通 CHULEI PANGTONG

下表是“2003年台湾岛内产业部门及经济统计资料”。读表，回答下列问题。

产业部门	第一产业	第二产业	第三产业
占岛内生产总值（%）	1.8	30.4	67.8
就业人口占总就业人口（%）	7.3	34.9	57.8
岛内生产总值（亿美元）	2 960		
外贸总额（亿美元）	2 710		
主要工业品产量	成衣1 598万打，人造纤维333万吨，监视器422万台，电脑主机板4 672万片，便携式电脑1 051万台，手机3 068万部，电子电容器1 991亿只，印刷电路板1.19亿平方米，钢坯1 764万吨，水泥1 847万吨，汽车39万辆		

（1）从产业结构和外贸总额占生产总值比重两方面说明台湾岛的经济特点。

（2）简要描述岛内主要工业产品的特点。

（3）海峡两岸进行经贸合作中的主要优势条件有哪些？

解析 该题以台湾岛的经济统计资料为情境，考查获取信息的能力以及描述、阐释事物的能力。(1) 产业结构可以反映经济发展水平，经济发展水平较高的区域，产业结构一般呈现“3、2、1”的格局；外贸总额占生产总值比重越高，经济对外依赖程度越大。(2) 通过分析工业部门的类型及不同工业部门的产量，概括工业产品的特点。(3) 地区经贸合作优势条件体现在地理位置、文化背景、区位条件的互补性等方面。

答案 (1) 岛内第二、三产业比重远大于第一产业，而且第三产业比重大于第二产业，这反映了台湾岛经济发展水平较高。外贸总额占生产总值比重的90%以上，说明经济对外依赖程度高。

(2) 产品种类多、技术含量高，信息电子部门在出口贸易中占重要地位。

(3) 地理位置较近；有共同的文化基础和渊源；区位优势互补，台湾岛有资金、技术优势，大陆有劳动力、土地和市场优势。

居民、城市和交通

台湾省人口有2 316万（2010年），居民以汉族最多，他们的祖籍绝大部分是福建和广东，语言、风俗和生活习惯与大陆相同。少数民族中人口最多的是高山族，主要分布在东部山区和东部沿海。

城市多分布在岛屿西部沿海。台北是人口最多的城市和政治、经济、交通、文化中心；高雄是第二大城市，也是最大的重工业中心和最大的海港；台南是最早兴起的城市和食品工业中心；新竹的高科技园区号称台湾“硅谷”。

台湾水陆交通发达。铁路、公路呈环岛状分布格局；高雄和基隆是主要的海港；桃园机场为台湾最大的机场。

能力提升 NENGLI TISHENG

结合地形对聚落和交通线的影响关联图，理解台湾岛城市和铁路线沿岛屿边缘布局的原因。

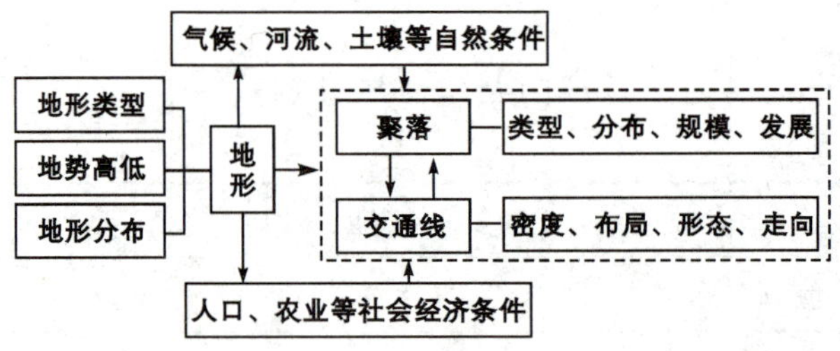

台湾岛多山，山地主要分布在岛屿的中部和东部，平原分布在岛屿的西部和沿海，受地形影响，人口和经济活动主要集中在平原地区，为了降低筑路成本，加强区际人口和经济联系，铁路线形成环岛状布局形式。

第三讲　新疆维吾尔自治区

面积广大的内陆边疆省区

新疆维吾尔自治区简称新，首府乌鲁木齐。面积 160 多万平方千米，约占全国总面积的 1/6，是我国面积最大的省级行政区。人口 2 181 万（2010 年），是一个以维吾尔族、汉族为主体的多民族地区。

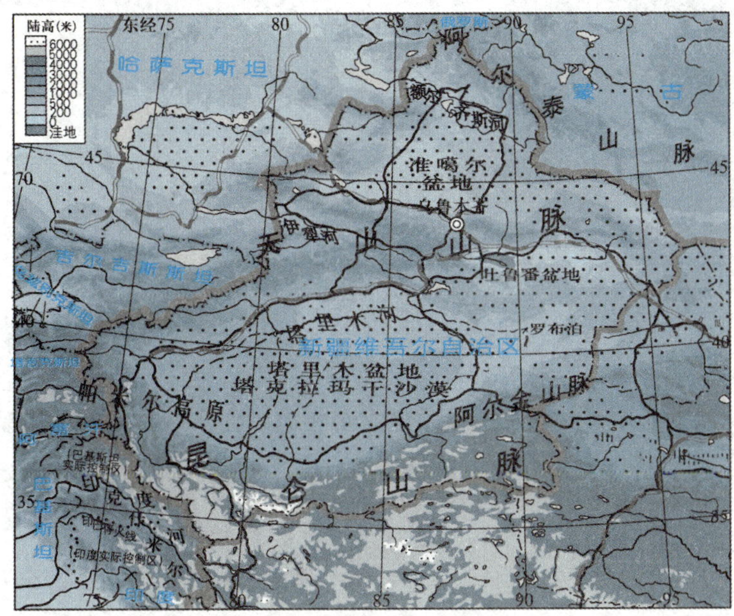

图 5－3－14　新疆维吾尔自治区位置和地形

> **读图指南**
>
> 1. 找出新疆的邻省和邻国。
> 2. 说出新疆东西南北的经纬度约数。
> 3. 找出新疆的“三山”和“两盆”。
> 4. 找出塔里木河、伊犁河、额尔齐斯河。

新疆大部分地区位于 35°N～49°N，属于中纬度地区。新疆深居我国的西北内陆，东南与我国的甘肃省、青海省及西藏自治区为邻，自北向南与蒙古、俄罗斯、哈萨克斯坦、吉尔吉斯斯坦、塔吉克斯坦、阿富汗、巴基斯坦和印度等 8 个国家接壤，是我国邻国最多、边境线最长的省区，发展边境贸易的条件优越。

“三山夹两盆”的地形

新疆境内山地和盆地相间分布，南北边界横亘着昆仑山脉与阿尔泰山，天山山脉横贯中部，塔里木盆地和准噶尔盆地分居天山南北两侧，形成“三山夹两盆”的地形结构。盆地内部戈壁、沙漠等风成地貌广布，位于塔里木盆地的塔克拉玛干沙漠，是我国最大的沙漠。

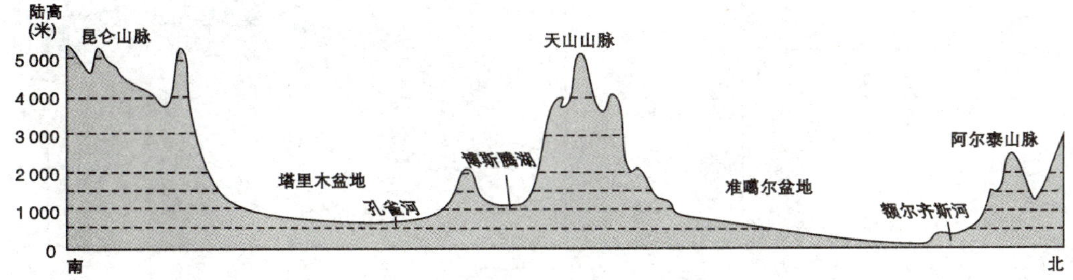

图 5－3－15　沿 87°E 附近地形剖面

新疆地形的相对高度较大，天山、昆仑山的一些山峰海拔超过5 000米，终年积雪。吐鲁番盆地的艾丁湖海拔仅有-155米，是我国陆地的最低点。

能力提升 NENGLI TISHENG

分析塔里木盆地地形对聚落和交通线分布的影响，深刻理解自然环境与人类活动的关系。

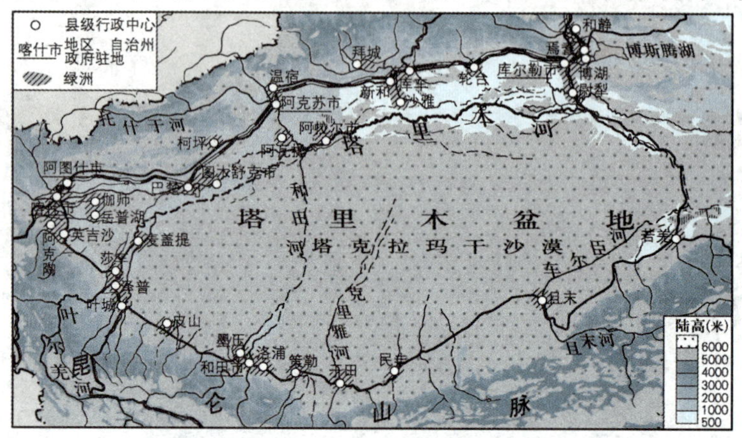

图5-3-16 塔里木盆地聚落和交通线分布

塔里木盆地的聚落与交通线均呈环状分布在盆地边缘的绿洲上。交通线将绿洲及聚落连接起来，形成串珠状分布特色。

塔里木盆地四周高山环绕，中部沙漠广布，气候干旱。在盆地的边缘冰雪融水冲积形成的山前冲积扇、洪积扇的中下部，地形相对平坦、土壤肥沃、水源充足，因而农牧业发达，人口集中，形成环盆地边缘分布的聚落。受自然条件和聚落分布的影响，交通线也形成环状分布的格局。

大陆性气候显著

新疆深居内陆，远离海洋，加上重重山岭的阻挡，形成了典型的温带大陆性气候。气候特征表现为冬冷夏热，降水稀少，太阳辐射强烈，气温年较差和日较差较大等。干旱是新疆突出的气候特征，但在伊犁河谷、天山北坡等地因受地形雨的影响，较周边地区湿润，有"西域湿岛"之称。

由于降水少，蒸发旺盛，下渗多，新疆的河流短小，多内流河，冰雪融水是河流的主要补给水源。塔里木河是我国最大的内流河，额尔齐斯河是我国唯一注入北冰洋的河流。

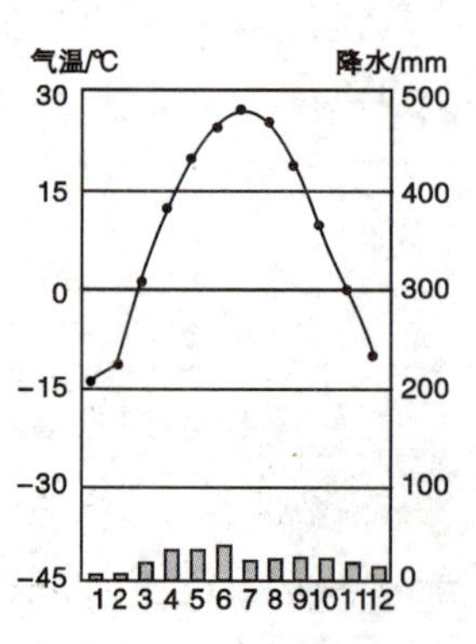

图5-3-17 乌鲁木齐气温、降水的年变化

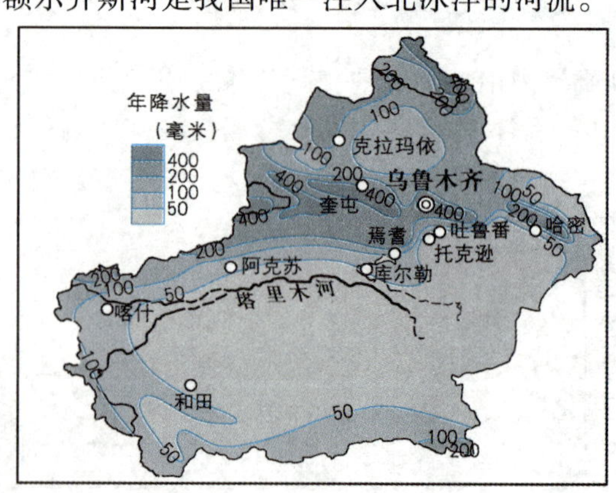

图5-3-18 新疆年降水量分布

信息链接 XINXI LIANJIE

伊犁河谷

“塞外江南”、“西域湿岛”、“中亚乐园”的美誉，以及“不到新疆不知中国之大，不到伊犁不知新疆之美”等诸如此类的表述，形象概括了伊犁河谷的特点。地处西天山的伊犁河谷既有雄伟壮丽的雪峰、冰川，也有俊秀的河流，还有美丽的草原牧场，它们如诗如画的美景能摄取人们的心魄。

伊犁河谷能成为中国西北干旱地区中的一颗天然绿色明珠，主要是因为河谷谷口向西敞开，盛行西风在东进过程中被迫强烈抬升，地形性雨雪特别丰富的结果。

伊犁河谷另一个鲜为人知的有利条件是冬暖。因有天山屏障北方冷空气，伊宁1月平均气温比同纬度、同高度的准噶尔盆地南缘高出8℃，从而使这里的作物生长期延长了近一个月。冬暖和积雪都对冬小麦越冬有利。

触类旁通 CHULEI PANGTONG

图5－3－19表示的是天山地形剖面以及对应的气候资料，读图回答下列问题。

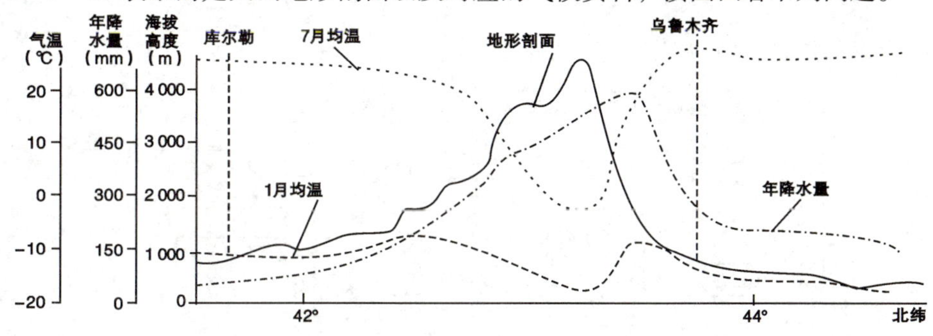

图5－3－19

（1）夏季月均温最小值出现在海拔__________米处。

（2）冬季出现大面积逆温的两个地区中，地势起伏较大的位于天山__________。

（3）海拔2 000米高度上，南北坡年降水量分别约为__________毫米、__________毫米。造成这种差异的原因是____________________。

（4）只考虑温度高低，则天山北麓牲畜过冬的牧场应该位于海拔__________米。

解析 高海拔的山地地形对气候影响较大。地形对气温的影响是，随海拔高度的升高气温降低，冬季在一定高度的山坡上会出现地形逆温；地形对降水的影响是，暖湿气流的迎风坡降水多，背风坡降水少。解答本题时需注意多个坐标之间的转换。

答案 （1）4 500　（2）北麓　（3）250　570　北坡受西风带和极地东风的影响，有来自大西洋和北冰洋的水汽补给，北坡是迎风坡，多地形雨　（4）2 000

绿洲农业和山地牧场

新疆大部分属于干旱地区，发展农业必须依靠灌溉，冰雪融水是主要灌溉水源。塔里木盆地、准噶尔盆地和天山山间盆地的边缘地带，水源充足、土质较好，农业发达，分布着绿洲。小麦、玉米、甜菜、长绒棉是绿洲上的主要农作物。吐鲁番葡萄、哈密瓜和库尔勒香梨以甜而多汁闻名天下。新疆是我国长绒棉的主要产区。

新疆是我国重要的畜牧业基地。在山地的高山草甸和草原带宜夏季放牧；中低山带的山地草原或荒漠草原宜冬季放牧。新疆细毛羊、伊犁马等是优良畜种。

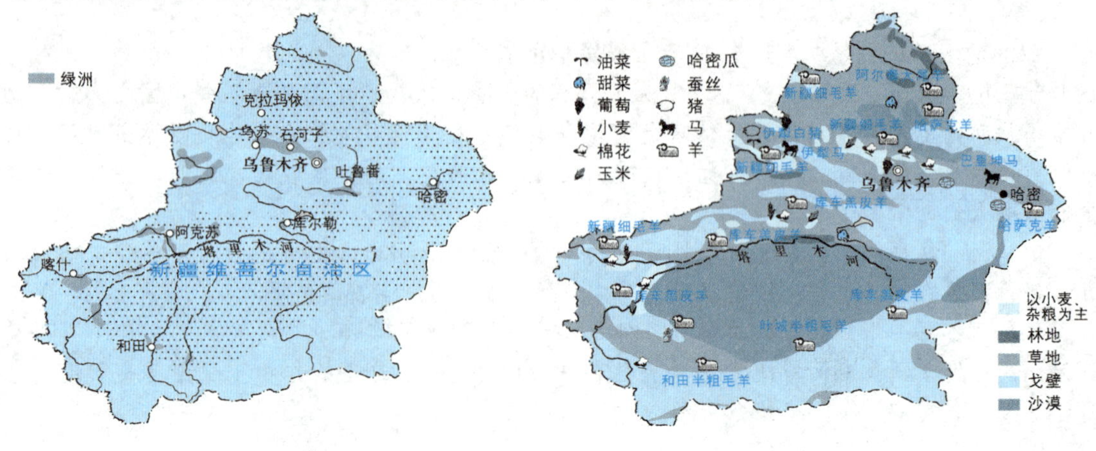

图 5-3-20 新疆的绿洲分布　　图 5-3-21 新疆的农牧业分布

能力提升 NENGLI TISHENG

构建框图，理解新疆农业特色。

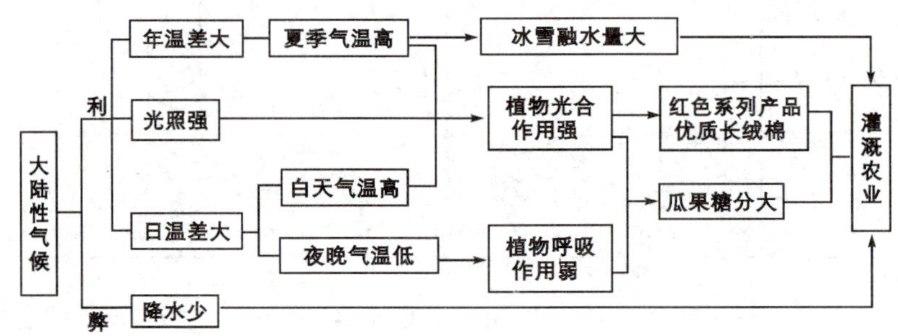

信息链接 XINXI LIANJIE

古老的引水工程——坎儿井

坎儿井是利用地下水通过地下渠道灌溉农田的水利设施，主要流行在我国的新疆吐鲁番、哈密一带。在山地冰雪融水下渗后形成的地下水源处开挖暗渠，顺着地势的倾斜面，挖若干通向地面的竖井，井与井之间在地下相通。上游的水顺着地势沿暗渠流出地面，进入明渠灌溉农田。

坎儿井的修建与这里的自然条件分不开。每当夏季来临，周围的高山有大量的融雪和雨水流向盆地，为坎儿井提供了丰富的水源；大漠地下深处，沙砾和黏土胶结，质地坚实，因此坎儿井挖好后不易坍塌；坎儿井是由地下暗渠输水，不受季节、风沙影响，水分蒸发量小，流量稳定，可以常年自流灌溉。坎儿井体现了新疆劳动人民的聪明才智。

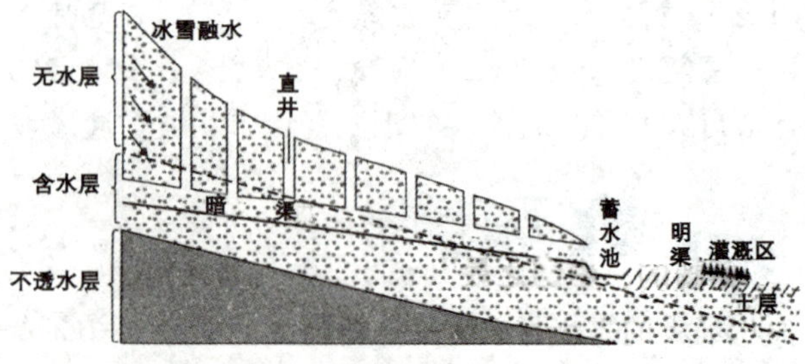

图 5-3-22 坎儿井示意

绿洲的可持续发展

绿洲地区，特别是绿洲边缘地区，环境非常脆弱。由于水资源利用不当，使得绿洲植被因缺水而生长衰退，加上人类过度樵采破坏绿洲周围的固定沙丘，导致荒漠化发生和发展。建立绿洲为中心的防护林体系，合理分配内陆河流上中下游的水资源，发展节水农业，解决农牧区生活能源等，是防治绿洲荒漠化的主要措施。

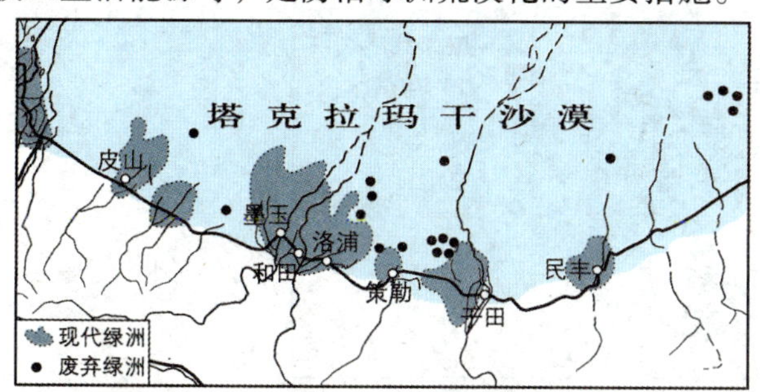

图 5-3-23　塔里木盆地南缘古绿洲的分布

读图指南

1. 古绿洲和现代绿洲位置有何不同？
2. 分析绿洲位置变化的原因？

新疆的绿洲间距离遥远，不利于联系和交往，对当地的社会经济发展不利。因此，加强交通基础设施建设，发展现代通信产业是促进区内和区际联系，实现区域可持续发展的重要保障。目前，新疆形成了以乌鲁木齐为中心，以公路、铁路和航空运输方式为主的交通运输网络。兰新—北疆铁路东连陇海铁路，西接中亚铁路，是第二条亚欧大陆桥的组成部分。南疆铁路将我国铁路线延伸到西部边陲喀什。

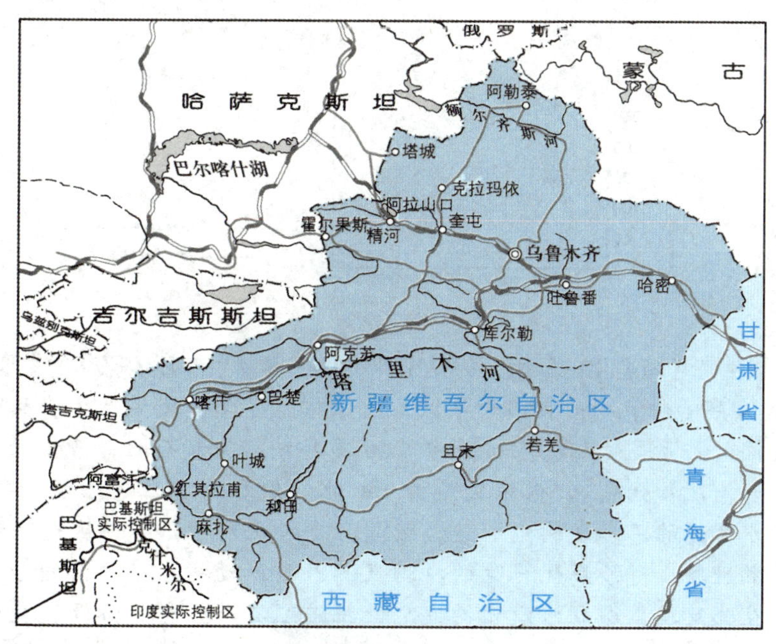

图 5-3-24　新疆的交通

油气资源的开发利用

石油和天然气是新疆最具优势的矿产资源。新疆油气资源储量约占我国陆地总储量的1/3，主要油田有塔北、塔中和克拉玛依。塔里木盆地的轮南是西气东输的主要气源地。随着国家“稳定东部，大力发展西部”的能源战略的逐步实施，新疆将成为我国重要的油气基地。

依托丰富的农矿资源，采矿业、石油加工、棉毛纺织等成为新疆的支柱工业。

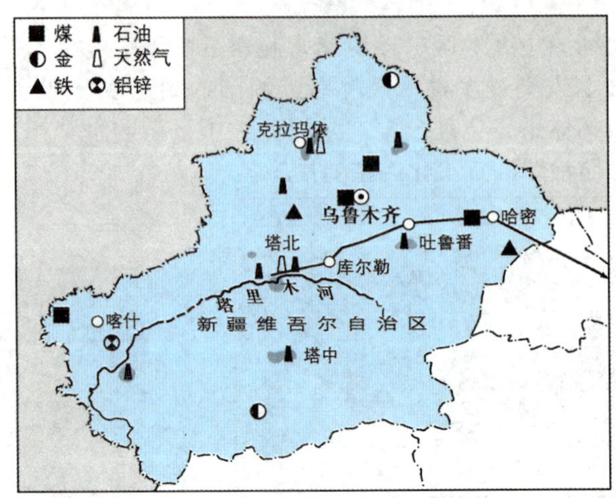

图 5－3－25　新疆的矿产资源分布

触类旁通 CHULEI PANGTONG

（2013 · 海南卷）我国干旱区某区域近 30 多年胡杨大量死亡，沙化面积扩大，生态环境恶化的趋势有所加强。图 5－3－26 显示该区域地区生产总值及地下水埋深的变化。

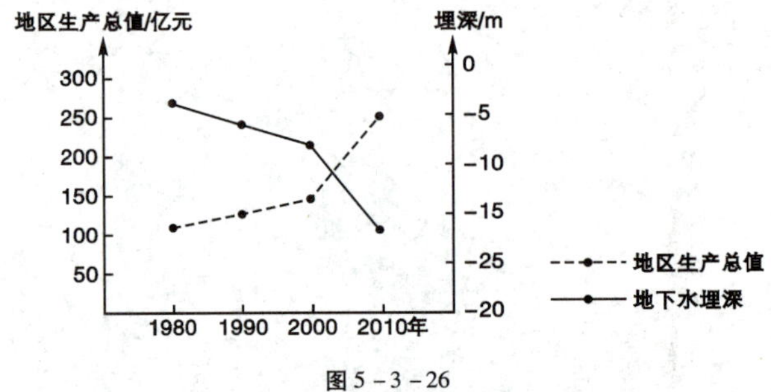

图 5－3－26

分析该区域生态环境恶化的原因，并提出此类地区遏制生态环境恶化的主要措施。

解析 该题文字资料表明是我国干旱区，图像信息显示区域生产总值及地下水埋深的变化，二者之间的关系呈负相关。材料中“30 多年胡杨大量死亡，沙化面积扩大，生态环境恶化的趋势有所加强”，归根结底是由于缺水。缺水一方面是自然环境本身决定的，另一方面则是水资源的不合理利用所致。该题考查考生对于干旱地区地下水的开发及其生态环境效应的理解，对沙漠化产生的机理及其人类活动的内在联系的分析等能力，要求考生为改善生态环境，遏制沙漠化的发展，推进经济与生态的协调发展提出相应的措施。针对缺水问题，应从节流和开源两个方面去考虑具体的措施。

答案 原因：经济增长严重依赖（地下）水资源，地下水水位下降导致生态环境恶化。

主要措施：节约水资源（提高水资源利用效率）；发展节水型经济（调整产业结构）；跨区域调水，增加水资源供给。

第四单元　认识省内区域

第一讲　珠江三角洲

对外开放的前沿

珠江三角洲位于广东省的中南部、珠江下游，毗邻港澳，与东南亚地区隔海相望，海陆交通便利，被称为我国的“南大门”。珠江三角洲地区包括广州、深圳、珠海、佛山、江门、东莞、中山、肇庆、惠州9个地级市。广义的珠江三角洲还包括香港和澳门。

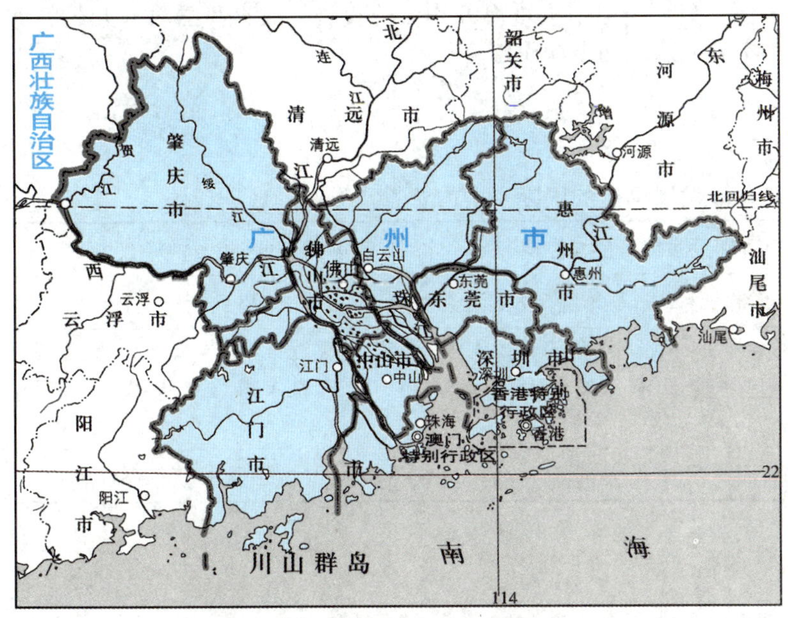

图5－4－1　珠江三角洲地区的位置和范围

> **读图指南**
>
> 1. 指出珠江三角洲地区的纬度位置。
> 2. 找出西江、北江、东江、珠江及南海。
> 3. 找出广西壮族自治区、广东省、香港、澳门。
> 4. 描述珠江三角洲地区的地理位置特征。

1980年，我国建立了4个经济特区，开始了对外开放的历程，其中深圳、珠海就位于珠江三角洲。1984年，广州成为我国确定的14个沿海开放城市之一。1985年，珠江三角洲被辟为沿海经济开放区。至此，珠江三角洲地区形成了一个包括经济特区、沿海开放城市、经济开发区在内的多层次开放体系。

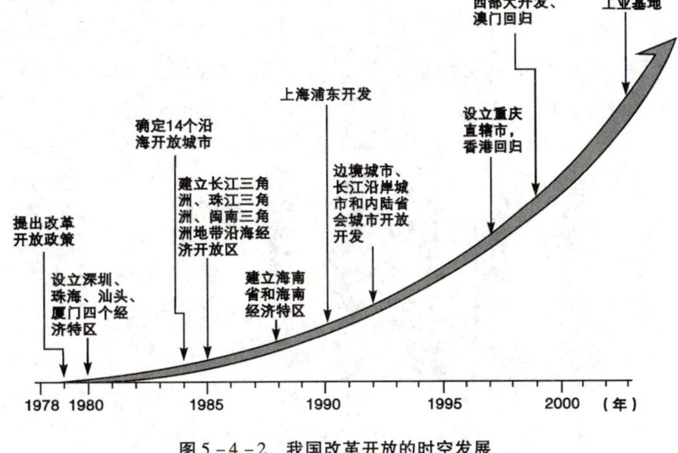

图5－4－2　我国改革开放的时空发展

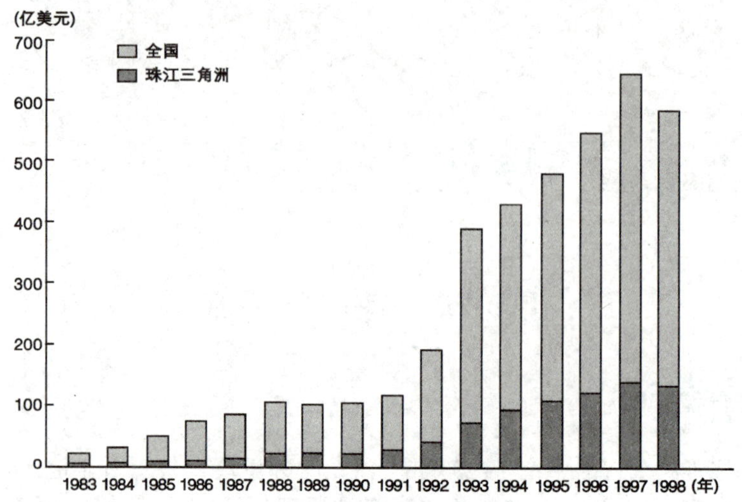

图 5－4－3 珠江三角洲地区吸引的外资占全国的比重

利用这里的优越条件，珠江三角洲吸引了大量海外华人的投资，成为我国对外开放的前沿地带，对全国其他地区起到很好的示范和带动作用。

能力提升 NENGLI TISHENG

表解改革开放以来珠江三角洲发展迅速的国际、国内背景及有利的地理条件。

国际经济环境	发达国家和地区的产业结构调整，为珠江三角洲工业化提供了契机
对外开放政策	珠江三角洲是改革开放的前沿，国家给予很多优惠政策
良好的区位	珠江三角洲位于我国南部沿海，毗邻港澳，邻近东南亚，便于就近接受港澳产业扩散，利用港澳贸易渠道，大量出口商品，参与广泛的国际分工
侨乡	珠江三角洲是我国最大的侨乡之一，便于吸引侨胞回国投资

外向型经济

外向型经济是以加工制造业为主导产业，以出口外销为经营方向的经济模式。

20 世纪 80 年代，珠江三角洲地区利用其紧邻港澳的区位优势，就近接受港澳的产业扩散，引进大量的外资、外企，创办了一大批劳动密集型制造业，如纺织和服装、电子及通信设备、电器机械及器材、玩具等，成为我国重要的轻工业和外贸出口基地。

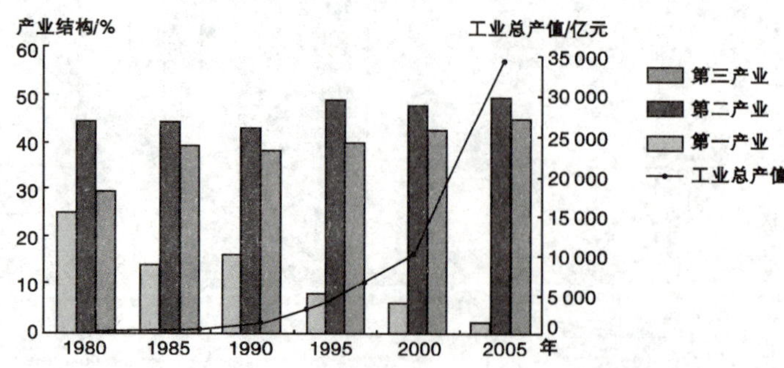

图 5－4－4 珠江三角洲产业结构变化和工业总产值的增长

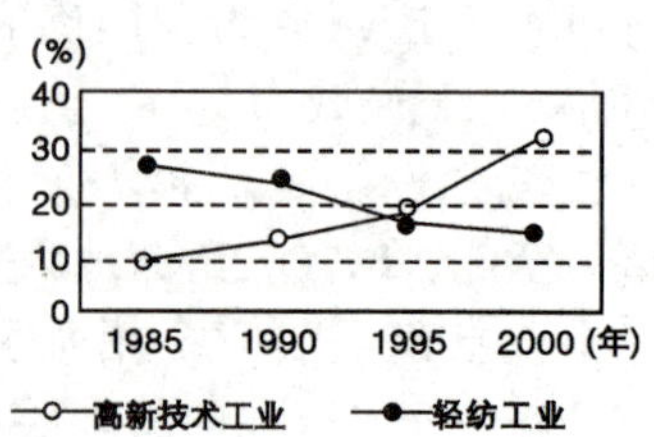

图 5－4－5 珠江三角洲产值比重变化

20 世纪 90 年代以来，珠三角又一次抓住了国际产业结构调整与转移的机遇，及时调整了产业结构和工业结构，工业发展呈现了以技术密集型为主导的特点，尤其以电子电器部门最为突出。

城镇的快速发展

珠江三角洲的工业化有力地推进了城市化进程。

一方面，城市的人口规模迅速扩大。加工制造业的发展促进了餐饮、娱乐、运输等服务业的发展，这些非农产业为当地剩余劳动力提供了大量就业机会，还吸纳了数百万外地劳动力。现在，珠江三角洲城镇人口总数超过 3 000 万，城镇人口比重高达 70%。

深圳市人口的变化统计表

年份	自然增长率（‰）	常住人口（万人）	户籍人口（万人）	非户籍人口（万人）
1979	18.90	31.41	31.26	0.15
1990	13.33	167.78	68.65	99.13
2009	12.84	891.23	241.45	649.78

另一方面，许多乡村地区迅速变为城镇，使城镇数量猛增，呈现城市和乡村交错分布的景观。珠江三角洲是我国城市分布最密集的地区之一，城镇间距离小于 10 千米。

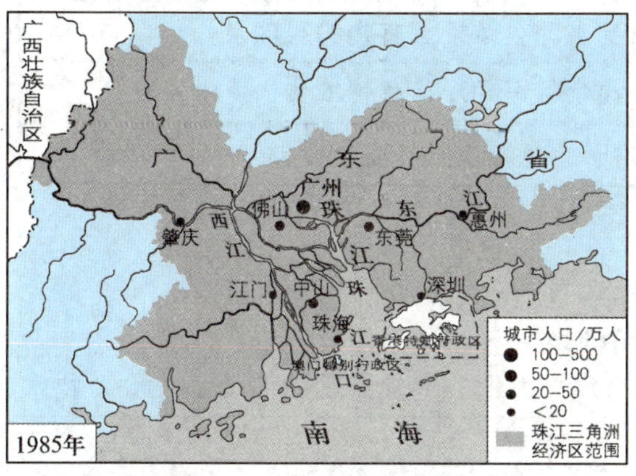

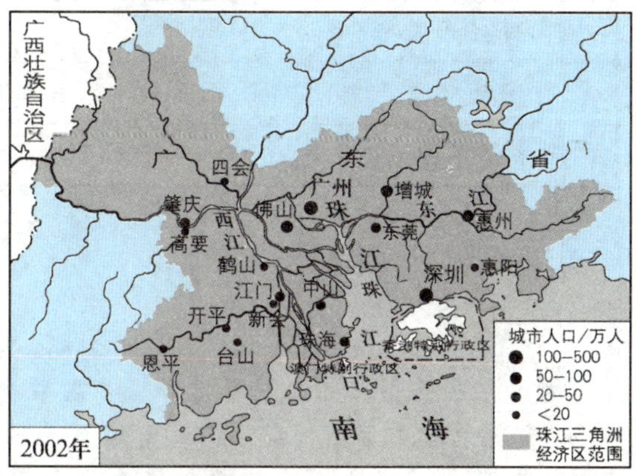

图 5－4－6　1985 年和 2002 年珠江三角洲地区城市发展的比较

问题与对策

20 世纪 90 年代以来，随着沿海的全方位开发开放，珠三角地区的政策优势已不明显，与产业基础、科技人才及消费市场等优势更加明显的长三角和京津唐等地区相比，珠三角地区对外资的吸引力正在下降，发展后劲日显不足。加之，缺乏合理的规划和管理，工业化和城市化出现了一系列问题，如产业结构层次偏低，城市建设相对滞后，大量占用耕地，生态环境问题日趋严重等。

针对上述问题，国家和地方各级政府采取了许多积极措施进行调整和治理，如调整产业结构，推动产业的整合与升级；构建大珠三角城市群，加强相互分工与合作；加强规划与管理，改善经济、社会和生态环境等。

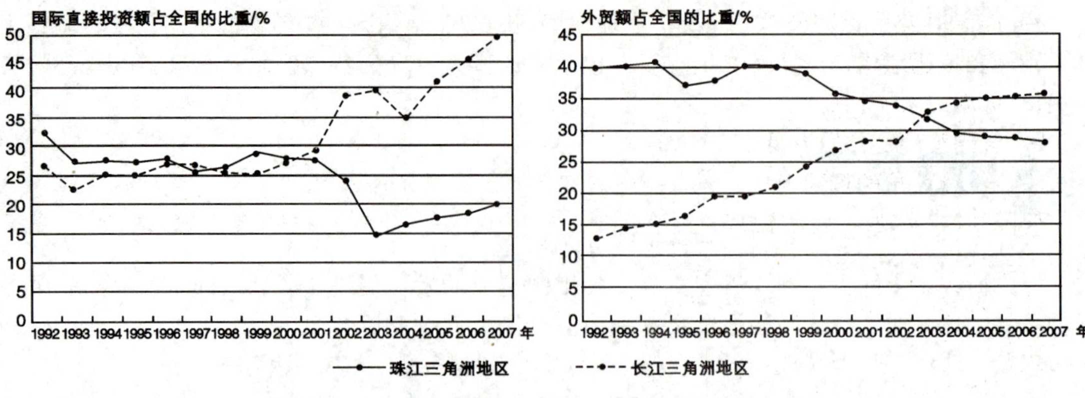

图5－4－7 珠江三角洲和长江三角洲国际直接投资和进出口贸易总额所占全国比重的变化

能力提升 NENGLI TISHENG

表解珠江三角洲发展中面临的主要环境问题及其原因。

问题	原因
能源、矿产资源短缺	能源赋存量小，经济发展快，资源需求量大
耕地资源日趋紧张	建设项目“处处开花、点点结果”，大量占用耕地
珠江水质恶化	工业废水和生活污水直接排入珠江
酸雨现象严重	火电厂等工厂大量排出 SO_2 等酸性气体，降水量较大
固体废弃物污染加剧	人口增加，生活水平提高，垃圾增多

信息链接 XINXI LIANJIE

泛珠江三角洲地区

为了谋求经济的更快发展，进一步实现珠三角与内地和港澳地区在资源、资金、技术、市场、劳动力等方面的互补，有些专家认为珠三角可以构建联合周边地区的泛珠江三角洲经济区新格局。

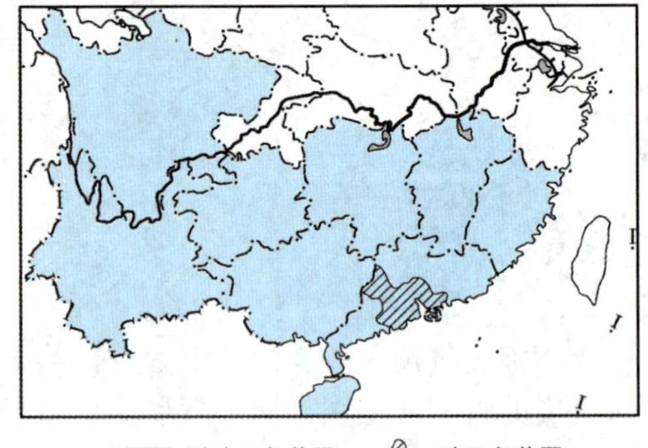

图5－4－8 珠三角和泛珠三角示意

“泛珠三角”包括我国东部、中部、西部的9省（区）和香港、澳门特别行政区，即“9＋2”经济区，占全国面积的1/5、人口1/3强、经济总量占全国的比重超过4成。9省（区）及港澳地区间的经济交往与合作源远流长，既有地缘关系，也有历史基础，各具特色，相得益彰，已初步形成区域合作的良好发展态势，呈现出项目规模大、合作领域广、互补性强、效果明显等特点。

触类旁通 CHULEI PANGTONG

结合所学知识，回答下列问题。

（1）目前，珠三角的经济发展面临的困难有 （　　）

A. 能源供应相对紧张

B. 南岭阻隔水陆交通

C. 劳动力素质较低

D. 外向型经济比重较低

(2) 泛珠三角的构建对珠三角及新融入地区的积极意义各是什么?

解析 珠三角进一步发展面临诸多问题，如能源资源短缺；南岭阻隔陆上交通，影响其国内腹地范围；劳动力素质较低；低层次的外向型加工工业比重高。泛珠三角的构建，利于区内各省区之间实现优势互补，协调发展。

答案 (1) A C

(2) 珠江三角洲可充分利用周边省区的自然资源和劳动力资源，可利用港澳地区的资金、信息、技术、市场。周边省区可利用珠三角的资金、技术，还可承接珠三角的产业转移；港澳地区能充分利用珠三角廉价的劳动力、土地、市场，并进行产业转移。

第二讲　西双版纳

独特的地理位置

西双版纳位于云南省南部的傣族自治州境内。地处北回归线以南，横断山脉最南端，南部和老挝、缅甸接壤，通过澜沧江—湄公河与泰国、越南等国家水陆相连。面积 19 700 平方千米，首府景洪。

读图指南

1. 找出云南省及缅甸、老挝两个国家。
2. 找出澜沧江—湄公河。
3. 描述西双版纳的地理位置特征。

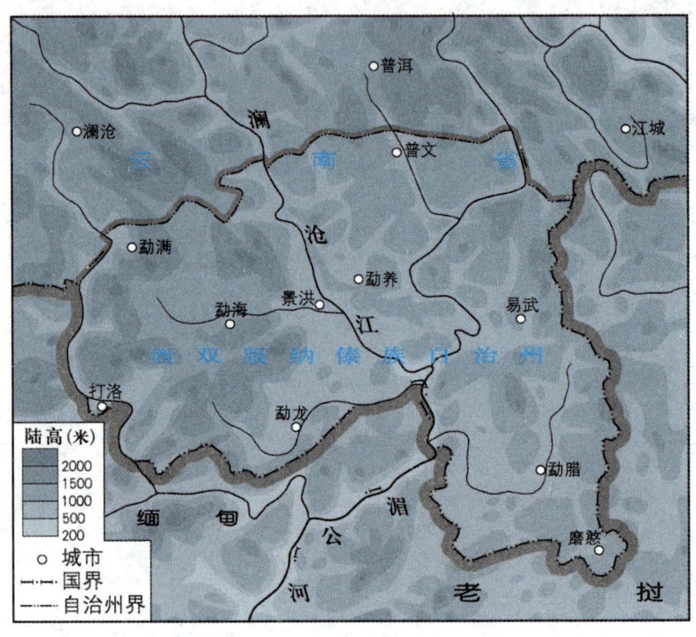

图 5－4－9　西双版纳位置与地形

动植物的王国

西双版纳是除海南省之外，我国原始热带雨林保存最完整的地区。这里植物种类繁多，约占全国植物种类总数的 1/6。雨林良好的隐蔽场所和充足的食物来源也为上千种野生动物提供了有利的生存条件，其中亚洲象、绿孔雀等是国家重点保护动物，人们形象地把这里称为“热带动植物王国”。

西双版纳的许多植物具有药用价值及经济价值，这里有“药材之乡”的美称。此外，这里还是我国第二大橡胶生产基地，闻名中外的普洱茶也产自这里。由于水热充足，农作物一年三熟，有“滇南谷仓”的美称。

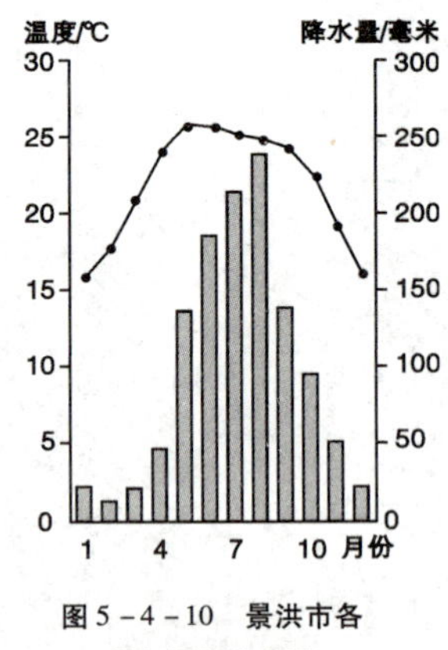

图 5－4－10　景洪市各月气温和降水量

能力提升 NENGLI TISHENG

1. 分析西双版纳成为回归沙漠带上“绿洲”的原因。

从全球来看回归线附近大部分地区，由于受副热带高压控制，分布着大面积的沙漠或干旱草原。我国的西双版纳虽然也处于回归线附近，但深受来自印度洋的西南季风的影响，具有温暖湿润的环境，摆脱了沦为干旱荒漠的厄运，成为回归沙漠带上的“绿洲”。

2. 分析西双版纳拥有丰富的热带动植物资源的原因。

西双版纳地处北回归线以南的热带地区。冬季，北面有云贵高原作屏障，可阻挡南下的寒冷空气；夏季，南面受印度洋西南季风的吹拂，气候湿润。冬春无寒冷大风，夏季无台风、暴雨。水热充足的热带季风气候造就了得天独厚的自然环境，为热带动植物资源的生长创造了良好的条件。

少数民族聚居区

西双版纳是一个少数民族聚集区，生活着傣族、哈尼族、布朗族、拉祜族、基诺族、瑶族、彝族等十多个少数民族。他们和汉族和睦相处，创造并保留了各自别具特色的民族文化。造型优美的佛教建筑群、小巧别致的竹楼、美味可口的竹筒饭、富有民族特色的孔雀舞、规模宏大的泼水节等以傣族为主的多样性民族风情为西双版纳增添了无穷魅力。

信息链接 XINXI LIANJIE

深受自然环境影响的民族文化

傣族泼水节　泼水节即傣历新年（相当于公历的4月中旬），是傣族最隆重的节日。这一天，人们身着盛装，相互泼水、相互嬉戏，传递真诚的祝福。泼水节中其他引人注目的活动有划龙舟、跳象脚舞鼓和孔雀舞。这种风俗活动与当地暖热湿润的气候、丰富的水源及特有的动物资源协调一致。

傣家竹楼　走进傣家村寨，可以看见一座座竹楼掩映在绿树丛中。竹楼是一种两层结构的高脚房屋建筑，底层架空多不用墙壁，供饲养牲畜和堆放杂物，楼上有堂屋和卧室。这样的竹楼一防潮湿，二散热通风，三可避虫兽侵袭，四可避洪水冲击，五可就地取材。

蓬勃发展的旅游业

20世纪80年代中期以来，在国家以及云南省政府的支持下，西双版纳凭借得天独厚的位

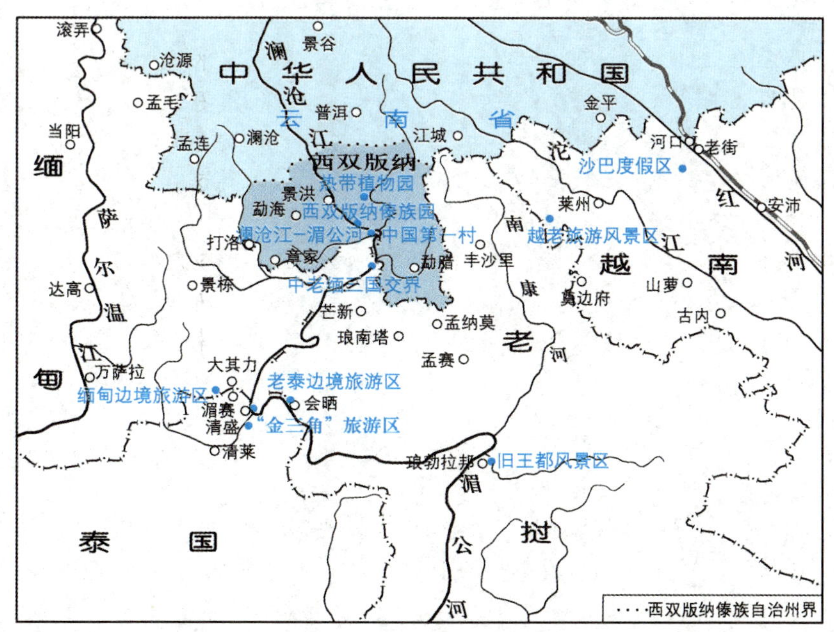

图5-4-11　西双版纳旅游景区和跨国旅游线路分布

置优势和资源优势，先后建成了热带植物园、傣族园、野象谷等一批国家级旅游景区和多条州内、边境旅游精品线路，使旅游业迅速崛起成为重要的支柱产业。

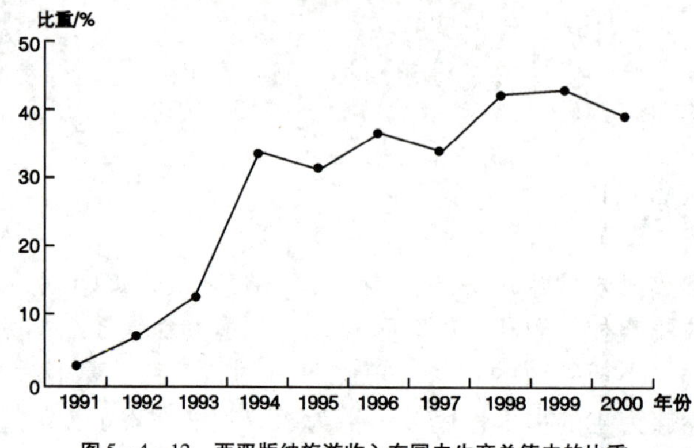

图 5－4－12 西双版纳旅游收入在国内生产总值中的比重

能力提升 NENGLI TISHENG

结合旅游资源开发条件评价方法，分析西双版纳发展旅游业的有利条件。

资源价值	丰富的动植物资源，独特的少数民族风情构成了多彩的旅游资源
地理位置	地处西南边陲，可就近发展边境旅游和出境旅游
交通条件	南昆铁路、昆明机场的修建，澜沧江—湄公河的国际合作开发，对外联系已较为方便
客源市场	背靠国内庞大的旅游市场，面向潜力巨大的海外市场
基础设施	旅游设施日益完善

第三讲　河西走廊

古今交通要道

河西走廊位于甘肃省境内，介于祁连山和合黎山之间，为南北窄、东西长的狭长平地，长达1 000多千米。因位于黄河以西且形似走廊而得名。

汉唐以来，河西走廊成为中国东部通往西域“丝绸之路”的咽喉要道。目前，穿越这里的兰新铁路仍然是联系亚洲和欧洲、沟通太平洋和大西洋的亚欧大陆桥的重要组成部分。

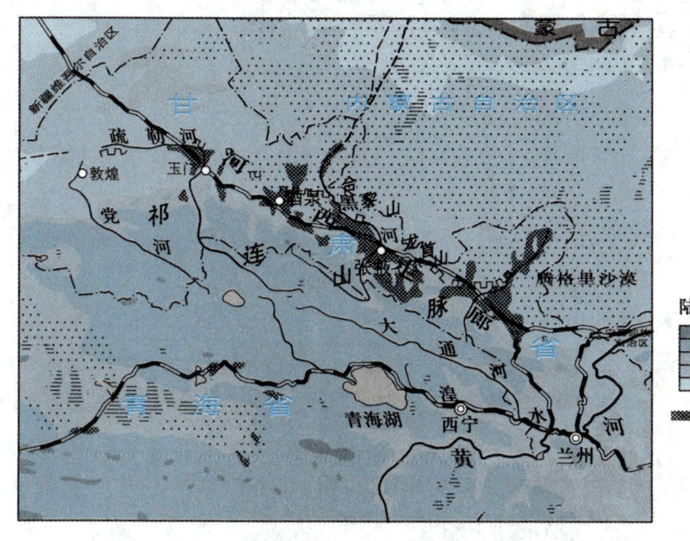

图5－4－13　河西走廊

读图指南

1. 找出祁连山、合黎山、河西走廊、黄河、黑河。

2. 找出兰新铁路及其连接的主要城市。影响这些城市区位的共性因素有哪些？

绿色走廊

河西走廊地区为温带大陆性气候，降水稀少，气候干旱，以荒漠和半荒漠为主，因此，水是制约人类活动的主要因素。

河西走廊灌溉农业历史悠久，祁连山的冰雪融水是主要灌溉水源，春小麦、糜子、谷子、玉米、高粱、马铃薯、胡麻等是绿洲上的主要农作物。

绿洲对人口分布以及城镇的兴起与发展起着重大的作用。武威、金昌、张掖、酒泉、嘉峪关、玉门、敦煌等城市，像颗颗明珠点缀在干旱的河西走廊上。

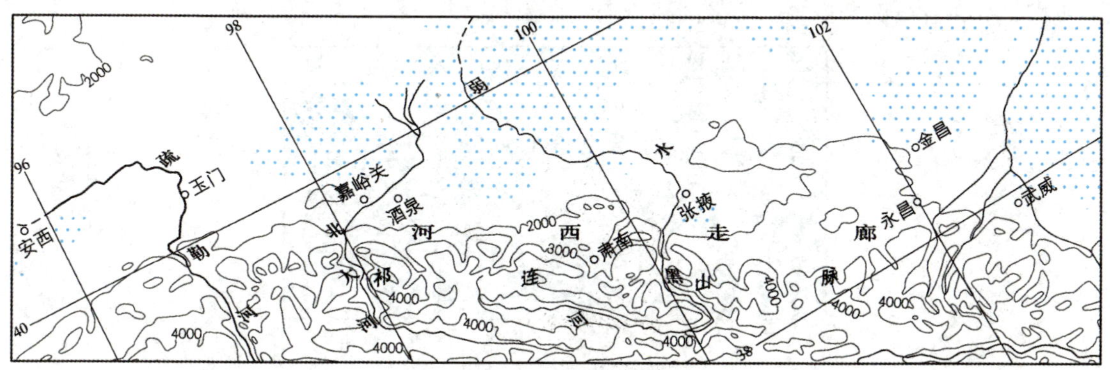

图5－4－14　河西走廊地形与城市分布

触类旁通 CHULEI PANGTONG

读河西走廊地区自然景观示意图，分析回答问题。

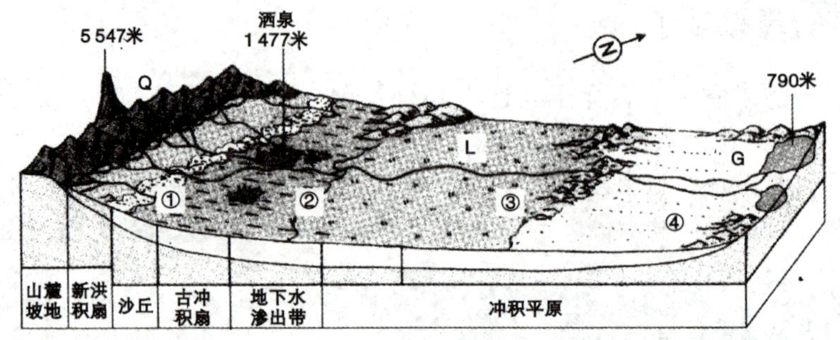

图 5－4－15

（1）图中①～④四个地形部位最易形成绿洲的是________，影响绿洲面积大小的最主要因素是________。

（2）有学者提出“一旦祁连山的积雪出现问题，对本来就危机四伏的河西走廊的生态环境无疑是釜底抽薪”。简述你对这一观点的理解。

解析 该题考查河西走廊绿洲的形成条件。结合图中信息可知，③地位于古冲积扇和地下水渗出带，水土条件较好，因而最易形成绿洲。绿洲的形成离不开水源，河西走廊的水源来自祁连山的冰雪融水。

答案 （1）③　　水资源的多少

（2）祁连山冰雪融水滋养了河西走廊；祁连山冰川退缩、植被减少将导致河西走廊水源枯竭，绿洲萎缩，土地荒漠化加剧，生态环境趋于恶化。

生态环境保护

河西走廊面积约 11.1 万平方千米，绿洲仅占总面积的 17.4%，其余为沙漠、戈壁和难利用土地。河西走廊每年大风日数约 60～70 天，平均风速可达 4 千米/小时，每当风起，把大量的沙粒和尘土吹到空中，形成扬尘和沙尘暴天气，生态环境十分脆弱。

触类旁通 CHULEI PANGTONG

1．甘肃民勤是我国沙尘暴多发地区之一。1998～2006 年间平均每年发生沙尘暴 11 次。读下图，分析甘肃民勤沙尘暴多发的地理因素。

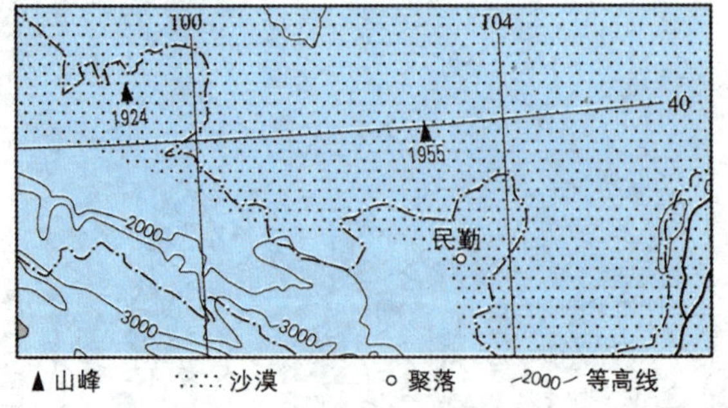

图 5－4－16

解析 沙尘暴形成需要具备两个条件，即大风和沙源。读图可知，民勤位于南北高、东西狭长的走廊地区，周围沙漠广布，结合春季特殊的气候条件，即可得出正确答案。

答案 民勤周围沙漠广布，春季升温快、降水少，地表干燥，易起沙；气旋与冷空气活动频繁，多大风天气，受地形影响（狭管效应），地面风速增强。

2. 结合河西走廊的地理环境特点，回答下列问题。

（1）如果河西走廊农业开发强度超过自然条件的承载力，分析将会产生什么环境问题。

（2）河西走廊地区进行生态建设，如果有①植树造林、②种草、③自然恢复三种方案，你倾向于哪一种？请说明理由。

解析 该题考查河西走廊绿洲的开发和保护。河西走廊地处干旱的温带大陆性气候区，具有潜在荒漠化威胁，不合理的人类活动会导致土地荒漠化，而种草或自然恢复符合当地干旱的环境特点。

答案 （1）如果农业开发超过水资源的承载力，土地得不到足够的水源灌溉，因气候干燥，在强烈的太阳辐射、蒸发和风力作用下，将出现土地荒漠化问题。

（2）选②或③　理由：该区域自然植被为草原和荒漠；森林生态耗水量远大于草原，过量植树，会加剧水资源短缺；种草（或自然恢复）较植树造林耗水量小，且投入较少。